Die Lesungen und Evangelien
der Messfeier für die Wochentage der Lesejahre I und II

Gemeinde-Bibel

Die Lesungen und Evangelien
der Messfeier für die Wochentage
der Lesejahre I und II

Gemeinde-Bibel

Lesejahr I und II

mit Meditationen von
Hildegard Nies, Werner Huffer-Kilian und
Gabriele Theuer

kbw bibelwerk

www.bibelwerk.de
ISBN 978-3-460-32263-9

Umschlaggestaltung: Finken & Bumiller, Stuttgart
Umschlagbild: Michael Blum, Euskirchen
Satz: Rund ums Buch – Rudi Kern, Kirchheim/Teck
Druck: GGP Media GmbH, Pößneck

Inhalt

Osterzeit Lesejahr I u. II

Die Zeit im Jahreskreis Lesejahr I u. II

Heiligenfeste Lesejahr I u. II

Anhang

Einleitung

In dieser zweiten Gemeindebibel finden Sie die Lesungen und Evangelien der Messfeier an Werktagen für die Lesejahre I und II. Die Autoren haben zu einer der biblischen Tageslesungen für jedes Lesejahr zusätzlich einen Impuls verfasst, in dem der biblische Text spirituell erschlossen wird.

Beachten Sie in der Gemeindebibel, dass die biblischen Texte für die beiden Lesejahre pro Tag gemeinsam aufgeführt werden, da die Evangelien in den beiden Lesejahren identisch sind. Nur die Lesungstexte wechseln in den „Wochen im Jahreskreis", sodass Sie hier pro Tag eine Lesung für das Lesejahr I und eine Lesung für das Lesejahr II vorfinden. Sofern die Lesungen im Lesejahr I und II identisch sind, erscheint nur eine Lesung zum Tag.

Die Gemeindestrukturen und der Einsatz von Priestern und pastoralen Mitarbeiter/innen ist mehr denn je starken Veränderungen unterworfen. Damit einher geht vielerorts auch die Veränderung gottesdienstlicher Strukturen. Neben dem Priester übernehmen immer mehr Ehrenamtliche Aufgaben im liturgischen Bereich, z.B. als Wortgottesdienstleiter/in oder Lektor/in.

Für diese und alle engagierten Christen, die am liturgischen Geschehen auch an Werktagen teilnehmen, ist die Gemeindebibel besonders hilfreich, da in ihr alle Lesungstexte der Wochentage beieinander sind und zusätzlich zu jedem Tag ein Impuls vorgesehen ist, der vorgetragen und als Anregung für eigene Gedanken verwendet werden kann. So ist der zweite Band der Gemeindebibel ein wahrer Begleiter für jeden Tag.

Wer beide Bände der Gemeindebibel hat, verfügt darüber hinaus über alle Texte nach der liturgischen Leseordnung der katholischen Kirche. So bieten sich die beiden Bände nicht zuletzt als sinnvolles Geschenk für Lektorinnen und Lektoren in der Gemeinde an, die sich damit auf den Vortrag der Lesung vorbereiten und sich zugleich mit ihr inhaltlich vertraut machen können.

Advent

1. Adventswoche

Montag der 1. Adventswoche

Lj I+II **Lesung** *Jesaja 2,1-5* Das Wort, das Jesaja, der Sohn des Amoz, in einer Vision über Juda und Jerusalem gehört hat.
Am Ende der Tage wird es geschehen: Der Berg mit dem Haus des Herrn steht fest gegründet als höchster der Berge; er überragt alle Hügel. Zu ihm strömen alle Völker. Viele Nationen machen sich auf den Weg. Sie sagen: Kommt, wir ziehen hinauf zum Berg des Herrn und zum Haus des Gottes Jakobs. Er zeige uns seine Wege, auf seinen Pfaden wollen wir gehen. Denn von Zion kommt die Weisung des Herrn, aus Jerusalem sein Wort.
Er spricht Recht im Streit der Völker, er weist viele Nationen zurecht. Dann schmieden sie Pflugscharen aus ihren Schwertern und Winzermesser aus ihren Lanzen. Man zieht nicht mehr das Schwert, Volk gegen Volk, und übt nicht mehr für den Krieg.
Ihr vom Haus Jakob, kommt, wir wollen unsere Wege gehen im Licht des Herrn.

Evangelium *Matthäus 8,5-11* In jener Zeit, als Jesus nach Kafarnaum kam, trat ein Hauptmann an ihn heran und bat ihn: Herr, mein Diener liegt gelähmt zu Hause und hat große Schmerzen.
Jesus sagte zu ihm: Ich will kommen und ihn gesund machen.
Da antwortete der Hauptmann: Herr, ich bin es nicht wert, dass du mein Haus betrittst; sprich nur ein Wort, dann wird mein Diener gesund. Auch ich muss Befehlen gehorchen und ich habe selber Soldaten unter mir; sage ich nun zu einem: Geh! so geht er, und zu einem andern: Komm! so kommt er, und zu meinem Diener: Tu das!, so tut er es.
Jesus war erstaunt, als er das hörte, und sagte zu denen, die ihm nachfolgten: Amen, das sage ich euch: Einen solchen Glauben habe ich in Israel noch bei niemand gefunden. Ich sage euch: Viele werden von Osten und Westen kommen und mit Abraham, Isaak und Jakob im Himmelreich zu Tisch sitzen.

Zum Evangelium Der römische Hauptmann gehört zu den leuchtendsten Gestalten im Neuen Testament. Da ist einmal seine Entschlossenheit, alles für einen kranken Diener zu tun. Aber nicht nur die ungewöhnliche Liebe zu einem Untergebenen zeichnet ihn aus, sondern auch sein Glaube an die Autorität Jesu. Diese Grundhaltung liebender und glaubender Entschiedenheit beeindrucken Jesus so sehr, dass er sagt: „Einen solchen Glauben habe ich in Israel noch bei niemand gefunden." Wenn Jesus Menschen begegnet, spricht er immer ihren Willen an und überprüft ihre Entschiedenheit. Wo immer ein Mensch sich entschieden

Gott zuwendet, da wird ihm geholfen, da öffnet sich ihm ein neuer Weg, da hört sein Leben auf, vor sich hin zu vegetieren, da wird es zu einem Beispiel mit großer Überzeugungskraft.

Dienstag der 1. Adventswoche

Lesung *Jesaja 11,1-10* An jenem Tag wächst aus dem Baumstumpf Isais ein Reis hervor, ein junger Trieb aus seinen Wurzeln bringt Frucht. Der Geist des Herrn lässt sich nieder auf ihm: der Geist der Weisheit und der Einsicht, der Geist des Rates und der Stärke, der Geist der Erkenntnis und der Gottesfurcht. Er erfüllt ihn mit dem Geist der Gottesfurcht. Er richtet nicht nach dem Augenschein und nicht nur nach dem Hörensagen entscheidet er, sondern er richtet die Hilflosen gerecht und entscheidet für die Armen des Landes, wie es recht ist. Er schlägt den Gewalttätigen mit dem Stock seines Wortes und tötet den Schuldigen mit dem Hauch seines Mundes. Gerechtigkeit ist der Gürtel um seine Hüften, Treue der Gürtel um seinen Leib. **Lj I+II**

Dann wohnt der Wolf beim Lamm, der Panther liegt beim Böcklein. Kalb und Löwe weiden zusammen, ein kleiner Knabe kann sie hüten. Kuh und Bärin freunden sich an, ihre Jungen liegen beieinander. Der Löwe frisst Stroh wie das Rind. Der Säugling spielt vor dem Schlupfloch der Natter, das Kind streckt seine Hand in die Höhle der Schlange. Man tut nichts Böses mehr und begeht kein Verbrechen auf meinem ganzen heiligen Berg; denn das Land ist erfüllt von der Erkenntnis des Herrn, so wie das Meer mit Wasser gefüllt ist.

An jenem Tag wird es der Spross aus der Wurzel Isais sein, der dasteht als Zeichen für die Nationen; die Völker suchen ihn auf; sein Wohnsitz ist prächtig.

Evangelium *Lukas 10,21-24* In jener Stunde rief Jesus, vom Heiligen Geist erfüllt, voll Freude aus: Ich preise dich, Vater, Herr des Himmels und der Erde, weil du all das den Weisen und Klugen verborgen, den Unmündigen aber offenbart hast. Ja, Vater, so hat es dir gefallen.

Mir ist von meinem Vater alles übergeben worden; niemand weiß, wer der Sohn ist, nur der Vater, und niemand weiß, wer der Vater ist, nur der Sohn und der, dem es der Sohn offenbaren will.

Jesus wandte sich an die Jünger und sagte zu ihnen allein: Selig sind die, deren Augen sehen, was ihr seht. Ich sage euch: Viele Propheten und Könige wollten sehen, was ihr seht, und haben es nicht gesehen und wollten hören, was ihr hört, und haben es nicht gehört.

Zur Lesung Ein toter Baumstumpf. Ein Symbol für alles, was leblos und aussichtslos erscheint. Für eine einst blühende Beziehung, die jetzt bitter geworden ist; für eine schonungslose Krankheitsdiagnose ohne Hoffnung auf Genesung; für den Verlust eines geliebten Menschen. Jesaja gebraucht das Bild für das leidende Volk Israel im Exil. Doch aus dem Stumpf, aus dem tot

Geglaubten wächst ein neuer Trieb, neues Leben. So ist der Stumpf zugleich Urbild der Hoffnung. Diese Hoffnung ist für Jesaja die Realität eines Friedensreiches, so wie Gott die Welt ursprünglich gemeint und gewollt hat. Immer noch steht unsere Wirklichkeit mit der von Gott in Aussicht gestellten Zukunft in Kontrast. Und doch glauben wir daran, dass das vor 2000 Jahre entsprungene Blümlein nicht verblüht ist – und erst recht einst neu aufblühen wird. Trotz der Stümpfe in unserem Leben an das Blühen glauben und sich um das Blühen kümmern, das ist Advent.

Mittwoch der 1. Adventswoche

Lj I+II **Lesung** *Jesaja 25,6-10a* An jenem Tag wird der Herr der Heere auf diesem Berg – dem Zion – für alle Völker ein Festmahl geben mit den feinsten Speisen, ein Gelage mit erlesenen Weinen, mit den besten und feinsten Speisen, mit besten, erlesenen Weinen. Er zerreißt auf diesem Berg die Hülle, die alle Nationen verhüllt, und die Decke, die alle Völker bedeckt. Er beseitigt den Tod für immer. Gott, der Herr, wischt die Tränen ab von jedem Gesicht. Auf der ganzen Erde nimmt er von seinem Volk die Schande hinweg. Ja, der Herr hat gesprochen.
An jenem Tag wird man sagen: Seht, das ist unser Gott, auf ihn haben wir unsere Hoffnung gesetzt, er wird uns retten. Das ist der Herr, auf ihn setzen wir unsere Hoffnung. Wir wollen jubeln und uns freuen über seine rettende Tat. Ja, die Hand des Herrn ruht auf diesem Berg.

Evangelium *Matthäus 15,29-37* In jener Zeit kam Jesus an den See von Galiläa. Er stieg auf einen Berg und setzte sich. Da kamen viele Menschen und brachten Lahme, Krüppel, Blinde, Stumme und viele andere Kranke zu ihm; sie legten sie vor ihn hin, und er heilte sie. Als die Menschen sahen, dass Stumme plötzlich redeten, Krüppel gesund wurden, Lahme gehen und Blinde sehen konnten, waren sie erstaunt und priesen den Gott Israels.
Jesus rief seine Jünger zu sich und sagte: Ich habe Mitleid mit diesen Menschen; sie sind schon drei Tage bei mir und haben nichts mehr zu essen. Ich will sie nicht hungrig wegschicken, sonst brechen sie unterwegs zusammen. Da sagten die Jünger zu ihm: Wo sollen wir in dieser unbewohnten Gegend so viel Brot hernehmen, um so viele Menschen satt zu machen? Jesus sagte zu ihnen: Wie viele Brote habt ihr? Sie antworteten: Sieben, und noch ein paar Fische. Da forderte er die Leute auf, sich auf den Boden zu setzen. Und er nahm die sieben Brote und die Fische, sprach das Dankgebet, brach die Brote und gab sie den Jüngern und die Jünger verteilten sie an die Leute. Und alle aßen und wurden satt. Dann sammelte man die übrig gebliebenen Brotstücke ein, sieben Körbe voll.

Zur Lesung Eine unglaubliche Vision: Absage an Tod, Tränen, Schande, an Feindschaft, Gewalt, Krieg. Ansage eines üppigen Festmahls

für alle Nationen, alle Menschen. Was Gott durch Jesaja in Aussicht stellt und was seit 2 000 Jahren zum Glauben der Christen zählt – ist davon etwas in unserem Leben spürbar? Lassen wir Gott ankommen in die Realität, in der Tod, Tränen, Krieg, Gewalt die erste Geige spielen? Lassen wir ihn ankommen in uns? Und werden lebendiges Zeugnis dafür, dass Tränen und Tod nicht das letzte Wort über unser Leben sprechen?
„Er wischt die Tränen ab von jedem Gesicht." Keinem bleibt Leid und Tod erspart. Das neue Leben gibt es nur durch den Tod hindurch. Aber aus dem Glauben, dass hinter allen Biegungen und Brechungen Gott auf uns wartet, wächst der Mut, hier und jetzt mitzuwirken an einem Leben, das uns verheißen ist.

Donnerstag der 1. Adventswoche

Lesung *Jesaja 26,1-6* An jenem Tag singt man in Juda dieses Lied: Wir haben eine befestigte Stadt, zu unserem Schutz baute der Herr Mauern und Wälle. Öffnet die Tore, damit ein gerechtes Volk durch sie einzieht, ein Volk, das dem Herrn die Treue bewahrt. Sein Sinn ist fest; du schenkst ihm Ruhe und Frieden; denn es verlässt sich auf dich. **Lj I+II**
Verlasst euch stets auf den Herrn; denn der Herr ist ein ewiger Fels. Er hat die Bewohner des hohen Berges hinabgestürzt, die hoch aufragende Stadt; er hat sie zu Boden geworfen, in den Staub hat er sie gestoßen. Sie wird zermalmt von den Füßen der Armen, unter den Tritten der Schwachen.

Evangelium *Matthäus 7,21.24-27* In jener Zeit sprach Jesus zu seinen Jüngern: Nicht jeder, der zu mir sagt: Herr! Herr! wird in das Himmelreich kommen, sondern nur, wer den Willen meines Vaters im Himmel erfüllt.
Wer diese meine Worte hört und danach handelt, ist wie ein kluger Mann, der sein Haus auf Fels baute. Als nun ein Wolkenbruch kam und die Wassermassen heranfluteten, als die Stürme tobten und an dem Haus rüttelten, da stürzte es nicht ein; denn es war auf Fels gebaut.
Wer aber meine Worte hört und nicht danach handelt, ist wie ein unvernünftiger Mann, der sein Haus auf Sand baute. Als nun ein Wolkenbruch kam und die Wassermassen heranfluteten, als die Stürme tobten und an dem Haus rüttelten, da stürzte es ein und wurde völlig zerstört.

Zum Evangelium Jesus erzählt dieses Gleichnis Menschen, die gerade der Bergpredigt zugehört haben. Er beschreibt zwei Menschentypen: die, die seine Worte hören und tun, und die, die seine Worte hören und nicht tun. Die einen leben im Einklang mit sich, die anderen sind innerlich zerrissen. Die einen haben ihr Leben auf einem festen Fundament errichtet, die anderen haben es auf Sand gesetzt. Wenn wir die Worte der Bergpredigt hören, kann es uns einerseits angst und bange werden vor ihrer Radikalität, andererseits würden wir ja gern so radikal leben können: barmherziger, geradliniger, liebender – eben so, wie Jesus selbst gelebt hat. Wort und Tat sind bei ihm identisch. Jesus will uns durch dieses Gleichnis davor bewahren, zu gespaltenen Persönlichkeiten zu werden, damit unser Hören und Tun nicht unverbunden nebeneinander existieren, als ginge eine Mauer durch uns. In unseren oft mühsamen Versuchen, Wort und Tat in Übereinstimmung zu bringen, sind wir aber nicht allein auf unsere Kraft angewiesen. Gott kommt uns mit seiner Kraft zu Hilfe, damit zusammenwächst, was zusammengehört.

Freitag der 1. Adventswoche

Lj I+II **Lesung** *Jesaja 29,17-24* So spricht Gott, der Herr: Nur noch kurze Zeit, dann verwandelt sich der Libanon in einen Garten und der Garten wird zu einem Wald. An jenem Tag hören alle, die taub sind, sogar Worte, die nur geschrieben sind, und die Augen der Blinden sehen selbst im Dunkeln und Finstern. Die Erniedrigten freuen sich wieder über den Herrn und die Armen jubeln über den Heiligen Israels. Denn der Unterdrücker ist nicht mehr da, der Schurke ist erledigt, ausgerottet sind alle, die Böses tun wollen, die andere als Verbrecher verleumden, die dem Richter, der am Tor sitzt, Fallen stellen und den Unschuldigen um sein Recht bringen mit haltlosen Gründen.
Darum – so spricht der Herr zum Haus Jakob, der Herr, der Abraham losgekauft hat: Nun braucht sich Jakob nicht mehr zu schämen, sein Gesicht muss nicht mehr erbleichen. Wenn das Volk sieht, was meine Hände in seiner Mitte vollbringen, wird es meinen Namen heilig halten. Es wird den Heiligen Jakobs als heilig verehren und erschrecken vor Israels Gott.
Dann kommen die Verwirrten zur Einsicht und wer aufsässig war, lässt sich belehren.

Evangelium *Matthäus 9,27-31* In jener Zeit, als Jesus weiterging, folgten ihm zwei Blinde und schrien: Hab Erbarmen mit uns, Sohn Davids! Nachdem er ins Haus gegangen war, kamen die Blinden zu ihm. Er sagte zu ihnen: Glaubt ihr, dass ich euch helfen kann? Sie antworteten: Ja, Herr. Darauf berührte er ihre Augen und sagte: Wie ihr geglaubt habt, so soll es geschehen. Da wurden ihre Augen geöffnet.
Jesus aber befahl ihnen: Nehmt euch in Acht! Niemand darf es erfahren. Doch sie gingen weg und erzählten von ihm in der ganzen Gegend.

Zur Lesung Martin Luther hat diesem Schriftwort den Titel gegeben: „Die große Wandlung“. Denn Jesaja kündigt eine grundlegende Veränderung der Verhältnisse an. Alles soll besser, reicher, glücklicher werden. Aber nicht so, als ob ein Füllhorn des Glücks über uns ausgegossen würde. Wandlung zum Besseren kostet Kraft, macht Angst, erfordert Widerstand gegen Resignation und Bequemlichkeit, fordert dem Wunsch nach Dauer und Gewöhnung das Verlassen der alten Zustände ab. „Aller Anfang ist schwer“, aber ohne Neuanfang ist Wachstum nicht möglich. Was Jesaja verheißt, ist in jedem von uns angelegt – es will gesucht, entdeckt, gelebt werden, damit ich werde, wozu ich bestimmt bin. Wenn ich der Verheißung meines Lebens auf die Spur komme, könnten sich dann meine inneren Wüsten nicht in einen blühenden Garten verwandeln? Wir sind ja schon hineingenommen in eine ungeheuerliche, ja revolutionäre Verwandlung, weil da der ist, der selbst den Tod, meinen Tod, in Leben verwandelt hat. In uns wächst, je mehr wir dem Ende entgegengehen, Leben gegen den Tod heran.

Samstag der 1. Adventswoche

Lesung *Jesaja 30,19-21.23-26* Du Volk auf dem Berg Zion, das in Jerusalem wohnt, du brauchst jetzt nicht mehr zu weinen. Der Herr ist dir gnädig, wenn du um Hilfe schreist; er wird dir antworten, sobald er dich hört. **Lj I+II**
Auch wenn dir der Herr bisher nur wenig Brot und nicht genug Wasser gab, so wird er, dein Lehrer, sich nicht mehr verbergen. Deine Augen werden deinen Lehrer sehen, deine Ohren werden es hören, wenn er dir nachruft: Hier ist der Weg, auf ihm müsst ihr gehen, auch wenn ihr selbst rechts oder links gehen wolltet.
Dann spendet er Regen für die Saat, die du auf den Acker gesät hast. Das Korn, das auf dem Acker heranreift, wird üppig und fett sein. Auf weiten Wiesen weidet dein Vieh an jenem Tag. Die Rinder und Esel, die dir bei der Feldarbeit helfen, bekommen würziges Futter zu fressen, das man mit Schaufel und Gabel gemischt hat. Auf allen hohen Bergen und stattlichen Hügeln gibt es Bäche voll Wasser am Tag des großen Mordens, wenn die Türme einstürzen. Zu der Zeit, wenn der Herr die Leiden seines Volkes heilt und seine Wunden verbindet, wird das Licht des Mondes so hell sein wie das Licht der Sonne und das Licht der Sonne wird siebenmal so stark sein wie das Licht von sieben Tagen.

Evangelium *Matthäus 9,35–10,1.6-8* In jener Zeit zog Jesus durch alle Städte und Dörfer, lehrte in ihren Synagogen, verkündete das Evangelium vom Reich und heilte alle Krankheiten und Leiden. Als er die vielen Menschen sah, hatte er Mitleid mit ihnen; denn sie waren müde und erschöpft wie Schafe, die keinen Hirten haben. Da sagte er zu seinen Jüngern: Die Ernte ist groß, aber es gibt nur wenig Arbeiter. Bittet also den Herrn der Ernte, Arbeiter für seine Ernte auszusenden.
Dann rief er seine zwölf Jünger zu sich und gab ihnen die Vollmacht, die unreinen Geister auszutreiben und alle Krankheiten und Leiden zu heilen. Er gebot ihnen: Geht zu den verlorenen Schafen des Hauses Israel. Geht und verkündet: Das Himmelreich ist nahe. Heilt Kranke, weckt Tote auf, macht Aussätzige rein, treibt Dämonen aus! Umsonst habt ihr empfangen, umsonst sollt ihr geben.

Zum Evangelium Aus tiefem Mitleid über die Zerrissenheit, Orientierungslosigkeit und Bedürftigkeit der Menschen zieht Jesus von Ort zu Ort, um ihr Leben aufzurichten. Die Jünger, die bei ihm gelernt haben, was zu tun und zu hoffen ist, tun es ihm gleich.
Und wir, die wir auch wissen müssten, was zu tun und zu hoffen ist, sind heute gefragt. Unsere Sendung als Christen fängt mit dem Erbarmen an. Nehme ich den Menschen neben mir wahr, spüre ich, was er braucht? Wie können wir in diese zerrissene, orientierungslose, bedürftige Menschheit die Liebe Gottes, die höher ist als alle Vernunft, hineintragen? Darauf kommt es an. Nichts ist wichtiger, als durch unsere Hände und Füße, unseren Mund, unsere Ohren und Augen auf den Gott der Liebe und des Erbarmens hinzuweisen. Gott traut uns, wie den Zwölfen damals, zu, dass wir seinem Ruf entsprechen und den Weg zu denen finden, die uns heute brauchen.

2. Adventswoche

Montag der 2. Adventswoche

Lj I+II **Lesung** *Jesaja 35,1-10* Die Wüste und das trockene Land sollen sich freuen, die Steppe soll jubeln und blühen. Sie soll prächtig blühen wie eine Lilie, jubeln soll sie, jubeln und jauchzen. Die Herrlichkeit des Libanon wird ihr geschenkt, die Pracht des Karmel und der Ebene Scharon. Man wird die Herrlichkeit des Herrn sehen, die Pracht unseres Gottes.
Macht die erschlafften Hände wieder stark und die wankenden Knie wieder fest! Sagt den Verzagten: Habt Mut, fürchtet euch nicht! Seht, hier ist euer Gott! Die Rache Gottes wird kommen und seine Vergeltung; er selbst wird kommen und euch erretten.
Dann werden die Augen der Blinden geöffnet, auch die Ohren der Tauben sind wieder offen. Dann springt der Lahme wie ein Hirsch, die Zunge des Stummen jauchzt auf. In der Wüste brechen Quellen hervor und Bäche fließen in der Steppe.
Der glühende Sand wird zum Teich und das durstige Land zu sprudelnden Quellen. An dem Ort, wo jetzt die Schakale sich lagern, gibt es dann Gras, Schilfrohr und Binsen. Eine Straße wird es dort geben; man nennt sie den Heiligen Weg. Kein Unreiner darf ihn betreten. Er gehört dem, der auf ihm geht. Unerfahrene gehen nicht mehr in die Irre. Es wird keinen Löwen dort geben, kein Raubtier betritt diesen Weg, keines von ihnen ist hier zu finden. Dort gehen nur die Erlösten. Die vom Herrn Befreiten kehren zurück und kommen voll Jubel nach Zion. Ewige Freude ruht auf ihren Häuptern. Wonne und Freude stellen sich ein, Kummer und Seufzen entfliehen.

Evangelium *Lukas 5,17-26* Eines Tages, als Jesus lehrte, saßen unter den Zuhörern auch Pharisäer und Gesetzeslehrer; sie waren aus allen Dörfern Galiläas und Judäas und aus Jerusalem gekommen. Und die Kraft des Herrn drängte ihn dazu, zu heilen. Da brachten einige Männer einen Gelähmten auf einer Tragbahre. Sie wollten ihn ins Haus bringen und vor Jesus hinlegen. Weil es ihnen aber wegen der vielen Leute nicht möglich war, ihn hineinzubringen, stiegen sie aufs Dach, deckten die Ziegel ab und ließen ihn auf seiner Tragbahre in die Mitte des Raumes hinunter, genau vor Jesus hin. Als er ihren Glauben sah, sagte er zu dem Mann: Deine Sünden sind dir vergeben.

Da dachten die Schriftgelehrten und die Pharisäer: Wer ist das, dass er eine solche Gotteslästerung wagt? Wer außer Gott kann Sünden vergeben? Jesus aber merkte, was sie dachten, und sagte zu ihnen: Was habt ihr für Gedanken im Herzen? Was ist leichter, zu sagen: Deine Sünden sind dir vergeben! oder zu sagen: Steh auf und geh umher? Ihr sollt aber erkennen, dass der Menschensohn die Vollmacht hat, hier auf der Erde Sünden zu vergeben.

Und er sagte zu dem Gelähmten: Ich sage dir: Steh auf, nimm deine Tragbahre und geh nach Hause! Im gleichen Augenblick stand der Mann vor aller Augen auf. Er nahm die Tragbahre, auf der er gelegen hatte, und ging heim, Gott lobend und preisend. Da gerieten alle außer sich; sie priesen Gott und sagten voller Furcht: Heute haben wir etwas Unglaubliches gesehen.

Zum Evangelium Jesus predigt vor einer großen Menschenansammlung. Alle sind gekommen, um ihn zu hören. Doch da wird ein Gelähmter vom Dach heruntergelassen. Und für einen einzigen Menschen unterbricht Jesus seine große Rede. Er konzentriert sich ganz auf ihn und heilt ihn an Leib und Seele. Die Geschichte lässt erkennen, dass wir Gott „aufs Dach steigen" können mit denen, die auf uns angewiesen sind. Gott ringt um die ganze Menschheit und wendet sich gleichzeitig dem einen zu, der ihn gerade braucht. Ihm ist die Not eines Einzelnen so wichtig wie die Verkündigung seines Reiches. Im Reich Gottes hat auch der Schwächste Grund zu hoffen. Wir sind Gottes Hoffnungsträger, wenn wir die Menschen zu ihm tragen, die sich wie gelähmt fühlen.

Dienstag der 2. Adventswoche

Lesung *Jesaja 40,1-11* Tröstet, tröstet mein Volk, spricht euer Gott. Redet Lj I+II
Jerusalem zu Herzen und verkündet der Stadt, dass ihr Frondienst zu Ende geht, dass ihre Schuld beglichen ist; denn sie hat die volle Strafe erlitten von der Hand des Herrn für all ihre Sünden.

Eine Stimme ruft: Bahnt für den Herrn einen Weg durch die Wüste! Baut in der Steppe eine ebene Straße für unseren Gott! Jedes Tal soll sich heben, jeder Berg und Hügel sich senken. Was krumm ist, soll gerade werden, und was hüglig ist, werde eben. Dann offenbart sich die Herrlichkeit des Herrn,

alle Sterblichen werden sie sehen. Ja, der Mund des Herrn hat gesprochen. Eine Stimme sagte: Verkünde! Ich fragte: Was soll ich verkünden? Alles Sterbliche ist wie das Gras und all seine Schönheit ist wie die Blume auf dem Feld. Das Gras verdorrt, die Blume verwelkt, wenn der Atem des Herrn darüber weht. Wahrhaftig, Gras ist das Volk. Das Gras verdorrt, die Blume verwelkt, doch das Wort unseres Gottes bleibt in Ewigkeit.
Steig auf einen hohen Berg, Zion, du Botin der Freude! Erheb deine Stimme mit Macht, Jerusalem, du Botin der Freude! Erheb deine Stimme, fürchte dich nicht! Sag den Städten in Juda: Seht, da ist euer Gott.
Seht, Gott der Herr, kommt mit Macht, er herrscht mit starkem Arm. Seht, er bringt seinen Siegespreis mit: Alle, die er gewonnen hat, gehen vor ihm her. Wie ein Hirt führt er seine Herde zur Weide, er sammelt sie mit starker Hand. Die Lämmer trägt er auf dem Arm, die Mutterschafe führt er behutsam.

Evangelium *Matthäus 18,12-14* In jener Zeit fragte Jesus seine Jünger: Was meint ihr? Wenn jemand hundert Schafe hat und eines von ihnen sich verirrt, lässt er dann nicht die neunundneunzig auf den Bergen zurück und sucht das verirrte? Und wenn er es findet – amen, ich sage euch: er freut sich über dieses eine mehr als über die neunundneunzig, die sich nicht verirrt haben. So will auch euer himmlischer Vater nicht, dass einer von diesen Kleinen verloren geht.

Zum Evangelium Das verlorene Schaf – die neunundneunzig anderen – wofür stehen sie? Das eine für den Sünder, die anderen für die Gerechten? Gibt es Kriterien, wann man zu den Gerechten, wann zu den Sündern gehört? Wer entscheidet darüber, wo die Herde aufhört und die Verlorenheit anfängt? Gleichnisse lassen sich nicht auf eine Moral reduzieren, „so sind die Guten, so die Bösen", sie transportieren keine Botschaft, sie sind Botschaft. Sie wollen nicht informieren, sondern ändern. Wenn Jesus ein Gleichnis erzählt, werden wir selber ein Teil dieser Geschichte. Jesus zieht alle Zuhörer hinein. Es geht ihm nicht darum, wer ist wer, sondern darum: Wie fühlt es sich an, verlorenes Schaf, Herde, Hirte zu sein? Gleichnisse eröffnen einen neuen Horizont, laden ein, sich in die verschiedenen Rollen hineinzuversetzen. Denn wir sind meistens alles zugleich: Sünder, Rechtschaffene, Verantwortliche. Wer immer wir sind, uns gilt die Zusage Gottes: Du bist nicht verloren und nicht allein, ich suche und finde dich. Und am Ende, ganz am Ende wird Freude sein. Bei allen. Weil wir zusammengehören und alle heimkommen, zu Gott.

Mittwoch der 2. Adventswoche

Lj I+II **Lesung** *Jesaja 40,25-31* Mit wem wollt ihr mich vergleichen? Wem sollte ich ähnlich sein? spricht der Heilige. Hebt eure Augen in die Höhe und seht: Wer hat die Sterne dort oben erschaffen? Er ist es, der ihr Heer täglich zählt

und heraufführt, der sie alle beim Namen ruft. Vor dem Allgewaltigen und Mächtigen wagt keiner zu fehlen.
Jakob, warum sagst du, Israel, warum sprichst du: Mein Weg ist dem Herrn verborgen, meinem Gott entgeht mein Recht? Weißt du es nicht, hörst du es nicht? Der Herr ist ein ewiger Gott, der die weite Erde erschuf. Er wird nicht müde und matt, unergründlich ist seine Einsicht. Er gibt dem Müden Kraft, dem Kraftlosen verleiht er große Stärke.
Die Jungen werden müde und matt, junge Männer stolpern und stürzen. Die aber, die dem Herrn vertrauen, schöpfen neue Kraft, sie bekommen Flügel wie Adler. Sie laufen und werden nicht müde, sie gehen und werden nicht matt.

Evangelium *Matthäus 11,28-30* In jener Zeit sprach Jesus: Kommt alle zu mir, die ihr euch plagt und schwere Lasten zu tragen habt. Ich werde euch Ruhe verschaffen.
Nehmt mein Joch auf euch und lernt von mir; denn ich bin gütig und von Herzen demütig; so werdet ihr Ruhe finden für eure Seele. Denn mein Joch drückt nicht und meine Last ist leicht.

Zum Evangelium „Kommt alle zu mir!" Diese Einladung geht an alle Welt. Sie gilt angesichts eines Lebens, das von Sorgen, Bedrückung und Tod gezeichnet ist. Unsere Lasten ablegen, zur Ruhe kommen, ist Einladung in ein anderes Lebensklima als das, in dem die Erfolgreichen ihre Siege feiern und die Schwachen herausfallen. Weil unsere Lasten bei Jesus aufgehoben sind, sind wir frei, die Lasten anderer mitzutragen, oder wie Paulus es einmal formuliert: „Einer trage des anderen Last, so werdet ihr das Gesetz Christi erfüllen." Jesus sagt, seine Last sei leicht. Leicht, sobald wir uns von dem Wahn befreien lassen, wie Gott sein zu wollen und unser Lebensdesign selbst zu entwerfen. Leichte Last, das ist der Respekt vor dem Leben als Geschenk aus Gottes Hand, das ist die Fähigkeit, „gütig und von Herzen demütig" zu sein. Was das bedeutet, lehrt uns Jesu Leben.

Donnerstag der 2. Adventswoche

Lesung *Jesaja 41,13-20* Ich bin der Herr, dein Gott, der deine rechte Hand ergreift und der zu dir sagt: Fürchte dich nicht, ich werde dir helfen. **Lj I+II**
Fürchte dich nicht, du armer Wurm Jakob, du Würmlein Israel! Ich selber werde dir helfen – Spruch des Herrn. Der Heilige Israels löst dich aus.
Zu einem Dreschschlitten mache ich dich, zu einem neuen Schlitten mit vielen Schneiden. Berge wirst du dreschen und sie zermalmen und Hügel machst du zu Spreu. Du worfelst sie und es verweht sie der Wind, es zerstreut sie der Sturm. Du aber jubelst über den Herrn, du rühmst dich des Heiligen Israels.

Die Elenden und Armen suchen Wasser, doch es ist keines da; ihre Zunge vertrocknet vor Durst. Ich, der Herr, will sie erhören, ich, der Gott Israels, verlasse sie nicht. Auf den kahlen Hügeln lasse ich Ströme hervorbrechen und Quellen inmitten der Täler. Ich mache die Wüste zum Teich und das ausgetrocknete Land zur Oase. In der Wüste pflanze ich Zedern, Akazien, Ölbäume und Myrten. In der Steppe setze ich Zypressen, Platanen und auch Eschen. Dann werden alle sehen und erkennen, begreifen und verstehen, dass die Hand des Herrn das alles gemacht hat, dass der Heilige Israels es erschaffen hat.

Evangelium *Matthäus 11,7b.11-15* In jener Zeit begann Jesus zu der Menge über Johannes zu reden: Amen, das sage ich euch: Unter allen Menschen hat es keinen größeren gegeben als Johannes den Täufer; doch der Kleinste im Himmelreich ist größer als er.
Seit den Tagen Johannes des Täufers bis heute wird dem Himmelreich Gewalt angetan; die Gewalttätigen reißen es an sich. Denn bis hin zu Johannes haben alle Propheten und das Gesetz über diese Dinge geweissagt. Und wenn ihr es gelten lassen wollt: Ja, er ist Elija, der wiederkommen soll. Wer Ohren hat, der höre!

Zur Lesung Sie sind im Exil. Glanzlose Jahre. Spärliches Leben. Haben es nicht alle anderen besser als sie? Da verkündet ihnen Jesaja eine Frohbotschaft von Gott. Sie müssen sich nicht fürchten, Gott nimmt sie an der Hand, führt sie heraus aus der Gefangenschaft, gibt ihnen Zukunft und Freiheit. Vor Gott müssen sie nichts sein, was sie nicht sind. Und wir müssen es ebenfalls nicht. Egal wie stark oder schwach, gesund oder krank, wir sind alle ein „armer Wurm" – ein Mensch. Vor Gott zählt unsere Menschlichkeit. Wir sollen sie weiter entwickeln, unseren Platz im Leben gestalten und verantwortungsvoll mit dem umgehen, was uns nur geliehen ist. Wer begreift, „dass die Hand des Herrn das alles gemacht hat", weiß sich geborgen in ihm und vergisst nicht, wem er sein Leben verdankt.

Freitag der 2. Adventswoche

Lj I+II **Lesung** *Jesaja 48,17-19* So spricht der Herr, dein Erlöser, der Heilige Israels: Ich bin der Herr, dein Gott, der dich lehrt, was Nutzen bringt, und der dich auf den Weg führt, den du gehen sollst.
Hättest du doch auf meine Gebote geachtet! Dein Glück wäre wie ein Strom und dein Heil wie die Wogen des Meeres. Deine Nachkommen wären zahlreich wie der Sand und deine leiblichen Kinder wie seine Körner. Ihr Name wäre in meinen Augen nicht getilgt und gelöscht.

Evangelium *Matthäus 11,16-19* In jener Zeit sprach Jesus zu der Menge: Mit wem soll ich diese Generation vergleichen? Sie gleicht Kindern, die auf dem Marktplatz sitzen und anderen Kindern zurufen: Wir haben für euch auf der Flöte Hochzeitslieder gespielt, und ihr habt nicht getanzt; wir haben Klagelieder gesungen und ihr habt euch nicht an die Brust geschlagen. Johannes ist gekommen, er isst nicht und trinkt nicht und sie sagen: Er ist von einem Dämon besessen. Der Menschensohn ist gekommen, er isst und trinkt; darauf sagen sie: Dieser Fresser und Säufer, dieser Freund der Zöllner und Sünder! Und doch hat die Weisheit durch die Taten, die sie bewirkt hat, Recht bekommen.

Zum Evangelium Ob wir manchmal launischen Kindern gleichen, die partout gerade das nicht wollen, was ihnen angeboten wird? Die wollen, was gerade nicht geht, statt nach dem zu greifen, was gerade möglich ist? Die ihr Urteilsvermögen irgendwann und irgendwo abgegeben haben und grundsätzlich nur auf die hören, die das Sagen haben? Immer hin- und hergerissen, sich nicht entscheiden können und nicht wirklich leben, sondern Leben „spielen"? Solche Menschen spielen „Beerdigung", ohne zu trauern, spielen „Hochzeit", ohne Fröhlichkeit zu verbreiten. Sie haben Johannes gehört, er war ihnen zu asketisch, zu finster, zu fremd. Sie haben Jesus gehört, er war ihnen zu offen, zu üppig, zu lebensbejahend. Es geht darum, die Trauer und Aussichtslosigkeit des Johannes und die Rettung und Vergebung Jesu zusammenzubringen. Das eine baut auf dem anderen auf. Nur so wird aus dem unentschiedenen Als-ob-Leben wirkliches Leben. Nur so entscheide ich mich wirklich für Gott.

Samstag der 2. Adventswoche

Lesung *Jesus Sirach 48,1-4.9-11* In jenen Tagen stand Elija auf, ein Prophet wie Feuer, seine Worte waren wie ein brennender Ofen. Er entzog ihnen ihren Vorrat an Brot, durch sein Eifern verringerte er ihre Zahl. Auf Gottes Wort hin verschloss er den Himmel und dreimal ließ er Feuer herniederfallen. Wie Ehrfurcht gebietend warst du, Elija, wer dir gleichkommt, kann sich rühmen. Du wurdest im Wirbelsturm nach oben entrückt, in Feuermassen himmelwärts. Von dir sagt die Schrift, du stehst bereit für die Endzeit, um den Zorn zu beschwichtigen, bevor er entbrennt, um den Söhnen das Herz der Väter zuzuwenden und Jakobs Stämme wieder aufzurichten. Lj I+II
Wohl dem, der dich sieht und stirbt; denn auch er wird leben.

Evangelium *Matthäus 17,9a.10-13* Während Jesus und seine Jünger den Berg hinabstiegen, fragten ihn die Jünger: Warum sagen denn die Schriftgelehrten, zuerst müsse Elija kommen?
Er gab zur Antwort: Ja, Elija kommt und er wird alles wiederherstellen. Ich sage euch aber: Elija ist schon gekommen, doch sie haben ihn nicht erkannt, sondern mit ihm gemacht, was sie wollten. Ebenso wird auch der Menschensohn durch sie leiden müssen.
Da verstanden die Jünger, dass er von Johannes dem Täufer sprach.

Zum Evangelium Elija und Johannes – zwei Propheten wie Feuer. Zwei Propheten, die radikale Entscheidung fordern: Wer nicht umkehrt, dem droht das Gericht. Was dem Kommen des Reiches Gottes im Weg steht, muss beseitigt werden: Egoismus, Herzenshärte, Ungerechtigkeit ... und vor allem die Götzen, mit denen sich Menschen umgeben. Johannes' Botschaft ist für die religiösen Autoritäten äußerst unbequem. Deshalb erkennen sie in ihm nicht den wiedergekommenen Elias, um ein Alibi zu haben, so weiterzumachen wie bisher. – Johannes' prophetische Schärfe wandelt Jesus in Worte der Liebe und des Heils. Aber auch er wird dasselbe Schicksal erleiden wie Johannes, weil seine Liebe die Lieblosigkeit bloßstellt. Und doch ist das Leben, das mit ihm begann, bis heute nicht totzukriegen.

3. Adventswoche

Montag der 3. Adventswoche

Lj I+II **Lesung** *Numeri 24,2-7.15-17a* In jenen Tagen, als Bileam aufblickte, sah er Israel im Lager, nach Stämmen geordnet. Da kam der Geist Gottes über ihn, er begann mit seinem Orakelspruch und sagte:
Spruch Bileams, des Sohnes Beors, Spruch des Mannes mit geschlossenem Auge, Spruch dessen, der Gottesworte hört, der eine Vision des Allmächtigen sieht, der daliegt mit entschleierten Augen:
Jakob, wie schön sind deine Zelte, wie schön deine Wohnstätten, Israel! Wie Bachtäler ziehen sie sich hin, wie Gärten am Strom, wie Eichen, vom Herrn gepflanzt, wie Zedern am Wasser. Von seinen Schöpfeimern rinnt das Wasser, reichlich Wasser hat seine Saat. Sein König ist Agag überlegen, seine Königsherrschaft erstarkt.
Und er begann mit seinem Orakelspruch und sagte:
Spruch Bileams, des Sohnes Beors, Spruch des Mannes mit geschlossenem Auge, Spruch dessen, der Gottesworte hört, der die Gedanken des Höchsten kennt, der eine Vision des Allmächtigen sieht, der daliegt mit entschleierten Augen: Ich sehe ihn, aber nicht jetzt, ich erblicke ihn, aber nicht in der Nähe: Ein Stern geht in Jakob auf, ein Zepter erhebt sich in Israel.

Evangelium *Matthäus 21,23-27* In jener Zeit, als Jesus in den Tempel ging und dort lehrte, kamen die Hohenpriester und die Ältesten des Volkes zu ihm und fragten: Mit welchem Recht tust du das alles? Wer hat dir dazu die Vollmacht gegeben?
Jesus antwortete ihnen: Auch ich will euch eine Frage stellen. Wenn ihr mir darauf antwortet, dann werde ich euch sagen, mit welchem Recht ich das tue. Woher stammte die Taufe des Johannes? Vom Himmel oder von den Menschen?

Da überlegten sie und sagten zueinander: Wenn wir antworten: Vom Himmel!, so wird er zu uns sagen: Warum habt ihr ihm dann nicht geglaubt? Wenn wir aber antworten: Von den Menschen!, dann müssen wir uns vor den Leuten fürchten; denn alle halten Johannes für einen Propheten. Darum antworteten sie Jesus: Wir wissen es nicht.
Da erwiderte er: Dann sage auch ich euch nicht, mit welchem Recht ich das alles tue.

Zum Evangelium Jesus tut, was er lehrt – und lehrt, was er tut. Seine Zuhörer reagieren oft erstaunt oder gar bestürzt, wenn Jesus spricht, weil er es mit einer bislang nie da gewesenen Autorität tut. Er ist ganz anders als alle Lehrer bisher. Er strahlt Mitgefühl, Liebe, Verständnis aus. Er wendet sich den Schwächsten zu, die für die religiösen Autoritäten keines Blickes wert sind. Er zeigt, wie Menschen sein könnten. Deshalb spüren viele: Was er sagt, geht mich an. Wenn ich es ernst nehme, hängt mein Heil davon ab, seine Worte in meinem Leben Praxis werden zu lassen. Andere verschließen sich vor Jesu Anspruch, denn er könnte ihnen ihre eigene Theologenautorität streitig machen. Deshalb ihre Frage: „Mit welchem Recht tust du das alles?" Er, dessen Herkunft man kennt, ein Zimmermannssohn aus bescheidenen Verhältnissen, kein Theologe, kein Gebildeter – was nimmt der sich heraus? Ist das nicht übersteigerte Selbsteinschätzung oder krankhafte Spinnerei? Wie kann er mit sich den Beginn der Gottesherrschaft und die Vergebung von Sünden verbinden? – Will er sein wie Gott? Und für mich – wer ist Jesus von Nazaret für mich?

Dienstag der 3. Adventswoche

Lesung *Zefanja 3,1-2.9-13* So spricht der Herr: Weh der trotzigen, der schmutzigen, der gewalttätigen Stadt. Sie will nicht hören und nimmt sich keine Warnung zu Herzen. Sie verlässt sich nicht auf den Herrn und sucht nicht die Nähe ihres Gottes. **Lj I+II**
Ich werde die Lippen der Völker verwandeln in reine Lippen, damit alle den Namen des Herrn anrufen und ihm einmütig dienen. Von jenseits der Ströme von Kusch bringen mir meine Verehrer dann als Gabe die Gemeinde meiner Verstreuten.
An jenem Tag brauchst du dich nicht mehr zu schämen, wegen all deiner schändlichen Taten, die du gegen mich verübt hast. Ja, dann entferne ich aus deiner Mitte die überheblichen Prahler und du wirst nicht mehr hochmütig sein auf meinem heiligen Berg. Und ich lasse in deiner Mitte übrig ein demütiges und armes Volk, das seine Zuflucht sucht beim Namen des Herrn. Der Rest von Israel wird kein Unrecht mehr tun und wird nicht mehr lügen, in ihrem Mund findet man kein unwahres Wort mehr. Ja, sie gehen friedlich auf die Weide und niemand schreckt sie auf, wenn sie ruhen.

Evangelium *Matthäus 21,28-32* In jener Zeit sprach Jesus zu den Hohenpriestern und zu den Ältesten des Volkes: Was meint ihr? Ein Mann hatte zwei Söhne. Er ging zum ersten und sagte: Mein Sohn, geh und arbeite heute im Weinberg! Er antwortete: Ja, Herr! ging aber nicht. Da wandte er sich an den zweiten Sohn und sagte zu ihm dasselbe. Dieser antwortete: Ich will nicht. Später aber reute es ihn und er ging doch. Wer von den beiden hat den Willen seines Vaters erfüllt? Sie antworteten: Der zweite.
Da sagte Jesus zu ihnen: Amen, das sage ich euch: Zöllner und Dirnen gelangen eher in das Reich Gottes als ihr. Denn Johannes ist gekommen, um euch den Weg der Gerechtigkeit zu zeigen, und ihr habt ihm nicht geglaubt; aber die Zöllner und die Dirnen haben ihm geglaubt. Ihr habt es gesehen und doch habt ihr nicht bereut und ihm nicht geglaubt.

Zur Lesung Zefanja schreibt diese Worte in einer Zeit, als der Glaube des Volkes Israel an den einen Gott Jahwe durch Götter fremder Kulturen auseinander zu brechen droht. Man arrangiert sich, man passt sich an, man wird dem unsichtbaren Gott untreu und tanzt um die Götzenstatuen. Man teilt Menschen in Klassen auf, die einen bereichern sich an den anderen. Zefanja wirft seine Sätze wie Scheinwerfer in diese abgründigen Dunkelheiten, leuchtet aus, was zu Normalität und Alltag geworden ist, sodass man kaum noch wahrnimmt, wie sehr man sich selbst von der Lebensquelle abgeschnitten hat. Und Gott? Immer wieder zeigt er sich groß, immer wieder vergebungsbereit, immer wieder werbend um seinen Menschen, um sein Volk. Was für ein großartiger Zuspruch ist vor diesem Hintergrund: „Du brauchst dich nicht mehr zu schämen“! Wenn wir meinen, vor Scham in den Erdboden versinken zu müssen, wenn wir unsere Dunkelheiten erkennen und beweinen – Gott zieht uns heraus, fängt neu mit uns an, sagt wie eine Mutter zu ihrem Kind: „Alles wird wieder gut.“

Mittwoch der 3. Adventswoche

Lj I+II **Lesung** *Jesaja 45,6b-8.18.21b-25* Ich bin der Herr und sonst niemand. Ich erschaffe das Licht und mache das Dunkel, ich bewirke das Heil und erschaffe das Unheil. Ich bin der Herr, der das alles vollbringt.
Taut, ihr Himmel, von oben, ihr Wolken, lasst Gerechtigkeit regnen! Die Erde tue sich auf und bringe das Heil hervor, sie lasse Gerechtigkeit sprießen. Ich, der Herr, will es vollbringen.
So spricht der Herr, der den Himmel erschuf, er ist der Gott, der die Erde geformt und gemacht hat – er ist es, der sie erhält, er hat sie nicht als Wüste geschaffen, er hat sie zum Wohnen gemacht –: Ich bin der Herr und sonst niemand. Es gibt keinen Gott außer mir; außer mir gibt es keinen gerechten und rettenden Gott. Wendet euch mir zu und lasst euch erretten, ihr Menschen aus den fernsten Ländern der Erde; denn ich bin Gott und sonst niemand.

Ich habe bei mir selbst geschworen und mein Mund hat die Wahrheit gesprochen, es ist ein unwiderrufliches Wort: Vor mir wird jedes Knie sich beugen und jede Zunge wird bei mir schwören:
Nur beim Herrn – sagt man von mir – gibt es Rettung und Schutz. Beschämt kommen alle zu ihm, die sich ihm widersetzten. Alle Nachkommen Israels bekommen ihr Recht und erlangen Ruhm durch den Herrn.

Evangelium *Lukas 7,18b-23* In jener Zeit rief Johannes zwei von seinen Jüngern zu sich, schickte sie zum Herrn und ließ ihn fragen: Bist du der, der kommen soll, oder müssen wir auf einen andern warten?
Als die beiden Männer zu Jesus kamen, sagten sie: Johannes der Täufer hat uns zu dir geschickt und lässt dich fragen: Bist du der, der kommen soll, oder müssen wir auf einen andern warten? Damals heilte Jesus viele Menschen von ihren Krankheiten und Leiden, befreite sie von bösen Geistern und schenkte vielen Blinden das Augenlicht.
Er antwortete den beiden: Geht und berichtet Johannes, was ihr gesehen und gehört habt: Blinde sehen wieder, Lahme gehen, und Aussätzige werden rein; Taube hören, Tote stehen auf, und den Armen wird das Evangelium verkündet. Selig ist, wer an mir keinen Anstoß nimmt.

Zum Evangelium Johannes legt den Finger auf die Wunden der Zeit, nennt die Dinge beim Namen, handelt, als hinge von ihm die Vollkommenheit der Welt ab, und muss deshalb Nachteile, Missgunst, Gefängnis und schließlich den Tod in Kauf nehmen. Im Gefängnis dann wird er von Zweifeln geplagt. Er hofft, Jesus setze fort, was er begonnen hat, werde die Feinde Gottes besiegen und die Axt an alles anlegen, was verdorben und unrecht ist.
Aber Jesus ist anders, als er sich den Erlöser vorgestellt hat. Jesus wirbt um jeden einzelnen, spricht ihm die Liebe des Vaters und Vergebung der Sünden zu. Jesus kommt nicht mit dem Schwert, er erleidet lieber das Schwert. Nicht die Gewalt, sondern die Liebe wird siegen.
Der Fahrplan der Welt heißt: leben und dann sterben. Der Fahrplan Gottes: sterben und dann leben. Wir sind gehalten in der Liebe Gottes, und durch jede Tat der Liebe wächst etwas Göttliches heran, das durch die Mächte der Welt nicht zerstört werden kann. Selig, wer daran keinen Anstoß nimmt, selig, wer mit Gott einverstanden ist, der die Welt nicht mit der Axt, sondern mit seiner Liebe erlöst …

Donnerstag der 3. Adventswoche

Lesung *Jesaja 54,1-10* Freu dich, du Unfruchtbare, die nie gebar, du, die nie in Wehen lag, brich in Jubel aus und jauchze! Denn die Einsame hat jetzt viel mehr Söhne als die Vermählte, spricht der Herr. **Lj I+II**

Mach den Raum deines Zeltes weit, spann deine Zelttücher aus, ohne zu sparen. Mach die Stricke lang und die Pflöcke fest! Denn nach rechts und links breitest du dich aus. Deine Nachkommen werden Völker beerben und verödete Städte besiedeln.
Fürchte dich nicht, du wirst nicht beschämt; schäme dich nicht, du wirst nicht enttäuscht. Denn die Schande in deiner Jugend wirst du vergessen, an die Schmach deiner Witwenschaft wirst du nicht mehr denken. Denn dein Schöpfer ist dein Gemahl, „Herr der Heere" ist sein Name. Der Heilige Israels ist dein Erlöser, „Gott der ganzen Erde" wird er genannt.
Ja, der Herr hat dich gerufen als verlassene, bekümmerte Frau. Kann man denn die Frau verstoßen, die man in der Jugend geliebt hat? spricht dein Gott. Nur für eine kleine Weile habe ich dich verlassen, doch mit großem Erbarmen hole ich dich heim. Einen Augenblick nur verbarg ich vor dir mein Gesicht in aufwallendem Zorn; aber mit ewiger Huld habe ich Erbarmen mit dir, spricht dein Erlöser, der Herr.
Wie in den Tagen Noachs soll es für mich sein: So wie ich damals schwor, dass die Flut Noachs die Erde nie mehr überschwemmen wird, so schwöre ich jetzt, dir nie mehr zu zürnen und dich nie mehr zu schelten. Auch wenn die Berge von ihrem Platz weichen und die Hügel zu wanken beginnen – meine Huld wird nie von dir weichen und der Bund meines Friedens nicht wanken, spricht der Herr, der Erbarmen hat mit dir.

Evangelium *Lukas 7,24-30* Als die Boten des Johannes weggegangen waren, begann Jesus zu der Menge über Johannes zu reden; er sagte: Was habt ihr denn sehen wollen, als ihr in die Wüste hinausgegangen seid? Ein Schilfrohr, das im Wind schwankt? Oder was habt ihr sehen wollen, als ihr hinausgegangen seid? Einen Mann in feiner Kleidung? Leute, die vornehm gekleidet sind und üppig leben, findet man in den Palästen der Könige. Oder was habt ihr sehen wollen, als ihr hinausgegangen seid? Einen Propheten? Ja, ich sage euch: Ihr habt sogar mehr gesehen als einen Propheten. Er ist der, von dem es in der Schrift heißt: Ich sende meinen Boten vor dir her; er soll den Weg für dich bahnen. Ich sage euch: Unter allen Menschen gibt es keinen größeren als Johannes; doch der Kleinste im Reich Gottes ist größer als er.
Das ganze Volk, das Johannes hörte, selbst die Zöllner, sie alle haben den Willen Gottes anerkannt und sich von Johannes taufen lassen. Doch die Pharisäer und die Gesetzeslehrer haben den Willen Gottes missachtet und sich von Johannes nicht taufen lassen.

Zur Lesung 30 Jahre Exil, verschleppt nach Babylon, hinter sich die Heimat mit einem zerstörten Tempel, einem dezimierten Jerusalem, ähnlich wie heute Kabul oder Grosny ... Eine Zukunft in Jerusalem, wo alles in Trümmern liegt, ist kaum noch denkbar. Da tritt im Exil ein Prophet auf und verkündet das Unglaubliche: Euer Schicksal wird sich wenden, Gott erbarmt sich euer. Nicht an der „kleinen Weile" des Verlassenseins von Gott sollt ihr euch orientieren, sondern an Gottes Erbarmen, das euch umhüllt wie zärtliche mütterliche Liebe. – Ob die Exilierten das glauben konnten? Ob wir heute es glauben können – angesichts der kriegerischen Auseinandersetzungen weltweit, der Naturkatastrophen und persönlicher Schicksalsschläge? Eine einfache Antwort haben wir nicht. Aber heißt das, die Liebe Gottes ist unwirksam? Unser Leben ist mehr als das, was wir erreichen und worunter wir leiden. Gott ist nicht Erfüllungsgehilfe unserer Sehnsüchte. Gott ist uns unerkannt an der Seite und geht mit, auch wenn sich dadurch nichts löst und lichtet. Unser Leben hat eine Tiefe, „über die wir nicht verfügen, aus der uns aber die eigentliche Wahrheit unseres Lebens entgegenkommt, Gottes oft unerkannte und nur erahnte Liebe und Zuwendung" (Stefan Knobloch).

Freitag der 3. Adventswoche

Lesung *Jesaja 56,1-3a.6-8* So spricht der Herr: Wahrt das Recht und sorgt **Lj I+II**
für Gerechtigkeit; denn bald kommt von mir das Heil, meine Gerechtigkeit wird sich bald offenbaren. Wohl dem Mann, der so handelt, wohl dem Menschen, der daran festhält, den Sabbat zu halten und nie zu entweihen und seine Hand vor jeder bösen Tat zu bewahren. Der Fremde, der sich dem Herrn angeschlossen hat, soll nicht sagen: Sicher wird der Herr mich ausschließen aus seinem Volk.

Die Fremden, die sich dem Herrn angeschlossen haben, die ihm dienen und seinen Namen lieben, um seine Knechte zu sein, alle, die den Sabbat halten und ihn nicht entweihen, die an meinem Bund festhalten, sie bringe ich zu meinem heiligen Berg und erfülle sie in meinem Bethaus mit Freude. Ihre Brandopfer und Schlachtopfer finden Gefallen auf meinem Altar, denn mein Haus wird ein Haus des Gebets für alle Völker genannt.

Spruch Gottes, des Herrn, der die verstoßenen Israeliten sammelt: Noch mehr, als ich schon von ihnen gesammelt habe, will ich dort versammeln.

Evangelium *Johannes 5,33-36* In jener Zeit sprach Jesus zu den Juden: Ihr habt zu Johannes geschickt, und er hat für die Wahrheit Zeugnis abgelegt. Ich aber nehme von keinem Menschen ein Zeugnis an, sondern ich sage dies nur, damit ihr gerettet werdet. Jener war die Lampe, die brennt und leuchtet, und ihr wolltet euch eine Zeit lang an seinem Licht erfreuen.

Ich aber habe ein gewichtigeres Zeugnis als das des Johannes: Die Werke, die mein Vater mir übertragen hat, damit ich sie zu Ende führe, diese Werke, die ich vollbringe, legen Zeugnis dafür ab, dass mich der Vater gesandt hat.

Zur Lesung Sie sind gerade aus dem Exil in die Heimat zurückgekehrt. Jubel? Nein. Denn die Heimat ist nicht mehr das, was sie einmal war. Die gesamte religiöse, kulturelle und soziale Infrastruktur liegt in Trümmern. Gott – wo ist er? Wo bleibt seine Gerechtigkeit und sein Erbarmen? Wieder erhebt der Prophet seine Stimme. Erst seid ihr dran: „Wahrt das Recht und die Gerechtigkeit." Es gibt noch einiges zu tun. Immer wieder hören wir im Advent: Bahnt Gott einen Weg. Heiligt Gott, indem ihr seinen Tag, den Sabbat, heiligt und seinen Bund haltet. Setzt euch an dem Platz, an den ihr gestellt wurdet, für Recht und Gerechtigkeit ein! Das ebnet den Weg, macht Ungerades gerade. Gott will keine frommen Sesselhocker antreffen. Gott kommt, er kommt in diese Welt, er kommt in einem Kind, aber er will empfangen werden. Auch in den Trümmern unserer Zeit, unseres persönlichen Lebens. Müssen wir uns nicht fragen lassen, ob uns überhaupt etwas fehlt, wenn uns Gott fehlt?

17. bis 24. Dezember

17. Dezember

Lj I+II **Lesung** *Genesis 49,1-2.8-10* In jenen Tagen rief Jakob seine Söhne und sprach: Versammelt euch, dann sage ich euch an, was euch begegnet in künftigen Tagen. Kommt zusammen, ihr Söhne Jakobs, und hört, auf Israel hört, auf euren Vater!

Juda, dir jubeln die Brüder zu, deine Hand hast du am Genick deiner Feinde. Deines Vaters Söhne fallen vor dir nieder. Ein junger Löwe ist Juda. Vom Raub, mein Sohn, wurdest du groß. Er kauert, liegt da wie ein Löwe, wie eine Löwin. Wer wagt, sie zu scheuchen?

Nie weicht von Juda das Zepter, der Herrscherstab von seinen Füßen, bis der kommt, dem er gehört, dem der Gehorsam der Völker gebührt.

Evangelium *Matthäus 1,1-17* Stammbaum Jesu Christi, des Sohnes Davids, des Sohnes Abrahams:

Abraham war der Vater von Isaak, Isaak von Jakob, Jakob von Juda und seinen Brüdern. Juda war der Vater von Perez und Serach; ihre Mutter war Tamar. Perez war der Vater von Hezron, Hezron von Aram, Aram von Amminadab, Amminadab von Nachschon, Nachschon von Salmon. Salmon war der Vater von Boas; dessen Mutter war Rahab. Boas war der Vater von Obed; dessen Mutter war Rut. Obed war der Vater von Isai, Isai der Vater des Königs David.

David war der Vater von Salomo, dessen Mutter die Frau des Urija war. Salomo war der Vater von Rehabeam, Rehabeam von Abija, Abija von Asa, Asa von Joschafat, Joschafat von Joram, Joram von Usija. Usija war der Vater von Jotam, Jotam von Ahas, Ahas von Hiskija, Hiskija von Manasse, Manasse von Amos, Amos von Joschija. Joschija war der Vater von Jojachin und seinen Brüdern; das war zur Zeit der Babylonischen Gefangenschaft.

Nach der Babylonischen Gefangenschaft war Jojachin der Vater von Schealtiël, Schealtiël von Serubbabel, Serubbabel von Abihud, Abihud von Eljakim, Eljakim von Azor. Azor war der Vater von Zadok, Zadok von Achim, Achim von Eliud, Eliud von Eleasar, Eleasar von Mattan, Mattan von Jakob.
Jakob war der Vater von Josef, dem Mann Marias; von ihr wurde Jesus geboren, der der Christus – der Messias – genannt wird.
Im Ganzen sind es also von Abraham bis David vierzehn Generationen, von David bis zur Babylonischen Gefangenschaft vierzehn Generationen und von der Babylonischen Gefangenschaft bis zu Christus vierzehn Generationen.

Zum Evangelium Der Stammbaum Jesu am Anfang des Matthäusevangeliums macht etwas Wesentliches klar: „Das Wunder der Menschwerdung Gottes soll uns kein Anlass zu mythischer Spekulation über vom Himmel herabsteigende Gottwesen sein und erst recht kein Anlass zum Streben nach Göttlichkeit durch moralische Perfektion. Weil Gott Mensch geworden ist, müssen wir Menschen nicht mehr versuchen, mehr zu sein als wir sind, und dabei immer wieder scheitern" (Bernhard Dressler). Jesus wird eingeführt als der Sohn Davids, der Sohn Abrahams. Abraham gilt als Stammvater vieler Völker, David als Inbegriff der Erwählung Israels. Das heißt, Jesu Geschichte und damit die Geschichte des Christentums beginnt nicht erst an Weihnachten, sondern sie ist Teil der Erwählungsgeschichte Israels.
Neben vierzig Männern werden vier Frauen erwähnt: Tamar, Rahab, Rut, Batseba – Fremde, Außenstehende, moralisch Anfechtbare. Gerade mit ihnen sichert Gott das Überleben Israels, indem er unerwartet eingreift und neu anfängt – und am Ende ist es wieder eine Frau, Maria, die Gott wählt, damit er uns näher sein kann als unser eigener Herzschlag.

18. Dezember

Lesung *Jeremia 23,5-8* Seht, es kommen Tage – Spruch des Herrn –, da werde ich für David einen gerechten Spross erwecken. Er wird als König herrschen und weise handeln, für Recht und Gerechtigkeit wird er sorgen im Land. In seinen Tagen wird Juda gerettet werden, Israel kann in Sicherheit wohnen. Man wird ihm den Namen geben: Der Herr ist unsere Gerechtigkeit. Lj I+II
Darum seht, es werden Tage kommen – Spruch des Herrn –, da sagt man nicht mehr: So wahr der Herr lebt, der die Söhne Israels aus Ägypten heraufgeführt hat!, sondern: So wahr der Herr lebt, der das Geschlecht des Hauses Israel aus dem Nordland und aus allen Ländern, in die er sie verstoßen hatte, heraufgeführt und zurückgebracht hat. Dann werden sie wieder in ihrem Heimatland wohnen.

Evangelium *Matthäus 1,18-24* Mit der Geburt Jesu Christi war es so: Maria, seine Mutter, war mit Josef verlobt; noch bevor sie zusammengekommen waren, zeigte sich, dass sie ein Kind erwartete – durch das Wirken des Heiligen Geistes. Josef, ihr Mann, der gerecht war und sie nicht bloßstellen wollte, beschloss, sich in aller Stille von ihr zu trennen.
Während er noch darüber nachdachte, erschien ihm ein Engel des Herrn im Traum und sagte: Josef, Sohn Davids, fürchte dich nicht, Maria als deine Frau zu dir zu nehmen; denn das Kind, das sie erwartet, ist vom Heiligen Geist. Sie wird einen Sohn gebären; ihm sollst du den Namen Jesus geben; denn er wird sein Volk von seinen Sünden erlösen.
Dies alles ist geschehen, damit sich erfüllte, was der Herr durch den Propheten gesagt hat: Seht, die Jungfrau wird ein Kind empfangen, einen Sohn wird sie gebären, und man wird ihm den Namen Immanuel geben, das heißt übersetzt: Gott ist mit uns.
Als Josef erwachte, tat er, was der Engel des Herrn ihm befohlen hatte, und nahm seine Frau zu sich.

Zum Evangelium Maria erwartet ein Kind. Von einem anderen. Eine ungeheure Zerreißprobe für Josef. Hat er sich in der Frau, die er liebt, getäuscht? Was soll er tun? Er quält sich, bis in seine Träume hinein. Da erscheint ihm im Traum der Engel, der ihm sagt, was er zu tun hat. In unserem Evangelium heißt es ganz schlicht, Josef habe nach dem Aufwachen die Worte des Engels beherzigt und seine Frau zu sich genommen. Das hört sich einfach an. Aber es ist alles andere als einfach, gegen die Logik des Verstands und der Fakten der Stimme eines Engels im Traum zu folgen. Ohne das Vertrauen auf die Botschaft des Engels wäre Maria für Josef eine untreue Frau geblieben. Mit dem Vertrauen auf den Engel hat er das wahre Wesen Marias erkannt. Und gerade hier zeigt sich die Größe Josefs. Er, ein vernünftiger Mann, wagt es, sein weiteres Leben an den Glauben zu binden, weil er gelernt hat, „mit dem Herzen zu sehen" (Antoine de Saint-Exupéry). – Heil wächst in unserem Leben, wenn wir uns nicht auf das, was wir sehen und begreifen können, festlegen, sondern wenn wir uns öffnen für die Stimme, den Ruf, die Berufung, für die wir bestimmt sind.

19. Dezember

Lj I+II **Lesung** *Richter 13,2-7.24-25a* In jenen Tagen lebte in Zora ein Mann namens Manoach, aus der Sippe der Daniter; seine Frau war unfruchtbar und hatte keine Kinder. Der Engel des Herrn erschien der Frau und sagte zu ihr: Gewiss, du bist unfruchtbar und hast keine Kinder; aber du sollst schwanger werden und einen Sohn gebären. Nimm dich jedoch in Acht und trink weder Wein noch Bier und iss nichts Unreines! Denn siehe, du wirst schwanger werden und einen Sohn gebären. Es darf kein Schermesser an seine Haare

kommen; denn der Knabe wird von Geburt an ein Gott geweihter Nasiräer sein. Er wird damit beginnen, Israel aus der Gewalt der Philister zu befreien. Die Frau ging und sagte zu ihrem Mann: Ein Gottesmann ist zu mir gekommen; er sah aus, wie der Engel Gottes aussieht, überaus Furcht erregend. Ich habe ihn nicht gefragt, woher er kam, und er hat mir auch seinen Namen nicht genannt. Er sagte zu mir: Siehe, du wirst schwanger werden und einen Sohn gebären. Trink jedoch keinen Wein und kein Bier und iss nichts Unreines; denn der Knabe wird von Geburt an ein Gott geweihter Nasiräer sein, bis zum Tag seines Todes.
Die Frau gebar einen Sohn und nannte ihn Simson; der Knabe wuchs heran und der Herr segnete ihn. Dann aber begann der Geist des Herrn, ihn umherzutreiben.

Evangelium *Lukas 1,5-25* Zur Zeit des Herodes, des Königs von Judäa, lebte ein Priester namens Zacharias, der zur Priesterklasse Abija gehörte. Seine Frau stammte aus dem Geschlecht Aarons; sie hieß Elisabet. Beide lebten so, wie es in den Augen Gottes recht ist, und hielten sich in allem streng an die Gebote und Vorschriften des Herrn. Sie hatten keine Kinder, denn Elisabet war unfruchtbar, und beide waren schon in vorgerücktem Alter.
Eines Tages, als seine Priesterklasse wieder an der Reihe war und er beim Gottesdienst mitzuwirken hatte, wurde, wie nach der Priesterordnung üblich, das Los geworfen, und Zacharias fiel die Aufgabe zu, im Tempel des Herrn das Rauchopfer darzubringen. Während er nun zur festgelegten Zeit das Opfer darbrachte, stand das ganze Volk draußen und betete.
Da erschien dem Zacharias ein Engel des Herrn; er stand auf der rechten Seite des Rauchopferaltars. Als Zacharias ihn sah, erschrak er und es befiel ihn Furcht. Der Engel aber sagte zu ihm: Fürchte dich nicht, Zacharias! Dein Gebet ist erhört worden. Deine Frau Elisabet wird dir einen Sohn gebären; dem sollst du den Namen Johannes geben. Große Freude wird dich erfüllen und auch viele andere werden sich über seine Geburt freuen. Denn er wird groß sein vor dem Herrn. Wein und andere berauschende Getränke wird er nicht trinken und schon im Mutterleib wird er vom Heiligen Geist erfüllt sein. Viele Israeliten wird er zum Herrn, ihrem Gott, bekehren. Er wird mit dem Geist und mit der Kraft des Elija dem Herrn vorangehen, um das Herz der Väter wieder den Kindern zuzuwenden und die Ungehorsamen zur Gerechtigkeit zu führen und so das Volk für den Herrn bereit zu machen.
Zacharias sagte zu dem Engel: Woran soll ich erkennen, dass das wahr ist? Ich bin ein alter Mann und auch meine Frau ist in vorgerücktem Alter. Der Engel erwiderte ihm: Ich bin Gabriel, der vor Gott steht, und ich bin gesandt worden, um mit dir zu reden und dir diese frohe Botschaft zu bringen. Aber weil du meinen Worten nicht geglaubt hast, die in Erfüllung gehen, wenn die

Zeit dafür da ist, sollst du stumm sein und nicht mehr reden können bis zu dem Tag, an dem all das eintrifft.
Inzwischen wartete das Volk auf Zacharias und wunderte sich, dass er so lange im Tempel blieb. Als er dann herauskam, konnte er nicht mit ihnen sprechen. Da merkten sie, dass er im Tempel eine Erscheinung gehabt hatte. Er gab ihnen nur Zeichen mit der Hand und blieb stumm.
Als die Tage seines Dienstes im Tempel zu Ende waren, kehrte er nach Hause zurück. Bald darauf empfing seine Frau Elisabet einen Sohn und lebte fünf Monate lang zurückgezogen. Sie sagte: Der Herr hat mir geholfen; er hat in diesen Tagen gnädig auf mich geschaut und mich von der Schande befreit, mit der ich in den Augen der Menschen beladen war.

Zum Evangelium Wieder ein Engel. Wieder die Stimme aus einer anderen Wirklichkeit. Eine Stimme, die in eine Welt jenseits von Fakten und Zahlen führt. Aber Zacharias ist ein anderer Mensch als Josef. Er ist misstrauisch. Er führt logische Argumente auf, die gegen die frohe Verheißung aus dem Mund des Engels sprechen. Er könnte noch viel sagen, um den Engel zu widerlegen. Es könnte so weit kommen, dass er durch die Gewalt seiner Worte die Botschaft erstickt, die ihn erreichen soll. Der Engel schneidet ihm das Wort ab. Zacharias muss verstummen, um nach innen zu lauschen. Neun Monate dauernde Sprachlosigkeit, bis mit der Geburt seines Sohnes sein Glaube gegen die Zweifel geboren wird.
Gott ist geduldig. Er überfällt uns nicht. Er wartet. Das Vertrauen will reifen. Gott hat mit jedem von uns eine eigene Geschichte vor. Manchmal müssen wir in dieser Geschichte verstummen, damit wir lernen, auf die leise innere Stimme zu hören. Manchmal ist das, was uns, wie Zacharias, als Schicksalsschlag hart trifft, die Wendung in unserem Leben. Die Wendung ereignet sich, wenn wir uns selber nicht mehr den Weg verstellen und dann Gott kommen kann, weil wir uns endlich finden lassen.

20. Dezember

Lj I+II **Lesung** *Jesaja 7,10-14* In jenen Tagen sprach der Herr zu Ahas – dem König von Juda; er sagte: Erbitte dir vom Herrn, deinem Gott, ein Zeichen, sei es von unten, aus der Unterwelt, oder von oben, aus der Höhe. Ahas antwortete: Ich will um nichts bitten und den Herrn nicht auf die Probe stellen.
Da sagte Jesaja: Hört her, ihr vom Haus David! Genügt es euch nicht, Menschen zu belästigen? Müsst ihr auch noch meinen Gott belästigen? Darum wird euch der Herr von sich aus ein Zeichen geben: Seht, die Jungfrau wird ein Kind empfangen, sie wird einen Sohn gebären und sie wird ihm den Namen Immanuel – Gott mit uns – geben.

Evangelium *Lukas 1,26-38* In jener Zeit wurde der Engel Gabriel von Gott in eine Stadt in Galiläa namens Nazaret zu einer Jungfrau gesandt. Sie

war mit einem Mann namens Josef verlobt, der aus dem Haus David stammte. Der Name der Jungfrau war Maria.
Der Engel trat bei ihr ein und sagte: Sei gegrüßt, du Begnadete, der Herr ist mit dir. Sie erschrak über die Anrede und überlegte, was dieser Gruß zu bedeuten habe. Da sagte der Engel zu ihr: Fürchte dich nicht, Maria; denn du hast bei Gott Gnade gefunden. Du wirst ein Kind empfangen, einen Sohn wirst du gebären: dem sollst du den Namen Jesus geben. Er wird groß sein und Sohn des Höchsten genannt werden. Gott, der Herr, wird ihm den Thron seines Vaters David geben. Er wird über das Haus Jakob in Ewigkeit herrschen und seine Herrschaft wird kein Ende haben.
Maria sagte zu dem Engel: Wie soll das geschehen, da ich keinen Mann erkenne? Der Engel antwortete ihr: Der Heilige Geist wird über dich kommen, und die Kraft des Höchsten wird dich überschatten. Deshalb wird auch das Kind heilig und Sohn Gottes genannt werden. Auch Elisabet, deine Verwandte, hat noch in ihrem Alter einen Sohn empfangen; obwohl sie als unfruchtbar galt, ist sie jetzt schon im sechsten Monat. Denn für Gott ist nichts unmöglich.
Da sagte Maria: Ich bin die Magd des Herrn; mir geschehe, wie du es gesagt hast. Danach verließ sie der Engel.

Zum Evangelium Kaum ein christliches Motiv wurde in der Kunst so oft dargestellt wie die Verkündigungsszene. Weil sie eine „Pfortengeschichte" ist, ist sie oft direkt am Eingang einer Kirche abgebildet. In eine alte, hoffnungslose, verängstigte Welt bricht der Ruf des ankommenden Gottes ein: Er wird kommen, als Kind. Ein Kind bringt das Neue, es tritt unscheinbar, nicht mit Pomp und Getöse, in die Welt ein. Die wichtigsten Wandlungen bereiten sich in der Stille vor. Maria nimmt die Botschaft des Engels an, bleibt nicht in skeptischer Reserve, sondern stellt sich Gottes Plan zur Verfügung. Gott hat mit jedem von uns einen Plan. Was müssen wir tun, um ihn wahrzunehmen? „Von mir wird nichts gefordert als die Aufmerksamkeit, eine so völlige Aufmerksamkeit, dass das Ich verschwindet" (Simone Weil). Das Ich loslassen und Gott einlassen – eine lebenslange Aufgabe!

21. Dezember

Lesung *Hoheslied 2,8-14* Horch! Mein Geliebter! Sieh da, er kommt. Er springt über die Berge, hüpft über die Hügel. Der Gazelle gleicht mein Geliebter, dem jungen Hirsch. Ja, draußen steht er an der Wand unsres Hauses; er blickt durch die Fenster, späht durch die Gitter. Lj I+II
Der Geliebte spricht zu mir: Steh auf, meine Freundin, meine Schöne, so komm doch! Denn vorbei ist der Winter, verrauscht der Regen. Auf der Flur erscheinen die Blumen; die Zeit zum Singen ist da. Die Stimme der Turteltaube ist zu hören in unserem Land. Am Feigenbaum reifen die ersten

Früchte; die blühenden Reben duften. Steh auf, meine Freundin, meine Schöne, so komm doch! Meine Taube im Felsennest, versteckt an der Steilwand, dein Gesicht lass mich sehen, deine Stimme hören! Denn süß ist deine Stimme, lieblich dein Gesicht.

Lesung *Zefanja 3,14-17 (18a)* Juble, Tochter Zion! Jauchze, Israel! Freu dich und frohlocke von ganzem Herzen, Tochter Jerusalem! Der Herr hat das Urteil gegen dich aufgehoben und deine Feinde zur Umkehr gezwungen. Der König Israels, der Herr, ist in deiner Mitte; du hast kein Unheil mehr zu fürchten.
An jenem Tag wird man zu Jerusalem sagen: Fürchte dich nicht, Zion! Lass die Hände nicht sinken! Der Herr, dein Gott, ist in deiner Mitte, ein Held, der Rettung bringt. Er freut sich und jubelt über dich, er erneuert seine Liebe zu dir, er jubelt über dich und frohlockt, wie man frohlockt an einem Festtag. (Ich mache deinem Unglück ein Ende.)

Evangelium *Lukas 1,39-45* In jenen Tagen machte sich Maria auf den Weg und eilte in eine Stadt im Bergland von Judäa. Sie ging in das Haus des Zacharias und begrüßte Elisabet.
Als Elisabet den Gruß Marias hörte, hüpfte das Kind in ihrem Leib. Da wurde Elisabet vom Heiligen Geist erfüllt und rief mit lauter Stimme: Gesegnet bist du mehr als alle anderen Frauen und gesegnet ist die Frucht deines Leibes. Wer bin ich, dass die Mutter meines Herrn zu mir kommt? In dem Augenblick, als ich deinen Gruß hörte, hüpfte das Kind vor Freude in meinem Leib.
Selig ist die, die geglaubt hat, dass sich erfüllt, was der Herr ihr sagen ließ.

Zum Evangelium Am Anfang des Lukasevangeliums stehen vor allem die Frauen im Zentrum des Interesses. Hier sind es zwei Frauen mit einer ungewöhnlichen Schwangerschaft. Die eine, weil sie schon viel zu alt ist, um noch schwanger zu werden; die andere, weil sie nicht nur blutjung ist, sondern ein uneheliches Kind erwartet. Für beide ein Wendepunkt in ihrem Leben.
Maria eilt zu Elisabet. Ein weiter, nicht ungefährlicher Weg für eine junge Frau. Es wird nicht gesagt, warum Maria zu Elisabet eilt. Aber die Begegnung muss so intensiv sein, dass sie etwas in Bewegung setzt, was sie wachsen, einander trösten und einander zum Segen werden lässt. Ihre Begegnung setzt Raum frei für Gottes Geist. Und so werden sie von einer Freude erfasst, die viel größer ist als die Alltagssorgen, das Hoffen und Bangen, das jede schwangere Frau kennt. Ihre Begegnung verbindet sie so innig und rührt so tief an ihr Herz, dass die eine am Ende die andere seligpreist und die andere ein Loblied, das „Magnifikat", anstimmt.

22. Dezember

Lesung *1 Samuel 1,24-28* In jenen Tagen, als Hanna ihren Sohn Samuel entwöhnt hatte, nahm sie ihn mit hinauf, dazu einen dreijährigen Stier, ein Efa Mehl und einen Schlauch Wein. So brachte sie ihn zum Haus des Herrn in Schilo; der Knabe aber war damals noch sehr jung. Als sie den Stier geschlachtet hatten, brachten sie den Knaben zu Eli, und Hanna sagte: Bitte, mein Herr, so wahr du lebst, mein Herr, ich bin die Frau, die damals neben dir stand, um zum Herrn zu beten. Ich habe um diesen Knaben gebetet und der Herr hat mir die Bitte erfüllt, die ich an ihn gerichtet habe. Darum lasse ich ihn auch vom Herrn zurückfordern. Er soll für sein ganzes Leben ein vom Herrn Zurückgeforderter sein. Und sie beteten dort den Herrn an. Lj I+II

Evangelium *Lukas 1,46-56* In jener Zeit sagte Maria:
Meine Seele preist die Größe des Herrn, und mein Geist jubelt über Gott, meinen Retter.
Denn auf die Niedrigkeit seiner Magd hat er geschaut. Siehe, von nun an preisen mich selig alle Geschlechter.
Denn der Mächtige hat Großes an mir getan und sein Name ist heilig.
Er erbarmt sich von Geschlecht zu Geschlecht über alle, die ihn fürchten.
Er vollbringt mit seinem Arm machtvolle Taten: Er zerstreut, die im Herzen voll Hochmut sind;
er stürzt die Mächtigen vom Thron und erhöht die Niedrigen. Die Hungernden beschenkt er mit seinen Gaben und lässt die Reichen leer ausgehen.
Er nimmt sich seines Knechtes Israel an und denkt an sein Erbarmen, das er unsern Vätern verheißen hat, Abraham und seinen Nachkommen auf ewig.
Und Maria blieb etwa drei Monate bei ihr; dann kehrte sie nach Hause zurück.

Zum Evangelium Mit ihrem Loblied auf Gott, dem „Magnifikat", reiht sich Maria ein in die Lobgesänge der biblischen Frauen Mirjam, Hannah und Judith. Durch Maria ist das Magnifikat zum Allgemeingut der Gläubigen geworden. Millionen von Menschen singen oder beten es Abend für Abend. Das Magnifikat lässt uns in das Herz Gottes schauen. Es gibt zu erkennen, auf welcher Seite er steht: nicht bei den Mächtigen, sondern bei den Niedrigen, nicht bei den Reichen, sondern bei den Hungernden. Das Lied besingt den „heiligen Umsturz" (Kurt Marti), die Treue Gottes zu denen, denen sonst keiner treu ist. Wer das Magnifikat mit gutem Gewissen singen will, muss mit seinen Möglichkeiten wie Gott Partei ergreifen für die Schwachen und die Hungrigen.

23. Dezember

Lesung *Maleachi 3,1-4.23-24* So spricht Gott, der Herr: Seht, ich sende meinen Boten; er soll den Weg für mich bahnen. Dann kommt plötzlich zu Lj I+II

seinem Tempel der Herr, den ihr sucht, und der Bote des Bundes, den ihr herbeiwünscht. Seht, er kommt!, spricht der Herr der Heere.
Doch wer erträgt den Tag, an dem er kommt? Wer kann bestehen, wenn er erscheint? Denn er ist wie das Feuer im Schmelzofen und wie die Lauge im Waschtrog. Er setzt sich, um das Silber zu schmelzen und zu reinigen: Er reinigt die Söhne Levis, er läutert sie wie Gold und Silber. Dann werden sie dem Herrn die richtigen Opfer darbringen. Und dem Herrn wird das Opfer Judas und Jerusalems angenehm sein wie in den Tagen der Vorzeit, wie in längst vergangenen Jahren.
Bevor aber der Tag des Herrn kommt, der große und furchtbare Tag, seht, da sende ich zu euch den Propheten Elija. Er wird das Herz der Väter wieder den Söhnen zuwenden und das Herz der Söhne ihren Vätern, damit ich nicht kommen und das Land dem Untergang weihen muss.

Evangelium *Lukas 1,57-66* Für Elisabet kam die Zeit der Niederkunft und sie brachte einen Sohn zur Welt. Ihre Nachbarn und Verwandten hörten, welch großes Erbarmen der Herr ihr erwiesen hatte, und freuten sich mit ihr. Am achten Tag kamen sie zur Beschneidung des Kindes und wollten ihm den Namen seines Vaters Zacharias geben. Seine Mutter aber widersprach ihnen und sagte: Nein, er soll Johannes heißen. Sie antworteten ihr: Es gibt doch niemand in deiner Verwandtschaft, der so heißt.
Da fragten sie seinen Vater durch Zeichen, welchen Namen das Kind haben solle. Er verlangte ein Schreibtäfelchen und schrieb zum Erstaunen aller darauf: Sein Name ist Johannes. Im gleichen Augenblick konnte er Mund und Zunge wieder gebrauchen, und er redete und pries Gott. Und alle, die in jener Gegend wohnten, erschraken und man sprach von all diesen Dingen im ganzen Bergland von Judäa.
Alle, die davon hörten, machten sich Gedanken darüber und sagten: Was wird wohl aus diesem Kind werden? Denn es war deutlich, dass die Hand des Herrn mit ihm war.

Zum Evangelium Der normale Gang der Dinge ist unterbrochen. Die Nachbarn und Verwandten registrieren das besondere Erbarmen Gottes, der Zacharias und Elisabet im Alter noch einen Sohn schenkt. Aber wieso bekommt das Kind nicht, wie üblicherweise, den Namen des Vaters? Johannes – „Gott ist gnädig" – soll er heißen. Die Umstehenden spüren, irgendetwas musste passiert sein, denn Zacharias war stumm, seit er damals völlig verändert aus dem Tempel getreten war, und jetzt, plötzlich, löst sich seine Stummheit, er spricht! Und wie schön, wie ergreifend er über Gott und das Kind spricht! Manche wischen sich wohl heimlich die Tränen ab. Dieses kleine Kind, mit ihm muss es etwas Besonderes auf sich haben!
Sie gehen nach Hause zurück, nachdenklich, als trügen sie eine andere Wirklichkeit in sich, als seien sie mit hineingenommen in ein Gesche-

hen, das in dem Tag-für-Tag-Leben nicht zu fassen ist. Manche vergessen, einige leben ein paar Tage stiller, aufmerksamer. Und manche trifft man wieder unter denen, die Jahre später zu Johannes in die Wüste hinausziehen, weil die Sehnsucht sie nicht losgelassen hat, dass es mehr geben muss als den gewohnten Gang der Dinge. Und sie erinnern sich und erfahren, was sie bisher nur geahnt haben: Wahrhaftig, die Hand des Herrn ist mit ihm!

24. Dezember
Heiliger Abend

Lesung *2 Samuel 7,1-5.8b-12.14a.16* Als der König David in seinem Haus wohnte und der Herr ihm Ruhe vor allen seinen Feinden ringsum verschafft hatte, sagte er zu dem Propheten Natan: Ich wohne in einem Haus aus Zedernholz, die Lade Gottes aber wohnt in einem Zelt. Natan antwortete dem König: Geh nur und tu alles, was du im Sinn hast; denn der Herr ist mit dir. Aber in jener Nacht erging das Wort des Herrn an Natan: Geh zu meinem Knecht David und sag zu ihm: So spricht der Herr: Du willst mir ein Haus bauen, damit ich darin wohne? Ich habe dich von der Weide und von der Herde weggeholt, damit du Fürst über mein Volk Israel wirst, und ich bin überall mit dir gewesen, wohin du auch gegangen bist. Ich habe alle deine Feinde vor deinen Augen vernichtet und ich will dir einen großen Namen machen, der dem Namen der Großen auf der Erde gleich ist. Ich will meinem Volk Israel einen Platz zuweisen und es einpflanzen, damit es an seinem Ort sicher wohnen kann und sich nicht mehr ängstigen muss und schlechte Menschen es nicht mehr unterdrücken wie früher und auch von dem Tag an, an dem ich Richter in meinem Volk Israel eingesetzt habe. Ich verschaffe dir Ruhe vor allen deinen Feinden. **Lj I+II**

Nun verkündet dir der Herr, dass der Herr dir ein Haus bauen wird. Wenn deine Tage erfüllt sind und du dich zu deinen Vätern legst, werde ich deinen leiblichen Sohn als deinen Nachfolger einsetzen und seinem Königtum Bestand verleihen. Ich will für ihn Vater sein und er wird für mich Sohn sein. Dein Haus und dein Königtum sollen durch mich auf ewig bestehen bleiben; dein Thron soll auf ewig Bestand haben.

Evangelium *Lukas 1,67-79* In jener Zeit wurde Zacharias wurde vom Heiligen Geist erfüllt und begann prophetisch zu reden:

Gepriesen sei der Herr, der Gott Israels! Denn er hat sein Volk besucht und ihm Erlösung geschaffen;

er hat uns einen starken Retter erweckt im Hause seines Knechtes David.

So hat er verheißen von alters her durch den Mund seiner heiligen Propheten.

Er hat uns errettet vor unseren Feinden und aus der Hand aller, die uns hassen;

er hat das Erbarmen mit den Vätern an uns vollendet und an seinen heiligen Bund gedacht,
an den Eid, den er unserm Vater Abraham geschworen hat;
er hat uns geschenkt, dass wir, aus Feindeshand befreit, ihm furchtlos dienen
in Heiligkeit und Gerechtigkeit vor seinem Angesicht all unsre Tage.
Und du, Kind, wirst Prophet des Höchsten heißen; denn du wirst dem Herrn vorangehen und ihm den Weg bereiten.
Du wirst sein Volk mit der Erfahrung des Heils beschenken in der Vergebung der Sünden.
Durch die barmherzige Liebe unseres Gottes wird uns besuchen das aufstrahlende Licht aus der Höhe,
um allen zu leuchten, die in Finsternis sitzen und im Schatten des Todes, und unsre Schritte zu lenken auf den Weg des Friedens.

Zum Evangelium Zacharias hat am eigenen Leib erlebt, wie es ist, keine Erwartungen mehr zu haben, und wie befreiend es ist, wieder hoffen und glauben zu können. Mit prophetischen Worten überträgt Zacharias seine persönliche Erfahrung auf das ganze Volk. An der Befreiung, die er erfahren hat, und an der Freude, die ihn ergreift, sollen alle teilhaben, denn was ihm gilt, gilt allen Menschen. Es sind die ersten Worte nach neun Monaten Schweigen, die aus ihm heraussprudeln, Worte eines Be-Geisterten, Worte, die wir täglich im „Benedictus" beten.
Die Geburtsgeschichte von Johannes zeigt, dass Gott Menschen verändert und zu Neuem begabt. Er begabt Zacharias zu prophetischem Vermögen. In unseren Begabungen gibt Gott sich selbst als Gabe: Seine Gabe ist, dass er unseresgleichen wird und bei uns bleibt. Seine Gabe ist, was Zacharias in seinem Loblied überschwänglich bejubelt: die Fülle von Heil, Vergebung der Sünden, Liebe, Licht und Frieden.

Weihnachtszeit

29. Dezember

Lj I+II **Lesung** *1 Johannes 2,3-11* Liebe Schwestern und Brüder! Wenn wir die Gebote Jesu Christi halten, erkennen wir, dass wir ihn erkannt haben. Wer sagt: „Ich habe ihn erkannt!“, aber seine Gebote nicht hält, ist ein Lügner und die Wahrheit ist nicht in ihm. Wer sich aber an sein Wort hält, in dem ist die Gottesliebe wahrhaft vollendet. Wir erkennen daran, dass wir in ihm sind. Wer sagt, dass er in ihm bleibt, muss auch leben, wie er gelebt hat.
Liebe Brüder, ich schreibe euch kein neues Gebot, sondern ein altes Gebot, das ihr von Anfang an hattet. Das alte Gebot ist das Wort, das ihr gehört habt. Und doch schreibe ich euch ein neues Gebot, etwas, das in ihm und in euch verwirklicht ist; denn die Finsternis geht vorüber und schon leuchtet das wahre Licht.
Wer sagt, er sei im Licht, aber seinen Bruder hasst, ist noch in der Finsternis. Wer seinen Bruder liebt, bleibt im Licht; da gibt es für ihn kein Straucheln. Wer aber seinen Bruder hasst, ist in der Finsternis. Er geht in der Finsternis und weiß nicht, wohin er geht; denn die Finsternis hat seine Augen blind gemacht.

Evangelium *Lukas 2,22-35* Es kam für die Eltern Jesu der Tag der vom Gesetz des Mose vorgeschriebenen Reinigung. Sie brachten das Kind nach Jerusalem hinauf, um es dem Herrn zu weihen, gemäß dem Gesetz des Herrn, in dem es heißt: Jede männliche Erstgeburt soll dem Herrn geweiht sein. Auch wollten sie ihr Opfer darbringen, wie es das Gesetz des Herrn vorschreibt: ein Paar Turteltauben oder zwei junge Tauben.
In Jerusalem lebte damals ein Mann namens Simeon. Er war gerecht und fromm und wartete auf die Rettung Israels und der Heilige Geist ruhte auf ihm. Vom Heiligen Geist war ihm offenbart worden, er werde den Tod nicht schauen, ehe er den Messias des Herrn gesehen habe. Jetzt wurde er vom Geist in den Tempel geführt; und als die Eltern Jesus hereinbrachten, um zu erfüllen, was nach dem Gesetz üblich war, nahm Simeon das Kind in seine Arme und pries Gott mit den Worten:
Nun lässt du, Herr, deinen Knecht, wie du gesagt hast, in Frieden scheiden. Denn meine Augen haben das Heil gesehen, das du vor allen Völkern bereitet hast, ein Licht, das die Heiden erleuchtet, und Herrlichkeit für dein Volk Israel.
Sein Vater und seine Mutter staunten über die Worte, die über Jesus gesagt wurden. Und Simeon segnete sie und sagte zu Maria, der Mutter Jesu: Dieser ist dazu bestimmt, dass in Israel viele durch ihn zu Fall kommen und viele aufgerichtet werden, und er wird ein Zeichen sein, dem widersprochen wird. Dadurch sollen die Gedanken vieler Menschen offenbar werden. Dir selbst aber wird ein Schwert durch die Seele dringen.

Zum Evangelium Simeons Part in der Weihnachtsgeschichte ist die Rolle lebenslanger Sehnsucht. Nicht ins Unbestimmte geht sie, sie speist sich aus dem Versprechen, „er werde den Tod nicht schauen, ehe er den Messias des Herrn gesehen habe“. Es ist das Versprechen gelingenden Lebens – auch wenn man schon uralt geworden ist. Als er das Kind in Armen hält, ist all sein Warten ans Ziel gekommen. Eine Tür hat sich geöffnet, die ihn über den eigenen Horizont schauen lässt – in die Augen eines kleinen Kindes, in denen er den Heiland entdeckt.
Die Gestalt Simeons fragt uns an, ob Weihnachten für uns mit den Feiertagen aufhört und unser Leben ohne Veränderung in den Alltag zurückkehrt oder ob Weihnachten unseren Alltag mit der Sehnsucht nach neuem, vollem Leben füllt und weiter wirkt. Simeon fehlt an der Krippe. Stünde ihm nicht als einem, der die Sehnsucht der Welt verkörpert, ein Platz an der Krippe zu?

30. Dezember

Lesung *1 Johannes 2,12-17* Ich schreibe euch, ihr Kinder, dass euch durch seinen Namen die Sünden vergeben sind. Ich schreibe euch, ihr Väter, dass ihr den erkannt habt, der von Anfang an ist. Ich schreibe euch, ihr jungen Männer, dass ihr den Bösen besiegt habt. Ich schreibe euch, ihr Kinder, dass ihr den Vater erkannt habt. Ich schreibe euch, ihr Väter, dass ihr den erkannt habt, der von Anfang an ist. Ich schreibe euch, ihr jungen Männer, dass ihr stark seid, dass das Wort Gottes in euch bleibt und dass ihr den Bösen besiegt habt. **Lj I+II**
Liebt nicht die Welt und was in der Welt ist! Wer die Welt liebt, hat die Liebe zum Vater nicht. Denn alles, was in der Welt ist, die Begierde des Fleisches, die Begierde der Augen und das Prahlen mit dem Besitz, ist nicht vom Vater, sondern von der Welt. Die Welt und ihre Begierde vergeht; wer aber den Willen Gottes tut, bleibt in Ewigkeit.

Evangelium *Lukas 2,36-40* In jener Zeit lebte eine Prophetin namens Hanna, eine Tochter Penuëls, aus dem Stamm Ascher. Sie war schon hochbetagt. Als junges Mädchen hatte sie geheiratet und sieben Jahre mit ihrem Mann gelebt; nun war sie eine Witwe von vierundachtzig Jahren. Sie hielt sich ständig im Tempel auf und diente Gott Tag und Nacht mit Fasten und Beten. In diesem Augenblick nun trat sie hinzu, pries Gott und sprach über das Kind zu allen, die auf die Erlösung Jerusalems warteten.
Als seine Eltern alles getan hatten, was das Gesetz des Herrn vorschreibt, kehrten sie nach Galiläa in ihre Stadt Nazaret zurück. Das Kind wuchs heran und wurde kräftig; Gott erfüllte es mit Weisheit und seine Gnade ruhte auf ihm.

Zur Lesung Der erste Johannesbrief bewegt sich zwischen zwei Polen: den Mitmenschen lieben und die Finsternis hassen. Die Finsternis, das ist die

Welt der vergänglichen Güter, die Welt, in der das Haben mehr zählt als das Sein, die Welt, die uns in Beschlag nimmt, wenn wir sie mit all ihren Schönheiten und Schrecken auf den Sockel stellen. Der Brief ist keine „Anleitung" zur Weltflucht, sondern er thematisiert die Gefahr, die Dinge der Welt zu verabsolutieren und aus den Augen zu verlieren, woraufhin wir eigentlich leben. Das Licht, das ist die Welt Gottes, die uns mit seiner Liebe umhüllt und uns eine unvergängliche Heimstatt gibt. Das Licht Gottes bewirkt ein neues Sein in der Welt: das Sein der Liebe. Weil wir Menschen sind, sind wir zerrissen. Mit einem Fuß in der Welt, deren Finsternis uns verlockt, mit dem anderen in der Welt, deren Licht wir ersehnen. Sein Wort halten macht unser Leben licht. Sein Wort ist die Liebe. Die Liebe tun, darum geht es. Jeder Tag ist uns geschenkt als eine Möglichkeit, ein Zeichen der Liebe zu setzen.

31. Dezember

Lj I+II **Lesung** *1 Johannes 2,18-21* Meine Kinder, es ist die letzte Stunde. Ihr habt gehört, dass der Antichrist kommt, und jetzt sind viele Antichriste gekommen. Daran erkennen wir, dass es die letzte Stunde ist.
Sie sind aus unserer Mitte gekommen, aber sie gehörten nicht zu uns; denn wenn sie zu uns gehört hätten, wären sie bei uns geblieben. Es sollte aber offenbar werden, dass sie alle nicht zu uns gehörten. Ihr habt die Salbung von dem, der heilig ist, und ihr alle wisst es.
Ich schreibe euch nicht, dass ihr die Wahrheit nicht wisst, sondern ich schreibe euch, dass ihr sie wisst und dass keine Lüge von der Wahrheit stammt.

Evangelium *Johannes 1,1-18* Im Anfang war das Wort, und das Wort war bei Gott, und das Wort war Gott. Im Anfang war es bei Gott. Alles ist durch das Wort geworden und ohne das Wort wurde nichts, was geworden ist. In ihm war das Leben und das Leben war das Licht der Menschen. Und das Licht leuchtet in der Finsternis und die Finsternis hat es nicht erfasst.
Es trat ein Mensch auf, der von Gott gesandt war; sein Name war Johannes. Er kam als Zeuge, um Zeugnis abzulegen für das Licht, damit alle durch ihn zum Glauben kommen. Er war nicht selbst das Licht, er sollte nur Zeugnis ablegen für das Licht.
Das wahre Licht, das jeden Menschen erleuchtet, kam in die Welt. Er war in der Welt und die Welt ist durch ihn geworden, aber die Welt erkannte ihn nicht. Er kam in sein Eigentum, aber die Seinen nahmen ihn nicht auf. Allen aber, die ihn aufnahmen, gab er Macht, Kinder Gottes zu werden, allen, die an seinen Namen glauben, die nicht aus dem Blut, nicht aus dem Willen des Fleisches, nicht aus dem Willen des Mannes, sondern aus Gott geboren sind.
Und das Wort ist Fleisch geworden und hat unter uns gewohnt und wir haben seine Herrlichkeit gesehen, die Herrlichkeit des einzigen Sohnes vom Vater, voll Gnade und Wahrheit.

Johannes legte Zeugnis für ihn ab und rief: Dieser war es, über den ich gesagt habe: Er, der nach mir kommt, ist mir voraus, weil er vor mir war. Aus seiner Fülle haben wir alle empfangen, Gnade über Gnade.
Denn das Gesetz wurde durch Mose gegeben, die Gnade und die Wahrheit kamen durch Jesus Christus. Niemand hat Gott je gesehen. Der Einzige, der Gott ist und am Herzen des Vaters ruht, er hat Kunde gebracht.

Zum Evangelium Von den Evangelisten Matthäus und Lukas haben wir das Vokabular für Weihnachten. Es weckt Bilder in uns von dem Kind in der Krippe, von Maria und Josef, den Hirten, den Sterndeutern, den Engeln. Der Evangelist Johannes hat dieses Vokabular nicht. Sein Evangelium fängt an mit den Worten: „Im Anfang war das Wort". Schwere Kost, aus der man kein Krippenspiel machen kann. Johannes kommt direkt zur Sache: In der Krippe liegt nicht ein herziges Baby, sondern Gott selbst. Nicht mit dem Knaben im lockigen Haar haben wir es zu tun, sondern mit Gott. Gott in einer Krippe! Sein Wort in einer Krippe!
Wort – Leben – Licht, das ist bei Johannes der weihnachtliche Dreiklang. Wort, das Fleisch und Licht und Leben wird und unter uns wohnt. Dieses Wort ist nicht nur für den 24. bis 26. Dezember gemacht. Denn in der Krippe liegt das Leben schaffende Wort, das aus dem Nichts die Welt erschaffen hat. Es bleibt nicht in der Krippe liegen, es steht auf, um Licht, Klarheit und Wahrheit in die Finsternis der Welt zu bringen. Wir stehen seit Weihnachten im Lichtkegel dieses Lichts. Ob uns in diesem Licht, heute, am Ende des alten Jahres, ein Licht aufgeht für das neue Jahr?

2. Januar

Lesung *1 Johannes 2,22-28* Liebe Schwestern und Brüder! Wer ist der Lügner – wenn nicht der, der leugnet, dass Jesus der Christus ist? Das ist der Antichrist: wer den Vater und den Sohn leugnet. Wer leugnet, dass Jesus der Sohn ist, hat auch den Vater nicht; wer bekennt, dass er der Sohn ist, hat auch den Vater. Für euch gilt: Was ihr von Anfang an gehört habt, soll in euch bleiben; wenn das, was ihr von Anfang an gehört habt, in euch bleibt, dann bleibt ihr im Sohn und im Vater. Und seine Verheißung an uns ist das ewige Leben. Dies habe ich euch über die geschrieben, die euch in die Irre führen. Für euch aber gilt: Die Salbung, die ihr von ihm empfangen habt, bleibt in euch und ihr braucht euch von niemand belehren zu lassen. Alles, was seine Salbung euch lehrt, ist wahr und keine Lüge. Bleibt in ihm, wie es euch seine Salbung gelehrt hat. Und jetzt, meine Kinder, bleibt in ihm, damit wir, wenn er erscheint, die Zuversicht haben und bei seinem Kommen nicht zu unserer Schande von ihm gerichtet werden. Lj I+II

Evangelium *Johannes 1,19-28* Dies ist das Zeugnis des Johannes: Als die Juden von Jerusalem aus Priester und Leviten zu ihm sandten mit der Frage:

„Wer bist du?“, bekannte er und leugnete nicht; er bekannte: Ich bin nicht der Messias. Sie fragten ihn: Was bist du dann? Bist du Elija? Und er sagte: Ich bin es nicht. Bist du der Prophet? Er antwortete: Nein.
Da fragten sie ihn: Wer bist du? Wir müssen denen, die uns gesandt haben, Auskunft geben. Was sagst du über dich selbst? Er sagte: „Ich bin die Stimme, die in der Wüste ruft: Ebnet den Weg für den Herrn!“, wie der Prophet Jesaja gesagt hat.
Unter den Abgesandten waren auch Pharisäer. Sie fragten Johannes: Warum taufst du dann, wenn du nicht der Messias bist, nicht Elija und nicht der Prophet? Er antwortete ihnen: Ich taufe mit Wasser. Mitten unter euch steht der, den ihr nicht kennt und der nach mir kommt; ich bin es nicht wert, ihm die Schuhe aufzuschnüren. Dies geschah in Betanien, auf der anderen Seite des Jordan, wo Johannes taufte.

Zum Evangelium „Wer bist du?“ Würde ich so gefragt, wie fiele meine Antwort aus? Weiß ich denn so genau, wer ich bin? Was macht mich aus? Gibt es etwas Unverwechselbares an mir? Was ist meine Bestimmung? „Wer bist du?“, wurde Johannes gefragt, und er hat von sich weg auf den Anderen, Größeren gewiesen. In diesem Größeren findet er seine Bestimmung. Dieser Größere macht sein Leben unverwechselbar. Wenn ich mich an Gott binden lasse wie Johannes, wenn ich ein Stück seines Weges in dieser Welt bin, dann muss ich nicht ständig mit mir selbst beschäftigt sein. Die Freiheit des christlichen Glaubens liegt darin, sich nicht aus sich selbst bestimmen zu müssen und etwas sein zu wollen, damit ich überhaupt wahrgenommen werde. „Wer bin ich?“ Meine Bestimmung? Ein Verweis auf Jesus Christus sein – diesen Verweis mit Leben zu füllen, könnte das nicht meine eigentliche Größe und Freiheit sein?

3. Januar

Lj I+II **Lesung** *1 Johannes 2,29–3,6* Liebe Schwestern und Brüder! Wenn ihr wisst, dass er gerecht ist, erkennt auch, dass jeder, der die Gerechtigkeit tut, von Gott stammt.
Seht, wie groß die Liebe ist, die der Vater uns geschenkt hat: Wir heißen Kinder Gottes und wir sind es. Die Welt erkennt uns nicht, weil sie ihn nicht erkannt hat. Liebe Brüder, jetzt sind wir Kinder Gottes. Aber was wir sein werden, ist noch nicht offenbar geworden. Wir wissen, dass wir ihm ähnlich sein werden, wenn er offenbar wird; denn wir werden ihn sehen, wie er ist.
Jeder, der dies von ihm erhofft, heiligt sich, so wie Er heilig ist. Jeder, der die Sünde tut, handelt gesetzwidrig; denn Sünde ist Gesetzwidrigkeit. Ihr wisst, dass er erschienen ist, um die Sünde wegzunehmen, und er selbst ist ohne Sünde. Jeder, der in ihm bleibt, sündigt nicht. Jeder, der sündigt, hat ihn nicht gesehen und ihn nicht erkannt.

Evangelium *Johannes 1,29-34* In jener Zeit sah Johannes der Täufer Jesus auf sich zukommen und sagte: Seht, das Lamm Gottes, das die Sünde der Welt hinwegnimmt. Er ist es, von dem ich gesagt habe: Nach mir kommt ein Mann, der mir voraus ist, weil er vor mir war. Auch ich kannte ihn nicht; aber ich bin gekommen und taufe mit Wasser, um Israel mit ihm bekanntzumachen.
Und Johannes bezeugte: Ich sah, dass der Geist vom Himmel herabkam wie eine Taube und auf ihm blieb. Auch ich kannte ihn nicht; aber er, der mich gesandt hat, mit Wasser zu taufen, er hat mir gesagt: Auf wen du den Geist herabkommen siehst und auf wem er bleibt, der ist es, der mit dem Heiligen Geist tauft. Das habe ich gesehen und ich bezeuge: Er ist der Sohn Gottes.

Zum Evangelium Johannes' Begegnung mit Jesus, dem, „der mir voraus war, weil er vor mir war", hat ihm die Augen dafür geöffnet, dass sein eigenes Tun nur vorläufig ist. Gerade dadurch, dass Johannes sich eingesteht, was er nicht ist und kann, bereitet er Jesus den Weg und gewinnt den Blick für das „Lamm Gottes, das die Sünde der Welt hinwegnimmt". „Die Sünde der Welt" ist die Welt der Lebenslügen, Verdrängungen, Verleumdungen, die einhergeht mit der Suche nach Sündenböcken, um vom eigenen Versagen abzulenken. Diesen Kreislauf hat „das Lamm Gottes" unterbrochen. Lamm Gottes, ein Symbol der Unterlegenheit und Schwäche, wird dem Schwersten, der Sünde der Welt, entgegengestellt. Wenn aber das äußerste Schwache das äußerste Schwere, die Sünde, hinwegnimmt, dann endet die in sich verkrampfte Welt durch die Macht der Vergebung Gottes. Unsere Taufe steht dafür, dass Christus nicht nur etwas wegnimmt, unsere Sünde, sondern auch etwas in unser Leben hineinbringt, die Freiheit, von uns loszukommen, und die Fähigkeit, in seinem Geist zu helfen, zu trösten, zu segnen. So können wir Menschen werden, in denen er Wohnung nehmen will.

4. Januar

Lesung *1 Johannes 3,7-10* Meine Kinder, lasst euch von niemand in die Irre führen! Wer die Gerechtigkeit tut, ist gerecht, wie Er gerecht ist. Wer die Sünde tut, stammt vom Teufel; denn der Teufel sündigt von Anfang an. Der Sohn Gottes aber ist erschienen, um die Werke des Teufels zu zerstören. **Lj I+II**
Jeder, der von Gott stammt, tut keine Sünde, weil Gottes Same in ihm bleibt. Er kann nicht sündigen, weil er von Gott stammt. Daran kann man die Kinder Gottes und die Kinder des Teufels erkennen: Jeder, der die Gerechtigkeit nicht tut und seinen Bruder nicht liebt, ist nicht aus Gott.

Evangelium *Johannes 1,35-42* In jener Zeit stand Johannes am Jordan, wo er taufte, und zwei seiner Jünger standen bei ihm. Als Jesus vorüberging, richtete Johannes seinen Blick auf ihn und sagte: Seht, das Lamm Gottes! Die beiden Jünger hörten, was er sagte, und folgten Jesus.

Jesus aber wandte sich um, und als er sah, dass sie ihm folgten, fragte er sie: Was wollt ihr? Sie sagten zu ihm: Rabbi – das heißt übersetzt: Meister –, wo wohnst du? Er antwortete: Kommt und seht! Da gingen sie mit und sahen, wo er wohnte, und blieben jenen Tag bei ihm; es war um die zehnte Stunde.
Andreas, der Bruder des Simon Petrus, war einer der beiden, die das Wort des Johannes gehört hatten und Jesus gefolgt waren. Dieser traf zuerst seinen Bruder Simon und sagte zu ihm: Wir haben den Messias gefunden. Messias heißt übersetzt: der Gesalbte – Christus. Er führte ihn zu Jesus. Jesus blickte ihn an und sagte: Du bist Simon, der Sohn des Johannes, du sollst Kephas heißen. Kephas bedeutet: Fels – Petrus.

Zum Evangelium „Was wollt ihr?" – das sind im Johannesevangelium die ersten Worte Jesu. Was wollen, was suchen wir? Wie würden wir antworten, würde Jesus uns diese Frage stellen? Einmal wird eine Antwort von uns verlangt darüber, was wir gewollt und was wir gesucht, was wir aus unserer Lebenszeit gemacht haben. Als Jesus diese Frage an die beiden Jünger richtet, fragen sie ihn: „Wo wohnst du?" Wer so fragt, ist interessiert am anderen, möchte zu ihm in Beziehung treten. Deshalb gibt Jesus nicht irgendeine Adresse an, sondern er formuliert eine Einladung „Kommt und seht!" Sie gehen mit ihm, bleiben an diesem Tag und dann für immer an seiner Seite. Weil seine Nähe Glück ist.
„Kommt und seht!" Immer dort, wo Menschen, Gruppen, Gemeinden ihre Türen öffnen für jene, die suchen, woher sie auch kommen, wer immer sie auch sein mögen, geht die Einladung weiter. Überall dort, wo Menschen in Freiheit kommen und sehen dürfen, wird der einladende Gott gegenwärtig, der niemanden wegschickt, der zu ihm kommen und sehen will. Einladungen Gottes zu sein – was für eine schöne Aufgabe und Auszeichnung für uns!

5. Januar

Lj I+II **Lesung** *1 Johannes 3,11-21* Meine Schwestern und Brüder! Das ist die Botschaft, die ihr von Anfang an gehört habt: Wir sollen einander lieben und nicht wie Kain handeln, der von dem Bösen stammte und seinen Bruder erschlug. Warum hat er ihn erschlagen? Weil seine Taten böse, die Taten seines Bruders aber gerecht waren.
Wundert euch nicht, meine Brüder, wenn die Welt euch hasst. Wir wissen, dass wir aus dem Tod in das Leben hinübergegangen sind, weil wir die Brüder lieben. Wer nicht liebt, bleibt im Tod. Jeder, der seinen Bruder hasst, ist ein Mörder und ihr wisst: Kein Mörder hat ewiges Leben, das in ihm bleibt. Daran haben wir die Liebe erkannt, dass Er sein Leben für uns hingegeben hat. So müssen auch wir für die Brüder das Leben hingeben. Wenn jemand Vermögen hat und sein Herz vor dem Bruder verschließt, den er in Not sieht,

wie kann die Gottesliebe in ihm bleiben? Meine Kinder, wir wollen nicht mit Wort und Zunge lieben, sondern in Tat und Wahrheit.
Daran werden wir erkennen, dass wir aus der Wahrheit sind, und werden unser Herz in seiner Gegenwart beruhigen. Denn wenn das Herz uns auch verurteilt – Gott ist größer als unser Herz und er weiß alles. Liebe Brüder, wenn das Herz uns aber nicht verurteilt, haben wir gegenüber Gott Zuversicht.

Evangelium *Johannes 1,43-51* In jener Zeit wollte Jesus nach Galiläa aufbrechen; da traf er Philippus. Und Jesus sagte zu ihm: Folge mir nach! Philippus war aus Betsaida, dem Heimatort des Andreas und Petrus.
Philippus traf Natanaël und sagte zu ihm: Wir haben den gefunden, über den Mose im Gesetz und auch die Propheten geschrieben haben: Jesus aus Nazaret, den Sohn Josefs. Da sagte Natanaël zu ihm: Aus Nazaret? Kann von dort etwas Gutes kommen? Philippus antwortete: Komm und sieh!
Jesus sah Natanaël auf sich zukommen und sagte über ihn: Da kommt ein echter Israelit, ein Mann ohne Falschheit. Natanaël fragte ihn: Woher kennst du mich? Jesus antwortete ihm: Schon bevor dich Philippus rief, habe ich dich unter dem Feigenbaum gesehen. Natanaël antwortete ihm: Rabbi, du bist der Sohn Gottes, du bist der König von Israel!
Jesus antwortete ihm: Du glaubst, weil ich dir sagte, dass ich dich unter dem Feigenbaum sah? Du wirst noch Größeres sehen.
Und er sprach zu ihm: Amen, amen, ich sage euch: Ihr werdet den Himmel geöffnet und die Engel Gottes auf- und niedersteigen sehen über dem Menschensohn.

Zum Evangelium „Folge mir!" Wie ein Befehl. Doch es scheint, als drücke Jesu „Folge mir!" genau das aus, was Philippus sich schon immer ersehnt hat. Philippus erzählt Natanaël von Jesus. Ihn, so Jesus, hat er schon zuvor unter dem Feigenbaum gesehen. Ein kostbarer Satz. Denn mehr oder weniger deutlich suchen wir alle nach unserer Berufung, möchten wir erkennen, was mit uns gemeint ist. Und all unser Suchen endet bei der Entdeckung, dass wir immer schon angeschaut wurden, dass wir umfangen sind von dem liebenden Blick Jesu, der uns den Halt gibt, den wir woanders vergeblich suchen. Natanaël be-kennt sich zu Jesus, weil er seinen Lebenssinn er-kennt: von ihm umgriffen sein. Aber auf noch viel Größeres gehen wir zu: auf den geöffneten Himmel, Ziel unserer Berufung, wo kein Sperrriegel mehr sein wird zwischen Gott und Mensch.

7. Januar

Lesung *1 Johannes 3,22–4,6* Liebe Schwestern und Brüder! Alles, was wir erbitten, empfangen wir von ihm, weil wir seine Gebote halten und tun, was ihm gefällt. Und das ist sein Gebot: Wir sollen an den Namen seines **Lj I+II**

Sohnes Jesus Christus glauben und einander lieben, wie es seinem Gebot entspricht. Wer seine Gebote hält, bleibt in Gott und Gott in ihm. Und dass er in uns bleibt, erkennen wir an dem Geist, den er uns gegeben hat.
Liebe Brüder, traut nicht jedem Geist, sondern prüft die Geister, ob sie aus Gott sind; denn viele falsche Propheten sind in die Welt hinausgezogen. Daran erkennt ihr den Geist Gottes: Jeder Geist, der bekennt, Jesus Christus sei im Fleisch gekommen, ist aus Gott. Und jeder Geist, der Jesus nicht bekennt, ist nicht aus Gott. Das ist der Geist des Antichrists, über den ihr gehört habt, dass er kommt. Jetzt ist er schon in der Welt.
Ihr aber, meine Kinder, seid aus Gott und habt sie besiegt; denn Er, der in euch ist, ist größer als jener, der in der Welt ist. Sie sind aus der Welt; deshalb sprechen sie, wie die Welt spricht, und die Welt hört auf sie. Wir aber sind aus Gott. Wer Gott erkennt, hört auf uns; wer nicht aus Gott ist, hört nicht auf uns. Daran erkennen wir den Geist der Wahrheit und den Geist des Irrtums.

Evangelium *Matthäus 4,12-17.23-25* In jener Zeit, als Jesus hörte, dass man Johannes ins Gefängnis geworfen hatte, zog er sich nach Galiläa zurück. Er verließ Nazaret, um in Kafarnaum zu wohnen, das am See liegt, im Gebiet von Sebulon und Naftali. Denn es sollte sich erfüllen, was durch den Propheten Jesaja gesagt worden ist:
Das Land Sebulon und das Land Naftali, die Straße am Meer, das Gebiet jenseits des Jordan, das heidnische Galiläa: das Volk, das im Dunkel lebte, hat ein helles Licht gesehen; denen, die im Schattenreich des Todes wohnten, ist ein Licht erschienen.
Von da an begann Jesus zu verkünden: Kehrt um! Denn das Himmelreich ist nahe. Er zog in ganz Galiläa umher, lehrte in den Synagogen, verkündete das Evangelium vom Reich und heilte im Volk alle Krankheiten und Leiden. Und sein Ruf verbreitete sich in ganz Syrien. Man brachte Kranke mit den verschiedensten Gebrechen und Leiden zu ihm, Besessene, Mondsüchtige und Gelähmte, und er heilte sie alle. Scharen von Menschen aus Galiläa, der Dekapolis, aus Jerusalem und Judäa und aus dem Gebiet jenseits des Jordan folgten ihm.

Zum Evangelium Gott an den Rändern – so könnte man die Notiz über den Rückzug Jesu in das Gebiet von Sebulon und Naftali überschreiben. Jesus geht nicht medienwirksam ins Zentrum der Macht. Er geht hin, wo keiner freiwillig hingeht, wo es dunkel ist, an den Rand der Welt. Diese Notiz fragt mich an, wo ich Gott suche und wie ich mir sein Wirken vorstelle. Wo bist du, Gott? Dieser Ruf dringt an Gottes Ohr, wenn ich in einer verzweifelten Lage am Rand des Lebens bin, wo Trauer, Trostlosigkeit, Tod gedeihen. Denn Gott, der sich an Jesus Christus gebunden hat, zieht immer wieder in die Gegend, wo es keine Aussicht mehr zu geben scheint. Gerade dort soll sein Licht erscheinen, gerade dort will er uns sagen: „Ich wohne an den Rändern eurer inneren Landkarten" (J. Dembeck). Gott – der Gott an den Rändern, der Überraschungsgast der Armen, der Freund der Schwachen und Übersehenen. Kehren wir um, indem wir uns seinem Licht zuwenden und selbst Lichtquelle werden für jene, deren Not unermesslich ist. Vielleicht werden dann sie, vielleicht werden dann wir den Himmel in den Randgebieten des Lebens aufleuchten sehen.

8. Januar

Lesung *1 Johannes 4,7-10* Liebe Brüder, wir wollen einander lieben; denn die Liebe ist aus Gott und jeder, der liebt, stammt von Gott und erkennt Gott. Wer nicht liebt, hat Gott nicht erkannt; denn Gott ist die Liebe. **Lj I+II**
Die Liebe Gottes wurde unter uns dadurch offenbart, dass Gott seinen einzigen Sohn in die Welt gesandt hat, damit wir durch ihn leben. Nicht darin besteht die Liebe, dass wir Gott geliebt haben, sondern dass er uns geliebt und seinen Sohn als Sühne für unsere Sünden gesandt hat.

Evangelium *Markus 6,34-44* In jener Zeit, als Jesus die vielen Menschen sah, hatte er Mitleid mit ihnen; denn sie waren wie Schafe, die keinen Hirten haben. Und er lehrte sie lange. Gegen Abend kamen seine Jünger zu ihm und sagten: Der Ort ist abgelegen und es ist schon spät. Schick sie weg, damit sie in die umliegenden Gehöfte und Dörfer gehen und sich etwas zu essen kaufen können.
Er erwiderte: Gebt ihr ihnen zu essen! Sie sagten zu ihm: Sollen wir weggehen, für zweihundert Denare Brot kaufen und es ihnen geben, damit sie zu essen haben? Er sagte zu ihnen: Wie viele Brote habt ihr? Geht und seht nach! Sie sahen nach und berichteten: Fünf Brote und außerdem zwei Fische.
Dann befahl er ihnen, den Leuten zu sagen, sie sollten sich in Gruppen ins grüne Gras setzen. Und sie setzten sich in Gruppen zu hundert und zu fünfzig. Darauf nahm er die fünf Brote und die zwei Fische, blickte zum Himmel auf, sprach den Lobpreis, brach die Brote und gab sie den Jüngern, damit sie sie an die Leute austeilten. Auch die zwei Fische ließ er unter allen verteilen. Und alle aßen und wurden satt.
Als die Jünger die Reste der Brote und auch der Fische einsammelten, wurden zwölf Körbe voll. Es waren fünftausend Männer, die von den Broten gegessen hatten.

Zum Evangelium Wie schaffen wir es nur, dass im 21. Jahrhundert die Mehrheit der Menschen unter der Armutsgrenze lebt und alle zwei Sekunden ein Mensch an Hunger stirbt? Wir gehören zu dem einen Fünftel der Weltbevölkerung, das vier Fünftel aller Rohstoffe und Waren dieser

Welt verbraucht. Von Hunger kann natürlich schlecht reden, wer noch keinen richtigen Hunger erlebt hat. Aber wie kann der, der täglich satt wird, sich aus der Frage Jesu herauswinden: „Gebt ihr ihnen zu essen!"? Das meint er nicht im übertragenen Sinn, sondern wörtlich: Wer hungrig ist, muss etwas zu „beißen" haben. Der Mensch lebt zwar nicht vom Brot allein, aber auch nicht von Gottes Wort allein. Für Gottes Wort ist vor allem der Christus, für das Brot sind wir zuständig. Alle könnten satt werden, wenn wir austeilen, was da ist. Mehr nicht. Es geht uns Christen etwas an, wenn es auf der Welt nicht für alle reicht, obwohl es für alle reichen könnte.

9. Januar

Lj I+II **Lesung** *1 Johannes 4,11-18* Liebe Brüder, wenn Gott uns so geliebt hat, müssen auch wir einander lieben. Niemand hat Gott je geschaut; wenn wir einander lieben, bleibt Gott in uns und seine Liebe ist in uns vollendet. Daran erkennen wir, dass wir in ihm bleiben und er in uns bleibt: Er hat uns von seinem Geist gegeben. Wir haben gesehen und bezeugen, dass der Vater den Sohn gesandt hat als den Retter der Welt. Wer bekennt, dass Jesus der Sohn Gottes ist, in dem bleibt Gott und er bleibt in Gott. Wir haben die Liebe, die Gott zu uns hat, erkannt und gläubig angenommen.
Gott ist die Liebe, und wer in der Liebe bleibt, bleibt in Gott und Gott bleibt in ihm. Darin ist unter uns die Liebe vollendet, dass wir am Tag des Gerichts Zuversicht haben. Denn wie er, so sind auch wir in dieser Welt. Furcht gibt es in der Liebe nicht, sondern die vollkommene Liebe vertreibt die Furcht. Denn die Furcht rechnet mit Strafe, und wer sich fürchtet, dessen Liebe ist nicht vollendet.

Evangelium *Markus 6,45-52* Gleich darauf forderte Jesus seine Jünger auf, ins Boot zu steigen und ans andere Ufer nach Betsaida vorauszufahren. Er selbst wollte inzwischen die Leute nach Hause schicken. Nachdem er sich von ihnen verabschiedet hatte, ging er auf einen Berg, um zu beten.
Spät am Abend war das Boot mitten auf dem See, er aber war allein an Land. Und er sah, wie sie sich beim Rudern abmühten, denn sie hatten Gegenwind. In der vierten Nachtwache ging er auf dem See zu ihnen hin, wollte aber an ihnen vorübergehen. Als sie ihn über den See gehen sahen, meinten sie, es sei ein Gespenst, und schrien auf. Alle sahen ihn und erschraken. Doch er begann mit ihnen zu reden und sagte: Habt Vertrauen, ich bin es; fürchtet euch nicht! Dann stieg er zu ihnen ins Boot und der Wind legte sich. Sie aber waren bestürzt und außer sich. Denn sie waren nicht zur Einsicht gekommen, als das mit den Broten geschah; ihr Herz war verstockt.

Zur Lesung Im Johannesbrief heißt es heute: „Niemand hat Gott je geschaut." – Brauche ich denn meine Augen, um Gott zu entdecken?

Oder ist das, was ich mit den Augen wahrnehmen kann, eher hinderlich für meine Gottesbeziehung? Saint-Exupèry sagt im Kleinen Prinzen: „Man sieht nur mit dem Herzen gut“ und „das Wesentliche ist für die Augen unsichtbar“. Vielleicht ist dies der Schlüssel, um meine Liebe zu meinen Mitmenschen und die Liebe Gottes in mir neu zu entdecken.

10. Januar

Lesung *1 Johannes 4,19–5,4* Wir wollen lieben, weil er uns zuerst geliebt hat. Wenn jemand sagt: Ich liebe Gott!, aber seinen Bruder hasst, ist er ein Lügner. Denn wer seinen Bruder nicht liebt, den er sieht, kann Gott nicht lieben, den er nicht sieht. Und dieses Gebot haben wir von ihm: Wer Gott liebt, soll auch seinen Bruder lieben. **Lj I+II**

Jeder, der glaubt, dass Jesus der Christus ist, stammt von Gott und jeder, der den Vater liebt, liebt auch den, der von ihm stammt. Wir erkennen, dass wir die Kinder Gottes lieben, wenn wir Gott lieben und seine Gebote erfüllen. Denn die Liebe zu Gott besteht darin, dass wir seine Gebote halten. Seine Gebote sind nicht schwer. Denn alles, was von Gott stammt, besiegt die Welt. Und das ist der Sieg, der die Welt besiegt hat: unser Glaube.

Evangelium *Lukas 4,14-22a* Jesus kehrte, erfüllt von der Kraft des Geistes, nach Galiläa zurück. Und die Kunde von ihm verbreitete sich in der ganzen Gegend. Er lehrte in den Synagogen und wurde von allen gepriesen.

So kam er auch nach Nazaret, wo er aufgewachsen war, und ging, wie gewohnt, am Sabbat in die Synagoge. Als er aufstand, um aus der Schrift vorzulesen, reichte man ihm das des Propheten Jesaja. Er schlug das Buch auf und fand die Stelle, wo es heißt:

Der Geist des Herrn ruht auf mir; / denn der Herr hat mich gesalbt.
Er hat mich gesandt, / damit ich den Armen eine gute Nachricht bringe;
damit ich den Gefangenen die Entlassung verkünde / und den Blinden das Augenlicht;
damit ich die Zerschlagenen in Freiheit setze / und ein Gnadenjahr des Herrn ausrufe.

Dann schloss er das Buch, gab es dem Synagogendiener und setzte sich. Die Augen aller in der Synagoge waren auf ihn gerichtet. Da begann er, ihnen darzulegen: Heute hat sich das Schriftwort, das ihr eben gehört habt, erfüllt. Seine Rede fand bei allen Beifall;

Zum Evangelium Das erste öffentliche Auftreten Jesu, in der Synagoge seiner Heimatstadt Nazaret, ist von zentraler Bedeutung für das Verständnis der Person und des Auftrags Jesu. Die Szene ist daher von Lukas ganz bewusst, unmittelbar nach Taufe und Versuchung Jesu, gleichsam als programmatisches Manifest, an den Anfang des Wirkens Jesu gestellt.

Der Geist Gottes, der vorher in der Taufe auf Jesus herabkam, taucht nun in den Verheißungen des Propheten im Jesajabuch wieder auf. Diese sind immer noch höchst aktuell: Die Armen erhalten eine privilegierte Stellung, die Gefangenen werden aus der Haft entlassen, die Blinden können wieder sehen, die Unterdrückten werden befreit und die Verschuldeten kommen in den Genuss einer großen Amnestie. Dies spiegelt seit jeher die Sehnsüchte aller Unterdrückten und Marginalisierten, die aus eigener Kraft nicht aus ihrer Notlage herauskommen.
Und nun das Unerhörte: Laut Jesus kommen diese Worte heute in seiner Person zur Erfüllung. Dieses „heute" gilt nicht nur für die Zeit des historischen Jesus, es gilt für alle Leserinnen und Leser des Lukasevangeliums, für alle, die sich auf dieBotschaft Jesu einlassen. Nachfolge Jesu bedeutet dann, auch in schlechten Zeiten am Vertrauen auf Gottes Wirken festzuhalten und zugleich selbst ausdauernd und kreativ daran mitzuarbeiten, dass diese prophetischen Verheißungen auch heute, hier und jetzt, in Erfüllung gehen.

11. Januar

Lj I+II **Lesung** *1 Johannes 5,5-13* Wer sonst besiegt die Welt, außer dem, der glaubt, dass Jesus der Sohn Gottes ist? Dieser ist es, der durch Wasser und Blut gekommen ist: Jesus Christus. Er ist nicht nur im Wasser gekommen, sondern im Wasser und im Blut. Und der Geist ist es, der Zeugnis ablegt; denn der Geist ist die Wahrheit. Drei sind es, die Zeugnis ablegen: der Geist, das Wasser und das Blut; und diese drei sind eins.
Wenn wir von Menschen ein Zeugnis annehmen, so ist das Zeugnis Gottes gewichtiger; denn das ist das Zeugnis Gottes: Er hat Zeugnis abgelegt für seinen Sohn. Wer an den Sohn Gottes glaubt, trägt das Zeugnis in sich. Wer Gott nicht glaubt, macht ihn zum Lügner, weil er nicht an das Zeugnis glaubt, das Gott für seinen Sohn abgelegt hat. Und das Zeugnis besteht darin, dass Gott uns das ewige Leben gegeben hat; und dieses Leben ist in seinem Sohn. Wer den Sohn hat, hat das Leben; wer den Sohn Gottes nicht hat, hat das Leben nicht.
Dies schreibe ich euch, damit ihr wisst, dass ihr das ewige Leben habt; denn ihr glaubt an den Namen des Sohnes Gottes.

Evangelium *Lukas 5,12-16* Als Jesus in einer der Städte war, kam ein Mann, der am ganzen Körper Aussatz hatte. Sobald er Jesus sah, warf er sich vor ihm zu Boden und bat ihn: Herr, wenn du willst, kannst du machen, dass ich rein werde. Da streckte Jesus die Hand aus, berührte ihn und sagte: Ich will es – werde rein! Im gleichen Augenblick verschwand der Aussatz. Jesus befahl ihm: Erzähl niemand davon, sondern geh, zeig dich dem Priester und bring das Reinigungsopfer dar, wie es Mose angeordnet hat. Das soll für sie ein Beweis (deiner Heilung) sein.

Sein Ruf verbreitete sich immer mehr, sodass die Menschen von überall herbeiströmten. Sie alle wollten ihn hören und von ihren Krankheiten geheilt werden. Doch er zog sich an einen einsamen Ort zurück, um zu beten.

Zum Evangelium Von Aussatz befallen werden, das bedeutet, in vollständiger Isolation zu anderen Menschen, gleichsam als lebendiger Toter dahinzuvegetieren. Da Aussatz extrem ansteckend war, waren Aussätzige dazu verurteilt, immer ausreichend Abstand zu den Gesunden zu halten. Wie groß muss ihre Sehnsucht nach menschlicher Nähe gewesen sein, nach Menschen, die keine Scheu davor hatten, ihnen zu nahe zu kommen! Wie unglaublich muss es nun für den Aussätzigen sein, dass Jesus keinerlei Berührungsängste zeigt, dass er ihn nicht entsetzt fortschickt, sondern im Gegenteil ihm ganz nahe kommt, ihn sogar mit der Hand berührt. Diese Berührung wirkt Wunder: Der Aussätzige, der sich zum ersten Mal trotz seiner abschreckenden Krankheit angenommen sieht, wird dadurch wieder zu einem „vollwertigen" Menschen. Die heutige Medizin weiß, dass Hautkrankheiten oft seelische Konflikte und psychische Probleme widerspiegeln. Die bedingungslose Annahme des Kranken durch Jesus führt dazu, dass dieser nun auch in seinen Augen wieder „rein" und damit gesund ist. Ob dieses Beispiel Jesu uns dazu anspornen kann, auf heutige „Unberührbare" ohne Vorurteile zuzugehen und hinter der vielleicht abschreckenden Fassade den Menschen zu entdecken, der gerade meine Nähe braucht ...

12. Januar

Lesung *1 Johannes 5,14-21* Wir haben ihm gegenüber die Zuversicht, dass er uns hört, wenn wir etwas erbitten, das seinem Willen entspricht. Wenn wir wissen, dass er uns bei allem hört, was wir erbitten, dann wissen wir auch, dass er unsere Bitten schon erfüllt hat. Wer sieht, dass sein Bruder eine Sünde begeht, die nicht zum Tod führt, soll (für ihn) bitten; und Gott wird ihm Leben geben, allen, deren Sünde nicht zum Tod führt. Denn es gibt Sünde, die zum Tod führt. Von ihr spreche ich nicht, wenn ich sage, dass er bitten soll. Jedes Unrecht ist Sünde; aber es gibt Sünde, die nicht zum Tod führt. Wir wissen: Wer von Gott stammt, sündigt nicht, sondern der von Gott Gezeugte bewahrt ihn und der Böse tastet ihn nicht an. Wir wissen: Wir sind aus Gott, aber die ganze Welt steht unter der Macht des Bösen. Wir wissen aber: Der Sohn Gottes ist gekommen und er hat uns Einsicht geschenkt, damit wir (Gott) den Wahren erkennen. Und wir sind in diesem Wahren, in seinem Sohn Jesus Christus. Er ist der wahre Gott und das ewige Leben. Meine Kinder, hütet euch vor den Götzen! Lj I+II

Evangelium *Johannes 3,22-30* Darauf ging Jesus mit seinen Jüngern nach Judäa. Dort hielt er sich mit ihnen auf und taufte. Aber auch Johannes taufte damals, und zwar in Änon bei Salim, weil dort viel Wasser war; und die Leute kamen und ließen sich taufen. Johannes war nämlich noch nicht ins Gefängnis geworfen worden. Da kam es zwischen den Jüngern des Johannes und einem Juden zum Streit über die Frage der Reinigung. Sie gingen zu Johannes und sagten zu ihm: Rabbi, der Mann, der auf der anderen Seite des Jordan bei dir war und für den du Zeugnis abgelegt hast, der tauft jetzt, und alle laufen zu ihm. Johannes antwortete: Kein Mensch kann sich etwas nehmen, wenn es ihm nicht vom Himmel gegeben ist. Ihr selbst könnt mir bezeugen, dass ich gesagt habe: Ich bin nicht der Messias, sondern nur ein Gesandter, der ihm vorausgeht. Wer die Braut hat, ist der Bräutigam; der Freund des Bräutigams aber, der dabeisteht und ihn hört, freut sich über die Stimme des Bräutigams. Diese Freude ist nun für mich Wirklichkeit geworden. Er muss wachsen, ich aber muss kleiner werden.

Zum Evangelium Die Szene spiegelt typisch menschliches Verhalten. Bislang war „die Welt in Ordnung“: Johannes rief zur Umkehr und taufte zur Vergebung der Sünden. Doch nun ist da auf einmal noch einer, der tauft, Jesus. Dies ruft nun enorme Unsicherheit hervor: Welche Taufe ist denn nun die richtige, die wirksamere? Dass die Täuflinge des Johannes verunsichert sind, ist gut nachvollziehbar. Und wie oft bei Unklarheiten kommt es zum Streit zwischen den beiden Parteien. Die Jünger des Johannes suchen nun von ihm die Bestätigung, dass sie im Recht sind. So weit können wir uns in der Szene gut wiederfinden.
Doch die Antwort des Johannes ist unerwartet. Sie zeigt, dass es ihm nicht um sein eigenes Ansehen und seine Machtposition geht, sondern dass er ganz in seiner Sendung aufgeht, auf Jesus als den Größeren hinzuweisen. Johannes hat erkannt, dass Jesus – im Unterschied zu ihm – ganz von Gott herkommt, dass in ihm Gott selbst sich zeigt. Dies kann er neidlos zugestehen und von sich selbst weg auf Gott hin weisen. Dieses Verhalten des Täufers könnte auch uns in Auseinandersetzungen Orientierung geben, weniger auf die eigene Person, das eigene Ansehen bei anderen fixiert zu sein, sondern den Dienst an der Sache Jesu in den Mittelpunkt zu stellen.

Fastenzeit – Österliche Bußzeit

Donnerstag nach Aschermittwoch

Lj I+II **Lesung** *Deuteronomium 30,15-20* Mose sagte zum Volk: Hiermit lege ich dir heute das Leben und das Glück, den Tod und das Unglück vor. Wenn du auf die Gebote des Herrn, deines Gottes, auf die ich dich heute verpflichte, hörst, indem du den Herrn, deinen Gott, liebst, auf seinen Wegen gehst und auf seine Gebote, Gesetze und Rechtsvorschriften achtest, dann wirst du leben und zahlreich werden und der Herr, dein Gott, wird dich in dem Land, in das du hineinziehst, um es in Besitz zu nehmen, segnen.
Wenn du aber dein Herz abwendest und nicht hörst, wenn du dich verführen lässt, dich vor anderen Göttern niederwirfst und ihnen dienst – heute erkläre ich euch: Dann werdet ihr ausgetilgt werden; ihr werdet nicht lange in dem Land leben, in das du jetzt über den Jordan hinüberziehst, um hineinzuziehen und es in Besitz zu nehmen.
Den Himmel und die Erde rufe ich heute als Zeugen gegen euch an. Leben und Tod lege ich dir vor, Segen und Fluch. Wähle also das Leben, damit du lebst, du und deine Nachkommen. Liebe den Herrn, deinen Gott, hör auf seine Stimme und halte dich an ihm fest; denn er ist dein Leben. Er ist die Länge deines Lebens, das du in dem Land verbringen darfst, von dem du weißt: Der Herr hat deinen Vätern Abraham, Isaak und Jakob geschworen, es ihnen zu geben.

Evangelium *Lukas 9,22-25* In jener Zeit sprach Jesus zu seinen Jüngern: Der Menschensohn muss vieles erleiden und von den Ältesten, den Hohenpriestern und den Schriftgelehrten verworfen werden; er wird getötet werden, aber am dritten Tag wird er auferstehen.
Zu allen sagte er: Wer mein Jünger sein will, der verleugne sich selbst, nehme täglich sein Kreuz auf sich und folge mir nach. Denn wer sein Leben retten will, wird es verlieren; wer aber sein Leben um meinetwillen verliert, der wird es retten. Was nützt es einem Menschen, wenn er die ganze Welt gewinnt, dabei aber sich selbst verliert und Schaden nimmt?

Zum Evangelium Nachfolge ist nicht Mitlaufen. Nachfolge ist die Bereitschaft, den Weg Jesu in aller Konsequenz mitzugehen, „täglich sein Kreuz“ auf sich zu nehmen. Das Kreuz in unserem Leben müssen wir nicht erst suchen. Es ist ein Bild für die täglichen Bedrängnisse und Konflikte, für das, was uns Tag für Tag in die Quere kommt. Wenn wir die täglichen Herausforderungen als Kreuz verstehen, müssen wir an ihnen nicht verzweifeln. Sie haben einen Sinn. Sie verbinden uns mit dem Weg Christi, brechen unsere harten Schalen und Abwehrmechanismen auf. Was mich „zu Kreuze kriechen“ lässt, hilft mir, den Tanz um mich selbst aufzugeben und Leben zu gewinnen, das viel mehr ist als das, an dem ich geizig festhalte. Im Verschenken werde ich reich, im Festhalten werde ich arm.

Freitag nach Aschermittwoch

Lesung *Jesaja 58,1-9a* So spricht Gott, der Herr: Rufe aus voller Kehle, halte dich nicht zurück! Lass deine Stimme ertönen wie eine Posaune! Halt meinem Volk seine Vergehen vor und dem Haus Jakob seine Sünden! Sie suchen mich Tag für Tag; denn sie wollen meine Wege erkennen. Wie ein Volk, das Gerechtigkeit übt und das vom Recht seines Gottes nicht ablässt, so fordern sie von mir ein gerechtes Urteil und möchten, dass Gott ihnen nah ist. Warum fasten wir und du siehst es nicht? Warum tun wir Buße und du merkst es nicht? Seht, an euren Fasttagen macht ihr Geschäfte und treibt alle eure Arbeiter zur Arbeit an. Obwohl ihr fastet, gibt es Streit und Zank und ihr schlagt zu mit roher Gewalt. So wie ihr jetzt fastet, verschafft ihr eurer Stimme droben kein Gehör. **Lj I+II**

Ist das ein Fasten, wie ich es liebe, ein Tag, an dem man sich der Buße unterzieht: wenn man den Kopf hängen lässt, so wie eine Binse sich neigt, wenn man sich mit Sack und Asche bedeckt? Nennst du das ein Fasten und einen Tag, der dem Herrn gefällt? Nein, das ist ein Fasten, wie ich es liebe: die Fesseln des Unrechts zu lösen, die Stricke des Jochs zu entfernen, die Versklavten freizulassen, jedes Joch zu zerbrechen, an die Hungrigen dein Brot auszuteilen, die obdachlosen Armen ins Haus aufzunehmen, wenn du einen Nackten siehst, ihn zu bekleiden und dich deinen Verwandten nicht zu entziehen.

Dann wird dein Licht hervorbrechen wie die Morgenröte und deine Wunden werden schnell vernarben. Deine Gerechtigkeit geht dir voran, die Herrlichkeit des Herrn folgt dir nach. Wenn du dann rufst, wird der Herr dir Antwort geben, und wenn du um Hilfe schreist, wird er sagen: Hier bin ich.

Evangelium *Matthäus 9,14-15* In jener Zeit kamen die Jünger des Johannes des Täufers zu Jesus und sagten: Warum fasten deine Jünger nicht, während wir und die Pharisäer fasten?

Jesus antwortete ihnen: Können denn die Hochzeitsgäste trauern, solange der Bräutigam bei ihnen ist? Es werden aber Tage kommen, da wird ihnen der Bräutigam genommen sein; dann werden sie fasten.

Zur Lesung Lohnt sich Fasten, Buße tun, Verzichten, wenn Gott schweigt? Sieht er denn nicht, wie wir uns anstrengen? So empfanden es die Frommen damals, und vielleicht empfinden wir es heute auch manchmal so? Jesaja sagt in aller Schärfe: Euer Fasten bringt nichts, wenn euer Umgang mit Menschen in Not sich nicht ändert.

Auch unser Fasten bringt nichts, wenn wir uns mit christlicher und kirchlicher Routine begnügen. Es bringt nichts, wenn Frommsein und konkretes Handeln auseinander fallen. Aus einer Welt, in der es eigennützig, unsensibel, selbstgerecht zugeht, zieht Gott sich zurück. Es gibt keine Nähe zu Gott ohne Sensibilität für den Nächsten. Jesajas Gegenprogramm: Bring dein Verhältnis zu den Menschen an deiner Seite in Ordnung, dann stimmt auch dein Verhältnis zu Gott. Und wenn wir dann rufen, hören wir sein „Hier bin ich“, und sein Licht wird unser Dunkel durchdringen.

Samstag nach Aschermittwoch

Lj I+II **Lesung** *Jesaja 58,9b-14* So spricht der Herr: Wenn du der Unterdrückung bei dir ein Ende machst, auf keinen mit dem Finger zeigst und niemand verleumdest, dem Hungrigen dein Brot reichst und den Darbenden satt machst, dann geht im Dunkel dein Licht auf und deine Finsternis wird hell wie der Mittag.
Der Herr wird dich immer führen, auch im dürren Land macht er dich satt und stärkt deine Glieder. Du gleichst einem bewässerten Garten, einer Quelle, deren Wasser niemals versiegt.
Deine Leute bauen die uralten Trümmerstätten wieder auf, die Grundmauern aus der Zeit vergangener Generationen stellst du wieder her. Man nennt dich den Maurer, der die Risse ausbessert, den, der die Ruinen wieder bewohnbar macht.
Wenn du am Sabbat nicht aus dem Haus gehst und an meinem heiligen Tag keine Geschäfte machst, wenn du den Sabbat den Tag der Wonne nennst, einen Ehrentag, den heiligen Tag des Herrn, wenn du ihn ehrst, indem du keine Gänge machst, keine Geschäfte betreibst und keine Verhandlungen führst, dann wirst du am Herrn deine Wonne haben, dann lasse ich dich über die Höhen der Erde dahinfahren und das Erbe deines Vaters Jakob genießen. Ja, der Mund des Herrn hat gesprochen.

Evangelium *Lukas 5,27-32* In jener Zeit sah Jesus einen Zöllner namens Levi am Zoll sitzen und sagte zu ihm: Folge mir nach! Da stand Levi auf, verließ alles und folgte ihm. Und er gab für Jesus in seinem Haus ein großes Festmahl. Viele Zöllner und andere Gäste waren mit ihnen bei Tisch.
Da sagten die Pharisäer und ihre Schriftgelehrten voll Unwillen zu seinen Jüngern: Wie könnt ihr zusammen mit Zöllnern und Sündern essen und trinken?
Jesus antwortete ihnen: Nicht die Gesunden brauchen den Arzt, sondern die Kranken. Ich bin gekommen, um die Sünder zur Umkehr zu rufen, nicht die Gerechten.

Zum Evangelium Im Vorbeigehen ruft Jesus Levi. Er steht auf, verlässt alles und folgt ihm. Zöllner sein heißt, sich in die eigene Tasche wirtschaften, willkürlich Tarife zu bestimmen und mit der verhassten römischen Besatzungsmacht zusammenzuarbeiten.
Vor diesem Hintergrund ist die Berufung Levis eine radikale Neuausrichtung. Jesus ruft einen Menschen, der religiös im Abseits steht. Er setzt sich über übliche Moralmaßstäbe hinweg, indem er sagt: Komm mit, ja, gerade du! Die Quintessenz: Jesus, der Arzt, ist für die Kranken da. Natür-

lich gibt es Gerechte, die schon Gemeinschaft mit Gott haben. Aber nur, wenn sie keine Grenzen aufbauen zwischen sich und den „Sündern". Gott nimmt uns bedingungslos an, egal, was für ein Leben wir führen. Unsere Rettung hängt nicht von einem vorausgehenden Sündenbekenntnis ab. Buße ist nicht Voraussetzung der Berufung, sondern deren Folge: Wir brechen mit unserem alten Leben und treten ein in die Nachfolge. Aber Gottes Stimme hören, wenn er „vorbeigeht", aufstehen und ihm folgen: Das müssen wir selbst.

I. Fastenwoche

Montag der I. Fastenwoche

Lesung *Levitikus 19,1-2.11-18* Der Herr sprach zu Mose: Rede zur ganzen Gemeinde der Israeliten und sag zu ihnen: Seid heilig, denn ich, der Herr, euer Gott, bin heilig. Lj I+II

Ihr sollt nicht stehlen, nicht täuschen und einander nicht betrügen. Ihr sollt nicht falsch bei meinem Namen schwören; du würdest sonst den Namen deines Gottes entweihen. Ich bin der Herr.

Du sollst deinen Nächsten nicht ausbeuten und ihn nicht um das Seine bringen. Der Lohn des Tagelöhners soll nicht über Nacht bis zum Morgen bei dir bleiben. Du sollst einen Tauben nicht verfluchen und einem Blinden kein Hindernis in den Weg stellen; vielmehr sollst du deinen Gott fürchten. Ich bin der Herr.

Ihr sollt in der Rechtsprechung kein Unrecht tun. Du sollst weder für einen Geringen noch für einen Großen Partei nehmen; gerecht sollst du deinen Stammesgenossen richten. Du sollst deinen Stammesgenossen nicht verleumden und dich nicht hinstellen und das Leben deines Nächsten fordern. Ich bin der Herr.

Du sollst in deinem Herzen keinen Hass gegen deinen Bruder tragen. Weise deinen Stammesgenossen zurecht, so wirst du seinetwegen keine Schuld auf dich laden. An den Kindern deines Volkes sollst du dich nicht rächen und ihnen nichts nachtragen. Du sollst deinen Nächsten lieben wie dich selbst. Ich bin der Herr.

Evangelium *Matthäus 25,31-46* In jener Zeit sprach Jesus zu seinen Jüngern: Wenn der Menschensohn in seiner Herrlichkeit kommt und alle Engel mit ihm, dann wird er sich auf den Thron seiner Herrlichkeit setzen. Und alle Völker werden vor ihm zusammengerufen werden und er wird sie voneinander scheiden, wie der Hirt die Schafe von den Böcken scheidet. Er wird die Schafe zu seiner Rechten versammeln, die Böcke aber zur Linken.

Dann wird der König denen auf der rechten Seite sagen: Kommt her, die ihr von meinem Vater gesegnet seid, nehmt das Reich in Besitz, das seit der Er-

schaffung der Welt für euch bestimmt ist. Denn ich war hungrig und ihr habt mir zu essen gegeben; ich war durstig und ihr habt mir zu trinken gegeben; ich war fremd und obdachlos und ihr habt mich aufgenommen; ich war nackt und ihr habt mir Kleidung gegeben; ich war krank und ihr habt mich besucht; ich war im Gefängnis und ihr seid zu mir gekommen.
Dann werden ihm die Gerechten antworten: Herr, wann haben wir dich hungrig gesehen und dir zu essen gegeben, oder durstig und dir zu trinken gegeben? Und wann haben wir dich fremd und obdachlos gesehen und aufgenommen, oder nackt und dir Kleidung gegeben? Und wann haben wir dich krank oder im Gefängnis gesehen und sind zu dir gekommen?
Darauf wird der König ihnen antworten: Amen, ich sage euch: Was ihr für einen meiner geringsten Brüder getan habt, das habt ihr mir getan.
Dann wird er sich auch an die auf der linken Seite wenden und zu ihnen sagen: Weg von mir, ihr Verfluchten, in das ewige Feuer, das für den Teufel und seine Engel bestimmt ist! Denn ich war hungrig und ihr habt mir nichts zu essen gegeben; ich war durstig und ihr habt mir nichts zu trinken gegeben; ich war fremd und obdachlos und ihr habt mich nicht aufgenommen; ich war nackt und ihr habt mir keine Kleidung gegeben; ich war krank und im Gefängnis und ihr habt mich nicht besucht.
Dann werden auch sie antworten: Herr, wann haben wir dich hungrig oder durstig oder obdachlos oder nackt oder krank oder im Gefängnis gesehen und haben dir nicht geholfen?
Darauf wird er ihnen antworten: Amen, ich sage euch: Was ihr für einen dieser Geringsten nicht getan habt, das habt ihr auch mir nicht getan. Und sie werden weggehen und die ewige Strafe erhalten, die Gerechten aber das ewige Leben.

Zum Evangelium Bei Matthäus ist dies die letzte große Rede, die Jesus vor seinem Tod gehalten hat. In ihr ist die ganze christliche Ethik enthalten. Diese Ethik leuchtet ein. Und sie fordert auf zu handeln. Denn „was ihr für einen dieser Geringsten nicht getan habt, das habt ihr auch mir nicht getan.“ Es geht um alles, es geht um das Verhältnis zu Gott. Aber leben wir nach diesen Regeln? Geben wir dem Hungrigen zu essen, dem Fremden eine Heimat, dem Obdachlosen ein Dach über dem Kopf? Kleiden wir den Nackten, besuchen wir den Kranken und den Gefangenen? Wer von uns könnte behaupten, er gehöre auf die Seite der Gerechten, er könne vor Gottes Maßstab am Ende der Zeit bestehen?
Doch wenn wir nicht nur selbstgerecht sind, sondern auch barmherzig gegenüber unseren Mitmenschen, dann wird Gott nicht nur den Maßstab seines Rechts an uns legen, sondern darüber den Maßstab seiner Barmherzigkeit. Barmherzigkeit kann man nicht messen. Wer danach fragt, ob er genügend barmherzig ist, der hat nicht begriffen, was Barmherzigkeit ist, denn sie lässt sich nicht berechnen. Nur eins zählt: dass wir

Barmherzigkeit tun, da, wo wir einen Menschen sehen, der jetzt auf sie angewiesen ist – ohne auszurechnen, was es mich kostet, ohne einen Lohn zu erwarten. Das Gute geschieht aus nichts als Güte. Gott hat seine Barmherzigkeit an uns verschwendet. Werden wir ihm ähnlich. Werden wir „Barmherzigkeitsverschwender"! Und Leben läuft nicht ins Leere, es füllt sich mit Sinn!

Dienstag der 1. Fastenwoche

Lesung *Jesaja 55,10-11* So spricht der Herr: Wie der Regen und der Schnee vom Himmel fällt und nicht dorthin zurückkehrt, sondern die Erde tränkt und sie zum Keimen und Sprossen bringt, wie er dem Sämann Samen gibt und Brot zum Essen, so ist es auch mit dem Wort, das meinen Mund verlässt: Es kehrt nicht leer zu mir zurück, sondern bewirkt, was ich will, und erreicht all das, wozu ich es ausgesandt habe. **Lj I+II**

Evangelium *Matthäus 6,7-15* In jener Zeit sprach Jesus zu seinen Jüngern: Wenn ihr betet, sollt ihr nicht plappern wie die Heiden, die meinen, sie werden nur erhört, wenn sie viele Worte machen. Macht es nicht wie sie; denn euer Vater weiß, was ihr braucht, noch ehe ihr ihn bittet.

So sollt ihr beten: Unser Vater im Himmel, dein Name werde geheiligt, dein Reich komme, dein Wille geschehe wie im Himmel, so auf der Erde. Gib uns heute das Brot, das wir brauchen. Und erlass uns unsere Schulden, wie auch wir sie unseren Schuldnern erlassen haben. Und führe uns nicht in Versuchung, sondern rette uns vor dem Bösen.

Denn wenn ihr den Menschen ihre Verfehlungen vergebt, dann wird euer himmlischer Vater auch euch vergeben. Wenn ihr aber den Menschen nicht vergebt, dann wird euch euer Vater eure Verfehlungen auch nicht vergeben.

Zum Evangelium Gott braucht keine Überredungskünste, damit er hört und erhört. Dass Gott hört, ist nicht das Ziel des Gebets, sondern seine Voraussetzung, denn „euer Vater weiß, was ihr braucht, noch ehe ihr ihn bittet". Nach diesen einleitenden Worten folgt das Gebet Jesu, das Vaterunser. Wenn wir in Lebensumstände geraten, in denen es uns die Sprache verschlägt, dann ist immer noch Raum für das Vaterunser. Es ist das Gebet, das wir nie allein sprechen, selbst wenn wir allein sind, denn immer wird gleichzeitig irgendwo auf der Welt jemand das Vaterunser beten. Das Vaterunser trennt und sondert nicht ab, sondern es eint und verbindet. Das Gebet Jesu gibt uns Kraft für unser Leben. Wenn wir es Tag für Tag beten, wachsen wir Gott entgegen. „Gott weiß doch alles, und er kennt doch jeden! Und wenn wir beten, ordnet sich die Welt, die viel verwirrte, vor dem stillen Blick, und aus der Fremde führt der Weg zurück zu jenem Urgrund, der das Leben birgt" (A. Pötzsch).

Mittwoch der 1. Fastenwoche

Lj I+II **Lesung** *Jona 3,1-10* Das Wort des Herrn erging an Jona: Mach dich auf den Weg und geh nach Ninive, in die große Stadt, und droh ihr all das an, was ich dir sagen werde.
Jona machte sich auf den Weg und ging nach Ninive, wie der Herr es ihm befohlen hatte. Ninive war eine große Stadt vor Gott; man brauchte drei Tage, um sie zu durchqueren. Jona begann, in die Stadt hineinzugehen; er ging einen Tag lang und rief: Noch vierzig Tage und Ninive ist zerstört!
Und die Leute von Ninive glaubten Gott. Sie riefen ein Fasten aus und alle, Groß und Klein, zogen Bußgewänder an. Als die Nachricht davon den König von Ninive erreichte, stand er von seinem Thron auf, legte seinen Königsmantel ab, hüllte sich in ein Bußgewand und setzte sich in die Asche.
Er ließ in Ninive ausrufen: Befehl des Königs und seiner Großen: Alle Menschen und Tiere, Rinder, Schafe und Ziegen, sollen nichts essen, nicht weiden und kein Wasser trinken. Sie sollen sich in Bußgewänder hüllen, Menschen und Tiere. Sie sollen laut zu Gott rufen und jeder soll umkehren und sich von seinen bösen Taten abwenden und von dem Unrecht, das an seinen Händen klebt. Wer weiß, vielleicht reut es Gott wieder und er lässt ab von seinem glühenden Zorn, sodass wir nicht zugrunde gehen.
Und Gott sah ihr Verhalten; er sah, dass sie umkehrten und sich von ihren bösen Taten abwandten. Da reute Gott das Unheil, das er ihnen angedroht hatte, und er führte die Drohung nicht aus.

Evangelium *Lukas 11,29-32* In jener Zeit, als immer mehr Menschen zu Jesus kamen, sagte er: Diese Generation ist böse. Sie fordert ein Zeichen; aber es wird ihr kein anderes gegeben werden als das Zeichen des Jona. Denn wie Jona für die Einwohner von Ninive ein Zeichen war, so wird es auch der Menschensohn für diese Generation sein.
Die Königin des Südens wird beim Gericht gegen die Männer dieser Generation auftreten und sie verurteilen; denn sie kam vom Ende der Erde, um die Weisheit Salomos zu hören. Hier aber ist einer, der mehr ist als Salomo. Die Männer von Ninive werden beim Gericht gegen diese Generation auftreten und sie verurteilen; denn sie haben sich nach der Predigt des Jona bekehrt. Hier aber ist einer, der mehr ist als Jona.

Zum Evangelium Hätten wir nicht auch gern ab und zu ein Zeichen, einen göttlichen Beweis, der uns unsere Fragen und Unsicherheiten und Glaubenszweifel abnimmt? Etwas Übernatürliches, etwas außerhalb der Naturordnung, ein richtiges „Wunder“? Als die Menschen damals zu Jesus kamen und ein Zeichen zu seiner Legitimation forderten, hat er es ihnen verweigert, ja, er hat sogar gesagt: „Diese Generation ist böse.“ Wer ein Zeichen will, sucht Gott im Ausnahmefall und nicht im Alltäglichen. Das Gewöhnliche ist für sie kein Erweis des Göttlichen. Das Ungewöhn-

liche, das, was man noch nie erlebt hat, wird als die Bestätigung des Religiösen genommen.
Geistert diese Gottesvorstellung nicht bis heute in unseren Köpfen herum? Aber der Gott, den Jesus verkündigt hat, ist kein Gott, der seine Allmacht zur Schau stellt. Die Art, wie Jesus Wunder bewirkte, bestand gerade nicht in einer willkürlichen Machtdemonstration der eigenen Würde. Es ging ihm um das Vertrauen des Menschen zu Gott, das Vertrauen von Menschen untereinander. Nur dort, wo Menschen sich mit ihrer ganzen Existenz einsetzen, zeigt sich Gott – anders nicht. Das einzige Zeichen, das wir haben, ist Jesus selbst, sein Tod und seine Auferstehung. Wir können dieses Zeichen annehmen oder ablehnen. Es ist kein Beweis. Es fordert unseren Glauben heraus.

Donnerstag der I. Fastenwoche

Lesung *Ester 4,17 k.l.r-s* In jenen Tagen wurde die Königin Ester von Todesangst ergriffen und suchte Zuflucht beim Herrn. Und sie betete zum Herrn, dem Gott Israels: **Lj I+II**
Herr, unser König, du bist der Einzige. Hilf mir! Denn ich bin allein und habe keinen Helfer außer dir; die Gefahr steht greifbar vor mir. Von Kindheit an habe ich in meiner Familie und meinem Stamm gehört, dass du, Herr, Israel aus allen Völkern erwählt hast; du hast dir unsere Väter aus allen ihren Vorfahren als deinen ewigen Erbbesitz ausgesucht und hast an ihnen gehandelt, wie du es versprochen hattest.
Denk an uns, Herr! Offenbare dich in der Zeit unserer Not und gib mir Mut, König der Götter und Herrscher über alle Mächte! Leg mir in Gegenwart des Löwen die passenden Worte in den Mund und stimm sein Herz um, damit er unseren Feind hasst und ihn und seine Gesinnungsgenossen vernichtet. Uns aber rette mit deiner Hand! Hilf mir, denn ich bin allein und habe niemand außer dir, o Herr!

Evangelium *Matthäus 7,7-12* In jener Zeit sprach Jesus zu seinen Jüngern: Bittet, dann wird euch gegeben; sucht, dann werdet ihr finden; klopft an, dann wird euch geöffnet. Denn wer bittet, der empfängt; wer sucht, der findet; und wer anklopft, dem wird geöffnet.
Oder ist einer unter euch, der seinem Sohn einen Stein gibt, wenn er um Brot bittet, oder eine Schlange, wenn er um einen Fisch bittet? Wenn nun schon ihr, die ihr böse seid, euren Kindern gebt, was gut ist, wie viel mehr wird euer Vater im Himmel denen Gutes geben, die ihn bitten.
Alles, was ihr also von anderen erwartet, das tut auch ihnen! Darin bestehen das Gesetz und die Propheten.

Zum Evangelium Wie viele Bitten werden täglich gen Himmel gesandt? Bitte um eine gute Mathearbeit, um Gesundwerden, um bessere

Lebensbedingungen ... Das Bittgebet ist eine Quelle unendlicher Missverständnisse und Enttäuschungen. Wie viele Menschen wenden sich von Gott ab, weil ihre Bitten nicht erhört wurden?
Die Art und Weise, wie ich Gott um etwas bitte, sagt viel über mich und mein Verhältnis zu Gott aus. Das richtige Bitten hat immer mit dem Satz aus dem Vaterunser zu tun: „Dein Wille geschehe". Das ist vertrauensvolles Beten um das richtige Bitten. Nur Gott weiß, was für mich, was für die Welt gut ist. Das Bitten um das Annehmen seines Willens kann mich dazu führen, meine Grenzen wahrzunehmen und zu akzeptieren. Gott erhört nicht alles, aber er hört alles. Und er wird mir antworten – auf seine, nicht auf meine Weise.

Freitag der 1. Fastenwoche

Lj I+II **Lesung** *Ezechiel 18,21-28* So spricht Gott, der Herr: Wenn der Schuldige sich von allen Sünden, die er getan hat, abwendet, auf alle meine Gesetze achtet und nach Recht und Gerechtigkeit handelt, dann wird er bestimmt am Leben bleiben und nicht sterben. Keines der Vergehen, deren er sich schuldig gemacht hat, wird ihm angerechnet. Wegen seiner Gerechtigkeit wird er am Leben bleiben. Habe ich etwa Gefallen am Tod des Schuldigen – Spruch Gottes, des Herrn – und nicht vielmehr daran, dass er seine bösen Wege verlässt und so am Leben bleibt?
Wenn jedoch ein Gerechter sein rechtschaffenes Leben aufgibt, wenn er Unrecht tut und all die Gräueltaten begeht, die auch der Böse verübt, sollte er dann etwa am Leben bleiben? Keine seiner gerechten Taten wird ihm angerechnet. Wegen seiner Treulosigkeit und wegen der Sünde, die er begangen hat, ihretwegen muss er sterben.
Ihr aber sagt: Das Verhalten des Herrn ist nicht richtig. Hört doch, ihr vom Haus Israel: Mein Verhalten soll nicht richtig sein? Nein, euer Verhalten ist nicht richtig. Wenn der Gerechte sein rechtschaffenes Leben aufgibt und Unrecht tut, muss er dafür sterben. Wegen des Unrechts, das er getan hat, wird er sterben. Wenn sich der Schuldige von dem Unrecht abwendet, das er begangen hat, und nach Recht und Gerechtigkeit handelt, wird er sein Leben bewahren. Wenn er alle Vergehen, deren er sich schuldig gemacht hat, einsieht und umkehrt, wird er bestimmt am Leben bleiben. Er wird nicht sterben.

Evangelium *Matthäus 5,20-26* In jener Zeit sprach Jesus zu seinen Jüngern: Wenn eure Gerechtigkeit nicht weit größer ist als die der Schriftgelehrten und der Pharisäer, werdet ihr nicht in das Himmelreich kommen.
Ihr habt gehört, dass zu den Alten gesagt worden ist: Du sollst nicht töten; wer aber jemand tötet, soll dem Gericht verfallen sein. Ich aber sage euch: Jeder, der seinem Bruder auch nur zürnt, soll dem Gericht verfallen sein; und wer zu seinem Bruder sagt: Du Dummkopf!, soll dem Spruch des Hohen Ra-

tes verfallen sein; wer aber zu ihm sagt: Du gottloser Narr!, soll dem Feuer der Hölle verfallen sein.
Wenn du deine Opfergabe zum Altar bringst und dir dabei einfällt, dass dein Bruder etwas gegen dich hat, so lass deine Gabe dort vor dem Altar liegen; geh und versöhne dich zuerst mit deinem Bruder, dann komm und opfere deine Gabe.
Schließ ohne Zögern Frieden mit deinem Gegner, solange du mit ihm noch auf dem Weg zum Gericht bist. Sonst wird dich dein Gegner vor den Richter bringen und der Richter wird dich dem Gerichtsdiener übergeben und du wirst ins Gefängnis geworfen. Amen, das sage ich dir: Du kommst von dort nicht heraus, bis du den letzten Pfennig bezahlt hast.

Zum Evangelium Jesus ist radikal, wenn es um unseren Umgang miteinander geht. Nicht erst das Töten, schon der Zorn ist böse. Und wie kann ich zu Gott eine gute Beziehung haben, wenn ich mit einem Menschen nicht versöhnt bin? Gute Beziehung zu Gott ist gute Beziehung zum Mitmenschen. Das meint die von Jesus geforderte „überfließende Gerechtigkeit".
Deshalb sollst du Frieden schließen, „solange du noch auf dem Weg bist" (so heißt es im griechischen Urtext). Solange ich lebe, solange ich unterwegs bin, habe ich die Chance und die Aufgabe, mich mit dem Gegner versöhnen. Nicht nur der äußere Gegner ist gemeint, sondern auch „der innere, all das, was ich in mir selbst bekämpfe, was ich nicht annehmen kann" (Anselm Grün). Wenn ich nicht bei mir und den Menschen um mich anfange, wie kann ich dann erwarten, dass die Welt besser wird?

Samstag der 1. Fastenwoche

Lesung *Deuteronomium 26,16-19* Mose sprach zum Volk: Heute, an diesem Tag, verpflichtet dich der Herr, dein Gott, diese Gesetze und die Rechtsvorschriften zu halten. Du sollst auf sie achten und sie halten mit ganzem Herzen und mit ganzer Seele. **Lj I+II**
Heute hast du der Erklärung des Herrn zugestimmt. Er hat dir erklärt: Er will dein Gott werden und du sollst auf seinen Wegen gehen, auf seine Gesetze, Gebote und Rechtsvorschriften achten und auf seine Stimme hören.
Und der Herr hat heute deiner Erklärung zugestimmt. Du hast ihm erklärt: Du möchtest das Volk werden, das ihm persönlich gehört, wie er es dir zugesagt hat. Du willst auf alle seine Gebote achten; er soll dich über alle Völker, die er geschaffen hat, erheben – zum Lob, zum Ruhm, zur Zierde –; und du möchtest ein Volk werden, das ihm, dem Herrn, deinem Gott, heilig ist, wie er es zugesagt hat.

Evangelium *Matthäus 5,43-48* In jener Zeit sprach Jesus zu seinen Jüngern: Ihr habt gehört, dass gesagt worden ist: Du sollst deinen Nächsten lieben und deinen Feind hassen.
Ich aber sage euch: Liebt eure Feinde und betet für die, die euch verfolgen, damit ihr Söhne eures Vaters im Himmel werdet; denn er lässt seine Sonne aufgehen über Bösen und Guten, und er lässt regnen über Gerechte und Ungerechte. Wenn ihr nämlich nur die liebt, die euch lieben, welchen Lohn könnt ihr dafür erwarten? Tun das nicht auch die Zöllner? Und wenn ihr nur eure Brüder grüßt, was tut ihr damit Besonderes? Tun das nicht auch die Heiden? Ihr sollt also vollkommen sein, wie es auch euer himmlischer Vater ist.

Zum Evangelium Die Feindesliebe widerspricht am meisten unseren natürlichen Neigungen. Und dennoch: Der Wille Gottes ist das Ende jeglicher Feindseligkeit unter den Menschen. Aber erleben wir nicht immer wieder im Umgang mit unseren persönlichen Feinden, dass wir uns zwar redlich bemühen, aber dennoch scheitern?
Doch wie kommt es überhaupt dazu, dass ich Feinde habe? Kann es nicht sein, dass ich an mir selbst etwas hasse, es aber nicht anschauen mag und es dafür um so mehr an einem anderen bemerke, den ich dafür ablehne? So etwas geschieht meistens nicht bewusst. Vielleicht müssten wir erst einmal lernen, uns selbst zu lieben, uns selbst gut zu sein, damit wir einen Mitmenschen nicht hassen müssen? Die Versöhnung mit einem anderen Menschen setzt die Versöhnung mit mir selbst voraus. Ver-Söhnte sind Söhne und Töchter Gottes.
„Wer ist ein Held unter den Helden? Derjenige, der seinen Feind zu seinem Freund macht“ (Aboth Rabbi Nathan, Midrasch).

2. Fastenwoche

Montag der 2. Fastenwoche

Lj I+II **Lesung** *Daniel 9,4b-10* Herr, du großer und Furcht erregender Gott, du bewahrst denen, die dich lieben und deine Gebote halten, deinen Bund und deine Gnade. Wir haben gesündigt und Unrecht getan, wir sind treulos gewesen und haben uns gegen dich empört; von deinen Geboten und Gesetzen sind wir abgewichen. Wir haben nicht auf deine Diener, die Propheten, gehört, die in deinem Namen zu unseren Königen und Vorstehern, zu unseren Vätern und zu allen Bürgern des Landes geredet haben.
Du, Herr, bist im Recht; uns aber steht bis heute die Schamröte im Gesicht, den Leuten von Juda, den Einwohnern Jerusalems und allen Israeliten, seien sie nah oder fern in all den Ländern, wohin du sie verstoßen hast; denn sie haben dir die Treue gebrochen. Ja, Herr, uns steht die Schamröte im Gesicht,

unseren Königen, Oberen und Vätern; denn wir haben uns gegen dich versündigt. Aber der Herr, unser Gott, schenkt Erbarmen und Vergebung. Ja, wir haben uns gegen ihn empört. Wir haben nicht auf die Stimme des Herrn, unseres Gottes, gehört und seine Befehle nicht befolgt, die er uns durch seine Diener, die Propheten, gegeben hat.

Evangelium *Lukas 6,36-38* In jener Zeit sprach Jesus zu seinen Jüngern: Seid barmherzig, wie es auch euer Vater ist!
Richtet nicht, dann werdet auch ihr nicht gerichtet werden. Verurteilt nicht, dann werdet auch ihr nicht verurteilt werden. Erlasst einander die Schuld, dann wird auch euch die Schuld erlassen werden.
Gebt, dann wird auch euch gegeben werden. In reichem, vollem, gehäuftem, überfließendem Maß wird man euch beschenken; denn nach dem Maß, mit dem ihr messt und zuteilt, wird auch euch zugeteilt werden.

Zum Evangelium Was Jesus verkündet, ist Umsturz der bisherigen Weltordnung und des bisherigen Gottesbildes: Menschen, die geglaubt haben, Gott sei ihnen unendlich fern, erkennen und spüren am eigenen Leib Gottes Erbarmen und Vergebung. Aus dem Herrscher im Himmel wird der unbedingt liebende Gott, der in die Lebensbezüge der Menschen hineingeht und durch Jesus und seine Jünger und Jüngerinnen seinen eigenen Gottesdienst an den Menschen tun will. Religion wird ganz neu entworfen, und die Jünger damals und wir heute sind Teil dieses Entwurfs.
Die Religion der Liebe, Barmherzigkeit und Vergebung betrachtet die Welt aus der Perspektive der am Boden Liegenden, der an die Wand Gestellten, der an die Seite Gedrückten. Wenn wir ihre Perspektive einnehmen, entwickeln wir zugleich ein Gespür für unsere eigenen Defizite, für all das, wo wir selbst dringend Barmherzigkeit und Vergebung bräuchten. Wer von uns wäre nicht auf diese Liebe angewiesen, die uns auch geschenkt wird, wenn wir es am wenigsten verdienen? Denn gerade dann brauchen wir sie am meisten.

Dienstag der 2. Fastenwoche

Lesung *Jesaja 1,10.16-20* Hört das Wort des Herrn, ihr Herrscher von Sodom! Vernimm die Weisung unseres Gottes, du Volk von Gomorra! Wascht euch, reinigt euch! Lasst ab von eurem üblen Treiben! Hört auf, vor meinen Augen Böses zu tun! Lernt, Gutes zu tun! Sorgt für das Recht! Helft den Unterdrückten! Verschafft den Waisen Recht, tretet ein für die Witwen! Lj I+II
Kommt her, wir wollen sehen, wer von uns Recht hat, spricht der Herr. Wären eure Sünden auch rot wie Scharlach, sie sollen weiß werden wie Schnee. Wären sie rot wie Purpur, sie sollen weiß werden wie Wolle. Wenn ihr bereit seid zu hören, sollt ihr den Ertrag des Landes genießen. Wenn ihr aber trot-

zig seid und euch weigert, werdet ihr vom Schwert gefressen. Ja, der Mund des Herrn hat gesprochen.

Evangelium *Matthäus 23,1-12* In jener Zeit wandte sich Jesus an das Volk und an seine Jünger und sprach: Die Schriftgelehrten und die Pharisäer haben sich auf den Stuhl des Mose gesetzt. Tut und befolgt also alles, was sie euch sagen, aber richtet euch nicht nach dem, was sie tun; denn sie reden nur, tun selbst aber nicht, was sie sagen. Sie schnüren schwere Lasten zusammen und legen sie den Menschen auf die Schultern, wollen selber aber keinen Finger rühren, um die Lasten zu tragen. Alles, was sie tun, tun sie nur, damit die Menschen es sehen: Sie machen ihre Gebetsriemen breit und die Quasten an ihren Gewändern lang, bei jedem Festmahl möchten sie den Ehrenplatz und in der Synagoge die vordersten Sitze haben, und auf den Straßen und Plätzen lassen sie sich gern grüßen und von den Leuten Rabbi – Meister – nennen.
Ihr aber sollt euch nicht Rabbi nennen lassen; denn nur einer ist euer Meister, ihr alle aber seid Brüder. Auch sollt ihr niemand auf Erden euren Vater nennen; denn nur einer ist euer Vater, der im Himmel. Auch sollt ihr euch nicht Lehrer nennen lassen; denn nur einer ist euer Lehrer, Christus. Der Größte von euch soll euer Diener sein. Denn wer sich selbst erhöht, wird erniedrigt, und wer sich selbst erniedrigt, wird erhöht werden.

Zum Evangelium Der „Pharisäer“ ist bis heute ein Synonym für Heuchelei. Dabei war Jesus unter allen jüdischen Gruppierungen den Pharisäern am tiefsten verbunden. Dennoch oder gerade deshalb fielen die Konflikte mit ihnen besonders scharf aus. Wir kennen aus persönlicher Erfahrung, dass wir eher mit Menschen aus unserer engeren Umgebung aneinander geraten, als mit denen, die uns fern stehen. Die Gemeinsamkeit zwischen Jesus und den Pharisäern wird darin deutlich, dass er ihre Lehrautorität voll akzeptiert. Was sie sagen, sollen die anderen befolgen. Dann aber kommt der Einwand: „Sie reden nur, tun aber nicht, was sie sagen. Was sie tun, tun sie nur, um gesehen zu werden.“ Außerdem laden sie den einfachen Menschen, die weder die über 600 Auslegungen der Hauptgebote kennen, noch sie in ihrem Alltag einhalten können, unnötige Lasten auf, statt ihnen Lasten abzunehmen.
Wer wie die Pharisäer viel leistet, erwartet Ähnliches von anderen. Wer mehr tut als andere, will oft auch mehr gelten. Die ursprüngliche religiöse Absicht tritt in den Hintergrund, im Vordergrund steht die öffentliche Anerkennung. Jesus aber will Distanz zwischen Menschen aufheben und Schranken abbauen. Das ist sein Anspruch: Menschlichkeit statt religiöser Leistungsnachweise! Es gibt eine Intimität der Geschichte Gottes mit dem jedem einzelnen Menschen, die weit über jedes angelernte Gebot hinausgeht – und da kann nur das Herz die Antwort geben!

Mittwoch der 2. Fastenwoche

Lesung *Jeremia 18,18-20* Meine Feinde sagten: Kommt, lasst uns gegen Jeremia Pläne schmieden! Denn nie wird dem Priester die Weisung ausgehen, dem Weisen der Rat und dem Propheten das Wort. Kommt, wir wollen ihn mit seinen eigenen Worten schlagen und Acht geben auf alles, was er sagt. **Lj I+II**
Gib du, Herr, Acht auf mich und höre das Gerede meiner Widersacher! Darf man denn Gutes mit Bösem vergelten? Denn sie haben mir eine Grube gegraben. Denk daran, wie ich vor dir stand, um zu ihren Gunsten zu sprechen und deinen Zorn von ihnen abzuwenden.

Evangelium *Matthäus 20,17-28* In jener Zeit, als Jesus nach Jerusalem hinaufzog, nahm er unterwegs die zwölf Jünger beiseite und sagte zu ihnen: Wir gehen jetzt nach Jerusalem hinauf; dort wird der Menschensohn den Hohenpriestern und Schriftgelehrten ausgeliefert; sie werden ihn zum Tod verurteilen und den Heiden übergeben, damit er verspottet, gegeißelt und gekreuzigt wird; aber am dritten Tag wird er auferstehen.
Damals kam die Frau des Zebedäus mit ihren Söhnen zu Jesus und fiel vor ihm nieder, weil sie ihn um etwas bitten wollte. Er fragte sie: Was willst du? Sie antwortete: Versprich, dass meine beiden Söhne in deinem Reich rechts und links neben dir sitzen dürfen. Jesus erwiderte: Ihr wisst nicht, um was ihr bittet. Könnt ihr den Kelch trinken, den ich trinken werde? Sie sagten zu ihm: Wir können es. Da antwortete er ihnen: Ihr werdet meinen Kelch trinken; doch den Platz zu meiner Rechten und zu meiner Linken habe nicht ich zu vergeben; dort werden die sitzen, für die mein Vater diese Plätze bestimmt hat. Als die zehn anderen Jünger das hörten, wurden sie sehr ärgerlich über die beiden Brüder.
Da rief Jesus sie zu sich und sagte: Ihr wisst, dass die Herrscher ihre Völker unterdrücken und die Mächtigen ihre Macht über die Menschen missbrauchen. Bei euch soll es nicht so sein, sondern wer bei euch groß sein will, der soll euer Diener sein, und wer bei euch der Erste sein will, soll euer Sklave sein. Denn auch der Menschensohn ist nicht gekommen, um sich dienen zu lassen, sondern um zu dienen und sein Leben hinzugeben als Lösegeld für viele.

Zum Evangelium Eine Mutter will für ihre Söhne das Beste, weil sie meint, dass sie es verdient haben. Sie gehören mit Petrus zu den engsten Vertrauten Jesu. Sie sind bei der Verklärung und im Garten Getsemani dabei. Also haben sie schon jetzt einen besonderen Platz. Die Mutter wünscht ihnen diesen Platz auch für die Ewigkeit. Sie will, dass es im Himmel sei wie auf Erden. Und die Brüder sichern zu, für diesen Ehrenplatz zu bezahlen, den Kelch zu trinken. Und sie haben ihn auch getrunken, beide sind als Märtyrer gestorben.

Also haben sie diesen Platz nicht verdient? Doch der Stolz auf das, was wir sind und haben, auf unsere Leistungen, auch auf die religiösen, das genau ist die größte Gefahr für den Christusglauben. Wir sind nie „gut genug". Wenn wir in uns hineinschauen, wissen wir es selbst. Im Anerkennen unserer Ohnmacht fängt der Glaube an. Und im Vertrauen, dass der Gekreuzigte unsere Lasten auf sich nimmt. Wir sind teuer erkauft, der Preis ist bezahlt. Das Kreuz ist das einzige, was unsere Last wegnehmen kann. Den Platz im Reich Gottes bekommen wir nicht, weil wir tüchtige, begeisterte Nachfolger Jesu sind. Wir erhalten ihn als Gabe von Gott. Von der Verheißung Gottes leben, die uns in der Taufe zuteil wurde, das heißt im Glauben leben. Das können wir nicht verstehen. Wir können es nur empfangen, wenn wir von unserer Schuld und unserer menschlichen Ehre umkehren – und uns von Gott beschenken lassen.

Donnerstag der 2. Fastenwoche

Lj I+II **Lesung** *Jeremia 17,5-10* So spricht der Herr: Verflucht der Mann, der auf Menschen vertraut, auf schwaches Fleisch sich stützt und dessen Herz sich abwendet vom Herrn. Er ist wie ein kahler Strauch in der Steppe, der nie einen Regen kommen sieht; er bleibt auf dürrem Wüstenboden, im salzigen Land, wo niemand wohnt.

Gesegnet der Mann, der auf den Herrn sich verlässt und dessen Hoffnung der Herr ist. Er ist wie ein Baum, der am Wasser gepflanzt ist und am Bach seine Wurzeln ausstreckt: Er hat nichts zu fürchten, wenn Hitze kommt; seine Blätter bleiben grün; auch in einem trockenen Jahr ist er ohne Sorge, unablässig bringt er seine Früchte.

Arglistig ohnegleichen ist das Herz und unverbesserlich. Wer kann es ergründen? Ich, der Herr, erforsche das Herz und prüfe die Nieren, um jedem zu vergelten, wie es sein Verhalten verdient, entsprechend der Frucht seiner Taten.

Evangelium *Lukas 16,19-31* In jener Zeit sprach Jesus: Es war einmal ein reicher Mann, der sich in Purpur und feines Leinen kleidete und Tag für Tag herrlich und in Freuden lebte. Vor der Tür des Reichen aber lag ein armer Mann namens Lazarus, dessen Leib voller Geschwüre war. Er hätte gern seinen Hunger mit dem gestillt, was vom Tisch des Reichen herunterfiel. Stattdessen kamen die Hunde und leckten an seinen Geschwüren.

Als nun der Arme starb, wurde er von den Engeln in Abrahams Schoß getragen. Auch der Reiche starb und wurde begraben. In der Unterwelt, wo er qualvolle Schmerzen litt, blickte er auf und sah von weitem Abraham, und Lazarus in seinem Schoß. Da rief er: Vater Abraham, hab Erbarmen mit mir und schick Lazarus zu mir; er soll wenigstens die Spitze seines Fingers ins Wasser tauchen und mir die Zunge kühlen, denn ich leide große Qual in diesem Feuer. Abraham erwiderte: Mein Kind, denk daran, dass du schon zu Lebzeiten deinen Anteil am Guten erhalten hast, Lazarus aber nur Schlech-

tes. Jetzt wird er dafür getröstet, du aber musst leiden. Außerdem ist zwischen uns und euch ein tiefer, unüberwindlicher Abgrund, sodass niemand von hier zu euch oder von dort zu uns kommen kann, selbst wenn er wollte. Da sagte der Reiche: Dann bitte ich dich, Vater, schick ihn in das Haus meines Vaters! Denn ich habe noch fünf Brüder. Er soll sie warnen, damit nicht auch sie an diesen Ort der Qual kommen.
Abraham aber sagte: Sie haben Mose und die Propheten, auf die sollen sie hören. Er erwiderte: Nein, Vater Abraham, nur wenn einer von den Toten zu ihnen kommt, werden sie umkehren. Darauf sagte Abraham: Wenn sie auf Mose und die Propheten nicht hören, werden sie sich auch nicht überzeugen lassen, wenn einer von den Toten aufersteht.

Zum Evangelium Ein Reicher, ein Armer, und nach dem Tod werden die Verhältnisse umgedreht – ist das nicht schwarz-weiß gemalt? Diese drastischen Bilder wollen zeigen, wie Gott ist: hundertprozentig parteiisch, ganz auf der Seite der Armen, Schwachen, Hilfsbedürftigen. Gottes Liebe ist in Christus nicht nur innerlich, sondern auch ganz leiblich, ganz spürbar und sichtbar geworden.
Die Geschichte fordert uns auf, in sie hineinzugehen und uns zu fragen: Welche Rolle spiele ich in ihr? Die des Reichen oder die des Lazarus? „Reiche sind solche, die geben könnten, aber nicht geben wollen, Arme sind solche, deren Armut wir sehen müssten, aber von der wir wegsehen" (Eberhard Busch). Weil Gott Partei ist, können Christen sich nicht anders zu Gott bekennen als durch ihre Verbundenheit mit „Lazarus". Aller Glaube ist wertlos, der Gott für sich allein und beschaulich haben will, statt ihm zu dienen unter den innerlich und äußerlich Armen, Hungernden, Benachteiligten. Die Geschichte will uns in Bewegung setzen, damit wir denen Bruder und Schwester werden, denen Jesus Bruder geworden ist.

Freitag der 2. Fastenwoche

Lesung *Genesis 37,3-4.12-13a.17b-28* Israel liebte Josef unter allen seinen Söhnen am meisten, weil er ihm noch in hohem Alter geboren worden war. Er ließ ihm einen Ärmelrock machen. Als seine Brüder sahen, dass ihr Vater ihn mehr liebte als alle seine Brüder, hassten sie ihn und konnten mit ihm kein gutes Wort mehr reden. **Lj I+II**
Als seine Brüder fortgezogen waren, um das Vieh ihres Vaters bei Sichem zu weiden, sagte Israel zu Josef: Deine Brüder weiden bei Sichem das Vieh. Geh, ich will dich zu ihnen schicken.
Da ging Josef seinen Brüdern nach und fand sie in Dotan. Sie sahen ihn von Weitem. Bevor er jedoch nahe an sie herangekommen war, fassten sie den Plan, ihn umzubringen. Sie sagten zueinander: Dort kommt ja dieser Träumer. Jetzt aber auf, erschlagen wir ihn und werfen wir ihn in eine der Zister-

nen. Sagen wir, ein wildes Tier habe ihn gefressen. Dann werden wir ja sehen, was aus seinen Träumen wird.
Ruben hörte das und wollte ihn aus ihrer Hand retten. Er sagte: Begehen wir doch keinen Mord. Und Ruben sagte zu ihnen: Vergießt kein Blut! Werft ihn in die Zisterne da in der Steppe, aber legt nicht Hand an ihn! Er wollte ihn nämlich aus ihrer Hand retten und zu seinem Vater zurückbringen.
Als Josef bei seinen Brüdern angekommen war, zogen sie ihm sein Gewand aus, den Ärmelrock, den er anhatte, packten ihn und warfen ihn in die Zisterne. Die Zisterne war leer; es war kein Wasser darin.
Als sie dann beim Essen saßen und aufblickten, sahen sie, dass gerade eine Karawane von Ismaelitern aus Gilead kam. Ihre Kamele waren mit Tragakant, Mastix und Ladanum beladen. Sie waren unterwegs nach Ägypten. Da schlug Juda seinen Brüdern vor: Was haben wir davon, wenn wir unseren Bruder erschlagen und sein Blut zudecken? Kommt, verkaufen wir ihn den Ismaelitern. Wir wollen aber nicht Hand an ihn legen, denn er ist doch unser Bruder und unser Verwandter. Seine Brüder waren einverstanden.
Midianitische Kaufleute kamen vorbei. Da zogen sie Josef aus der Zisterne heraus und verkauften ihn für zwanzig Silberstücke an die Ismaeliter. Diese brachten Josef nach Ägypten.

Evangelium *Matthäus 21,33-43.45-46* In jener Zeit sprach Jesus zu den Hohenpriestern und Ältesten des Volkes: Hört noch ein anderes Gleichnis: Es war ein Gutsbesitzer, der legte einen Weinberg an, zog ringsherum einen Zaun, hob eine Kelter aus und baute einen Turm. Dann verpachtete er den Weinberg an Winzer und reiste in ein anderes Land.
Als nun die Erntezeit kam, schickte er seine Knechte zu den Winzern, um seinen Anteil an den Früchten holen zu lassen. Die Winzer aber packten seine Knechte; den einen prügelten sie, den andern brachten sie um, einen dritten steinigten sie. Darauf schickte er andere Knechte, mehr als das erste Mal; mit ihnen machten sie es genauso. Zuletzt sandte er seinen Sohn zu ihnen; denn er dachte: Vor meinem Sohn werden sie Achtung haben. Als die Winzer den Sohn sahen, sagten sie zueinander: Das ist der Erbe. Auf, wir wollen ihn töten, damit wir seinen Besitz erben. Und sie packten ihn, warfen ihn aus dem Weinberg hinaus und brachten ihn um. Wenn nun der Besitzer des Weinbergs kommt: Was wird er mit solchen Winzern tun?
Sie sagten zu ihm: Er wird diesen bösen Menschen ein böses Ende bereiten und den Weinberg an andere Winzer verpachten, die ihm die Früchte abliefern, wenn es Zeit dafür ist.
Und Jesus sagte zu ihnen: Habt ihr nie in der Schrift gelesen: Der Stein, den die Bauleute verworfen haben, er ist zum Eckstein geworden; das hat der Herr vollbracht, vor unseren Augen geschah dieses Wunder? Darum sage ich euch: Das Reich Gottes wird euch weggenommen und einem Volk gegeben werden, das die erwarteten Früchte bringt.

Als die Hohenpriester und die Pharisäer seine Gleichnisse hörten, merkten sie, dass er von ihnen sprach. Sie hätten ihn gern verhaften lassen; aber sie fürchteten sich vor den Leuten, weil alle ihn für einen Propheten hielten.

Zum Evangelium Jesus präsentiert seinen Zuhörern mit diesem Gleichnis ein hartes Lehrstück. Er ist nicht der sanfte und vergebende Jesus, wie wir ihn gern haben, er ist schneidend kompromisslos. Er lässt seine Gegner in die Falle laufen. Er greift das durch Jesaja bekannte Bild Gottes als liebevollem Weinbergbesitzer auf, der für sein Volk eigenhändig einen Weinberg anlegt. Doch aus der schönen Geschichte wird eine Geschichte des Verrats, der Misshandlung, des Totschlags, der Vergeltung.
Die Zuhörer verstehen: Sie sind mit den mordenden Winzern und den Bauleuten, die den Eckstein verworfen haben, gemeint. Sie haben ein religiöses System aus Steinen eigener Machtinteressen errichtet, das die Vision vom liebevollen Gott ins Gegenteil verkehrt hat. Den wichtigsten Stein werfen sie achtlos zur Seite: den Stein der Machtlosigkeit des Christus. Ohne diesen Eckstein lassen sich unbehelligt dogmatische, religiöse, politische Imperien bauen. Der Eckstein der Machtlosigkeit ist ein Wunderstein, weil an ihm alle Steine der Macht zerbrechen werden. Gott baut mit diesem Eckstein, nicht wir. Und er baut weiter mit uns – zum Glück nicht, was wir wollen, sondern was er will.

Samstag der 2. Fastenwoche

Lesung *Micha 7,14-15.18-20* Herr, unser Gott, führe mit deinem Stab dein Volk auf die Weide, die Schafe, die dein Erbbesitz sind, die einsam lagern in einer Wildnis mitten im fruchtbaren Land. Sie sollen wieder im Baschan und in Gilead weiden wie in den Tagen der Vorzeit. Wie in den Tagen, als du aus Ägypten auszogst, lass uns deine Wunder schauen! **Lj I+II**
Wer ist ein Gott wie du, der du Schuld verzeihst und dem Rest deines Erbvolkes das Unrecht vergibst? Gott hält nicht für immer fest an seinem Zorn; denn er liebt es, gnädig zu sein. Er wird wieder Erbarmen haben mit uns und unsere Schuld zertreten.
Ja, du wirfst all unsere Sünden in die Tiefe des Meeres hinab. Du wirst Jakob deine Treue beweisen und Abraham deine Huld, wie du unseren Vätern geschworen hast in den Tagen der Vorzeit.

Evangelium *Lukas 15,1-3.11-32* In jener Zeit kamen alle Zöllner und Sünder zu Jesus, um ihn zu hören. Die Pharisäer und die Schriftgelehrten empörten sich darüber und sagten: Er gibt sich mit Sündern ab und isst sogar mit ihnen.
Da erzählte er ihnen ein Gleichnis und sagte: Ein Mann hatte zwei Söhne. Der jüngere von ihnen sagte zu seinem Vater: Vater, gib mir das Erbteil, das

mir zusteht. Da teilte der Vater das Vermögen auf. Nach wenigen Tagen packte der jüngere Sohn alles zusammen und zog in ein fernes Land. Dort führte er ein zügelloses Leben und verschleuderte sein Vermögen.
Als er alles durchgebracht hatte, kam eine große Hungersnot über das Land und es ging ihm sehr schlecht. Da ging er zu einem Bürger des Landes und drängte sich ihm auf; der schickte ihn aufs Feld zum Schweinehüten. Er hätte gern seinen Hunger mit den Futterschoten gestillt, die die Schweine fraßen; aber niemand gab ihm davon.
Da ging er in sich und sagte: Wie viele Tagelöhner meines Vaters haben mehr als genug zu essen und ich komme hier vor Hunger um. Ich will aufbrechen und zu meinem Vater gehen und zu ihm sagen: Vater, ich habe mich gegen den Himmel und gegen dich versündigt. Ich bin nicht mehr wert, dein Sohn zu sein; mach mich zu einem deiner Tagelöhner.
Dann brach er auf und ging zu seinem Vater. Der Vater sah ihn schon von Weitem kommen und er hatte Mitleid mit ihm. Er lief dem Sohn entgegen, fiel ihm um den Hals und küsste ihn.
Da sagte der Sohn: Vater, ich habe mich gegen den Himmel und gegen dich versündigt; ich bin nicht mehr wert, dein Sohn zu sein.
Der Vater aber sagte zu seinen Knechten: Holt schnell das beste Gewand und zieht es ihm an, steckt ihm einen Ring an die Hand und zieht ihm Schuhe an. Bringt das Mastkalb her und schlachtet es; wir wollen essen und fröhlich sein. Denn mein Sohn war tot und lebt wieder; er war verloren und ist wieder gefunden worden. Und sie begannen, ein fröhliches Fest zu feiern.
Sein älterer Sohn war unterdessen auf dem Feld. Als er heimging und in die Nähe des Hauses kam, hörte er Musik und Tanz. Da rief er einen der Knechte und fragte, was das bedeuten solle. Der Knecht antwortete: Dein Bruder ist gekommen und dein Vater hat das Mastkalb schlachten lassen, weil er ihn heil und gesund wiederbekommen hat. Da wurde er zornig und wollte nicht hineingehen. Sein Vater aber kam heraus und redete ihm gut zu.
Doch er erwiderte dem Vater: So viele Jahre schon diene ich dir, und nie habe ich gegen deinen Willen gehandelt; mir aber hast du nie auch nur einen Ziegenbock geschenkt, damit ich mit meinen Freunden ein Fest feiern konnte. Kaum aber ist der hier gekommen, dein Sohn, der dein Vermögen mit Dirnen durchgebracht hat, da hast du für ihn das Mastkalb geschlachtet.
Der Vater antwortete ihm: Mein Kind, du bist immer bei mir, und alles, was mein ist, ist auch dein. Aber jetzt müssen wir uns doch freuen und ein Fest feiern; denn dein Bruder war tot und lebt wieder; er war verloren und ist wieder gefunden worden.

Zum Evangelium Wäre uns von Jesus nur dieses Gleichnis überliefert, wir wüssten das Wichtigste über Gott. Egal, was der Mensch getan hat, egal, wie weit er sich von Gott entfernt hat – Gott lässt sich wiederfinden wie der Vater im Gleichnis. Menschen, denen bewusst ist, dass sie ohne diese Barmherzigkeit verloren wären, kommen in Scharen zu Jesus, dem „menschlichen Antlitz Gottes“. Umgekehrt ist die Vorstellung eines umsonst vergebenden Gottes ein Skandal für alle jene, von deren Lippen die Gebete fließen, deren Herzen aber von den Paragraphen des Gesetzes erfüllt sind. Diese ewig Richtigen und im Leben Unangefochtenen drängen sich zwischen Jesus und die Verlorenen, weil ihr Gott auf die Vorleistungen für seine gewährte Liebe pocht, und nur sie, die Gesetzestreuen, halten diese Bedingungen ein.

Jesus tritt mit diesem Gleichnis in radikalen Widerspruch zu ihnen. Gott setzt keine Bedingungen. Er wartet nur sehnsüchtig, dass wir zurückkommen, wenn wir uns entfernt haben. Er empfängt uns mit offenen Armen, nicht mit moralisch erhobenem Zeigefinger. Wenn wir nur kommen. Wenn wir uns nur finden lassen. Er lässt sich finden! – Wir werden schuldig, weil wir Menschen sind, aber immer steht uns eine Rückkehr zu ihm offen. Könnten wir uns einen liebenderen Gott vorstellen?

Eine solche schrankenlose Liebe ist nicht harmlos. Es gibt immer und überall und zu jeder Zeit Menschen, die sie beseitigen, ans Kreuz schlagen wollen – weil diese Liebe die Lieblosigkeit derer entlarvt, die sich für besser halten als den Rest der Welt!

3. Fastenwoche

Montag der 3. Fastenwoche

Lesung *2 Könige 5,1-15a* Naaman, der Feldherr des Königs von Aram, galt viel bei seinem Herrn und war angesehen; denn durch ihn hatte der Herr den Aramäern den Sieg verliehen. Der Mann war tapfer, aber an Aussatz erkrankt. Nun hatten die Aramäer bei einem Streifzug ein junges Mädchen aus dem Land Israel verschleppt. Es war in den Dienst der Frau Naamans gekommen. Es sagte zu seiner Herrin: „Wäre mein Herr doch bei dem Propheten in Samaria!“ Er würde seinen Aussatz heilen. Naaman ging zu seinem Herrn und meldete ihm: Das und das hat das Mädchen aus Israel gesagt. **Lj I+II**

Der König von Aram antwortete: So geh doch hin; ich werde dir ein Schreiben an den König von Israel mitgeben. Naaman machte sich auf den Weg. Er nahm zehn Talente Silber, sechstausend Schekel Gold und zehn Festkleider mit und überbrachte dem König von Israel das Schreiben. Es hatte folgenden Inhalt: Wenn jetzt dieser Brief zu dir gelangt, so wisse: Ich habe meinen Knecht Naaman zu dir geschickt, damit du seinen Aussatz heilst.

Als der König von Israel den Brief gelesen hatte, zerriss er seine Kleider und rief: Bin ich denn ein Gott, der töten und zum Leben erwecken kann? Er schickt einen Mann zu mir, damit ich ihn von seinem Aussatz heile. Merkt doch und seht, dass er nur Streit mit mir sucht.

Als der Gottesmann Elischa hörte, der König von Israel habe seine Kleider zerrissen, ließ er ihm sagen: Warum hast du deine Kleider zerrissen? Naaman soll zu mir kommen; dann wird er erfahren, dass es in Israel einen Propheten gibt.
So kam Naaman mit seinen Pferden und Wagen und hielt vor dem Haus Elischas. Dieser schickte einen Boten zu ihm hinaus und ließ ihm sagen: Geh und wasch dich siebenmal im Jordan! Dann wird dein Leib wieder gesund, und du wirst rein.
Doch Naaman wurde zornig. Er ging weg und sagte: Ich dachte, er würde herauskommen, vor mich hintreten, den Namen Jahwes, seines Gottes, anrufen, seine Hand über die kranke Stelle bewegen und so den Aussatz heilen. Sind nicht der Abana und der Parpar, die Flüsse von Damaskus, besser als alle Gewässer Israels? Kann ich nicht dort mich waschen, um rein zu werden? Voll Zorn wandte er sich ab und ging weg. Doch seine Diener traten an ihn heran und redeten ihm zu: Wenn der Prophet etwas Schweres von dir verlangt hätte, würdest du es tun; wie viel mehr jetzt, da er zu dir nur gesagt hat: Wasch dich und du wirst rein. So ging er also zum Jordan hinab und tauchte siebenmal unter, wie ihm der Gottesmann befohlen hatte. Da wurde sein Leib gesund wie der Leib eines Kindes und er war rein.
Nun kehrte er mit seinem ganzen Gefolge zum Gottesmann zurück, trat vor ihn hin und sagte: Jetzt weiß ich, dass es nirgends auf der Erde einen Gott gibt außer in Israel.

Evangelium *Lukas 4,24-30* In jener Zeit begann Jesus in der Synagoge in Nazaret darzulegen: Amen, das sage ich euch: Kein Prophet wird in seiner Heimat anerkannt.
Wahrhaftig, das sage ich euch: In Israel gab es viele Witwen in den Tagen des Elija, als der Himmel für drei Jahre und sechs Monate verschlossen war und eine große Hungersnot über das ganze Land kam. Aber zu keiner von ihnen wurde Elija gesandt, nur zu einer Witwe in Sarepta bei Sidon. Und viele Aussätzige gab es in Israel zur Zeit des Propheten Elischa. Aber keiner von ihnen wurde geheilt, nur der Syrer Naaman.
Als die Leute in der Synagoge das hörten, gerieten sie alle in Wut. Sie sprangen auf und trieben Jesus zur Stadt hinaus; sie brachten ihn an den Abhang des Berges, auf dem ihre Stadt erbaut war, und wollten ihn hinabstürzen. Er aber schritt mitten durch die Menge hindurch und ging weg.

Zum Evangelium Einerseits staunen die Menschen über Jesu Taten, andererseits sprengt er den Rahmen ihrer Vorstellungskraft. Er ist einer, der sich von seiner Familie distanziert, also die biologischen Grenzen sprengt; einer, der Ausländer als Vorbilder hinstellt, also die nationalen Grenzen sprengt; einer, der sich besonders Armen zuwendet, also soziale Klassen sprengt ... So jemand lässt die Kleinen, Kranken, Rande-

xistenzen aufatmen, so einer ist aber eine Gefahr für das bestehende System.
Überall, wo sich Menschen aus dem Geist Jesu an dieser gewaltfreien Revolution der Liebe beteiligen, werden sie auch die dunkle Seite der Macht erleben. Jesus wurde getötet. Aber sein Vertrauen auf Gott wurde zugleich zum endgültigen Einbruch der Liebesmacht Gottes in diese Welt. – Wenn wir für unser Tun bei Jesus Maß nehmen, müssen wir lernen, gegen den Strom zu schwimmen ...

Dienstag der 3. Fastenwoche

Lesung *Daniel 3,25.34-43* In jenen Tagen sprach Asarja mitten im Feuer folgendes Gebet: **Lj I+II**
Um deines Namens willen verwirf uns nicht für immer; löse deinen Bund nicht auf! Versag uns nicht dein Erbarmen, deinem Freund Abraham zuliebe, deinem Knecht Isaak und Israel, deinem Heiligen, denen du Nachkommen verheißen hast so zahlreich wie die Sterne am Himmel und wie der Sand am Ufer des Meeres.
Ach, Herr, wir sind geringer geworden als alle Völker. In aller Welt sind wir heute wegen unserer Sünden erniedrigt. Wir haben in dieser Zeit weder Vorsteher noch Propheten und keinen, der uns anführt, weder Brandopfer noch Schlachtopfer, weder Speiseopfer noch Räucherwerk, noch einen Ort, um dir die Erstlingsgaben darzubringen und um Erbarmen zu finden bei dir.
Du aber nimm uns an! Wir kommen mit zerknirschtem Herzen und demütigem Sinn. Wie Brandopfer von Widdern und Stieren, wie Tausende fetter Lämmer, so gelte heute unser Opfer vor dir und verschaffe uns bei dir Sühne. Denn wer dir vertraut, wird nicht beschämt.
Wir folgen dir jetzt von ganzem Herzen, fürchten dich und suchen dein Angesicht. Überlass uns nicht der Schande, sondern handle an uns nach deiner Milde, nach deinem überreichen Erbarmen! Errette uns, deinen wunderbaren Taten entsprechend; verschaff deinem Namen Ruhm, Herr!

Evangelium *Matthäus 18,21-35* In jener Zeit trat Petrus zu Jesus und fragte: Herr, wie oft muss ich meinem Bruder vergeben, wenn er sich gegen mich versündigt? Siebenmal? Jesus sagte zu ihm: Nicht siebenmal, sondern siebenundsiebzigmal.
Mit dem Himmelreich ist es deshalb wie mit einem König, der beschloss, von seinen Dienern Rechenschaft zu verlangen. Als er nun mit der Abrechnung begann, brachte man einen zu ihm, der ihm zehntausend Talente schuldig war. Weil er aber das Geld nicht zurückzahlen konnte, befahl der Herr, ihn mit Frau und Kindern und allem, was er besaß, zu verkaufen und so die Schuld zu begleichen. Da fiel der Diener vor ihm auf die Knie und bat: Hab Geduld mit mir! Ich werde dir alles zurückzahlen. Der Herr hatte Mitleid mit dem Diener, ließ ihn gehen und schenkte ihm die Schuld.

Als nun der Diener hinausging, traf er einen anderen Diener seines Herrn, der ihm hundert Denare schuldig war. Er packte ihn, würgte ihn und rief: Bezahl, was du mir schuldig bist! Da fiel der andere vor ihm nieder und flehte: Hab Geduld mit mir! Ich werde es dir zurückzahlen. Er aber wollte nicht, sondern ging weg und ließ ihn ins Gefängnis werfen, bis er die Schuld bezahlt habe.
Als die übrigen Diener das sahen, waren sie sehr betrübt; sie gingen zu ihrem Herrn und berichteten ihm alles, was geschehen war. Da ließ ihn sein Herr rufen und sagte zu ihm: Du elender Diener! Deine ganze Schuld habe ich dir erlassen, weil du mich so angefleht hast. Hättest nicht auch du mit jenem, der gemeinsam mit dir in meinem Dienst steht, Erbarmen haben müssen, so wie ich mit dir Erbarmen hatte? Und in seinem Zorn übergab ihn der Herr den Folterknechten, bis er die ganze Schuld bezahlt habe.
Ebenso wird mein himmlischer Vater jeden von euch behandeln, der seinem Bruder nicht von ganzem Herzen vergibt.

Zum Evangelium Siebenmal vergeben, siebenmal den ersten Schritt machen, obwohl einem Unrecht widerfahren ist! Das fordert eine Menge Überwindung! Jesus aber sagt: Hör auf zu zählen, es gibt keine Grenze im Vergeben. Jesu Wort ist eine Einladung, menschliche Maßstäbe zu überschreiten. Gott kennt keine Grenzen seiner Vergebungsbereitschaft. Er macht mit uns immer wieder neue Anfänge – es sei denn, wir verschließen uns vor ihm, weil wir einander Vergebung verweigern. Das ist Sinn des Gleichnisses. Ein hoch Verschuldeter, dem seine Schuld erlassen wird, fordert von einem anderen, der ihm eine lächerliche Summe schuldet, alles zurück bis auf den letzten Pfennig. Gottes Barmherzigkeit kennt nur eine Einschränkung: unsere Unbarmherzigkeit untereinander. Wichtig ist nicht, ob ich Recht habe oder nicht. Wichtig ist, neue Anfänge für ein gutes Miteinander zu suchen. Auch wenn es nicht immer gelingt – der Weg ist gewiesen!

Mittwoch der 3. Fastenwoche

Lj I+II **Lesung** *Deuteronomium 4,1.5-9* Mose sprach zum Volk: Israel, höre die Gesetze und Rechtsvorschriften, die ich euch zu halten lehre. Hört und ihr werdet leben, ihr werdet in das Land, das der Herr, der Gott eurer Väter, euch gibt, hineinziehen und es in Besitz nehmen.
Hiermit lehre ich euch, wie es mir der Herr, mein Gott, aufgetragen hat, Gesetze und Rechtsvorschriften. Ihr sollt sie innerhalb des Landes halten, in das ihr hineinzieht, um es in Besitz zu nehmen. Ihr sollt auf sie achten und sollt sie halten. Denn darin besteht eure Weisheit und eure Bildung in den Augen der Völker. Wenn sie dieses Gesetzeswerk kennen lernen, müssen sie sagen: In der Tat, diese große Nation ist ein weises und gebildetes Volk.
Denn welche große Nation hätte Götter, die ihr so nah sind, wie Jahwe, unser Gott, uns nah ist, wo immer wir ihn anrufen? Oder welche große Nation

besäße Gesetze und Rechtsvorschriften, die so gerecht sind wie alles in dieser Weisung, die ich euch heute vorlege?
Jedoch, nimm dich in Acht, achte gut auf dich! Vergiss nicht die Ereignisse, die du mit eigenen Augen gesehen, und die Worte, die du gehört hast. Lass sie dein ganzes Leben lang nicht aus dem Sinn! Präge sie deinen Kindern und Kindeskindern ein!

Evangelium *Matthäus 5,17-19* In jener Zeit sprach Jesus zu seinen Jüngern: Denkt nicht, ich sei gekommen, um das Gesetz und die Propheten aufzuheben. Ich bin nicht gekommen, um aufzuheben, sondern um zu erfüllen. Amen, das sage ich euch: Bis Himmel und Erde vergehen, wird auch nicht der kleinste Buchstabe des Gesetzes vergehen, bevor nicht alles geschehen ist.
Wer auch nur eines von den kleinsten Geboten aufhebt und die Menschen entsprechend lehrt, der wird im Himmelreich der Kleinste sein. Wer sie aber hält und halten lehrt, der wird groß sein im Himmelreich.

Zum Evangelium Das Alte Testament ist das Glaubensbuch, in dem Gottes Offenbarungen an sein Volk und die Erfahrungen des Volkes mit seinem Gott niedergelegt sind. Zugleich ist es Gesetzesbuch, weil sich aus der Erwählung Israels die Forderung ergibt, dem Willen Gottes gemäß zu leben. Dieser Glaubensweg erstreckt sich über viele Jahrhunderte, und die Gebote Gottes mussten jeweils in den aktuellen Kontext gestellt werden. Für die Umsetzung in neue Verhältnisse stellten die Schriftgelehrten schließlich über 600 Einzelgesetze zur Auslegung der Gebote Gottes zusammen. Diese Lage traf Jesus an, als er mit seiner Verkündigung begann. Deshalb stehen in den Evangelien scheinbar widersprüchliche Aussagen Jesu zum Gesetz nebeneinander. Jesus wendet sich vehement gegen eine Vielzahl von Auslegungen, die die Menschen gar nicht einhalten konnten und die Gottesbeziehung nur verrechtlichten.
Was die Gebote Gottes betrifft, ist Jesus ganz klar: „Ich bin nicht gekommen, um aufzuheben, sondern zu erfüllen." Erfüllung ist immer dann gegeben, wenn sich das Tun des Menschen am Hauptgebot, der Gottes- und Nächstenliebe, ausrichtet. Letztlich ist Christus selbst das neue Gebot. Wer versucht, ihm zu folgen, ist ein Gott entsprechender Mensch.

Donnerstag der 3. Fastenwoche

Lesung *Jeremia 7,23-28* So spricht der Herr: Ich gab meinem Volk folgendes Gebot: Hört auf meine Stimme, dann will ich euer Gott sein und ihr sollt mein Volk sein. Geht in allem den Weg, den ich euch befehle, damit es euch gut geht. Lj I+II

Sie aber hörten nicht und neigten mir ihr Ohr nicht zu, sondern folgten den Eingebungen und Trieben ihres bösen Herzens. Sie zeigten mir den Rücken und nicht das Gesicht.
Von dem Tag an, als eure Väter aus Ägypten auszogen, bis auf den heutigen Tag sandte ich zu euch immer wieder alle meine Knechte, die Propheten. Aber man hörte nicht auf mich und neigte mir nicht das Ohr zu, vielmehr blieben sie hartnäckig und trieben es noch schlimmer als ihre Väter.
Auch wenn du ihnen alle diese Worte sagst, werden sie nicht auf dich hören. Wenn du sie rufst, werden sie dir nicht antworten. Sag ihnen also: Dies ist das Volk, das nicht auf die Stimme des Herrn, seines Gottes, hörte und sich nicht erziehen ließ. Die Treue ist dahin, aus ihrem Mund verschwunden.

Evangelium *Lukas 11,14-23* In jener Zeit trieb Jesus einen Dämon aus, der stumm war. Als der Dämon den Stummen verlassen hatte, konnte der Mann reden. Alle Leute staunten. Einige von ihnen aber sagten: Mit Hilfe von Beelzebul, dem Anführer der Dämonen, treibt er die Dämonen aus. Andere wollten ihn auf die Probe stellen und forderten von ihm ein Zeichen vom Himmel.
Doch er wusste, was sie dachten, und sagte zu ihnen: Jedes Reich, das in sich gespalten ist, wird veröden und ein Haus ums andere stürzt ein. Wenn also der Satan mit sich selbst im Streit liegt, wie kann sein Reich dann Bestand haben? Ihr sagt doch, dass ich die Dämonen mit Hilfe von Beelzebul austreibe. Wenn ich die Dämonen durch Beelzebul austreibe, durch wen treiben dann eure Anhänger sie aus? Sie selbst also sprechen euch das Urteil.
Wenn ich aber die Dämonen durch den Finger Gottes austreibe, dann ist doch das Reich Gottes schon zu euch gekommen.
Solange ein bewaffneter starker Mann seinen Hof bewacht, ist sein Besitz sicher; wenn ihn aber ein Stärkerer angreift und besiegt, dann nimmt ihm der Stärkere all seine Waffen weg, auf die er sich verlassen hat, und verteilt die Beute. Wer nicht für mich ist, der ist gegen mich; wer nicht mit mir sammelt, der zerstreut.

Zum Evangelium Wer das Gute will, muss über das Böse Bescheid wissen, oder in der Sprache der Bibel: Er muss sich klar machen, wo der „Teufel“ steckt. Kräftig malt Lukas deshalb die Teufelsszenerie mit allen Farben und Worten aus, die ihm zur Verfügung stehen. Er verwendet dafür die Bilder seiner Zeit. Auch wenn uns diese Begriffe fremd geworden sind, haben wir nicht dieselben Fragen wie die Menschen damals? Warum gibt es das Böse? Wie sieht es aus? Gibt es ein Reich des Bösen, aus dem immer wieder das Dämonische über einen Menschen herfällt?
Jesus heilt einen Kranken, der von einem Dämon besessen ist. Diese Heilung ist Anlass für eine heftige Diskussion darüber, wer Jesus ist. Bedient

er sich des Bösen, um das Böse zu vertreiben? Woraus schöpft er seine Macht? Jesus soll sich erklären, sich beweisen. Das weist er zurück. Weil er Menschen gut tut, kann er nicht mit dem Bösen paktieren.
Wer das Gute will, der hat in Jesus einen Maßstab dafür: Er selbst und das anbrechende Reich Gottes. Reich Gottes ist der unbedingte Wille zur Gerechtigkeit für alle Geschöpfe, Vergebung und Erbarmen mit denen, die das Maß für das Gute verloren haben. Das Böse hat viele Gesichter. Immer trägt es die Züge der Lieblosigkeit. Das Böse schönreden oder davon wegsehen, lässt das Gute verkümmern. Das Böse beim Namen nennen und zur Vergebung bereit sein – das ist das wirksamste Mittel gegen das Böse. Und das bedeutet: mit Jesus, nicht gegen ihn zu sein, das Gute zu sammeln, statt es zu zerstreuen, sich eindeutig für ihn zu entscheiden und nicht in einer Grauzone des Sowohl-als-auch zu leben. Wo mit Hilfe Gottes nur ein Böses verhindert oder gar zum Guten gewendet wird, geschieht das Wunder des Reiches Gottes.

Freitag der 3. Fastenwoche

Lesung *Hosea 14,2-10* So spricht der Herr: Kehr um, Israel, zum Herrn, **Lj I+II**
deinem Gott! Denn du bist zu Fall gekommen durch deine Schuld. Kehrt um zum Herrn, nehmt Worte der Reue mit euch und sagt zu ihm: Nimm alle Schuld von uns und lass uns Gutes erfahren! Wir danken es dir mit der Frucht unserer Lippen. Assur kann uns nicht retten. Wir wollen nicht mehr auf Pferden reiten und zum Machwerk unserer Hände sagen wir nie mehr: Unser Gott. Denn nur bei dir findet der Verwaiste Erbarmen.
So spricht der Herr: Ich will ihre Untreue heilen und sie aus lauter Großmut wieder lieben. Denn mein Zorn hat sich von Israel abgewandt. Ich werde für Israel da sein wie der Tau, damit es aufblüht wie eine Lilie und Wurzeln schlägt wie der Libanon. Seine Zweige sollen sich ausbreiten, seine Pracht soll der Pracht des Ölbaums gleichen und sein Duft dem Duft des Libanon. Sie werden wieder in meinem Schatten wohnen; sie bauen Getreide an und gedeihen wie die Reben, deren Wein so berühmt ist wie der Wein vom Libanon. Was hat Efraim noch mit den Götzen zu tun? Ich, ja ich, erhöre ihn, ich schaue nach ihm. Ich bin wie der grünende Wacholder, an mir findest du reiche Frucht.
Wer weise ist, begreife dies alles, wer klug ist, erkenne es. Ja, die Wege des Herrn sind gerade; die Gerechten gehen auf ihnen, die Treulosen aber kommen auf ihnen zu Fall.

Evangelium *Markus 12,28b-34* In jener Zeit ging ein Schriftgelehrter zu Jesus hin und fragte ihn: Welches Gebot ist das erste von allen? Jesus antwortete: Das erste ist: Höre, Israel, der Herr, unser Gott, ist der einzige Herr. Darum sollst du den Herrn, deinen Gott, lieben mit ganzem Herzen und ganzer Seele, mit all deinen Gedanken und all deiner Kraft. Als zweites kommt

hinzu: Du sollst deinen Nächsten lieben wie dich selbst. Kein anderes Gebot ist größer als diese beiden.
Da sagte der Schriftgelehrte zu ihm: Sehr gut, Meister! Ganz richtig hast du gesagt: Er allein ist der Herr, und es gibt keinen anderen außer ihm, und ihn mit ganzem Herzen, ganzem Verstand und ganzer Kraft zu lieben und den Nächsten zu lieben wie sich selbst, ist weit mehr als alle Brandopfer und anderen Opfer. Jesus sah, dass er mit Verständnis geantwortet hatte, und sagte zu ihm: Du bist nicht fern vom Reich Gottes. Und keiner wagte mehr, Jesus eine Frage zu stellen.

Zum Evangelium Das Gebot der Gottesliebe, der Nächstenliebe und der Selbstliebe, die Summe des Christentums, gehört untrennbar zusammen. Gott liebe ich in dem Menschen, den Gott mir begegnen lässt. Der Andere und ich, wir sind beide getragen von seiner Liebe. Er ist ebenso wie ich ein geheiligter, nach seinem Ebenbild geschaffener Mensch. Nirgends wird das deutlicher als in der Person Jesu Christi. Er ist das klare Bild, das Gott als Möglichkeit in jedem Menschen sieht. Menschen, denen Jesus begegnet, finden wieder zu sich selber – so als hätten sie bis dahin nicht gewusst, wer sie sind – und nun wissen sie es. Gott lieben, den Menschen lieben, das ist niemals eine Alternative. Der Andere erscheint stets im Licht Gottes, und Gott erscheint im Anderen. „Liebe deinen Nächsten, dann bist du bei Gott! Und liebe deinen Gott, alles, was er dir in seiner Liebe gibt, und du bist bei deinem Nächsten" (Erik Hoegh-Andersen). Der Sinn und das Glück meines Daseins ruht auf diesen beiden Säulen.

Samstag der 3. Fastenwoche

Lj I+II **Lesung** *Hosea 6,1-6* Kommt, wir kehren zum Herrn zurück! Denn er hat Wunden gerissen, er wird uns auch heilen; er hat verwundet, er wird auch verbinden. Nach zwei Tagen gibt er uns das Leben zurück, am dritten Tag richtet er uns wieder auf und wir leben vor seinem Angesicht.
Lasst uns streben nach Erkenntnis, nach der Erkenntnis des Herrn. Er kommt so sicher wie das Morgenrot; er kommt zu uns wie der Regen, wie der Frühjahrsregen, der die Erde tränkt.
Was soll ich tun mit dir, Efraim? Was soll ich tun mit dir, Juda? Eure Liebe ist wie eine Wolke am Morgen und wie der Tau, der bald vergeht.
Darum schlage ich drein durch die Propheten, ich töte sie durch die Worte meines Mundes. Dann leuchtet mein Recht auf wie das Licht. Liebe will ich, nicht Schlachtopfer, Gotteserkenntnis statt Brandopfer.

Evangelium *Lukas 18,9-14* In jener Zeit erzählte Jesus einigen, die von ihrer eigenen Gerechtigkeit überzeugt waren und die anderen verachteten, dieses Beispiel:

Zwei Männer gingen zum Tempel hinauf, um zu beten; der eine war ein Pharisäer, der andere ein Zöllner. Der Pharisäer stellte sich hin und sprach leise dieses Gebet: Gott, ich danke dir, dass ich nicht wie die anderen Menschen bin, die Räuber, Betrüger, Ehebrecher oder auch wie dieser Zöllner dort. Ich faste zweimal in der Woche und gebe dem Tempel den zehnten Teil meines ganzen Einkommens.
Der Zöllner aber blieb ganz hinten stehen und wagte nicht einmal, seine Augen zum Himmel zu erheben, sondern schlug sich an die Brust und betete: Gott, sei mir Sünder gnädig!
Ich sage euch: Dieser kehrte als Gerechter nach Hause zurück, der andere nicht. Denn wer sich selbst erhöht, wird erniedrigt, wer sich aber selbst erniedrigt, wird erhöht werden.

Zum Evangelium Der Pharisäer braucht Gott eigentlich gar nicht. Er dankt sich in erster Linie selbst dafür, dass er ein guter Mensch ist. Der Zöllner steht mit leeren Händen da. Er kann nichts vorweisen. Er braucht Gott und sein Erbarmen.
Wenn ich nicht selbst zum Pharisäer werden will, der über andere urteilt, muss ich die Worte Jesu auf mich beziehen: Sind nicht beide Seiten in mir selbst? Der Pharisäer – das Starke, Stolze? Der Zöllner – das Schwache, Ohnmächtige? Ich kann weder mit meiner Stärke noch mit meiner Schwäche vor Gott prahlen. Ich kann vor Gott nur Ich selbst sein, und wenn ich zu sehr auf meine Stärke poche, mich erhöhe, wird er mir heilsam meine Ohnmacht zeigen, und wenn ich zu sehr auf meiner Schwäche poche, mich erniedrige, wird er mir heilsam meine Stärke zeigen. Denn Christus ist für beide gestorben, den Pharisäer und den Zöllner – und das heißt: für mich.

4. Fastenwoche

Montag der 4. Fastenwoche

Lesung *Jesaja 65,17-21* So spricht der Herr: Seht, ich erschaffe einen neuen Himmel und eine neue Erde. Man wird nicht mehr an das Frühere denken, es kommt niemand mehr in den Sinn. Lj I+II
Nein, ihr sollt euch ohne Ende freuen und jubeln über das, was ich erschaffe. Denn ich mache aus Jerusalem Jubel und aus seinen Einwohnern Freude. Ich will über Jerusalem jubeln und mich freuen über mein Volk. Nie mehr hört man dort lautes Weinen und lautes Klagen.
Dort gibt es keinen Säugling mehr, der nur wenige Tage lebt, und keinen Greis, der nicht das volle Alter erreicht; wer als Hundertjähriger stirbt, gilt noch als jung, und wer nicht hundert Jahre alt wird, gilt als verflucht.
Sie werden Häuser bauen und selbst darin wohnen, sie werden Reben pflanzen und selbst ihre Früchte genießen.

Evangelium *Johannes 4,43-54* In jener Zeit ging Jesus von Samaria nach Galiläa. Er selbst hatte nämlich bestätigt: Ein Prophet wird in seiner eigenen Heimat nicht geehrt. Als er nun nach Galiläa kam, nahmen ihn die Galiläer auf, weil sie alles gesehen hatten, was er in Jerusalem während des Festes getan hatte; denn auch sie waren zum Fest gekommen.
Jesus kam wieder nach Kana in Galiläa, wo er das Wasser in Wein verwandelt hatte. In Kafarnaum lebte ein königlicher Beamter; dessen Sohn war krank. Als er hörte, dass Jesus von Judäa nach Galiläa gekommen war, suchte er ihn auf und bat ihn, herabzukommen und seinen Sohn zu heilen; denn er lag im Sterben.
Da sagte Jesus zu ihm: Wenn ihr nicht Zeichen und Wunder seht, glaubt ihr nicht. Der Beamte bat ihn: Herr, komm herab, ehe mein Kind stirbt.
Jesus erwiderte ihm: Geh, dein Sohn lebt! Der Mann glaubte dem Wort, das Jesus zu ihm gesagt hatte, und machte sich auf den Weg.
Noch während er unterwegs war, kamen ihm seine Diener entgegen und sagten: Dein Junge lebt. Da fragte er sie genau nach der Stunde, in der die Besserung eingetreten war. Sie antworteten: Gestern in der siebten Stunde ist das Fieber von ihm gewichen. Da erkannte der Vater, dass es genau zu der Stunde war, als Jesus zu ihm gesagt hatte: Dein Sohn lebt. Und er wurde gläubig mit seinem ganzen Haus.
So tat Jesus sein zweites Zeichen, und zwar nachdem er von Judäa nach Galiläa gekommen war.

Zur Lesung Jesaja malt Bilder tiefster Sehnsucht nach grundlegender Verwandlung. Welt als Ort der Gerechtigkeit, der Schönheit, des Friedens. So wie Gott sie gemeint hat. Jahrmillionen steht unsere Erde und wölbt sich der Himmel über ihr. Seitdem hat die Menschheit bedeutende Werke hervorgebracht. Aber zugleich ist die Erde krank und kränker geworden. Tag für Tag sind wir mit Problemen konfrontiert, die offensichtlich niemand lösen kann.
Aber unsere Sehnsucht darf nicht kränkeln. Sie treibt uns an, uns nicht mit einer Welt zufrieden zu geben, in der die Gesetze des Marktes vorherrschen und der Andere zum Konkurrenten um den Arbeitsplatz, um den Partner, um den Erfolg verkommt. Die Sehnsucht des Glaubens zieht sich nicht aufs Eigene zurück, sie behält den ganzen Horizont im Blick. Sie rechnet mit dem, der die Sprache der Sehnsucht zur Sprache der Erfahrung werden ließ: Jesus Christus. Er hat die neue Erde, den neuen Himmel in diese Welt hineingeliebt, und nun ist es an uns, diese Liebe weiterzutragen und die Sprache der Sehnsucht Stück für Stück in die Sprache der Erfahrung zu verwandeln.

Dienstag der 4. Fastenwoche

Lj I+II **Lesung** *Ezechiel 47,1-9.12* Der Mann, der mich begleitete, führte mich zum Eingang des Tempels zurück und ich sah, wie unter der Tempelschwelle

Wasser hervorströmte und nach Osten floss; denn die vordere Seite des Tempels schaute nach Osten. Das Wasser floss unterhalb der rechten Seite des Tempels herab, südlich vom Altar. Dann führte er mich durch das Nordtor hinaus und ließ mich außen herum zum äußeren Osttor gehen. Und ich sah das Wasser an der Südseite hervorrieseln.
Der Mann ging nach Osten hinaus, mit der Messschnur in der Hand, maß tausend Ellen ab und ließ mich durch das Wasser gehen; das Wasser reichte mir bis an die Knöchel. Dann maß er wieder tausend Ellen ab und ließ mich durch das Wasser gehen; das Wasser reichte mir bis zu den Knien. Darauf maß er wieder tausend Ellen ab und ließ mich hindurchgehen; das Wasser ging mir bis an die Hüften. Und er maß noch einmal tausend Ellen ab. Da war es ein Fluss, den ich nicht mehr durchschreiten konnte; denn das Wasser war tief, ein Wasser, durch das man schwimmen musste, ein Fluss, den man nicht mehr durchschreiten konnte. Dann fragte er mich: Hast du es gesehen, Menschensohn? Darauf führte er mich zurück, am Ufer des Flusses entlang.
Als ich zurückging, sah ich an beiden Ufern des Flusses sehr viele Bäume. Er sagte zu mir: Dieses Wasser fließt in den östlichen Bezirk, es strömt in die Araba hinab und läuft in das Meer, in das Meer mit dem salzigen Wasser. So wird das salzige Wasser gesund. Wohin der Fluss gelangt, da werden alle Lebewesen, alles, was sich regt, leben können und sehr viele Fische wird es geben. Weil dieses Wasser dort hinkommt, werden die Fluten gesund; wohin der Fluss kommt, dort bleibt alles am Leben.
An beiden Ufern des Flusses wachsen alle Arten von Obstbäumen. Ihr Laub wird nicht welken und sie werden nie ohne Frucht sein. Jeden Monat tragen sie frische Früchte; denn das Wasser des Flusses kommt aus dem Heiligtum. Die Früchte werden als Speise und die Blätter als Heilmittel dienen.

Evangelium *Johannes 5,1-16* Es war ein Fest der Juden und Jesus ging hinauf nach Jerusalem. In Jerusalem gibt es beim Schaftor einen Teich, zu dem fünf Säulenhallen gehören; dieser Teich heißt auf Hebräisch Betesda. In diesen Hallen lagen viele Kranke, darunter Blinde, Lahme und Verkrüppelte.
Dort lag auch ein Mann, der schon achtunddreißig Jahre krank war. Als Jesus ihn dort liegen sah und erkannte, dass er schon lange krank war, fragte er ihn: Willst du gesund werden?
Der Kranke antwortete ihm: Herr, ich habe keinen Menschen, der mich, sobald das Wasser aufwallt, in den Teich trägt. Während ich mich hinschleppe, steigt schon ein anderer vor mir hinein. Da sagte Jesus zu ihm: Steh auf, nimm deine Bahre und geh! Sofort wurde der Mann gesund, nahm seine Bahre und ging.
Dieser Tag war aber ein Sabbat. Da sagten die Juden zu dem Geheilten: Es ist Sabbat, du darfst deine Bahre nicht tragen. Er erwiderte: Der Mann, der mich gesund gemacht hat, sagte zu mir: Nimm deine Bahre und geh! Sie fragten

ihn: Wer ist das denn, der zu dir gesagt hat: Nimm deine Bahre und geh? Der Geheilte wusste aber nicht, wer es war. Jesus war nämlich weggegangen, weil sich dort eine große Menschenmenge angesammelt hatte.
Später traf ihn Jesus im Tempel und sagte zu ihm: Jetzt bist du gesund; sündige nicht mehr, damit dir nicht noch Schlimmeres zustößt. Der Mann ging fort und teilte den Juden mit, dass es Jesus war, der ihn gesund gemacht hatte. Daraufhin verfolgten die Juden Jesus, weil er das an einem Sabbat getan hatte.

Zum Evangelium 38 Jahre lang krank sein und niemanden haben, der zur Seite steht, das ist bitter. Immer gehen die anderen vor. Doch Jesus nimmt gerade ihn, den Bedürftigsten, als ersten wahr. Er sieht ihn an und gibt ihm dadurch An-sehen. Er richtet eine Frage an ihn, die er auch uns stellt, wenn wir uns wie gelähmt, zurückgesetzt und ohne Hoffnung fühlen. „Willst du gesund werden?" Das heißt ja auch: Willst du wieder eine Perspektive haben, lebendig werden, statt dich in dein Leiden einzuigeln? Wirst du Gott und der Welt und dir selbst wieder etwas zutrauen? Ohne dieses Zutrauen geht es nicht. Komm, steh auf, lass hinter dir, was dich krank macht und rechne mit Gott. Er meint es gut mit dir. Wenn er dich umwandeln will, kann ihn nichts, auch kein Sabbat, daran hindern. Denn seine Barmherzigkeit ist größer als alle Menschenzwänge.

Mittwoch der 4. Fastenwoche

Lj I+II **Lesung** *Jesaja 49,8-15* So spricht der Herr: Zur Zeit der Gnade will ich dich erhören, am Tag der Rettung dir helfen. Ich habe dich geschaffen und dazu bestimmt, der Bund zu sein für das Volk, aufzuhelfen dem Land und das verödete Erbe neu zu verteilen, den Gefangenen zu sagen: „Kommt heraus!", und denen, die in der Finsternis sind: „Kommt ans Licht!"
Auf allen Bergen werden sie weiden, auf allen kahlen Hügeln finden sie Nahrung. Sie leiden weder Hunger noch Durst, Hitze und Sonnenglut schaden ihnen nicht. Denn er leitet sie voll Erbarmen und führt sie zu sprudelnden Quellen. Alle Berge mache ich zu Wegen und meine Straßen werden gebahnt sein.
Seht her: Sie kommen von fern, die einen von Norden und Westen, andere aus dem Land der Siniter. Jubelt, ihr Himmel, jauchze, o Erde, freut euch, ihr Berge! Denn der Herr hat sein Volk getröstet und sich seiner Armen erbarmt.
Doch Zion sagt: Der Herr hat mich verlassen, Gott hat mich vergessen. Kann denn eine Frau ihr Kindlein vergessen, eine Mutter ihren leiblichen Sohn? Und selbst wenn sie ihn vergessen würde: Ich vergesse dich nicht. – Spruch des Herrn.

Evangelium *Johannes 5,17-30* In jener Zeit entgegnete Jesus den Juden: Mein Vater ist noch immer am Werk und auch ich bin am Werk. Darum wa-

ren die Juden noch mehr darauf aus, ihn zu töten, weil er nicht nur den Sabbat brach, sondern auch Gott seinen Vater nannte und sich damit Gott gleichstellte.
Jesus aber sagte zu ihnen: Amen, amen, ich sage euch: Der Sohn kann nichts von sich aus tun, sondern nur, wenn er den Vater etwas tun sieht. Was nämlich der Vater tut, das tut in gleicher Weise der Sohn. Denn der Vater liebt den Sohn und zeigt ihm alles, was er tut, und noch größere Werke wird er ihm zeigen, sodass ihr staunen werdet. Denn wie der Vater die Toten auferweckt und lebendig macht, so macht auch der Sohn lebendig, wen er will. Auch richtet der Vater niemand, sondern er hat das Gericht ganz dem Sohn übertragen, damit alle den Sohn ehren, wie sie den Vater ehren. Wer den Sohn nicht ehrt, ehrt auch den Vater nicht, der ihn gesandt hat. Amen, amen, ich sage euch: Wer mein Wort hört und dem glaubt, der mich gesandt hat, hat das ewige Leben; er kommt nicht ins Gericht, sondern ist aus dem Tod ins Leben hinübergegangen. Amen, amen, ich sage euch: Die Stunde kommt und sie ist schon da, in der die Toten die Stimme des Sohnes Gottes hören werden; und alle, die sie hören, werden leben. Denn wie der Vater das Leben in sich hat, so hat er auch dem Sohn gegeben, das Leben in sich zu haben. Und er hat ihm Vollmacht gegeben, Gericht zu halten, weil er der Menschensohn ist.
Wundert euch nicht darüber! Die Stunde kommt, in der alle, die in den Gräbern sind, seine Stimme hören und herauskommen werden: Die das Gute getan haben, werden zum Leben auferstehen, die das Böse getan haben, zum Gericht.
Von mir selbst aus kann ich nichts tun; ich richte, wie ich es vom Vater höre, und mein Gericht ist gerecht, weil es mir nicht um meinen Willen geht, sondern um den Willen dessen, der mich gesandt hat.

Zum Evangelium Die Heilung eines 38 Jahre lang kranken Mannes spitzt sich zum Konfliktstoff zwischen Jesus und seinen Gegnern zu. Das Interesse des Evangelisten ist hier weniger das Wunder der Heilung als der Anspruch Jesu, Gottes einzigartiger Offenbarer zu sein. Sein Auftrag ist es, nicht nur körperliche Leiden zu heilen, sondern den ganzen Menschen heil zu machen.
Seinen Gegnern macht Jesus deutlich, dass es viel Schlimmeres gibt als körperliche Krankheit: nämlich den Verlust des eigentlichen Lebens, der all jene betrifft, die nicht zum Glauben daran kommen, dass im Wirken Jesu das Handeln Gottes sichtbar wird. „Wer glaubt, hat das ewige Leben." Dieser Glaube ist das Ereignis, das über Leben und Tod entscheidet.

Donnerstag der 4. Fastenwoche

Lesung *Exodus 32,7-14* In jenen Tagen sprach der Herr zu Mose: Geh, steig hinunter, denn dein Volk, das du aus Ägypten heraufgeführt hast, läuft Lj I+II

ins Verderben. Schnell sind sie von dem Weg abgewichen, den ich ihnen vorgeschrieben habe. Sie haben sich ein Kalb aus Metall gegossen und werfen sich vor ihm zu Boden. Sie bringen ihm Schlachtopfer dar und sagen: Das sind deine Götter, Israel, die dich aus Ägypten heraufgeführt haben. Weiter sprach der Herr zu Mose: Ich habe dieses Volk durchschaut: Ein störrisches Volk ist es. Jetzt lass mich, damit mein Zorn gegen sie entbrennt und sie verzehrt. Dich aber will ich zu einem großen Volk machen.
Da versuchte Mose, den Herrn, seinen Gott, zu besänftigen, und sagte: Warum, Herr, ist dein Zorn gegen dein Volk entbrannt? Du hast es doch mit großer Macht und starker Hand aus Ägypten herausgeführt. Sollen etwa die Ägypter sagen können: In böser Absicht hat er sie herausgeführt, um sie im Gebirge umzubringen und sie vom Erdboden verschwinden zu lassen? Lass ab von deinem glühenden Zorn und lass dich das Böse reuen, das du deinem Volk antun wolltest. Denk an deine Knechte, an Abraham, Isaak und Israel, denen du mit einem Eid bei deinem eigenen Namen zugesichert und gesagt hast: Ich will eure Nachkommen zahlreich machen wie die Sterne am Himmel, und: Dieses ganze Land, von dem ich gesprochen habe, will ich euren Nachkommen geben und sie sollen es für immer besitzen.
Da ließ sich der Herr das Böse reuen, das er seinem Volk angedroht hatte.

Evangelium *Johannes 5,31-47* In jener Zeit sprach Jesus zu den Juden: Wenn ich über mich selbst als Zeuge aussage, ist mein Zeugnis nicht gültig; ein anderer ist es, der über mich als Zeuge aussagt, und ich weiß: Das Zeugnis, das er über mich ablegt, ist gültig.
Ihr habt zu Johannes geschickt, und er hat für die Wahrheit Zeugnis abgelegt. Ich aber nehme von keinem Menschen ein Zeugnis an, sondern ich sage dies nur, damit ihr gerettet werdet. Jener war die Lampe, die brennt und leuchtet, und ihr wolltet euch eine Zeit lang an seinem Licht erfreuen.
Ich aber habe ein gewichtigeres Zeugnis als das des Johannes: Die Werke, die mein Vater mir übertragen hat, damit ich sie zu Ende führe, diese Werke, die ich vollbringe, legen Zeugnis dafür ab, dass mich der Vater gesandt hat. Auch der Vater selbst, der mich gesandt hat, hat über mich Zeugnis abgelegt. Ihr habt weder seine Stimme gehört noch seine Gestalt je gesehen, und auch sein Wort bleibt nicht in euch, weil ihr dem nicht glaubt, den er gesandt hat. Ihr erforscht die Schriften, weil ihr meint, in ihnen das ewige Leben zu haben; gerade sie legen Zeugnis über mich ab. Und doch wollt ihr nicht zu mir kommen, um das Leben zu haben.
Meine Ehre empfange ich nicht von Menschen. Ich habe erkannt, dass ihr die Liebe zu Gott nicht in euch habt. Ich bin im Namen meines Vaters gekommen und doch lehnt ihr mich ab. Wenn aber ein anderer in seinem eigenen Namen kommt, dann werdet ihr ihn anerkennen.
Wie könnt ihr zum Glauben kommen, wenn ihr eure Ehre voneinander empfangt, nicht aber die Ehre sucht, die von dem einen Gott kommt?

Denkt nicht, dass ich euch beim Vater anklagen werde; Mose klagt euch an, auf den ihr eure Hoffnung gesetzt habt. Wenn ihr Mose glauben würdet, müsstet ihr auch mir glauben; denn über mich hat er geschrieben. Wenn ihr aber seinen Schriften nicht glaubt, wie könnt ihr dann meinen Worten glauben?

Zum Evangelium Wer bin ich eigentlich und woher weiß ich, wer ich bin? Worauf gründet sich mein Bild von mir selbst und meiner Berufung? Jesus bezieht seine Identität durch die Liebe des Vaters, von der er sich geborgen, bejaht, umfangen weiß. Sie bezeugt, wer Jesus wirklich ist. Diese Liebe könnten die Menschen an seinen Werken erkennen, weil sie das Gute bewirken.
Auch uns bezeugt die Liebe Gottes, mehr als wir uns selbst bezeugen könnten. Wenn wir die Liebe annehmen, aus ihr leben und sie zum Grundgefühl unserer Existenz wird, sind wir Zeugen der lebendigen Wirklichkeit Gottes. Dazu sind wir berufen. Seinen Gegnern wirft Jesus vor, „dass ihr die Liebe Gottes nicht in euch habt“. Sie stützen sich auf die Schriften Moses, sie sagen sie her, aber sie leben nicht, wovon die Schriften erzählen. „Ein frommer Mensch braucht nicht die Bibel, er ist die Bibel“ (Friedrich Schleiermacher, 1820).

Freitag der 4. Fastenwoche

Lesung *Weisheit 2,1a.12-22* Die Frevler tauschen ihre verkehrten Gedanken aus und sagen: Lasst uns dem Gerechten auflauern! Er ist uns unbequem und steht unserem Tun im Weg. Er wirft uns Vergehen gegen das Gesetz vor und beschuldigt uns des Verrats an unserer Erziehung. Er rühmt sich, die Erkenntnis Gottes zu besitzen, und nennt sich einen Knecht des Herrn. **Lj I+II**
Er ist unserer Gesinnung ein lebendiger Vorwurf, schon sein Anblick ist uns lästig; denn er führt ein Leben, das dem der andern nicht gleicht, und seine Wege sind grundverschieden.
Als falsche Münze gelten wir ihm; von unseren Wegen hält er sich fern wie von Unrat. Das Ende der Gerechten preist er glücklich und prahlt, Gott sei sein Vater.
Wir wollen sehen, ob seine Worte wahr sind, und prüfen, wie es mit ihm ausgeht. Ist der Gerechte wirklich Sohn Gottes, dann nimmt sich Gott seiner an und entreißt ihn der Hand seiner Gegner.
Roh und grausam wollen wir mit ihm verfahren, um seine Sanftmut kennen zu lernen, seine Geduld zu erproben. Zu einem ehrlosen Tod wollen wir ihn verurteilen; er behauptet ja, es werde ihm Hilfe gewährt.
So denken sie, aber sie irren sich; denn ihre Schlechtigkeit macht sie blind. Sie verstehen von Gottes Geheimnissen nichts, sie hoffen nicht auf Lohn für die Frömmigkeit und erwarten keine Auszeichnung für untadelige Seelen.

Evangelium *Johannes 7,1-2.10.25-30* In jener Zeit zog Jesus in Galiläa umher; denn er wollte sich nicht in Judäa aufhalten, weil die Juden darauf aus waren, ihn zu töten. Das Laubhüttenfest der Juden war nahe. Als seine Brüder zum Fest hinaufgegangen waren, zog auch er hinauf, jedoch nicht öffentlich, sondern heimlich. Da sagten einige Leute aus Jerusalem: Ist das nicht der, den sie töten wollen? Und doch redet er in aller Öffentlichkeit und man lässt ihn gewähren. Sollte der Hohe Rat wirklich erkannt haben, dass er der Messias ist? Aber von dem hier wissen wir, woher er stammt; wenn jedoch der Messias kommt, weiß niemand, woher er stammt.
Während Jesus im Tempel lehrte, rief er: Ihr kennt mich und wisst, woher ich bin; aber ich bin nicht in meinem eigenen Namen gekommen, sondern er, der mich gesandt hat, bürgt für die Wahrheit. Ihr kennt ihn nur nicht. Ich kenne ihn, weil ich von ihm komme und weil er mich gesandt hat.
Da wollten sie ihn festnehmen; aber keiner wagte ihn anzufassen, denn seine Stunde war noch nicht gekommen.

Zum Evangelium Jesus steht einer ganzen Welt entgegen. Auf der Gerüchteebene wird spekuliert, wer er ist, um Mehrheiten zwischen Pro und Kontra zu bilden und ihn beurteilen zu können. Jesus aber geht es um die Wahrheit, völlig unabhängig von dem, was andere positiv oder negativ über ihn äußern. Hätte er sich in die religiösen Traditionen eingereiht, hätte er geredet wie alle reden – niemand wäre auf die Idee gekommen, ihn umbringen zu wollen. Aber weil er von Gott redet und behauptet, von Gott zu sein, verstört er, stellt alles bisher als sicher Geltende in Frage. Wie kann auch einer, dessen Familie man kennt, mit dem man aufgewachsen ist, der erwartete Messias sein?
Immer, wenn wir einen Menschen nach seiner bürgerlichen Außenseite in den Griff bekommen wollen, werden wir das Besondere, Einzigartige seiner Person nicht erfassen. Sartre hat einmal auf die Frage, warum ein Mensch lebt, gesagt, aus Angst vor dem Tod und aus Schwäche, das Leben zu enden. Weil Jesus von Gott zu uns gesandt wurde, nur deshalb ist unser Leben nicht Dahinleben ohne Grund und Bestand. Eigentlich könnten wir gelassen, heiter, froh jeden neuen Tag als Geschenk annehmen.

Samstag der 4. Fastenwoche

Lj I+II **Lesung** *Jeremia 11,18-20* Der Herr ließ es mich wissen und so wusste ich es; damals ließest du mich ihr Treiben durchschauen. Ich selbst war wie ein zutrauliches Lamm, das zum Schlachten geführt wird, und ahnte nicht, dass sie gegen mich Böses planten: Wir wollen den Baum im Saft verderben; wir wollen ihn ausrotten aus dem Land der Lebenden, sodass man seinen Namen nicht mehr erwähnt. Aber der Herr der Heere richtet gerecht, er prüft Herz und Nieren. Ich werde sehen, wie du Rache an ihnen nimmst; denn dir habe ich meine Sache anvertraut.

Evangelium *Johannes 7,40-53* In jener Zeit sagten einige aus dem Volk, als sie die Worte Jesu hörten: Er ist wahrhaftig der Prophet. Andere sagten: Er ist der Messias. Wieder andere sagten: Kommt denn der Messias aus Galiläa? Sagt nicht die Schrift: Der Messias kommt aus dem Geschlecht Davids und aus dem Dorf Bethlehem, wo David lebte? So entstand seinetwegen eine Spaltung in der Menge. Einige von ihnen wollten ihn festnehmen; aber keiner wagte ihn anzufassen.

Als die Gerichtsdiener zu den Hohenpriestern und den Pharisäern zurückkamen, fragten diese: Warum habt ihr ihn nicht hergebracht? Die Gerichtsdiener antworteten: Noch nie hat ein Mensch so gesprochen.

Da entgegneten ihnen die Pharisäer: Habt auch ihr euch in die Irre führen lassen? Ist etwa einer vom Hohen Rat oder von den Pharisäern zum Glauben an ihn gekommen? Dieses Volk jedoch, das vom Gesetz nichts versteht, verflucht ist es. Nikodemus aber, einer aus ihren eigenen Reihen, der früher einmal Jesus aufgesucht hatte, sagte zu ihnen: Verurteilt etwa unser Gesetz einen Menschen, bevor man ihn verhört und festgestellt hat, was er tut? Sie erwiderten ihm: Bist du vielleicht auch aus Galiläa? Lies doch nach: Der Prophet kommt nicht aus Galiläa. Dann gingen alle nach Hause.

Zum Evangelium Die Auseinandersetzung um Jesus spitzt sich gefährlich zu. An Jesus scheiden sich die Geister, spalten sich die Meinungen. Er ist so anders als sie alle, „noch nie hat ein Mensch so gesprochen", mit solcher Autorität und Ausstrahlung – und zugleich ist er einer wie sie, und dazu einer, der aus dem wenig geachteten Galiläa kommt. Das geht schwer zusammen.

Geht es nicht auch für uns oft schwer zusammen: Jesus, Mensch und Gott zugleich? Einer, der am Kreuz stirbt? Für uns? Damit wir leben? Rechne ich mit ihm in meinem Alltag? Befrage ich ihn? Spreche ich ihn an? „Nicht nur Gott kennen wir allein durch Jesus Christus, auch uns selbst kennen wir nur durch Jesus Christus, Leben und Tod kennen wir allein durch Jesus Christus. Ohne ihn wissen wir weder, was unser Leben, noch was unser Tod, noch was Gott ist, noch was wir selber sind" (Blaise Pascal).

5. Fastenwoche

Montag der 5. Fastenwoche

Lesung *Daniel 13,1-9.15-17.19-30.33-62 (Kf: 13,41c-62)* In jenen Tagen wohnte in Babylon ein Mann mit Namen Jojakim. Er hatte Susanna, die Tochter Hilkijas, zur Frau; sie war sehr schön und gottesfürchtig. Auch ihre Eltern waren gerecht und hatten ihre Tochter nach dem Gesetz des Mose erzogen. Jojakim war sehr reich; er besaß einen Garten nahe bei seinem Haus. Lj I+II

Die Juden pflegten bei ihm zusammenzukommen, weil er der Angesehenste von allen war.
Als Richter amtierten in jenem Jahr zwei Älteste aus dem Volk, von denen galt, was der Herr gesagt hat: Ungerechtigkeit ging von Babylon aus, von den Ältesten, von den Richtern, die als Leiter des Volkes galten. Sie hielten sich regelmäßig im Haus Jojakims auf und alle, die eine Rechtssache hatten, kamen zu ihnen.
Hatten sich nun die Leute um die Mittagszeit wieder entfernt, dann kam Susanna und ging im Garten ihres Mannes spazieren. Die beiden Ältesten sahen sie täglich kommen und umhergehen; da regte sich in ihnen die Begierde nach ihr. Ihre Gedanken gerieten auf Abwege und ihre Augen gingen in die Irre; sie sahen weder zum Himmel auf, noch dachten sie an die gerechten Strafen Gottes.
Während sie auf einen günstigen Tag warteten, kam Susanna eines Tages wie gewöhnlich in den Garten, nur von zwei Mädchen begleitet, und wollte baden; denn es war heiß. Niemand war dort außer den beiden Ältesten, die sich versteckt hatten und ihr auflauerten. Sie sagte zu den Mädchen: Holt mir Öl und Salben und verriegelt das Gartentor, damit ich baden kann.
Als die Mädchen weg waren, standen die beiden Ältesten auf, liefen zu Susanna hin und sagten: Das Gartentor ist verschlossen und niemand sieht uns; wir brennen vor Verlangen nach dir: Sei uns zu Willen und gib dich uns hin! Weigerst du dich, dann bezeugen wir gegen dich, dass ein junger Mann bei dir war und dass du deshalb die Mädchen weggeschickt hast.
Da seufzte Susanna und sagte: Ich bin bedrängt von allen Seiten: Wenn ich es tue, so droht mir der Tod; tue ich es aber nicht, so werde ich euch nicht entrinnen. Es ist besser für mich, es nicht zu tun und euch in die Hände zu fallen, als gegen den Herrn zu sündigen. Dann schrie Susanna, so laut sie konnte. Aber zugleich mit ihr schrien auch die beiden Ältesten und einer von ihnen lief zum Gartentor und öffnete es.
Als die Leute im Haus das Geschrei im Garten hörten, eilten sie durch die Seitentür herbei, um zu sehen, was ihr zugestoßen sei. Als die Ältesten ihre Erklärung gaben, schämten sich die Diener sehr; denn noch nie war so etwas über Susanna gesagt worden.
Als am nächsten Morgen das Volk bei Jojakim, ihrem Mann, zusammenkam, erschienen auch die beiden Ältesten. Sie kamen mit der verbrecherischen Absicht, gegen Susanna die Todesstrafe zu erwirken. Sie sagten vor dem Volk: Schickt nach Susanna, der Tochter Hilkijas, der Frau Jojakims! Man schickte nach ihr. Sie kam, begleitet von ihren Eltern, ihren Kindern und allen Verwandten. Ihre Angehörigen weinten und alle, die sie sahen, begannen ebenfalls zu weinen.
Vor dem ganzen Volk standen nun die beiden Ältesten auf und legten die Hände auf den Kopf Susannas. Sie aber blickte weinend zum Himmel auf; denn ihr Herz vertraute dem Herrn.

Die Ältesten sagten: Während wir allein im Garten spazieren gingen, kam diese Frau mit zwei Mägden herein. Sie ließ das Gartentor verriegeln und schickte die Mägde fort. Dann kam ein junger Mann zu ihr, der sich versteckt hatte, und legte sich zu ihr. Wir waren gerade in einer abgelegenen Ecke des Gartens; als wir aber die Sünde sahen, eilten wir zu ihnen hin und sahen, wie sie zusammen waren. Den Mann konnten wir nicht festhalten; denn er war stärker als wir; er öffnete das Tor und entkam. Aber diese da hielten wir fest und fragten sie, wer der junge Mann war. Sie wollte es uns aber nicht verraten. Das alles können wir bezeugen.
Die versammelte Gemeinde glaubte ihnen, weil sie Älteste des Volkes und Richter waren, und verurteilte Susanna zum Tod.
[In jenen Tagen verurteilte die versammelte Gemeinde Susanna zum Tod].
Da rief sie laut: Ewiger Gott, du kennst auch das Verborgene; du weißt alles, noch bevor es geschieht. Du weißt auch, dass sie eine falsche Aussage gegen mich gemacht haben. Darum muss ich jetzt sterben, obwohl ich nichts von dem getan habe, was diese Menschen mir vorwerfen.
Der Herr erhörte ihr Rufen. Als man sie zur Hinrichtung führte, erweckte Gott den heiligen Geist in einem jungen Mann namens Daniel. Dieser rief laut: Ich bin unschuldig am Tod dieser Frau. Da wandten sich alle Leute nach ihm um und fragten ihn: Was soll das heißen, was du da gesagt hast? Er trat mitten unter sie und sagte: Seid ihr so töricht, ihr Söhne Israels? Ohne Verhör und ohne Prüfung der Beweise habt ihr eine Tochter Israels verurteilt. Kehrt zurück zum Ort des Gerichts! Denn diese Ältesten haben eine falsche Aussage gegen Susanna gemacht.
Eilig kehrten alle Leute wieder um und die Ältesten sagten zu Daniel: Setz dich hier mitten unter uns und sag uns, was du zu sagen hast. Denn dir hat Gott den Vorsitz verliehen. Daniel sagte zu ihnen: Trennt diese beiden Männer, bringt sie weit auseinander! Ich will sie verhören.
Als man sie voneinander getrennt hatte, rief er den einen von ihnen her und sagte zu ihm: In Schlechtigkeit bist du alt geworden; doch jetzt kommt die Strafe für die Sünden, die du bisher begangen hast. Ungerechte Urteile hast du gefällt, Schuldlose verurteilt, aber Schuldige freigesprochen; und doch hat der Herr gesagt: Einen Schuldlosen und Gerechten sollst du nicht töten. Wenn du also diese Frau wirklich gesehen hast, dann sag uns: Was für ein Baum war das, unter dem du die beiden zusammen gesehen hast? Er antwortete: Unter einer Zeder. Da sagte Daniel: Mit deiner Lüge hast du dein eigenes Haupt getroffen. Der Engel Gottes wird dich zerspalten; schon hat er von Gott den Befehl dazu erhalten.
Dann ließ er ihn wegbringen und befahl, den andern vorzuführen. Zu ihm sagte er: Du Sohn Kanaans, nicht Judas, dich hat die Schönheit verführt, die Leidenschaft hat dein Herz verdorben. So konntet ihr an den Töchtern Israels handeln, sie fürchteten sich und waren euch zu Willen. Aber die Tochter Judas hat eure Gemeinheit nicht geduldet. Nun sag mir: Was für ein Baum

war das, unter dem du die beiden ertappt hast? Er antwortete: Unter einer Eiche. Da sagte Daniel zu ihm: Mit deiner Lüge hast auch du dein eigenes Haupt getroffen. Der Engel Gottes wartet schon mit dem Schwert in der Hand, um dich mitten entzweizuhauen. So wird er euch beide vernichten.
Da schrie die ganze Gemeinde laut auf und pries Gott, der alle rettet, die auf ihn hoffen. Dann erhoben sie sich gegen die beiden Ältesten, die Daniel durch ihre eigenen Worte als falsche Zeugen entlarvt hatte. Das Böse, das sie ihrem Nächsten hatten antun wollen, tat man nach dem Gesetz des Mose ihnen an: Man tötete sie. So wurde an jenem Tag unschuldiges Blut gerettet.

Evangelium *Johannes 8,1-11* In jener Zeit ging Jesus zum Ölberg. Am frühen Morgen begab er sich wieder in den Tempel. Alles Volk kam zu ihm. Er setzte sich und lehrte es.
Da brachten die Schriftgelehrten und die Pharisäer eine Frau, die beim Ehebruch ertappt worden war. Sie stellten sie in die Mitte und sagten zu ihm: Meister, diese Frau wurde beim Ehebruch auf frischer Tat ertappt. Mose hat uns im Gesetz vorgeschrieben, solche Frauen zu steinigen. Nun, was sagst du? Mit dieser Frage wollten sie ihn auf die Probe stellen, um einen Grund zu haben, ihn zu verklagen. Jesus aber bückte sich und schrieb mit dem Finger auf die Erde. Als sie hartnäckig weiterfragten, richtete er sich auf und sagte zu ihnen: Wer von euch ohne Sünde ist, werfe als Erster einen Stein auf sie. Und er bückte sich wieder und schrieb auf die Erde. Als sie seine Antwort gehört hatten, ging einer nach dem anderen fort, zuerst die Ältesten. Jesus blieb allein zurück mit der Frau, die noch in der Mitte stand.
Er richtete sich auf und sagte zu ihr: Frau, wo sind sie geblieben? Hat dich keiner verurteilt? Sie antwortete: Keiner, Herr. Da sagte Jesus zu ihr: Auch ich verurteile dich nicht. Geh und sündige von jetzt an nicht mehr!

Zum Evangelium „Wer von euch ohne Sünde ist, werfe als Erster einen Stein." Ein Satz, der die Welt verändern könnte, würden ihn alle beherzigen! Wer von uns könnte behaupten, nicht in irgendeiner Art und Weise Schuld auf sich geladen, das menschliche Zusammenleben gefährdet zu haben? Die Ehebrecherin gefährdet das soziale Gefüge, aber genauso die Männer, die sie für ihre Bedürfnisse benutzen. Wenn alle schuldig sind, sind aber auch alle verantwortlich.
Die Geschichte erinnert uns an uns selbst und an die „Zufälle", die dabei mitspielen, ob wir auf der Anklagebank sitzen oder auf der Klägerseite stehen. Und sie erinnert daran, wie sehr wir ausnahmslos alle auf Vergebung angewiesen sind, auf einen Neuanfang, wenn wir uns selbst die Zukunft verstellt haben. Insofern ist diese Geschichte eine Geschichte der Befreiung für uns alle. – „Gott trägt dich mit deinem durchwachsenen und problematischen Leben, aus dem du gar nicht einfach aussteigen kannst. Er trägt dich sogar mit deinen trüben Kompromissen. Er tut das

nicht, indem er das alles rechtfertigt ... Das bleibt so problematisch, wie es ist. Und muss, wo es nur geht, verändert, verbessert werden. Aber Gott sagt dir in Christus seine Nähe zu. Er gibt dir die innere Freiheit zum Tun des Besseren – und eine tiefe innere Freude" (Bischof Horst Hirschler).

Dienstag der 5. Fastenwoche

Lesung *Numeri 21,4-9* In jenen Tagen brachen die Israeliten vom Berg Hor auf und schlugen die Richtung zum Schilfmeer ein, um Edom zu umgehen. Unterwegs aber verlor das Volk den Mut, es lehnte sich gegen Gott und gegen Mose auf und sagte: Warum habt ihr uns aus Ägypten heraufgeführt? Etwa damit wir in der Wüste sterben? Es gibt weder Brot noch Wasser. Dieser elenden Nahrung sind wir überdrüssig. **Lj I+II**

Da schickte der Herr Giftschlangen unter das Volk. Sie bissen die Menschen und viele Israeliten starben. Die Leute kamen zu Mose und sagten: Wir haben gesündigt, denn wir haben uns gegen den Herrn und gegen dich aufgelehnt. Bete zum Herrn, dass er uns von den Schlangen befreit. Da betete Mose für das Volk.

Der Herr antwortete Mose: Mach dir eine Schlange und häng sie an einer Fahnenstange auf! Jeder, der gebissen wird, wird am Leben bleiben, wenn er sie ansieht.

Mose machte also eine Schlange aus Kupfer und hängte sie an einer Fahnenstange auf. Wenn nun jemand von einer Schlange gebissen wurde und zu der Kupferschlange aufblickte, blieb er am Leben.

Evangelium *Johannes 8,21-30* In jener Zeit sprach Jesus zu den Pharisäern: Ich gehe fort und ihr werdet mich suchen und ihr werdet in eurer Sünde sterben. Wohin ich gehe, dorthin könnt ihr nicht gelangen. Da sagten die Juden: Will er sich etwa umbringen? Warum sagt er sonst: Wohin ich gehe, dorthin könnt ihr nicht gelangen? Er sagte zu ihnen: Ihr stammt von unten, ich stamme von oben; ihr seid aus dieser Welt, ich bin nicht aus dieser Welt. Ich habe euch gesagt: Ihr werdet in euren Sünden sterben; denn wenn ihr nicht glaubt, dass ich es bin, werdet ihr in euren Sünden sterben.

Da fragten sie ihn: Wer bist du denn? Jesus antwortete: Warum rede ich überhaupt noch mit euch? Ich hätte noch viel über euch zu sagen und viel zu richten, aber er, der mich gesandt hat, bürgt für die Wahrheit, und was ich von ihm gehört habe, das sage ich der Welt. Sie verstanden nicht, dass er damit den Vater meinte.

Da sagte Jesus zu ihnen: Wenn ihr den Menschensohn erhöht habt, dann werdet ihr erkennen, dass Ich es bin. Ihr werdet erkennen, dass ich nichts im eigenen Namen tue, sondern nur das sage, was mich der Vater gelehrt hat. Und er, der mich gesandt hat, ist bei mir; er hat mich nicht allein gelassen, weil ich immer das tue, was ihm gefällt.

Als Jesus das sagte, kamen viele zum Glauben an ihn.

Zum Evangelium Wie soll man etwas beweisen, was aus dem Bereich logisch und innerweltlich nachprüfbarer Argumente heraus fällt? Nur dem Glauben eröffnet sich der Zugang zur Welt Gottes, aus der Jesus kommt. Das achte Kapitel des Johannesevangeliums ist ganz dieser Auseinandersetzung zwischen Jesus und seinen Gegnern gewidmet. In immer neuen Gedanken und Bildern wird versucht, das Wesentliche zu verdeutlichen und klarzumachen, warum Menschen sich für Christus entschieden haben und an ihn glauben. Das beherrschende Thema im heutigen Abschnitt ist das „Fortgehen" und die „Erhöhung" Jesu. Wie wenig Jesu Gegner ihn verstehen, zeigt ihre Andeutung von Selbstmordabsichten Jesu – krassester Ausdruck für die Kluft zwischen Jesus und ihnen. Ihre eigentlichen Wurzeln sind in „dieser Welt". Durch sie wird ihr Wesen und Denken geprägt. Wer aber in dieser Welt bleibt und nicht an Jesus, den „Ort der Selbstoffenbarung Gottes" (Felix Porsch) glaubt, der wird auch den Vater nicht finden und schließt sich selbst vom Heil aus. Der Glaube ist nie zweifelsfrei. Glaube hat immer auch mit „Glaubensnot" zu tun. Glauben – „Aushalten des Schweigens Gottes; das scheinbare ‚Schrumpfen' seine Verdichtung ... die dauernde Auferstehung des Glaubens aus dem Grab des Unglaubens" (Karl Rahner). Den Glauben „haben" wir nicht ein für alle Mal. Er muss errungen werden, Tag für Tag.

Mittwoch der 5. Fastenwoche

Lj I+II **Lesung** *Daniel 3,14-21.49a.91-92.95* In jenen Tagen sprach König Nebukadnezzar: Ist es wahr, Schadrach, Meschach und Abed-Nego: Ihr verehrt meine Götter nicht und betet das goldene Standbild nicht an, das ich errichtet habe? Nun, wenn ihr bereit seid, sobald ihr den Klang der Hörner, Pfeifen und Zithern, der Harfen, Lauten und Sackpfeifen und aller anderen Instrumente hört, sofort niederzufallen und das Standbild anzubeten, das ich habe machen lassen, ist es gut; betet ihr es aber nicht an, dann werdet ihr noch zur selben Stunde in den glühenden Feuerofen geworfen. Welcher Gott kann euch dann aus meiner Gewalt erretten?
Schadrach, Meschach und Abed-Nego erwiderten dem König Nebukadnezar: Wir haben es nicht nötig, dir darauf zu antworten: Wenn überhaupt jemand, so kann nur unser Gott, den wir verehren, uns erretten; auch aus dem glühenden Feuerofen und aus deiner Hand, König, kann er uns retten. Tut er es aber nicht, so sollst du, König, wissen: Auch dann verehren wir deine Götter nicht und beten das goldene Standbild nicht an, das du errichtet hast.
Da wurde Nebukadnezzar wütend; sein Gesicht verzerrte sich vor Zorn über Schadrach, Meschach und Abed-Nego. Er ließ den Ofen siebenmal stärker heizen, als man ihn gewöhnlich heizte. Dann befahl er, einige der stärksten Männer aus seinem Heer sollten Schadrach, Meschach und Abed-Nego fesseln und in den glühenden Feuerofen werfen. Da wurden die Männer, wie sie

waren – in ihren Mänteln, Röcken und Mützen und den übrigen Kleidungsstücken – gefesselt und in den glühenden Feuerofen geworfen.
Aber der Engel des Herrn war zusammen mit ihnen in den Ofen hinabgestiegen. Der König Nebukadnezzar fragte seine Räte: Haben wir nicht drei Männer gefesselt ins Feuer geworfen? Sie gaben dem König zur Antwort: Gewiss, König! Er erwiderte: Ich sehe aber vier Männer frei im Feuer umhergehen. Sie sind unversehrt und der vierte sieht aus wie ein Göttersohn.
Da rief Nebukadnezzar aus: Gepriesen sei der Gott Schadrachs, Meschachs und Abed-Negos. Denn er hat seinen Engel gesandt und seine Diener gerettet. Im Vertrauen auf ihn haben sie lieber den Befehl des Königs missachtet und ihr Leben dahingegeben, als dass sie irgendeinen anderen als ihren eigenen Gott verehrten und anbeteten.

Evangelium *Johannes 8,31-42* In jener Zeit sprach Jesus zu den Juden, die an ihn glaubten: Wenn ihr in meinem Wort bleibt, seid ihr wirklich meine Jünger. Dann werdet ihr die Wahrheit erkennen und die Wahrheit wird euch befreien. Sie erwiderten ihm: Wir sind Nachkommen Abrahams und sind noch nie Sklaven gewesen. Wie kannst du sagen: Ihr werdet frei werden?
Jesus antwortete ihnen: Amen, amen, das sage ich euch: Wer die Sünde tut, ist Sklave der Sünde. Der Sklave aber bleibt nicht für immer im Haus; nur der Sohn bleibt für immer im Haus. Wenn euch also der Sohn befreit, dann seid ihr wirklich frei. Ich weiß, dass ihr Nachkommen Abrahams seid. Aber ihr wollt mich töten, weil mein Wort in euch keine Aufnahme findet. Ich sage, was ich beim Vater gesehen habe, und ihr tut, was ihr von eurem Vater gehört habt.
Sie antworteten ihm: Unser Vater ist Abraham. Jesus sagte zu ihnen: Wenn ihr Kinder Abrahams wärt, würdet ihr so handeln wie Abraham. Jetzt aber wollt ihr mich töten, einen Menschen, der euch die Wahrheit verkündet hat, die Wahrheit, die ich von Gott gehört habe. So hat Abraham nicht gehandelt. Ihr vollbringt die Werke eures Vaters.
Sie entgegneten ihm: Wir stammen nicht aus einem Ehebruch, sondern wir haben nur den einen Vater: Gott. Jesus sagte zu ihnen: Wenn Gott euer Vater wäre, würdet ihr mich lieben; denn von Gott bin ich ausgegangen und gekommen. Ich bin nicht in meinem eigenen Namen gekommen, sondern er hat mich gesandt.

Zum Evangelium Wahr ist, was verlässlich ist, woran ich glauben kann. Frei bin ich, wo ich mich auf etwas oder jemanden verlassen kann, wo ich es wagen kann, aus mir herauszugehen und mein Heil nicht bei mir selbst zu suchen. Wahrheit und Freiheit gehören zusammen. Was nicht wahr ist, macht auch nicht frei. Was nicht frei macht, ist auch nicht wahr. „Wer die Wahrheit sucht, der sucht Gott, ob es ihm klar ist oder nicht“ (Edith Stein).

Der Weg zur frei machenden Wahrheit führt über Jesus, das Bleiben in seinem Wort. Dieses Bleiben ist kein einmal erreichter Status, den man sich durch Taufe, Kommunion, Firmung, Konfirmation erworben hat, so wenig wie sich die Gesprächspartner Jesu auf ererbtes Recht, Kinder Abrahams zu sein, berufen können. In seinem Wort bleiben und durch Wahrheit frei werden, ist lebendige Bewegung, Beziehung und Sehnsucht. So lass nun unsere Sehnsucht damit anfangen, dich zu suchen, und lass sie damit enden, dich gefunden zu haben. Dich – den Sinn, die Wahrheit, die Freiheit.

Donnerstag der 5. Fastenwoche

Lj I+II **Lesung** *Genesis 17,1a.3-9* In jenen Tagen erschien der Herr dem Abram. Abram fiel auf sein Gesicht nieder; Gott redete mit ihm und sprach: Das ist mein Bund mit dir: Du wirst Stammvater einer Menge von Völkern. Man wird dich nicht mehr Abram nennen. Abraham – Vater der Menge – wirst du heißen; denn zum Stammvater einer Menge von Völkern habe ich dich bestimmt. Ich mache dich sehr fruchtbar und lasse Völker aus dir entstehen; Könige werden von dir abstammen.
Ich schließe meinen Bund zwischen mir und dir samt deinen Nachkommen, Generation um Generation, einen ewigen Bund: Dir und deinen Nachkommen werde ich Gott sein. Dir und deinen Nachkommen gebe ich ganz Kanaan, das Land, in dem du als Fremder weilst, für immer zu Eigen und ich will ihnen Gott sein.
Und Gott sprach zu Abraham: Du aber halte meinen Bund, du und deine Nachkommen, Generation um Generation.

Evangelium *Johannes 8,51-59* In jener Zeit sprach Jesus zu den Juden: Amen, amen, ich sage euch: Wenn jemand an meinem Wort festhält, wird er auf ewig den Tod nicht schauen.
Da sagten die Juden zu ihm: Jetzt wissen wir, dass du von einem Dämon besessen bist. Abraham und die Propheten sind gestorben, du aber sagst: Wenn jemand an meinem Wort festhält, wird er auf ewig den Tod nicht erleiden. Bist du etwa größer als unser Vater Abraham? Er ist gestorben und die Propheten sind gestorben. Für wen gibst du dich aus?
Jesus antwortete: Wenn ich mich selbst ehre, so gilt meine Ehre nichts. Mein Vater ist es, der mich ehrt, er, von dem ihr sagt: Er ist unser Gott. Doch ihr habt ihn nicht erkannt. Ich aber kenne ihn, und wenn ich sagen würde: Ich kenne ihn nicht, so wäre ich ein Lügner wie ihr. Aber ich kenne ihn und halte an seinem Wort fest. Euer Vater Abraham jubelte, weil er meinen Tag sehen sollte. Er sah ihn und freute sich.
Die Juden entgegneten: Du bist noch keine fünfzig Jahre alt und willst Abraham gesehen haben? Jesus erwiderte ihnen: Amen, amen, ich sage euch: Noch ehe Abraham wurde, bin ich.

Da hoben sie Steine auf, um sie auf ihn zu werfen. Jesus aber verbarg sich und verließ den Tempel.

Zum Evangelium 1800 Jahre liegen zwischen Jesus und Abraham, und dennoch sagt Jesus: „Noch ehe Abraham war, bin ich." In dieser Aussage wird deutlich, dass das Christentum seinem Wesen nach ursprünglich in der Religion Abrahams gegründet ist. Alles, was sich von Abraham als Vater des Glaubens ableitet, gipfelt in Jesus. Worauf Abraham und alle Propheten gewartet haben, das ist der Gott, wie er in Jesus Christus Gestalt geworden ist: der Gott der Liebe, der Menschen wie Abraham auf ihrem Weg ins Ungewisse, mit den Erfahrungen von Einsamkeit, Vertreibung, Fremdheit, nicht allein lässt, sondern ihnen nah ist, ja mit ihnen eins werden will wie er mit seinem Sohn Jesus eins ist.
Abraham ist die Existenzweise des Menschen, der gegen alle Hoffnung hofft, weil er der Verheißung Gottes traut. Diesen Gott zu erkennen, der das Leben, die Freiheit, das Glück des Menschen will, darum ist es Jesus gegangen – gegen die verzerrten, verunstalteten Bilder von Gott, die den Menschen in ein Regelwerk von unerfüllbaren Verpflichtungen und Gesetzen sperrt und sie einteilt in Gottesbesitzer und Gottesverlierer.

Freitag der 5. Fastenwoche

Lesung *Jeremia 20,10-13* Jeremia sprach: Ich hörte das Flüstern der Vielen: Grauen ringsum! Zeigt ihn an! Wir wollen ihn anzeigen. Meine nächsten Bekannten warten alle darauf, dass ich stürze: Vielleicht lässt er sich betören, dass wir ihm beikommen können und uns an ihm rächen. Lj I+II
Doch der Herr steht mir bei wie ein gewaltiger Held. Darum straucheln meine Verfolger und kommen nicht auf. Sie werden schmählich zuschanden, da sie nichts erreichen, in ewiger, unvergesslicher Schmach. Aber der Herr der Heere prüft den Gerechten, er sieht Herz und Nieren. Ich werde deine Rache an ihnen erleben; denn dir habe ich meine Sache anvertraut.
Singt dem Herrn, rühmt den Herrn; denn er rettet das Leben des Armen aus der Hand der Übeltäter.

Evangelium *Johannes 10,31-42* In jener Zeit hoben die Juden Steine auf, um Jesus zu steinigen. Jesus hielt ihnen entgegen: Viele gute Werke habe ich im Auftrag des Vaters vor euren Augen getan. Für welches dieser Werke wollt ihr mich steinigen? Die Juden antworteten ihm: Wir steinigen dich nicht wegen eines guten Werkes, sondern wegen Gotteslästerung; denn du bist nur ein Mensch und machst dich selbst zu Gott.
Jesus erwiderte ihnen: Heißt es nicht in eurem Gesetz: Ich habe gesagt: Ihr seid Götter? Wenn er jene Menschen Götter genannt hat, an die das Wort Gottes ergangen ist, und wenn die Schrift nicht aufgehoben werden kann, dürft ihr dann von dem, den der Vater geheiligt und in die Welt ge-

sandt hat, sagen: Du lästerst Gott – weil ich gesagt habe: Ich bin Gottes Sohn?
Wenn ich nicht die Werke meines Vaters vollbringe, dann glaubt mir nicht. Aber wenn ich sie vollbringe, dann glaubt wenigstens den Werken, wenn ihr mir nicht glaubt. Dann werdet ihr erkennen und einsehen, dass in mir der Vater ist und ich im Vater bin.
Wieder wollten sie ihn festnehmen; er aber entzog sich ihrem Zugriff. Dann ging Jesus wieder weg auf die andere Seite des Jordan, an den Ort, wo Johannes zuerst getauft hatte; und dort blieb er.
Viele kamen zu ihm. Sie sagten: Johannes hat kein Zeichen getan; aber alles, was Johannes über diesen Mann gesagt hat, ist wahr. Und viele kamen dort zum Glauben an ihn.

Zum Evangelium Wieder hören wir von einem Rechtsstreit um den messianischen Anspruch Jesu. Wieder findet er während eines Festes in Jerusalem statt. Wieder fordern Jesu Gegner von ihm eine öffentliche Klärung der Frage, wer er sei. Wieder drohen Steingeschosse. Und wieder verläuft der Disput ins Leere. Alles Reden nützt nichts. Selbst die Werke, die er getan hat, bringen sie nicht dazu, an ihn zu glauben. Sie wollen nicht glauben. Sie sperren sich. Wo aber das Wollen fehlt, wo Vorurteile und Misstrauen herrschen, da können weder Worte noch Werke überzeugen. Menschen wie Granit. Verschanzt in einer Festung. In sich selbst verkrümmt. Diese Abkapselung, die nichts anderes als sich selbst zulässt, ist nach Augustinus Sünde: „Sie ist das von sich selbst besessene Leben, das nichts anderem Raum gibt, das bloße Ansichhalten, das sich nicht hergeben kann“ (Hanna Barbara Gerl). Deshalb: „Mensch, lass dich los zu deinem Gott hin, und du wirst dich selbst wieder haben“ (Alfred Delp).

Samstag der 5. Fastenwoche

Lj I+II **Lesung** *Ezechiel 37,21b-28* So spricht Gott, der Herr: Ich hole die Israeliten aus den Völkern heraus, zu denen sie gehen mussten; ich sammle sie von allen Seiten und bringe sie in ihr Land. Ich mache sie in meinem Land, auf den Bergen Israels, zu einem einzigen Volk. Sie sollen alle einen einzigen König haben. Sie werden nicht länger zwei Völker sein und sich nie mehr in zwei Reiche teilen.
Sie werden sich nicht mehr unrein machen durch ihre Götzen und Gräuel und durch all ihre Untaten. Ich befreie sie von aller Sünde, die sie in ihrer Untreue begangen haben, und ich mache sie rein. Dann werden sie mein Volk sein und ich werde ihr Gott sein.
Mein Knecht David wird ihr König sein und sie werden alle einen einzigen Hirten haben. Sie werden nach meinen Rechtsvorschriften leben und auf meine Gesetze achten und sie erfüllen.

Sie werden in dem Land wohnen, das ich meinem Knecht Jakob gegeben habe und in dem ihre Väter gewohnt haben. Sie und ihre Kinder und Kindeskinder werden für immer darin wohnen und mein Knecht David wird für alle Zeit ihr Fürst sein.
Ich schließe mit ihnen einen Friedensbund; es soll ein ewiger Bund sein. Ich werde sie zahlreich machen. Ich werde mitten unter ihnen für immer mein Heiligtum errichten und bei ihnen wird meine Wohnung sein. Ich werde ihr Gott sein und sie werden mein Volk sein.
Wenn mein Heiligtum für alle Zeit in ihrer Mitte ist, dann werden die Völker erkennen, dass ich der Herr bin, der Israel heiligt.

Evangelium *Johannes 11,45-57* In jener Zeit kamen viele der Juden, die zu Maria, der Schwester des Lazarus, gekommen waren und gesehen hatten, was Jesus getan hatte, zum Glauben an ihn. Aber einige von ihnen gingen zu den Pharisäern und berichteten ihnen, was er getan hatte.
Da beriefen die Hohenpriester und die Pharisäer eine Versammlung des Hohen Rates ein. Sie sagten: Was sollen wir tun? Dieser Mensch tut viele Zeichen. Wenn wir ihn gewähren lassen, werden alle an ihn glauben. Dann werden die Römer kommen und uns die heilige Stätte und das Volk nehmen. Einer von ihnen, Kajaphas, der Hohepriester jenes Jahres, sagte zu ihnen: Ihr versteht überhaupt nichts. Ihr bedenkt nicht, dass es besser für euch ist, wenn ein einziger Mensch für das Volk stirbt, als wenn das ganze Volk zugrunde geht.
Das sagte er nicht aus sich selbst; sondern weil er der Hohepriester jenes Jahres war, sagte er aus prophetischer Eingebung, dass Jesus für das Volk sterben werde. Aber er sollte nicht nur für das Volk sterben, sondern auch, um die versprengten Kinder Gottes wieder zu sammeln. Von diesem Tag an waren sie entschlossen, ihn zu töten.
Jesus bewegte sich von nun an nicht mehr öffentlich unter den Juden, sondern zog sich von dort in die Gegend nahe der Wüste zurück, an einen Ort namens Efraim. Dort blieb er mit seinen Jüngern.
Das Paschafest der Juden war nahe und viele zogen schon vor dem Paschafest aus dem ganzen Land nach Jerusalem hinauf, um sich zu heiligen. Sie fragten nach Jesus und sagten zueinander, während sie im Tempel zusammenstanden: Was meint ihr? Er wird wohl kaum zum Fest kommen. Die Hohenpriester und die Pharisäer hatten nämlich, um ihn festnehmen zu können, angeordnet: Wenn jemand weiß, wo er sich aufhält, soll er es melden.

Zum Evangelium Ein Mensch soll getötet werden, weil menschliche Herzen und politische Machtverhältnisse durch ihn ins Wanken geraten. Ein Mensch der Liebe, der die Güte in die Welt gebracht hat. Kajaphas bringt in der Manier eines nüchternen Realpolitikers das stichhaltige Argument, das endgültig zu Jesu Tod führt: Besser einer geht zugrunde, als dass das Volk um seine Ruhe und er, Kajaphas, um seine Macht gebracht wird. Nach Jesu Tod allerdings tritt genau das ein, was politische Klugheit zu verhindern suchte: Der Tempel wird zerstört werden und das jüdische Volk seine nationale Unabhängigkeit verlieren.

Vor Jesus, der Möglichkeit aller Erfüllungen, dem Wirklichwerden aller Verheißungen, verschließen sich die Menschen. Er, der sich zum Anwalt jedes Einzelnen macht, zwingt nicht zum Glauben, weil diese Entscheidung nur in Freiheit geschehen kann. Einmal wird er wiederkommen – und „hinter jedem Menschenangesicht und hinter jedem Menschenschicksal wird er stehen und ihm sein ewiges Maß geben“ (Romano Guardini).

Heilige Woche – Karwoche

Montag der Karwoche

Lj I+II **Lesung** *Jesaja 42,5a.1-7* So spricht Gott, der Herr: Seht, das ist mein Knecht, den ich stütze; das ist mein Erwählter, an ihm finde ich Gefallen. Ich habe meinen Geist auf ihn gelegt, er bringt den Völkern das Recht. Er schreit nicht und lärmt nicht und lässt seine Stimme nicht auf der Straße erschallen. Das geknickte Rohr zerbricht er nicht und den glimmenden Docht löscht er nicht aus; ja, er bringt wirklich das Recht. Er wird nicht müde und bricht nicht zusammen, bis er auf der Erde das Recht begründet hat. Auf sein Gesetz warten die Inseln.

So spricht Gott, der Herr, der den Himmel erschaffen und ausgespannt hat, der die Erde gemacht hat und alles, was auf ihr wächst, der den Menschen auf der Erde den Atem verleiht und allen, die auf ihr leben, den Geist: Ich, der Herr, habe dich aus Gerechtigkeit gerufen, ich fasse dich an der Hand. Ich habe dich geschaffen und dazu bestimmt, der Bund für mein Volk und das Licht für die Völker zu sein: blinde Augen zu öffnen, Gefangene aus dem Kerker zu holen und alle, die im Dunkel sitzen, aus ihrer Haft zu befreien.

Evangelium *Johannes 12,1-11* Sechs Tage vor dem Paschafest kam Jesus nach Betanien, wo Lazarus war, den er von den Toten auferweckt hatte. Dort bereiteten sie ihm ein Mahl; Marta bediente und Lazarus war unter denen, die mit Jesus bei Tisch waren. Da nahm Maria ein Pfund echtes, kostbares Nardenöl, salbte Jesus die Füße und trocknete sie mit ihrem Haar. Das Haus wurde vom Duft des Öls erfüllt.

Doch einer von seinen Jüngern, Judas Iskariot, der ihn später verriet, sagte: Warum hat man dieses Öl nicht für dreihundert Denare verkauft und den Erlös den Armen gegeben? Das sagte er aber nicht, weil er ein Herz für die Armen gehabt hätte, sondern weil er ein Dieb war; er hatte nämlich die Kasse und veruntreute die Einkünfte. Jesus erwiderte: Lass sie, damit sie es für den Tag meines Begräbnisses tue. Die Armen habt ihr immer bei euch, mich aber habt ihr nicht immer bei euch.

Viele Juden hatten erfahren, dass Jesus dort war, und sie kamen, jedoch nicht nur um Jesu willen, sondern auch um Lazarus zu sehen, den er von den Toten auferweckt hatte. Die Hohenpriester aber beschlossen, auch Lazarus zu töten, weil viele Juden seinetwegen hingingen und an Jesus glaubten.

Zum Evangelium Marias Liebe zu Jesus schenkt sich, verschwendet sich, fließt über, sprengt jedes vernünftige Maß. Sie hat ein gutes Gespür dafür, welches Tun zu welchem Zeitpunkt „das Bessere" ist. Schon als Jesus bei ihr und ihrer Schwester Marta zu Gast war, hat sie das einzig „Notwendige" getan: Sie hört Jesus zu, während Marta sie vorwurfsvoll zur Rede stellt, warum sie ihr nicht bei der Zubereitung des Essens für den teuren Gast helfe. Und jetzt „verschwendet" Maria ihre Liebe, indem sie Jesus mit teurem Öl die Füße salbt. Auch diesmal wird sie zurechtgewiesen, von Judas und seinen vernünftigen Argumenten. Könnte von dem Öl nicht ein Mensch ein Jahr lang sein Auskommen haben oder den Armen geholfen werden? Aber Maria richtet sich nicht nach den Regeln der Vernunft, sondern nach den Regeln der Liebe. Sie erkennt, was in diesem Moment zu tun ist. Sie erweist Jesus die liebevolle Ehre, die ihm gebührt, denn es sind die königlichen Menschen, die in der biblischen Tradition gesalbt werden. Diese Salbung kurz vor Jesu Tod lässt darauf schließen, dass Maria intuitiv zusammen denkt, was die Jünger bis zum Ende kaum vermögen: Jesus ist nicht der nach menschlichen Maßstäben triumphierende, sondern der leidende Messias. Und nur so das Heil. Und gerade darin maßlose, uns geschenkte Liebe ...

Dienstag der Karwoche

Lesung *Jesaja 49,1-6* Hört auf mich, ihr Inseln, merkt auf, ihr Völker in der Ferne! Der Herr hat mich schon im Mutterleib berufen; als ich noch im Schoß meiner Mutter war, hat er meinen Namen genannt. **Lj I+II**
Er machte meinen Mund zu einem scharfen Schwert, er verbarg mich im Schatten seiner Hand. Er machte mich zum spitzen Pfeil und steckte mich in seinen Köcher. Er sagte zu mir: Du bist mein Knecht, Israel, an dem ich meine Herrlichkeit zeigen will. Ich aber sagte: Vergeblich habe ich mich bemüht, habe meine Kraft umsonst und nutzlos vertan. Aber mein Recht liegt beim Herrn und mein Lohn bei meinem Gott.
Jetzt aber hat der Herr gesprochen, der mich schon im Mutterleib zu seinem Knecht gemacht hat, damit ich Jakob zu ihm heimführe und Israel bei ihm versammle. So wurde ich in den Augen des Herrn geehrt und mein Gott war meine Stärke.
Und er sagte: Es ist zu wenig, dass du mein Knecht bist, nur um die Stämme Jakobs wieder aufzurichten und die Verschonten Israels heimzuführen. Ich mache dich zum Licht für die Völker; damit mein Heil bis an das Ende der Erde reicht.

Evangelium *Johannes 13,21-33.36-38* In jener Zeit, als Jesus mit seinen Jüngern bei Tisch war, wurde er im Innersten erschüttert und bekräftigte: Amen, amen, das sage ich euch: Einer von euch wird mich verraten. Die Jünger blickten sich ratlos an, weil sie nicht wussten, wen er meinte. Einer von den Jüngern lag an der Seite Jesu; es war der, den Jesus liebte. Simon Petrus nickte ihm zu, er solle fragen, von wem Jesus spreche. Da lehnte sich dieser zurück an die Brust Jesu und fragte ihn: Herr, wer ist es? Jesus antwortete: Der ist es, dem ich den Bissen Brot, den ich eintauche, geben werde. Dann tauchte er das Brot ein, nahm es und gab es Judas, dem Sohn des Simon Iskariot.
Als Judas den Bissen Brot genommen hatte, fuhr der Satan in ihn.
Jesus sagte zu ihm: Was du tun willst, das tu bald! Aber keiner der Anwesenden verstand, warum er ihm das sagte. Weil Judas die Kasse hatte, meinten

einige, Jesus wolle ihm sagen: „Kaufe, was wir zum Fest brauchen!“, oder Jesus trage ihm auf, den Armen etwas zu geben. Als Judas den Bissen Brot genommen hatte, ging er sofort hinaus. Es war aber Nacht.
Als Judas hinausgegangen war, sagte Jesus: Jetzt ist der Menschensohn verherrlicht und Gott ist in ihm verherrlicht. Wenn Gott in ihm verherrlicht ist, wird auch Gott ihn in sich verherrlichen, und er wird ihn bald verherrlichen. Meine Kinder, ich bin nur noch kurze Zeit bei euch. Ihr werdet mich suchen, und was ich den Juden gesagt habe, sage ich jetzt auch euch: Wohin ich gehe, dorthin könnt ihr nicht gelangen. Simon Petrus sagte zu ihm: Herr, wohin willst du gehen? Jesus antwortete: Wohin ich gehe, dorthin kannst du mir jetzt nicht folgen. Du wirst mir aber später folgen. Petrus sagte zu ihm: Herr, warum kann ich dir jetzt nicht folgen? Mein Leben will ich für dich hingeben. Jesus entgegnete: Du willst für mich dein Leben hingeben? Amen, amen, das sage ich dir: Noch bevor der Hahn kräht, wirst du mich dreimal verleugnen.

Zum Evangelium „In der Nacht, da er verraten wurde“ – das Hochgebet der Eucharistie erinnert jedes Mal mit diesem Satz an die Passion Jesu. Eine Erinnerung, die wir nicht verdrängen dürfen. Denn in dem Moment, in dem der Gottesdienst seinem Höhepunkt, der Wandlung, zustrebt, werden wir auf den harten Boden der Tatsachen gestoßen. Wir erkennen uns in den Jüngern, die Jesus trotz ihres Verrats, ihrer Verleugnung und ihrer Flucht einlädt, das Brot zu brechen und den Wein zu trinken. Wenn wir Eucharistie feiern, bekennen wir, dass wir Sünder sind, aber ebenso, dass wir uns von Jesus geliebt wissen. Jesus hat sein Leben in die Abhängigkeit der Menschen gegeben, zu denen er gesandt war. Auch in die Abhängigkeit derer, die keine Helden sind, sondern ihn verraten, verleugnen, ausstoßen. Auch in meine Abhängigkeit. Damit seine Liebe durch mich, so wie ich bin, weitergetragen wird.

Mittwoch der Karwoche

Lj I+II **Lesung** *Jesaja 50,4-9a* Gott, der Herr, gab mir die Zunge eines Jüngers, damit ich verstehe, die Müden zu stärken durch ein aufmunterndes Wort. Jeden Morgen weckt er mein Ohr, damit ich auf ihn höre wie ein Jünger. Gott, der Herr, hat mir das Ohr geöffnet.
Ich aber wehrte mich nicht und wich nicht zurück. Ich hielt meinen Rücken denen hin, die mich schlugen, und denen, die mir den Bart ausrissen, meine Wangen. Mein Gesicht verbarg ich nicht vor Schmähungen und Speichel.
Doch Gott, der Herr, wird mir helfen; darum werde ich nicht in Schande enden. Deshalb mache ich mein Gesicht hart wie einen Kiesel; ich weiß, dass ich nicht in Schande gerate.
Er, der mich freispricht, ist nahe. Wer wagt es, mit mir zu streiten? Lasst uns zusammen vortreten! Wer ist mein Gegner im Rechtsstreit? Er trete zu mir heran.

Seht her, Gott, der Herr, wird mir helfen. Wer kann mich für schuldig erklären?

Evangelium *Matthäus 26,14-25* In jener Zeit ging einer der Zwölf namens Judas Iskariot zu den Hohenpriestern und sagte: Was wollt ihr mir geben, wenn ich euch Jesus ausliefere? Und sie zahlten ihm dreißig Silberstücke. Von da an suchte er nach einer Gelegenheit, ihn auszuliefern.
Am ersten Tag des Festes der Ungesäuerten Brote gingen die Jünger zu Jesus und fragten: Wo sollen wir das Paschamahl für dich vorbereiten? Er antwortete: Geht in die Stadt zu dem und dem und sagt zu ihm: Der Meister lässt dir sagen: Meine Zeit ist da; bei dir will ich mit meinen Jüngern das Paschamahl feiern. Die Jünger taten, was Jesus ihnen aufgetragen hatte, und bereiteten das Paschamahl vor.
Als es Abend wurde, begab er sich mit den zwölf Jüngern zu Tisch. Und während sie aßen, sprach er: Amen, ich sage euch: Einer von euch wird mich verraten und ausliefern. Da waren sie sehr betroffen und einer nach dem andern fragte ihn: Bin ich es etwa, Herr? Er antwortete: Der, der die Hand mit mir in die Schüssel getaucht hat, wird mich verraten. Der Menschensohn muss zwar seinen Weg gehen, wie die Schrift über ihn sagt. Doch weh dem Menschen, durch den der Menschensohn verraten wird. Für ihn wäre es besser, wenn er nie geboren wäre. Da fragte Judas, der ihn verriet: Bin ich es etwa, Rabbi? Jesus sagte zu ihm: Du sagst es.

Zum Evangelium Das Drama des Verrats durch Judas darf nicht die anderen Verratsgeschichten verdecken. Im Garten Getsemani schlafen die Jünger dreimal hintereinander ein, während Jesus Blut und Wasser schwitzt. Petrus verleugnet ihn. Die Jünger fliehen bei der Kreuzigung. In seinen schwersten Stunden lassen sie Jesus im Stich. Als Jesus sagt: „Einer von euch wird mich verraten und ausliefern“, da sagen sie nicht: „ausgeschlossen!“, sondern jeder fragt: „Bin ich es etwa, Herr?“ Jeder hält es für möglich, er selbst könnte der Verräter sein! – Bin ich es etwa? Wir stehen in der Nachfolge der Jünger in ihrer schwächsten Stunde. Wir werden in eine Reihe gestellt mit ihnen. Wir, mit unseren großen und kleinen Geschichten des Verrats – ob es übles Nachreden über Dritte, Verleugnen ehemaliger Freunde, feiges Schweigen ist, wenn jemandem Unrecht geschieht ...
Mit genau solchen Jüngern verbrachte Jesus die letzten Stunden seines Lebens. Mit genau solchen Jüngern fing die Kirche nach Ostern an. Dieser Blick zurück sollte uns von dem Zwang befreien, unser eigenes Verleugnen und Verraten zu verdrängen. Jesus wusste im Voraus von Verrat, Verleugnung und Untreue. Aber er drohte nicht mit dem Entzug seiner Treue. „Nur wegen dieses heilsamen Vorauswissens – das unseren Fehlern vorausgeht, wie der Schatten unserer Taten uns ewig folgen würde

ohne Vergebung – nur durch dieses Vorauswissen werden wir in Stand gesetzt, wenigstens hernach in unsere letzten Abgründe hineinzuschauen“ (Robert Leicht). Gott sei Dank „kann Gott auch aus dem Bösesten Gutes entstehen lassen“ (Dietrich Bonhoeffer).

Osterzeit

Osteroktav

Dienstag der Osteroktav

Lj I+II **Lesung** *Apostelgeschichte 2,14a.36-41* Am Pfingsttag trat Petrus auf, zusammen mit den Elf; er erhob seine Stimme und begann zu reden: Mit Gewissheit erkenne das ganze Haus Israel: Gott hat ihn zum Herrn und Messias gemacht, diesen Jesus, den ihr gekreuzigt habt.
Als sie das hörten, traf es sie mitten ins Herz, und sie sagten zu Petrus und den übrigen Aposteln: Was sollen wir tun, Brüder? Petrus antwortete ihnen: Kehrt um und jeder von euch lasse sich auf den Namen Jesu Christi taufen zur Vergebung seiner Sünden; dann werdet ihr die Gabe des Heiligen Geistes empfangen. Denn euch und euren Kindern gilt die Verheißung und all denen in der Ferne, die der Herr, unser Gott, herbeirufen wird.
Mit noch vielen anderen Worten beschwor und ermahnte er sie: Lasst euch retten aus dieser verdorbenen Generation! Die nun, die sein Wort annahmen, ließen sich taufen. An diesem Tag wurden ihrer Gemeinschaft etwa dreitausend Menschen hinzugefügt.

Evangelium *Johannes 20,11-18* In jener Zeit stand Maria draußen vor dem Grab und weinte. Während sie weinte, beugte sie sich in die Grabkammer hinein. Da sah sie zwei Engel in weißen Gewändern sitzen, den einen dort, wo der Kopf, den anderen dort, wo die Füße des Leichnams Jesu gelegen hatten. Die Engel sagten zu ihr: Frau, warum weinst du? Sie antwortete ihnen: Man hat meinen Herrn weggenommen und ich weiß nicht, wohin man ihn gelegt hat.
Als sie das gesagt hatte, wandte sie sich um und sah Jesus dastehen, wusste aber nicht, dass es Jesus war. Jesus sagte zu ihr: Frau, warum weinst du? Wen suchst du? Sie meinte, es sei der Gärtner, und sagte zu ihm: Herr, wenn du ihn weggebracht hast, sag mir, wohin du ihn gelegt hast. Dann will ich ihn holen.
Jesus sagte zu ihr: Maria! Da wandte sie sich ihm zu und sagte auf Hebräisch zu ihm: „Rabbuni!", das heißt: Meister. Jesus sagte zu ihr: Halte mich nicht fest; denn ich bin noch nicht zum Vater hinaufgegangen. Geh aber zu meinen Brüdern und sag ihnen: Ich gehe hinauf zu meinem Vater und zu eurem Vater, zu meinem Gott und zu eurem Gott.
Maria von Magdala ging zu den Jüngern und verkündete ihnen: Ich habe den Herrn gesehen. Und sie richtete aus, was er ihr gesagt hatte.

Zum Evangelium Traurigen Menschen geht man oft lieber aus dem Weg! Was soll man mit ihnen anfangen? Die Osterfreude fängt damit an, dass jemand seine Tränen nicht verstecken muss, sondern gefragt wird: „Warum weinst du? Wen suchst du?" Das ist Ostern: Ein anderer spürt,

wie es mir geht, was mich bekümmert. Die Auferweckungsgeschichten erzählen, wie Menschen, weil sie Jesus begegnet sind, wieder aus ihrer Trauer und Resignation auferweckt werden. Was sie mit ihm erlebt haben, ist nicht tot zu kriegen. Für Maria wird Ostern, als Jesus ihren Namen ausspricht. Den Namen aussprechen heißt, in dem, was mich unverwechselbar, unaustauschbar kostbar macht, angesprochen und auferweckt zu werden.
Mit dem Aufwachen zu sich selbst beginnt das Wachsein für andere, beginnt das Wahrnehmen der Traurigkeit des Menschen neben mir: Warum weinst du? Was fehlt dir? Was brauchst du von mir? Jesus hört nicht auf, uns beim Namen zu rufen, Tag für Tag. Weil jeder und jede ihm wichtig ist, jede Träne, jede Traurigkeit. Er ruft mich, damit aus Trauer Freude wird, er ruft mich, damit ich den Namen eines anderen freundlich ausspreche und neues, österliches Leben in unserem Alltag aufscheint. Und dann geschieht es, manchmal, dass wir „mitten am Tage, mit unserem lebendigen Haar, mit unserer atmenden Haut" aufstehen, zur Auferstehung aufstehen (Marie Luise Kaschnitz).

Mittwoch der Osteroktav

Lesung *Apostelgeschichte 3,1-10* In jenen Tagen gingen Petrus und Johannes um die neunte Stunde zum Gebet in den Tempel hinauf. Da wurde ein Mann herbeigetragen, der von Geburt an gelähmt war. Man setzte ihn täglich an das Tor des Tempels, das man die Schöne Pforte nennt; dort sollte er bei denen, die in den Tempel gingen, um Almosen betteln. **Lj I+II**
Als er nun Petrus und Johannes in den Tempel gehen sah, bat er sie um ein Almosen. Petrus und Johannes blickten ihn an und Petrus sagte: Sieh uns an! Da wandte er sich ihnen zu und erwartete, etwas von ihnen zu bekommen. Petrus aber sagte: Silber und Gold besitze ich nicht. Doch was ich habe, das gebe ich dir: Im Namen Jesu Christi, des Nazoräers, geh umher!
Und er fasste ihn an der rechten Hand und richtete ihn auf. Sogleich kam Kraft in seine Füße und Gelenke; er sprang auf, konnte stehen und ging umher. Dann ging er mit ihnen in den Tempel, lief und sprang umher und lobte Gott. Alle Leute sahen ihn umhergehen und Gott loben. Sie erkannten ihn als den, der gewöhnlich an der Schönen Pforte des Tempels saß und bettelte. Und sie waren voll Verwunderung und Staunen über das, was mit ihm geschehen war.

Evangelium *Lukas 24,13-35* Am gleichen Tag waren zwei von den Jüngern auf dem Weg in ein Dorf namens Emmaus, das sechzig Stadien von Jerusalem entfernt ist. Sie sprachen miteinander über all das, was sich ereignet hatte. Während sie redeten und ihre Gedanken austauschten, kam Jesus hinzu und ging mit ihnen. Doch sie waren wie mit Blindheit geschlagen, sodass sie ihn nicht erkannten.

Er fragte sie: Was sind das für Dinge, über die ihr auf eurem Weg miteinander redet? Da blieben sie traurig stehen, und der eine von ihnen – er hieß Kleopas – antwortete ihm: Bist du so fremd in Jerusalem, dass du als einziger nicht weißt, was in diesen Tagen dort geschehen ist? Er fragte sie: Was denn? Sie antworteten ihm: Das mit Jesus aus Nazaret. Er war ein Prophet, mächtig in Wort und Tat vor Gott und dem ganzen Volk. Doch unsere Hohenpriester und Führer haben ihn zum Tod verurteilen und ans Kreuz schlagen lassen. Wir aber hatten gehofft, dass er der sei, der Israel erlösen werde. Und dazu ist heute schon der dritte Tag, seitdem das alles geschehen ist. Aber nicht nur das: Auch einige Frauen aus unserem Kreis haben uns in große Aufregung versetzt. Sie waren in der Frühe beim Grab, fanden aber seinen Leichnam nicht. Als sie zurückkamen, erzählten sie, es seien ihnen Engel erschienen und hätten gesagt, er lebe. Einige von uns gingen dann zum Grab und fanden alles so, wie die Frauen gesagt hatten; ihn selbst aber sahen sie nicht. Da sagte er zu ihnen: Begreift ihr denn nicht? Wie schwer fällt es euch, alles zu glauben, was die Propheten gesagt haben. Musste nicht der Messias all das erleiden, um so in seine Herrlichkeit zu gelangen? Und er legte ihnen dar, ausgehend von Mose und allen Propheten, was in der gesamten Schrift über ihn geschrieben steht.
So erreichten sie das Dorf, zu dem sie unterwegs waren. Jesus tat, als wolle er weitergehen, aber sie drängten ihn und sagten: Bleib doch bei uns; denn es wird bald Abend, der Tag hat sich schon geneigt. Da ging er mit hinein, um bei ihnen zu bleiben. Und als er mit ihnen bei Tisch war, nahm er das Brot, sprach den Lobpreis, brach das Brot und gab es ihnen. Da gingen ihnen die Augen auf und sie erkannten ihn; dann sahen sie ihn nicht mehr. Und sie sagten zueinander: Brannte uns nicht das Herz in der Brust, als er unterwegs mit uns redete und uns den Sinn der Schrift erschloss? Noch in derselben Stunde brachen sie auf und kehrten nach Jerusalem zurück und sie fanden die Elf und die anderen Jünger versammelt. Diese sagten: Der Herr ist wirklich auferstanden und ist dem Simon erschienen. Da erzählten auch sie, was sie unterwegs erlebt und wie sie ihn erkannt hatten, als er das Brot brach.

Zum Evangelium Die Osterberichte, die wir im Lauf dieser Woche hören, spiegeln alle den mühsamen Weg von Verzweiflung und Zweifel zu Hoffnung und Glauben. Das leere Grab, die unerklärbaren Ereignisse beeindrucken die Jünger und Jüngerinnen, aber sie überzeugen nicht. Das Herz brennt erst, wenn sie dem Auferstandenen begegnen. Begegnung heißt, sich auf den Weg machen wie die beiden Emmausjünger. Am Beginn ihres Weges zählt nur die Trauer: Jesus – tot. Alle Hoffnung zerschlagen. Auf dem Weg gesellt er sich zu ihnen, sie erkennen ihn nicht, aber er ist an ihrer Seite, in der dunkelsten Stunde ihres Lebens. Er ist auch an unserer Seite, selbst wenn wir ihn nicht erkennen, weil Trauer, Mutlosigkeit, Angst uns „wie mit Blindheit" schlagen ... Am Ende des

Weges „gingen ihnen die Augen auf und sie erkannten ihn“. An einer kleinen alltäglichen Geste: am Brotbrechen. Im Alltäglichen öffnet er die Augen, in den einfachen Gesten des Miteinanders, durch Menschen, die um uns sind. Vielleicht begegnet er uns gerade da, wo wir ihn nicht erwarten. Vielleicht im Gesicht eines Verzweifelten, im Blick eines Kranken, in der Angst eines Sterbenden ... Brechen wir unser „Brot“ mit ihnen – dann kann Leben auferstehen, und der Auferstandene ist mitten unter uns. „Herr, gib uns Osteraugen“ (Klaus Hemmerle).

Donnerstag der Osteroktav

Lesung *Apostelgeschichte 3,11-16* Petrus und Johannes hatten im Tempel einen Gelähmten geheilt. Da er sich Petrus und Johannes anschloss, lief das ganze Volk bei ihnen in der so genannten Halle Salomos zusammen, außer sich vor Staunen. **Lj I+II**
Als Petrus das sah, wandte er sich an das Volk: Israeliten, was wundert ihr euch darüber? Was starrt ihr uns an, als hätten wir aus eigener Kraft oder Frömmigkeit bewirkt, dass dieser gehen kann? Der Gott Abrahams, Isaaks und Jakobs, der Gott unserer Väter, hat seinen Knecht Jesus verherrlicht, den ihr verraten und vor Pilatus verleugnet habt, obwohl dieser entschieden hatte, ihn freizulassen. Ihr aber habt den Heiligen und Gerechten verleugnet und die Freilassung eines Mörders gefordert. Den Urheber des Lebens habt ihr getötet, aber Gott hat ihn von den Toten auferweckt. Dafür sind wir Zeugen. Und weil er an seinen Namen geglaubt hat, hat dieser Name den Mann hier, den ihr seht und kennt, zu Kräften gebracht; der Glaube, der durch ihn kommt, hat ihm vor euer aller Augen die volle Gesundheit geschenkt.

Evangelium *Lukas 24,35-48* Die beiden Jünger, die von Emmaus zurückgekehrt waren, erzählten den Elf und den anderen Jüngern, was sie unterwegs erlebt und wie sie ihn erkannt hatten, als er das Brot brach.
Während sie noch darüber redeten, trat er selbst in ihre Mitte und sagte zu ihnen: Friede sei mit euch! Sie erschraken und hatten große Angst, denn sie meinten, einen Geist zu sehen.
Da sagte er zu ihnen: Was seid ihr so bestürzt? Warum lasst ihr in eurem Herzen solche Zweifel aufkommen? Seht meine Hände und meine Füße an: Ich bin es selbst. Fasst mich doch an und begreift: Kein Geist hat Fleisch und Knochen, wie ihr es bei mir seht. Bei diesen Worten zeigte er ihnen seine Hände und Füße. Sie staunten, konnten es aber vor Freude immer noch nicht glauben. Da sagte er zu ihnen: Habt ihr etwas zu essen hier? Sie gaben ihm ein Stück gebratenen Fisch; er nahm es und aß es vor ihren Augen.
Dann sprach er zu ihnen: Das sind die Worte, die ich zu euch gesagt habe, als ich noch bei euch war: Alles muss in Erfüllung gehen, was im Gesetz des Mose, bei den Propheten und in den Psalmen über mich gesagt ist. Darauf öffnete er ihnen die Augen für das Verständnis der Schrift. Er sagte zu ihnen:

So steht es in der Schrift: Der Messias wird leiden und am dritten Tag von den Toten auferstehen, und in seinem Namen wird man allen Völkern, angefangen in Jerusalem, verkünden, sie sollen umkehren, damit ihre Sünden vergeben werden. Ihr seid Zeugen dafür.

Zum Evangelium „Der Herr ist auferstanden, er ist wahrhaft auferstanden!" – Dieser Vergewisserung wollen alle Ostererzählungen nachgehen, wollen sie umschreiben, ihre Erfahrungen vermitteln und dazu einladen, diese Erfahrungen für unseren eigenen Glauben anzunehmen. Das heutige Evangelium zeigt, dass das Begreifen des Glaubens seine Zeit braucht. Denn der Auferstandene erscheint den Jüngern vertraut und doch fremd, wirklich und doch unwirklich. Das Schwebende, Andere an ihm ist nicht begreifbar. Es macht Angst, und Angst blockiert die Wahrnehmung. Wer Angst hat, sieht schnell „Gespenster". Deshalb macht sich Jesus dem Nicht-Begreifen der Jünger „begreiflich". Er isst vor ihren Augen ein Stück Fisch. Er ist kein Geist, er ist kein Hirngespinst, das lähmt und ängstigt, er nimmt teil am Leben dieser Welt. Er lässt sich als der wieder erkennen, der er schon immer war: der den Menschen zugewandte Jesus. Da fällt die Angst ab, die den Blick verengt, und seine Freunde können ihn „richtig" sehen und verstehen. Der auferstandene Herr ist mitten unter uns erfahrbar – in jedem Menschen, der uns gut tut und in jedem Menschen, der uns nötig hat. Dafür sollen wir Zeugen sein, indem wir die Spuren, die Jesus gelegt hat, in uns und durch uns weiter leben und wirken lassen.

Freitag der Osteroktav

Lj I+II **Lesung** *Apostelgeschichte 4,1-12* Petrus und Johannes hatten im Tempel einen Gelähmten geheilt. Während sie zum Volk redeten, traten die Priester, der Tempelhauptmann und die Sadduzäer zu ihnen.
Sie waren aufgebracht, weil die Apostel das Volk lehrten und in Jesus die Auferstehung von den Toten verkündeten. Sie nahmen sie fest und hielten sie bis zum nächsten Morgen in Haft. Es war nämlich schon Abend. Viele aber, die das Wort gehört hatten, wurden gläubig; und die Zahl der Männer stieg auf etwa fünftausend.
Am anderen Morgen versammelten sich ihre Führer sowie die Ältesten und die Schriftgelehrten in Jerusalem, dazu Hannas, der Hohepriester, Kajaphas, Johannes, Alexander und alle, die aus dem Geschlecht der Hohenpriester stammten. Sie stellten die beiden in die Mitte und fragten sie: Mit welcher Kraft oder in wessen Namen habt ihr das getan?
Da sagte Petrus zu ihnen, erfüllt vom Heiligen Geist: Ihr Führer des Volkes und ihr Ältesten! Wenn wir heute wegen einer guten Tat an einem kranken Menschen darüber vernommen werden, durch wen er geheilt worden ist, so sollt ihr alle und das ganze Volk Israel wissen: im Namen Jesu Christi, des

Nazoräers, den ihr gekreuzigt habt und den Gott von den Toten auferweckt hat. Durch ihn steht dieser Mann gesund vor euch.
Er – Jesus – ist der Stein, der von euch Bauleuten verworfen wurde, der aber zum Eckstein geworden ist. Und in keinem anderen ist das Heil zu finden. Denn es ist uns Menschen kein anderer Name unter dem Himmel gegeben, durch den wir gerettet werden sollen.

Evangelium *Johannes 21,1-14* In jener Zeit offenbarte sich Jesus den Jüngern noch einmal. Es war am See von Tiberias und er offenbarte sich in folgender Weise.
Simon Petrus, Thomas, genannt Didymus – Zwilling –, Natanaël aus Kana in Galiläa, die Söhne des Zebedäus und zwei andere von seinen Jüngern waren zusammen. Simon Petrus sagte zu ihnen: Ich gehe fischen. Sie sagten zu ihm: Wir kommen auch mit. Sie gingen hinaus und stiegen in das Boot. Aber in dieser Nacht fingen sie nichts. Als es schon Morgen wurde, stand Jesus am Ufer. Doch die Jünger wussten nicht, dass es Jesus war. Jesus sagte zu ihnen: Meine Kinder, habt ihr nicht etwas zu essen? Sie antworteten ihm: Nein. Er aber sagte zu ihnen: Werft das Netz auf der rechten Seite des Bootes aus und ihr werdet etwas fangen. Sie warfen das Netz aus und konnten es nicht wieder einholen, so voller Fische war es.
Da sagte der Jünger, den Jesus liebte, zu Petrus: Es ist der Herr! Als Simon Petrus hörte, dass es der Herr sei, gürtete er sich das Obergewand um, weil er nackt war, und sprang in den See.
Dann kamen die anderen Jünger mit dem Boot – sie waren nämlich nicht weit vom Land entfernt, nur etwa zweihundert Ellen – und zogen das Netz mit den Fischen hinter sich her.
Als sie an Land gingen, sahen sie am Boden ein Kohlenfeuer und darauf Fisch und Brot. Jesus sagte zu ihnen: Bringt von den Fischen, die ihr gerade gefangen habt. Da ging Simon Petrus und zog das Netz an Land. Es war mit hundertdreiundfünfzig großen Fischen gefüllt, und obwohl es so viele waren, zerriss das Netz nicht.
Jesus sagte zu ihnen: Kommt her und esst! Keiner von den Jüngern wagte ihn zu fragen: Wer bist du? Denn sie wussten, dass es der Herr war. Jesus trat heran, nahm das Brot und gab es ihnen, ebenso den Fisch.
Dies war schon das dritte Mal, dass Jesus sich den Jüngern offenbarte, seit er von den Toten auferstanden war.

Zum Evangelium Der Osterglaube ist ein langer Prozess. Erst 40 Tage nach Ostern, heißt es bei Lukas, endet die Zeit der Erscheinungen. Das Begreifen der Auferweckung, das menschliches Wissen an unüberwindbare Grenzen führt, braucht Bewahrheitung und Vergewisserung durch Erfahrungen, die das Leben verändern und gestalten. Darum geht es auch in dieser Geschichte. Zuerst wollen die Jünger zurück, woher sie kommen. Vergeblich. Falsche Arbeit. Falsche Richtung. Anpassung an die gewohnten Verhältnisse. Sie klammern aus, was sie in der Zeit mit Jesus erfahren haben. Sie müssen die „Nacht“ des nutzlosen Fischefangens verlassen, damit der „Tag“, das Wunder des Fangs, sie ergreifen kann. Weil sie sich darauf einlassen, am Tag zu fischen, „gewinnen“ sie ein Netz voller Fische, ein Netz voll Leben, ein Netz voll Hoffnung. Jetzt fangen sie an, vom Auferstandenen her zu leben. Er ist nicht am „anderen Ufer“, in einer anderen Welt, sondern in ihrer Welt. Die Ausgebrannten erleben, dass sie der Auferstandene neu entflammt und dass alles da ist, was sie zum Leben brauchen: Brot und Fisch. Sie brauchen sich nur beschenken zu lassen. Dasselbe gilt für uns.

Samstag der Osteroktav

Lj I+II **Lesung** *Apostelgeschichte 4,13-21* In jenen Tagen, als die Führer sowie die Ältesten und die Schriftgelehrten den Freimut des Petrus und des Johannes sahen und merkten, dass es ungelehrte und einfache Leute waren, wunderten sie sich. Sie erkannten sie als Jünger Jesu, sahen aber auch, dass der Geheilte bei ihnen stand; so konnten sie nichts dagegen sagen.
Sie befahlen ihnen, den Hohen Rat zu verlassen; dann berieten sie miteinander und sagten: Was sollen wir mit diesen Leuten anfangen? Dass offensichtlich ein Wunder durch sie geschehen ist, ist allen Einwohnern von Jerusalem bekannt; wir können es nicht abstreiten. Damit aber die Sache nicht weiter im Volk verbreitet wird, wollen wir ihnen bei Strafe verbieten, je wieder in diesem Namen zu irgendeinem Menschen zu sprechen.
Und sie riefen sie herein und verboten ihnen, jemals wieder im Namen Jesu zu predigen und zu lehren. Doch Petrus und Johannes antworteten ihnen: Ob es vor Gott recht ist, mehr auf euch zu hören als auf Gott, das entscheidet selbst. Wir können unmöglich schweigen über das, was wir gesehen und gehört haben.
Jene aber drohten ihnen noch mehr und ließen sie dann gehen; denn sie sahen keine Möglichkeit, sie zu bestrafen, mit Rücksicht auf das Volk, da alle Gott wegen des Geschehenen priesen.

Evangelium *Markus 16,9-15* Als Jesus am frühen Morgen des ersten Wochentages auferstanden war, erschien er zuerst Maria aus Magdala, aus der er sieben Dämonen ausgetrieben hatte. Sie ging und berichtete es denen, die mit ihm zusammen gewesen waren und die nun klagten und weinten. Als sie hörten, er lebe und sei von ihr gesehen worden, glaubten sie es nicht.
Darauf erschien er in einer anderen Gestalt zweien von ihnen, als sie unterwegs waren und aufs Land gehen wollten. Auch sie gingen und berichteten es den anderen und auch ihnen glaubte man nicht. Später erschien Jesus auch den Elf, als sie bei Tisch waren; er tadelte ihren Unglauben und ihre Verstocktheit, weil sie denen nicht glaubten, die ihn nach seiner Auferste-

hung gesehen hatten. Dann sagte er zu ihnen: Geht hinaus in die ganze Welt, und verkündet das Evangelium allen Geschöpfen!

Zum Evangelium Die Jünger „klagen und weinen“, weil sie einfach nicht glauben können, was Maria und die Emmausjünger berichten. Jesus – auferstanden? Das ist Geschwätz! Tot ist tot! Wirklichkeit ist, was in mir verkümmert. War nicht alles umsonst? – Diese Verzweiflung ist etwas zutiefst Menschliches. Deshalb kommt der Auferstandene mitten in ihre Depression, rüttelt sie auf, weist ihnen zu, was sie zu tun haben: hinausgehen in die ganze Welt und das Evangelium verkünden! Hinausgehen aus der Trauer, sich nicht länger mit sich, sondern mit anderen beschäftigen, weil man jetzt darauf vertrauen kann: Gott ist mit mir beschäftigt, er kommt, um es mir zu sagen, und die Panzer des Rückzugs zerspringen unter seinem Wort, der Sinn kehrt zurück, und weder Verfolgung, Folter und gewaltsamer Tod können von da an diesen Sinn zerstören. Aber vorher muss Trauerarbeit vollbracht werden. Sie ist Not wendend, um als anderer, durch Leiden geläuterter Mensch, die Ketten der Trauer in der Welt zu sprengen und ihr das Licht der Auferstehung entgegenzuhalten.
Der Osterglaube lässt sich nicht erzwingen, man kann keinem befehlen: Du musst glauben!
Wir können nur zeigen, was der Glaube an Jesu Auferstehung für uns persönlich bedeutet. Was Maria Magdalena und die beiden Emmausjünger nicht geschafft haben, muss der Auferstandene selbst tun. Nur Gott allein kann diesen Glauben in uns einpflanzen und in uns wachsen lassen. Gott wirft uns den Ring des Glaubens im Meer von Angst und Zweifel zu. Ob wir ihn ergreifen?

2. Osterwoche

Montag der 2. Osterwoche

Lesung *Apostelgeschichte 4,23-31* In jenen Tagen, als Petrus und Johannes freigelassen waren, gingen sie zu den Ihren und berichteten alles, was die Hohenpriester und die Ältesten zu ihnen gesagt hatten. Lj I+II
Als sie das hörten, erhoben sie einmütig ihre Stimme zu Gott und sprachen: Herr, du hast den Himmel, die Erde und das Meer geschaffen und alles, was dazugehört; du hast durch den Mund unseres Vaters David, deines Knechtes, durch den Heiligen Geist gesagt:
Warum toben die Völker, warum machen die Nationen vergebliche Pläne?
Die Könige der Erde stehen auf und die Herrscher haben sich verbündet gegen den Herrn und seinen Gesalbten.
Wahrhaftig, verbündet haben sich in dieser Stadt gegen deinen heiligen Knecht Jesus, den du gesalbt hast, Herodes und Pontius Pilatus mit den Hei-

den und den Stämmen Israels, um alles auszuführen, was deine Hand und dein Wille im Voraus bestimmt haben.
Doch jetzt, Herr, sieh auf ihre Drohungen und gib deinen Knechten die Kraft, mit allem Freimut dein Wort zu verkünden. Streck deine Hand aus, damit Heilungen und Zeichen und Wunder geschehen durch den Namen deines heiligen Knechtes Jesus.
Als sie gebetet hatten, bebte der Ort, an dem sie versammelt waren, und alle wurden mit dem Heiligen Geist erfüllt und sie verkündeten freimütig das Wort Gottes.

Evangelium *Johannes 3,1-8* Es war ein Pharisäer namens Nikodemus, ein führender Mann unter den Juden. Der suchte Jesus bei Nacht auf und sagte zu ihm: Rabbi, wir wissen, du bist ein Lehrer, der von Gott gekommen ist; denn niemand kann die Zeichen tun, die du tust, wenn nicht Gott mit ihm ist.
Jesus antwortete ihm: Amen, amen, ich sage dir: Wenn jemand nicht von neuem geboren wird, kann er das Reich Gottes nicht sehen. Nikodemus entgegnete ihm: Wie kann ein Mensch, der schon alt ist, geboren werden? Er kann doch nicht in den Schoß seiner Mutter zurückkehren und ein zweites Mal geboren werden.
Jesus antwortete: Amen, amen, ich sage dir: Wenn jemand nicht aus Wasser und Geist geboren wird, kann er nicht in das Reich Gottes kommen. Was aus dem Fleisch geboren ist, das ist Fleisch; was aber aus dem Geist geboren ist, das ist Geist. Wundere dich nicht, dass ich dir sagte: Ihr müsst von neuem geboren werden. Der Wind weht, wo er will; du hörst sein Brausen, weißt aber nicht, woher er kommt und wohin er geht. So ist es mit jedem, der aus dem Geist geboren ist.

Zum Evangelium Nikodemus, ein angesehener Pharisäer, kommt nachts zu Jesus. In der Nacht spricht man nicht über Banalitäten, sondern über das Wichtigste. Da geht es um Sein oder Nichtsein, Leben und Tod, Liebe und Leid. Da geht es um die Frage, welche Kraft mein Leben bestimmt. Und Jesus: Wer „aus Wasser und Geist geboren" wird, verfügt über eine Kraft, die nicht in der Banalität des Alltags aufgeht. Sie ist das Geheimnis, das sich nur zwischen mir und Gott abspielt, das, was nur in seltenen Augenblicken bewusst wird, oft gerade „nachts", wenn ich nicht mit dem tagtäglichen Funktionieren belegt bin. Die Welt wird nicht vor allem in Gang gehalten durch das, was wir ersinnen und vollbringen, sondern durch das, was uns im Verborgenen begleitet. Leben, das den Namen Leben verdient, ist mehr als „alles richtig machen" oder „alles gut machen". Neugeburt ist möglich, wenn ich mein Leben einer Kraft anvertraue, die über die eigene hinausreicht, eine Kraft, in der mein Leben aufgehoben ist, im Glück wie im Schmerz. Das ist die Kraft des Geistes, die über alles menschliche Vermögen hinausgeht. Sie weht, wo sie will, ich kann sie nicht greifen, aber sie ergreift mich – durch eine plötzliche Einsicht, einen anderen Blickwinkel, eine neue Frage. Sie unterbricht das Leben in gewohnten Bahnen. Unterbrechung bedeutet, „nicht nur der Raum eines eigenen Willens“ zu sein, sondern sich für den „Wirkraum der Stimme Gottes“ (Jörg Zink) zu öffnen.

Dienstag der 2. Osterwoche

Lesung *Apostelgeschichte 4,32-37* Die Gemeinde der Gläubigen war ein Herz und eine Seele. Keiner nannte etwas von dem, was er hatte, sein Eigentum, sondern sie hatten alles gemeinsam. Mit großer Kraft legten die Apostel Zeugnis ab von der Auferstehung Jesu, des Herrn, und reiche Gnade ruhte auf ihnen allen. **Lj I+II**

Es gab auch keinen unter ihnen, der Not litt. Denn alle, die Grundstücke oder Häuser besaßen, verkauften ihren Besitz, brachten den Erlös und legten ihn den Aposteln zu Füßen. Jedem wurde davon so viel zugeteilt, wie er nötig hatte. Auch Josef, ein Levit aus Zypern, der von den Aposteln Barnabas, das heißt übersetzt Sohn des Trostes, genannt wurde, verkaufte einen Acker, der ihm gehörte, brachte das Geld und legte es den Aposteln zu Füßen.

Evangelium *Johannes 3,7-15* In jener Zeit sprach Jesus zu Nikodemus: Wundere dich nicht, dass ich dir sagte: Ihr müsst von Neuem geboren werden. Der Wind weht, wo er will; du hörst sein Brausen, weißt aber nicht, woher er kommt und wohin er geht. So ist es mit jedem, der aus dem Geist geboren ist. Nikodemus erwiderte ihm: Wie kann das geschehen?

Jesus antwortete: Du bist der Lehrer Israels und verstehst das nicht? Amen, amen, ich sage dir: Was wir wissen, davon reden wir, und was wir gesehen haben, das bezeugen wir, und doch nehmt ihr unser Zeugnis nicht an. Wenn ich zu euch über irdische Dinge gesprochen habe und ihr nicht glaubt, wie werdet ihr glauben, wenn ich zu euch über himmlische Dinge spreche? Und niemand ist in den Himmel hinaufgestiegen außer dem, der vom Himmel herabgestiegen ist: der Menschensohn.

Und wie Mose die Schlange in der Wüste erhöht hat, so muss der Menschensohn erhöht werden, damit jeder, der glaubt, in ihm das ewige Leben hat.

Zum Evangelium Leben ist Unterwegssein, ist Fragen und Suchen und wieder Fragen und Suchen. Beispiel für dieses Fragen und Suchen ist der Pharisäer Nikodemus, der aus dem Radius bisheriger Fragen und Antworten heraustritt, weil er nach einer neuen Antwort für sein Leben und sein Gottesverhältnis sucht. Sein Suchen führt ihn zu Jesus. Mit dem Bild der Neugeburt deutet Jesus an, dass kein Mensch sein Heil durch eigene Leistung erzwingen kann, wie die Pharisäer meinen, sondern dass es nur als Geschenk Gottes empfangen werden kann. Zugang zu diesem

Heil findet ein Mensch, wenn er seine „Fleischgeburt", d.h. sein ichbezogenes Leistungsdenken, hinter sich lässt und sich in den Raum Gottes hineinfallen lässt. Dieser „Fall" in den Raum Gottes hält uns in dauernder Suchbewegung, vielleicht so, wie es Marie Luise Kaschnitz formuliert:

„dass du den Sinn deines Lebens immer noch nicht / herausgefunden hast, obwohl du schon alt bist. / Dass du geliebt hast, aber unzureichend, / dass du gekämpft hast, aber mit zaghaften Armen. / Dass du an vielen Orten zu Hause warst, / aber ein Heimatrecht hast du an keinem. / Dass du dich nach dem Tode sehnst und ihn fürchtest. / Dass du kein Beispiel geben kannst als dieses: / Immer noch offen".

Statt sich zu verschließen, „immer noch offen" sein für die Dimension Gottes, bis ans Ende unseres Lebens – das ist nicht einfach, aber wie sonst kämen wir der Wahrheit näher?

Mittwoch der 2. Osterwoche

Lj I+II **Lesung** *Apostelgeschichte 5,17-26* In jenen Tagen erhoben sich voll Eifersucht der Hohepriester und alle, die auf seiner Seite standen, nämlich die Gruppe der Sadduzäer. Sie ließen die Apostel verhaften und in das öffentliche Gefängnis werfen.

Ein Engel des Herrn aber öffnete nachts die Gefängnistore, führte sie heraus und sagte: Geht, tretet im Tempel auf und verkündet dem Volk alle Worte dieses Lebens! Sie gehorchten und gingen bei Tagesanbruch in den Tempel und lehrten. Währenddessen kam der Hohepriester mit seinen Begleitern. Sie riefen den Hohen Rat und alle Ältesten der Söhne Israels zusammen; man schickte Boten zum Gefängnis, um die Apostel vorführen zu lassen. Die Diener gingen, fanden sie aber nicht im Gefängnis. Sie kehrten zurück und meldeten: Wir fanden das Gefängnis sorgfältig verschlossen und die Wachen vor den Toren stehen; als wir aber öffneten, fanden wir niemand darin. Der Tempelhauptmann und die Hohenpriester waren ratlos, als sie das hörten, und wussten nicht, was nun werden sollte. Da kam jemand und meldete ihnen: Die Männer, die ihr ins Gefängnis geworfen habt, stehen im Tempel und lehren das Volk. Da ging der Tempelhauptmann mit seinen Leuten hin und holte sie, allerdings nicht mit Gewalt; denn sie fürchteten, vom Volk gesteinigt zu werden.

Evangelium *Johannes 3,16-21* Gott hat die Welt so sehr geliebt, dass er seinen einzigen Sohn hingab, damit jeder, der an ihn glaubt, nicht zugrunde geht, sondern das ewige Leben hat. Denn Gott hat seinen Sohn nicht in die Welt gesandt, damit er die Welt richtet, sondern damit die Welt durch ihn gerettet wird.

Wer an ihn glaubt, wird nicht gerichtet; wer nicht glaubt, ist schon gerichtet, weil er an den Namen des einzigen Sohnes Gottes nicht geglaubt hat.

Denn mit dem Gericht verhält es sich so: Das Licht kam in die Welt, und die Menschen liebten die Finsternis mehr als das Licht; denn ihre Taten waren böse. Jeder, der Böses tut, hasst das Licht und kommt nicht zum Licht, damit seine Taten nicht aufgedeckt werden. Wer aber die Wahrheit tut, kommt zum Licht, damit offenbar wird, dass seine Taten in Gott vollbracht sind.

Zum Evangelium Dieser Schrifttext schließt das Gespräch zwischen Jesus und Nikodemus ab. Nachts kommt heraus, was am Tag verdeckt ist: die Hoffnung, noch einmal neu anfangen zu dürfen; die Sehnsucht nach einem Leben, das nicht in Widersprüchen stecken bleibt. Und da sagt Jesus diesen einzigartigen Satz: „Gott hat die Welt so sehr geliebt, dass er seinen einzigen Sohn hingab ...“, damit keiner von uns verloren geht. In dieser Liebesgeschichte kommen wir vor.
Das heißt, ich werde nicht definiert durch das, was ich sollte und sein möchte, aber nicht bin, sondern durch das, was der Liebende an mir hat. Wir sollten dieses Geschenk nicht versäumen, indem wir immer wieder in Zweifel zurückfallen und uns nicht wirklich gönnen, dass Gott uns liebt. Bei diesem Nachtgespräch hört einer, der sich im Besitz des richtigen Glaubens wähnt, wohl zum ersten Mal, dass es auf seine Frömmigkeit gar nicht ankommt – sondern nur darauf, dass er das Geschenk der Liebe Gottes annimmt und sich hineinnehmen lässt in die Liebesbeziehung zu Gott.

Donnerstag der 2. Osterwoche

Lesung *Apostelgeschichte 5,27-33* In jenen Tagen führten der Tempelhauptmann und seine Leute die Apostel herbei und stellten sie vor den Hohen Rat. Der Hohepriester verhörte sie und sagte: Wir haben euch streng verboten, in diesem Namen zu lehren; ihr aber habt Jerusalem mit eurer Lehre erfüllt; ihr wollt das Blut dieses Menschen über uns bringen. **Lj I+II**
Petrus und die Apostel antworteten: Man muss Gott mehr gehorchen als den Menschen. Der Gott unserer Väter hat Jesus auferweckt, den ihr ans Holz gehängt und ermordet habt. Ihn hat Gott als Herrscher und Retter an seine rechte Seite erhoben, um Israel die Umkehr und Vergebung der Sünden zu schenken. Zeugen dieser Ereignisse sind wir und der Heilige Geist, den Gott allen verliehen hat, die ihm gehorchen.
Als sie das hörten, gerieten sie in Zorn und beschlossen, sie zu töten.

Evangelium *Johannes 3,31-36* Er, der von oben kommt, steht über allen; wer von der Erde stammt, ist irdisch und redet irdisch. Er, der aus dem Himmel kommt, steht über allen. Was er gesehen und gehört hat, bezeugt er, doch niemand nimmt sein Zeugnis an. Wer sein Zeugnis annimmt, beglaubigt, dass Gott wahrhaftig ist. Denn der, den Gott gesandt hat, verkündet die

Worte Gottes; denn er gibt den Geist unbegrenzt. Der Vater liebt den Sohn und hat alles in seine Hand gegeben.
Wer an den Sohn glaubt, hat das ewige Leben; wer aber dem Sohn nicht gehorcht, wird das Leben nicht sehen, sondern Gottes Zorn bleibt auf ihm.

Zum Evangelium Gott, der Vater, legitimiert Jesus als seinen Sohn. Was das heißt, legt Johannes aus. Es geht um die letztgültige Wahrheit über Himmel und Erde und über unser ganz persönliches Leben. Die Möglichkeiten der Sprache reichen dafür nicht aus. Deshalb greift Johannes auf Bilder zurück: Er kommt von „oben" und bezeugt, was er dort gesehen hat. Weil wir „unten" sind, können wir nicht sehen, was „oben" ist. Das ist die Ausgangslage. Doch dann kommt Bewegung in dieses Bild. Denn der, der oben ist, macht sich auf, steigt herab, kommt nach unten, zu uns. Er wird einer von uns. Er erzählt von oben und tut es unten. Und lässt uns dadurch einen Blick tun in das, was oben ist. Wenn unser Blick oben und unten verbindet, können wir den Himmel sehen, mitten unter uns. Und wir werden von oben gestärkt für unseren Blick nach unten, um hier zu handeln wie Jesus.

Freitag der 2. Osterwoche

Lj I+II **Lesung** *Apostelgeschichte 5,34-42* In jenen Tagen erhob sich im Hohen Rat ein Pharisäer namens Gamaliël, ein beim ganzen Volk angesehener Gesetzeslehrer; er ließ die Apostel für kurze Zeit hinausführen. Dann sagte er: Israeliten, überlegt euch gut, was ihr mit diesen Leuten tun wollt. Vor einiger Zeit nämlich trat Theudas auf und behauptete, er sei etwas Besonderes. Ihm schlossen sich etwa vierhundert Männer an. Aber er wurde getötet und sein ganzer Anhang wurde zerstreut und aufgerieben. Nach ihm trat in den Tagen der Volkszählung Judas, der Galiläer, auf; er brachte viel Volk hinter sich und verleitete es zum Aufruhr. Auch er kam um und alle seine Anhänger wurden zerstreut.
Darum rate ich euch jetzt: Lasst von diesen Männern ab und gebt sie frei; denn wenn dieses Vorhaben oder dieses Werk von Menschen stammt, wird es zerstört werden; stammt es aber von Gott, so könnt ihr sie nicht vernichten; sonst werdet ihr noch als Kämpfer gegen Gott dastehen. Sie stimmten ihm zu, riefen die Apostel herein und ließen sie auspeitschen; dann verboten sie ihnen, im Namen Jesu zu predigen, und ließen sie frei.
Sie aber gingen weg vom Hohen Rat und freuten sich, dass sie gewürdigt worden waren, für seinen Namen Schmach zu erleiden. Und Tag für Tag lehrten sie unermüdlich im Tempel und in den Häusern und verkündeten das Evangelium von Jesus, dem Christus.

Evangelium *Johannes 6,1-15* In jener Zeit ging Jesus an das andere Ufer des Sees von Galiläa, der auch See von Tiberias heißt. Eine große Men-

schenmenge folgte ihm, weil sie die Zeichen sahen, die er an den Kranken tat.
Jesus stieg auf den Berg und setzte sich dort mit seinen Jüngern nieder. Das Pascha, das Fest der Juden, war nahe. Als Jesus aufblickte und sah, dass so viele Menschen zu ihm kamen, fragte er Philippus: Wo sollen wir Brot kaufen, damit diese Leute zu essen haben? Das sagte er aber nur, um ihn auf die Probe zu stellen; denn er selbst wusste, was er tun wollte. Philippus antwortete ihm: Brot für zweihundert Denare reicht nicht aus, wenn jeder von ihnen auch nur ein kleines Stück bekommen soll. Einer seiner Jünger, Andreas, der Bruder des Simon Petrus, sagte zu ihm: Hier ist ein kleiner Junge, der hat fünf Gerstenbrote und zwei Fische; doch was ist das für so viele!
Jesus sagte: Lasst die Leute sich setzen! Es gab dort nämlich viel Gras. Da setzten sie sich; es waren etwa fünftausend Männer. Dann nahm Jesus die Brote, sprach das Dankgebet und teilte an die Leute aus, so viel sie wollten; ebenso machte er es mit den Fischen.
Als die Menge satt war, sagte er zu seinen Jüngern: Sammelt die übrig gebliebenen Brotstücke, damit nichts verdirbt. Sie sammelten und füllten zwölf Körbe mit den Stücken, die von den fünf Gerstenbroten nach dem Essen übrig waren.
Als die Menschen das Zeichen sahen, das er getan hatte, sagten sie: Das ist wirklich der Prophet, der in die Welt kommen soll. Da erkannte Jesus, dass sie kommen würden, um ihn in ihre Gewalt zu bringen und zum König zu machen. Daher zog er sich wieder auf den Berg zurück, er allein.

Zum Evangelium Das Brotwunder wäre die Chance für Jesus, königliche Macht zu gewinnen und eine Gesellschaft nach seinem Willen zu schaffen. Warum will er nicht? Weil das Reich Gottes nicht von dieser Welt ist, weil es sich nicht auf politische Macht stützt. Gottes Reich ist das Reich der Liebe, ohne weltliche Macht, aber nicht schwach. Seine Stärke liegt in der Freiheit. Deshalb erzwingt Jesus nichts. Sein Reich der Liebe soll in Freiheit angenommen werden. Seine Sorge dafür, dass 5000 Menschen satt werden, ist eine Tat der Liebe und des Mitgefühls. Die Menschen können dieses Zeichen annehmen oder nicht, sie können weggehen voller Dankbarkeit oder weggehen und alles vergessen. Aber eines will Jesus nicht: dass sie sich ihm unterwerfen, um mehr zu essen zu bekommen. Zeichen sind keine Versicherung. Zeichen weisen auf eine andere Welt hin: auf die Güte Gottes, auf eine Welt, wie sie sein könnte, wäre sie auf Liebe gegründet. Aber Jesus überlässt es den Menschen, ob sie ihm glauben wollen oder nicht. Was uns in dieser Welt trägt, ist die Liebe von der anderen Welt. Deshalb dürfen wir das Reich der Liebe nicht aus dem Blick verlieren, damit die Verbindung zwischen den beiden Welten nicht abbricht und wir uns nach Kräften darum bemühen, dass der Traum vom Frieden mehr und mehr Wirklichkeit wird.

Samstag der 2. Osterwoche

Lj I+II **Lesung** *Apostelgeschichte 6,1-7* In jenen Tagen, als die Zahl der Jünger zunahm, begehrten die Hellenisten gegen die Hebräer auf, weil ihre Witwen bei der täglichen Versorgung übersehen wurden.
Da riefen die Zwölf die ganze Schar der Jünger zusammen und erklärten: Es ist nicht recht, dass wir das Wort Gottes vernachlässigen und uns dem Dienst an den Tischen widmen. Brüder, wählt aus eurer Mitte sieben Männer von gutem Ruf und voll Geist und Weisheit; ihnen werden wir diese Aufgabe übertragen. Wir aber wollen beim Gebet und beim Dienst am Wort bleiben.
Der Vorschlag fand den Beifall der ganzen Gemeinde, und sie wählten Stephanus, einen Mann, erfüllt vom Glauben und vom Heiligen Geist, ferner Philippus und Prochorus, Nikanor und Timon, Parmenas und Nikolaus, einen Proselyten aus Antiochia.
Sie ließen sie vor die Apostel hintreten und diese beteten und legten ihnen die Hände auf.
Und das Wort Gottes breitete sich aus und die Zahl der Jünger in Jerusalem wurde immer größer; auch eine große Anzahl von den Priestern nahm gehorsam den Glauben an.

Evangelium *Johannes 6,16-21* Als es aber spät geworden war, gingen die Jünger Jesu zum See hinab, bestiegen ein Boot und fuhren über den See, auf Kafarnaum zu. Es war schon dunkel geworden, und Jesus war noch nicht zu ihnen gekommen. Da wurde der See durch einen heftigen Sturm aufgewühlt.
Als sie etwa fünfundzwanzig oder dreißig Stadien gefahren waren, sahen sie, wie Jesus über den See ging und sich dem Boot näherte; und sie fürchteten sich. Er aber rief ihnen zu: Ich bin es; fürchtet euch nicht! Sie wollten ihn zu sich in das Boot nehmen, aber schon war das Boot am Ufer, das sie erreichen wollten.

Zum Evangelium Jesus zieht sich von den Menschen zurück, nachdem sie ihn als ihren „Brotkönig“ vereinnahmen wollten. Bei der bedrohlichen Bootsfahrt der Jünger übers Meer ist Johannes – im Gegensatz zu den anderen Evangelisten – weniger an der Angst der Jünger interessiert, sondern im Mittelpunkt steht die Person Jesu. Es ist Nacht, der See aufgewühlt – und in dieses bedrohlichen Szenarium hinein offenbart sich Jesus in seiner göttlichen Herrlichkeit: „Ich bin es“! Im vierten Evangelium verdichtet sich in der Aussage „Ich bin“ („... der Weg, die Wahrheit, das Leben, das Brot ...“) die Selbstoffenbarung Jesu schlechthin. Dieses „Ich bin“ nimmt Bezug darauf, wie Gott sich dem Mose offenbart hat: „Ich bin der Ich-bin-da’“ (Ex 3,14). In Jesus zeigt sich der schützende, helfende, barmherzige Gott, der immer da ist, wenn wir uns – mitten in der Nacht unseres Lebens, inmitten von Angst und Bedrohung – verlassen fühlen. „Ich bin da“ – für dich, ich bin Beziehung zu dir, ich bin das Du für dich ...

3. Osterwoche

Montag der 3. Osterwoche

Lesung *Apostelgeschichte 6,8-15* In jenen Tagen tat Stephanus, voll Gnade und Kraft, Wunder und große Zeichen unter dem Volk. Doch einige von der so genannten Synagoge der Libertiner und Zyrenäer und Alexandriner und Leute aus Zilizien und der Provinz Asien erhoben sich, um mit Stephanus zu streiten; aber sie konnten der Weisheit und dem Geist, mit dem er sprach, nicht widerstehen. **Lj I+II**

Da stifteten sie Männer zu der Aussage an: Wir haben gehört, wie er gegen Mose und Gott lästerte. Sie hetzten das Volk, die Ältesten und die Schriftgelehrten auf, drangen auf ihn ein, packten ihn und schleppten ihn vor den Hohen Rat. Und sie brachten falsche Zeugen bei, die sagten: Dieser Mensch hört nicht auf, gegen diesen heiligen Ort und das Gesetz zu reden. Wir haben ihn nämlich sagen hören: Dieser Jesus, der Nazoräer, wird diesen Ort zerstören und die Bräuche ändern, die uns Mose überliefert hat. Und als alle, die im Hohen Rat saßen, auf ihn blickten, erschien ihnen sein Gesicht wie das Gesicht eines Engels.

Evangelium *Johannes 6,22-29* In jener Zeit sah die Menge, die am anderen Ufer des Sees geblieben war, dass nur noch ein Boot dort lag, und sie erfuhren, dass Jesus nicht mit seinen Jüngern ins Boot gestiegen war, sondern dass die Jünger allein abgefahren waren. Von Tiberias her kamen andere Boote in die Nähe des Ortes, wo sie nach dem Dankgebet des Herrn das Brot gegessen hatten.

Als die Leute sahen, dass weder Jesus noch seine Jünger dort waren, stiegen sie in die Boote, fuhren nach Kafarnaum und suchten Jesus. Als sie ihn am anderen Ufer des Sees fanden, fragten sie ihn: Rabbi, wann bist du hierher gekommen? Jesus antwortete ihnen: Amen, amen, ich sage euch: Ihr sucht mich nicht, weil ihr Zeichen gesehen habt, sondern weil ihr von den Broten gegessen habt und satt geworden seid. Müht euch nicht ab für die Speise, die verdirbt, sondern für die Speise, die für das ewige Leben bleibt und die der Menschensohn euch geben wird. Denn ihn hat Gott, der Vater, mit seinem Siegel beglaubigt.

Da fragten sie ihn: Was müssen wir tun, um die Werke Gottes zu vollbringen? Jesus antwortete ihnen: Das ist das Werk Gottes, dass ihr an den glaubt, den er gesandt hat.

Zum Evangelium Wer von der Speise der Welt abhängig ist, hat keine Hoffnung, keine Perspektive jenseits des Todes. Es gibt nur dieses eine Ufer, an dem man mit sich selbst beschäftigt ist und in keinem Neuland ankommen kann. Wer es dagegen wagt, über den aufgewühlten See, das abgründige Leben, zum „anderen Ufer" zu fahren, der findet neue Speise. Diese Speise ist eine Person: Jesus, in dem Gott selbst für uns erfahrbar ist. Mein Leben auf ihn hin auszurichten, ist der Mühe wert. Jesus ist keine Ikone, die man an die Wand hängt, sondern er ist Lebens-Mittel, das ich gebrauchen darf und das sich dennoch nicht verbraucht: Brot des Lebens, „Speise, die für das ewige Leben bleibt".

Dienstag der 3. Osterwoche

Lj I+II **Lesung** *Apostelgeschichte 7,51–8,1a* In jenen Tagen sagte Stephanus vor dem Hohen Rat: Ihr Halsstarrigen, ihr, die ihr euch mit Herz und Ohr immerzu dem Heiligen Geist widersetzt, eure Väter schon und nun auch ihr.
Welchen der Propheten haben eure Väter nicht verfolgt? Sie haben die getötet, die die Ankunft des Gerechten geweissagt haben, dessen Verräter und Mörder ihr jetzt geworden seid, ihr, die ihr durch die Anordnung von Engeln das Gesetz empfangen, es aber nicht gehalten habt.
Als sie das hörten, waren sie aufs Äußerste über ihn empört und knirschten mit den Zähnen. Er aber, erfüllt vom Heiligen Geist, blickte zum Himmel empor, sah die Herrlichkeit Gottes und Jesus zur Rechten Gottes stehen und rief: Ich sehe den Himmel offen und den Menschensohn zur Rechten Gottes stehen. Da erhoben sie ein lautes Geschrei, hielten sich die Ohren zu, stürmten gemeinsam auf ihn los, trieben ihn zur Stadt hinaus und steinigten ihn. Die Zeugen legten ihre Kleider zu Füßen eines jungen Mannes nieder, der Saulus hieß.
So steinigten sie Stephanus; er aber betete und rief: Herr Jesus, nimm meinen Geist auf! Dann sank er in die Knie und schrie laut: Herr, rechne ihnen diese Sünde nicht an! Nach diesen Worten starb er. Saulus aber war mit dem Mord einverstanden.

Evangelium *Johannes 6,30-35* In jener Zeit sagte die Menge zu Jesus: Welches Zeichen tust du, damit wir es sehen und dir glauben? Was tust du? Unsere Väter haben das Manna in der Wüste gegessen, wie es in der Schrift heißt: Brot vom Himmel gab er ihnen zu essen.
Jesus sagte zu ihnen: Amen, amen, ich sage euch: Nicht Mose hat euch das Brot vom Himmel gegeben, sondern mein Vater gibt euch das wahre Brot vom Himmel. Denn das Brot, das Gott gibt, kommt vom Himmel herab und gibt der Welt das Leben.
Da baten sie ihn: Herr, gib uns immer dieses Brot! Jesus antwortete ihnen: Ich bin das Brot des Lebens; wer zu mir kommt, wird nie mehr hungern, und wer an mich glaubt, wird nie mehr Durst haben.

Zum Evangelium „Was tust du, damit wir es sehen und dir glauben?“ Wenn wir an dich glauben, muss uns das etwas bringen. Gut, er hat Fünftausend gespeist. Das beeindruckt. Aber die ihm deshalb nachfolgen, glauben an ihn, weil sie sich Vorteile von ihm erwarten. Glaube ist kein Tauschgeschäft. Das Brot, das Jesus gibt, ist nicht im Austausch für Geld oder Wohlverhalten zu haben. Leistung und Gegenleistung – nach diesem Schema funktioniert unsere Welt. Aber nicht der Glaube. Bei Jesus bekommen wir nicht einfach ein Brot, sondern ihn selbst. Wenn wir an ihn glauben, müssen wir keinen Hunger mehr leiden. Er stillt den Hunger, den man nicht loswird, indem man etwas kauft. Er stillt den tiefen Hunger nach Leben, Liebe, Hoffnung – ohne Leistung und Gegenleistung. An ihn glauben heißt, sich durch ihn verwandeln lassen und selbst Brot zu werden für andere.

Mittwoch der 3. Osterwoche

Lesung *Apostelgeschichte 8,1b-8* An jenem Tag brach eine schwere Verfolgung über die Kirche in Jerusalem herein. Alle wurden in die Gegenden von Judäa und Samarien zerstreut, mit Ausnahme der Apostel. **Lj I+II**
Fromme Männer bestatteten Stephanus und hielten eine große Totenklage für ihn. Saulus aber versuchte die Kirche zu vernichten; er drang in die Häuser ein, schleppte Männer und Frauen fort und lieferte sie ins Gefängnis ein.
Die Gläubigen, die zerstreut worden waren, zogen umher und verkündeten das Wort. Philippus aber kam in die Hauptstadt Samariens hinab und verkündigte dort Christus. Und die Menge achtete einmütig auf die Worte des Philippus; sie hörten zu und sahen die Wunder, die er tat. Denn aus vielen Besessenen fuhren unter lautem Geschrei die unreinen Geister aus; auch viele Lahme und Krüppel wurden geheilt. So herrschte große Freude in jener Stadt.

Evangelium *Johannes 6,35-40* In jener Zeit sprach Jesus zu der Menge: Ich bin das Brot des Lebens; wer zu mir kommt, wird nie mehr hungern, und wer an mich glaubt, wird nie mehr Durst haben.
Aber ich habe euch gesagt: Ihr habt gesehen und doch glaubt ihr nicht. Alles, was der Vater mir gibt, wird zu mir kommen, und wer zu mir kommt, den werde ich nicht abweisen; denn ich bin nicht vom Himmel herabgekommen, um meinen Willen zu tun, sondern den Willen dessen, der mich gesandt hat.
Es ist aber der Wille dessen, der mich gesandt hat, dass ich keinen von denen, die er mir gegeben hat, zugrunde gehen lasse, sondern dass ich sie auferwecke am Letzten Tag.
Denn es ist der Wille meines Vaters, dass alle, die den Sohn sehen und an ihn glauben, das ewige Leben haben und dass ich sie auferwecke am Letzten Tag.

Zum Evangelium Wer leben will, muss essen. Das ist elementare Wahrheit. Bittere Wahrheit für die, die nichts zum essen haben. Binsenwahrheit für die, die schon allzu satt sind. Gerade den Gesättigten will das Brot des Lebens „Geschmack fürs Unendliche“ (Friedrich Schleiermacher) machen. Dieses Brot sättigt nicht nur den Hungrigen, sondern verspricht dem Satten einen neuen Hunger. Hunger nach einem Leben, das nicht überflüssig ist. Hunger nach erfülltem Leben. Der Hunger nach erfülltem Leben kann nicht mit dem Brot der Vergänglichkeit gestillt werden. Und da kommt einer zu uns und bietet sich uns an wie das tägliche Brot. „Sehen“ wir, „glauben“ wir, schmecken wir dieses Brot? Das Brot des Lebens – es ist da. Greifen wir zu?

Donnerstag der 3. Osterwoche

Lj I+II **Lesung** *Apostelgeschichte 8,26-40* In jenen Tagen sagte ein Engel des Herrn zu Philippus: Steh auf und zieh nach Süden auf der Straße, die von Jerusalem nach Gaza hinabführt. Sie führt durch eine einsame Gegend.
Und er brach auf. Nun war da ein Äthiopier, ein Kämmerer, Hofbeamter der Kandake, der Königin der Äthiopier, der ihren ganzen Schatz verwaltete. Dieser war nach Jerusalem gekommen, um Gott anzubeten, und fuhr jetzt heimwärts. Er saß auf seinem Wagen und las den Propheten Jesaja.
Und der Geist sagte zu Philippus: Geh und folge diesem Wagen. Philippus lief hin und hörte ihn den Propheten Jesaja lesen. Da sagte er: Verstehst du auch, was du liest? Jener antwortete: Wie könnte ich es, wenn mich niemand anleitet? Und er bat den Philippus, einzusteigen und neben ihm Platz zu nehmen.
Der Abschnitt der Schrift, den er las, lautete: Wie ein Schaf wurde er zum Schlachten geführt; und wie ein Lamm, das verstummt, wenn man es schert, so tat er seinen Mund nicht auf. In der Erniedrigung wurde seine Verurteilung aufgehoben. Seine Nachkommen, wer kann sie zählen? Denn sein Leben wurde von der Erde fortgenommen.
Der Kämmerer wandte sich an Philippus und sagte: Ich bitte dich, von wem sagt der Prophet das? Von sich selbst oder von einem anderen? Da begann Philippus zu reden und ausgehend von diesem Schriftwort verkündete er ihm das Evangelium von Jesus. Als sie nun weiterzogen, kamen sie zu einer Wasserstelle. Da sagte der Kämmerer: Hier ist Wasser. Was steht meiner Taufe noch im Weg? Er ließ den Wagen halten und beide, Philippus und der Kämmerer, stiegen in das Wasser hinab und er taufte ihn.
Als sie aber aus dem Wasser stiegen, entführte der Geist des Herrn den Philippus. Der Kämmerer sah ihn nicht mehr und er zog voll Freude weiter. Den Philippus aber sah man in Aschdod wieder. Und er wanderte durch alle Städte und verkündete das Evangelium, bis er nach Cäsarea kam.

Evangelium *Johannes 6,44-51* In jener Zeit sprach Jesus zu der Menge: Niemand kann zu mir kommen, wenn nicht der Vater, der mich gesandt hat, ihn zu mir führt; und ich werde ihn auferwecken am Letzten Tag.
Bei den Propheten heißt es: Und alle werden Schüler Gottes sein. Jeder, der auf den Vater hört und seine Lehre annimmt, wird zu mir kommen. Niemand hat den Vater gesehen außer dem, der von Gott ist; nur er hat den Vater gesehen. Amen, amen, ich sage euch: Wer glaubt, hat das ewige Leben. Ich bin das Brot des Lebens. Eure Väter haben in der Wüste das Manna gegessen und sind gestorben. So aber ist es mit dem Brot, das vom Himmel herabkommt: Wenn jemand davon isst, wird er nicht sterben. Ich bin das lebendige Brot, das vom Himmel herabgekommen ist. Wer von diesem Brot isst, wird in Ewigkeit leben. Das Brot, das ich geben werde, ist mein Fleisch, ich gebe es hin für das Leben der Welt.

Zum Evangelium Mit dem Wort „Brot" verbinden wir nicht nur Nahrung zur Lebenserhaltung. Wir gehen nicht im Überleben auf, sondern wir gehen, ja blühen auf, wo wir das Leben bejahen können. Zwischen Lebenserhaltung und Lebenserfüllung spannt sich der weite Bogen unserer Bedürfnisse. Nahrung ist Ausdruck für all das, „was Not tut für Leib und Leben". Jesu Wort: „Ich bin das Brot des Lebens" bezieht sich auf Lebenserfüllung. Ein Leben mit ihm, in seiner Nachfolge, bejahtes Leben – das ist die Grunderfahrung, von der unser Glaube kommt.
Brot ist zum Essen da. Es gibt uns Energie, wird Teil von uns. Brot sind Menschen füreinander, wenn sie lieben. Sie geben einander Energie, werden Teil voneinander. Das Brot Jesu ist Inbegriff der Liebe, weil er sich rückhaltlos als unsere Nahrung zur Lebenserfüllung gibt. Er wird Teil von uns. Er, Brot des Lebens, ist nicht kurzfristige, sondern ewige Lebenserfüllung. Und welch ein Trost, dass Gott unser Leben im Tod nicht fallen lässt, denn „wer von diesem Brot isst, wird in Ewigkeit leben".

Freitag der 3. Osterwoche

Lesung *Apostelgeschichte 9,1-20* In jenen Tagen wütete Saulus immer noch mit Drohung und Mord gegen die Jünger des Herrn. Er ging zum Hohenpriester und erbat sich von ihm Briefe an die Synagogen in Damaskus, um die Anhänger des neuen Weges, Männer und Frauen, die er dort finde, zu fesseln und nach Jerusalem zu bringen. Lj I+II
Unterwegs aber, als er sich bereits Damaskus näherte, geschah es, dass ihn plötzlich ein Licht vom Himmel umstrahlte. Er stürzte zu Boden und hörte, wie eine Stimme zu ihm sagte: Saul, Saul, warum verfolgst du mich? Er antwortete: Wer bist du, Herr? Dieser sagte: Ich bin Jesus, den du verfolgst. Steh auf und geh in die Stadt; dort wird dir gesagt werden, was du tun sollst.
Seine Begleiter standen sprachlos da; sie hörten zwar die Stimme, sahen aber niemand. Saulus erhob sich vom Boden. Als er aber die Augen öffnete,

sah er nichts. Sie nahmen ihn bei der Hand und führten ihn nach Damaskus hinein. Und er war drei Tage blind und er aß nicht und trank nicht.
In Damaskus lebte ein Jünger namens Hananias. Zu ihm sagte der Herr in einer Vision: Hananias! Er antwortete: Hier bin ich, Herr. Der Herr sagte zu ihm: Steh auf und geh zur so genannten Geraden Straße und frag im Haus des Judas nach einem Mann namens Saulus aus Tarsus. Er betet gerade und hat in einer Vision gesehen, wie ein Mann namens Hananias hereinkommt und ihm die Hände auflegt, damit er wieder sieht. Hananias antwortete: Herr, ich habe von vielen gehört, wie viel Böses dieser Mann deinen Heiligen in Jerusalem angetan hat. Auch hier hat er Vollmacht von den Hohenpriestern, alle zu verhaften, die deinen Namen anrufen. Der Herr aber sprach zu ihm: Geh nur! Denn dieser Mann ist mein auserwähltes Werkzeug: Er soll meinen Namen vor Völker und Könige und die Söhne Israels tragen. Ich werde ihm auch zeigen, wie viel er für meinen Namen leiden muss.
Da ging Hananias hin und trat in das Haus ein; er legte Saulus die Hände auf und sagte: Bruder Saul, der Herr hat mich gesandt, Jesus, der dir auf dem Weg hierher erschienen ist; du sollst wieder sehen und mit dem Heiligen Geist erfüllt werden. Sofort fiel es wie Schuppen von seinen Augen und er sah wieder; er stand auf und ließ sich taufen. Und nachdem er etwas gegessen hatte, kam er wieder zu Kräften. Einige Tage blieb er bei den Jüngern in Damaskus; und sogleich verkündete er Jesus in den Synagogen und sagte: Er ist der Sohn Gottes.

Evangelium *Johannes 6,52-59* In jener Zeit stritten sich die Juden und sagten: Wie kann er uns sein Fleisch zu essen geben?
Jesus sagte zu ihnen: Amen, amen, das sage ich euch: Wenn ihr das Fleisch des Menschensohnes nicht esst und sein Blut nicht trinkt, habt ihr das Leben nicht in euch. Wer mein Fleisch isst und mein Blut trinkt, hat das ewige Leben, und ich werde ihn auferwecken am Letzten Tag. Denn mein Fleisch ist wirklich eine Speise und mein Blut ist wirklich ein Trank. Wer mein Fleisch isst und mein Blut trinkt, der bleibt in mir und ich bleibe in ihm. Wie mich der lebendige Vater gesandt hat und wie ich durch den Vater lebe, so wird jeder, der mich isst, durch mich leben. Dies ist das Brot, das vom Himmel herabgekommen ist. Mit ihm ist es nicht wie mit dem Brot, das die Väter gegessen haben; sie sind gestorben. Wer aber dieses Brot isst, wird leben in Ewigkeit.
Diese Worte sprach Jesus, als er in der Synagoge von Kafarnaum lehrte.

Zum Evangelium Jesus provoziert und irritiert. Sein Fleisch essen und sein Blut trinken – wird da nicht ein uraltes Menschheitstabu, der Kannibalismus, angerührt? Das Irritierende der Worte Jesu lässt sich leichter verdauen, wenn wir die Zielrichtung seiner Worte beachten. Jesus überträgt die Notwendigkeit körperlicher Nahrungsaufnahme auf die

Notwendigkeit, für unseren Geist und unsere Seele zu sorgen. Er überträgt die körperlichen Funktionen von Hunger und Durst auf die Beziehungsebene zwischen Mensch und Gott. Es geht ihm darum, dass wir ihn in uns aufnehmen. Er will uns nähren und stärken, er will uns ganz in Fleisch und Blut übergehen. Das Bild, das Jesus verwendet, kennen wir aus unserem Alltag. „Ich habe dich zum Fressen gern", sagen wir, aber wir springen dem anderen nicht an die Gurgel, sondern im Gegenteil, weil ich den anderen so gern habe, will ich ihn ganz in mir aufnehmen, einen Teil von ihm mit mir tragen. Jesus bietet sich in diesem Bild des Einverleibens gegen jeden Hunger in der Welt als Not wendendes Lebensmittel an. Von diesem Jesus dürfen wir uns „eine Scheibe abschneiden": indem wir nachvollziehen, was er uns vorgelebt hat.

Samstag der 3. Osterwoche

Lesung *Apostelgeschichte 9,31-42* In jenen Tagen hatte die Kirche in ganz Judäa, Galiläa und Samarien nun Frieden; sie wurde gefestigt und lebte in der Furcht vor dem Herrn. Und sie wuchs durch die Hilfe des Heiligen Geistes. **Lj I+II**

Auf einer Reise zu den einzelnen Gemeinden kam Petrus auch zu den Heiligen in Lydda. Dort fand er einen Mann namens Äneas, der seit acht Jahren lahm und bettlägerig war.

Petrus sagte zu ihm: Äneas, Jesus Christus heilt dich. Steh auf und richte dir dein Bett! Sogleich stand er auf. Und alle Bewohner von Lydda und der Scharon-Ebene sahen ihn und bekehrten sich zum Herrn.

In Joppe lebte eine Jüngerin namens Tabita, das heißt übersetzt: Gazelle. Sie tat viele gute Werke und gab reichlich Almosen. In jenen Tagen aber wurde sie krank und starb. Man wusch sie und bahrte sie im Obergemach auf. Weil aber Lydda nahe bei Joppe liegt und die Jünger hörten, dass Petrus dort war, schickten sie zwei Männer zu ihm und ließen ihn bitten: Komm zu uns, zögere nicht! Da stand Petrus auf und ging mit ihnen. Als er ankam, führten sie ihn in das Obergemach hinauf; alle Witwen traten zu ihm, sie weinten und zeigten ihm die Röcke und Mäntel, die Gazelle gemacht hatte, als sie noch bei ihnen war. Petrus aber schickte alle hinaus, kniete nieder und betete. Dann wandte er sich zu dem Leichnam und sagte: Tabita, steh auf! Da öffnete sie ihre Augen, sah Petrus an und setzte sich auf. Er gab ihr die Hand und ließ sie aufstehen; dann rief er die Heiligen und die Witwen und zeigte ihnen, dass sie wieder lebte.

Das wurde in ganz Joppe bekannt und viele kamen zum Glauben an den Herrn.

Evangelium *Johannes 6,60-69* In jener Zeit sagten viele seiner Jünger, die ihm zuhörten: Was er sagt, ist unerträglich. Wer kann das anhören? Jesus erkannte, dass seine Jünger darüber murrten, und fragte sie: Daran nehmt ihr

Anstoß? Was werdet ihr sagen, wenn ihr den Menschensohn hinaufsteigen seht, dorthin, wo er vorher war? Der Geist ist es, der lebendig macht; das Fleisch nützt nichts.
Die Worte, die ich zu euch gesprochen habe, sind Geist und sind Leben. Aber es gibt unter euch einige, die nicht glauben. Jesus wusste nämlich von Anfang an, welche es waren, die nicht glaubten, und wer ihn verraten würde. Und er sagte: Deshalb habe ich zu euch gesagt: Niemand kann zu mir kommen, wenn es ihm nicht vom Vater gegeben ist.
Daraufhin zogen sich viele Jünger zurück und wanderten nicht mehr mit ihm umher. Da fragte Jesus die Zwölf: Wollt auch ihr weggehen? Simon Petrus antwortete ihm: Herr, zu wem sollen wir gehen? Du hast Worte des ewigen Lebens. Wir sind zum Glauben gekommen und haben erkannt: Du bist der Heilige Gottes.

Zum Evangelium Die einen finden das, was Jesus sagt, unerträglich und wenden sich von ihm ab; die anderen bleiben bei ihm, weil sie erkennen: „Du hast Worte des ewigen Lebens“. Die Einen zweifeln, die Anderen kommen zum Glauben. Der Glaube bietet eine Alternative zur „unerträglichen“ Eindimensionalität des Lebens an. Wer für dieses „Andere“ empfänglich ist, kann umgestaltet werden. Wer sich verschließt, empfindet dieses Andere „unerträglich“. So war es damals. So ist es heute. Wir leben in einer fest gefügten Welt, die ohne Gott auszukommen scheint. Wer sich ganz in diesen Rahmen einfügt, stößt von sich, was diesen Rahmen sprengen könnte. Erst wenn wir bereit sind, unsere Selbstgewissheit und Selbstsicherheit zerbrechen zu lassen, gewinnen wir Zugang zur Dimension Gottes. Dem Glaubenden wird das „Normale“ fraglich. Das kann ängstigen, weil bisheriger Halt nicht mehr trägt. Das Rettende muss es mit dem aufnehmen, was in unserem Leben abgründig ist. Der Glaube an Jesus Christus nimmt es, so wird uns gesagt, mit jedem Abgrund auf. Der Glaube an ihn weiß, dass der Abgrund nicht das Letzte ist, sondern dass da einer ist, der uns auffängt.

4. Osterwoche

Montag der 4. Osterwoche

Lj I+II **Lesung** *Apostelgeschichte 11,1-18* In jenen Tagen erfuhren die Apostel und die Brüder in Judäa, dass auch die Heiden das Wort Gottes angenommen hatten. Als nun Petrus nach Jerusalem hinaufkam, hielten ihm die gläubig gewordenen Juden vor: Du hast das Haus von Unbeschnittenen betreten und hast mit ihnen gegessen.
Da begann Petrus, ihnen der Reihe nach zu berichten: Ich war in der Stadt Joppe und betete; da hatte ich in einer Verzückung eine Vision: Eine Schale,

die aussah wie ein großes Leinentuch, das an den vier Ecken gehalten wurde, senkte sich aus dem Himmel bis zu mir herab. Als ich genauer hinschaute, sah ich darin die Vierfüßler der Erde, die wilden Tiere, die Kriechtiere und die Vögel des Himmels.
Ich hörte auch eine Stimme, die zu mir sagte: Steh auf, Petrus, schlachte und iss! Ich antwortete: Niemals, Herr! Noch nie ist etwas Unheiliges oder Unreines in meinen Mund gekommen. Doch zum zweiten Mal kam eine Stimme vom Himmel; sie sagte: Was Gott für rein erklärt hat, nenne du nicht unrein! Das geschah dreimal, dann wurde alles wieder in den Himmel hinaufgezogen. Da standen auf einmal drei Männer vor dem Haus, in dem ich wohnte; sie waren aus Cäsarea zu mir geschickt worden. Der Geist aber sagte mir, ich solle ohne Bedenken mit ihnen gehen. Auch diese sechs Brüder zogen mit mir und wir kamen in das Haus jenes Mannes. Er erzählte uns, wie er in seinem Haus den Engel stehen sah, der zu ihm sagte: Schick jemand nach Joppe und lass Simon, der Petrus genannt wird, holen. Er wird dir Worte sagen, durch die du mit deinem ganzen Haus gerettet werden wirst.
Während ich redete, kam der Heilige Geist auf sie herab, wie am Anfang auf uns. Da erinnerte ich mich an das Wort des Herrn: Johannes hat mit Wasser getauft, ihr aber werdet mit dem Heiligen Geist getauft werden. Wenn nun Gott ihnen, nachdem sie zum Glauben an Jesus Christus, den Herrn, gekommen sind, die gleiche Gabe verliehen hat wie uns: wer bin ich, dass ich Gott hindern könnte?
Als sie das hörten, beruhigten sie sich, priesen Gott und sagten: Gott hat also auch den Heiden die Umkehr zum Leben geschenkt.

Evangelium *Johannes 10,1-10* In jener Zeit sprach Jesus: Amen, amen, das sage ich euch: Wer in den Schafstall nicht durch die Tür hineingeht, sondern anderswo einsteigt, der ist ein Dieb und ein Räuber. Wer aber durch die Tür hineingeht, ist der Hirt der Schafe. Ihm öffnet der Türhüter und die Schafe hören auf seine Stimme; er ruft die Schafe, die ihm gehören, einzeln beim Namen und führt sie hinaus. Wenn er alle seine Schafe hinausgetrieben hat, geht er ihnen voraus, und die Schafe folgen ihm; denn sie kennen seine Stimme. Einem Fremden aber werden sie nicht folgen, sondern sie werden vor ihm fliehen, weil sie die Stimme des Fremden nicht kennen.
Dieses Gleichnis erzählte ihnen Jesus; aber sie verstanden nicht den Sinn dessen, was er ihnen gesagt hatte.
Weiter sagte Jesus zu ihnen: Amen, amen, ich sage euch: Ich bin die Tür zu den Schafen. Alle, die vor mir kamen, sind Diebe und Räuber; aber die Schafe haben nicht auf sie gehört. Ich bin die Tür; wer durch mich hineingeht, wird gerettet werden; er wird ein- und ausgehen und Weide finden. Der Dieb kommt nur, um zu stehlen, zu schlachten und zu vernichten; ich bin gekommen, damit sie das Leben haben und es in Fülle haben.

Zum Evangelium „Draußen vor der Tür", heißt ein Stück von Wolfgang Borchert, das er unmittelbar nach dem Zweiten Weltkrieg geschrieben hat. Ein Soldat kommt nach Jahren russischer Gefangenschaft nach Hause und findet keine Familie, kein Zuhause, keinen Lebenssinn mehr. Die Tür zu der Welt, die ihn einmal beherbergt hat, ist verschlossen. „Draußen vor der Tür" bleiben zu müssen, ist Sinnbild für Heimatlosigkeit, Einsamkeit und Verzweiflung.
Gegen all die verschlossenen Türen, auf die wir in unserem Leben stoßen, bietet Jesus sich als „die Tür" an, die zum Leben „in Fülle" führt. Er ist die Tür zwischen unserer Welt und der Welt Gottes. Er lädt uns ein, ohne irgendeine Vorbedingung in eine lebensfördernde, beglückende Beziehung zu Gott zu treten, in dieser Beziehung den Sinn unseres Lebens zu erkennen und aus dieser Beziehung unser Leben zu gestalten. Der Ort, den wir durch die stets offene Tür Jesus finden, ist unsere ewige Heimat. Wenn wir hier unsere Zelte abbrechen müssen, werden wir nicht obdachlos. Denn an der Pforte des Todes ist Jesus die offene Tür, die zum Leben in Fülle führt.

Dienstag der 4. Osterwoche

Lj I+II **Lesung** *Apostelgeschichte 11,19-26* In jenen Tagen kamen bei der Verfolgung, die wegen Stephanus entstanden war, die Versprengten bis nach Phönizien, Zypern und Antiochia; doch verkündeten sie das Wort nur den Juden. Einige aber von ihnen, die aus Zypern und Zyrene stammten, verkündeten, als sie nach Antiochia kamen, auch den Griechen das Evangelium von Jesus, dem Herrn. Die Hand des Herrn war mit ihnen und viele wurden gläubig und bekehrten sich zum Herrn. Die Nachricht davon kam der Gemeinde von Jerusalem zu Ohren und sie schickten Barnabas nach Antiochia. Als er ankam und die Gnade Gottes sah, freute er sich und ermahnte alle, dem Herrn treu zu bleiben, wie sie es sich vorgenommen hatten. Denn er war ein trefflicher Mann, erfüllt vom Heiligen Geist und von Glauben. So wurde für den Herrn eine beträchtliche Zahl hinzugewonnen.
Barnabas aber zog nach Tarsus, um Saulus aufzusuchen. Er fand ihn und nahm ihn nach Antiochia mit. Dort wirkten sie miteinander ein volles Jahr in der Gemeinde und unterrichteten eine große Zahl von Menschen. In Antiochia nannte man die Jünger zum ersten Mal Christen.

Evangelium *Johannes 10,22-30* In Jerusalem fand das Tempelweihfest statt. Es war Winter, und Jesus ging im Tempel in der Halle Salomos auf und ab. Da umringten ihn die Juden und fragten ihn: Wie lange noch willst du uns hinhalten? Wenn du der Messias bist, sag es uns offen!
Jesus antwortete ihnen: Ich habe es euch gesagt, aber ihr glaubt nicht. Die Werke, die ich im Namen meines Vaters vollbringe, legen Zeugnis für mich ab; ihr aber glaubt nicht, weil ihr nicht zu meinen Schafen gehört. Meine

Schafe hören auf meine Stimme; ich kenne sie und sie folgen mir. Ich gebe ihnen ewiges Leben. Sie werden niemals zugrunde gehen und niemand wird sie meiner Hand entreißen. Mein Vater, der sie mir gab, ist größer als alle und niemand kann sie der Hand meines Vaters entreißen. Ich und der Vater sind eins.

Zum Evangelium Ist er nun der Messias oder nicht? Es ist merkwürdig mit diesem Jesus. Er hat Autorität, das ist deutlich, aber diese Autorität bezieht ihre Macht nicht aus dem Herrschaftsverhältnis „ich da oben, ihr da unten". Seine Macht speist sich allein aus dem Wort der Liebe Gottes zu den Menschen. Wenn wir ihn als Autorität für unser Leben anerkennen und aus der Beziehung zu ihm unser Leben gestalten, dann hören wir auf seine Stimme und „gehen niemals zugrunde". Seine Stimme hilft, Gott selbst in den Sackgassen unseres Lebens jeden Tag neu zu finden. Seine Stimme zwischen den vielen Stimmen herauszuhören, die uns einflüstern, ihnen zu folgen, unseren Lebenssinn aus ihnen zu beziehen, ist gar nicht so einfach. Denn Jesus zu folgen heißt ja, bereit zum Lieben und damit zum Leiden zu sein. Hätte sich Jesus mit seiner Liebe mehr zurückgehalten, wäre er nicht diesen Tod gestorben. Doch „die Liebe, die er lebte, war radikal in dem Sinne, dass der Blick auf die Folgen für das eigene Leben nicht mehr wichtig erschien ... Die Nachfolge Christi sensibilisiert Menschen, sie macht sie aufmerksamer, nachdenklicher, empfindsamer und verwundbarer" (Dorothee Sölle).

Mittwoch der 4. Osterwoche

Lesung *Apostelgeschichte 12,24–13,5* In jener Zeit wuchs das Wort des Herrn aber und breitete sich aus. Nachdem Barnabas und Saulus in Jerusalem ihre Aufgabe erfüllt hatten, kehrten sie zurück; Johannes mit dem Beinamen Markus nahmen sie mit. **Lj I+II**

In der Gemeinde von Antiochia gab es Propheten und Lehrer: Barnabas und Simeon, genannt Niger, Luzius von Zyrene, Manaën, ein Jugendgefährte des Tetrarchen Herodes, und Saulus. Als sie zu Ehren des Herrn Gottesdienst feierten und fasteten, sprach der Heilige Geist: Wählt mir Barnabas und Saulus zu dem Werk aus, zu dem ich sie mir berufen habe. Da fasteten und beteten sie, legten ihnen die Hände auf und ließen sie ziehen.

Vom Heiligen Geist ausgesandt, zogen sie nach Seleuzia hinab und segelten von da nach Zypern. Als sie in Salamis angekommen waren, verkündeten sie das Wort Gottes in den Synagogen der Juden. Johannes hatten sie als Helfer bei sich.

Evangelium *Johannes 12,44-50* In jener Zeit rief Jesus aus: Wer an mich glaubt, glaubt nicht an mich, sondern an den, der mich gesandt hat, und wer mich sieht, sieht den, der mich gesandt hat.

Ich bin das Licht, das in die Welt gekommen ist, damit jeder, der an mich glaubt, nicht in der Finsternis bleibt. Wer meine Worte nur hört und sie nicht befolgt, den richte nicht ich; denn ich bin nicht gekommen, um die Welt zu richten, sondern um sie zu retten.
Wer mich verachtet und meine Worte nicht annimmt, der hat schon seinen Richter: Das Wort, das ich gesprochen habe, wird ihn richten am Letzten Tag. Denn was ich gesagt habe, habe ich nicht aus mir selbst, sondern der Vater, der mich gesandt hat, hat mir aufgetragen, was ich sagen und reden soll. Und ich weiß, dass sein Auftrag ewiges Leben ist. Was ich also sage, sage ich so, wie es mir der Vater gesagt hat.

Zum Evangelium Wie wirkt sich Jesu Zusage, er sei nicht zum Richten, sondern zum Retten gekommen, auf mein Leben aus? Schränke ich sein Wirken ein auf ein bisschen Andacht, ein bisschen Ethik, ein bisschen Leitbild? Jesus lehrt uns nicht etwas Vernünftiges, Lebenstaugliches, sondern er ist „Retter". Ein Retter schaut nicht unbeteiligt zu, ein Retter packt zu, entreißt den, der zu ertrinken droht, unter Einsatz seines Lebens aus dem Strudel, der ihn in die Tiefe zieht. Ob wir ihn als Retter zulassen, hängt davon ab, ob wir glauben, gerettet werden zu müssen. Wir sind doch ganz passabel, geraten nicht auf die schiefe Bahn, klagen Missstände an ...
Was muss in meinem Leben gerettet werden? Vielleicht, dass ich meine, mich nicht in die Reihe derer stellen zu müssen, die der Rettung bedürftig sind? Verstecke ich meine eigenen Sünden, indem ich die Sünden anderer anklage? Errettung fängt damit an, dass wir uns die Augen über unseren Zustand öffnen lassen und nach Christus greifen. Das Ja, das wir dann empfangen, übertrifft das Nein, das wir vielleicht verdienen. Wir verlieren nichts, wenn wir unsere Sünden erkennen, sondern wir gewinnen die rettende Liebe Christi, die uns in seinem Leben verwurzelt.

Donnerstag der 4. Osterwoche

Lj I+II **Lesung** *Apostelgeschichte 13,13-25* Von Paphos fuhr Paulus mit seinen Begleitern ab und kam nach Perge in Pamphylien. Johannes aber trennte sich von ihnen und kehrte nach Jerusalem zurück.
Sie selbst wanderten von Perge weiter und kamen nach Antiochia in Pisidien. Dort gingen sie am Sabbat in die Synagoge und setzten sich. Nach der Lesung aus dem Gesetz und den Propheten schickten die Synagogenvorsteher zu ihnen und ließen ihnen sagen: Brüder, wenn ihr ein Wort des Trostes für das Volk habt, so redet. Da stand Paulus auf, gab mit der Hand ein Zeichen und sagte: Ihr Israeliten und ihr Gottesfürchtigen, hört!
Der Gott dieses Volkes Israel hat unsere Väter erwählt und das Volk in der Fremde erhöht, in Ägypten; er hat sie mit hoch erhobenem Arm von dort herausgeführt und fast vierzig Jahre durch die Wüste getragen. Sieben Völker

hat er im Land Kanaan vernichtet und ihr Land ihnen zum Besitz gegeben, für etwa vierhundertfünfzig Jahre. Danach hat er ihnen Richter gegeben bis zum Propheten Samuel. Dann verlangten sie einen König und Gott gab ihnen Saul, den Sohn des Kisch, einen Mann aus dem Stamm Benjamin, für vierzig Jahre. Nachdem er ihn verworfen hatte, erhob er David zu ihrem König, von dem er bezeugte: Ich habe David, den Sohn des Isai, als einen Mann nach meinem Herzen gefunden, der alles, was ich will, vollbringen wird.
Aus seinem Geschlecht hat Gott dem Volk Israel, der Verheißung gemäß, Jesus als Retter geschickt. Vor dessen Auftreten hat Johannes dem ganzen Volk Israel Umkehr und Taufe verkündigt. Als Johannes aber seinen Lauf vollendet hatte, sagte er: Ich bin nicht der, für den ihr mich haltet; aber seht, nach mir kommt einer, dem die Sandalen von den Füßen zu lösen ich nicht wert bin.

Evangelium *Johannes 13,16-20* Nachdem Jesus den Jüngern die Füße gewaschen hatte, sprach er zu ihnen: Amen, amen, ich sage euch: Der Sklave ist nicht größer als sein Herr und der Abgesandte ist nicht größer als der, der ihn gesandt hat. Selig seid ihr, wenn ihr das wisst und danach handelt. Ich sage das nicht von euch allen. Ich weiß wohl, welche ich erwählt habe, aber das Schriftwort muss sich erfüllen: Einer, der mein Brot aß, hat mich hintergangen. Ich sage es euch schon jetzt, ehe es geschieht, damit ihr, wenn es geschehen ist, glaubt: Ich bin es.
Amen, amen, ich sage euch: Wer einen aufnimmt, den ich sende, nimmt mich auf; wer aber mich aufnimmt, nimmt den auf, der mich gesandt hat.

Zum Evangelium Jesus führt den Dienst eines Sklaven aus, als er seinen Jüngern die Füße wäscht. Er demonstriert damit, was Christ sein heißt: einander zu dienen, egal, welche Position wir einnehmen. Er bringt unser Bild von „oben“ und „unten“ durcheinander. Was wir als niedrige Arbeit ansehen, nimmt Jesus für sich in Anspruch. Im Reich Gottes ist das Dienen ein Zeichen der Gottesähnlichkeit. Wenn sich in einer Gemeinschaft „die einen“ „den anderen“ überlegen fühlen, dann haben sie den Dienst Jesu quittiert. Denn gerade da, wo konkurrierende oder einander abwertende Gefühle herrschen, gerade da beginnt der Dienst des einen am anderen: indem ich im anderen den Menschen sehe, der vor Gott nicht höher oder tiefer steht als ich, und ihn behandle wie meinen Bruder und meine Schwester. „Gott ist derjenige, dem wir unsere schwachen, ja selbst unsere unansehnlichsten Seiten hinhalten dürfen, damit er heilt und reinigt“ (Martin Löwenstein).

Freitag der 4. Osterwoche

Lesung *Apostelgeschichte 13,26-33* In jenen Tagen, als Paulus nach Antiochia in Pisidien gekommen war, sagte er in der Synagoge: Brüder, ihr Söhne Lj I+II

aus Abrahams Geschlecht und ihr Gottesfürchtigen! Uns wurde das Wort dieses Heils gesandt.
Denn die Einwohner von Jerusalem und ihre Führer haben Jesus nicht erkannt, aber sie haben die Worte der Propheten, die an jedem Sabbat vorgelesen werden, erfüllt und haben ihn verurteilt. Obwohl sie nichts fanden, wofür er den Tod verdient hätte, forderten sie von Pilatus seine Hinrichtung. Als sie alles vollbracht hatten, was in der Schrift über ihn gesagt ist, nahmen sie ihn vom Kreuzesholz und legten ihn ins Grab.
Gott aber hat ihn von den Toten auferweckt, und er ist viele Tage hindurch denen erschienen, die mit ihm zusammen von Galiläa nach Jerusalem hinaufgezogen waren und die jetzt vor dem Volk seine Zeugen sind.
So verkünden wir euch das Evangelium: Gott hat die Verheißung, die an die Väter ergangen ist, an uns, ihren Kindern, erfüllt, indem er Jesus auferweckt hat, wie es schon im zweiten Psalm heißt: Mein Sohn bist du, heute habe ich dich gezeugt.

Evangelium *Johannes 14,1-6* In jener Zeit sprach Jesus zu seinen Jüngern: Euer Herz lasse sich nicht verwirren. Glaubt an Gott und glaubt an mich! Im Haus meines Vaters gibt es viele Wohnungen. Wenn es nicht so wäre, hätte ich euch dann gesagt: Ich gehe, um einen Platz für euch vorzubereiten?
Wenn ich gegangen bin und einen Platz für euch vorbereitet habe, komme ich wieder und werde euch zu mir holen, damit auch ihr dort seid, wo ich bin. Und wohin ich gehe – den Weg dorthin kennt ihr.
Thomas sagte zu ihm: Herr, wir wissen nicht, wohin du gehst. Wie sollen wir dann den Weg kennen? Jesus sagte zu ihm: Ich bin der Weg und die Wahrheit und das Leben; niemand kommt zum Vater außer durch mich.

Zum Evangelium Jesus nimmt Abschied. Die Szene spitzt sich zu in der Frage des Thomas und der Antwort Jesu. Sie gibt eine klare Richtung vor. Ein anderer Weg als Jesus ist nicht Weg, nicht Wahrheit, nicht Leben. Dieser Absolutheitsanspruch scheint gegen das erste Gebot unserer Zeit zu verstoßen: die Toleranz. In einer pluralistischen Welt kann doch jeder „nach seiner Fasson selig werden". Nichts ist schlimmer, als in die Ecke der Intoleranz gestellt zu werden. Doch Religion lebt von ihrer inneren Überzeugungskraft. Wo sie fehlt, stirbt die Religion.
Wäre der Absolutheitsanspruch Jesu ein äußerer, müsste man ihn mit Gewalt durchsetzen – was in der Geschichte der Kirche leider häufig genug vorkam. Jesus geht es um einen inneren Absolutheitsanspruch. Dann bedeutet dieser Satz, dass ich ihn für mich persönlich nicht relativiere, sondern aus diesem Anspruch lebe und durch ihn Orientierung finde. Vielen Menschen ist heute jegliche Orientierung verloren gegangen. Es gibt immer mehr Möglichkeiten und zugleich immer weniger Sicherheit und

Geborgenheit. An Jesus glauben ist das unbedingte Zutrauen in die Lebensmacht Jesu und die Teilhabe an Gottes Lebensfülle. Jesus selbst war alles andere als intolerant. Der von sich sagt, Weg, Wahrheit, Leben zu sein, hat auf seinem Weg niemanden liegen gelassen, keinen weggestoßen oder ausgegrenzt. Im Gegenteil: Er hat aufgehoben, in die Arme geschlossen, Gemeinschaft mit den Ausgegrenzten gehabt.

Samstag der 4. Osterwoche

Lesung *Apostelgeschichte 13,44-52* Am Sabbat nach der ersten Predigt des Paulus in Antiochia versammelte sich fast die ganze Stadt, um das Wort des Herrn zu hören. Als die Juden die Scharen sahen, wurden sie eifersüchtig, widersprachen den Worten des Paulus und stießen Lästerungen aus. Paulus und Barnabas aber erklärten freimütig: Euch musste das Wort Gottes zuerst verkündet werden. Da ihr es aber zurückstoßt und euch des ewigen Lebens unwürdig zeigt, wenden wir uns jetzt an die Heiden. Denn so hat uns der Herr aufgetragen: **Lj I+II**

Ich habe dich zum Licht für die Völker gemacht,
bis an das Ende der Erde sollst du das Heil sein.

Als die Heiden das hörten, freuten sie sich und priesen das Wort des Herrn; und alle wurden gläubig, die für das ewige Leben bestimmt waren. Das Wort des Herrn aber verbreitete sich in der ganzen Gegend.

Die Juden jedoch hetzten die vornehmen gottesfürchtigen Frauen und die Ersten der Stadt auf, veranlassten eine Verfolgung gegen Paulus und Barnabas und vertrieben sie aus ihrem Gebiet. Diese aber schüttelten gegen sie den Staub von ihren Füßen und zogen nach Ikonion. Und die Jünger waren voll Freude und erfüllt vom Heiligen Geist.

Evangelium *Johannes 14,7-14* In jener Zeit sprach Jesus zu seinen Jüngern: Wenn ihr mich erkannt habt, werdet ihr auch meinen Vater erkennen. Schon jetzt kennt ihr ihn und habt ihn gesehen.

Philippus sagte zu ihm: Herr, zeig uns den Vater; das genügt uns. Jesus antwortete ihm: Schon so lange bin ich bei euch und du hast mich nicht erkannt, Philippus? Wer mich gesehen hat, hat den Vater gesehen. Wie kannst du sagen: Zeig uns den Vater? Glaubst du nicht, dass ich im Vater bin und dass der Vater in mir ist? Die Worte, die ich zu euch sage, habe ich nicht aus mir selbst. Der Vater, der in mir bleibt, vollbringt seine Werke. Glaubt mir doch, dass ich im Vater bin und dass der Vater in mir ist; wenn nicht, glaubt wenigstens aufgrund der Werke!

Amen, amen, ich sage euch: Wer an mich glaubt, wird die Werke, die ich vollbringe, auch vollbringen und er wird noch größere vollbringen, denn ich gehe zum Vater. Alles, um was ihr in meinem Namen bittet, werde ich tun, damit der Vater im Sohn verherrlicht wird. Wenn ihr mich um etwas in meinem Namen bittet, werde ich es tun.

Zum Evangelium Kein Mensch „hat Gott jemals gesehen“ (4,12a). Und da fragt nun Philippus: „Zeig uns den Vater.“ Ob Jesus verärgert ist über diese Frage? Müssten seine Freunde und Freundinnen, die immer mit ihm zusammen sind, nicht wissen, dass er das Antlitz des Vaters ist? Gott sehen? Nur durch Jesus. Gott erfahren? Nur durch Jesus. Gott hat als Zeichen seiner Liebe Jesus in die Welt gesandt, damit wir erkennen, was und wer Gott ist und was er nicht ist. Alles, was nicht Liebe ist, ist nicht Gott. Alles, was Liebe ist, ist Gott. Seine Liebe geht unserer Liebe voraus. Wenn wir lieben, „sehen“ und erfahren wir in unserer Liebe zueinander ein Abbild der Liebe Gottes. Unsere ach so unvollkommene Liebe weist hin auf das Urbild und den Inbegriff der Liebe, auf Gott selbst. Erst die Liebe macht uns wesentlich. In ihr spiegelt sich Gott.
„Mensch, werde wesentlich: denn, wann die Welt vergeht, so fällt der Zufall weg, das Wesen, das besteht“ (Angelus Silesius).

5. Osterwoche

Montag der 5. Osterwoche

Lj I+II **Lesung** *Apostelgeschichte 14,5-18* In jenen Tagen, als die Apostel merkten, dass die Heiden und die Juden zusammen mit ihren Führern entschlossen waren, sie zu misshandeln und zu steinigen, flohen sie in die Städte von Lykaonien, Lystra und Derbe, und in deren Umgebung. Dort verkündeten sie das Evangelium.
In Lystra war ein Mann, der von Geburt an gelähmt war; er saß ohne Kraft in den Füßen da und hatte nie gehen können. Er hörte der Predigt des Paulus zu. Dieser blickte ihm fest ins Auge; und da er sah, dass der Mann darauf vertraute, gerettet zu werden, rief er laut: Steh auf! Stell dich aufrecht auf deine Füße! Da sprang der Mann auf und ging umher.
Als die Menge sah, was Paulus getan hatte, fing sie an zu schreien und rief auf Lykaonisch: Die Götter sind in Menschengestalt zu uns herabgestiegen. Und sie nannten den Barnabas Zeus, den Paulus aber Hermes, weil er der Wortführer war. Der Priester des „Zeus vor der Stadt“ brachte Stiere und Kränze an die Tore und wollte zusammen mit der Volksmenge ein Opfer darbringen.
Als die Apostel Barnabas und Paulus davon hörten, zerrissen sie ihre Kleider, sprangen unter das Volk und riefen: Männer, was tut ihr? Auch wir sind nur Menschen, von gleicher Art wie ihr; wir bringen euch das Evangelium, damit ihr euch von diesen nichtigen Götzen zu dem lebendigen Gott bekehrt, der den Himmel, die Erde und das Meer geschaffen hat und alles, was dazugehört. Er ließ in den vergangenen Zeiten alle Völker ihre Wege gehen. Und doch hat er sich nicht unbezeugt gelassen: Er tat Gutes, gab euch vom Himmel her Regen und fruchtbare Zeiten; mit Nahrung und mit Freude erfüllte

er euer Herz. Doch selbst mit diesen Worten konnten sie die Volksmenge kaum davon abbringen, ihnen zu opfern.

Evangelium *Johannes 14,21-26* In jener Zeit sprach Jesus zu seinen Jüngern: Wer meine Gebote hat und sie hält, der ist es, der mich liebt; wer mich aber liebt, wird von meinem Vater geliebt werden und auch ich werde ihn lieben und mich ihm offenbaren. Judas – nicht der Judas Iskariot – fragte ihn: Herr, warum willst du dich nur uns offenbaren und nicht der Welt?
Jesus antwortete ihm: Wenn jemand mich liebt, wird er an meinem Wort festhalten; mein Vater wird ihn lieben und wir werden zu ihm kommen und bei ihm wohnen. Wer mich nicht liebt, hält an meinen Worten nicht fest. Und das Wort, das ihr hört, stammt nicht von mir, sondern vom Vater, der mich gesandt hat. Das habe ich zu euch gesagt, während ich noch bei euch bin. Der Beistand aber, der Heilige Geist, den der Vater in meinem Namen senden wird, der wird euch alles lehren und euch an alles erinnern, was ich euch gesagt habe.

Zum Evangelium Was ist es, was der Heilige Geist uns lehren, wessen er uns erinnern und worin er uns Beistand sein will? Es muss mit Liebe zu tun haben, denn in immer neuen Wendungen kommt Jesus auf die Liebe zurück, als sähe er die Gefahr, dass die Liebe von anderen Worten, Lehren, Erinnerungen überlagert wird und zu einer bloßen Randverzierung unseres Lebens verkommt, wenn wir am Wort der Liebe nicht „festhalten".
Sein Geist ist der Lehrer der Liebe und das Gedächtnis der Liebe. Was er uns zu sagen hat, können wir uns nicht selbst sagen. Was er uns lehren will, hat nichts mit Einbläuen von irgendwelchen Sätzen zu tun, sondern mit dem Erschließen unserer Wirklichkeit, dem Durchdringen unserer Wahrnehmung. Wenn es Liebe ist, die uns die Wirklichkeit erschließt und unsere Wahrnehmung durchdringt, dann ordnet sich unser Leben ganz von selbst, es wird „mittig", es gewinnt Orientierung. Der Geist Gottes ruft uns ins Gedächtnis, dass wir Geliebte, Liebenswerte, Liebesbegabte sind. „Wenn Gottes Geist zu uns kommt, dann zieht er uns in Gottes ureigenes Gedenken hinein ... und gibt uns Leben: das Leben, das in Gott bewahrt bleibt und das Gottes Wirken Raum lässt" (Gerhard Sauter).

Dienstag der 5. Osterwoche

Lesung *Apostelgeschichte 14,19-28* In jenen Tagen kamen Juden von Antiochia und Ikonion und überredeten die Volksmenge. Und sie steinigten den Paulus und schleiften ihn zur Stadt hinaus, in der Meinung, er sei tot. Als aber die Jünger ihn umringten, stand er auf und ging in die Stadt. Am anderen Tag zog er mit Barnabas nach Derbe weiter. **Lj I+II**

Als sie dieser Stadt das Evangelium verkündet und viele Jünger gewonnen hatten, kehrten sie nach Lystra, Ikonion und Antiochia zurück. Sie sprachen den Jüngern Mut zu und ermahnten sie, treu am Glauben fest zu halten; sie sagten: Durch viele Drangsale müssen wir in das Reich Gottes gelangen. In jeder Gemeinde bestellten sie durch Handauflegung Älteste und empfahlen sie mit Gebet und Fasten dem Herrn, an den sie nun glaubten.
Nachdem sie durch Pisidien gezogen waren, kamen sie nach Pamphylien, verkündeten in Perge das Wort und gingen dann nach Attalia hinab. Von dort fuhren sie mit dem Schiff nach Antiochia, wo man sie für das Werk, das sie nun vollbracht hatten, der Gnade Gottes empfohlen hatte. Als sie dort angekommen waren, riefen sie die Gemeinde zusammen und berichteten alles, was Gott mit ihnen zusammen getan und dass er den Heiden die Tür zum Glauben geöffnet hatte. Und sie blieben noch längere Zeit bei den Jüngern.

Evangelium *Johannes 14,27-31a* In jener Zeit sprach Jesus zu seinen Jüngern: Frieden hinterlasse ich euch, meinen Frieden gebe ich euch; nicht einen Frieden, wie die Welt ihn gibt, gebe ich euch. Euer Herz beunruhige sich nicht und verzage nicht. Ihr habt gehört, dass ich zu euch sagte: Ich gehe fort und komme wieder zu euch zurück. Wenn ihr mich lieb hättet, würdet ihr euch freuen, dass ich zum Vater gehe; denn der Vater ist größer als ich.
Jetzt schon habe ich es euch gesagt, bevor es geschieht, damit ihr, wenn es geschieht, zum Glauben kommt. Ich werde nicht mehr viel zu euch sagen; denn es kommt der Herrscher der Welt. Über mich hat er keine Macht, aber die Welt soll erkennen, dass ich den Vater liebe und so handle, wie es mir der Vater aufgetragen hat. Steht auf, wir wollen weggehen von hier.

Zum Evangelium Das Wort Frieden hat Hochkonjunktur. Nicht weil wir so viel, sondern weil wir so wenig davon haben. In vielen Teilen unserer Welt herrscht Krieg oder bestenfalls Waffenstillstand. Weil der Mensch in sich gespalten ist, liegt die ganze Welt im Unfrieden. Würden wir den Slogan „Stell dir vor, es ist Krieg, und keiner geht hin", beherzigen, wäre das ein Schritt auf den Frieden zu. Nicht mitmachen, nicht teilnehmen, sich nicht aufrüsten, sondern abrüsten, sich verweigern und nicht zustimmen. Aber das ist nicht genug. Friede ist nicht nur Abwesenheit von Krieg. Friede ist Ganzsein, Heilsein, Vollendung des einzelnen und der Gemeinschaft. Wer mit sich selbst im Zwist ist, kann die anderen nicht zum Frieden anstecken.
Jesus hat mitten in alle innere und äußere Friedlosigkeit hinein das erlösende und befreiende Wort gesprochen, das wir in jeder Eucharistiefeier hören: „Frieden hinterlasse ich euch, meinen Frieden gebe ich euch." Was könnte sich verändern, wenn wir diese Zusage nicht nur hörten, sondern sie in einer ganz persönlichen, unfriedlichen Situation umzusetzen

versuchten? Die Gabe des Friedens Christi enthält immer zugleich die Forderung an uns, gegen jede Art von Unfrieden aufzustehen.

Mittwoch der 5. Osterwoche

Lesung *Apostelgeschichte 15,1-6* In jenen Tagen kamen einige Leute von Judäa herab und lehrten die Brüder: Wenn ihr euch nicht nach dem Brauch des Mose beschneiden lasst, könnt ihr nicht gerettet werden. **Lj I+II**
Nach großer Aufregung und heftigen Auseinandersetzungen zwischen ihnen und Paulus und Barnabas beschloss man, Paulus und Barnabas und einige andere von ihnen sollten wegen dieser Streitfrage zu den Aposteln und den Ältesten nach Jerusalem hinaufgehen. Sie wurden von der Gemeinde feierlich verabschiedet und zogen durch Phönizien und Samarien; dabei berichteten sie den Brüdern von der Bekehrung der Heiden und bereiteten damit allen große Freude.
Bei ihrer Ankunft in Jerusalem wurden sie von der Gemeinde und von den Aposteln und den Ältesten empfangen. Sie erzählten alles, was Gott mit ihnen zusammen getan hatte.
Da erhoben sich einige aus dem Kreis der Pharisäer, die gläubig geworden waren, und sagten: Man muss sie beschneiden und von ihnen fordern, am Gesetz des Mose festzuhalten. Die Apostel und die Ältesten traten zusammen, um die Frage zu prüfen.

Evangelium *Johannes 15,1-8* In jener Zeit sprach Jesus zu seinen Jüngern: Ich bin der wahre Weinstock und mein Vater ist der Winzer. Jede Rebe an mir, die keine Frucht bringt, schneidet er ab und jede Rebe, die Frucht bringt, reinigt er, damit sie mehr Frucht bringt.
Ihr seid schon rein durch das Wort, das ich zu euch gesagt habe. Bleibt in mir, dann bleibe ich in euch. Wie die Rebe aus sich keine Frucht bringen kann, sondern nur, wenn sie am Weinstock bleibt, so könnt auch ihr keine Frucht bringen, wenn ihr nicht in mir bleibt.
Ich bin der Weinstock, ihr seid die Reben. Wer in mir bleibt und in wem ich bleibe, der bringt reiche Frucht; denn getrennt von mir könnt ihr nichts vollbringen. Wer nicht in mir bleibt, wird wie die Rebe weggeworfen und er verdorrt. Man sammelt die Reben, wirft sie ins Feuer und sie verbrennen.
Wenn ihr in mir bleibt und wenn meine Worte in euch bleiben, dann bittet um alles, was ihr wollt: Ihr werdet es erhalten. Mein Vater wird dadurch verherrlicht, dass ihr reiche Frucht bringt und meine Jünger werdet.

Zum Evangelium Ohne Jesus, den Weinstock, sind wir, die Reben, nutzlos. „Getrennt von mir könnt ihr nichts vollbringen." Ein Bild, das widersprüchliche Gefühle auslöst: für die einen Ausdruck intimster Innigkeit, für die anderen Verlust von Unabhängigkeit. Im Zeitalter der Individualität stehen Autonomie und Selbstbestimmung hoch im Kurs, Ab-

hängigkeit wird mit Schwäche assoziiert. Selber „Weinstock“ sein, selber Quelle sein, Quelle der Inspiration, des vollen Lebens, des köstlichen Genusses. Andere sollen von mir abhängen, nicht umgekehrt.
Wenn wir uns aus dem Bild der Rebe lösen, werden wir zwar beeindruckt von dem, was wir erreichen, werden aber auch heruntergerissen von all dem, woran wir scheitern. Scheitern in unserer Gesellschaft heißt, ich bin nichts mehr wert. Ist es da nicht befreiend, wenn wir nicht ständig selbst gemachte Früchte produzieren müssen, sondern uns von dieser Lebensquelle nähren lassen, die nie versiegt? Hoffnung, Trost, Lebensmut schöpfen wir nicht aus uns selbst, sondern aus dem Weinstock, der uns frei macht, indem er uns an sich bindet. Im Austausch mit dieser Liebe, dem „schönsten Zustand freiwilliger Abhängigkeit“ (Goethe), wird unser Leben fruchtbar – und kein Scheitern im realen Leben kann uns von dieser Liebe trennen.

Donnerstag der 5. Osterwoche

Lj I+II **Lesung** *Apostelgeschichte 15,7-21* In jenen Tagen, als ein heftiger Streit entstand, erhob sich Petrus und sagte zu den Aposteln und Ältesten: Brüder, wie ihr wisst, hat Gott schon längst hier bei euch die Entscheidung getroffen, dass die Heiden durch meinen Mund das Wort des Evangeliums hören und zum Glauben gelangen sollen. Und Gott, der die Herzen kennt, bestätigte dies, indem er ihnen ebenso wie uns den Heiligen Geist gab. Er machte keinerlei Unterschied zwischen uns und ihnen; denn er hat ihre Herzen durch den Glauben gereinigt. Warum stellt ihr also jetzt Gott auf die Probe und legt den Jüngern ein Joch auf den Nacken, das weder unsere Väter noch wir tragen konnten? Wir glauben im Gegenteil, durch die Gnade Jesu, des Herrn, gerettet zu werden, auf die gleiche Weise wie jene.
Da schwieg die ganze Versammlung. Und sie hörten Barnabas und Paulus zu, wie sie erzählten, welch große Zeichen und Wunder Gott durch sie unter den Heiden getan hatte.
Als sie geendet hatten, nahm Jakobus das Wort und sagte: Brüder, hört mich an! Simon hat berichtet, dass Gott selbst zuerst eingegriffen hat, um aus den Heiden ein Volk für seinen Namen zu gewinnen. Damit stimmen die Worte der Propheten überein, die geschrieben haben: Danach werde ich mich umwenden und die zerfallene Hütte Davids wieder aufrichten; ich werde sie aus ihren Trümmern wieder aufrichten und werde sie wiederherstellen, damit die übrigen Menschen den Herrn suchen, auch alle Völker, über denen mein Name ausgerufen ist – spricht der Herr, der das ausführt, was ihm seit Ewigkeit bekannt ist. Darum halte ich es für richtig, den Heiden, die sich zu Gott bekehren, keine Lasten aufzubürden; man weise sie nur an, Verunreinigung durch Götzenopferfleisch und Unzucht zu meiden und weder Ersticktes noch Blut zu essen. Denn Mose hat seit ältesten Zeiten in jeder Stadt seine Verkündiger, da er in den Synagogen an jedem Sabbat verlesen wird.

Evangelium *Johannes 15,9-11* In jener Zeit sprach Jesus zu seinen Jüngern: Wie mich der Vater geliebt hat, so habe auch ich euch geliebt. Bleibt in meiner Liebe! Wenn ihr meine Gebote haltet, werdet ihr in meiner Liebe bleiben, so wie ich die Gebote meines Vaters gehalten habe und in seiner Liebe bleibe. Dies habe ich euch gesagt, damit meine Freude in euch ist und damit eure Freude vollkommen wird.

Zum Evangelium Wer möchte nicht in der Liebe eines anderen Menschen sein und bleiben! Nur – wie oft geht es anders: Die Liebe bleibt nicht. Der, die Geliebte bleibt nicht. Die Liebe kommt plötzlich abhanden „wie andern Leuten der Stock oder Hut" (Erich Kästner). Die Sehnsucht läuft ins Leere, und Freude, gar vollkommene Freude – hat man sie je erlebt? Wir sind angewiesen auf Liebe, von Kindheit an bis ins hohe Alter. Ohne Liebe ist alles nichts.
So wenig wir vielleicht davon spüren in einer kalten Welt, bei zerbrechenden Beziehungen zwischen Partnern, zwischen Eltern und Kindern und Freunden, wir sind geliebt! Wir sind umhüllt mit Liebe von dem, der uns bittet, umwirbt und ermahnt zugleich: „Bleibt in meiner Liebe!" Diese Liebe liebt uns weiter, selbst wenn wir nicht in ihr bleiben. Diese Liebe müssen wir uns nicht verdienen, sie ist uns geschenkt. Das Bleiben in ihr garantiert uns Leben. Das Einzige, was diese Liebe will, ist eine Antwort. Sie lautet: Haltet meine Gebote! Jesu Gebote zeigen, wie Liebe geht, wie sie praktisch wird und wie sehr sie zu unserer Quelle werden kann, gerade dann, wenn sie im menschlichen Bereich weit weg zu sein scheint. Erfahrbar wird die Liebe Gottes in meinen Liebesversuchen, und seien sie noch so unbeholfen. Er blickt mich im Blick des Menschen an, der unter meinem Liebes-Blick aufblüht.

Freitag der 5. Osterwoche

Lesung *Apostelgeschichte 15,22-31* In jenen Tagen beschlossen die Apostel und die Ältesten zusammen mit der ganzen Gemeinde, Männer aus ihrer Mitte auszuwählen und sie zusammen mit Paulus und Barnabas nach Antiochia zu senden, nämlich Judas, genannt Barsabbas, und Silas, führende Männer unter den Brüdern. Sie gaben ihnen folgendes Schreiben mit: Lj I+II
Die Apostel und die Ältesten, eure Brüder, grüßen die Brüder aus dem Heidentum in Antiochia, in Syrien und Zilizien. Wir haben gehört, dass einige von uns, denen wir keinen Auftrag erteilt haben, euch mit ihren Reden beunruhigt und eure Gemüter erregt haben. Deshalb haben wir uns geeinigt und beschlossen, Männer auszuwählen und zusammen mit unseren lieben Brüdern Barnabas und Paulus zu euch zu schicken, die beide für den Namen Jesu Christi, unseres Herrn, ihr Leben eingesetzt haben. Wir haben Judas und Silas abgesandt, die euch das Gleiche auch mündlich mitteilen sollen. Denn der Heilige Geist und wir haben beschlossen, euch keine weitere Last aufzuerle-

gen als diese notwendigen Dinge: Götzenopferfleisch, Blut, Ersticktes und Unzucht zu meiden. Wenn ihr euch davor hütet, handelt ihr richtig. Lebt wohl! Man verabschiedete die Abgesandten und sie zogen hinab nach Antiochia, riefen die Gemeinde zusammen und übergaben ihr den Brief. Die Brüder lasen ihn und freuten sich über die Ermunterung.

Evangelium *Johannes 15,12-17* In jener Zeit sprach Jesus zu seinen Jüngern: Das ist mein Gebot: Liebt einander, so wie ich euch geliebt habe. Es gibt keine größere Liebe, als wenn einer sein Leben für seine Freunde hingibt. Ihr seid meine Freunde, wenn ihr tut, was ich euch auftrage. Ich nenne euch nicht mehr Knechte; denn der Knecht weiß nicht, was sein Herr tut. Vielmehr habe ich euch Freunde genannt; denn ich habe euch alles mitgeteilt, was ich von meinem Vater gehört habe.
Nicht ihr habt mich erwählt, sondern ich habe euch erwählt und dazu bestimmt, dass ihr euch aufmacht und Frucht bringt und dass eure Frucht bleibt. Dann wird euch der Vater alles geben, um was ihr ihn in meinem Namen bittet. Dies trage ich euch auf: Liebt einander!

Zum Evangelium Freundschaft ist etwas vom Kostbarsten des Lebens. Jesus stellt hier die Liebe zwischen Freunden über alle anderen Arten der Liebe. Denn die Liebe zwischen Freunden ist die Beziehung zwischen Gleichen. Wenn Jesus uns Freunde nennt, stellt er uns als „Gleichartige" neben sich. Dieser Freundschaft entsprechen wir durch die Liebe, die Jesus gelebt hat. Wenn wir tun, was er uns weist, entsteht eine Ordnung, die nicht von außen aufgezwungen ist, sondern die sich im Innenraum unseres Daseins wie von selbst entfaltet. Letzten Endes ist Freundschaft die Hingabe des Lebens für den anderen. Manche Menschen haben das Ideal einer Freundschaft gelebt, die nicht nur etwas, sondern alles kostet. Jesus, der sich vollkommen, bis in den Tod, als unser Freund hingegeben hat, verlangt von uns nicht, dass wir für den anderen sterben, sondern dass wir für ihn leben, bereit sind, unser alltägliches Leben für ihn einzusetzen und aufzubrauchen. Sinnerfülltes Leben ist Leben, das für den andern einsteht und ihm Freund wird. So bringt es Frucht, die bleibt. „Die einzige Art, einen Freund zu haben, ist, einer zu sein" (Ralph Waldo Emerson).

Samstag der 5. Osterwoche

Lj I+II **Lesung** *Apostelgeschichte 16,1-10* In jenen Tagen kam Paulus auch nach Derbe und nach Lystra. Dort war ein Jünger namens Timotheus, der Sohn einer gläubig gewordenen Jüdin und eines Griechen. Er war Paulus von den Brüdern in Lystra und Ikonion empfohlen worden. Paulus wollte ihn als Begleiter mitnehmen und ließ ihn mit Rücksicht auf die Juden, die in jenen Gegenden wohnten, beschneiden; denn alle wussten, dass sein Vater ein Grieche war.

Als sie nun durch die Städte zogen, überbrachten sie ihnen die von den Aposteln und den Ältesten in Jerusalem gefassten Beschlüsse und trugen ihnen auf, sich daran zu halten. So wurden die Gemeinden im Glauben gestärkt und wuchsen von Tag zu Tag.
Weil ihnen aber vom Heiligen Geist verwehrt wurde, das Wort in der Provinz Asien zu verkünden, reisten sie durch Phrygien und das galatische Land. Sie zogen an Mysien entlang und versuchten, Bithynien zu erreichen; doch auch das erlaubte ihnen der Geist Jesu nicht.
So durchwanderten sie Mysien und kamen nach Troas hinab. Dort hatte Paulus in der Nacht eine Vision. Ein Mazedonier stand da und bat ihn: Komm herüber nach Mazedonien und hilf uns! Auf diese Vision hin wollten wir sofort nach Mazedonien abfahren; denn wir waren überzeugt, dass uns Gott dazu berufen hatte, dort das Evangelium zu verkünden.

Evangelium *Johannes 15,18-21* In jener Zeit sprach Jesus zu seinen Jüngern: Wenn die Welt euch hasst, dann wisst, dass sie mich schon vor euch gehasst hat. Wenn ihr von der Welt stammen würdet, würde die Welt euch als ihr Eigentum lieben. Aber weil ihr nicht von der Welt stammt, sondern weil ich euch aus der Welt erwählt habe, darum hasst euch die Welt.
Denkt an das Wort, das ich euch gesagt habe: Der Sklave ist nicht größer als sein Herr. Wenn sie mich verfolgt haben, werden sie auch euch verfolgen; wenn sie an meinem Wort festgehalten haben, werden sie auch an eurem Wort festhalten. Das alles werden sie euch um meines Namens willen antun; denn sie kennen den nicht, der mich gesandt hat.

Zum Evangelium „Du bist nicht von dieser Welt!“ Du bist nicht alltagstauglich, du weißt nicht, wie es im wirklichen Leben zugeht. Nicht von dieser Welt sind die Verträumten, Idealistischen, ein bisschen Verrückten. Man lächelt milde über sie, so lange sie den Ablauf der Welt nicht stören. Wenn sie sich aber einmischen in die Welt, werden sie lästig, sind sie keine „netten Spinner“ mehr. „Ihr stammt nicht von der Welt“, sagt Jesus, so wenig wie er selbst von dieser Welt stammt. Denn seine Botschaft widerspricht den weltlichen Spielregeln. Jesus hat festgefahrene Sichtweisen verändert und neue Horizonte eröffnet.
Wer ihm nachfolgt, wird ein Stück welt-fremd bleiben, er wird nicht alles mitmachen, er bekommt ein sensibles Gespür für all das, was in dieser Welt keinen Platz hat, ausgeschieden, an die Ränder gedrängt wird. Wir leben in der Welt und gehen in dieser Welt nicht auf. Wir haben kritische Distanz zur Welt und sind dennoch da für die Welt. Wo kommt Gottes Botschaft heute an? Wo wird sie abgelehnt? Wo muss sie fremd bleiben, ja stören, Widerstand leisten? Gott bleibt ein „Fremder“ in dieser Welt, damit die Welt menschlicher wird.

6. Osterwoche

Montag der 6. Osterwoche

Lj I+II **Lesung** *Apostelgeschichte 16,11-15* Wir brachen von Troas auf und fuhren auf dem kürzesten Weg nach Samothrake und am folgenden Tag nach Neapolis. Von dort gingen wir nach Philippi, in eine Stadt im ersten Bezirk von Mazedonien, eine Kolonie. In dieser Stadt hielten wir uns einige Tage auf. Am Sabbat gingen wir durch das Stadttor hinaus an den Fluss, wo wir eine Gebetsstätte vermuteten. Wir setzten uns und sprachen zu den Frauen, die sich eingefunden hatten.
Eine Frau namens Lydia, eine Purpurhändlerin aus der Stadt Thyatira, hörte zu; sie war eine Gottesfürchtige und der Herr öffnete ihr das Herz, sodass sie den Worten des Paulus aufmerksam lauschte. Als sie und alle, die zu ihrem Haus gehörten, getauft waren, bat sie: Wenn ihr überzeugt seid, dass ich fest an den Herrn glaube, kommt in mein Haus und bleibt da. Und sie drängte uns.

Evangelium *Johannes 15,26–16,4a* In jener Zeit sprach Jesus zu seinen Jüngern: Wenn der Beistand kommt, den ich euch vom Vater aus senden werde, der Geist der Wahrheit, der vom Vater ausgeht, dann wird er Zeugnis für mich ablegen. Und auch ihr sollt Zeugnis ablegen, weil ihr von Anfang an bei mir seid.
Das habe ich euch gesagt, damit ihr keinen Anstoß nehmt. Sie werden euch aus der Synagoge ausstoßen, ja es kommt die Stunde, in der jeder, der euch tötet, meint, Gott einen heiligen Dienst zu leisten. Das werden sie tun, weil sie weder den Vater noch mich erkannt haben. Ich habe es euch gesagt, damit ihr, wenn deren Stunde kommt, euch an meine Worte erinnert.

Zum Evangelium Jesu sieht beim Abschied von den Jüngern den kommenden Tatsachen nüchtern ins Auge. Es wird schwer werden für jene, die ihn bezeugen wollen. Man wird sie um seinetwillen verfolgen oder gar töten. Aber sie werden nicht allein sein. Sie haben den Geist der Wahrheit, den Beistand, den Tröster bei sich. Das griechische Wort für Beistand, Paraklet, bedeutet so viel wie Fürsprecher oder Anwalt. Das ist einer, der tröstet und nicht vertröstet.
Es gibt bis heute Länder, in denen Menschen wegen ihres Glaubens verfolgt und umgebracht werden. In unseren Breitengraden müssen wir das nicht befürchten. Wir müssen eher befürchten, dass uns die Freiheit des Glaubens allzu selbstverständlich ist, dass wir nichts mehr riskieren. Woher nehmen Menschen einen Glauben, der ihnen mehr wert ist als ihr eigenes Leben? Woher nehmen sie die Zuversicht, dass es jemanden gibt, der stärker ist als alle Mächte der Welt zusammen? Der für sie eintritt, wenn es hart auf hart kommt? Christlicher Glaube ist keine Weltanschau-

ung, dann wäre er harmlos, sondern er rechnet fest mit der Gegenwart des Wirkens Gottes in dieser Welt. Rechnen wir mit diesem Gott und seinem Beistand?

Dienstag der 6. Osterwoche

Lesung *Apostelgeschichte 16,22-34* In jenen Tagen erhob sich das Volk von Philippi gegen Paulus und Silas und die obersten Beamten ließen ihnen die Kleider vom Leib reißen und befahlen, sie mit Ruten zu schlagen. Sie ließen ihnen viele Schläge geben und sie ins Gefängnis bringen; dem Gefängniswärter befahlen sie, sie in sicherem Gewahrsam zu halten. Auf diesen Befehl hin warf er sie in das innere Gefängnis und schloss zur Sicherheit ihre Füße in den Block. **Lj I+II**

Um Mitternacht beteten Paulus und Silas und sangen Loblieder; und die Gefangenen hörten ihnen zu. Plötzlich begann ein gewaltiges Erdbeben, sodass die Grundmauern des Gefängnisses wankten. Mit einem Schlag sprangen die Türen auf und allen fielen die Fesseln ab. Als der Gefängniswärter aufwachte und alle Türen des Gefängnisses offen sah, zog er sein Schwert, um sich zu töten; denn er meinte, die Gefangenen seien entflohen. Da rief Paulus laut: Tu dir nichts an! Wir sind alle noch da.

Jener rief nach Licht, stürzte hinein und fiel Paulus und Silas zitternd zu Füßen. Er führte sie hinaus und sagte: Ihr Herren, was muss ich tun, um gerettet zu werden? Sie antworteten: Glaube an Jesus, den Herrn, und du wirst gerettet werden, du und dein Haus.

Und sie verkündeten ihm und allen in seinem Haus das Wort Gottes. Er nahm sie in jener Nachtstunde bei sich auf, wusch ihre Striemen und ließ sich sogleich mit allen seinen Angehörigen taufen. Dann führte er sie in seine Wohnung hinauf, ließ ihnen den Tisch decken und war mit seinem ganzen Haus voll Freude, weil er zum Glauben an Gott gekommen war.

Evangelium *Johannes 16,5-11* In jener Zeit sprach Jesus zu seinen Jüngern: Jetzt gehe ich zu dem, der mich gesandt hat, und keiner von euch fragt mich: Wohin gehst du? Vielmehr ist euer Herz von Trauer erfüllt, weil ich euch das gesagt habe. Doch ich sage euch die Wahrheit: Es ist gut für euch, dass ich fortgehe. Denn wenn ich nicht fortgehe, wird der Beistand nicht zu euch kommen; gehe ich aber, so werde ich ihn zu euch senden.

Und wenn er kommt, wird er die Welt überführen und aufdecken, was Sünde, Gerechtigkeit und Gericht ist; Sünde: dass sie nicht an mich glauben; Gerechtigkeit: dass ich zum Vater gehe und ihr mich nicht mehr seht; Gericht: dass der Herrscher dieser Welt gerichtet ist.

Zum Evangelium Abschied zwischen Liebenden geht meistens mit Verlustgefühlen einher. Der geliebte Mensch fehlt, hinterlässt eine Lücke, die nicht zu ersetzen ist. Ähnlich geht es den Jüngern, als Jesus ihnen sei-

nen Abschied ankündigt. Und seine Antwort? „Es ist gut für euch, dass ich fortgehe.“ Würde ich bleiben, würdet ihr euch an mir festhalten und eure Liebe bliebe an meine leibliche Gegenwart gebunden. Eure Liebe soll aber weit werden und über meine Gegenwart hinauswachsen, damit meine Liebe durch euch alle Menschen erreicht. Ihr selbst sollt meine Botschaft sein. Dazu muss eure Liebe in eine geistige Dimension reifen. – Jede Liebe muss, um zu wachsen, Abschied nehmen, um anzukommen unter dem Horizont einer umfassenderen Liebe. Die Liebe Gottes geht uns nicht verloren, sie ist durch seinen Beistand bei uns. Jesu Rückkehr zu seinem Vater ist die Voraussetzung dafür, dass wir einmal in seine Ewigkeit heimgeholt werden. Das ist das Geheimnis des Glaubens.
„Kein Geheimnis / ist greifbar / mit habsüchtiger Hand / weder der Sternenglanz / am Himmel noch / sein Widerschein im See und / niemals die Liebe / das scheue Licht / zwischen uns“ (Magdalena Rüetschi).

Mittwoch der 6. Osterwoche

Lj I+II **Lesung** *Apostelgeschichte 17,15.22–18,1* In jenen Tagen brachten die Begleiter des Paulus ihn nach Athen. Mit dem Auftrag an Silas und Timotheus, Paulus möglichst rasch nachzukommen, kehrten sie zurück.
Paulus stellte sich in die Mitte des Areopags und sagte: Athener, nach allem, was ich sehe, seid ihr besonders fromme Menschen. Denn als ich umherging und mir eure Heiligtümer ansah, fand ich auch einen Altar mit der Aufschrift: EINEM UNBEKANNTEN GOTT. Was ihr verehrt, ohne es zu kennen, das verkünde ich euch. Gott, der die Welt erschaffen hat und alles in ihr, er, der Herr über Himmel und Erde, wohnt nicht in Tempeln, die von Menschenhand gemacht sind. Er lässt sich auch nicht von Menschen bedienen, als brauche er etwas: er, der allen das Leben, den Atem und alles gibt. Er hat aus einem einzigen Menschen das ganze Menschengeschlecht erschaffen, damit es die ganze Erde bewohne. Er hat für sie bestimmte Zeiten und die Grenzen ihrer Wohnsitze festgesetzt. Sie sollten Gott suchen, ob sie ihn ertasten und finden könnten; denn keinem von uns ist er fern. Denn in ihm leben wir, bewegen wir uns und sind wir, wie auch einige von euren Dichtern gesagt haben: Wir sind von seiner Art. Da wir also von Gottes Art sind, dürfen wir nicht meinen, das Göttliche sei wie ein goldenes oder silbernes oder steinernes Gebilde menschlicher Kunst und Erfindung.
Gott, der über die Zeiten der Unwissenheit hinweggesehen hat, lässt jetzt den Menschen verkünden, dass überall alle umkehren sollen. Denn er hat einen Tag festgesetzt, an dem er den Erdkreis in Gerechtigkeit richten wird, durch einen Mann, den er dazu bestimmt und vor allen Menschen dadurch ausgewiesen hat, dass er ihn von den Toten auferweckte.
Als sie von der Auferstehung der Toten hörten, spotteten die einen, andere aber sagten: Darüber wollen wir dich ein andermal hören. So ging Paulus aus ihrer Mitte weg.

Einige Männer aber schlossen sich ihm an und wurden gläubig, unter ihnen auch Dionysius, der Areopagit, außerdem eine Frau namens Damaris und noch andere mit ihnen.
Hierauf verließ Paulus Athen und ging nach Korinth.

Evangelium *Johannes 16,12-15* In jener Zeit sprach Jesus zu seinen Jüngern: Noch vieles habe ich euch zu sagen, aber ihr könnt es jetzt nicht tragen. Wenn aber jener kommt, der Geist der Wahrheit, wird er euch in die ganze Wahrheit führen. Denn er wird nicht aus sich selbst heraus reden, sondern er wird sagen, was er hört, und euch verkünden, was kommen wird. Er wird mich verherrlichen; denn er wird von dem, was mein ist, nehmen und es euch verkünden.
Alles, was der Vater hat, ist mein; darum habe ich gesagt: Er nimmt von dem, was mein ist, und wird es euch verkünden.

Zur Lesung Die griechischen Götter verkörperten zutiefst menschliche Eigenschaften: Eifersucht, Zorn, Rivalität, Rache, Bevorzugung, Missgunst. Die Menschen fühlten sich ihnen schicksalhaft ausgeliefert. Entweder sie konnten die Gunst der Götter oder eines Gottes erwerben, oder sie erlebten ihren Neid mit den entsprechenden Konsequenzen. Wie die Menschen, so befehdeten sich auch die Götter gegenseitig. – Paulus' Idee, die Altaraufschrift „Einem unbekannten Gott" auf den christlichen Gott zu beziehen, war sein Versuch, die griechischen Zuhörer für eine neue Erfahrung des Göttlichen zu öffnen: Dieser Gott, der bisher unbekannte, ist ganz anders als eure Götter. Und wir Menschen „sind von seiner Art", sein Ebenbild, und haben dadurch göttliche Würde und ewiges Leben. Viel Erfolg hatte Paulus mit dieser Predigt nicht. Zu fest waren die Griechen an ihren Götterhimmel gebunden.
Weil wir nicht ohne Bilder leben können, sind wir in der Gefahr, Bilder absolut zu setzen. Bilder von Gott müssen immer aufgebrochen werden. Er bleibt ein „Unbekannter Gott", aber sein Wesen ist Liebe. Jesus ist das menschliche Antlitz der göttlichen Liebe.

(Donnerstag der 6. Osterwoche: Christi Himmelfahrt)

Freitag der 6. Osterwoche

Lesung *Apostelgeschichte 18,9-18* Als Paulus in Korinth war, sagte der Herr nachts in einer Vision zu ihm: Fürchte dich nicht! Rede nur, schweige nicht! Denn ich bin mit dir, niemand wird dir etwas antun. Viel Volk nämlich gehört mir in dieser Stadt. So blieb Paulus ein Jahr und sechs Monate und lehrte bei ihnen das Wort Gottes. Lj I+II
Als aber Gallio Prokonsul von Achaia war, traten die Juden einmütig gegen Paulus auf, brachten ihn vor den Richterstuhl und sagten: Dieser verführt die

Menschen zu einer Gottesverehrung, die gegen das Gesetz verstößt. Als Paulus etwas erwidern wollte, sagte Gallio zu den Juden: Läge hier ein Vergehen oder Verbrechen vor, ihr Juden, so würde ich eure Klage ordnungsgemäß behandeln. Streitet ihr jedoch über Lehre und Namen und euer Gesetz, dann seht selber zu! Darüber will ich nicht Richter sein. Und er wies sie vom Richterstuhl weg. Da ergriffen alle den Synagogenvorsteher Sosthenes und verprügelten ihn vor dem Richterstuhl. Gallio aber kümmerte sich nicht darum.
Paulus blieb noch längere Zeit. Dann verabschiedete er sich von den Brüdern und segelte zusammen mit Priszilla und Aquila nach Syrien ab. In Kenchreä hatte er sich aufgrund eines Gelübdes den Kopf kahl scheren lassen.

Evangelium *Johannes 16,20-23a* In jener Zeit sprach Jesus zu seinen Jüngern: Amen, amen, ich sage euch: Ihr werdet weinen und klagen, aber die Welt wird sich freuen; ihr werdet bekümmert sein, aber euer Kummer wird sich in Freude verwandeln.
Wenn die Frau gebären soll, ist sie bekümmert, weil ihre Stunde da ist; aber wenn sie das Kind geboren hat, denkt sie nicht mehr an ihre Not über der Freude, dass ein Mensch zur Welt gekommen ist. So seid auch ihr jetzt bekümmert, aber ich werde euch wiedersehen; dann wird euer Herz sich freuen und niemand nimmt euch eure Freude. An jenem Tag werdet ihr mich nichts mehr fragen.

Zum Evangelium Freude und Trauer – da liegen Welten dazwischen, und doch gehört beides zusammen. Wer Trauer und Schmerz verdrängt, kann sich nicht wirklich freuen. Wenn Gefühle aus Angst vor Schmerz eingefroren, das Leben gegen Leid narkotisiert wird, wird es freudlos und gleichgültig. Jesus spricht hier von seinem Abschied, der für seine Freunde rätselhaft und traurig ist; er verspricht ihnen, dass sich ihr Schmerz über seinen Abschied in Freude verwandeln wird. Erst nach Ostern werden sie begreifen, dass der Gekreuzigte nicht vernichtet, sondern auferstanden ist und ihnen in seinem Geist nah sein wird. Jesus vergleicht die Traurigkeit mit den Wehen einer Geburt, denn manche Belastung und manches Risiko bis an die Grenzen sind notwendig, damit neues Leben möglich wird. Unser Leid soll dem Leben dienen – dann werden sich einmal unsere Fragen und Zweifel in Freude wandeln.

Samstag der 6. Osterwoche

Lj I+II **Lesung** *Apostelgeschichte 18,23-28* Nachdem Paulus einige Zeit in Antiochia in Syrien geblieben war, zog er weiter, durchwanderte zuerst das galatische Land, dann Phrygien und stärkte alle Jünger.
Ein Jude namens Apollos kam nach Ephesus. Er stammte aus Alexandria, war redekundig und in der Schrift bewandert. Er war unterwiesen im Weg

des Herrn. Er sprach mit glühendem Geist und trug die Lehre von Jesus genau vor; doch kannte er nur die Taufe des Johannes. Er begann, offen in der Synagoge zu sprechen. Priszilla und Aquila hörten ihn, nahmen ihn zu sich und legten ihm den Weg Gottes noch genauer dar. Als er nach Achaia gehen wollte, ermunterten ihn die Brüder dazu und schrieben den Jüngern, sie möchten ihn freundlich aufnehmen. Nach seiner Ankunft wurde er den Gläubigen durch die Gnade eine große Hilfe. Denn mit Nachdruck widerlegte er die Juden, indem er öffentlich aus der Schrift nachwies, dass Jesus der Messias sei.

Evangelium *Johannes 16,23b-28* In jener Zeit sprach Jesus zu seinen Jüngern: Amen, amen, ich sage euch: Was ihr vom Vater erbitten werdet, das wird er euch in meinem Namen geben. Bis jetzt habt ihr noch nichts in meinem Namen erbeten. Bittet und ihr werdet empfangen, damit eure Freude vollkommen ist.
Dies habe ich in verhüllter Rede zu euch gesagt; es kommt die Stunde, in der ich nicht mehr in verhüllter Rede zu euch spreche, sondern euch offen den Vater verkünden werde.
An jenem Tag werdet ihr in meinem Namen bitten und ich sage nicht, dass ich den Vater für euch bitten werde; denn der Vater selbst liebt euch, weil ihr mich geliebt und weil ihr geglaubt habt, dass ich von Gott ausgegangen bin. Vom Vater bin ich ausgegangen und in die Welt gekommen; ich verlasse die Welt wieder und gehe zum Vater.

Zum Evangelium Die Stärke Jesu angesichts seines Todesschicksals gründet sich auf sein Vertrauen, dass Gott ihn nicht allein lässt. Wer sich auf Jesu Seite stellt, wird allmählich immer mehr in die Haltung eines Vertrauens hineinwachsen, die es mit der Abgründigkeit des Lebens aufnimmt. Um dieses Vertrauen geht es auch beim Bitten. Alle Gebete werden in Jesu Namen erfüllt werden, wenn man sich nur nahe und geborgen genug in Gott weiß. Gott gibt uns, was wir brauchen, nicht nach Art eines „Sesam, öffne dich" für alle beliebigen Wünsche, sondern indem er uns erfahren lässt, dass er uns, die er ins Dasein rief, nicht dem Tod überlassen wird. Und kann vollkommene Freude hervorrufen.

7. Osterwoche

Montag der 7. Osterwoche

Lesung *Apostelgeschichte 19,1-8* Während Apollos sich in Korinth aufhielt, durchwanderte Paulus das Hochland und kam nach Ephesus hinab. Er traf einige Jünger und fragte sie: Habt ihr den Heiligen Geist empfangen, als ihr gläubig wurdet? Sie antworteten ihm: Wir haben noch nicht einmal ge- Lj I+II

hört, dass es einen Heiligen Geist gibt. Da fragte er: Mit welcher Taufe seid ihr denn getauft worden? Sie antworteten: Mit der Taufe des Johannes. Paulus sagte: Johannes hat mit der Taufe der Umkehr getauft und das Volk gelehrt, sie sollten an den glauben, der nach ihm komme: an Jesus. Als sie das hörten, ließen sie sich auf den Namen Jesu, des Herrn, taufen. Paulus legte ihnen die Hände auf und der Heilige Geist kam auf sie herab; sie redeten in Zungen und weissagten. Es waren im ganzen ungefähr zwölf Männer.
Er ging in die Synagoge und lehrte drei Monate lang freimütig und suchte sie vom Reich Gottes zu überzeugen.

Evangelium *Johannes 16,29-33* In jener Zeit sagten die Jünger zu Jesus: Jetzt redest du offen und sprichst nicht mehr in Gleichnissen. Jetzt wissen wir, dass du alles weißt und von niemand gefragt zu werden brauchst. Darum glauben wir, dass du von Gott gekommen bist.
Jesus erwiderte ihnen: Glaubt ihr jetzt? Die Stunde kommt und sie ist schon da, in der ihr versprengt werdet, jeder in sein Haus, und mich werdet ihr allein lassen. Aber ich bin nicht allein, denn der Vater ist bei mir. Dies habe ich zu euch gesagt, damit ihr in mir Frieden habt. In der Welt seid ihr in Bedrängnis; aber habt Mut: Ich habe die Welt besiegt.

Zum Evangelium „Habt Mut: Ich habe die Welt besiegt." Welche Welt hat Jesus besiegt? Das Johannesevangelium unterscheidet zwischen der einen Welt und der anderen Welt. In der einen Welt ist Sünde, Lüge, Gewalt, Gleichgültigkeit. Die andere Welt, die Gott durch Jesus aufgerichtet hat, bewegt sich aus dieser um sich selbst rotierenden Welt heraus, sie verwandelt den Raum und verwandelt die Zeit. Wenn wir die Welt Christi in uns einlassen, müssen wir nicht ständig auf die Uhren der Welt schauen, die oft so sinnlos ablaufen. Unser Leben gewinnt an Ruhe, Stille und Gelassenheit. Wir nehmen einander ernst, versuchen die Sprache der Liebe, werden einander zu Brot und zu Wein, holen Atem beieinander ...
Wir sind Bürger zweier Welten. Für die Welt, in der wir jetzt leben, brauchen wir Mut. Wir dürfen nicht aus ihr fliehen, sondern wir haben den Auftrag, anziehend zu sein, damit auch andere Geschmack an der Welt Christi finden. Wenn wir bereit sind, uns alles Wesentliche von Gott geben zu lassen, werden unser Leben und unser Glaube eins. Glauben ist „das Geheimnis der offenen Hände – zum Empfangen und zum Weitergeben! Es kann sehr schwer sein, mit dieser Weisung ernst zu machen. Vielleicht ist sie in guten Tagen leicht einzuüben. Aber sie enthüllt wohl erst in schweren Tagen am meisten ihre Wahrheit und Tatkraft" (Johannes Bours).

Dienstag der 7. Osterwoche

Lj I+II **Lesung** *Apostelgeschichte 20,17-27* In jenen Tagen schickte Paulus von Milet aus jemand nach Ephesus und ließ die Ältesten der Gemeinde zu sich

rufen. Als sie bei ihm eingetroffen waren, sagte er: Ihr wisst, wie ich vom ersten Tag an, seit ich die Provinz Asien betreten habe, die ganze Zeit in eurer Mitte war und wie ich dem Herrn in aller Demut diente unter Tränen und vielen Prüfungen, die ich durch die Nachstellungen der Juden erlitten habe, wie ich nichts verschwiegen habe von dem, was heilsam ist. Ich habe es euch verkündigt und habe euch gelehrt, öffentlich und in den Häusern. Ich habe Juden und Griechen beschworen, sich zu Gott zu bekehren und an Jesus Christus, unseren Herrn, zu glauben.
Nun ziehe ich, gebunden durch den Geist, nach Jerusalem und ich weiß nicht, was dort mit mir geschehen wird. Nur das bezeugt mir der Heilige Geist von Stadt zu Stadt, dass Fesseln und Drangsale auf mich warten. Aber ich will mit keinem Wort mein Leben wichtig nehmen, wenn ich nur meinen Lauf vollende und den Dienst erfülle, der mir von Jesus, dem Herrn, übertragen wurde: das Evangelium von der Gnade Gottes zu bezeugen.
Nun aber weiß ich, dass ihr mich nicht mehr von Angesicht sehen werdet, ihr alle, zu denen ich gekommen bin und denen ich das Reich verkündet habe. Darum bezeuge ich euch am heutigen Tag: Ich bin unschuldig, wenn einer von euch allen verloren geht. Denn ich habe mich der Pflicht nicht entzogen, euch den ganzen Willen Gottes zu verkünden.

Evangelium *Johannes 17,1-11a* In jener Zeit erhob Jesus seine Augen zum Himmel und sprach: Vater, die Stunde ist da. Verherrliche deinen Sohn, damit der Sohn dich verherrlicht. Denn du hast ihm Macht über alle Menschen gegeben, damit er allen, die du ihm gegeben hast, ewiges Leben schenkt. Das ist das ewige Leben: dich, den einzigen wahren Gott, zu erkennen und Jesus Christus, den du gesandt hast.
Ich habe dich auf der Erde verherrlicht und das Werk zu Ende geführt, das du mir aufgetragen hast. Vater, verherrliche du mich jetzt bei dir mit der Herrlichkeit, die ich bei dir hatte, bevor die Welt war. Ich habe deinen Namen den Menschen offenbart, die du mir aus der Welt gegeben hast. Sie gehörten dir und du hast sie mir gegeben, und sie haben an deinem Wort festgehalten. Sie haben jetzt erkannt, dass alles, was du mir gegeben hast, von dir ist. Denn die Worte, die du mir gegeben hast, gab ich ihnen und sie haben sie angenommen. Sie haben wirklich erkannt, dass ich von dir ausgegangen bin, und sie sind zu dem Glauben gekommen, dass du mich gesandt hast. Für sie bitte ich; nicht für die Welt bitte ich, sondern für alle, die du mir gegeben hast; denn sie gehören dir. Alles, was mein ist, ist dein, und was dein ist, ist mein; in ihnen bin ich verherrlicht. Ich bin nicht mehr in der Welt, aber sie sind in der Welt, und ich gehe zu dir.

Zum Evangelium An der Schwelle zwischen Leben und Tod hält Jesus Zwiesprache mit Gott. Er hat Abschied genommen von seinen Freunden. Was jetzt noch zu sagen ist, sagt er Gott. Er blickt zurück, auf

das, was war. Er blickt nach vorn auf das, was kommen wird. Am Kreuz wird er sein Leben mit den Worten zusammenfassen: „Es ist vollbracht."
In seiner Person ist Gottes Herrlichkeit für alle Menschen anschaulich geworden. Sein Reden und Handeln haben gezeigt, wer Gott ist und wie er dem Menschen begegnet. Nicht „von oben herab", sondern auf Augenhöhe, weil er selbst Mensch wird, und zwar ein Mensch, der all unsere Erniedrigung, unsre Schuld, unser Versagen auf sich lädt und dafür zum Tod verurteilt wird. Das ist Gottes Herrlichkeit und zugleich der Skandal des Kreuzes: Gott verherrlicht sich nicht durch lehrreiche Sprichwörter und herausragende Tapferkeit. Gott verherrlicht sich in dem durstigen, schreienden Jesus am Kreuz. Diese skandalöse Herrlichkeit stellt unsere normale Welt auf den Kopf: Wenn wir vor Schmerzen schreien – Gott ist da. Wenn wir bittere Abschiedstränen weinen – Gott ist da. Wir werden sterben – Gott ist da. Jesus ist nicht gekommen, dass wir es uns hier ein wenig gemütlicher einrichten, sondern dass wir einen Weg gehen, der statt in der Sackgasse Tod in ein helles Ziel mündet: dort muss es unendlich viel schöner sein, als wir es uns in unseren kühnsten Träumen vorstellen können!

Mittwoch der 7. Osterwoche

Lj I+II **Lesung** *Apostelgeschichte 20,28-38* In jenen Tagen sagte Paulus zu den Ältesten der Gemeinde von Ephesus: Gebt Acht auf euch und auf die ganze Herde, in der euch der Heilige Geist zu Bischöfen bestellt hat, damit ihr als Hirten für die Kirche Gottes sorgt, die er sich durch das Blut seines eigenen Sohnes erworben hat. Ich weiß: Nach meinem Weggang werden reißende Wölfe bei euch eindringen und die Herde nicht schonen. Und selbst aus eurer Mitte werden Männer auftreten, die mit ihren falschen Reden die Jünger auf ihre Seite ziehen.
Seid also wachsam und denkt daran, dass ich drei Jahre lang Tag und Nacht nicht aufgehört habe, unter Tränen jeden einzelnen zu ermahnen. Und jetzt vertraue ich euch Gott und dem Wort seiner Gnade an, das die Kraft hat, aufzubauen und das Erbe in der Gemeinschaft der Geheiligten zu verleihen.
Silber oder Gold oder Kleider habe ich von keinem verlangt; ihr wisst selbst, dass für meinen Unterhalt und den meiner Begleiter diese Hände hier gearbeitet haben. In allem habe ich euch gezeigt, dass man sich auf diese Weise abmühen und sich der Schwachen annehmen soll, in Erinnerung an die Worte Jesu, des Herrn, der selbst gesagt hat: Geben ist seliger als nehmen.
Nach diesen Worten kniete er nieder und betete mit ihnen allen. Und alle brachen in lautes Weinen aus, fielen Paulus um den Hals und küssten ihn; am meisten schmerzte sie sein Wort, sie würden ihn nicht mehr von Angesicht sehen. Dann begleiteten sie ihn zum Schiff.

Evangelium *Johannes 17,6a.11b-19* In jener Zeit erhob Jesus seine Augen zum Himmel und betete: Vater, ich habe deinen Namen den Menschen offenbart, die du mir aus der Welt gegeben hast.
Heiliger Vater, bewahre sie in deinem Namen, den du mir gegeben hast, damit sie eins sind wie wir. Solange ich bei ihnen war, bewahrte ich sie in deinem Namen, den du mir gegeben hast. Und ich habe sie behütet und keiner von ihnen ging verloren, außer dem Sohn des Verderbens, damit sich die Schrift erfüllt.
Aber jetzt gehe ich zu dir. Doch dies rede ich noch in der Welt, damit sie meine Freude in Fülle in sich haben. Ich habe ihnen dein Wort gegeben und die Welt hat sie gehasst, weil sie nicht von der Welt sind, wie auch ich nicht von der Welt bin. Ich bitte nicht, dass du sie aus der Welt nimmst, sondern dass du sie vor dem Bösen bewahrst. Sie sind nicht von der Welt, wie auch ich nicht von der Welt bin.
Heilige sie in der Wahrheit; dein Wort ist Wahrheit. Wie du mich in die Welt gesandt hast, so habe auch ich sie in die Welt gesandt. Und ich heilige mich für sie, damit auch sie in der Wahrheit geheiligt sind.

Zum Evangelium Das ganze Leben Jesu ist Zwiesprache mit Gott, ein nicht endendes Gespräch, ein ständiger Wunsch, jeden Menschen, dem er begegnet ist, unmittelbar vor Gott zu stellen. Sein Beten vermittelt als Urgrund der Welt kein unpersönliches Prinzip, sondern einen Gott-in-Beziehung, der uns Vater ist, der möchte, dass uns das Leben gelingt.
Wenn wir umgekehrt mit diesem Gott in Beziehung treten, besteht unser Dasein nicht aus der Vielzahl von Notwendigkeiten, die wir tun müssen, um uns am Leben zu erhalten. Dann wird auch unser Leben ein Gespräch, das verwurzelt ist in diesem Urgrund und uns Heimat gibt in einer Welt, die oft so fremd und kalt daherkommt. Da Jesu Tod zugleich seiner Verherrlichung dient, könnte auch für uns der Tod seinen Schrecken verlieren. Denn so gesehen ist der Tod die Rückkehr in die eigentliche Heimat, zu dem Ort, woher Jesus kam und wohin er wieder ging. Wir verherrlichen ihn in uns, wenn wir die unendliche Würde begreifen, mit der Gott einen jeden Menschen ausgestattet hat in alle Ewigkeit.

Donnerstag der 7. Osterwoche

Lesung *Apostelgeschichte 22,30; 23,6-11* In jenen Tagen, als der römische Oberst genau wissen wollte, was die Juden Paulus vorwarfen, ließ er ihn aus dem Gefängnis holen und befahl, die Hohenpriester und der ganze Hohe Rat sollten sich versammeln. Und er ließ Paulus hinunterführen und ihnen gegenüberstellen. Lj I+II
Da Paulus aber wusste, dass der eine Teil zu den Sadduzäern, der andere zu den Pharisäern gehörte, rief er vor dem Hohen Rat aus: Brüder, ich bin Pharisäer und ein Sohn von Pharisäern; wegen der Hoffnung und wegen der

Auferstehung der Toten stehe ich vor Gericht. Als er das sagte, brach ein Streit zwischen den Pharisäern und den Sadduzäern aus, und die Versammlung spaltete sich. Die Sadduzäer behaupten nämlich, es gebe weder eine Auferstehung noch Engel noch Geister, die Pharisäer dagegen bekennen sich zu all dem.
Es erhob sich ein lautes Geschrei und einige Schriftgelehrte aus dem Kreis der Pharisäer standen auf und verfochten ihre Ansicht. Sie sagten: Wir finden nichts Schlimmes an diesem Menschen. Vielleicht hat doch ein Geist oder ein Engel zu ihm gesprochen. Als der Streit heftiger wurde, befürchtete der Oberst, sie könnten Paulus zerreißen. Daher ließ er die Wachtruppe herabkommen, ihn mit Gewalt aus ihrer Mitte herausholen und in die Kaserne bringen.
In der folgenden Nacht aber trat der Herr zu Paulus und sagte: Hab Mut! Denn so wie du in Jerusalem meine Sache bezeugt hast, sollst du auch in Rom Zeugnis ablegen.

Evangelium *Johannes 17,1a.20-26* In jener Zeit erhob Jesus seine Augen zum Himmel und betete:
Heiliger Vater, ich bitte nicht nur für diese hier, sondern auch für alle, die durch ihr Wort an mich glauben. Alle sollen eins sein: Wie du, Vater, in mir bist und ich in dir bin, sollen auch sie in uns sein, damit die Welt glaubt, dass du mich gesandt hast. Und ich habe ihnen die Herrlichkeit gegeben, die du mir gegeben hast; denn sie sollen eins sein, wie wir eins sind, ich in ihnen und du in mir. So sollen sie vollendet sein in der Einheit, damit die Welt erkennt, dass du mich gesandt hast und die Meinen ebenso geliebt hast wie mich.
Vater, ich will, dass alle, die du mir gegeben hast, dort bei mir sind, wo ich bin. Sie sollen meine Herrlichkeit sehen, die du mir gegeben hast, weil du mich schon geliebt hast vor der Erschaffung der Welt. Gerechter Vater, die Welt hat dich nicht erkannt, ich aber habe dich erkannt und sie haben erkannt, dass du mich gesandt hast. Ich habe ihnen deinen Namen bekannt gemacht und werde ihn bekannt machen, damit die Liebe, mit der du mich geliebt hast, in ihnen ist und damit ich in ihnen bin.

Zum Evangelium „Alles sollen eins sein." Eins untereinander, eins mit ihm, so sehr, wie es zwischen Menschen nie geht, wie sehr sie sich auch lieben. Eins mit ihm sein, das kann nichts anderes bedeuten als: ganz verstanden, ganz angenommen, ganz geborgen sein. Unvorstellbar, jetzt noch. Und doch ist es die Hoffnung, die uns unsere Welt nicht nur ertragen lässt, sondern dazu ermutigt, in ihr zu wirken. Einssein bedeutet, miteinander dasselbe Ziel zu verfolgen und einmal dort gemeinsam anzukommen, wo wir ganz mit uns eins sind, nicht zerrissen in uns, nicht zerrissen mit anderen. Die Menschheit ist eine große Familie, un-

ser Leben ist mit dem Geschick der anderen verbunden. Deshalb soll keiner allein bei Gott ankommen, sondern zusammen mit den Menschen, denen er auf seinem Lebensweg begegnet ist. Unser Leben gleicht einer gemeinsamen Reise:
„Vergesset nicht / Freunde / wir reisen gemeinsam ... / Vergesset nicht / es ist unsre / gemeinsame Welt ... / diese zerrissene / ungeteilte Erde / auf der wir / gemeinsam reisen" (Rose Ausländer).
Treten wir diese Reise gemeinsam an, ziehen wir den mit, der sonst nicht mitkäme, stützen wir den, der sonst fallen würde, beugen wir uns herab zu dem, der sonst liegen bliebe. Damit wir gemeinsam ankommen.

Freitag der 7. Osterwoche

Lesung *Apostelgeschichte 25,13-21* In jenen Tagen trafen König Agrippa und seine Schwester Berenike in Cäsarea ein, um Festus ihre Aufwartung zu machen. Sie blieben mehrere Tage dort. **Lj I+II**

Da trug Festus dem König den Fall des Paulus vor und sagte: Von Felix ist ein Mann als Gefangener zurückgelassen worden, gegen den die Hohenpriester und die Ältesten der Juden, als ich in Jerusalem war, vorstellig wurden. Sie forderten seine Verurteilung, ich aber erwiderte ihnen, es sei bei den Römern nicht üblich, einen Menschen auszuliefern, bevor nicht der Angeklagte den Anklägern gegenübergestellt sei und Gelegenheit erhalten habe, sich gegen die Anschuldigungen zu verteidigen.
Als sie dann zusammen hierherkamen, setzte ich mich gleich am nächsten Tag auf den Richterstuhl und ließ den Mann vorführen. Bei der Gegenüberstellung brachten die Kläger keine Anklage wegen solcher Verbrechen vor, die ich vermutet hatte; sie führten nur einige Streitfragen gegen ihn ins Feld, die ihre Religion und einen gewissen Jesus betreffen, der gestorben ist, von dem Paulus aber behauptet, er lebe.
Da ich mich auf die Untersuchung dieser Dinge nicht verstand, fragte ich, ob er nach Jerusalem gehen wolle, um sich dort deswegen richten zu lassen. Paulus jedoch legte Berufung ein; er wollte bis zur Entscheidung der kaiserlichen Majestät in Haft bleiben. Daher gab ich Befehl, ihn in Haft zu halten, bis ich ihn zum Kaiser schicken kann.

Evangelium *Johannes 21,1.15-19* In jener Zeit offenbarte sich Jesus den Jüngern noch einmal. Es war am See von Tiberias und er offenbarte sich in folgender Weise.
Als sie gegessen hatten, sagte Jesus zu Simon Petrus: Simon, Sohn des Johannes, liebst du mich mehr als diese? Er antwortete ihm: Ja, Herr, du weißt, dass ich dich liebe. Jesus sagte zu ihm: Weide meine Lämmer! Zum zweiten Mal fragte er ihn: Simon, Sohn des Johannes, liebst du mich? Er antwortete ihm: Ja, Herr, du weißt, dass ich dich liebe. Jesus sagte zu ihm: Weide meine Schafe! Zum dritten Mal fragte er ihn: Simon, Sohn des Johannes, liebst du

mich? Da wurde Petrus traurig, weil Jesus ihn zum dritten Mal gefragt hatte: Hast du mich lieb? Er gab ihm zu Antwort: Herr, du weißt alles; du weißt, dass ich dich lieb habe. Jesus sagte zu ihm: Weide meine Schafe!
Amen, amen, das sage ich dir: Als du noch jung warst, hast du dich selbst gegürtet und konntest gehen, wohin du wolltest. Wenn du aber alt geworden bist, wirst du deine Hände ausstrecken und ein anderer wird dich gürten und dich führen, wohin du nicht willst.
Das sagte Jesus, um anzudeuten, durch welchen Tod er Gott verherrlichen würde. Nach diesen Worten sagte er zu ihm: Folge mir nach!

Zum Evangelium Diese Begegnung ist für Petrus die Nahtstelle zwischen seinem bisherigen Dasein und seiner Rolle als Haupt der ersten christlichen Gemeinde. Obwohl Jesus ihm schon mehrmals erschienen ist, wird man den Eindruck nicht los, dass noch nicht „richtig“ Ostern war für Petrus. Doch in dieser Zwiesprache wird Ostern, weil Jesus sich in sein Leben einhakt. Was vorher hieß: das ist so, heißt nun: das ist mit dir so! So fängt der Osterglaube an: Er muss sich einhaken in unsere eigene Geschichte. Bei Petrus hakt er sich an seiner dunkelsten Stelle ein: Dreimal hat er Jesus verleugnet – und nun wird er dreimal nach seiner Liebe gefragt. Das dreimalige Fragen macht Petrus traurig. Es erinnert ihn beschämend an seinen Verrat.
Doch Trauerarbeit ist not-wendend, damit ein neuer Anfang mit einem neuen Auftrag beginnen kann. „Weide meine Schafe“, hört Petrus. Jesus hat einen Hirten berufen, keinen Chef. Die Herde bleibt sein, das Haupt der Kirche er selbst. Jede(r) in der Kirche Berufene hat einen Hirtenauftrag, mit dem Jesus sich in sein, ihr Leben eingehakt hat. Und jede(r) wird nach der Liebe gefragt, der ganze Weg, auf dem wir wurden, was wir sind, steht bei dieser Frage zur Prüfung, und am Ende ist die Liebe das Entscheidende, was sich über unser Leben aussagen lässt.

Samstag der 7. Osterwoche

Lj I+II **Lesung** *Apostelgeschichte 28,16-20.30-31* Nach unserer Ankunft in Rom erhielt Paulus die Erlaubnis, für sich allein zu wohnen, zusammen mit dem Soldaten, der ihn bewachte. Drei Tage später rief er die führenden Männer der Juden zusammen.
Als sie versammelt waren, sagte er zu ihnen: Brüder, obwohl ich mich nicht gegen das Volk oder die Sitten der Väter vergangen habe, bin ich von Jerusalem aus als Gefangener den Römern ausgeliefert worden. Diese haben mich verhört und wollten mich freilassen, da nichts gegen mich vorlag, worauf der Tod steht. Weil aber die Juden Einspruch erhoben, war ich gezwungen, Berufung beim Kaiser einzulegen, jedoch nicht, um mein Volk anzuklagen. Aus diesem Grund habe ich darum gebeten, euch sehen und sprechen zu dürfen. Denn um der Hoffnung Israels willen trage ich diese Fesseln.

Er blieb zwei volle Jahre in seiner Mietwohnung und empfing alle, die zu ihm kamen. Er verkündete das Reich Gottes und trug ungehindert und mit allem Freimut die Lehre über Jesus Christus, den Herrn, vor.

Evangelium *Johannes 21,19b-25* In jener Zeit sprach Jesus zu Simon Petrus: Folge mir! Petrus wandte sich um und sah, wie der Jünger, den Jesus liebte, diesem folgte. Es war der Jünger, der sich bei jenem Mahl an die Brust Jesu gelehnt und ihn gefragt hatte: Herr, wer ist es, der dich verraten wird? Als Petrus diesen Jünger sah, fragte er Jesus: Herr, was wird denn mit ihm? Jesus antwortete ihm: Wenn ich will, dass er bis zu meinem Kommen bleibt, was geht das dich an? Du aber folge mir nach! Da verbreitete sich unter den Brüdern die Meinung: Jener Jünger stirbt nicht. Doch Jesus hatte zu Petrus nicht gesagt: Er stirbt nicht, sondern: Wenn ich will, dass er bis zu meinem Kommen bleibt, was geht das dich an?
Dieser Jünger ist es, der all das bezeugt und der es aufgeschrieben hat; und wir wissen, dass sein Zeugnis wahr ist. Es gibt aber noch vieles andere, was Jesus getan hat. Wenn man alles aufschreiben wollte, so könnte, wie ich glaube, die ganze Welt die Bücher nicht fassen, die man schreiben müsste.

Zum Evangelium Der Lieblingsjünger mit dem Kopf an Jesu Schulter gelehnt – ein beliebtes Motiv vieler Künstler, die die Innigkeit zwischen den beiden einzufangen versuchen. Dieser Jünger, vielleicht Johannes, hat Jesus im Gegensatz zu den anderen Jüngern in den schwersten Stunden nicht im Stich gelassen. Ein wahrer Freund. Die Klarheit, die Petrus sich erst mühsam erringen musste, ist bei ihm von Anfang an da. Während Petrus erst seine Liebe unter Beweis stellen muss, um nachfolgen zu können, folgt der Lieblingsjünger ohne Zögern, ganz selbstverständlich. Kein Mensch ist wie der andere. Kein menschliches Schicksal gleicht dem eines anderen. Jeder hat seinen eigenen Weg und seine persönliche Art der Nachfolge. Deshalb weist Jesus Petrus zurecht, als er wissen will, was aus Johannes werden wird: „Was geht das dich an?“ Was Gott mit einem Menschen vorhat, geht nur ihn und diesen Menschen etwas an. Mit jedem hat er eine unverwechselbare Geschichte vor. Auch mit mir.

Die Zeit im Jahreskreis

1. Woche im Jahreskreis

Montag der 1. Woche im Jahreskreis

Lj I **Lesung** *Hebräer 1,1-6* Viele Male und auf vielerlei Weise hat Gott einst zu den Vätern gesprochen durch die Propheten; in dieser Endzeit aber hat er zu uns gesprochen durch den Sohn, den er zum Erben des Alls eingesetzt und durch den er auch die Welt erschaffen hat; er ist der Abglanz seiner Herrlichkeit und das Abbild seines Wesens; er trägt das All durch sein machtvolles Wort, hat die Reinigung von den Sünden bewirkt und sich dann zur Rechten der Majestät in der Höhe gesetzt; er ist um so viel erhabener geworden als die Engel, wie der Name, den er geerbt hat, ihren Namen überragt. Denn zu welchem Engel hat er jemals gesagt:
Mein Sohn bist du, heute habe ich dich gezeugt,
und weiter: Ich will für ihn Vater sein, und er wird für mich Sohn sein?
Wenn er aber den Erstgeborenen wieder in die Welt einführt, sagt er: Alle Engel Gottes sollen sich vor ihm niederwerfen.

Lj II **Lesung** *1 Samuel 1,1-8* Einst lebte ein Mann aus Ramatajim, ein Zufiter vom Gebirge Efraim. Er hieß Elkana und war ein Sohn Jerohams, des Sohnes Elihus, des Sohnes Tohus, des Sohnes Zufs, ein Efraimiter. Er hatte zwei Frauen. Die eine hieß Hanna, die andere Peninna. Peninna hatte Kinder, Hanna aber hatte keine Kinder. Dieser Mann zog Jahr für Jahr von seiner Stadt nach Schilo hinauf, um den Herrn der Heere anzubeten und ihm zu opfern. Dort waren Hofni und Pinhas, die beiden Söhne Elis, Priester des Herrn.
An dem Tag, an dem Elkana das Opfer darbrachte, gab er seiner Frau Peninna und all ihren Söhnen und Töchtern ihre Anteile. Hanna aber gab er einen doppelten Anteil; denn er hatte Hanna lieb, obwohl der Herr ihren Schoß verschlossen hatte. Ihre Rivalin aber kränkte und demütigte sie sehr, weil der Herr ihren Schoß verschlossen hatte.
So machte es Elkana Jahr für Jahr. Sooft sie zum Haus des Herrn hinaufzogen, kränkte Peninna sie; und Hanna weinte und aß nichts. Ihr Mann Elkana fragte sie: Hanna, warum weinst du, warum isst du nichts, warum ist dein Herz betrübt? Bin ich dir nicht viel mehr wert als zehn Söhne?

Evangelium *Markus 1,14-20* Nachdem man Johannes ins Gefängnis geworfen hatte, ging Jesus wieder nach Galiläa; er verkündete das Evangelium Gottes und sprach: Die Zeit ist erfüllt, das Reich Gottes ist nahe. Kehrt um, und glaubt an das Evangelium!
Als Jesus am See von Galiläa entlangging, sah er Simon und Andreas, den Bruder des Simon, die auf dem See ihr Netz auswarfen; sie waren nämlich Fischer. Da sagte er zu ihnen: Kommt her, folgt mir nach! Ich werde euch zu

Menschenfischern machen. Sogleich ließen sie ihre Netze liegen und folgten ihm.
Als er ein Stück weiterging, sah er Jakobus, den Sohn des Zebedäus, und seinen Bruder Johannes; sie waren im Boot und richteten ihre Netze her. Sofort rief er sie und sie ließen ihren Vater Zebedäus mit seinen Tagelöhnern im Boot zurück und folgten Jesus nach.

Zum Evangelium Nachfolgen: hören, aufstehen, losgehen. Keine Diskussion, kein Abwägen, kein Zögern. Trennung von allem, was bisher Lebensinhalt war. Könnten wir – ja dürften wir das so einfach: von jetzt auf nachher unsere Familie zurücklassen, unseren Beruf an den Nagel hängen, unser bürgerliches Leben aufgeben? Es kommt darauf an.
Für den einen stimmt es, aufzubrechen, ohne noch einmal zurückzublicken. Für den anderen stimmt es, da zu bleiben und Sorge zu tragen. Nachfolge hat verschiedene Gesichter, aber auf eins kommt es immer an: loslassen, was uns so sehr in Besitz nimmt, dass wir den Weg zu Gott verstellen, und eine Lebensentscheidung treffen, die sich nicht an meinem, sondern an Gottes Willen orientiert. So verschieden wir sind, so verschieden sind die Wege der Nachfolge. Welche Art der Nachfolge, welches Wort von Gott gilt für mich?

Dienstag der 1. Woche im Jahreskreis

Lesung *Hebräer 2,5-12* Nicht Engeln hat er die zukünftige Welt unterworfen, von der wir reden, vielmehr heißt es an einer Stelle ausdrücklich: Lj I
Was ist der Mensch, dass du an ihn denkst, oder der Menschensohn, dass du dich seiner annimmst? Du hast ihn nur für kurze Zeit unter die Engel erniedrigt. Du hast ihn mit Herrlichkeit und Ehre gekrönt, alles hast du ihm zu Füßen gelegt.
Denn als er ihm alles zu Füßen legte, hat er nichts von der Unterwerfung ausgenommen. Jetzt sehen wir noch nicht alles ihm zu Füßen gelegt; aber den, der nur für kurze Zeit unter die Engel erniedrigt war, Jesus, ihn sehen wir um seines Todesleidens willen mit Herrlichkeit und Ehre gekrönt; es war nämlich Gottes gnädiger Wille, dass er für alle den Tod erlitt.
Denn es war angemessen, dass Gott, für den und durch den das All ist und der viele Söhne zur Herrlichkeit führen wollte, den Urheber ihres Heils durch Leiden vollendete. Denn er, der heiligt, und sie, die geheiligt werden, stammen alle von Einem ab; darum scheut er sich nicht, sie Brüder zu nennen und zu sagen: Ich will deinen Namen meinen Brüdern verkünden, inmitten der Gemeinde dich preisen.

Lesung *1 Samuel 1,9-20* In jenen Tagen, nachdem man in Schilo gegessen und getrunken hatte, stand Hanna auf und trat vor den Herrn. Der Priester Eli saß an den Türpfosten des Tempels des Herrn auf seinem Stuhl. Lj II

Hanna war verzweifelt, betete zum Herrn und weinte sehr. Sie machte ein Gelübde und sagte: Herr der Heere, wenn du das Elend deiner Magd wirklich ansiehst, wenn du an mich denkst und deine Magd nicht vergisst und deiner Magd einen männlichen Nachkommen schenkst, dann will ich ihn für sein ganzes Leben dem Herrn überlassen; kein Schermesser soll an sein Haupt kommen. So betete sie lange vor dem Herrn. Eli beobachtete ihren Mund; denn Hanna redete nur still vor sich hin, ihre Lippen bewegten sich, doch ihre Stimme warnicht zu hören. Eli hielt sie deshalb für betrunken und sagte zu ihr: Wie lange willst du dich noch wie eine Betrunkene aufführen? Sieh zu, dass du deinen Weinrausch loswirst!
Hanna gab zur Antwort: Nein, Herr! Ich bin eine unglückliche Frau. Ich habe weder Wein getrunken noch Bier; ich habe nur dem Herrn mein Herz ausgeschüttet. Halte deine Magd nicht für eine nichtsnutzige Frau; denn nur aus großem Kummer und aus Traurigkeit habe ich so lange geredet. Eli erwiderte und sagte: Geh in Frieden! Der Gott Israels wird dir die Bitte erfüllen, die du an ihn gerichtet hast. Sie sagte: Möge deine Magd Gnade finden vor deinen Augen. Dann ging sie weg; sie aß wieder und hatte kein trauriges Gesicht mehr.
Am nächsten Morgen standen sie früh auf und beteten den Herrn an. Dann machten sie sich auf den Heimweg und kehrten in ihr Haus nach Rama zurück. Elkana erkannte seine Frau Hanna; der Herr dachte an sie, und Hanna wurde schwanger. Als die Zeit abgelaufen war, gebar sie einen Sohn und nannte ihn Samuel – „Gott erhört“ –, denn sie sagte: Ich habe ihn vom Herrn erbeten.

Evangelium *Markus 1,21-28* In Kafarnaum ging Jesus am Sabbat in die Synagoge und lehrte. Und die Menschen waren sehr betroffen von seiner Lehre; denn er lehrte sie wie einer, der göttliche Vollmacht hat, nicht wie die Schriftgelehrten.
In ihrer Synagoge saß ein Mann, der von einem unreinen Geist besessen war. Der begann zu schreien: Was haben wir mit dir zu tun, Jesus von Nazaret? Bist du gekommen, um uns ins Verderben zu stürzen? Ich weiß, wer du bist: der Heilige Gottes.
Da befahl ihm Jesus: Schweig und verlass ihn! Der unreine Geist zerrte den Mann hin und her und verließ ihn mit lautem Geschrei.
Da erschraken alle und einer fragte den andern: Was hat das zu bedeuten? Hier wird mit Vollmacht eine ganz neue Lehre verkündet. Sogar die unreinen Geister gehorchen seinem Befehl. Und sein Ruf verbreitete sich rasch im ganzen Gebiet von Galiläa.

Zum Evangelium Eine Dämonenaustreibung eröffnet bei Markus die Reihe der Wunder Jesu. Das ist kein Zufall, sondern Hinweis auf Jesu eigentliches Anliegen: Im Gottes Reich dürfen die bösen, den Menschen

quälenden, ihn zerreißenden und ihn von sich selbst entfremdenden Mächte keinen Platz mehr haben. Da soll kein Mensch auf Erden wie in der Hölle leben. Da darf keiner mehr daran gehindert werden, das zu leben, was in ihm leben möchte.
Deshalb tritt Jesus gleich beim ersten Mal in einer Art und Weise auf, die unbedingt zur Entscheidung auffordert und Entscheidung frei setzt. So heftig der Besessene auch gegen ein heiles Leben protestiert, Jesus setzt alles daran, seinen Widerstand gegen eine Heilung zu brechen. Weil Jesus mit Gott verbunden ist, kann er den in sich zerrissenen Menschen an Gottes Kraft anschließen und ihn heilen: Für den Mann beginnt eine neue Zeit. Er gehört – wie wir alle – niemand anderem mehr als Gott allein.

Mittwoch der 1. Woche im Jahreskreis

Lesung *Hebräer 2,11-12.13c-18* Er, der heiligt, und sie, die geheiligt werden, stammen alle von Einem ab; darum scheut er sich nicht, sie Brüder zu nennen und zu sagen: Lj I
Ich will deinen Namen meinen Brüdern verkünden, inmitten der Gemeinde dich preisen;
und ferner: Seht, ich und die Kinder, die Gott mir geschenkt hat.
Da nun die Kinder Menschen von Fleisch und Blut sind, hat auch er in gleicher Weise Fleisch und Blut angenommen, um durch seinen Tod den zu entmachten, der die Gewalt über den Tod hat, nämlich den Teufel, und um die zu befreien, die durch die Furcht vor dem Tod ihr Leben lang der Knechtschaft verfallen waren. Denn er nimmt sich keineswegs der Engel an, sondern der Nachkommen Abrahams nimmt er sich an. Darum musste er in allem seinen Brüdern gleich sein, um ein barmherziger und treuer Hoherpriester vor Gott zu sein und die Sünden des Volkes zu sühnen. Denn da er selbst in Versuchung geführt wurde und gelitten hat, kann er denen helfen, die in Versuchung geführt werden.

Lesung *1 Samuel 3,1-10.19-20* In jenen Tagen versah der junge Samuel den Dienst des Herrn unter der Aufsicht Elis. In jenen Tagen waren Worte des Herrn selten; Visionen waren nicht häufig. Eines Tages geschah es: Eli schlief auf seinem Platz; seine Augen waren schwach geworden und er konnte nicht mehr sehen. Die Lampe Gottes war noch nicht erloschen und Samuel schlief im Tempel des Herrn, wo die Lade Gottes stand. Lj II
Da rief der Herr den Samuel und Samuel antwortete: Hier bin ich. Dann lief er zu Eli und sagte: Hier bin ich, du hast mich gerufen. Eli erwiderte: Ich habe dich nicht gerufen. Geh wieder schlafen! Da ging er und legte sich wieder schlafen. Der Herr rief noch einmal: Samuel! Samuel stand auf und ging zu Eli und sagte: Hier bin ich, du hast mich gerufen. Eli erwiderte: Ich habe dich nicht gerufen, mein Sohn. Geh wieder schlafen! Samuel kannte den

Herrn noch nicht und das Wort des Herrn war ihm noch nicht offenbart worden.
Da rief der Herr den Samuel wieder, zum dritten Mal. Er stand auf und ging zu Eli und sagte: Hier bin ich, du hast mich gerufen. Da merkte Eli, dass der Herr den Knaben gerufen hatte. Eli sagte zu Samuel: Geh, leg dich schlafen! Wenn er dich wieder ruft, dann antworte: Rede, Herr; denn dein Diener hört. Samuel ging und legte sich an seinem Platz nieder. Da kam der Herr, trat zu ihm heran und rief wie die vorigen Male: Samuel, Samuel! Und Samuel antwortete: Rede, denn dein Diener hört.
Samuel wuchs heran und der Herr war mit ihm und ließ keines von all seinen Worten unerfüllt. Ganz Israel von Dan bis Beerscheba erkannte, dass Samuel als Prophet des Herrn beglaubigt war.

Evangelium *Markus 1,29-39* In jener Zeit ging Jesus zusammen mit Jakobus und Johannes in das Haus des Simon und Andreas. Die Schwiegermutter des Simon lag mit Fieber im Bett. Sie sprachen mit Jesus über sie, und er ging zu ihr, fasste sie an der Hand und richtete sie auf. Da wich das Fieber von ihr und sie sorgte für sie.
Am Abend, als die Sonne untergegangen war, brachte man alle Kranken und Besessenen zu Jesus. Die ganze Stadt war vor der Haustür versammelt, und er heilte viele, die an allen möglichen Krankheiten litten, und trieb viele Dämonen aus. Und er verbot den Dämonen zu reden; denn sie wussten, wer er war.
In aller Frühe, als es noch dunkel war, stand er auf und ging an einen einsamen Ort, um zu beten. Simon und seine Begleiter eilten ihm nach, und als sie ihn fanden, sagten sie zu ihm: Alle suchen dich. Er antwortete: Lasst uns anderswohin gehen, in die benachbarten Dörfer, damit ich auch dort predige; denn dazu bin ich gekommen. Und er zog durch ganz Galiläa, predigte in den Synagogen und trieb die Dämonen aus.

Zum Evangelium „Alle suchen dich." Und heute? Die Zahlen sprechen eine andere Sprache: Kaum einer sucht ihn noch. Kirche – gerade mal für Insider, „geschlossene Gesellschaft"? Woran liegt das? Weil wir selbst sein wollen wie Gott? Weil der Glaube an die Machbarkeit aller Dinge uns beherrscht, wie „besessen" macht? Gleichzeitig nehmen die Leiden der Ohnmächtigen und die Opfer des Machtmissbrauchs und Machbarkeitswahns überhand. Wehe denen, die versagen, die zurückbleiben, die lebensuntüchtig sind! „Wir sind uns ohne Gnade überlassen" (Günter Kunert), gnadenlos auf uns selbst zurückgeworfen.
Markus entwirft ein Gegenbild. Das Bild dessen, der uns einen gnädigen Gott nahe bringt, der keinen aus seiner Gnade ausschließt, weder die von sich selbst besessenen Macher noch die Ohnmächtigen und Leidenden. „Alle suchen dich." Wenn wir nicht suchen, so sucht Gott doch uns. Las-

sen wir uns finden, vertrauen wir uns seiner Gnade an inmitten einer gnadenlosen Welt?

Donnerstag der 1. Woche im Jahreskreis

Lesung *Hebräer 3,7-14* Schwestern und Brüder! Beherzigt, was der Heilige Geist sagt: Heute, wenn ihr seine Stimme hört, verhärtet euer Herz nicht wie beim Aufruhr, wie in der Wüste am Tag der Versuchung. Dort haben eure Väter mich versucht, sie haben mich auf die Probe gestellt und hatten doch meine Taten gesehen, vierzig Jahre lang. Darum war mir diese Generation zuwider und ich sagte: Immer geht ihr Herz in die Irre. Sie erkannten meine Wege nicht. Darum habe ich in meinem Zorn geschworen: Sie sollen nicht in das Land meiner Ruhe kommen. **Lj I**

Gebt Acht, Brüder, dass keiner von euch ein böses, ungläubiges Herz hat, dass keiner vom lebendigen Gott abfällt, sondern ermahnt einander jeden Tag, solange es noch heißt: Heute, damit niemand von euch durch den Betrug der Sünde verhärtet wird; denn an Christus haben wir nur Anteil, wenn wir bis zum Ende an der Zuversicht festhalten, die wir am Anfang hatten.

Lesung *1 Samuel 4,1b-11* In jenen Tagen zog Israel gegen die Philister in den Krieg. Sie schlugen ihr Lager bei Eben-Eser auf und die Philister hatten ihr Lager in Afek. Die Philister rückten in Schlachtordnung gegen Israel vor und der Kampf wogte hin und her. Israel wurde von den Philistern besiegt, die von Israels Heer auf dem Feld etwa viertausend Mann erschlugen. **Lj II**

Als das Volk ins Lager zurückkam, sagten die Ältesten Israels: Warum hat der Herr heute die Philister über uns siegen lassen? Wir wollen die Bundeslade des Herrn aus Schilo zu uns holen; er soll in unsere Mitte kommen und uns aus der Gewalt unserer Feinde retten.

Das Volk schickte also Männer nach Schilo und sie holten von dort die Bundeslade des Herrn der Heere, der über den Kerubim thront. Hofni und Pinhas, die beiden Söhne Elis, begleiteten die Bundeslade Gottes. Als nun die Bundeslade des Herrn ins Lager kam, erhob ganz Israel ein lautes Freudengeschrei, sodass die Erde dröhnte.

Die Philister hörten das laute Geschrei und sagten: Was ist das für ein lautes Geschrei im Lager der Hebräer? Als sie erfuhren, dass die Lade des Herrn ins Lager gekommen sei, fürchteten sich die Philister; denn sie sagten: Gott ist zu ihnen ins Lager gekommen. Und sie riefen: Weh uns! Denn so etwas ist früher nie geschehen. Weh uns! Wer rettet uns aus der Hand dieses mächtigen Gottes? Das ist der Gott, der Ägypten mit allerlei Plagen geschlagen hat. Seid tapfer, Philister, und seid Männer, damit ihr nicht den Hebräern dienen müsst, wie sie euch gedient haben. Seid Männer und kämpft!

Da traten die Philister zum Kampf an und Israel wurde besiegt, sodass alle zu ihren Zelten flohen. Es war eine sehr schwere Niederlage. Von Israel fielen dreißigtausend Mann Fußvolk. Die Lade Gottes wurde erbeutet und die beiden Söhne Elis, Hofni und Pinhas, fanden den Tod.

Evangelium *Markus 1,40-45* In jener Zeit kam ein Aussätziger zu Jesus und bat ihn um Hilfe; er fiel vor ihm auf die Knie und sagte: Wenn du willst, kannst du machen, dass ich rein werde. Jesus hatte Mitleid mit ihm; er streckte die Hand aus, berührte ihn und sagte: Ich will es – werde rein! Im gleichen Augenblick verschwand der Aussatz und der Mann war rein.
Jesus schickte ihn weg und schärfte ihm ein: Nimm dich in Acht! Erzähl niemand etwas davon, sondern geh, zeig dich dem Priester und bring das Reinigungsopfer dar, das Mose angeordnet hat. Das soll für sie ein Beweis meiner Gesetzestreue sein.
Der Mann aber ging weg und erzählte bei jeder Gelegenheit, was geschehen war; er verbreitete die ganze Geschichte, sodass sich Jesus in keiner Stadt mehr zeigen konnte; er hielt sich nur noch außerhalb der Städte an einsamen Orten auf. Dennoch kamen die Leute von überallher zu ihm.

Zum Evangelium Aus dem Blickwinkel der Frommen ist ein Aussätziger selbst schuld an seiner Krankheit. Er hat gesündigt und wurde von Gott bestraft. Also ist es nur rechtens, ihn zu isolieren – nicht nur wegen der Ansteckungsgefahr, sondern als sichtbares Strafgericht Gottes. Gott ist der eigentlich Aussetzende – so dachte man. So denkt man zum Teil noch heute, etwa bei Aidskranken. Als Jesus den Aussätzigen sieht, rührt sein Leiden ihn an. Er sieht nicht nur die zerfressene Nase und riecht den Gestank, er sieht den ganzen Menschen. Als er ihn heilt, heilt er nicht nur seine Krankheit, er rückt vor allem eine falsche Theologie zurecht. Denn in Jesus handelt Gott, in ihm berührt Gott den Kranken, und das heißt: Gott ist kein Aussetzender, und Krankheit ist nicht die Folge von Sünden. Tun wir es ihm gleich und berühren jene, die unsere Berührung dringend brauchen, um sich wieder als Mensch zu fühlen? Wir können einem anderen nicht seine Krankheit „wegmachen“. Aber es gibt das Wunder, das die Liebe vermag.

Freitag der 1. Woche im Jahreskreis

Lj I **Lesung** *Hebräer 4,1-5.11* Schwestern und Brüder! Lasst uns ernsthaft besorgt sein, dass keiner von euch zurückbleibt, solange die Verheißung, in das Land seiner Ruhe zu kommen, noch gilt. Denn uns ist die gleiche Freudenbotschaft verkündet worden wie jenen; doch hat ihnen das Wort, das sie hörten, nichts genützt, weil es sich nicht durch den Glauben mit den Hörern verband. Denn wir, die wir gläubig geworden sind, kommen in das Land der Ruhe, wie er gesagt hat:
Darum habe ich in meinem Zorn geschworen: Sie sollen nicht in das Land meiner Ruhe kommen.

Zwar waren die Werke seit der Erschaffung der Welt vollendet; denn vom siebten Tag heißt es an einer Stelle: Und Gott ruhte am siebten Tag aus von all seinen Werken; hier aber heißt es: Sie sollen nicht in das Land meiner Ruhe kommen.
Bemühen wir uns also, in jenes Land der Ruhe zu kommen, damit niemand aufgrund des gleichen Ungehorsams zu Fall kommt.

Lesung *1 Samuel 8,4-7.10-22a* In jenen Tagen versammelten sich alle Ältesten Israels und gingen zu Samuel nach Rama. Sie sagten zu ihm: Du bist nun alt und deine Söhne gehen nicht auf deinen Wegen. Darum setze jetzt einen König bei uns ein, der uns regieren soll, wie es bei allen Völkern der Fall ist. **Lj II**
Aber Samuel missfiel es, dass sie sagten: Gib uns einen König, der uns regieren soll. Samuel betete deshalb zum Herrn, und der Herr sagte zu Samuel: Hör auf die Stimme des Volkes in allem, was sie zu dir sagen. Denn nicht dich haben sie verworfen, sondern mich haben sie verworfen: Ich soll nicht mehr ihr König sein.
Samuel teilte dem Volk, das einen König von ihm verlangte, alle Worte des Herrn mit. Er sagte: Das werden die Rechte des Königs sein, der über euch herrschen wird: Er wird eure Söhne holen und sie für sich bei seinen Wagen und seinen Pferden verwenden und sie werden vor seinem Wagen herlaufen. Er wird sie zu Obersten über Abteilungen von Tausend und zu Führern über Abteilungen von Fünfzig machen. Sie müssen sein Ackerland pflügen und seine Ernte einbringen. Sie müssen seine Kriegsgeräte und die Ausrüstung seiner Streitwagen anfertigen. Eure Töchter wird er holen, damit sie ihm Salben zubereiten und kochen und backen. Eure besten Felder, Weinberge und Ölbäume wird er euch wegnehmen und seinen Beamten geben. Von euren Äckern und euren Weinbergen wird er den Zehnten erheben und ihn seinen Höflingen und Beamten geben. Eure Knechte und Mägde, eure besten jungen Leute und eure Esel wird er holen und für sich arbeiten lassen. Von euren Schafherden wird er den Zehnten erheben. Ihr selber werdet seine Sklaven sein. An jenem Tag werdet ihr wegen des Königs, den ihr euch erwählt habt, um Hilfe schreien, aber der Herr wird euch an jenem Tag nicht antworten.
Doch das Volk wollte nicht auf Samuel hören, sondern sagte: Nein, ein König soll über uns herrschen. Auch wir wollen wie alle anderen Völker sein. Unser König soll uns Recht sprechen, er soll vor uns herziehen und soll unsere Kriege führen. Samuel hörte alles an, was das Volk sagte, und trug es dem Herrn vor. Und der Herr sagte zu Samuel: Hör auf ihre Stimme und setz ihnen einen König ein!

Evangelium *Markus 2,1-12* Als Jesus nach Kafarnaum zurückkam, wurde bekannt, dass er wieder zu Hause war. Und es versammelten sich so

viele Menschen, dass nicht einmal mehr vor der Tür Platz war; und er verkündete ihnen das Wort.
Da brachte man einen Gelähmten zu ihm; er wurde von vier Männern getragen. Weil sie ihn aber wegen der vielen Leute nicht bis zu Jesus bringen konnten, deckten sie dort, wo Jesus war, das Dach ab, schlugen die Decke durch und ließen den Gelähmten auf seiner Tragbahre durch die Öffnung hinab. Als Jesus ihren Glauben sah, sagte er zu dem Gelähmten: Mein Sohn, deine Sünden sind dir vergeben!
Einige Schriftgelehrte aber, die dort saßen, dachten im Stillen: Wie kann dieser Mensch so reden? Er lästert Gott. Wer kann Sünden vergeben außer dem einen Gott? Jesus erkannte sofort, was sie dachten, und sagte zu ihnen: Was für Gedanken habt ihr im Herzen? Ist es leichter, zu dem Gelähmten zu sagen: Deine Sünden sind dir vergeben!, oder zu sagen: Steh auf, nimm deine Tragbahre und geh umher? Ihr sollt aber erkennen, dass der Menschensohn die Vollmacht hat, hier auf der Erde Sünden zu vergeben. Und er sagte zu dem Gelähmten: Ich sage dir: Steh auf, nimm deine Tragbahre, und geh nach Hause! Der Mann stand sofort auf, nahm seine Tragbahre und ging vor aller Augen weg. Da gerieten alle außer sich; sie priesen Gott und sagten: So etwas haben wir noch nie gesehen.

Zum Evangelium Ein Gelähmter steht auf. Steht auf eigenen Füßen und geht seinen Weg. Einen Weg ins Leben. Zu diesem Wunder gehören die Freunde, die ihm ihre Füße „leihen“, ihm vermitteln, wir tragen dich mit allem, was dich lähmt, verlass dich drauf! Sie sagen es nicht nur, sie tun es auch. Sie konfrontieren die Anwesenden und Gott mit dieser Lähmung, die so viel Leben abschneidet. Was sie tun, nennt Jesus Glauben. So provokativ und praktisch ist der Glaube, so dem Leben zugewandt ist Glaube.
Und dann das Wort, mit dem keiner gerechnet hat: „Deine Sünden sind dir vergeben.“ Jesus nennt beim Namen, wie er diese Lähmung einschätzt: Es ist Lähmung aus Angst, schuldig zu sein. Diese Angst hat sich nur noch in Lähmung ausdrücken können. Nun spricht Jesus ihn frei: Nichts steht zwischen Gott und dir. Und keiner hat das Recht, dir Schuld einzureden. Ich nehme dich in Schutz gegen alle, die dich wieder lähmen wollen. – Gott möchte, dass es uns gelingt, frei und ungehindert ins Leben zu gehen und aufzustehen – allen lähmenden Erfahrungen zum Trotz.

Samstag der 1. Woche im Jahreskreis

Lj I **Lesung** *Hebräer 4,12-16* Lebendig ist das Wort Gottes, kraftvoll und schärfer als jedes zweischneidige Schwert; es dringt durch bis zur Scheidung von Seele und Geist, von Gelenk und Mark; es richtet über die Regungen und Gedanken des Herzens; vor ihm bleibt kein Geschöpf verborgen,

sondern alles liegt nackt und bloß vor den Augen dessen, dem wir Rechenschaft schulden.
Da wir nun einen erhabenen Hohenpriester haben, der die Himmel durchschritten hat, Jesus, den Sohn Gottes, lasst uns an dem Bekenntnis festhalten. Wir haben ja nicht einen Hohenpriester, der nicht mitfühlen könnte mit unserer Schwäche, sondern einen, der in allem wie wir in Versuchung geführt worden ist, aber nicht gesündigt hat.
Lasst uns also voll Zuversicht hingehen zum Thron der Gnade, damit wir Erbarmen und Gnade finden und so Hilfe erlangen zur rechten Zeit.

Lesung *1 Samuel 9,1-4.17-19; 10,1 (1a)* In jenen Tagen lebte in Benjamin ein Mann namens Kisch, ein Sohn Abiëls, des Sohnes Zerors, des Sohnes Bechorats, des Sohnes Afiachs, ein wohlhabender Benjaminiter. Er hatte einen Sohn namens Saul, der jung und schön war; kein anderer unter den Israeliten war so schön wie er; er überragte alle um Haupteslänge. **Lj II**
Eines Tages verliefen sich die Eselinnen von Sauls Vater Kisch. Da sagte Kisch zu seinem Sohn Saul: Nimm einen von den Knechten, mach dich mit ihm auf den Weg und such die Eselinnen! Sie durchquerten das Gebirge Efraim und durchstreiften das Gebiet von Schalischa, fanden sie aber nicht. Sie zogen durch das Gebiet von Schaalim – ohne Erfolg; dann durchwanderten sie das Land Jemini, fanden sie aber wieder nicht.
Als Samuel Saul sah, sagte der Herr zu ihm: Das ist der Mann, von dem ich dir gesagt habe: Der wird über mein Volk herrschen.
Saul trat mitten im Tor zu Samuel und fragte: Sag mir doch, wo das Haus des Sehers ist. Samuel antwortete Saul: Ich bin der Seher. Geh vor mir her zur Kulthöhe hinauf! Ihr sollt heute mit mir essen. Morgen früh will ich dich dann weiterziehen lassen. Ich werde dir Auskunft über alles geben, was du auf dem Herzen hast.
Früh am Morgen nahm Samuel den Ölkrug und goss Saul das Öl auf das Haupt, küsste ihn und sagte: Hiermit hat der Herr dich zum Fürsten über sein Erbe gesalbt.

Evangelium *Markus 2,13-17* In jener Zeit ging Jesus wieder hinaus an den See. Da kamen Scharen von Menschen zu ihm und er lehrte sie. Als er weiterging, sah er Levi, den Sohn des Alphäus, am Zoll sitzen und sagte zu ihm: Folge mir nach! Da stand Levi auf und folgte ihm. Und als Jesus in seinem Haus beim Essen war, aßen viele Zöllner und Sünder zusammen mit ihm und seinen Jüngern; denn es folgten ihm schon viele.
Als die Schriftgelehrten, die zur Partei der Pharisäer gehörten, sahen, dass er mit Zöllnern und Sündern aß, sagten sie zu seinen Jüngern: Wie kann er zusammen mit Zöllnern und Sündern essen? Jesus hörte es und sagte zu ihnen: Nicht die Gesunden brauchen den Arzt, sondern die Kranken. Ich bin gekommen, um die Sünder zu rufen, nicht die Gerechten.

Zum Evangelium Hätte Levi auf die drei Worte „Folge mir nach" sein doch recht komfortables bisheriges Leben zurückgelassen, wenn er mit sich im Reinen gewesen wäre? Seine Berufung ist wie der Durchbruch eines Dammes, der allzu lange die „Wasser der Sehnsucht" nach einem anderen Leben aufgestaut hat. Als Jesus ihn ruft, muss er gespürt haben, dass jetzt der Moment gekommen ist, in dem ihm die Schuld an seinem verkehrten Leben erlassen und ein neuer Anfang ermöglicht wird.
Das stört empfindlich die Moralvorstellungen derer, die meinen, auf der Seite der Guten zu stehen. Muss nicht der Gute belohnt, der Sünder bestraft werden? Jesus entgegnet ihnen: Der Sünder braucht Hilfe, und Hilfe ist das Gegenteil eines moralisch erhobenen Zeigefingers. Hilfe ist, wenn ein Mensch die Chance bekommt, noch einmal neu anzufangen. Und wer weiß schon, warum jemand so geworden ist, wie er jetzt ist? Die „Gerechten" meinen, sie müssten sich nicht mehr verändern. Ob sie sich nicht sehr täuschen? Wer so von sich selbst überzeugt ist, von dem ist Gott nicht überzeugt! Wer dagegen um seine Verlorenheit weiß, den gibt Gott nicht verloren. Den von Gott geschenkten Anfang annehmen und neue Akzente setzen – wäre das nicht eine angemessene Antwort auf Gottes Entgegenkommen?

2. Woche im Jahreskreis

Montag der 2. Woche im Jahreskreis

Lj I **Lesung** *Hebräer 5,1-10* Jeder Hohepriester wird aus den Menschen ausgewählt und für die Menschen eingesetzt zum Dienst vor Gott, um Gaben und Opfer für die Sünden darzubringen. Er ist fähig, für die Unwissenden und Irrenden Verständnis aufzubringen, da auch er der Schwachheit unterworfen ist; deshalb muss er für sich selbst ebenso wie für das Volk Sündopfer darbringen. Und keiner nimmt sich eigenmächtig diese Würde, sondern er wird von Gott berufen, so wie Aaron.
So hat auch Christus sich nicht selbst die Würde eines Hohenpriesters verliehen, sondern der, der zu ihm gesprochen hat: Mein Sohn bist du. Heute habe ich dich gezeugt, wie er auch an anderer Stelle sagt: Du bist Priester auf ewig nach der Ordnung Melchisedeks.
Als er auf Erden lebte, hat er mit lautem Schreien und unter Tränen Gebete und Bitten vor den gebracht, der ihn aus dem Tod retten konnte, und er ist erhört und aus seiner Angst befreit worden. Obwohl er der Sohn war, hat er durch Leiden den Gehorsam gelernt; zur Vollendung gelangt, ist er für alle, die ihm gehorchen, der Urheber des ewigen Heils geworden und wurde von Gott angeredet als „Hoherpriester nach der Ordnung Melchisedeks".

Lesung *1 Samuel 15,16-23* In jenen Tagen sagte Samuel zu Saul: Ich will dir verkünden, was der Herr mir heute Nacht gesagt hat. Saul antwortete: Sprich! Samuel sagte: Bist du nicht, obwohl du dir gering vorkommst, das Haupt der Stämme Israels? Der Herr hat dich zum König von Israel gesalbt. Dann hat dich der Herr auf den Weg geschickt und gesagt: Geh und weihe die Amalekiter, die Übeltäter, dem Untergang; kämpfe gegen sie, bis du sie vernichtet hast. Warum hast du nicht auf die Stimme des Herrn gehört, sondern hast dich auf die Beute gestürzt und getan, was dem Herrn missfällt? Saul erwiderte Samuel: Ich habe doch auf die Stimme des Herrn gehört; ich bin den Weg gegangen, auf den der Herr mich geschickt hat; ich habe Agag, den König von Amalek, hergebracht und die Amalekiter dem Untergang geweiht. Aber das Volk hat von der Beute einige Schafe und Rinder genommen, das Beste von dem, was dem Untergang geweiht war, um es dem Herrn, deinem Gott, in Gilgal zu opfern. Lj II

Samuel aber sagte: Hat der Herr an Brandopfern und Schlachtopfern das gleiche Gefallen wie am Gehorsam gegenüber der Stimme des Herrn? Wahrhaftig, Gehorsam ist besser als Opfer, Hinhören besser als das Fett von Widdern. Denn Trotz ist ebenso eine Sünde wie die Zauberei, Widerspenstigkeit ist ebenso schlimm wie Frevel und Götzendienst. Weil du das Wort des Herrn verworfen hast, verwirft er dich als König.

Evangelium *Markus 2,18-22* Da die Jünger des Johannes und die Pharisäer zu fasten pflegten, kamen Leute zu Jesus und sagten: Warum fasten deine Jünger nicht, während die Jünger des Johannes und die Jünger der Pharisäer fasten? Jesus antwortete ihnen: Können denn die Hochzeitsgäste fasten, solange der Bräutigam bei ihnen ist? Solange der Bräutigam bei ihnen ist, können sie nicht fasten. Es werden aber Tage kommen, da wird ihnen der Bräutigam genommen sein; an jenem Tag werden sie fasten.

Niemand näht ein Stück neuen Stoff auf ein altes Kleid; denn der neue Stoff reißt doch vom alten Kleid ab und es entsteht ein noch größerer Riss. Auch füllt niemand neuen Wein in alte Schläuche. Sonst zerreißt der Wein die Schläuche; der Wein ist verloren und die Schläuche sind unbrauchbar. Neuer Wein gehört in neue Schläuche.

Zum Evangelium Fasten um des Fastens willen? Jesu Antwort ist ein erstaunlich klares Nein! Mit diesem Nein stellt er sich quer zu allen großen Religionen, die von Beginn an den Menschen zum Fasten auffordern. Seit es Religion, die Anerkennung des Göttlichen, gibt, empfindet der Mensch umso stärker seine Kreatürlichkeit und Vergänglichkeit im Kontrast zur Ewigkeit. Himmel und Erde, Gott und Mensch, Zeit und Ewigkeit werden Gegensätze. Das Fasten gilt als Zeichen der Weltabkehr und der Hinkehr zum Göttlichen. Weil aber Gott in Jesus Mensch geworden ist, muss man nicht das Irdische abstreifen, um das Himmlische zu gewinnen, denn Gott und Mensch sind seitdem unauflöslich miteinander verbunden. Das zeigt Jesus mit dem Bild von Hochzeit und Bräutigam: Es ist neue Zeit, Zeit des Heils, in der uns Gott nicht außerhalb, sondern inmitten dieser Welt bejaht. Menschlich leben heißt, diese oft so fragwürdige und begrenzte Welt nicht zu verachten, sondern anzunehmen. Unser Erdenleben ist kein überflüssiger Ballast, es ist Geschenk und Auftrag Gottes. Deshalb „fasten die Jünger Jesu nicht“; sie müssen sich die Welt nicht verbieten, um bei Gott zu sein, die Welt ist vielmehr der Ort, um Gott zu begegnen. Trotzdem gibt es Zeiten, in denen Fasten angesagt ist: um uns auf das Wesentliche zu besinnen und um alles, was uns hindert zu Gott, loszulassen.

Dienstag der 2. Woche im Jahreskreis

Lj I **Lesung** *Hebräer 6,10-20* Schwestern und Brüder! Gott ist nicht so ungerecht, euer Tun zu vergessen und die Liebe, die ihr seinem Namen bewiesen habt, indem ihr den Heiligen gedient habt und noch dient. Wir wünschen aber, dass jeder von euch im Blick auf den Reichtum unserer Hoffnung bis zum Ende den gleichen Eifer zeigt, damit ihr nicht müde werdet, sondern Nachahmer derer seid, die aufgrund ihres Glaubens und ihrer Ausdauer Erben der Verheißungen sind.

Als Gott dem Abraham die Verheißung gab, schwor er bei sich selbst, da er bei keinem Höheren schwören konnte, und sprach: Fürwahr, ich will dir Segen schenken in Fülle und deine Nachkommen überaus zahlreich machen. So erlangte Abraham durch seine Ausdauer das Verheißene.

Menschen nämlich schwören bei dem Höheren; der Eid dient ihnen zur Bekräftigung und schließt jeden weiteren Einwand aus; deshalb hat Gott, weil er den Erben der Verheißung ausdrücklich zeigen wollte, wie unabänderlich sein Entschluss ist, sich mit einem Eid verbürgt. So sollten wir durch zwei unwiderrufliche Taten, bei denen Gott unmöglich täuschen konnte, einen kräftigen Ansporn haben, wir, die wir unsere Zuflucht dazu genommen haben, die dargebotene Hoffnung zu ergreifen. In ihr haben wir einen sicheren und festen Anker der Seele, der hineinreicht in das Innere hinter dem Vorhang; dorthin ist Jesus für uns als unser Vorläufer hineingegangen, er, der nach der Ordnung Melchisedeks Hoherpriester ist auf ewig.

Lj II **Lesung** *1 Samuel 16,1-13* In jenen Tagen sagte der Herr zu Samuel: Wie lange willst du noch um Saul trauern? Ich habe ihn doch verworfen; er soll nicht mehr als König über Israel herrschen. Fülle dein Horn mit Öl und mach dich auf den Weg! Ich schicke dich zu dem Betlehemiter Isai; denn ich habe mir einen von seinen Söhnen als König ausersehen. Samuel erwiderte: Wie kann ich da hingehen? Saul wird es erfahren und mich umbringen. Der Herr sagte: Nimm ein junges Rind mit und sag: Ich bin gekommen, um dem Herrn ein Schlachtopfer darzubringen. Lade Isai zum Opfer ein! Ich selbst

werde dich dann erkennen lassen, was du tun sollst: Du sollst mir nur den salben, den ich dir nennen werde.
Samuel tat, was der Herr befohlen hatte. Als er nach Betlehem kam, gingen ihm die Ältesten der Stadt zitternd entgegen und fragten: Bedeutet dein Kommen Frieden? Er antwortete: Frieden. Ich bin gekommen, um dem Herrn ein Schlachtopfer darzubringen. Heiligt euch und kommt mit mir zum Opfer! Dann heiligte er Isai und seine Söhne und lud sie zum Opfer ein.
Als sie kamen und er den Eliab sah, dachte er: Gewiss steht nun vor dem Herrn sein Gesalbter. Der Herr aber sagte zu Samuel: Sieh nicht auf sein Aussehen und seine stattliche Gestalt, denn ich habe ihn verworfen; Gott sieht nämlich nicht auf das, worauf der Mensch sieht. Der Mensch sieht, was vor den Augen ist, der Herr aber sieht das Herz. Nun rief Isai den Abinadab und ließ ihn vor Samuel treten. Dieser sagte: Auch ihn hat der Herr nicht erwählt. Isai ließ Schima kommen. Samuel sagte: Auch ihn hat der Herr nicht erwählt.
So ließ Isai sieben seiner Söhne vor Samuel treten, aber Samuel sagte zu Isai: Diese hat der Herr nicht erwählt. Und er fragte Isai: Sind das alle deine Söhne? Er antwortete: Der jüngste fehlt noch, aber der hütet gerade die Schafe. Samuel sagte zu Isai: Schick jemand hin und lass ihn holen; wir wollen uns nicht zum Mahl hinsetzen, bevor er hergekommen ist. Isai schickte also jemand hin und ließ ihn kommen. David war blond, hatte schöne Augen und eine schöne Gestalt. Da sagte der Herr: Auf, salbe ihn! Denn er ist es.
Samuel nahm das Horn mit dem Öl und salbte David mitten unter seinen Brüdern. Und der Geist des Herrn war über David von diesem Tag an. Samuel aber brach auf und kehrte nach Rama zurück.

Evangelium *Markus 2,23-28* An einem Sabbat ging Jesus durch die Kornfelder und unterwegs rissen seine Jünger Ähren ab. Da sagten die Pharisäer zu ihm: Sieh dir an, was sie tun! Das ist doch am Sabbat verboten.
Er antwortete: Habt ihr nie gelesen, was David getan hat, als er und seine Begleiter hungrig waren und nichts zu essen hatten – wie er zur Zeit des Hohenpriesters Abjatar in das Haus Gottes ging und die heiligen Brote aß, die außer den Priestern niemand essen darf, und auch seinen Begleitern davon gab?
Und Jesus fügte hinzu: Der Sabbat ist für den Menschen da, nicht der Mensch für den Sabbat. Deshalb ist der Menschensohn Herr auch über den Sabbat.

Zum Evangelium Jesus sprengt mit souveräner Freiheit die Verengung der Gottesbeziehung auf Moral, Gesetze und Wohlanständigkeit. Diese Freiheit hat nichts mit willkürlicher Bindungslosigkeit zu tun, sie ist im Gegenteil die absolute Gebundenheit allein an die Weisung Gottes. Jesus geht es darum, den Menschen die Augen dafür zu öffnen, dass alle

Gebote und Weisungen nur solange gut und nützlich sind, als sie für und nicht gegen die Bedürfnisse des Menschen stehen; als sie nicht in Unmündigkeit und Abhängigkeit, sondern weg von einer verrechtlichten Gottesbeziehung zu Gott selbst führen. Wir können nicht auf Gesetze und Vorschriften zurückgreifen, wenn unsere persönliche Entscheidung gefragt ist. Gebote sind wie Landstraßen, aber es gibt Augenblicke, die auf „Nebenwege" verweisen, wo wir ein Gesetz übertreten müssen, um menschlich zu handeln! Es ist die Frage, wie ich zu dem Leben finde, das Gott mir zugedacht hat. Und dafür kann ich mich nicht ohne weiteres auf eine Weisung von gestern berufen, sondern dann muss ich tun, was der Augenblick hier und jetzt von mir fordert.

Mittwoch der 2. Woche im Jahreskreis

Lj I **Lesung** *Hebräer 7,1-3.15-17* Schwestern und Brüder! Melchisedek, König von Salem und Priester des höchsten Gottes; er, der dem Abraham, als dieser nach dem Sieg über die Könige zurückkam, entgegenging und ihn segnete und welchem Abraham den Zehnten von allem gab; er, dessen Name „König der Gerechtigkeit" bedeutet und der auch König von Salem ist, das heißt „König des Friedens"; er, der ohne Vater, ohne Mutter und ohne Stammbaum ist, ohne Anfang seiner Tage und ohne Ende seines Lebens, ein Abbild des Sohnes Gottes: dieser Melchisedek bleibt Priester für immer.
Das ist noch viel offenkundiger, wenn nach dem Vorbild Melchisedeks ein anderer Priester eingesetzt wird, der nicht, wie das Gesetz es fordert, aufgrund leiblicher Abstammung Priester geworden ist, sondern durch die Kraft unzerstörbaren Lebens. Denn es wird bezeugt: Du bist Priester auf ewig nach der Ordnung Melchisedeks.

Lj II **Lesung** *1 Samuel 17,32-33.37.40-51* In jenen Tagen sagte David zu Saul: Niemand soll wegen des Philisters den Mut sinken lassen. Dein Knecht wird hingehen und mit diesem Philister kämpfen. Saul erwiderte ihm: Du kannst nicht zu diesem Philister hingehen, um mit ihm zu kämpfen; du bist zu jung, er aber ist ein Krieger seit seiner Jugend. Und David sagte weiter: Der Herr, der mich aus der Gewalt des Löwen und des Bären gerettet hat, wird mich auch aus der Gewalt dieses Philisters retten. Da antwortete Saul David: Geh, der Herr sei mit dir.
David nahm seinen Stock in die Hand, suchte sich fünf glatte Steine aus dem Bach und legte sie in die Hirtentasche, die er bei sich hatte und die ihm als Schleudersteintasche diente. Die Schleuder in der Hand, ging er auf den Philister zu. Der Philister kam immer näher an David heran; sein Schildträger schritt vor ihm her. Voll Verachtung blickte der Philister David an, als er ihn sah; denn David war noch sehr jung, er war blond und von schöner Gestalt. Der Philister sagte zu David: Bin ich denn ein Hund, dass du mit einem Stock zu mir kommst? Und er verfluchte David bei seinen Göttern. Er rief David zu:

Komm nur her zu mir, ich werde dein Fleisch den Vögeln des Himmels und den wilden Tieren zum Fraß geben.
David antwortete dem Philister: Du kommst zu mir mit Schwert, Speer und Sichelschwert, ich aber komme zu dir im Namen des Herrn der Heere, des Gottes der Schlachtreihen Israels, den du verhöhnt hast. Heute wird dich der Herr mir ausliefern. Ich werde dich erschlagen und dir den Kopf abhauen. Die Leichen des Heeres der Philister werde ich noch heute den Vögeln des Himmels und den wilden Tieren zum Fraß geben. Alle Welt soll erkennen, dass Israel einen Gott hat. Auch alle, die hier versammelt sind, sollen erkennen, dass der Herr nicht durch Schwert und Speer Rettung verschafft; denn es ist ein Krieg des Herrn und er wird euch in unsere Gewalt geben.
Als der Philister weiter vorrückte und immer näher an David herankam, lief auch David von der Schlachtreihe der Israeliten aus schnell dem Philister entgegen. Er griff in seine Hirtentasche, nahm einen Stein heraus, schleuderte ihn ab und traf den Philister an der Stirn. Der Stein drang in die Stirn ein und der Philister fiel mit dem Gesicht zu Boden.
So besiegte David den Philister mit einer Schleuder und einem Stein; er traf den Philister und tötete ihn, ohne ein Schwert in der Hand zu haben. Dann lief David hin und trat neben den Philister. Er ergriff sein Schwert, zog es aus der Scheide, schlug ihm den Kopf ab und tötete ihn. Als die Philister sahen, dass ihr starker Mann tot war, flohen sie.

Evangelium *Markus 3,1-6* In jener Zeit, als Jesus in eine Synagoge ging, saß dort ein Mann, dessen Hand verdorrt war. Und sie gaben Acht, ob Jesus ihn am Sabbat heilen werde; sie suchten nämlich einen Grund zur Anklage gegen ihn.
Da sagte er zu dem Mann mit der verdorrten Hand: Steh auf und stell dich in die Mitte! Und zu den anderen sagte er: Was ist am Sabbat erlaubt: Gutes zu tun oder Böses, ein Leben zu retten oder es zu vernichten? Sie aber schwiegen. Und er sah sie der Reihe nach an, voll Zorn und Trauer über ihr verstocktes Herz, und sagte zu dem Mann: Streck deine Hand aus! Er streckte sie aus und seine Hand war wieder gesund.
Da gingen die Pharisäer hinaus und fassten zusammen mit den Anhängern des Herodes den Beschluss, Jesus umzubringen.

Zum Evangelium Heilen am Sabbat? Nur wenn Lebensgefahr droht! Bei dem Mann mit der verdorrten Hand, könnte Jesus da nicht einen Tag warten und dann heilen? Sie schauen genau hin, Jesu Gegner, die Gesetzeshüter. Ja, sie wollen ihn bei einem weiteren Verstoß gegen das Sabbatgebot erwischen! Und Jesus? Er nützt die Situation, weil offenbar das Allerklarste nicht mehr klar ist: dass Gutes tun, egal ob am Sonntag oder Werktag, immer der Wille Gottes ist! Menschliche Not gilt mehr als alle Gesetze. Der Tag, der Gott gehört, ist auch ein Festtag der Liebe Gottes zum Menschen. Jesus stellt Beziehung zu dem Mann her und macht die umherstehenden Menschen darauf aufmerksam, mit welchem Gott sie es zu tun haben: mit dem Gott, der zuallererst das Heil des Menschen will!

Donnerstag der 2. Woche im Jahreskreis

Lj I **Lesung** *Hebräer 7,25–8,6* Schwestern und Brüder! Jesus kann die, die durch ihn vor Gott hintreten, für immer retten; denn er lebt allezeit, um für sie einzutreten.

Ein solcher Hoherpriester war für uns in der Tat notwendig: einer, der heilig ist, unschuldig, makellos, abgesondert von den Sündern und erhöht über die Himmel; einer, der es nicht Tag für Tag nötig hat, wie die Hohenpriester zuerst für die eigenen Sünden Opfer darzubringen und dann für die des Volkes; denn das hat er ein für allemal getan, als er sich selbst dargebracht hat. Das Gesetz nämlich macht Menschen zu Hohenpriestern, die der Schwachheit unterworfen sind; das Wort des Eides aber, der später als das Gesetz kam, setzt den Sohn ein, der auf ewig vollendet ist. Die Hauptsache dessen aber, was wir sagen wollen, ist: Wir haben einen Hohenpriester, der sich zur Rechten des Thrones der Majestät im Himmel gesetzt hat, als Diener des Heiligtums und des wahren Zeltes, das der Herr selbst aufgeschlagen hat, nicht etwa ein Mensch.

Denn jeder Hohepriester wird eingesetzt, um Gaben und Opfer darzubringen; deshalb muss auch unser Hoherpriester etwas haben, was er darbringen kann. Wäre er nun auf Erden, so wäre er nicht einmal Priester, da es hier schon Priester gibt, die nach dem Gesetz die Gaben darbringen. Sie dienen einem Abbild und Schatten der himmlischen Dinge, nach der Anweisung, die Mose erhielt, als er daranging, das Zelt zu errichten: Sieh zu, heißt es, dass du alles nach dem Urbild ausführst, das dir auf dem Berg gezeigt wurde.

Jetzt aber ist ihm ein umso erhabenerer Priesterdienst übertragen worden, weil er auch Mittler eines besseren Bundes ist, der auf bessere Verheißungen gegründet ist.

Lj II **Lesung** *1 Samuel 18,6-9; 19,1-7* In jenen Tagen, als die Israeliten nach Davids Sieg über den Philister heimkehrten, zogen die Frauen aus allen Städten Israels König Saul singend und tanzend mit Handpauken, Freudenrufen und Zimbeln entgegen. Die Frauen spielten und riefen voll Freude: Saul hat Tausend erschlagen, David aber Zehntausend. Saul wurde darüber sehr zornig. Das Lied missfiel ihm und er sagte: David geben sie Zehntausend, mir aber geben sie nur Tausend. Jetzt fehlt ihm nur noch die Königswürde. Von diesem Tag an war Saul gegen David voll Argwohn.

Saul redete vor seinem Sohn Jonatan und vor allen seinen Dienern davon, dass er David töten wolle. Sauls Sohn Jonatan aber hatte David sehr gern; deshalb berichtete er David davon und sagte: Mein Vater Saul will dich töten. Nimm dich also morgen früh in Acht, verbirg dich in einem Versteck! Ich

aber will zusammen mit meinem Vater auf das Feld hinausgehen; dort, wo du dich versteckt hältst, werde ich stehen bleiben und mit meinem Vater über dich reden, und wenn ich etwas erfahre, werde ich dir Bescheid geben. Jonatan redete also zugunsten Davids mit seinem Vater und sagte zu ihm: Der König möge sich doch nicht an seinem Knecht David versündigen; denn er hat sich ja auch nicht an dir versündigt und seine Taten sind für dich sehr nützlich gewesen. Er hat sein Leben aufs Spiel gesetzt und den Philister erschlagen. Der Herr hat durch ihn ganz Israel viel Hilfe gebracht. Du hast es selbst gesehen und dich darüber gefreut. Warum willst du dich nun versündigen und unschuldiges Blut vergießen, indem du David ohne jeden Grund tötest? Saul hörte auf Jonatan und schwor: So wahr der Herr lebt: David soll nicht umgebracht werden.
Jonatan rief David und berichtete ihm alles. Dann führte Jonatan David zu Saul und David war wieder in Sauls Dienst wie vorher.

Evangelium *Markus 3,7-12* In jener Zeit zog sich Jesus mit seinen Jüngern an den See zurück. Viele Menschen aus Galiläa aber folgten ihm. Auch aus Judäa, aus Jerusalem und Idumäa, aus dem Gebiet jenseits des Jordan und aus der Gegend von Tyrus und Sidon kamen Scharen von Menschen zu ihm, als sie von all dem hörten, was er tat.
Da sagte er zu seinen Jüngern, sie sollten ein Boot für ihn bereithalten, damit er von der Menge nicht erdrückt werde. Denn er heilte viele, sodass alle, die ein Leiden hatten, sich an ihn herandrängten, um ihn zu berühren. Wenn die von unreinen Geistern Besessenen ihn sahen, fielen sie vor ihm nieder und schrien: Du bist der Sohn Gottes! Er aber verbot ihnen streng, bekannt zu machen, wer er sei.

Zum Evangelium Die Kranken sind in den Augen der offiziellen Religionsvertreter als Sünder abgeschrieben. Von ihnen haben sie nichts mehr zu erwarten, im Gegenteil, sie sind gefangen in den Schlingen immer neuer Strafängste und Gesetzesvorschriften. Ist es verwunderlich, dass sie Jesus in Scharen hinterher laufen, weil er gerade für sie Partei ergreift, weil er sich von ihrem Leid betreffen lässt? Denn er führt das Wort „Gott“ nicht im Munde wie jene, sondern er ist dieses Wort! Er ist Heil, weil er in dem Kranken den ganzen Menschen sieht, weil er ihn nicht auf sein Symptom reduziert, sondern ihm sein ganzes Leben mit einer klaren Richtung und einem neuen Glück zurückgibt. Und doch verbietet Jesus den Dämonen, ihn bekannt zu machen. Weil er will ein Christusverständnis verhindern will, das aufs Äußerliche und aufs Triumphale zielt.

Freitag der 2. Woche im Jahreskreis

Lesung *Hebräer 8,6-13* Schwestern und Brüder! Jetzt ist unserem Hohenpriester ein umso erhabenerer Priesterdienst übertragen worden, weil er

auch Mittler eines besseren Bundes ist, der auf bessere Verheißungen gegründet ist. Wäre nämlich jener erste Bund ohne Tadel, so würde man nicht einen zweiten an seine Stelle zu setzen suchen. Denn er tadelt sie, wenn er sagt:
Seht, es werden Tage kommen – spricht der Herr –, in denen ich mit dem Haus Israel und dem Haus Juda einen neuen Bund schließen werde, nicht wie der Bund war, den ich mit ihren Vätern geschlossen habe, als ich sie bei der Hand nahm, um sie aus Ägypten herauszuführen. Sie sind nicht bei meinem Bund geblieben und darum habe ich mich auch nicht mehr um sie gekümmert – spricht der Herr. Das wird der Bund sein, den ich nach diesen Tagen mit dem Haus Israel schließe – spricht der Herr: Ich lege meine Gesetze in ihr Inneres hinein und schreibe sie ihnen in ihr Herz. Ich werde ihr Gott sein und sie werden mein Volk sein. Keiner wird mehr seinen Mitbürger und keiner seinen Bruder belehren und sagen: Erkenne den Herrn! Denn sie alle, Klein und Groß, werden mich erkennen. Denn ich verzeihe ihnen ihre Schuld und an ihre Sünden denke ich nicht mehr.
Indem er von einem neuen Bund spricht, hat er den ersten für veraltet erklärt. Was aber veraltet und überlebt ist, das ist dem Untergang nahe.

Lj II **Lesung** *1 Samuel 24,3-21* In jenen Tagen nahm Saul dreitausend Mann, ausgesuchte Leute aus ganz Israel, und zog aus, um David und seine Männer bei den Steinbock-Felsen zu suchen. Auf seinem Weg kam er zu einigen Schafhürden. Dort war eine Höhle. Saul ging hinein, um seine Notdurft zu verrichten. David aber und seine Männer saßen hinten in der Höhle.
Da sagten die Männer zu David: Das ist der Tag, von dem der Herr zu dir gesagt hat: Sieh her, ich gebe deinen Feind in deine Gewalt und du kannst mit ihm machen, was dir richtig erscheint. Da stand David auf und schnitt heimlich einen Zipfel von Sauls Mantel ab. Hinterher aber schlug David das Gewissen, weil er einen Zipfel vom Mantel Sauls abgeschnitten hatte. Er sagte zu seinen Männern: Der Herr bewahre mich davor, meinem Gebieter, dem Gesalbten des Herrn, so etwas anzutun und Hand an ihn zu legen; denn er ist der Gesalbte des Herrn. Und David fuhr seine Leute mit scharfen Worten an und ließ nicht zu, dass sie sich an Saul vergriffen.
Als Saul die Höhle verlassen hatte und seinen Weg fortsetzte, stand auch David auf, verließ die Höhle und rief Saul nach: Mein Herr und König! Als Saul sich umblickte, verneigte sich David bis zur Erde und warf sich vor ihm nieder. Dann sagte David zu Saul: Warum hörst du auf die Worte von Leuten, die sagen: Gib Acht, David will dein Verderben. Doch heute kannst du mit eigenen Augen sehen, dass der Herr dich heute in der Höhle in meine Gewalt gegeben hat. Man hat mir gesagt, ich solle dich töten; aber ich habe dich geschont. Ich sagte: Ich will nicht die Hand an meinen Herrn legen; denn er ist der Gesalbte des Herrn.

Sieh her, mein Vater! Hier, der Zipfel deines Mantels ist in meiner Hand. Wenn ich einen Zipfel deines Mantels abgeschnitten und dich nicht getötet habe, dann kannst du erkennen und einsehen, dass ich weder Bosheit noch Aufruhr im Sinn habe und dass ich mich nicht gegen dich versündigt habe; du aber stellst mir nach, um mir das Leben zu nehmen. Der Herr soll zwischen mir und dir entscheiden. Der Herr soll mich an dir rächen; aber meine Hand wird dich nicht anrühren, wie das alte Sprichwort sagt: Von den Frevlern geht Frevel aus; aber meine Hand soll dich nicht anrühren. Hinter wem zieht der König von Israel her? Wem jagst du nach? Einem toten Hund, einem einzigen Floh! Der Herr soll unser Richter sein und zwischen mir und dir entscheiden. Er blicke her, er soll meinen Rechtsstreit führen und mir dir gegenüber Recht verschaffen.
Als David das zu Saul gesagt hatte, antwortete Saul: Ist das nicht deine Stimme, mein Sohn David? Und Saul begann laut zu weinen und sagte zu David: Du bist gerechter als ich; denn du hast mir Gutes erwiesen, während ich böse an dir gehandelt habe. Du hast heute bewiesen, dass du gut an mir gehandelt hast; obwohl der Herr mich in deine Gewalt gegeben hatte, hast du mich nicht getötet. Wenn jemand auf seinen Feind trifft, lässt er ihn dann im Guten seinen Weg weiterziehen? Der Herr möge dir mit Gutem vergelten, was du mir heute getan hast. Jetzt weiß ich, dass du König werden wirst und dass das Königtum in deiner Hand Bestand haben wird.

Evangelium *Markus 3,13-19* In jener Zeit stieg Jesus auf einen Berg und rief die zu sich, die er erwählt hatte, und sie kamen zu ihm. Und er setzte zwölf ein, die er bei sich haben und die er dann aussenden wollte, damit sie predigten und mit seiner Vollmacht Dämonen austrieben.
Die Zwölf, die er einsetzte, waren: Petrus – diesen Beinamen gab er dem Simon –, Jakobus, der Sohn des Zebedäus, und Johannes, der Bruder des Jakobus – ihnen gab er den Beinamen Boanerges, das heißt Donnersöhne –, dazu Andreas, Philippus, Bartholomäus, Matthäus, Thomas, Jakobus, der Sohn des Alphäus, Thaddäus, Simon Kananäus und Judas Iskariot, der ihn dann verraten hat.

Zum Evangelium Wer einmal den Gipfel eines Berges bestiegen und auf das Land unter sich und in den freien Himmel über sich geschaut hat, der kann nachvollziehen, dass der Berg schon immer als besonderer Ort betrachtet wurde. Er galt als Mitte der Welt, als Berührungspunkt zwischen Erde und Himmel. Man hat die Niederungen des Lebens hinter sich gelassen, der Blick wird frei und weitet sich für das Wesentliche. Dort, wo man von allem Ballast befreit ist, erkennt man, wozu man berufen ist. Deshalb hat Jesus die Zwölf auf einen Berg gerufen.
Auch die Zahl Zwölf hat eine besondere Bedeutung. Sie gilt als heilige Zahl, die den Zustand endgültigen Heils versinnbildlicht und an die zwölf

Stämme Israels erinnert. Mit der Wahl der Zwölf ruft Jesus das neue Gottesvolk ins Leben, dessen Zusammenhalt auf Vertrauen, Teilen und Vergeben gegründet ist. Das Kennzeichen dieser Gemeinschaft „ist das Wissen um die Grenzenlosigkeit der Gnade Gottes" (Joachim Jeremias). Vertrauen, Teilen, Vergeben – das sollten auch Kennzeichen unserer christlichen Gemeinden und unseres persönlichen Lebensvollzugs sein!

Samstag der 2. Woche im Jahreskreis

Lj I **Lesung** *Hebräer 9,2-3.11-14* Schwestern und Brüder! Es wurde ein erstes Zelt errichtet, in dem sich der Leuchter, der Tisch und die heiligen Brote befanden; dieses Zelt wurde das Heilige genannt. Hinter dem zweiten Vorhang aber war ein Zelt, das sogenannte Allerheiligste.

Christus aber ist gekommen als Hoherpriester der künftigen Güter; und durch das erhabenere und vollkommenere Zelt, das nicht von Menschenhand gemacht, das heißt nicht von dieser Welt ist, ist er ein für allemal in das Heiligtum hineingegangen, nicht mit dem Blut von Böcken und jungen Stieren, sondern mit seinem eigenen Blut, und so hat er eine ewige Erlösung bewirkt. Denn wenn schon das Blut von Böcken und Stieren und die Asche einer Kuh die Unreinen, die damit besprengt werden, so heiligt, dass sie leiblich rein werden, wie viel mehr wird das Blut Christi, der sich selbst kraft ewigen Geistes Gott als makelloses Opfer dargebracht hat, unser Gewissen von toten Werken reinigen, damit wir dem lebendigen Gott dienen.

Lj II **Lesung** *2 Samuel 1,1-4.11-12.17.19.23-27* Als David nach dem Tod Sauls von seinem Sieg über die Amalekiter zurückgekehrt war und sich zwei Tage lang in Ziklag aufgehalten hatte, kam am dritten Tag ein Mann aus dem Lager Sauls, mit zerrissenen Kleidern und Staub auf dem Haupt. Als er bei David angelangt war, warf er sich vor ihm auf den Boden nieder und huldigte ihm. David fragte ihn: Woher kommst du? Er antwortete ihm: Ich habe mich aus dem Lager Israels gerettet. David sagte zu ihm: Wie stehen die Dinge? Berichte mir! Er erwiderte: Das Volk ist aus dem Kampf geflohen, viele von den Männern sind gefallen und umgekommen; auch Saul und sein Sohn Jonatan sind tot.

Da fasste David sein Gewand und zerriss es und ebenso machten es alle Männer, die bei ihm waren. Sie klagten, weinten und fasteten bis zum Abend wegen Saul, seines Sohnes Jonatan, des Volkes des Herrn und des Hauses Israel, die unter dem Schwert gefallen waren.

Und David sang die folgende Totenklage auf Saul und seinen Sohn Jonatan:
Israel, dein Stolz liegt erschlagen auf deinen Höhen. Ach, die Helden sind gefallen!
Saul und Jonatan, die Geliebten und Teuren, im Leben und Tod sind sie nicht getrennt. Sie waren schneller als Adler, waren stärker als Löwen.

Ihr Töchter Israels, um Saul müsst ihr weinen; er hat euch in köstlichen Purpur gekleidet, hat goldenen Schmuck auf eure Gewänder geheftet.
Ach, die Helden sind gefallen mitten im Kampf. Jonatan liegt erschlagen auf deinen Höhen. Weh ist mir um dich, mein Bruder Jonatan. Du warst mir sehr lieb. Wunderbarer war deine Liebe für mich als die Liebe der Frauen. Ach, die Helden sind gefallen, die Waffen des Kampfes verloren.

Evangelium *Markus 3,20-21* In jener Zeit ging Jesus in ein Haus und wieder kamen so viele Menschen zusammen, dass er und die Jünger nicht einmal mehr essen konnten. Als seine Angehörigen davon hörten, machten sie sich auf den Weg, um ihn mit Gewalt zurückzuholen; denn sie sagten: Er ist von Sinnen.

Zum Evangelium „Ich muss mich anpassen, muss mithalten, muss dabei sein, muss ..." Wer dem allgemeinen Trend entspricht, auch wenn er in eine Zwangsjacke steckt – der gilt als „normal". In diesem Sinne sind alle Menschen un-normal, die sich dem Trend widersetzen, sich nicht anpassen und grundsätzlich jedes „trendige Muss" auf seinen Sinn überprüfen. Weil sich Jesus nicht in die Schablonen seiner Zeit einräumen ließ, wurde er – sogar von seinen nächsten Angehörigen – für verrückt erklärt: „Sie machten sich auf den Weg, um ihn mit Gewalt zurückzuholen"! – Jesus hat den Menschen gespiegelt, wie entfremdet sie leben, wenn sie sich nach dem, was „man" tut", ausrichten. Er dachte nicht darüber nach, was „man" von ihm hält, er beugte sich nicht den Zwängen, wie „man" zu sein hat. Er lebte und verkündete die Liebe Gottes, er heilte Kranke und vergab Sünden. Die Liebe Gottes verkündete er gegen die Lieblosigkeit, die Kranken heilte er gegen das Unheil, die Sünden vergab er gegen eine verfestige Moral. In einem System, in dem Menschen nach Maximen leben, die zwar als normal gelten, aber oft krank machen, wird man, wenn man anders ist, schnell für verrückt erklärt.
„Ich erschrak, als ich merkte, dass ich bin, wie man ist" (Fridolin Stier). Dieses Erschrecken könnte der Anfang zu einem authentischen Leben sein.

3. Woche im Jahreskreis

Montag der 3. Woche im Jahreskreis

Lesung *Hebräer 9,15.24-28* Schwestern und Brüder! Christus ist der Lj I
Mittler eines neuen Bundes; sein Tod hat die Erlösung von den im ersten Bund begangenen Übertretungen bewirkt, damit die Berufenen das verheißene ewige Erbe erhalten.
Denn Christus ist nicht in ein von Menschenhand errichtetes Heiligtum hineingegangen, in ein Abbild des wirklichen, sondern in den Himmel

selbst, um jetzt für uns vor Gottes Angesicht zu erscheinen; auch nicht, um sich selbst viele Male zu opfern, denn er ist nicht wie der Hohepriester, der jedes Jahr mit fremdem Blut in das Heiligtum hineingeht; sonst hätte er viele Male seit der Erschaffung der Welt leiden müssen. Jetzt aber ist er am Ende der Zeiten ein einziges Mal erschienen, um durch sein Opfer die Sünde zu tilgen.
Und wie es dem Menschen bestimmt ist, ein einziges Mal zu sterben, worauf dann das Gericht folgt, so wurde auch Christus ein einziges Mal geopfert, um die Sünden vieler hinwegzunehmen; beim zweiten Mal wird er nicht wegen der Sünde erscheinen, sondern um die zu retten, die ihn erwarten.

Lj II **Lesung** *2 Samuel 5,1-7.10* In jenen Tagen kamen alle Stämme Israels zu David nach Hebron und sagten: Wir sind doch dein Fleisch und Bein. Schon früher, als noch Saul unser König war, bist du es gewesen, der Israel in den Kampf und wieder nach Hause geführt hat. Der Herr hat zu dir gesagt: Du sollst der Hirt meines Volkes Israel sein, du sollst Israels Fürst werden. Alle Ältesten Israels kamen zum König nach Hebron; der König David schloss mit ihnen in Hebron einen Vertrag vor dem Herrn und sie salbten David zum König von Israel. David war dreißig Jahre alt, als er König wurde, und er regierte vierzig Jahre lang. In Hebron war er sieben Jahre und sechs Monate König von Juda und in Jerusalem war er dreiunddreißig Jahre König von ganz Israel und Juda.
Der König zog mit seinen Männern nach Jerusalem gegen die Jebusiter, die in dieser Gegend wohnten. Die Jebusiter aber sagten zu David: Du kommst hier nicht herein; die Blinden und Lahmen werden dich vertreiben. Das sollte besagen: David wird hier nicht eindringen. Dennoch eroberte David die Burg Zion; sie wurde die Stadt Davids. David wurde immer mächtiger und der Herr, der Gott der Heere, war mit ihm.

Evangelium *Markus 3,22-30* In jener Zeit sagten die Schriftgelehrten, die von Jerusalem herabgekommen waren: Er ist von Beelzebul besessen; mit Hilfe des Anführers der Dämonen treibt er die Dämonen aus.
Da rief er sie zu sich und belehrte sie in Form von Gleichnissen: Wie kann der Satan den Satan austreiben? Wenn ein Reich in sich gespalten ist, kann es keinen Bestand haben. Wenn eine Familie in sich gespalten ist, kann sie keinen Bestand haben. Und wenn sich der Satan gegen sich selbst erhebt und mit sich selbst im Streit liegt, kann er keinen Bestand haben, sondern es ist um ihn geschehen. Es kann aber auch keiner in das Haus eines starken Mannes einbrechen und ihm den Hausrat rauben, wenn er den Mann nicht vorher fesselt; erst dann kann er sein Haus plündern.
Amen, das sage ich euch: Alle Vergehen und Lästerungen werden den Menschen vergeben werden, so viel sie auch lästern mögen; wer aber den Heiligen Geist lästert, der findet in Ewigkeit keine Vergebung, sondern seine

Sünde wird ewig an ihm haften. Sie hatten nämlich gesagt: Er ist von einem unreinen Geist besessen.

Zum Evangelium Wo immer Jesus auftritt, wird es dramatisch. Wo immer er auftritt, scheiden sich die Geister. Für die einen, sogar die engsten Angehörigen, ist er verrückt, für die religiösen Autoritäten gar einer, der mit Beelzebul, dem Teufel, paktiert. Für die anderen ist er der, der seinen eigenen Lebenskampf ohne Lebenskrampf besteht. Weil er frei ist von widergöttlichen Bindungen, weil er nicht mit dem Bösen, sondern allein mit dem Heiligen im Bunde ist, kann er Menschen vom Bösem entbinden und an das Gute binden.
Wir brauchen Jesus als Leitbild lohnenden Lebens, der unseren Blick zum Guten, zur Güte lenkt, damit unsere Dämonen der Angst, der Gier, der Härte unser inneres Reich nicht spalten und unsere Kraft für sinnvolles Leben aufzehren. Lassen wir uns mit seiner Güte berühren, damit wir gütig werden und seinen Geist in eine Welt, in der so oft „der Teufel los ist", hineintragen. Wir können nicht möglich machen, was uns unmöglich ist. Aber nicht unmöglich zu machen, was möglich ist, dazu sind wir berufen.

Dienstag der 3. Woche im Jahreskreis

Lesung *Hebräer 10,1-10* Denn das Gesetz enthält nur einen Schatten der künftigen Güter, nicht die Gestalt der Dinge selbst; darum kann es durch die Lj I
immer gleichen, alljährlich dargebrachten Opfer die, die vor Gott treten, niemals für immer zur Vollendung führen. Hätte man nicht aufgehört zu opfern, wenn die Opfernden ein für allemal gereinigt und sich keiner Sünde mehr bewusst gewesen wären? Aber durch diese Opfer wird alljährlich nur an die Sünden erinnert, denn das Blut von Stieren und Böcken kann unmöglich Sünden wegnehmen.
Darum spricht Christus bei seinem Eintritt in die Welt:
Schlacht und Speiseopfer hast du nicht gefordert, /
doch einen Leib hast du mir geschaffen; /
an Brand- und Sündopfern hast du kein Gefallen.
Da sagte ich: Ja, ich komme – /
so steht es über mich in der Schriftrolle –, /
um deinen Willen, Gott, zu tun.
Zunächst sagt er: Schlacht- und Speiseopfer, Brand- und Sündopfer forderst du nicht, du hast daran kein Gefallen, obgleich sie doch nach dem Gesetz dargebracht werden; dann aber hat er gesagt: Ja, ich komme, um deinen Willen zu tun. So hebt Christus das Erste auf, um das Zweite in Kraft zu setzen. Aufgrund dieses Willens sind wir durch die Opfergabe des Leibes Jesu Christi ein für alle Mal geheiligt.

Lj II **Lesung** *2 Samuel 6,12b-15.17-19* In jenen Tagen ging David hin und brachte die Lade Gottes voll Freude aus dem Haus Obed-Edoms in die Davidstadt hinauf. Sobald die Träger der Lade des Herrn sechs Schritte gegangen waren, opferte er einen Stier und ein Mastkalb. Und David tanzte mit ganzer Hingabe vor dem Herrn her und trug dabei das leinene Efod. So brachten David und das ganze Haus Israel die Lade des Herrn unter Jubelgeschrei und unter dem Klang des Widderhorns hinauf.
Man trug die Lade des Herrn in das Zelt, das David für sie aufgestellt hatte, und setzte sie an ihren Platz in der Mitte des Zeltes und David brachte dem Herrn Brandopfer und Heilsopfer dar. Als David mit dem Darbringen der Brandopfer und Heilsopfer fertig war, segnete er das Volk im Namen des Herrn der Heere und ließ an das ganze Volk, an alle Israeliten, Männer und Frauen, je einen Laib Brot, einen Dattelkuchen und einen Traubenkuchen austeilen. Dann gingen alle wieder nach Hause.

Evangelium *Markus 3,31-35* In jener Zeit kamen die Mutter Jesu und seine Brüder; sie blieben vor dem Haus stehen und ließen ihn herausrufen. Es saßen viele Leute um ihn herum und man sagte zu ihm: Deine Mutter und deine Brüder stehen draußen und fragen nach dir.
Er erwiderte: Wer ist meine Mutter und wer sind meine Brüder? Und er blickte auf die Menschen, die im Kreis um ihn herumsaßen, und sagte: Das hier sind meine Mutter und meine Brüder. Wer den Willen Gottes erfüllt, der ist für mich Bruder und Schwester und Mutter.

Zum Evangelium Die Frage Jesu, wer denn seine Mutter und seine Brüder seien, war für jüdische Ohren eine Beleidigung des ausgeprägten Familiensinnes. Verschiedentlich sind Worte Jesu überliefert, die dazu auffordern, um der Nachfolge willen die Familie zu verlassen. „Wer mich nicht mehr liebt als seinen Vater und seine Mutter, als seine Frau, seinen Mann und seine Kinder … der ist meiner nicht wert!" Jesu Ruf in die Nachfolge ist radikal und sprengt familiäre Bindungen. Die Distanz Jesu zu seinen Blutsverwandten hat aber noch einen tieferen Grund: Es ist unbedingt notwendig, die eigene Herkunft psychisch zu verlassen, um einen eigenen Standpunkt, eigene Entscheidungen, ein eigenes Leben zu entwickeln. Erst wenn wir uns nicht mehr über familiäre Beziehungen definieren, erst wenn wir uns nicht mehr den Geboten und Gesetzen der eigenen Herkunft unterordnen, werden wir frei für das, wozu Gott uns bestimmt hat – und damit wirklich mit Jesus „verwandt": „Mit Jesus verwandt ist, wer wie Jesus selbst aus dem Gottvertrauen heraus den Menschen hilft, ihre Menschlichkeit zu gewinnen. Es gibt unzählige Formen des Heilens: Not lindern, zuhören können, Mut zum Leben wecken, mit dem Glauben an Gott den Glauben an sich selbst und die eigene Würde stärken" (Karl Hollmann).

Mittwoch der 3. Woche im Jahreskreis

Lesung *Hebräer 10,11-18* Jeder Priester steht Tag für Tag da, versieht seinen Dienst und bringt viele Male die gleichen Opfer dar, die doch niemals Sünden wegnehmen können. Dieser aber hat nur ein einziges Opfer für die Sünden dargebracht und sich dann für immer zur Rechten Gottes gesetzt; seitdem wartet er, bis seine Feinde ihm als Schemel unter die Füße gelegt werden. Denn durch ein einziges Opfer hat er die, die geheiligt werden, für immer zur Vollendung geführt. Das bezeugt uns auch der Heilige Geist; denn zuerst sagt er: Lj I

Das wird der Bund sein, den ich nach diesen Tagen mit ihnen schließe –/
spricht der Herr: Ich lege meine Gesetze in ihr Herz /
und schreibe sie in ihr Inneres;
dann aber: An ihre Sünden und Übertretungen denke ich nicht mehr.
Wo aber die Sünden vergeben sind, da gibt es kein Sündopfer mehr.

Lesung *2 Samuel 7,4-17* In jener Nacht erging das Wort des Herrn an Natan: Lj II

Geh zu meinem Knecht David und sag zu ihm: So spricht der Herr: Du willst mir ein Haus bauen, damit ich darin wohne? Seit dem Tag, als ich die Israeliten aus Ägypten heraufgeführt habe, habe ich bis heute nie in einem Haus gewohnt, sondern bin in einer Zeltwohnung umhergezogen. Habe ich in der Zeit, als ich bei den Israeliten von Ort zu Ort zog, jemals zu einem der Richter Israels, die ich als Hirten über mein Volk Israel eingesetzt hatte, ein Wort gesagt und sie gefragt: Warum habt ihr mir kein Haus aus Zedernholz gebaut?

Sag also jetzt meinem Knecht David: So spricht der Herr der Heere: Ich habe dich von der Weide und von der Herde weggeholt, damit du Fürst über mein Volk Israel wirst, und ich bin überall mit dir gewesen, wohin du auch gegangen bist. Ich habe alle deine Feinde vor deinen Augen vernichtet und ich will dir einen großen Namen machen, der dem Namen der Großen auf der Erde gleich ist. Ich will meinem Volk Israel einen Platz zuweisen und es einpflanzen, damit es an seinem Ort (sicher) wohnen kann und sich nicht mehr ängstigen muss und schlechte Menschen es nicht mehr unterdrücken wie früher und auch von dem Tag an, an dem ich Richter in meinem Volk Israel eingesetzt habe. Ich verschaffe dir Ruhe vor allen deinen Feinden. Nun verkündet dir der Herr, dass der Herr dir ein Haus bauen wird.

Wenn deine Tage erfüllt sind und du dich zu deinen Vätern legst, werde ich deinen leiblichen Sohn als deinen Nachfolger einsetzen und seinem Königtum Bestand verleihen.

Er wird für meinen Namen ein Haus bauen und ich werde seinem Königsthron ewigen Bestand verleihen. Ich will für ihn Vater sein und er wird für mich Sohn sein. Wenn er sich verfehlt, werde ich ihn nach Menschenart mit Ruten und mit Schlägen züchtigen. Meine Huld aber soll nicht von ihm wei-

chen, wie sie von Saul gewichen ist, den ich vor deinen Augen verstoßen habe. Dein Haus und dein Königtum sollen durch mich auf ewig bestehen bleiben; dein Thron soll auf ewig Bestand haben.
Natan sprach zu David genauso, wie es (ihm) gesagt und offenbart worden war.

Evangelium *Markus 4,1-20* Ein andermal lehrte er wieder am Ufer des Sees und sehr viele Menschen versammelten sich um ihn. Er stieg deshalb in ein Boot auf dem See und setzte sich; die Leute aber standen am Ufer. Und er sprach lange zu ihnen und lehrte sie in Form von Gleichnissen. Bei dieser Belehrung sagte er zu ihnen:
Hört! Ein Sämann ging aufs Feld, um zu säen. Als er säte, fiel ein Teil der Körner auf den Weg und die Vögel kamen und fraßen sie. Ein anderer Teil fiel auf felsigen Boden, wo es nur wenig Erde gab, und ging sofort auf, weil das Erdreich nicht tief war; als aber die Sonne hochstieg, wurde die Saat versengt und verdorrte, weil sie keine Wurzeln hatte. Wieder ein anderer Teil fiel in die Dornen und die Dornen wuchsen und erstickten die Saat und sie brachte keine Frucht. Ein anderer Teil schließlich fiel auf guten Boden und brachte Frucht; die Saat ging auf und wuchs empor und trug dreißigfach, ja sechzigfach und hundertfach. Und Jesus sprach: Wer Ohren hat zum Hören, der höre!
Als er mit seinen Begleitern und den Zwölf allein war, fragten sie ihn nach dem Sinn seiner Gleichnisse. Da sagte er zu ihnen: Euch ist das Geheimnis des Reiches Gottes anvertraut; denen aber, die draußen sind, wird alles in Gleichnissen gesagt;
denn sehen sollen sie, sehen, aber nicht erkennen; / hören sollen sie, hören, aber nicht verstehen, / damit sie sich nicht bekehren / und ihnen nicht vergeben wird.
Und er sagte zu ihnen: Wenn ihr schon dieses Gleichnis nicht versteht, wie wollt ihr dann all die anderen Gleichnisse verstehen?
Der Sämann sät das Wort. Auf den Weg fällt das Wort bei denen, die es zwar hören, aber sofort kommt der Satan und nimmt das Wort weg, das in sie gesät wurde. Ähnlich ist es bei den Menschen, bei denen das Wort auf felsigen Boden fällt: Sobald sie es hören, nehmen sie es freudig auf; aber sie haben keine Wurzeln, sondern sind unbeständig, und wenn sie dann um des Wortes willen bedrängt oder verfolgt werden, kommen sie sofort zu Fall. Bei anderen fällt das Wort in die Dornen: sie hören es zwar, aber die Sorgen der Welt, der trügerische Reichtum und die Gier nach all den anderen Dingen machen sich breit und ersticken es und es bringt keine Frucht. Auf guten Boden ist das Wort bei denen gesät, die es hören und aufnehmen und Frucht bringen, dreißigfach, ja sechzigfach und hundertfach.

Zum Evangelium Haben wir Anlass zur Hoffnung? Ist angesichts dieser Welt, in der so wenig vorhanden ist, worauf sich die Hoffnung stüt-

zen könnte, nicht eher Resignation angebracht? Auch Jesus hätte allen Grund gehabt zu resignieren. Er spricht, die Menschen hören zu und begreifen doch nichts. Viele sind von ihm abgefallen, manche wollen ihn töten – und sogar seine Jünger missverstehen ihn. Trotzdem gibt er nicht auf. Die Erklärung liegt in diesem Gleichnis. Da ist ein Sämann, der mit einer Großzügigkeit aussät, die fast ans Unvernünftige grenzt. Und er muss mit ansehen, wie ein großer Teil seiner Saat nicht aufgeht. Er könnte in der möglichen Voraussicht einer Missernte resignieren – aber er wartet ab. Und am Ende hat er eine phantastische Ernte.
Es kommt auf den Blick an! Man kann ihn nach unten richten und sieht die zahlreichen Schwierigkeiten, die mit der Aussaat verbunden sind. Man kann den Blick aber auch nach vorn richten, auf die überwältigend große Ernte. Dieser Blick nach vorne ist der Blick der Hoffnung. Jesus will uns mit diesem Gleichnis die Hoffnung und den Glauben stärken, trotz all der Sorgen und Mühen, die sie bedrohen können. Durch unser Scheitern und oft vergebliches Bemühen hindurch erkennt Gott den Ertrag und den Wert unseres Lebens. Aber wie die Saat, brauchen wir Zeit, damit wachsen kann, was in uns angelegt ist. Diese Zeit stellt Gott uns zur Verfügung.

Donnerstag der 3. Woche im Jahreskreis

Lesung *Hebräer 10,19-25* Wir haben die Zuversicht, Brüder, durch das Blut Jesu in das Heiligtum einzutreten. Er hat uns den neuen und lebendigen Weg erschlossen durch den Vorhang hindurch, das heißt durch sein Fleisch. Da wir einen Hohenpriester haben, der über das Haus Gottes gestellt ist, lasst uns mit aufrichtigem Herzen und in voller Gewissheit des Glaubens hintreten, das Herz durch Besprengung gereinigt vom schlechten Gewissen und den Leib gewaschen mit reinem Wasser. Lasst uns an dem unwandelbaren Bekenntnis der Hoffnung festhalten, denn er, der die Verheißung gegeben hat, ist treu. Lasst uns aufeinander achten und uns zur Liebe und zu guten Taten anspornen. **Lj I**
Lasst uns nicht unseren Zusammenkünften fernbleiben, wie es einigen zur Gewohnheit geworden ist, sondern ermuntert einander, und das umso mehr, als ihr seht, dass der Tag naht.

Lesung *2 Samuel 7,18-19.24-29* Da ging König David hin und setzte sich vor dem Herrn nieder und sagte: Wer bin ich, mein Herr und Gott, und was ist mein Haus, dass du mich bis hierher geführt hast? Weil das in deinen Augen noch zu wenig war, mein Herr und Gott, hast du dem Haus deines Knechtes sogar Zusagen für die ferne Zukunft gemacht. Ist das eine Weisung, wie sie einem (schwachen) Menschen zukommt, mein Herr und Gott? Du hast Israel auf ewig zu deinem Volk bestimmt und du, Herr, bist sein Gott geworden. **Lj II**

Doch nun, Herr und Gott, verleih dem Wort, das du über deinen Knecht und über sein Haus gesprochen hast, für immer Geltung und tu, was du gesagt hast. Dann wird dein Name groß sein für ewige Zeiten und man wird sagen: Der Herr der Heere ist Israels Gott!, und das Haus deines Knechtes David wird vor deinen Augen Bestand haben. Denn du, Herr der Heere, Gott Israels, hast deinem Knecht offenbart: Ich will dir ein Haus bauen. Darum fand dein Knecht den Mut, so zu dir zu beten:
Ja, mein Herr und Gott, du bist der einzige Gott und deine Worte sind wahr. Du hast deinem Knecht ein solches Glück zugesagt. So segne jetzt gnädig das Haus deines Knechtes, damit es ewig vor deinen Augen Bestand hat. Denn du, mein Herr und Gott, hast es versprochen und mit deinem Segen wird das Haus deines Knechtes für immer gesegnet sein.

Evangelium *Markus 4,21-25* In jener Zeit sprach Jesus: Zündet man etwa ein Licht an und stülpt ein Gefäß darüber oder stellt es unter das Bett? Stellt man es nicht auf den Leuchter? Es gibt nichts Verborgenes, das nicht offenbar wird, und nichts Geheimes, das nicht an den Tag kommt. Wenn einer Ohren hat zum Hören, so höre er!
Weiter sagte er: Achtet auf das, was ihr hört! Nach dem Maß, mit dem ihr messt und zuteilt, wird euch zugeteilt werden, ja, es wird euch noch mehr gegeben. Denn wer hat, dem wird gegeben; wer aber nicht hat, dem wird auch noch weggenommen, was er hat.

Zum Evangelium In Sinnbildern und Gleichnissen macht Jesus die Welt auf Gott hin durchsichtig. Wer etwa das Licht gleich wieder auslöscht, statt es auf den Leuchter zu stellen, der handelt nicht konsequent. Er macht rückgängig, was gerade begann. Jesus hat dieses Wort wohl auf sich selbst bezogen. Etwa in einer Lage, in dem man ihm zugeredet hat, sich doch zu schonen, um durch seine Radikalität nicht den Hass der Gegner auf sich zu ziehen. Aber Jesus ist keine diplomatischen Kompromisse eingegangen. Wer mit ihm in Berührung kommt, wird zur Entscheidung gezwungen. Da wird einmal alles offenbar werden. Was sollte es auch nützen, wenn man etwas, das wahr ist, aus Angst vor den Menschen verstecken wollte? Jeder wird einmal mit der Wahrheit über sich selbst konfrontiert. Man muss sich entscheiden zwischen Angst und Vertrauen, zwischen Wahrhaftigkeit und Taktik, zwischen Licht und Finsternis – davon hängt ab, ob wir haben oder nicht haben, ob wir dem Reich Gottes nahe oder fern sind.

Freitag der 3. Woche im Jahreskreis

Lj I **Lesung** *Hebräer 10,32-39* Schwestern und Brüder! Erinnert euch an die früheren Tage, als ihr nach eurer Erleuchtung manchen harten Leidenskampf bestanden habt: Ihr seid vor aller Welt beschimpft und gequält wor-

den, oder ihr seid mitbetroffen gewesen vom Geschick derer, denen es so erging; denn ihr habt mit den Gefangenen gelitten und auch den Raub eures Vermögens freudig hingenommen, da ihr wusstet, dass ihr einen besseren Besitz habt, der euch bleibt. Werft also eure Zuversicht nicht weg, die großen Lohn mit sich bringt. Was ihr braucht, ist Ausdauer, damit ihr den Willen Gottes erfüllen könnt und so das verheißene Gut erlangt.
Denn nur noch eine kurze Zeit, dann wird der kommen, der kommen soll, und er bleibt nicht aus. Mein Gerechter aber wird durch den Glauben leben; doch wenn er zurückweicht, habe ich kein Gefallen an ihm.
Wir aber gehören nicht zu denen, die zurückweichen und verloren gehen, sondern zu denen, die glauben und das Leben gewinnen.

Lesung *2 Samuel 11,1-4a.c.5-10a.13-17* Um die Jahreswende, zu der Zeit, in der die Könige in den Krieg ziehen, schickte David den Joab mit seinen Männern und ganz Israel aus und sie verwüsteten das Land der Ammoniter und belagerten Rabba. David selbst aber blieb in Jerusalem. **Lj II**
Als David einmal zur Abendzeit von seinem Lager aufstand und auf dem Flachdach des Königspalastes hin- und herging, sah er von dort aus eine Frau, die badete. Die Frau war sehr schön anzusehen. David schickte jemand hin und erkundigte sich nach ihr. Man sagte ihm: Das ist Batseba, die Tochter Ammiëls, die Frau des Hetiters Urija. Darauf schickte David Boten zu ihr und ließ sie holen. Dann kehrte sie in ihr Haus zurück. Die Frau war aber schwanger geworden und schickte deshalb zu David und ließ ihm mitteilen: Ich bin schwanger.
Darauf sandte David einen Boten zu Joab und ließ ihm sagen: Schick den Hetiter Urija zu mir! Und Joab schickte Urija zu David. Als Urija zu ihm kam, fragte David, ob es Joab und dem Volk gut gehe und wie es mit dem Kampf stehe. Dann sagte er zu Urija: Geh in dein Haus hinab und wasch dir die Füße! Urija verließ das Haus des Königs und es wurde ihm ein Geschenk des Königs nachgetragen. Urija aber legte sich am Tor des Königshauses bei den Knechten seines Herrn nieder und ging nicht in sein Haus hinab. Man berichtete David: Urija ist nicht in sein Haus hinabgegangen.
David lud Urija ein, bei ihm zu essen und zu trinken, und machte ihn betrunken. Am Abend aber ging Urija weg, um sich wieder auf seinem Lager bei den Knechten seines Herrn niederzulegen; er ging nicht in sein Haus hinab.
Am anderen Morgen schrieb David einen Brief an Joab und ließ ihn durch Urija überbringen. Er schrieb in dem Brief: Stellt Urija nach vorn, wo der Kampf am heftigsten ist, dann zieht euch von ihm zurück, sodass er getroffen wird und den Tod findet. Joab hatte die Stadt beobachtet und er stellte Urija an einen Platz, von dem er wusste, dass dort besonders tüchtige Krieger standen. Als dann die Leute aus der Stadt einen Ausfall machten und gegen Joab kämpften, fielen einige vom Volk, das heißt von den Kriegern Davids; auch der Hetiter Urija fand den Tod.

Evangelium *Markus 4,26-34* In jener Zeit sprach Jesus zu der Menge: Mit dem Reich Gottes ist es so, wie wenn ein Mann Samen auf seinen Acker sät; dann schläft er und steht wieder auf, es wird Nacht und wird Tag, der Samen keimt und wächst und der Mann weiß nicht, wie. Die Erde bringt von selbst ihre Frucht, zuerst den Halm, dann die Ähre, dann das volle Korn in der Ähre. Sobald aber die Frucht reif ist, legt er die Sichel an; denn die Zeit der Ernte ist da.
Er sagte: Womit sollen wir das Reich Gottes vergleichen, mit welchem Gleichnis sollen wir es beschreiben? Es gleicht einem Senfkorn. Dieses ist das kleinste von allen Samenkörnern, die man in die Erde sät. Ist es aber gesät, dann geht es auf und wird größer als alle anderen Gewächse und treibt große Zweige, sodass in seinem Schatten die Vögel des Himmels nisten können.
Durch viele solche Gleichnisse verkündete er ihnen das Wort, so wie sie es aufnehmen konnten. Er redete nur in Gleichnissen zu ihnen; seinen Jüngern aber erklärte er alles, wenn er mit ihnen allein war.

Zum Evangelium Jesus benützt in dem Gleichnis das für die Menschen damals vertraute Bild des Heranreifens des Korns. Das Wachsen braucht Zeit. Es geht von selbst, ohne das Zutun dessen, der den Samen in die Erde geworfen hat. Auf das Reich Gottes bezogen heißt das: Auch ohne unser aktives Sorgen wird es, einmal gesät, heranwachsen. Das Gleichnis entlastet. Es nimmt den Druck, immer Forderungen erfüllen zu müssen. Es zeigt, um was es auch in unserem Leben geht, wenn etwas in uns wachsen soll: Geduld haben, Zeit lassen. Natürlich, ohne Engagement für eine menschlichere Welt würden wir unserem Auftrag als Christen nicht gerecht. Aber genauso notwendig ist es, auf Gottes Wirken zu vertrauen bei all dem, was nicht machbar ist. Das Wichtigste wächst ohne mein Zutun und mit meinem Vertrauen auf Gott.

Samstag der 3. Woche im Jahreskreis

Lj I **Lesung** *Hebräer 11,1-2.8-19* Schwestern und Brüder! Glaube ist: Feststehen in dem, was man erhofft, Überzeugtsein von Dingen, die man nicht sieht. Aufgrund dieses Glaubens haben die Alten ein ruhmvolles Zeugnis erhalten.
Aufgrund des Glaubens gehorchte Abraham dem Ruf, wegzuziehen in ein Land, das er zum Erbe erhalten sollte; und er zog weg, ohne zu wissen, wohin er kommen würde.
Aufgrund des Glaubens hielt er sich als Fremder im verheißenen Land wie in einem fremden Land auf und wohnte mit Isaak und Jakob, den Miterben derselben Verheißung, in Zelten; denn er erwartete die Stadt mit den festen Grundmauern, die Gott selbst geplant und gebaut hat.
Aufgrund des Glaubens empfing selbst Sara die Kraft, trotz ihres Alters noch Mutter zu werden; denn sie hielt den für treu, der die Verheißung gegeben

hatte. So stammen denn auch von einem einzigen Menschen, dessen Kraft bereits erstorben war, viele ab: zahlreich wie die Sterne am Himmel und der Sand am Meeresstrand, den man nicht zählen kann.
Voll Glauben sind diese alle gestorben, ohne das Verheißene erlangt zu haben; nur von fern haben sie es geschaut und gegrüßt und haben bekannt, dass sie Fremde und Gäste auf Erden sind.
Mit diesen Worten geben sie zu erkennen, dass sie eine Heimat suchen. Hätten sie dabei an die Heimat gedacht, aus der sie weggezogen waren, so wäre ihnen Zeit geblieben zurückzukehren; nun aber streben sie nach einer besseren Heimat, nämlich der himmlischen. Darum schämt sich Gott ihrer nicht, er schämt sich nicht, ihr Gott genannt zu werden; denn er hat für sie eine Stadt vorbereitet.
Aufgrund des Glaubens brachte Abraham den Isaak dar, als er auf die Probe gestellt wurde, und gab den einzigen Sohn dahin, er, der die Verheißungen empfangen hatte und zu dem gesagt worden war: Durch Isaak wirst du Nachkommen haben. Er verließ sich darauf, dass Gott sogar die Macht hat, Tote zum Leben zu erwecken; darum erhielt er Isaak auch zurück. Das ist ein Sinnbild.

Lesung *2 Samuel 12,1-7a.10-17* In jenen Tagen schickte der Herr den Natan zu David; dieser ging zu David und sagte zu ihm: In einer Stadt lebten einst zwei Männer; der eine war reich, der andere arm. Der Reiche besaß sehr viele Schafe und Rinder, der Arme aber besaß nichts außer einem einzigen kleinen Lamm, das er gekauft hatte. Er zog es auf und es wurde bei ihm zusammen mit seinen Kindern groß. Es aß von seinem Stück Brot und es trank aus seinem Becher, in seinem Schoß lag es und war für ihn wie eine Tochter. Da kam ein Besucher zu dem reichen Mann und er brachte es nicht über sich, eines von seinen Schafen oder Rindern zu nehmen, um es für den zuzubereiten, der zu ihm gekommen war. Darum nahm er dem Armen das Lamm weg und bereitete es für den Mann zu, der zu ihm gekommen war. **Lj II**
Da geriet David in heftigen Zorn über den Mann und sagte zu Natan: So wahr der Herr lebt: Der Mann, der das getan hat, verdient den Tod. Das Lamm soll er vierfach ersetzen, weil er das getan und kein Mitleid gehabt hat. Da sagte Natan zu David: Du selbst bist der Mann. Darum soll jetzt das Schwert auf ewig nicht mehr von deinem Haus weichen; denn du hast mich verachtet und dir die Frau des Hetiters genommen, damit sie deine Frau werde. So spricht der Herr: Ich werde dafür sorgen, dass sich aus deinem eigenen Haus das Unheil gegen dich erhebt, und ich werde dir vor deinen Augen deine Frauen wegnehmen und sie einem andern geben; er wird am hellen Tag bei deinen Frauen liegen. Ja, du hast es heimlich getan, ich aber werde es vor ganz Israel und am hellen Tag tun.
Darauf sagte David zu Natan: Ich habe gegen den Herrn gesündigt. Natan antwortete David: Der Herr hat dir deine Sünde vergeben; du wirst nicht ster-

ben. Weil du aber die Feinde des Herrn durch diese Sache zum Lästern veranlasst hast, muss der Sohn, der dir geboren wird, sterben.
Dann ging Natan nach Hause. Der Herr aber ließ das Kind, das die Frau des Urija dem David geboren hatte, schwer krank werden. David suchte Gott wegen des Knaben auf und fastete streng; und wenn er heimkam, legte er sich bei Nacht auf die bloße Erde. Die Ältesten seines Hauses kamen zu ihm, um ihn dazu zu bewegen, von der Erde aufzustehen. Er aber wollte nicht und aß auch nicht mit ihnen.

Evangelium *Markus 4,35-41* An jenem Tag, als es Abend geworden war, sagte Jesus zu seinen Jüngern: Wir wollen ans andere Ufer hinüberfahren. Sie schickten die Leute fort und fuhren mit ihm in dem Boot, in dem er saß, weg; einige andere Boote begleiteten ihn.
Plötzlich erhob sich ein heftiger Wirbelsturm, und die Wellen schlugen in das Boot, sodass es sich mit Wasser zu füllen begann. Er aber lag hinten im Boot auf einem Kissen und schlief. Sie weckten ihn und riefen: Meister, kümmert es dich nicht, dass wir zugrunde gehen?
Da stand er auf, drohte dem Wind und sagte zu dem See: Schweig, sei still! Und der Wind legte sich und es trat völlige ein. Er sagte zu ihnen: Warum habt ihr solche Angst? Habt ihr noch keinen Glauben? Da ergriff sie große Furcht und sie sagten zueinander: Was ist das für ein Mensch, dass ihm sogar der Wind und der See gehorchen?

Zum Evangelium Die Erzählung vom Seesturm ist Sinnbild der grundsätzlichen Bedrohtheit menschlicher Existenz. Unser „Lebensboot“ führt nicht nur über ruhiges Wasser, immer wieder ist es heftigen Stürmen ausgesetzt, die uns unsere Haltlosigkeit, unser Hin- und Hergeworfensein angstvoll bewusst machen. Das abgründige „Wasser“ ist da, wir können es nicht umschiffen. Die Frage ist, wie wir dieser Abgründigkeit begegnen. Die Erzählung vom Seesturm ermutigt dazu, uns nicht nur in Not an Gott zu wenden, sondern die Haltung in uns aufzunehmen, die Jesus hier verkörpert. Er schläft inmitten des Sturms – weil sein Leben in einem Vertrauen verankert ist, das nicht in den Abgrund zieht, sondern festen Boden unter den Füßen gibt.
Wo wir aus diesem Vertrauen leben, beruhigt sich der „Sturm“. Am Ende sind es der „Kleinglaube“ und die „Angst“, die darüber entscheiden, wie sehr das „Meer“ um uns tost. Am Ende sind es der Glaube und das Vertrauen, die dem Tosen des Sturms Einhalt gebieten können. Wie wir zu Gott stehen, wirkt sich auf unsere ganze Lebenseinstellung aus. Gott ist da, uns nahe, nicht erst, wenn wir ihn rufen!

4. Woche im Jahreskreis

Montag der 4. Woche im Jahreskreis

Lesung *Hebräer 11,32-40* Schwestern und Brüder! Was soll ich noch aufzählen? Die Zeit würde mir nicht reichen, wollte ich von Gideon reden, von Barak, Simson, Jiftach, David und von Samuel und den Propheten; sie haben aufgrund des Glaubens Königreiche besiegt, Gerechtigkeit geübt, Verheißungen erlangt, Löwen den Rachen gestopft, Feuersglut gelöscht; sie sind scharfen Schwertern entgangen; sie sind stark geworden, als sie schwach waren; sie sind im Krieg zu Helden geworden und haben feindliche Heere in die Flucht geschlagen. **Lj I**

Frauen haben ihre Toten durch Auferstehung zurückerhalten. Einige nahmen die Freilassung nicht an und ließen sich foltern, um eine bessere Auferstehung zu erlangen. Andere haben Spott und Schläge erduldet, ja sogar Ketten und Kerker. Gesteinigt wurden sie, verbrannt, zersägt, mit dem Schwert umgebracht; sie zogen in Schafspelzen und Ziegenfellen umher, Not leidend, bedrängt, misshandelt. Sie, deren die Welt nicht wert war, irrten umher in Wüsten und Gebirgen, in den Höhlen und Schluchten des Landes.

Doch sie alle, die aufgrund des Glaubens von Gott besonders anerkannt wurden, haben das Verheißene nicht erlangt, weil Gott erst für uns etwas Besseres vorgesehen hatte; denn sie sollten nicht ohne uns vollendet werden.

Lesung *2 Samuel 15,13-14.30; 16,5-13a* In jenen Tagen kam ein Bote und meldete David: Das Herz der Israeliten hat sich Abschalom zugewandt! Da sagte David zu allen seinen Dienern, die noch bei ihm in Jerusalem waren: Auf, wir müssen fliehen, denn für uns gibt es keine Rettung vor Abschalom. Beeilt euch mit dem Aufbruch, sonst kommt er und holt uns ein, bringt Unglück über uns und schlägt die Stadt mit scharfem Schwert. David stieg weinend und mit verhülltem Haupte den Ölberg hinauf; er ging barfuß und alle Leute, die bei ihm waren, verhüllten ihr Haupt und zogen weinend hinauf. **Lj II**

Als König David nach Bahurim kam, da kam plötzlich aus der Stadt ein Mann namens Schimi, ein Sohn Geras aus der Sippe des Hauses Saul. Er kam David mit Flüchen entgegen und warf mit Steinen nach ihm und allen Dienern des Königs David, obwohl das ganze Volk und alle Krieger rechts und links um ihn standen. Schimi schrie und fluchte: Verschwinde, verschwinde, du Mörder, du Niederträchtiger! Der Herr hat all deine Blutschuld am Haus Sauls, an dessen Stelle du König geworden bist, auf dich zurückfallen lassen. Der Herr hat das Königtum in die Hand deines Sohnes Abschalom gegeben. Nun bist du ins Unglück geraten; denn du bist ein Mörder.

Da sagte Abischai, der Sohn der Zeruja, zum König: Warum flucht dieser tote Hund meinem Herrn, dem König? Ich will hinübergehen und ihm den Kopf abschlagen. Doch der König antwortete: Was habe ich mit euch zu schaffen, ihr Söhne der Zeruja? Wenn er flucht und wenn der Herr ihm gesagt hat: Verfluch David!, wer darf dann fragen: Warum tust du das? Und weiter sagte David zu Abischai und all seinen Dienern: Seht, mein leiblicher Sohn trachtet mir nach dem Leben, wie viel mehr muss es dann dieser Benjaminiter tun. Lasst ihn fluchen! Sicherlich hat es ihm der Herr geboten. Vielleicht sieht der Herr mein Elend an und erweist mir Gutes für den Fluch, der mich heute trifft. David und seine Männer setzten ihren Weg fort.

Evangelium *Markus 5,1-20* In jener Zeit kamen Jesus und seine Jünger an das andere Ufer des Sees, in das Gebiet von Gerasa. Als er aus dem Boot stieg, lief ihm ein Mann entgegen, der von einem unreinen Geist besessen war. Er kam von den Grabhöhlen, in denen er lebte. Man konnte ihn nicht bändigen, nicht einmal mit Fesseln. Schon oft hatte man ihn an Händen und Füßen gefesselt, aber er hatte die Ketten gesprengt und die Fesseln zerrissen; niemand konnte ihn bezwingen. Bei Tag und Nacht schrie er unaufhörlich in den Grabhöhlen und auf den Bergen und schlug sich mit Steinen.
Als er Jesus von Weitem sah, lief er zu ihm hin, warf sich vor ihm nieder und schrie laut: Was habe ich mit dir zu tun, Jesus, Sohn des höchsten Gottes? Ich beschwöre dich bei Gott, quäle mich nicht! Jesus hatte nämlich zu ihm gesagt: Verlass diesen Mann, du unreiner Geist! Jesus fragte ihn: Wie heißt du? Er antwortete: Mein Name ist Legion; denn wir sind viele. Und er flehte Jesus an, sie nicht aus dieser Gegend zu verbannen.
Nun weidete dort an einem Berghang gerade eine große Schweineherde. Da baten ihn die Dämonen: Lass uns doch in die Schweine hineinfahren! Jesus erlaubte es ihnen. Darauf verließen die unreinen Geister den Menschen und fuhren in die Schweine und die Herde stürzte sich den Abhang hinab in den See. Es waren etwa zweitausend Tiere und alle ertranken.
Die Hirten flohen und erzählten alles in der Stadt und in den Dörfern. Darauf eilten die Leute herbei, um zu sehen, was geschehen war. Sie kamen zu Jesus und sahen bei ihm den Mann, der von der Legion Dämonen besessen gewesen war. Er saß ordentlich gekleidet da und war wieder bei Verstand. Da fürchteten sie sich. Die, die alles gesehen hatten, berichteten ihnen, was mit dem Besessenen und mit den Schweinen geschehen war. Darauf baten die Leute Jesus, ihr Gebiet zu verlassen.
Als er ins Boot stieg, bat ihn der Mann, der zuvor von den Dämonen besessen war, bei ihm bleiben zu dürfen. Aber Jesus erlaubte es ihm nicht, sondern sagte: Geh nach Hause und berichte deiner Familie alles, was der Herr für dich getan und wie er Erbarmen mit dir gehabt hat. Da ging der Mann weg und verkündete in der ganzen Dekapolis, was Jesus für ihn getan hatte, und alle staunten.

Zum Evangelium Ein Mensch, dessen Leben „Unleben" ist, dessen Tun aus unheilbaren Gegensätzen besteht, dessen Verzweiflung zerstörerisch ist, beherrscht die Szene. Er verbreitet um sich jene Angst und jenen Schrecken, denen er selbst „auf Teufel komm raus" ausgeliefert ist. Weil er von seiner qualvollen Besessenheit derart abhängig ist, ist seine Angst vor Veränderung stärker als der Wunsch nach Heilung. Deshalb wehrt er Jesus ab. Im Namen Gottes tritt Jesus dem Dämon souverän entgegen. Er fragt ihn nach seinem Namen, denn nur wenn man den Namen des Übels, die „Diagnose" kennt, nur wenn ich weiß, was in mir lebt, was mich verwundet, kann ich genesen. Doch der Besessene kann gar nicht „Ich" sagen, denn „wir sind viele – Legion", das heißt, er ist in sich gespalten in alle möglichen zerstörerischen Instanzen, die seine Identität ausgelöscht haben. Im Angesicht Jesu kapituliert das Dämonische, alles Unreine fährt hin, wo es hingehört: in die Schweine. Der Geheilte will Jesus folgen. Er aber soll von seiner Heilung erzählen, damit auch die Heiden in Dekapolis von Gottes befreiender Kraft erfahren. – Wie gut, dass Gott die Herrschaft unbeherrschter Gewalten durchbrechen kann, die uns immer wieder zu erobern versuchen. Er macht uns frei. Sogar von uns selbst.

Dienstag der 4. Woche im Jahreskreis

Lesung *Hebräer 12,1-4* Schwestern und Brüder! Da uns eine solche Wolke von Zeugen umgibt, wollen auch wir alle Last und die Fesseln der Sünde abwerfen. Lasst uns mit Ausdauer in dem Wettkampf laufen, der uns aufgetragen ist, und dabei auf Jesus blicken, den Urheber und Vollender des Glaubens; er hat angesichts der vor ihm liegenden Freude das Kreuz auf sich genommen, ohne auf die Schande zu achten, und sich zur Rechten von Gottes Thron gesetzt. Lj I
Denkt an den, der von den Sündern solchen Widerstand gegen sich erduldet hat; dann werdet ihr nicht ermatten und den Mut nicht verlieren. Ihr habt im Kampf gegen die Sünde noch nicht bis aufs Blut Widerstand geleistet.

Lesung *2 Samuel 18,6.9-10.14b.24-25b.30–19,3* In jenen Tagen zogen die Leute Davids ins Feld, den Israeliten entgegen, und im Wald Efraim kam es zur Schlacht. Plötzlich kam Abschalom in das Blickfeld der Krieger Davids; er ritt auf einem Maultier. Als das Maultier unter den Ästen einer großen Eiche hindurchlief, blieb Abschalom mit dem Kopf fest an der Eiche hängen, sodass er zwischen Himmel und Erde schwebte und das Maultier unter ihm weglief. Jemand sah es und meldete Joab: Ich habe gerade Abschalom an einer Eiche hängen sehen. Joab nahm drei Spieße in die Hand und stieß sie Abschalom, der noch lebend an der Eiche hing, ins Herz. Lj II
David saß zwischen den beiden Toren. Der Späher aber war auf das Dach des Tores, auf die Mauer, gestiegen, und als er Ausschau hielt, sah er einen einzelnen Mann herbeilaufen. Der Späher rief dem König die Meldung zu. Der

König sagte: Wenn er allein ist, dann bringt er eine gute Nachricht. Der König befahl: Tritt zur Seite und stell dich hierher! Ahimaaz trat zur Seite und blieb dort stehen.
Da kam auch der Kuschiter und sagte: Mein Herr, der König, lasse sich die gute Nachricht bringen, dass der Herr dir heute Recht verschafft hat gegenüber allen, die sich gegen dich erhoben hatten. Der König fragte den Kuschiter: Geht es dem Jungen, Abschalom, gut? Der Kuschiter antwortete: Wie dem jungen Mann möge es allen Feinden meines Herrn, des Königs, ergehen, allen, die sich in böser Absicht gegen dich erhoben haben.
Da zuckte der König zusammen, stieg in den oberen Raum des Tores hinauf und weinte. Während er hinaufging, rief er immer wieder: Mein Sohn Abschalom, mein Sohn, mein Sohn Abschalom! Wäre ich doch an deiner Stelle gestorben, Abschalom, mein Sohn, mein Sohn!
Man meldete Joab: Der König weint und trauert um Abschalom. So wurde der Tag der Rettung für das ganze Volk zu einem Trauertag; denn die Leute hörten an diesem Tag: Der König ist voll Schmerz wegen seines Sohnes.

Evangelium *Markus 5,21-43* In jener Zeit fuhr Jesus im Boot wieder ans andere Ufer hinüber und eine große Menschenmenge versammelte sich um ihn. Während er noch am See war, kam ein Synagogenvorsteher namens Jaïrus zu ihm. Als er Jesus sah, fiel er ihm zu Füßen und flehte ihn um Hilfe an; er sagte: Meine Tochter liegt im Sterben. Komm und leg ihr die Hände auf, damit sie wieder gesund wird und am Leben bleibt. Da ging Jesus mit ihm.
Viele Menschen folgten ihm und drängten sich um ihn. Darunter war eine Frau, die schon zwölf Jahre an Blutungen litt. Sie war von vielen Ärzten behandelt worden und hatte dabei sehr zu leiden; ihr ganzes Vermögen hatte sie ausgegeben, aber es hatte ihr nichts genutzt, sondern ihr Zustand war immer schlimmer geworden. Sie hatte von Jesus gehört.
Nun drängte sie sich in der Menge von hinten an ihn heran und berührte sein Gewand. Denn sie sagte sich: Wenn ich auch nur sein Gewand berühre, werde ich geheilt. Sofort hörte die Blutung auf und sie spürte deutlich, dass sie von ihrem Leiden geheilt war.
Im selben Augenblick fühlte Jesus, dass eine Kraft von ihm ausströmte, und er wandte sich in dem Gedränge um und fragte: Wer hat mein Gewand berührt? Seine Jünger sagten zu ihm: Du siehst doch, wie sich die Leute um dich drängen, und da fragst du: Wer hat mich berührt?
Er blickte umher, um zu sehen, wer es getan hatte. Da kam die Frau, zitternd vor Furcht, weil sie wusste, was mit ihr geschehen war; sie fiel vor ihm nieder und sagte ihm die ganze Wahrheit. Er aber sagte zu ihr: Meine Tochter, dein Glaube hat dir geholfen. Geh in Frieden! Du sollst von deinem Leiden geheilt sein.
Während Jesus noch redete, kamen Leute, die zum Haus des Synagogenvorstehers gehörten, und sagten zu Jaïrus: Deine Tochter ist gestorben. Warum

bemühst du den Meister noch länger? Jesus, der diese Worte gehört hatte, sagte zu dem Synagogenvorsteher: Sei ohne Furcht; glaube nur! Und er ließ keinen mitkommen außer Petrus, Jakobus und Johannes, den Bruder des Jakobus. Sie gingen zum Haus des Synagogenvorstehers.
Als Jesus den Lärm bemerkte und hörte, wie die Leute laut weinten und jammerten, trat er ein und sagte zu ihnen: Warum schreit und weint ihr? Das Kind ist nicht gestorben, es schläft nur. Da lachten sie ihn aus.
Er aber schickte alle hinaus und nahm außer seinen Begleitern nur die Eltern mit in den Raum, in dem das Kind lag. Er fasste das Kind an der Hand und sagte zu ihm: Talita kum!, das heißt übersetzt: Mädchen, ich sage dir, steh auf! Sofort stand das Mädchen auf und ging umher. Es war zwölf Jahre alt. Die Leute gerieten außer sich vor Entsetzen. Doch er schärfte ihnen ein, niemand dürfe etwas davon erfahren; dann sagte er, man solle dem Mädchen etwas zu essen geben.

Zum Evangelium Auf den ersten Blick scheinen der angesehene Synagogenvorsteher Jairus und die einfache Frau aus dem Volk nichts miteinander zu tun zu haben. Bei näherem Betrachten wird aber deutlich, wie kunstvoll diese beiden Wundererzählungen miteinander verflochten sind. Jairus und die blutflüssige Frau gehen aktiv auf Jesus zu. Aber sie haben eine unterschiedliche Motivation. Jairus will den alten Zustand wieder herstellen, er will seine Tochter wieder zurück haben; die Frau dagegen will aus ihrem alten Zustand herausgeholt werden. Sie wagt sich nur zaghaft an Jesus heran, während Jairus Jesus in aller Öffentlichkeit in sein Haus bittet. Jairus wird ausdrücklich aufgefordert, Vertrauen zu haben. Die Frau dagegen hat nichts zu verlieren, sondern alles zu gewinnen. Deshalb kann sie zutiefst vertrauen und ist offen für neue Erfahrungen. Für beide, Jairus und die Frau, entsteht durch die Begegnung mit Jesus eine neue Situation: Die Frau kann ein neues Leben beginnen, der Vater erhält den geliebten Menschen zurück, aber nicht mehr als Kind, sondern als „junge Frau“. Der Vater „verliert“ die Tochter und muss nun lernen, sie als junge Frau zu akzeptieren, die am Beginn des Erwachsenwerdens nicht mehr unter seiner Verfügungsgewalt steht, sondern sich von ihm ablöst und ihren eigenen Weg geht. Heil werden hat immer etwas damit zu tun, seinen eigenen Weg zu finden …

Mittwoch der 4. Woche im Jahreskreis

Lesung *Hebräer 12,4-7.11-15* Ihr habt im Kampf gegen die Sünde noch nicht bis aufs Blut Widerstand geleistet und ihr habt die Mahnung vergessen, die euch als Söhne anredet: Lj I
Mein Sohn, verachte nicht die Zucht des Herrn, /
verzage nicht, wenn er dich zurechtweist.

Denn wen der Herr liebt, den züchtigt er; /
er schlägt mit der Rute jeden Sohn, den er gern hat.
Haltet aus, wenn ihr gezüchtigt werdet. Gott behandelt euch wie Söhne. Denn wo ist ein Sohn, den sein Vater nicht züchtigt?
Jede Züchtigung scheint zwar für den Augenblick nicht Freude zu bringen, sondern Schmerz; später aber schenkt sie denen, die durch diese Schule gegangen sind, als Frucht den Frieden und die Gerechtigkeit. Darum macht die erschlafften Hände wieder stark und die wankenden Knie wieder fest und ebnet die Wege für eure Füße, damit die lahmen Glieder nicht ausgerenkt, sondern geheilt werden.
Strebt voll Eifer nach Frieden mit allen und nach der Heiligung, ohne die keiner den Herrn sehen wird. Seht zu, dass niemand die Gnade Gottes verscherzt, dass keine bittere Wurzel wächst und Schaden stiftet und durch sie alle vergiftet werden.

Lj II **Lesung** *2 Samuel 24,2.9-17* In jenen Tagen befahl der König Joab, dem Obersten des Heeres, der bei ihm war: Durchstreift alle Stämme Israels von Dan bis Beerscheba, und mustert das Volk, damit ich weiß, wie viele es sind.
Und Joab gab dem König das Ergebnis der Volkszählung bekannt: Israel zählte achthunderttausend Krieger, die mit dem Schwert kämpfen konnten, und Juda fünfhunderttausend.
Dann aber schlug David das Gewissen, weil er das Volk gezählt hatte, und er sagte zum Herrn: Ich habe schwer gesündigt, weil ich das getan habe. Doch vergib deinem Knecht seine Schuld, Herr; denn ich habe sehr unvernünftig gehandelt. Als David am Morgen aufstand, war bereits folgendes Wort des Herrn an den Propheten Gad, den Seher Davids, ergangen:
Geh und sag zu David: So spricht der Herr: Dreierlei lege ich dir vor. Wähl dir eines davon! Das werde ich dir antun.
Gad kam zu David, teilte ihm das Wort mit und sagte: Was soll über dich kommen? Sieben Jahre Hungersnot in deinem Land? Oder drei Monate, in denen dich deine Feinde verfolgen und du vor ihnen fliehen musst? Oder soll drei Tage lang die Pest in deinem Land wüten? Überleg dir sehr genau, was ich dem, der mich gesandt hat, als Antwort überbringen soll. Da sagte David zu Gad: Ich habe große Angst. Wir wollen lieber dem Herrn in die Hände fallen, denn seine Barmherzigkeit ist groß; den Menschen aber möchte ich nicht in die Hände fallen.
Da ließ der Herr über Israel eine Pest kommen; sie dauerte von jenem Morgen an bis zu dem festgesetzten Zeitpunkt und es starben zwischen Dan und Beerscheba siebzigtausend Menschen im Volk.
Als der Engel seine Hand gegen Jerusalem ausstreckte, um es ins Verderben zu stürzen, reute den Herrn das Unheil und er sagte zu dem Engel, der das Volk ins Verderben stürzte: Es ist jetzt genug, lass deine Hand sinken! Der Engel war gerade bei der Tenne des Jebusiters Arauna. Als David den Engel

sah, der das Volk schlug, sagte er zum Herrn: Ich bin es doch, der gesündigt hat; ich bin es, der sich vergangen hat. Aber diese, die Herde, was haben denn sie getan? Erheb deine Hand gegen mich und gegen das Haus meines Vaters!

Evangelium *Markus 6,1-6a* In jener Zeit kam Jesus in seine Heimatstadt; seine Jünger begleiteten ihn. Am Sabbat lehrte er in der Synagoge. Und die vielen Menschen, die ihm zuhörten, staunten und sagten: Woher hat er das alles? Was ist das für eine Weisheit, die ihm gegeben ist! Und was sind das für Wunder, die durch ihn geschehen! Ist das nicht der Zimmermann, der Sohn der Maria und der Bruder von Jakobus, Joses, Judas und Simon? Leben nicht seine Schwestern hier unter uns? Und sie nahmen Anstoß an ihm und lehnten ihn ab.
Da sagte Jesus zu ihnen: Nirgends hat ein Prophet so wenig Ansehen wie in seiner Heimat, bei seinen Verwandten und in seiner Familie. Und er konnte dort kein Wunder tun; nur einigen Kranken legte er die Hände auf und heilte sie. Und er wunderte sich über ihren Unglauben.

Zum Evangelium Man hört ihm zu, erst erstaunt, dann entrüstet. „Woher hat er das alles?" Er, Sohn der Maria, Zimmermann. Man kennt sein Gesicht, also ist man blind für Gottes Gegenwart. Man kennt seine Hände, die mit Holz gearbeitet haben, also können es nicht heilende Hände sein. Er passt nicht mehr zu ihnen. Er hat sich der Weltsicht von Nazaret entzogen. Er ist ein Außenseiter, ein Eindringling. Es ist schwer zu begreifen, dass Gott im Unscheinbaren, Gewöhnlichen erscheint und gerade darin der ganz Andere bleibt. Er ist leicht zu übersehen, weil man ihm nicht zutraut, dass er sich so weit herablässt und sich für uns so klein macht. Jesu Verhalten in Nazaret ist ein Spiegel, wie Gott unserer Welt begegnen und uns zur Nachfolge führen möchte. – Wenn ich einen Menschen liebe, muss ich – oft schmerzhaft – lernen: Du bist nicht der, für den ich dich gehalten habe. Du bist noch ganz anders. Ein Geheimnis. Ich werde schuldig an dir, wenn ich dich auf das reduziere, was ich erkannt habe. Ich werde schuldig an Gott, wenn ich meine, ihn abheften und einsortieren zu können. Wie kann er dann das Wunder seiner Nähe wirken?

Donnerstag der 4. Woche im Jahreskreis

Lesung *Hebräer 12,18-19.21-24* Schwestern und Brüder! Ihr seid nicht zu einem sichtbaren, lodernden Feuer hingetreten, zu dunklen Wolken, zu Finsternis und Sturmwind, zum Klang der Posaunen und zum Schall der Worte, bei denen die Hörer flehten, diese Stimme solle nicht weiter zu ihnen reden. Ja, so furchtbar war die Erscheinung, dass Mose rief: Ich bin voll Angst und Schrecken. **Lj I**

Ihr seid vielmehr zum Berg Zion hingetreten, zur Stadt des lebendigen Gottes, dem himmlischen Jerusalem, zu Tausenden von Engeln, zu einer festlichen Versammlung und zur Gemeinschaft der Erstgeborenen, die im Himmel verzeichnet sind; zu Gott, dem Richter aller, zu den Geistern der schon vollendeten Gerechten, zum Mittler eines neuen Bundes, Jesus, und zum Blut der Besprengung, das mächtiger ruft als das Blut Abels.

Lj II **Lesung** *1 Könige 2,1-4.10-12* Als die Zeit herankam, da David sterben sollte, ermahnte er seinen Sohn Salomo:
Ich gehe nun den Weg alles Irdischen. Sei also stark und mannhaft! Erfüll deine Pflicht gegen den Herrn, deinen Gott: Geh auf seinen Wegen und befolg alle Gebote, Befehle, Satzungen und Anordnungen, die im Gesetz des Mose niedergeschrieben sind. Dann wirst du Erfolg haben bei allem, was du tust, und in allem, was du unternimmst. Und der Herr wird sein Wort wahr machen, das er mir gegeben hat, als er sagte: Wenn deine Söhne auf ihren Weg achten und aufrichtig mit ganzem Herzen und ganzer Seele vor mir leben, wird es dir nie an Nachkommen auf dem Thron Israels fehlen.
David entschlief zu seinen Vätern und wurde in der Davidstadt begraben. Die Zeit, in der David über Israel König war, betrug vierzig Jahre. In Hebron regierte er sieben und in Jerusalem dreiunddreißig Jahre. Salomo saß nun auf dem Thron seines Vaters David und seine Herrschaft festigte sich mehr und mehr.

Evangelium *Markus 6,7-13* In jener Zeit rief Jesus die Zwölf zu sich und sandte sie aus, jeweils zwei zusammen. Er gab ihnen die Vollmacht, die unreinen Geister auszutreiben, und er gebot ihnen, außer einem Wanderstab nichts auf den Weg mitzunehmen, kein Brot, keine Vorratstasche, kein Geld im Gürtel, kein zweites Hemd und an den Füßen nur Sandalen.
Und er sagte zu ihnen: Bleibt in dem Haus, in dem ihr einkehrt, bis ihr den Ort wieder verlasst. Wenn man euch aber in einem Ort nicht aufnimmt und euch nicht hören will, dann geht weiter und schüttelt den Staub von euren Füßen, zum Zeugnis gegen sie.
Die Zwölf machten sich auf den Weg und riefen die Menschen zur Umkehr auf. Sie trieben viele Dämonen aus und salbten viele Kranke mit Öl und heilten sie.

Zum Evangelium Menschen werden ausgesandt, um fortzusetzen, was Jesus begonnen hat: verkündigen, heilen, zur Umkehr aufrufen. Die Aussendung der Zwölf ist im Sinne Jesu der Beginn der Kirche. Aussendung unter Verzicht auf alle menschlichen Hilfen, stattdessen Ausrichtung der Existenz in unbedingtem Vertrauen auf Gott. Eine klare Botschaft: Nichts Überflüssiges sollen die Jünger, sollen wir mit uns schleppen, weder als Kirche noch als Einzelne. Unbehindert von materiellen und geistigen Lasten sind wir als Christen am glaubwürdigsten. Nur wer nicht mehr die eigene Sicherheit im Auge hat, kann den Glauben an Gott glaubhaft weitergeben. Das Evangelium fragt unsere Glaubwürdigkeit als Boten und Botinnen Christi an. Wie können wir die Weisung Jesu in unsere Zeit hinein übersetzen?

Freitag der 4. Woche im Jahreskreis

Lesung *Hebräer 13,1-8* Schwestern und Brüder! Die Bruderliebe soll bleiben. Vergesst die Gastfreundschaft nicht; denn durch sie haben einige, ohne es zu ahnen, Engel beherbergt. Denkt an die Gefangenen, als wäret ihr mitgefangen; denkt an die Misshandelten, denn auch ihr lebt noch in eurem irdischen Leib. Die Ehe soll von allen in Ehren gehalten werden und das Ehebett bleibe unbefleckt; denn Unzüchtige und Ehebrecher wird Gott richten. Euer Leben sei frei von Habgier; seid zufrieden mit dem, was ihr habt; denn Gott hat versprochen: Ich lasse dich nicht fallen und verlasse dich nicht. Darum dürfen wir zuversichtlich sagen: Lj I
Der Herr ist mein Helfer, ich fürchte mich nicht. Was können Menschen mir antun?
Denkt an eure Vorsteher, die euch das Wort Gottes verkündet haben; schaut auf das Ende ihres Lebens, und ahmt ihren Glauben nach!
Jesus Christus ist derselbe gestern, heute und in Ewigkeit.

Lesung *Jesus Sirach 47,2-11* Wie das Fett herausgehoben ist aus dem Opferfleisch, so David aus Israel. Er spielte mit Löwen, als wären es Ziegen, mit Bären, als wären es Schafe. In seiner Jugend erschlug er den Riesen und befreite das Volk von der Schmach, indem er mit der Hand die Schleuder schwang und Goliats Hochmut zerbrach. Denn er hatte Gott, den Höchsten, angerufen und dieser gab seiner rechten Hand Kraft, um den kampferprobten Mann niederzustrecken und die Macht seines Volkes zu mehren. Darum haben ihn die Frauen besungen und ihm zugerufen: Zehntausend erschlug er! Als er die Krone trug, führte er Krieg und demütigte ringsum die Feinde. Er schlug die feindlichen Philister und zerbrach ihre Macht bis heute. Lj II
Bei allen seinen Taten stimmte er Loblieder an auf Gott, den Höchsten, mit rühmenden Worten. Er liebte seinen Schöpfer von ganzem Herzen, alle Tage pries er ihn mit Liedern.
Vor dem Altar ließ er Saiteninstrumente aufstellen und schuf Psalmweisen für die Harfenbegleitung. Den Festen verlieh er Glanz und verschönerte die Feiertage im Kreislauf des Jahres. Vom Lobgesang auf Gottes heiligen Namen hallte das Heiligtum wider schon vor dem Morgen. Der Herr verzieh ihm seine Sünde und begründete seine Macht für immer. Er übergab ihm das Königsgesetz und festigte seinen Thron über Israel.

Evangelium *Markus 6,14-29* In jener Zeit hörte der König Herodes von Jesus; denn sein Name war bekannt geworden und man sagte: Johannes der Täufer ist von den Toten auferstanden; deshalb wirken solche Kräfte in ihm. Andere sagten: Er ist Elija. Wieder andere: Er ist ein Prophet, wie einer von den alten Propheten. Als aber Herodes von ihm hörte, sagte er: Johannes, den ich enthaupten ließ, ist auferstanden.
Herodes hatte nämlich Johannes festnehmen und ins Gefängnis werfen lassen. Schuld daran war Herodias, die Frau seines Bruders Philippus, die er geheiratet hatte. Denn Johannes hatte zu Herodes gesagt: Du hattest nicht das Recht, die Frau deines Bruders zur Frau zu nehmen. Herodias verzieh ihm das nicht und wollte ihn töten lassen. Sie konnte ihren Plan aber nicht durchsetzen, denn Herodes fürchtete sich vor Johannes, weil er wusste, dass dieser ein gerechter und heiliger Mann war. Darum schützte er ihn. Sooft er mit ihm sprach, wurde er unruhig und ratlos, und doch hörte er ihm gern zu.
Eines Tages ergab sich für Herodias eine günstige Gelegenheit. An seinem Geburtstag lud Herodes seine Hofbeamten und Offiziere zusammen mit den vornehmsten Bürgern von Galiläa zu einem Festmahl ein. Da kam die Tochter der Herodias und tanzte und sie gefiel dem Herodes und seinen Gästen so sehr, dass der König zu ihr sagte: Wünsch dir, was du willst; ich werde es dir geben. Er schwor ihr sogar: Was du auch von mir verlangst, ich will es dir geben, und wenn es die Hälfte meines Reiches wäre. Sie ging hinaus und fragte ihre Mutter: Was soll ich mir wünschen? Herodias antwortete: Den Kopf des Täufers Johannes.
Da lief das Mädchen zum König hinein und sagte: Ich will, dass du mir sofort auf einer Schale den Kopf des Täufers Johannes bringen lässt. Da wurde der König sehr traurig, aber weil er vor allen Gästen einen Schwur geleistet hatte, wollte er ihren Wunsch nicht ablehnen. Deshalb befahl er einem Scharfrichter, sofort ins Gefängnis zu gehen und den Kopf des Täufers herzubringen. Der Scharfrichter ging und enthauptete Johannes. Dann brachte er den Kopf auf einer Schale, gab ihn dem Mädchen und das Mädchen gab ihn seiner Mutter.
Als die Jünger des Johannes das hörten, kamen sie, holten seinen Leichnam und legten ihn in ein Grab.

Zum Evangelium Ein machtgieriger, feiger Herrscher, seine berechnende, unrechtmäßige Ehefrau, ihre Tochter als Handlangerin der Gewissenlosigkeit der Mutter. Eine intrigante, korrupte Gesellschaft, deren Machenschaften Johannes zum Opfer fällt. Weil er den Finger in die Wunden der Willkür, des Betrugs, der Gewissenlosigkeit legt. Die Herodesgestalten sterben nicht aus. Jede Zeit hat ihre Herrscher. Hat jede Zeit auch ihre Propheten? Wie lange wird unsere Welt die Bühne solcher Herrscher sein, die töten, um sich selbst am Leben zu erhalten? Es ist die bittere

Chance der Propheten, die Unmenschlichkeit dieser Macht zu demaskieren, oft genug durch das Opfer des eigenen Lebens.
„Wenn die Propheten aufständen / in der Nacht der Menschheit / wie Liebende, die das Herz des Geliebten suchen / Nacht der Menschheit / würdest du ein Herz zu vergeben haben?“ (Nelly Sachs).

Samstag der 4. Woche im Jahreskreis

Lesung *Hebräer 13,15-17.20-21* Schwestern und Brüder! Durch Jesus lasst uns Gott allezeit das Opfer des Lobes darbringen, nämlich die Frucht der Lippen, die seinen Namen preisen. Vergesst nicht, Gutes zu tun und mit anderen zu teilen; denn an solchen Opfern hat Gott Gefallen. **Lj I**
Gehorcht euren Vorstehern und ordnet euch ihnen unter, denn sie wachen über euch und müssen Rechenschaft darüber ablegen; sie sollen das mit Freude tun können, nicht mit Seufzen, denn das wäre zu eurem Schaden.
Der Gott des Friedens aber, der Jesus, unseren Herrn, den erhabenen Hirten seiner Schafe, von den Toten heraufgeführt hat durch das Blut eines ewigen Bundes, er mache euch tüchtig in allem Guten, damit ihr seinen Willen tut. Er bewirke in uns, was ihm gefällt, durch Jesus Christus, dem die Ehre sei in alle Ewigkeit. Amen.

Lesung *1 Könige 3,4-13* In jenen Tagen ging der König Salomo nach Gibeon, um dort zu opfern; denn hier war die angesehenste Kulthöhe. Tausend Brandopfer legte Salomo auf ihren Altar. In Gibeon erschien der Herr dem Salomo nachts im Traum und forderte ihn auf: Sprich eine Bitte aus, die ich dir gewähren soll. Salomo antwortete: Du hast deinem Knecht David, meinem Vater, große Huld erwiesen; denn er lebte vor dir in Treue, in Gerechtigkeit und mit aufrichtigem Herzen. Du hast ihm diese große Huld bewahrt und ihm einen Sohn geschenkt, der heute auf seinem Thron sitzt. So hast du jetzt, Herr, mein Gott, deinen Knecht anstelle meines Vaters David zum König gemacht. Doch ich bin noch sehr jung und weiß nicht, wie ich mich als König verhalten soll. Dein Knecht steht aber mitten in deinem Volk, das du erwählt hast: einem großen Volk, das man wegen seiner Menge nicht zählen und nicht schätzen kann. Verleih daher deinem Knecht ein hörendes Herz, damit er dein Volk zu regieren und das Gute vom Bösen zu unterscheiden versteht. Wer könnte sonst dieses mächtige Volk regieren? **Lj II**
Es gefiel dem Herrn, dass Salomo diese Bitte aussprach. Daher antwortete ihm Gott: Weil du gerade diese Bitte ausgesprochen hast und nicht um langes Leben, Reichtum oder um den Tod deiner Feinde, sondern um Einsicht gebeten hast, um auf das Recht zu hören, werde ich deine Bitte erfüllen. Sieh, ich gebe dir ein so weises und verständiges Herz, dass keiner vor dir war und keiner nach dir kommen wird, der dir gleicht. Aber auch das, was du nicht erbeten hast, will ich dir geben: Reichtum und Ehre, sodass zu deinen Lebzeiten keiner unter den Königen dir gleicht.

Evangelium *Markus 6,30-34* In jener Zeit versammelten sich die Apostel, die Jesus ausgesandt hatte, wieder bei ihm und berichteten ihm alles, was sie getan und gelehrt hatten. Da sagte er zu ihnen: Kommt mit an einen einsamen Ort, wo wir allein sind, und ruht ein wenig aus. Denn sie fanden nicht einmal Zeit zum Essen, so zahlreich waren die Leute, die kamen und gingen.
Sie fuhren also mit dem Boot in eine einsame Gegend, um allein zu sein. Aber man sah sie abfahren und viele erfuhren davon; sie liefen zu Fuß aus allen Städten dorthin und kamen noch vor ihnen an.
Als er ausstieg und die vielen Menschen sah, hatte er Mitleid mit ihnen; denn sie waren wie Schafe, die keinen Hirten haben. Und er lehrte sie lange.

Zum Evangelium Wir brauchen beides: Spannung und Entspannung, Aktivität und Ruhe, Einatmen und Ausatmen. Viele leben einseitig die Aktivität, weil sie in unserer Gesellschaft des „immer weiter, immer schneller, immer höher" ständig herausgefordert wird. Und irgendwann ist es so weit: Wir fühlen uns leer, ausgetrocknet, ausgebrannt. Selbst die Ruhepausen bekommen etwas Rastloses, man muss sie mit irgendetwas „füllen", um die innere Leere nicht zu spüren. Doch nur wer die Stille und sich selbst in der Stille aushält, verliert sich nicht in Aktivismus und ist fähig, Wesentliches vom Unwesentlichen zu unterscheiden. –
Die Evangelien berichten immer wieder davon, dass Jesus die Einsamkeit gesucht hat, um sich in der Stille auf sich selbst und auf Gott zu konzentrieren. Trotzdem ist sein Mitleid mit den verlorenen Menschen oft so groß, dass er sein eigenes Bedürfnis in den Hintergrund stellt. Seine bewusste Entscheidung gegen den Rückzug in die Einsamkeit ist ein Geben, das nicht ausbrennt, sondern das eigene Leben und das der anderen in liebevolleres Leben umwandelt. Wer im Mit-Leiden gibt, verliert sich nicht selbst, sondern gewinnt an Kontur.

5. Woche im Jahreskreis

Montag der 5. Woche im Jahreskreis

Lj I **Lesung** *Genesis 1,1-19* Im Anfang schuf Gott Himmel und Erde; die Erde aber war wüst und wirr, Finsternis lag über der Urflut und Gottes Geist schwebte über dem Wasser. Gott sprach: Es werde Licht. Und es wurde Licht. Gott sah, dass das Licht gut war. Gott schied das Licht von der Finsternis und Gott nannte das Licht Tag und die Finsternis nannte er Nacht. Es wurde Abend und es wurde Morgen: erster Tag.
Dann sprach Gott: Ein Gewölbe entstehe mitten im Wasser und scheide Wasser von Wasser. Gott machte also das Gewölbe und schied das Wasser unterhalb des Gewölbes vom Wasser oberhalb des Gewölbes. So geschah es

und Gott nannte das Gewölbe Himmel. Es wurde Abend und es wurde Morgen: zweiter Tag.
Dann sprach Gott: Das Wasser unterhalb des Himmels sammle sich an einem Ort, damit das Trockene sichtbar werde. So geschah es. Das Trockene nannte Gott Land und das angesammelte Wasser nannte er Meer. Gott sah, dass es gut war. Dann sprach Gott: Das Land lasse junges Grün wachsen, alle Arten von Pflanzen, die Samen tragen, und von Bäumen, die auf der Erde Früchte bringen mit ihrem Samen darin. So geschah es. Das Land brachte junges Grün hervor, alle Arten von Pflanzen, die Samen tragen, alle Arten von Bäumen, die Früchte bringen mit ihrem Samen darin. Gott sah, dass es gut war. Es wurde Abend und es wurde Morgen: dritter Tag.
Dann sprach Gott: Lichter sollen am Himmelsgewölbe sein, um Tag und Nacht zu scheiden. Sie sollen Zeichen sein und zur Bestimmung von Festzeiten, von Tagen und Jahren dienen; sie sollen Lichter am Himmelsgewölbe sein, die über die Erde hin leuchten. So geschah es. Gott machte die beiden großen Lichter, das größere, das über den Tag herrscht, das kleinere, das über die Nacht herrscht, auch die Sterne. Gott setzte die Lichter an das Himmelsgewölbe, damit sie über die Erde hin leuchten, über Tag und Nacht herrschen und das Licht von der Finsternis scheiden. Gott sah, dass es gut war. Es wurde Abend und es wurde Morgen: vierter Tag.

Lesung *1 Könige 8,1-7.9-13* In jenen Tagen versammelte Salomo die Ältesten Israels, alle Stammesführer und die Häupter der israelitischen Großfamilien bei sich in Jerusalem, um die Bundeslade des Herrn aus der Stadt Davids, das ist Zion, heraufzuholen. Am Fest im Monat Etanim, das ist der siebte Monat, kamen alle Männer Israels bei König Salomo zusammen. In Gegenwart aller Ältesten Israels nahmen die Priester die Lade und brachten sie zugleich mit dem Offenbarungszelt und den heiligen Geräten, die im Zelt waren, hinauf. Die Priester und die Leviten übernahmen den Trägerdienst. **Lj II**
König Salomo aber und die ganze Gemeinde Israels, die bei ihm vor der Lade versammelt war, schlachteten Schafe und Rinder, die man wegen ihrer Menge nicht zählen und nicht berechnen konnte. Darauf stellten die Priester die Bundeslade des Herrn an ihren Platz, in die Gotteswohnung des Hauses, in das Allerheiligste, unter die Flügel der Kerubim. Denn die Kerubim breiteten ihre Flügel über den Ort, wo die Lade stand, und bedeckten sie und ihre Stangen von oben her. In der Lade befanden sich nur die zwei steinernen Tafeln, die Mose am Horeb hineingelegt hatte, die Tafeln des Bundes, den der Herr mit den Israeliten beim Auszug aus Ägypten geschlossen hatte.
Als dann die Priester aus dem Heiligtum traten, erfüllte die Wolke das Haus des Herrn. Sie konnten wegen der Wolke ihren Dienst nicht verrichten; denn die Herrlichkeit des Herrn erfüllte das Haus des Herrn. Damals sagte Salomo:

Der Herr hat die Sonne an den Himmel gesetzt; er selbst wollte im Dunkel wohnen. Ich habe ein fürstliches Haus für dich gebaut, eine Wohnstätte für ewige Zeiten.

Evangelium *Markus 6,53-56* In jener Zeit fuhren Jesus und seine Jünger auf das Ufer zu, kamen nach Gennesaret und legten dort an. Als sie aus dem Boot stiegen, erkannte man ihn sofort. Die Menschen eilten durch die ganze Gegend und brachten die Kranken auf Tragbahren zu ihm, sobald sie hörten, wo er war. Und immer, wenn er in ein Dorf oder eine Stadt oder zu einem Gehöft kam, trug man die Kranken auf die Straße hinaus und bat ihn, er möge sie wenigstens den Saum seines Gewandes berühren lassen. Und alle, die ihn berührten, wurden geheilt.

Lj I **Zur Lesung** Der Schöpfungsbericht ist kein wissenschaftlicher Bericht über die Entstehung der Erde. Er gleicht einem Gedicht der Dankbarkeit, dass Gott aus dem Chaos, dem „Tohuwabohu“ die Erde zu einem bewohnbaren, einladenden Planeten geordnet hat. „Gott sah, dass es gut war.“ Diese gute Schöpfung hat er dem Menschen übergeben, damit er sich für ihr Wohl einsetzt und glücklich in ihr leben kann.
Aber was sieht Gott heute? Herrschaftsverhältnisse haben aus dem „gut“ ein „nicht gut“ gemacht. Sie sind handgreifliche Zeichen dafür, dass „der Mensch die eigentliche Schwachstelle der Schöpfung“ ist (Kurt Marti). Statt der Schöpfung zu dienen, haben wir an ihr Raubbau getrieben, statt sie zu einem Lebenshaus für alle zu gestalten, stehen wir vor einem Scherbenhaufen, wissen nicht mehr, was wir unbedenklich essen und trinken können, wie wir uns vor Krankheiten schützen können, die die Umweltzerstörung mit sich gebracht hat. Die schlimmsten Bedrohungen sind die Verwüstungen und Zerstörungen, die von Menschen angerichtet werden. Nicht mehr dunkle Mächte der Natur sind für den Menschen der Feind, vielmehr sind die Menschen Feinde der Natur geworden – und ihre Zerstörung schlägt auf die Menschheit zurück. Es hängt von jedem/r Einzelnen ab, ob Gott noch einmal sagen kann: „Es ist gut“ ...

Lj II **Zur Lesung** Seit es Menschen gibt, haben sie Tempel und Altäre errichtet, um den unsichtbaren und unfassbaren Gott dort zu finden. Als Salomo Gott einen prächtigen Tempel baut, weiß er, dass man den Herrn der Welt an keinen Ort der Welt bannen kann. Deshalb errichtet er den Tempel auch nicht als Wohnhaus Gottes, sondern als Bethaus für die Menschen. Diesen Unterschied haben seine Nachfahren ignoriert. Der Tempel verkam zur Opferstätte; man meinte, sich für Opfertiere Gottes Gunst erkaufen zu können. Was ist daraus geworden?
Salomos Tempel wurde von den Babyloniern in Schutt und Asche gelegt, nach dem Exil wieder aufgebaut, doch als die Römer Jerusalem eroberten,

wurde er endgültig zerstört. Heute steht auf dem Tempelberg der Felsendom, die prächtige Moschee des Sultans Süleyman. Dem jüdischen Volk blieb die Klagemauer und die Hoffnung auf den Messias, der bei seinem Kommen den Tempel wieder aufrichten soll. Der Zionsberg, auf dem Salomo betete, ist heute ein von Soldaten bewachter Platz, wo sich Muslime, Juden, Christen gegenseitig das Recht des Betens streitig machen. – Doch „Gott wohnt dort, wo man ihn einlässt" (Martin Buber).

Dienstag der 5. Woche im Jahreskreis

Lesung *Genesis 1,20–2,4a* Und Gott sprach: Das Wasser wimmle von lebendigen Wesen und Vögel sollen über dem Land am Himmelsgewölbe dahinfliegen. Gott schuf alle Arten von großen Seetieren und anderen Lebewe- **Lj I**
sen, von denen das Wasser wimmelt, und alle Arten von gefiederten Vögeln. Gott sah, dass es gut war. Gott segnete sie und sprach: Seid fruchtbar und vermehrt euch und bevölkert das Wasser im Meer und die Vögel sollen sich auf dem Land vermehren. Es wurde Abend und es wurde Morgen: fünfter Tag.
Dann sprach Gott: Das Land bringe alle Arten von lebendigen Wesen hervor, von Vieh, von Kriechtieren und von Tieren des Feldes. So geschah es. Gott machte alle Arten von Tieren des Feldes, alle Arten von Vieh und alle Arten von Kriechtieren auf dem Erdboden. Gott sah, dass es gut war.
Dann sprach Gott: Lasst uns Menschen machen als unser Abbild, uns ähnlich. Sie sollen herrschen über die Fische des Meeres, über die Vögel des Himmels, über das Vieh, über die ganze Erde und über alle Kriechtiere auf dem Land. Gott schuf also den Menschen als sein Abbild; als Abbild Gottes schuf er ihn. Als Mann und Frau schuf er sie.
Gott segnete sie und Gott sprach zu ihnen: Seid fruchtbar und vermehrt euch, bevölkert die Erde, unterwerft sie euch und herrscht über die Fische des Meeres, über die Vögel des Himmels und über alle Tiere, die sich auf dem Land regen. Dann sprach Gott: Hiermit übergebe ich euch alle Pflanzen auf der ganzen Erde, die Samen tragen, und alle Bäume mit samenhaltigen Früchten. Euch sollen sie zur Nahrung dienen. Allen Tieren des Feldes, allen Vögeln des Himmels und allem, was sich auf der Erde regt, was Lebensatem in sich hat, gebe ich alle grünen Pflanzen zur Nahrung. So geschah es.
Gott sah alles an, was er gemacht hatte: Es war sehr gut. Es wurde Abend und es wurde Morgen: der sechste Tag.
So wurden Himmel und Erde vollendet und ihr ganzes Gefüge. Am siebten Tag vollendete Gott das Werk, das er geschaffen hatte, und er ruhte am siebten Tag, nachdem er sein ganzes Werk vollbracht hatte. Und Gott segnete den siebten Tag und erklärte ihn für heilig; denn an ihm ruhte Gott, nachdem er das ganze Werk der Schöpfung vollendet hatte.
Das ist die Entstehungsgeschichte von Himmel und Erde, als sie erschaffen wurden.

Lj II **Lesung** *1 Könige 8,22-23.27-30* In jenen Tagen trat Salomo in Gegenwart der ganzen Versammlung Israels vor den Altar des Herrn, breitete seine Hände zum Himmel aus und betete: Herr, Gott Israels, im Himmel oben und auf der Erde unten gibt es keinen Gott, der so wie du Bund und Huld seinen Knechten bewahrt, die mit ungeteiltem Herzen vor ihm leben.
Wohnt denn Gott wirklich auf der Erde? Siehe, selbst der Himmel und die Himmel der Himmel fassen dich nicht, wie viel weniger dieses Haus, das ich gebaut habe. Wende dich, Herr, mein Gott, dem Beten und Flehen deines Knechtes zu! Höre auf das Rufen und auf das Gebet, das dein Knecht heute vor dir verrichtet. Halte deine Augen offen über diesem Haus bei Nacht und bei Tag, über der Stätte, von der du gesagt hast, dass dein Name hier wohnen soll. Höre auf das Gebet, das dein Knecht an dieser Stätte verrichtet.
Achte auf das Flehen deines Knechtes und deines Volkes Israel, wenn sie an dieser Stätte beten. Höre sie im Himmel, dem Ort, wo du wohnst. Höre sie und verzeih!

Evangelium *Markus 7,1-13* In jener Zeit hielten sich die Pharisäer und einige Schriftgelehrte, die aus Jerusalem gekommen waren, bei Jesus auf. Sie sahen, dass einige seiner Jünger ihr Brot mit unreinen, das heißt mit ungewaschenen Händen aßen. Die Pharisäer essen nämlich wie alle Juden nur, wenn sie vorher mit einer Hand voll Wasser die Hände gewaschen haben, wie es die Überlieferung der Alten vorschreibt. Auch wenn sie vom Markt kommen, essen sie nicht, ohne sich vorher zu waschen. Noch viele andere überlieferte Vorschriften halten sie ein, wie das Abspülen von Bechern, Krügen und Kesseln.
Die Pharisäer und die Schriftgelehrten fragten ihn also: Warum halten sich deine Jünger nicht an die Überlieferung der Alten, sondern essen ihr Brot mit unreinen Händen? Er antwortete ihnen: Der Prophet Jesaja hatte Recht mit dem, was er über euch Heuchler sagte:
Dieses Volk ehrt mich mit den Lippen, sein Herz aber ist weit weg von mir. Es ist sinnlos, wie sie mich verehren; was sie lehren, sind Satzungen von Menschen.
Ihr gebt Gottes Gebot preis und haltet euch an die Überlieferung der Menschen. Und weiter sagte Jesus: Sehr geschickt setzt ihr Gottes Gebot außer Kraft und haltet euch an eure eigene Überlieferung.
Mose hat zum Beispiel gesagt: Ehre deinen Vater und deine Mutter!, und: Wer Vater oder Mutter verflucht, soll mit dem Tod bestraft werden.
Ihr aber lehrt: Es ist erlaubt, dass einer zu seinem Vater oder seiner Mutter sagt: Was ich dir schulde, ist Korban, das heißt: eine Opfergabe. Damit hindert ihr ihn daran, noch etwas für Vater oder Mutter zu tun. So setzt ihr durch eure eigene Überlieferung Gottes Wort außer Kraft. Und ähnlich handelt ihr in vielen Fällen.

Zur Lesung Wie steht es um den Menschen, geschaffen als Gottes Ebenbild, wenn er zur gefährlichsten Bedrohung der Schöpfung geworden ist, weil er den Auftrag, sich die Erde anzueignen und zu entwickeln, in eine rücksichtslose Ausbeutung ihrer Ressourcen umgewandelt hat? Gibt es Hoffnungszeichen, die uns auf eine andere Spur führen? Nicht umsonst hat Gott den siebten Tag, den Sabbat, den Ruhetag geschaffen. Diese Ruhe wird für den Menschen erfahrbar am Sabbat, denn an ihm unterbleibt jede menschliche Arbeit und damit jeder menschliche Eingriff in die Natur. Zugleich erinnert die Ruhe des Sabbats an die Befreiung Israels aus dem Sklavenhaus Ägyptens. Der Sabbat ist also auch Protest gegen die Geschichte der Gewalt, die dem Leben angetan wird, Protest dagegen, dass es „immer so weitergeht" (J. Ebach). **Lj I**
Der Mensch ist nicht dazu verdammt, das Wirre und Wüste wuchern zu lassen und weiter Handlanger der Finsternis zu sein. Der Sabbat ist der Tag, der hoffnungslose Abläufe unterbricht. Es muss nicht immer so weitergehen wie bisher. Es gibt Licht gegen die vielen Finsternisse, es gibt Unterbrechung hoffnungsloser Abläufe. Wir sind nicht festgelegt auf das, was Generationen von Menschen verbrochen haben, wir sind fähig, das, was Leben bedroht, in seine Grenzen zu verweisen – dort, wo wir leben, in dem, was wir tun und lassen ...

Zur Lesung Nach 46 Jahren Bauzeit wird der prächtige Tempel eingeweiht. Nicht durch Unterzeichnung einer Urkunde oder durch feierliche Deklaration, sondern ganz schlicht – durch ein Gebet, in dem Salomos sprichwörtliche Weisheit zum Ausdruck kommt. Es ist erstens Erinnerung an Gottes Liebeshandeln, zweitens das Staunen über die Größe Gottes, der keine menschliche Antwort, kein noch so schöner Tempel entsprechen kann. Und drittens die demütige Einsicht in das Ungenügen jeder menschlichen Antwort auf Gott. Salomos Gebet endet mit dem Satz: Höre unsere Gebete „und verzeih!" Das ist das Eingeständnis, dass wir in allem, was wir über Gott sagen und für Gott tun, in seiner Schuld stehen und dass auch der schönste Tempel durchsichtig bleiben muss auf den unverfügbaren Gott. Wir sind als Kirche nur glaubwürdig, wenn wir das Bekenntnis nachsprechen: „Höre, Herr, und verzeih!" – **Lj II**
Jesus ist an die Stelle des salomonischen Tempels getreten, er ist unser Ort und unsere Begegnung mit dem lebendigen Gott, der alles sprengt, was Menschen je über ihn zu wissen meinen. „Was könnte es für die Kirche Wichtigeres geben als ihrem Herrn genau in dem ähnlich zu werden, was sein tiefstes Geheimnis ausmacht: im Menschlich-werden Gott gegenwärtig zu machen?" (Markus A. Bruns). Dann ist Kirche der wahre Tempel Gottes.

Mittwoch der 5. Woche im Jahreskreis

Lj I **Lesung** *Genesis 2,4b–9.15-17* Zur Zeit, als Gott, der Herr, Erde und Himmel machte, gab es auf der Erde noch keine Feldsträucher und wuchsen noch keine Feldpflanzen; denn Gott, der Herr, hatte es auf die Erde noch nicht regnen lassen und es gab noch keinen Menschen, der den Ackerboden bestellte; aber Feuchtigkeit stieg aus der Erde auf und tränkte die ganze Fläche des Ackerbodens. Da formte Gott, der Herr, den Menschen aus Erde vom Ackerboden und blies in seine Nase den Lebensatem. So wurde der Mensch zu einem lebendigen Wesen.

Dann legte Gott, der Herr, in Eden, im Osten, einen Garten an und setzte dorthin den Menschen, den er geformt hatte. Gott, der Herr, ließ aus dem Ackerboden allerlei Bäume wachsen, verlockend anzusehen und mit köstlichen Früchten, in der Mitte des Gartens aber den Baum des Lebens und den Baum der Erkenntnis von Gut und Böse.

Gott, der Herr, nahm also den Menschen und setzte ihn in den Garten von Eden, damit er ihn bebaue und hüte. Dann gebot Gott, der Herr, dem Menschen: Von allen Bäumen des Gartens darfst du essen, doch vom Baum der Erkenntnis von Gut und Böse darfst du nicht essen; denn sobald du davon isst, wirst du sterben.

Lj II **Lesung** *1 Könige 10,1-10* In jenen Tagen hörte die Königin von Saba vom Ruf Salomos und kam, um ihn mit Rätselfragen auf die Probe zu stellen. Sie kam nach Jerusalem mit sehr großem Gefolge, mit Kamelen, die Balsam, eine gewaltige Menge Gold und Edelsteine trugen, trat bei Salomo ein und redete mit ihm über alles, was sie sich vorgenommen hatte. Salomo gab ihr Antwort auf alle Fragen. Es gab nichts, was dem König verborgen war und was er ihr nicht hätte sagen können.

Als nun die Königin von Saba die ganze Weisheit Salomos erkannte, als sie den Palast sah, den er gebaut hatte, die Speisen auf seiner Tafel, die Sitzplätze seiner Beamten, das Aufwarten der Diener und ihre Gewänder, seine Getränke und sein Opfer, das er im Haus des Herrn darbrachte, da stockte ihr der Atem. Sie sagte zum König: Was ich in meinem Land über dich und deine Weisheit gehört habe, ist wirklich wahr. Ich wollte es nicht glauben, bis ich nun selbst gekommen bin und es mit eigenen Augen gesehen habe. Und wahrlich, nicht einmal die Hälfte hat man mir berichtet; deine Weisheit und deine Vorzüge übertreffen alles, was ich gehört habe. Glücklich sind deine Männer, glücklich diese deine Diener, die allezeit vor dir stehen und deine Weisheit hören. Gepriesen sei Jahwe, dein Gott, der an dir Gefallen fand und dich auf den Thron Israels setzte. Weil Jahwe Israel ewig liebt, hat er dich zum König bestellt, damit du Recht und Gerechtigkeit übst.

Sie gab dem König hundertzwanzig Talente Gold, dazu eine sehr große Menge Balsam und Edelsteine. Niemals mehr kam so viel Balsam in das Land, wie die Königin von Saba dem König Salomo schenkte.

Evangelium *Markus 7,14-23* In jener Zeit rief Jesus die Leute zu sich und sagte: Hört mir alle zu und begreift, was ich sage: Nichts, was von außen in den Menschen hineinkommt, kann ihn unrein machen, sondern was aus dem Menschen herauskommt, das macht ihn unrein.
Er verließ die Menge und ging in ein Haus. Da fragten ihn seine Jünger nach dem Sinn dieses rätselhaften Wortes. Er antwortete ihnen: Begreift auch ihr nicht? Seht ihr nicht ein, dass das, was von außen in den Menschen hineinkommt, ihn nicht unrein machen kann? Denn es gelangt ja nicht in sein Herz, sondern in den Magen und wird wieder ausgeschieden. Damit erklärte Jesus alle Speisen für rein.
Weiter sagte er: Was aus dem Menschen herauskommt, das macht ihn unrein. Denn von innen, aus dem Herzen der Menschen, kommen die bösen Gedanken, Unzucht, Diebstahl, Mord, Ehebruch, Habgier, Bosheit, Hinterlist, Ausschweifung, Neid, Verleumdung, Hochmut und Unvernunft. All dieses Böse kommt von innen und macht den Menschen unrein.

Zur Lesung Neben dem „Schöpfungsbericht" in Genesis 1, mit dem die Bibel anfängt, folgt unmittelbar die Schöpfungserzählung in Genesis 2. In dieser sehr viel älteren Schöpfungserzählung steht der Mensch am Anfang der Schöpfung, und alles andere wird um ihn herum gebaut. Zwei gegensätzliche Blickrichtungen treffen zusammen. Da ist der allmächtige Gott, und da ist die Erde, der er Leben einbläst. Zwischen Gott und dem Material, das er verwendet – Erde, Lehm, Staub – lässt sich kein größerer Gegensatz denken. Aber gerade darin, dass Gott sich hinunterbeugt und auf Tuchfühlung geht zu dem, was er geformt hat, zeigt sich seine Größe. Erst sein Atem schenkt dem Lehmkloß Leben. Lj I
Aus diesen zwei Blickrichtungen ergibt sich die Wahrheit über uns Menschen: Ich bin in all meiner Hinfälligkeit und Begrenztheit ein persönlich von Gott belebtes und geliebtes Geschöpf, mein Leben ist erfüllt durch seinen Atem. Das macht meine unverlierbare Würde aus. Umso trauriger, dass der Mensch den schönen „Garten von Eden", in den Gott ihn gesetzt hat, „damit er ihn bebaue und behüte", als Stoff zur Verwirklichung eigener Schöpfungsgedanken missbraucht hat. Das Paradies, unser Ursprung, ist uns verloren gegangen. Jetzt ist unsere Perspektive bestimmt von der Vision eines neuen Himmels und einer neuen Erde. Denn Gott hat durch Jesus noch einmal den Himmel für uns geöffnet. Ob wir dieses Geschenkes würdig sind, hängt davon ab, wie sehr wir auf dem Weg zu diesem Himmel Gottes Erde behüten und bewahren.

Zur Lesung Die Begegnung zwischen König Salomo und der Königin von Saba mutet zunächst wie ein Märchen aus Tausendundeiner Nacht an. Eine Königin mit Schätzen, Macht, Prestige und Anmut, die um ihre Möglichkeiten und Begabungen weiß, legt einen weiten Weg zurück, um Lj II

Salomos Weisheit zu testen. Sie stellt ihm schwierigste Rätselfragen über das Leben, und Salomo bleibt ihr keine Antwort schuldig. Anders als im Märchen nimmt die Geschichte eine erstaunliche Wendung. Die Königin wird nicht „gelb und grün vor Neid", sondern anerkennt bewundernd die Taten und die Weisheit Salomos. Diese Begegnung ist Beispiel einer Kultur gegenseitiger Anerkennung. Weder Salomo noch die Königin von Saba sind kleinlich und egozentrisch, beide sehen und würdigen die Fähigkeiten des anderen und setzen einander buchstäblich auf den Thron. Sie schenken sich gegenseitig, was der andere nicht hat. Beide lassen ihren Reichtum in diese Begegnung einfließen, ohne Angst etwas zu verlieren. Die Königin wächst durch ihren Lobpreis des Gottes Israels, der nicht ihr Gott ist, über ihren eigenen Horizont hinaus und gewinnt eine neue Sichtweise. – Wenn wir uns unserer eigenen Schätze bewusst werden, können wir uns verschenken, ohne Angst zu verlieren, und werden offen für die Momente, in denen Gott in unserem Leben aufscheinen will.

Donnerstag der 5. Woche im Jahreskreis

Lj I **Lesung** *Genesis 2,18-25* Gott, der Herr sprach: Es ist nicht gut, dass der Mensch allein bleibt. Ich will ihm eine Hilfe machen, die ihm entspricht. Gott, der Herr, formte aus dem Ackerboden alle Tiere des Feldes und alle Vögel des Himmels und führte sie dem Menschen zu, um zu sehen, wie er sie benennen würde. Und wie der Mensch jedes lebendige Wesen benannte, so sollte es heißen. Der Mensch gab Namen allem Vieh, den Vögeln des Himmels und allen Tieren des Feldes. Aber eine Hilfe, die dem Menschen entsprach, fand er nicht.

Da ließ Gott, der Herr, einen tiefen Schlaf auf den Menschen fallen, sodass er einschlief, nahm eine seiner Rippen und verschloss ihre Stelle mit Fleisch. Gott, der Herr, baute aus der Rippe, die er vom Menschen genommen hatte, eine Frau und führte sie dem Menschen zu. Und der Mensch sprach: Das endlich ist Bein von meinem Bein und Fleisch von meinem Fleisch. Frau soll sie heißen, denn vom Mann ist sie genommen. Darum verlässt der Mann Vater und Mutter und bindet sich an seine Frau und sie werden e i n Fleisch. Beide, Adam und seine Frau, waren nackt, aber sie schämten sich nicht voreinander.

Lj II **Lesung** *1 Könige 11,4-13* Als Salomo älter wurde, verführten ihn seine Frauen zur Verehrung anderer Götter, sodass er dem Herrn, seinem Gott, nicht mehr ungeteilt ergeben war wie sein Vater David.

Er verehrte Astarte, die Göttin der Sidonier, und Milkom, den Götzen der Ammoniter. Er tat, was dem Herrn missfiel, und war ihm nicht so vollkommen ergeben wie sein Vater David.

Damals baute Salomo auf dem Berg östlich von Jerusalem eine Kulthöhe für Kemosch, den Götzen der Moabiter, und für Milkom, den Götzen der Am-

moniter. Dasselbe tat er für alle seine ausländischen Frauen, die ihren Göttern Rauch- und Schlachtopfer darbrachten.
Der Herr aber wurde zornig über Salomo, weil sich sein Herz von ihm, dem Gott Israels, abgewandt hatte, der ihm zweimal erschienen war und ihm verboten hatte, fremden Göttern zu dienen. Doch Salomo hielt sich nicht an das, was der Herr von ihm verlangt hatte.
Daher sprach der Herr zu ihm: Weil es so mit dir steht, weil du meinen Bund gebrochen und die Gebote nicht befolgt hast, die ich dir gegeben habe, werde ich dir das Königreich entreißen und es deinem Knecht geben. Nur deines Vaters David wegen werde ich es nicht schon zu deinen Lebzeiten tun; erst deinem Sohn werde ich es entreißen. Doch werde ich ihm das Königtum nicht ganz entreißen; ich lasse deinem Sohn noch einen Stamm wegen meines Knechtes David und wegen Jerusalem, der Stadt, die ich erwählt habe.

Evangelium *Markus 7,24-30* Jesus brach auf und zog von dort in das Gebiet von Tyrus. Er ging in ein Haus, wollte aber, dass niemand davon erfuhr; doch es konnte nicht verborgen bleiben. Eine Frau, deren Tochter von einem unreinen Geist besessen war, hörte von ihm; sie kam sogleich herbei und fiel ihm zu Füßen. Die Frau, von Geburt Syrophönizierin, war eine Heidin. Sie bat ihn, aus ihrer Tochter den Dämon auszutreiben.
Da sagte er zu ihr: Lasst zuerst die Kinder satt werden; denn es ist nicht recht, das Brot den Kindern wegzunehmen und den Hunden vorzuwerfen.
Sie erwiderte ihm: Ja, du hast recht, Herr! Aber auch für die Hunde unter dem Tisch fällt etwas von dem Brot ab, das die Kinder essen.
Er antwortete ihr: Weil du das gesagt hast, sage ich dir: Geh nach Hause, der Dämon hat deine Tochter verlassen. Und als sie nach Hause kam, fand sie das Kind auf dem Bett liegen und sah, dass der Dämon es verlassen hatte.

Zum Evangelium Eine Mutter droht am Schicksal ihres Kindes zu zerbrechen. Je mehr sie helfen will, desto schwieriger gestaltet sich die Beziehung. Ein teuflischer Zirkel. Das Kind wird das Einzige sein, was das Leben der Mutter ausmacht. Vielleicht erdrückt sie die Tochter mit ihrer Sorge und sie kann sich gegen die Mutter nur noch wehren, indem sie auf alles, was von der Mutter kommt, wie „besessen" reagiert. Und da ist Jesus. Er hat viele geheilt, ist erschöpft, will sich zurückziehen. Und dann kommt diese verzweifelt aufdringliche Frau und will wieder etwas. Seine schroffe Reaktion lässt den Atem stocken: Für dich bin ich nicht zuständig. Ob Jesus gezielt so schroff reagiert, weil die Frau wie bei ihrer Tochter auch bei ihm die Grenzen nicht respektiert? Denn nach Jesu Zurückweisung ist sie plötzlich klar, akzeptiert die Grenze, vertritt ihr Interesse innerhalb dieser Grenze, so als hätte Jesus durch seine Grenzziehung die Kraft ihrer Persönlichkeit herausgefordert. Jesus reagiert sofort auf die veränderte Tonlage und wendet sich ihrem Leid zu. Weil die Mutter sich verändert, kann sich auch die Tochter verändern. Dadurch entsteht neuer Lebensraum, für beide.

Freitag der 5. Woche im Jahreskreis

Lj I **Lesung** *Genesis 3,1-8* Die Schlange war schlauer als alle Tiere des Feldes, die Gott, der Herr, gemacht hatte. Sie sagte zu der Frau: Hat Gott wirklich gesagt: Ihr dürft von keinem Baum des Gartens essen? Die Frau entgegnete der Schlange: Von den Früchten der Bäume im Garten dürfen wir essen; nur von den Früchten des Baumes, der in der Mitte des Gartens steht, hat Gott gesagt: Davon dürft ihr nicht essen und daran dürft ihr nicht rühren, sonst werdet ihr sterben.

Darauf sagte die Schlange zur Frau: Nein, ihr werdet nicht sterben. Gott weiß vielmehr: Sobald ihr davon esst, gehen euch die Augen auf; ihr werdet wie Gott und erkennt Gut und Böse.

Da sah die Frau, dass es köstlich wäre, von dem Baum zu essen, dass der Baum eine Augenweide war und dazu verlockte, klug zu werden. Sie nahm von seinen Früchten und aß; sie gab auch ihrem Mann, der bei ihr war, und auch er aß.

Da gingen beiden die Augen auf und sie erkannten, dass sie nackt waren. Sie hefteten Feigenblätter zusammen und machten sich einen Schurz. Als sie Gott, den Herrn, im Garten gegen den Tagwind einherschreiten hörten, versteckten sich Adam und seine Frau vor Gott, dem Herrn, unter den Bäumen des Gartens.

Lj II **Lesung** *1 Könige 11,29-32; 12,19* Als in jener Zeit Jerobeam einmal aus Jerusalem herauskam, begegnete ihm auf dem Weg der Prophet Ahija aus Schilo. Dieser war mit einem neuen Mantel bekleidet.

Während nun beide allein auf freiem Feld waren, fasste Ahija den neuen Mantel, den er anhatte, zerriss ihn in zwölf Stücke und sagte zu Jerobeam: Nimm dir zehn Stücke; denn so spricht der Herr, der Gott Israels: Ich nehme Salomo das Königtum weg und gebe dir zehn Stämme. Nur ein Stamm soll ihm verbleiben wegen meines Knechtes David und wegen Jerusalem, der Stadt, die ich aus allen Stämmen Israels erwählt habe.

Und Israel fiel vom Haus David ab und ist abtrünnig bis zum heutigen Tag.

Evangelium *Markus 7,31-37* In jener Zeit verließ Jesus das Gebiet von Tyrus und kam über Sidon an den See von Galiläa, mitten in das Gebiet der Dekapolis.

Da brachte man einen Taubstummen zu Jesus und bat ihn, er möge ihn berühren. Er nahm ihn beiseite, von der Menge weg, legte ihm die Finger in die Ohren und berührte dann die Zunge des Mannes mit Speichel; danach blickte er zum Himmel auf, seufzte und sagte zu dem Taubstummen: Ef-

fata!, das heißt: Öffne dich! Sogleich öffneten sich seine Ohren, seine Zunge wurde von ihrer Fessel befreit und er konnte richtig reden.
Jesus verbot ihnen, jemand davon zu erzählen. Doch je mehr er es ihnen verbot, desto mehr machten sie es bekannt. Außer sich vor Staunen sagten sie: Er hat alles gut gemacht; er macht, dass die Tauben hören und die Stummen sprechen.

Zum Evangelium Taub sein: nicht hören, nicht verstehen, was um mich herum passiert, ausgeschlossen sein aus dem Beziehungsnetz der anderen. Wer taub ist, kann sich nicht so artikulieren, dass andere ihn verstehen. Und schließlich verstummt man. Gefangen in der eigenen Stille. – Der Taubstumme hier hat Menschen, die Gott sei Dank für seine Not nicht taub sind. Sie bringen ihn zu Jesus, und Jesus nimmt ihn aus der Menge: Jetzt bin ich nur für dich da. Du bist jetzt der wichtigste Mensch. Indem er ihn berührt, rührt er ihn bis in sein Innerstes an. Indem er zu ihm sagt: Effata! Öffne dich!, öffnet er nicht nur Ohren und Mund, sondern sein ganzes Sein.
Lasse ich mich berühren von ihm, mich öffnen für sein Wort? Dann ist mein Dasein kein bloßes Überleben, sondern ein nie endendes Gespräch mit Gott und der Welt. Jesus hat auch uns beiseite genommen, herausgeholt aus dem Geschwätz der Welt, das uns taub macht für seine Stimme. Er hat das Geschwätz unterbrochen und uns mit seiner Wahrheit beschenkt. Wenn Gott uns berührt, schmerzt es vielleicht. Aber wir verstehen unseren Auftrag, wir verstehen den Sinn unseres Lebens und hören den Ruf derer, die sehnlich auf unsere Berührung warten.

Samstag der 5. Woche im Jahreskreis

Lesung *Genesis 3,9-24* Gott, der Herr, rief Adam zu und sprach: Wo bist du? Er antwortete: Ich habe dich im Garten kommen hören; da geriet ich in Furcht, weil ich nackt bin, und versteckte mich. Darauf fragte er: Wer hat dir gesagt, dass du nackt bist? Hast du von dem Baum gegessen, von dem zu essen ich dir verboten habe? Adam antwortete: Die Frau, die du mir beigesellt hast, sie hat mir von dem Baum gegeben und so habe ich gegessen. Gott, der Herr, sprach zu der Frau: Was hast du da getan? Die Frau antwortete: Die Schlange hat mich verführt und so habe ich gegessen. **Lj I**
Da sprach Gott, der Herr, zur Schlange: Weil du das getan hast, bist du verflucht unter allem Vieh und allen Tieren des Feldes. Auf dem Bauch sollst du kriechen und Staub fressen alle Tage deines Lebens. Feindschaft setze ich zwischen dich und die Frau, zwischen deinen Nachwuchs und ihren Nachwuchs. Er trifft dich am Kopf und du triffst ihn an der Ferse.
Zur Frau sprach er: Viel Mühsal bereite ich dir, sooft du schwanger wirst. Unter Schmerzen gebierst du Kinder. Du hast Verlangen nach deinem Mann; er aber wird über dich herrschen.

Zu Adam sprach er: Weil du auf deine Frau gehört und von dem Baum gegessen hast, von dem zu essen ich dir verboten hatte: So ist verflucht der Ackerboden deinetwegen. Unter Mühsal wirst du von ihm essen alle Tage deines Lebens. Dornen und Disteln lässt er dir wachsen und die Pflanzen des Feldes musst du essen. Im Schweiße deines Angesichts sollst du dein Brot essen, bis du zurückkehrst zum Ackerboden; von ihm bist du ja genommen. Denn Staub bist du, zum Staub musst du zurück.
Adam nannte seine Frau Eva – Leben –, denn sie wurde die Mutter aller Lebendigen. Gott, der Herr, machte Adam und seiner Frau Röcke aus Fellen und bekleidete sie damit. Dann sprach Gott, der Herr: Seht, der Mensch ist geworden wie wir; er erkennt Gut und Böse. Dass er jetzt nicht die Hand ausstreckt, auch vom Baum des Lebens nimmt, davon isst und ewig lebt!
Gott, der Herr, schickte ihn aus dem Garten von Eden weg, damit er den Ackerboden bestellte, von dem er genommen war. Er vertrieb den Menschen und stellte östlich des Gartens von Eden die Kerubim auf und das lodernde Flammenschwert, damit sie den Weg zum Baum des Lebens bewachten.

Lj II **Lesung** *1 Könige 12,26-32; 13,33-34* In jenen Tagen dachte Jerobeam bei sich: Das Königtum könnte wieder an das Haus David fallen. Wenn dieses Volk hinaufgeht, um im Haus des Herrn in Jerusalem Opfer darzubringen, wird sich sein Herz wieder seinem Herrn, dem König Rehabeam von Juda, zuwenden. Mich werden sie töten und zu Rehabeam, dem König von Juda, zurückkehren. So ging er mit sich zu Rate, ließ zwei goldene Kälber anfertigen und sagte zum Volk: Ihr seid schon zu viel nach Jerusalem hinaufgezogen. Hier ist dein Gott, Israel, der dich aus Ägypten heraufgeführt hat. Er stellte das eine Kalb in Bet-El auf, das andere brachte er nach Dan.
Dies wurde Anlass zur Sünde. Das Volk zog sogar bis nach Dan, vor das eine Kalb. Auch errichtete er Kulthöhen und setzte Priester ein, die aus allen Teilen des Volkes stammten und nicht zu den Söhnen Levis gehörten. Für den fünfzehnten Tag des achten Monats stiftete Jerobeam ein Fest, das dem Fest in Juda entsprach. Er stieg in Bet-El zum Altar hinauf, um den Kälbern zu opfern, die er hatte anfertigen lassen. In Bet-El ließ er auch die Priester, die er für die Kulthöhen bestellt hatte, Dienst tun.
Jerobeam kehrte auch nach diesem Ereignis von seinem bösen Weg nicht um. Er bestellte weiterhin aus allen Teilen des Volkes Priester für die Kulthöhen; jeden, der es wünschte, setzte er als Höhenpriester ein. Das aber wurde dem Haus Jerobeam als Sünde angerechnet, sodass es vernichtet und vom Erdboden vertilgt wurde.

Evangelium *Markus 8,1-10* In jenen Tagen waren wieder einmal viele Menschen um Jesus versammelt. Da sie nichts zu essen hatten, rief er die Jünger zu sich und sagte: Ich habe Mitleid mit diesen Menschen; sie sind schon

drei Tage bei mir und haben nichts mehr zu essen. Wenn ich sie hungrig nach Hause schicke, werden sie unterwegs zusammenbrechen; denn einige von ihnen sind von weither gekommen. Seine Jünger antworteten ihm: Woher soll man in dieser unbewohnten Gegend Brot bekommen, um sie alle satt zu machen? Er fragte sie: Wie viele Brote habt ihr? Sie antworteten: Sieben. Da forderte er die Leute auf, sich auf den Boden zu setzen. Dann nahm er die sieben Brote, sprach das Dankgebet, brach die Brote und gab sie seinen Jüngern zum Verteilen; und die Jünger teilten sie an die Leute aus. Sie hatten auch noch ein paar Fische bei sich. Jesus segnete sie und ließ auch sie austeilen. Die Leute aßen und wurden satt. Dann sammelte man die übrig gebliebenen Brotstücke ein, sieben Körbe voll. Es waren etwa viertausend Menschen beisammen. Danach schickte er sie nach Hause.
Gleich darauf stieg er mit seinen Jüngern ins Boot und fuhr in das Gebiet von Dalmanuta.

Zum Evangelium Jesus hat Mitleid mit den Hungrigen, nimmt, was da ist, Brot und Fisch, spricht das Dankgebet, das heißt sein Blick richtet sich himmelwärts. Darum geht es: die Blickrichtung ändern, weg vom Festgefahrenen und Faktischen, damit Neues kommen kann. Das Neue ist das Wunder, dass alle von dem, was da ist, satt werden. –
Was geht uns das heute an? Die Hungerkatastrophen wachsen unaufhörlich, dabei könnte die Erde doppelt so viele Menschen wie die aktuelle Weltbevölkerung ernähren. Hunger ist nichts anderes als das Problem gerechter Verteilung. Aber „Reichtum ist aktiv – er schafft Armut." Der Besitz der 15 reichsten Menschen der Welt übersteigt das Bruttoinlandsprodukt aller afrikanischen Länder südlich der Sahara. – Jesus „brach die Brote und gab sie seinen Jüngern zum Verteilen ... Die Leute aßen und wurden satt". – Die Ärmsten der Welt erstürmen die Müllberge und bringen die Abfälle der Reichen zu ihren Familien, so retten sie sich von einem Tag zum nächsten, falls sie nicht an den verfaulten Lebensmitteln sterben. Wir, die wir abends nicht hungrig ins Bett gehen müssen, können etwas dafür tun, dass die Hungrigen satt werden! Es fängt an mit Mitleid und veränderter Blickrichtung.

6. Woche im Jahreskreis

Montag der 6. Woche im Jahreskreis

Lesung *Genesis 4,1-15.25* Adam erkannte Eva, seine Frau; sie wurde schwanger und gebar Kain. Da sagte sie: Ich habe einen Mann vom Herrn erworben. Sie gebar ein zweites Mal, nämlich Abel, seinen Bruder. Abel wurde Schafhirt und Kain Ackerbauer. Nach einiger Zeit brachte Kain dem Herrn ein Opfer von den Früchten des Feldes dar; auch Abel brachte eines dar von **Lj I**

den Erstlingen seiner Herde und von ihrem Fett. Der Herr schaute auf Abel und sein Opfer, aber auf Kain und sein Opfer schaute er nicht. Da überlief es Kain ganz heiß und sein Blick senkte sich.
Der Herr sprach zu Kain: Warum überläuft es dich heiß und warum senkt sich dein Blick? Nicht wahr, wenn du recht tust, darfst du aufblicken; wenn du nicht recht tust, lauert an der Tür die Sünde als Dämon. Auf dich hat er es abgesehen, / doch du werde Herr über ihn!
Hierauf sagte Kain zu seinem Bruder Abel: Gehen wir aufs Feld! Als sie auf dem Feld waren, griff Kain seinen Bruder Abel an und erschlug ihn. Da sprach der Herr zu Kain: Wo ist dein Bruder Abel? Er entgegnete: Ich weiß es nicht. Bin ich der Hüter meines Bruders? Der Herr sprach: Was hast du getan? Das Blut deines Bruders schreit zu mir vom Ackerboden. So bist du verflucht, verbannt vom Ackerboden, der seinen Mund aufgesperrt hat, um aus deiner Hand das Blut deines Bruders aufzunehmen. Wenn du den Ackerboden bestellst, wird er dir keinen Ertrag mehr bringen. Rastlos und ruhelos wirst du auf der Erde sein. Kain antwortete dem Herrn: Zu groß ist meine Schuld, als dass ich sie tragen könnte. Du hast mich heute vom Ackerland verjagt und ich muss mich vor deinem Angesicht verbergen; rastlos und ruhelos werde ich auf der Erde sein und wer mich findet, wird mich erschlagen. Der Herr aber sprach zu ihm: Darum soll jeder, der Kain erschlägt, siebenfacher Rache verfallen. Darauf machte der Herr dem Kain ein Zeichen, damit ihn keiner erschlage, der ihn finde.
Adam erkannte noch einmal seine Frau. Sie gebar einen Sohn und nannte ihn Set (Setzling); denn sie sagte: Gott setzte mir anderen Nachwuchs ein / für Abel, weil ihn Kain erschlug.

Lj II **Lesung** *Jakobus 1,1-11* Jakobus, Knecht Gottes und Jesu Christi, des Herrn, grüßt die zwölf Stämme, die in der Zerstreuung leben.
Seid voll Freude, meine Brüder, wenn ihr in mancherlei Versuchungen geratet. Ihr wisst, dass die Prüfung eures Glaubens Ausdauer bewirkt. Die Ausdauer aber soll zu einem vollendeten Werk führen; denn so werdet ihr vollendet und untadelig sein, es wird euch nichts mehr fehlen. Fehlt es aber einem von euch an Weisheit, dann soll er sie von Gott erbitten; Gott wird sie ihm geben, denn er gibt allen gern und macht niemand einen Vorwurf. Wer bittet, soll aber voll Glauben bitten und nicht zweifeln; denn wer zweifelt, ist wie eine Welle, die vom Wind im Meer hin und her getrieben wird. Ein solcher Mensch bilde sich nicht ein, dass er vom Herrn etwas erhalten wird: Er ist ein Mann mit zwei Seelen, unbeständig auf all seinen Wegen.
Der Bruder, der in niederem Stand lebt, rühme sich seiner hohen Würde, der Reiche aber seiner Niedrigkeit; denn er wird dahinschwinden wie die Blume im Gras. Die Sonne geht auf und ihre Hitze versengt das Gras; die Blume verwelkt und ihre Pracht vergeht. So wird auch der Reiche vergehen mit allem, was er unternimmt.

Evangelium *Markus 8,11-13* In jener Zeit kamen die Pharisäer und begannen ein Streitgespräch mit Jesus; sie forderten von ihm ein Zeichen vom Himmel, um ihn auf die Probe zu stellen. Da seufzte er tief auf und sagte: Was fordert diese Generation ein Zeichen? Amen, das sage ich euch: Dieser Generation wird niemals ein Zeichen gegeben werden.
Und er verließ sie, stieg in das Boot und fuhr ans andere Ufer.

Zur Lesung Für die biblischen Autoren ist das Zerbrechen der menschlichen Gemeinschaft durch einen Mord die Folge des Zerwürfnisses des Menschen mit seinem Gott. Zugleich spiegelt diese tragische Geschichte an der Gestalt Kains, dass ein Mensch, bevor er zum Mörder wird, sich selbst wie vernichtet fühlt. – Die Brüder kämpfen um die Zuwendung ihres Gottes. Beide wollen ihn, der seit der Vertreibung aus dem Paradies so fern ist, mit einem Opfer erreichen, um von ihm wieder angesehen, wahrgenommen, behütet zu werden. Es heißt, Gott habe auf das Opfer Abels geschaut, nicht auf das Opfer Kains. Für Kain heißt das: Gott liebt Abel mehr als ihn, obwohl er doch genauso um Gott ringt wie sein Bruder. – Diese Angst, weniger wert, weniger geliebt zu sein, durchläuft seitdem die ganze Menschheitsgeschichte: Menschen misstrauen einander, treten in Konkurrenz, und es kann so weit kommen, dass sie sich gegenseitig totschlagen – nicht, weil sie von Grund auf böse wären, sondern weil sie meinen, dass die Liebe, nach der sie gesucht haben, nicht beantwortet wurde. Lj I
Am Ende macht Gott dem Kain zu seinem Schutz ein Zeichen auf die Stirn, das „Kainsmal", damit das Morden nicht weitergeht und der Mörder als unter Gottesrecht stehend erkennbar ist. So hören wir schon im ersten Buch der Bibel, dass niemand sich zum Richter über Leben und Tod eines Menschen erheben darf!
Hat die Geschichte nun ein gutes oder ein schlechtes Ende? Abel ist tot, Kain lebt, aber als Vertriebener. Die Erzählung belässt es dabei. Sie bietet keine Antwort. Deutlich wird nur: die gewaltsame Lösung von Konflikten bringt nur kurzfristige Erleichterung. An den Folgen aber trägt man lebenslang. Doch mitten in diese Tragödie der beiden Brüder stellt sich eine andere Geschichte, in der dieses Opfer-Täter-Drama seinen eigentlichen Schluss findet: Seit Gott selbst sich im Kreuz Jesu in die Menschheitsgeschichte verstrickt und sich auf die Seite der Opfer geschlagen hat, gibt es die Möglichkeit von Vergebung für den, der schuldig ist, und Heilung für den, der verletzt ist.

Zur Lesung Ist es nicht makaber, sich zu freuen, wenn man in Versuchungen gerät? Muss man sie sich sogar wünschen? Doch wenn die Bibel von Versuchung spricht, meint sie keine Selbstquälerei. Versuchungen sucht man nicht, in Versuchungen gerät man. Jeder Konflikt kann zur Lj II

Versuchung werden. Und als Christ gerät man in Konflikte, sonst wäre man kein Christ. Man gerät in Konflikt mit dem eigenen Ich, mit dem Zeitgeist, mit der Gesellschaft, mit der Kirche, mit dem Glauben. Die Versuchung ist, diesen Konflikten und damit dem christlichen Anspruch auszuweichen, denn „Christsein heißt Jesus Christus als eine Konfliktsperson ersten Ranges zu kennen" (Eberhard Jüngel), und das heißt weiter, mit und in Konflikten zu leben und Partei zu ergreifen für alle die, für die Jesus Partei ergriffen hat. Der christliche Glaube zieht Gott in die Konflikte dieser Welt hinein, damit wir fähig sind, aus seiner Sicht zu urteilen und einzugreifen. Konflikte solcher Art machen unseren Glauben charakterfest und nicht „wie eine Welle, die vom Wind im Meer hin und her getrieben wird".

Dienstag der 6. Woche im Jahreskreis

Lj I **Lesung** *Genesis 6,5-8;7,1-5.10* Der Herr sah, dass auf der Erde die Schlechtigkeit des Menschen zunahm und dass alles Sinnen und Trachten seines Herzens immer nur böse war. Da reute es den Herrn, auf der Erde den Menschen gemacht zu haben, und es tat seinem Herzen weh. Der Herr sagte: Ich will den Menschen, den ich erschaffen habe, vom Erdboden vertilgen, mit ihm auch das Vieh, die Kriechtiere und die Vögel des Himmels, denn es reut mich, sie gemacht zu haben. Nur Noach fand Gnade in den Augen des Herrn.
Darauf sprach der Herr zu Noach: Geh in die Arche, du und dein ganzes Haus, denn ich habe gesehen, dass du unter deinen Zeitgenossen vor mir gerecht bist. Von allen reinen Tieren nimm dir je sieben Paare mit und von allen unreinen Tieren je ein Paar, auch von den Vögeln des Himmels je sieben Männchen und Weibchen, um Nachwuchs auf der ganzen Erde am Leben zu erhalten. Denn noch sieben Tage dauert es, dann lasse ich es vierzig Tage und vierzig Nächte lang auf die Erde regnen und tilge vom Erdboden alle Wesen, die ich gemacht habe. Noach tat alles, was ihm der Herr aufgetragen hatte.
Als die sieben Tage vorbei waren, kam das Wasser der Flut über die Erde.

Lj II **Lesung** *Jakobus 1,12-18* Glücklich der Mann, der in der Versuchung standhält. Denn wenn er sich bewährt, wird er den Kranz des Lebens erhalten, der denen verheißen ist, die Gott lieben.
Keiner, der in Versuchung gerät, soll sagen: Ich werde von Gott in Versuchung geführt. Denn Gott kann nicht in die Versuchung kommen, Böses zu tun, und er führt auch selbst niemand in Versuchung.
Jeder wird von seiner eigenen Begierde, die ihn lockt und fängt, in Versuchung geführt. Wenn die Begierde dann schwanger geworden ist, bringt sie die Sünde zur Welt; ist die Sünde reif geworden, bringt sie den Tod hervor.
Lasst euch nicht irreführen, meine geliebten Brüder; jede gute Gabe und jedes vollkommene Geschenk kommt von oben, vom Vater der Gestirne, bei dem es keine Veränderung und keine Verfinsterung gibt. Aus freiem Willen

hat er uns durch das Wort der Wahrheit geboren, damit wir gleichsam die Erstlingsfrucht seiner Schöpfung seien.

Evangelium *Markus 8,14-21* Die Jünger hatten vergessen, bei der Abfahrt Brote mitzunehmen; nur ein einziges hatten sie dabei. Und er warnte sie: Gebt Acht, hütet euch vor dem Sauerteig der Pharisäer und dem Sauerteig des Herodes! Sie aber machten sich Gedanken, weil sie kein Brot bei sich hatten. Als er das merkte, sagte er zu ihnen: Was macht ihr euch darüber Gedanken, dass ihr kein Brot habt? Begreift und versteht ihr immer noch nicht? Ist denn euer Herz verstockt? Habt ihr denn keine Augen, um zu sehen, und keine Ohren, um zu hören? Erinnert ihr euch nicht: Als ich die fünf Brote für die Fünftausend brach, wie viele Körbe voll Brotstücke habt ihr da aufgesammelt? Sie antworteten ihm: Zwölf. Und als ich die sieben Brote für die Viertausend brach, wie viele Körbe voll habt ihr da aufgesammelt? Sie antworteten: Sieben. Da sagte er zu ihnen: Versteht ihr immer noch nicht?

Zum Evangelium Direkt im Anschluss an den Konflikt Jesu mit den Phariäsern schildert Markus eine Spannung zwischen Jesus und seinem engeren Jüngerkreis. Das Gespräch hinterlässt zunächst einen etwas zwiespältigen Eindruck. Ist es nicht verständlich, dass die Jünger sich Sorgen machen, weil sie ohne Essensvorräte aufgebrochen sind? Und wie ist die Warnung Jesu vor „dem Sauerteig der Pharisäer" zu verstehen?
Jesus erinnert seine Jünger an das vorausgehende Speisewunder: Die Zwölf und die Sieben Körbe Überfluss, symbolische Zahlen für Vollständigkeit und Ganzheit, lassen keinen Zweifel daran, dass dort, wo er ist und wirkt, keine Not herrscht, sondern Leben in Überfülle gegeben ist. Angesichts dieser Erfahrung war die Sorge der Jünger für Jesus ein für ihn unbegreifliches Zeichen für ihre Blindheit, ihr Gefangensein im Äußeren. Sahen sie denn nicht, dass seine Gegenwart andere Sicherheiten unnötig machte?
Markus will mit dieser Episode seine Leserinnen und Leser davor warnen, der Angst vor dem Ungewissen zu viel Raum zu geben; dies meint, sich „vom Sauerteig der Pharisäer", die auf möglichst große Sicherheit bedacht waren, anstecken zu lassen. Die Frage Jesu gilt auch uns: Wieweit gelingt es uns, uns von vermeintlich notwendigen Absicherungen frei zu machen, um ganz offen zu sein dafür, wo er heute in und durch uns wirken will?

Mittwoch der 6. Woche im Jahreskreis

Lesung *Genesis 8,6-13.20-22* Nach vierzig Tagen öffnete Noach das Fenster der Arche, das er gemacht hatte, und ließ einen Raben hinaus. Der flog aus und ein, bis das Wasser auf der Erde vertrocknet war. Dann ließ er eine Taube hinaus, um zu sehen, ob das Wasser auf der Erde abgenommen habe. Lj I

Die Taube fand keinen Halt für ihre Füße und kehrte zu ihm in die Arche zurück, weil über der ganzen Erde noch Wasser stand. Er streckte seine Hand aus und nahm die Taube wieder zu sich in die Arche. Dann wartete er noch weitere sieben Tage und ließ wieder die Taube aus der Arche. Gegen Abend kam die Taube zu ihm zurück, und siehe da: In ihrem Schnabel hatte sie einen frischen Olivenzweig. Jetzt wusste Noach, dass nur noch wenig Wasser auf der Erde stand. Er wartete weitere sieben Tage und ließ die Taube noch einmal hinaus. Nun kehrte sie nicht mehr zu ihm zurück. Im sechshundertersten Jahr Noachs, am ersten Tag des ersten Monats, hatte sich das Wasser verlaufen. Da entfernte Noach das Verdeck der Arche, blickte hinaus, und siehe: Die Erdoberfläche war trocken.
Dann baute Noach dem Herrn einen Altar, nahm von allen reinen Tieren und von allen reinen Vögeln und brachte auf dem Altar Brandopfer dar. Der Herr roch den beruhigenden Duft und der Herr sprach bei sich: Ich will die Erde wegen des Menschen nicht noch einmal verfluchen; denn das Trachten des Menschen ist böse von Jugend an. Ich will künftig nicht mehr alles Lebendige vernichten, wie ich es getan habe.
Solange die Erde besteht, / sollen nicht aufhören /
Aussaat und Ernte, Kälte und Hitze, / Sommer und Winter, Tag und Nacht.

Lj II **Lesung** *Jakobus 1,19-27* Denkt daran, meine geliebten Brüder: Jeder Mensch soll schnell bereit sein zu hören, aber zurückhaltend im Reden und nicht schnell zum Zorn bereit; denn im Zorn tut der Mensch nicht das, was vor Gott recht ist. Darum legt alles Schmutzige und Böse ab, seid sanftmütig und nehmt euch das Wort zu Herzen, das in euch eingepflanzt worden ist und das die Macht hat, euch zu retten.
Hört das Wort nicht nur an, sondern handelt danach; sonst betrügt ihr euch selbst. Wer das Wort nur hört, aber nicht danach handelt, ist wie ein Mensch, der sein eigenes Gesicht im Spiegel betrachtet: Er betrachtet sich, geht weg und schon hat er vergessen, wie er aussah. Wer sich aber in das vollkommene Gesetz der Freiheit vertieft und an ihm festhält, wer es nicht nur hört, um es wieder zu vergessen, sondern danach handelt, der wird durch sein Tun selig sein.
Wer meint, er diene Gott, aber seine Zunge nicht im Zaum hält, der betrügt sich selbst und sein Gottesdienst ist wertlos. Ein reiner und makelloser Dienst vor Gott, dem Vater, besteht darin: für Waisen und Witwen zu sorgen, wenn sie in Not sind, und sich vor jeder Befleckung durch die Welt zu bewahren.

Evangelium *Markus 8,22-26* In jener Zeit kamen Jesus und seine Jünger nach Betsaida. Da brachte man einen Blinden zu Jesus und bat ihn, er möge ihn berühren. Er nahm den Blinden bei der Hand, führte ihn vor das Dorf hinaus, bestrich seine Augen mit Speichel, legte ihm die Hände auf und fragte ihn: Siehst du etwas?

Der Mann blickte auf und sagte: Ich sehe Menschen; denn ich sehe etwas, das wie Bäume aussieht und umhergeht.
Da legte er ihm nochmals die Hände auf die Augen; nun sah der Mann deutlich. Er war geheilt und konnte alles ganz genau sehen.
Jesus schickte ihn nach Hause und sagte: Geh aber nicht in das Dorf hinein!

Zum Evangelium Jesus nimmt den Kranken aus der Menge heraus. Heilung ist nichts für Sensationsrummel und Rampenlicht. Heilung ist Begegnung, Berührung, Vertrauen. Ein Prozess intimster Intensität. Heilung braucht ihren Ort, ihre Atmosphäre, ihr Klima. So wie der Blinde Zeit braucht, bis der verschwommene Blick klar sieht. – Blind sein, das betrifft nicht nur die kranken Augen. Es geht um viel mehr. Das wird anschaulich in Redewendungen wie: blind vor Hass, blind vor Eitelkeit, blind vor Kummer, Betriebsblindheit, geblendet sein von etwas, jemandem ...
Wer in diesem Sinn blind ist, braucht jemanden, der ihm die Augen öffnet. Wer sieht, dass ein anderer blind ist, sollte versuchen, ihm in einem geschützten Raum die Augen für eine neue Perspektive zu öffnen. Keine(r) von uns sieht alles. Wir haben unsere „blinden Flecken", die die Sicht auf die Wirklichkeit trüben. Wenn wir uns gegenseitig auf unsere Verzerrungen aufmerksam machen, kann es von Zeit zu Zeit passieren, dass es uns „wie Schuppen von den Augen fällt" und wir die Schönheit der Welt leuchten sehen.

Donnerstag der 6. Woche im Jahreskreis

Lesung *Genesis 9,1-13* Dann segnete Gott Noach und seine Söhne und sprach zu ihnen: Seid fruchtbar, vermehrt euch und bevölkert die Erde! Furcht und Schrecken vor euch soll sich auf alle Tiere der Erde legen, auf alle Vögel des Himmels, auf alles, was sich auf der Erde regt, und auf alle Fische des Meeres; euch sind sie übergeben. Alles Lebendige, das sich regt, soll euch zur Nahrung dienen. Alles übergebe ich euch wie die grünen Pflanzen. Nur Fleisch, in dem noch Blut ist, dürft ihr nicht essen. Wenn aber euer Blut vergossen wird, fordere ich Rechenschaft, und zwar für das Blut eines jeden von euch. Von jedem Tier fordere ich Rechenschaft und vom Menschen. Für das Leben des Menschen fordere ich Rechenschaft von jedem seiner Brüder. Wer Menschenblut vergießt, dessen Blut wird durch Menschen vergossen. Denn: Als Abbild Gottes hat er den Menschen gemacht. Seid fruchtbar und vermehrt euch; bevölkert die Erde und vermehrt euch auf ihr! Lj I
Dann sprach Gott zu Noach und seinen Söhnen, die bei ihm waren: Hiermit schließe ich meinen Bund mit euch und mit euren Nachkommen und mit allen Lebewesen bei euch, mit den Vögeln, dem Vieh und allen Tieren des Feldes, mit allen Tieren der Erde, die mit euch aus der Arche gekommen sind. Ich habe meinen Bund mit euch geschlossen: Nie wieder sollen alle Wesen aus Fleisch vom Wasser der Flut ausgerottet werden; nie wieder soll eine Flut

kommen und die Erde verderben. Und Gott sprach: Das ist das Zeichen des Bundes, den ich stifte zwischen mir und euch und den lebendigen Wesen bei euch für alle kommenden Generationen: Meinen Bogen setze ich in die Wolken; er soll das Bundeszeichen sein zwischen mir und der Erde.

Lj II **Lesung** *Jakobus 2,1-9* Meine Brüder, haltet den Glauben an unseren Herrn Jesus Christus, den Herrn der Herrlichkeit, frei von jedem Ansehen der Person.
Wenn in eure Versammlung ein Mann mit goldenen Ringen und prächtiger Kleidung kommt, und zugleich kommt ein Armer in schmutziger Kleidung, und ihr blickt auf den Mann in der prächtigen Kleidung und sagt: Setz dich hier auf den guten Platz!, und zu dem Armen sagt ihr: Du kannst dort stehen!, oder: Setz dich zu meinen Füßen! – macht ihr dann nicht untereinander Unterschiede und fällt Urteile aufgrund verwerflicher Überlegungen?
Hört, meine geliebten Brüder: Hat Gott nicht die Armen in der Welt auserwählt, um sie durch den Glauben reich und zu Erben des Königreichs zu machen, das er denen verheißen hat, die ihn lieben? Ihr aber verachtet den Armen. Sind es nicht die Reichen, die euch unterdrücken und euch vor die Gerichte schleppen? Sind nicht sie es, die den hohen Namen lästern, der über euch ausgerufen worden ist?
Wenn ihr dagegen nach dem Wort der Schrift: Du sollst deinen Nächsten lieben wie dich selbst! das königliche Gesetz erfüllt, dann handelt ihr recht. Wenn ihr aber nach dem Ansehen der Person urteilt, begeht ihr eine Sünde und aus dem Gesetz selbst wird offenbar, dass ihr es übertreten habt.

Evangelium *Markus 8,27-33* In jener Zeit ging Jesus mit seinen Jüngern in die Dörfer bei Cäsarea Philippi. Unterwegs fragte er die Jünger: Für wen halten mich die Menschen? Sie sagten zu ihm: Einige für Johannes den Täufer, andere für Elija, wieder andere für sonst einen von den Propheten.
Da fragte er sie: Ihr aber, für wen haltet ihr mich? Simon Petrus antwortete ihm: Du bist der Messias! Doch er verbot ihnen, mit jemand über ihn zu sprechen.
Dann begann er, sie darüber zu belehren, der Menschensohn müsse vieles erleiden und von den Ältesten, den Hohenpriestern und den Schriftgelehrten verworfen werden; er werde getötet, aber nach drei Tagen werde er auferstehen. Und er redete ganz offen darüber.
Da nahm ihn Petrus beiseite und machte ihm Vorwürfe. Jesus wandte sich um, sah seine Jünger an und wies Petrus mit den Worten zurecht: Weg mit dir, Satan, geh mir aus den Augen! Denn du hast nicht das im Sinn, was Gott will, sondern was die Menschen wollen.

Lj I **Zur Lesung** Gott setzt nach allem, was an Verwüstung geschehen ist, einen Neuanfang. So wie es ihn erst reute, den Menschen gemacht zu haben, so reut ihn nachher die Sintflut. Gott will es noch einmal versuchen, er will Frieden mit dem Menschen, er will sein Leben und sein Wachsen. Gott schließt einen Bund mit den Menschen, aber Regeln werden benötigt, damit dieser Bund von Seiten des Menschen eingehalten wird. Er ist nicht mehr in Gott beheimatet, aber immer noch ist er sein Abbild. Immer noch will Gott, dass der Mensch sich in ihm und er sich im Menschen wieder erkennt. Er hat den Menschen noch nicht aufgegeben. Mitten im Erniedrigten sieht er die Größe, mitten im Verlorenen das Gesuchte, mitten im Zerbrochenen das einst Heile. Wie der Regenbogen Himmel und Erde verbindet, will Gott erneut mit seinem Menschen verbunden sein, so farbenfroh, schöpferisch, phantasievoll wie das Licht des Regenbogens.

Zur Lesung Unser Glaube, unser Miteinander soll „frei von jedem Ansehen der Person" sein – sich nicht blenden lassen, von keiner Maske, von keiner Verkleidung, den anderen in seinem Wesenskern sehen, sein Unantastbares, Ureigenes. Denn Gott ist Gott für alle. Jesus ist für jeden von uns am Kreuz gestorben. Vor Gott müssen wir uns kein gutes Ansehen erwerben. Das ist uns in der Taufe, dem Sakrament unserer Würde und Freiheit, geschenkt worden. **Lj II**

Trotzdem machen wir so oft die gegenteilige Erfahrung, wie sie im Jakobus beschrieben wird. Da werden die scheinbar Gewichtigen hervorgehoben, die scheinbar Unwichtigen zurückgesetzt und das Gleichgewicht der Schöpfungsordnung ist gestört. Jesus hat, ohne die Reichen abzuwerten, die Armen aus dem Schatten ins Licht geholt und das Gleichgewicht wieder hergestellt. Das ist auch unsere Aufgabe als Christen: für das Gleichgewicht auf Augenhöhe sorgen. Frei von jedem Ansehen der Person – Jesus ist noch einen Schritt weitergegangen: Er hat von seiner Person abgesehen und sein Leben hingegeben, damit wir in gutem Ansehen bei Gott stehen. Damit wir den anderen ansehen und annehmen, wie es ihm als Mensch Gottes zukommt.

Freitag der 6. Woche im Jahreskreis

Lesung *Genesis 11,1-9* Alle Menschen hatten die gleiche Sprache und gebrauchten die gleichen Worte. Als sie von Osten aufbrachen, fanden sie eine Ebene im Land Schinar und siedelten sich dort an. Sie sagten zueinander: Auf, formen wir Lehmziegel und brennen wir sie zu Backsteinen. So dienten ihnen gebrannte Ziegel als Steine und Erdpech als Mörtel. Dann sagten sie: Auf, bauen wir uns eine Stadt und einen Turm mit einer Spitze bis zum Himmel und machen wir uns damit einen Namen, dann werden wir uns nicht über die ganze Erde zerstreuen. **Lj I**

Da stieg der Herr herab, um sich Stadt und Turm anzusehen, die die Menschenkinder bauten. Er sprach: Seht nur, ein Volk sind sie und eine Sprache haben sie alle. Und das ist erst der Anfang ihres Tuns. Jetzt wird ihnen nichts mehr unerreichbar sein, was sie sich auch vornehmen. Auf, steigen wir hinab und verwirren wir dort ihre Sprache, sodass keiner mehr die Sprache des anderen versteht. Der Herr zerstreute sie von dort aus über die ganze Erde und sie hörten auf, an der Stadt zu bauen. Darum nannte man die Stadt Babel (Wirrsal), denn dort hat der Herr die Sprache aller Welt verwirrt, und von dort aus hat er die Menschen über die ganze Erde zerstreut.

Lj II **Lesung** *Jakobus 2,14-24.26* Meine Brüder, was nützt es, wenn einer sagt, er habe Glauben, aber es fehlen die Werke? Kann etwa der Glaube ihn retten?

Wenn ein Bruder oder eine Schwester ohne Kleidung ist und ohne das tägliche Brot und einer von euch zu ihnen sagt: Geht in Frieden, wärmt und sättigt euch!, ihr gebt ihnen aber nicht, was sie zum Leben brauchen – was nützt das? So ist auch der Glaube für sich allein tot, wenn er nicht Werke vorzuweisen hat.

Nun könnte einer sagen: Du hast Glauben und ich kann Werke vorweisen; zeig mir deinen Glauben ohne die Werke und ich zeige dir meinen Glauben aufgrund der Werke.

Du glaubst: Es gibt nur den einen Gott. Damit hast du Recht; das glauben auch die Dämonen und sie zittern. Willst du also einsehen, du unvernünftiger Mensch, dass der Glaube ohne Werke nutzlos ist?

Wurde unser Vater Abraham nicht aufgrund seiner Werke als gerecht anerkannt? Denn er hat seinen Sohn Isaak als Opfer auf den Altar gelegt. Du siehst, dass bei ihm der Glaube und die Werke zusammenwirkten und dass erst durch die Werke der Glaube vollendet wurde. So hat sich das Wort der Schrift erfüllt: Abraham glaubte Gott, und das wurde ihm als Gerechtigkeit angerechnet, und er wurde Freund Gottes genannt.

Ihr seht, dass der Mensch aufgrund seiner Werke gerecht wird, nicht durch den Glauben allein. Denn wie der Körper ohne den Geist tot ist, so ist auch der Glaube tot ohne Werke.

Evangelium *Markus 8,34–9,1* In jener Zeit rief Jesus die Volksmenge und seine Jünger zu sich und sagte: Wer mein Jünger sein will, der verleugne sich selbst, nehme sein Kreuz auf sich und folge mir nach. Denn wer sein Leben retten will, wird es verlieren; wer aber sein Leben um meinetwillen und um des Evangeliums willen verliert, wird es retten. Was nützt es einem Menschen, wenn er die ganze Welt gewinnt, dabei aber sein Leben einbüßt? Um welchen Preis könnte ein Mensch sein Leben zurückkaufen? Denn wer sich vor dieser treulosen und sündigen Generation meiner und meiner Worte schämt, dessen wird sich auch der Menschensohn schämen, wenn er mit den heiligen Engeln in der Hoheit seines Vaters kommt.

Und er sagte zu ihnen: Amen, ich sage euch: Von denen, die hier stehen, werden einige den Tod nicht erleiden, bis sie gesehen haben, dass das Reich Gottes in seiner ganzen Macht gekommen ist.

Zum Evangelium Sich selbst verleugnen und sein Kreuz auf sich nehmen – das klingt depressiv, nach Leiden, Zwang, Lebenslust niederkämpfen, Schmerz und Tod bewusst suchen. Aber so gerade ist dieser Satz nicht gemeint. Er ist ganz nüchtern. Dieses Leben erhalten und es verlieren bezieht sich auf das selbstbezogene Ich, das selber leben, selber frei, selber den besten Platz haben will. Das Ich, das sich um sich und sein Wohlergehen sorgt, bis hin zur Verzweiflung. Wir sind so, weil wir Menschen sind. Dieses selbstbezogene Ich muss sterben, denn es hat nur den Tod vor sich, der alles, was dem Ich gehört und was es begehrt, mit sich reißt. Das Ich kann sich weder die Unsterblichkeit noch die Liebe kaufen. „Leben retten" meint nicht die Neuauflage des alten Lebens, sondern ein Leben, das den kleinen Ich-Horizont aufsprengt für die Ewigkeit. Nachfolge heißt, sich diesem größeren Horizont Tag für Tag anzunähern auf ein Ziel hin, für das es sich lohnt, Ich-Zeit in Du-Zeit zu verwandeln. Wenn wir dort hingehen, wo man uns braucht, werden wir befreit aus unserem in sich verkrümmten Ich, werden wir frei für die Liebe Gottes, werden wir Menschen der Nachfolge.

Samstag der 6. Woche im Jahreskreis

Lesung *Hebräer 11,1-7* Glaube aber ist: Feststehen in dem, was man erhofft, Überzeugtsein von Dingen, die man nicht sieht. Aufgrund dieses Glaubens haben die Alten ein ruhmvolles Zeugnis erhalten. Aufgrund des Glaubens erkennen wir, dass die Welt durch Gottes Wort erschaffen worden und dass so aus Unsichtbarem das Sichtbare entstanden ist. Aufgrund des Glaubens brachte Abel Gott ein besseres Opfer dar als Kain; durch diesen Glauben erhielt er das Zeugnis, dass er gerecht war, da Gott es bei seinen Opfergaben bezeugte, und durch den Glauben redet Abel noch, obwohl er tot ist. Aufgrund des Glaubens wurde Henoch entrückt und musste nicht sterben; er wurde nicht mehr gefunden, weil Gott ihn entrückt hatte; vor der Entrückung erhielt er das Zeugnis, dass er Gott gefiel. Ohne Glauben aber ist es unmöglich, (Gott) zu gefallen; denn wer zu Gott kommen will, muss glauben, dass er ist und dass er denen, die ihn suchen, ihren Lohn geben wird. Aufgrund des Glaubens wurde Noach das offenbart, was noch nicht sichtbar war, und er baute in frommem Gehorsam eine Arche zur Rettung seiner Familie; durch seinen Glauben sprach er der Welt das Urteil und wurde Erbe der Gerechtigkeit, die aus dem Glauben kommt. Lj I

Lesung *Jakobus 3,1-10* Nicht so viele von euch sollen Lehrer werden, meine Brüder. Ihr wisst, dass wir im Gericht strenger beurteilt werden. Denn Lj II

wir alle verfehlen uns in vielen Dingen. Wer sich in seinen Worten nicht verfehlt, ist ein vollkommener Mann und kann auch seinen Körper völlig im Zaum halten. Wenn wir den Pferden den Zaum anlegen, damit sie uns gehorchen, lenken wir damit das ganze Tier. Oder denkt an die Schiffe: Sie sind groß und werden von starken Winden getrieben und doch lenkt sie der Steuermann mit einem ganz kleinen Steuer, wohin er will. So ist auch die Zunge nur ein kleines Körperglied und rühmt sich doch großer Dinge. Und wie klein kann ein Feuer sein, das einen großen Wald in Brand steckt. Auch die Zunge ist ein Feuer, eine Welt voll Ungerechtigkeit. Die Zunge ist der Teil, der den ganzen Menschen verdirbt und das Rad des Lebens in Brand setzt; sie selbst aber ist von der Hölle in Brand gesetzt.
Denn jede Art von Tieren, auf dem Land und in der Luft, was am Boden kriecht und was im Meer schwimmt, lässt sich zähmen und ist vom Menschen auch gezähmt worden; doch die Zunge kann kein Mensch zähmen, dieses ruhelose Übel, voll von tödlichem Gift. Mit ihr preisen wir den Herrn und Vater und mit ihr verfluchen wir die Menschen, die als Abbild Gottes erschaffen sind. Aus ein und demselben Mund kommen Segen und Fluch. Meine Brüder, so darf es nicht sein.

Evangelium *Markus 9,2-13* In jener Zeit nahm Jesus Petrus, Jakobus und Johannes beiseite und führte sie auf einen hohen Berg, aber nur sie allein. Und er wurde vor ihren Augen verwandelt; seine Kleider wurden strahlend weiß, so weiß, wie sie auf Erden kein Bleicher machen kann. Da erschien vor ihren Augen Elija und mit ihm Mose und sie redeten mit Jesus.
Petrus sagte zu Jesus: Rabbi, es ist gut, dass wir hier sind. Wir wollen drei Hütten bauen, eine für dich, eine für Mose und eine für Elija. Er wusste nämlich nicht, was er sagen sollte; denn sie waren vor Furcht ganz benommen. Da kam eine Wolke und warf ihren Schatten auf sie, und aus der Wolke rief eine Stimme: Das ist mein geliebter Sohn; auf ihn sollt ihr hören. Als sie dann um sich blickten, sahen sie auf einmal niemand mehr bei sich außer Jesus.
Während sie den Berg hinabstiegen, verbot er ihnen, irgendjemand zu erzählen, was sie gesehen hatten, bis der Menschensohn von den Toten auferstanden sei. Dieses Wort beschäftigte sie und sie fragten einander, was das sei: von den Toten auferstehen.
Da fragten sie ihn: Warum sagen die Schriftgelehrten, zuerst müsse Elija kommen?
Er antwortete: Ja, Elija kommt zuerst und stellt alles wieder her. Aber warum heißt es dann vom Menschensohn in der Schrift, er werde viel leiden müssen und verachtet werden? Ich sage euch: Elija ist schon gekommen, doch sie haben mit ihm gemacht, was sie wollten, wie es in der Schrift steht.

Zum Evangelium Jesus: nicht mehr in menschlicher Verhüllung, sondern mitten in alles verwandelndem Licht, Glanz vom Glanz Gottes.

Das ist für ihn und für alle Anwesenden ein unbeschreiblicher Glücksmoment. Etwas für die Jünger bisher Unvorstellbares ist geschehen: Sie haben einen Blick in die Herrlichkeit des Himmels geworfen. Das bringt die Existenz fast zum Zerreißen, übersteigt das menschliche Fassungsvermögen und macht deshalb auch Angst. Und doch ist es der Augenblick, den man gegen die Dunkelheiten des Lebens festhalten und nie verlieren möchte, weil man genau spürt, dass in diesem unvergleichlich Schönen der tiefste Sinn des Daseins liegt. Doch das Licht zieht sich wieder zurück, die Stimme Gottes verschwebt, Mose und Elija treten aus dem Bild heraus, Jesu Leuchten weicht. Denn der Weg ist noch nicht zu Ende. Aber trotzdem ist nicht alles wieder wie vorher, denn jetzt, mit diesem Licht im Herzen, können die Jünger klarer sehen, worauf es ankommt. Mit diesem Himmel im Herzen werden sie einmal freiwillig in den Tod gehen, um den zu bezeugen, der das Licht ist, der Anfang jener Herrlichkeit, die sie auf dem Berg gekostet haben.

7. Woche im Jahreskreis

Montag der 7. Woche im Jahreskreis

Lesung *Jesus Sirach 1,1-4.6.8-10* Lj I

Alle Weisheit stammt vom Herrn /
und ewig ist sie bei ihm.
Den Sand des Meeres, die Tropfen des Regens /
und die Tage der Vorzeit, wer hat sie gezählt?
Die Höhe des Himmels, die Breite der Erde /
und die Tiefe des Meeres, wer hat sie gemessen?
Früher als sie alle ist die Weisheit erschaffen, /
von Ewigkeit her die verständige Einsicht.
Die Wurzel der Weisheit – wem wurde sie enthüllt, /
ihre Pläne – wer hat sie durchschaut?
Nur einer ist weise, höchst Ehrfurcht gebietend: /
der auf seinem Thron sitzt, der Herr.
Er hat sie geschaffen, geschaut und gezählt, /
sie ausgegossen über all seine Werke.
Den Menschen ist sie unterschiedlich zugeteilt; /
er spendet sie denen, die ihn fürchten.

Lesung *Jakobus 3,13-18* Schwestern und Brüder! Wer von euch ist weise und verständig? Er soll in weiser Bescheidenheit die Taten eines rechtschaffenen Lebens vorweisen. Wenn aber euer Herz voll ist von bitterer Eifersucht und von Ehrgeiz, dann prahlt nicht und verfälscht nicht die Wahrheit! Das ist nicht die Weisheit, die von oben kommt, sondern eine irdische, eigennüt- Lj II

zige, teuflische Weisheit. Wo nämlich Eifersucht und Ehrgeiz herrschen, da gibt es Unordnung und böse Taten jeder Art.
Doch die Weisheit von oben ist erstens heilig, sodann friedlich, freundlich, gehorsam, voll Erbarmen und reich an guten Früchten, sie ist unparteiisch, sie heuchelt nicht. Wo Frieden herrscht, wird (von Gott) für die Menschen, die Frieden stiften, die Saat der Gerechtigkeit ausgestreut.

Evangelium *Markus 9,14-29* In jener Zeit, als Jesus mit Petrus, Jakobus und Johannes von dem Berg zurückkamen, sahen sie eine große Menschenmenge um sie versammelt und Schriftgelehrte, die mit ihnen stritten. Sobald die Leute Jesus sahen, liefen sie in großer Erregung auf ihn zu und begrüßten ihn. Er fragte sie: Warum streitet ihr mit ihnen?
Einer aus der Menge antwortete ihm: Meister, ich habe meinen Sohn zu dir gebracht. Er ist von einem stummen Geist besessen; immer wenn der Geist ihn überfällt, wirft er ihn zu Boden und meinem Sohn tritt Schaum vor den Mund, er knirscht mit den Zähnen und wird starr. Ich habe schon deine Jünger gebeten, den Geist auszutreiben, aber sie hatten nicht die Kraft dazu. Da sagte er zu ihnen: O du ungläubige Generation! Wie lange muss ich noch bei euch sein? Wie lange muss ich euch noch ertragen? Bringt ihn zu mir! Und man führte ihn herbei. Sobald der Geist Jesus sah, zerrte er den Jungen hin und her, sodass er hinfiel und sich mit Schaum vor dem Mund auf dem Boden wälzte.
Jesus fragte den Vater: Wie lange hat er das schon? Der Vater antwortete: Von Kind auf; oft hat er ihn sogar ins Feuer oder ins Wasser geworfen, um ihn umzubringen. Doch wenn du kannst, hilf uns; hab Mitleid mit uns! Jesus sagte zu ihm: Wenn du kannst? Alles kann, wer glaubt. Da rief der Vater des Jungen: Ich glaube; hilf meinem Unglauben!
Als Jesus sah, dass die Leute zusammenliefen, drohte er dem unreinen Geist und sagte: Ich befehle dir, du stummer und tauber Geist: Verlass ihn und kehr nicht mehr in ihn zurück! Da zerrte der Geist den Jungen hin und her und verließ ihn mit lautem Geschrei. Der Junge lag da wie tot, so dass alle Leute sagten: Er ist gestorben. Jesus aber fasste ihn an der Hand und richtete ihn auf, und der Junge erhob sich.
Als Jesus nach Hause kam und sie allein waren, fragten ihn seine Jünger: Warum konnten denn wir den Dämon nicht austreiben? Er antwortete ihnen: Diese Art kann nur durch Gebet ausgetrieben werden.

Zum Evangelium Das Bild der Lichtgestalten auf dem Berg verwandelt sich bei der Rückkehr der drei Jünger in das Bild einer aufgebrachten Menschenmenge, eines verzagten Häufleins von Jesusschülern, das jämmerlich versagt hat. So grausam und schnell kann der Alltag uns nach erlebtem Glück wieder einholen. Aber es tröstet, dass neun der Jünger Jesu Menschen sind wie wir: mit Träumen und Ängsten, mit der Fähigkeit zur

Begeisterung, aber auch mit Gefühlen des Scheiterns und der Mutlosigkeit. Sie, die Nächsten Jesu, haben die Kraft des Heilens bei dem epileptischen Kind nicht einsetzen können. – Und da ist der Vater des kranken Kindes. Er trägt schwer an diesem Schicksal in einer Zeit, in der Krankheit als Strafe für begangene Schuld gesehen wurde. Auch der Vater ist ein eher durchschnittlicher Mensch, nicht ungläubig, aber voller Zweifel: Ich will ja glauben, aber ich habe Angst, mal wieder enttäuscht zu werden. Jesus erhört ihn. Nicht um seine Größe zu beweisen, sondern weil ihn das Schicksal der Beiden anrührt. Auch wenn wir zweifeln, bleibt er uns nah. Aber er rechtfertigt den Zweifel nicht. Denn die Frage ist nicht, was Gott kann, sondern was wir ihm zutrauen. Wir sind voller Wenn und Aber statt Gott zu vertrauen. Den Möglichkeiten Gottes zu vertrauen ist Glauben. Trotzdem kommt es nicht immer so, wie wir es wollen. Es ist sein Wille, der geschieht, nicht unserer. Gott sorgt dafür, dass wir ans Ziel kommen. Aber den Weg dorthin bestimmt er. Wenn wir Gott vertrauen, können wir erfahren: „Alles kann, wer glaubt."

Dienstag der 7. Woche im Jahreskreis

Lesung *Jesus Sirach 2,1-11 (1-13)* Mein Sohn, wenn du dem Herrn dienen willst, dann mach dich auf Prüfung gefasst! Lj I
Sei tapfer und stark, zur Zeit der Heimsuchung überstürze nichts! Hänge am Herrn und weiche nicht ab, damit du am Ende erhöht wirst.
Nimm alles an, was über dich kommen mag, halt aus in vielfacher Bedrängnis! Denn im Feuer wird das Gold geprüft und jeder, der Gott gefällt, im Schmelzofen der Bedrängnis.
Vertrau auf Gott, er wird dir helfen, hoffe auf ihn, er wird deine Wege ebnen. Ihr, die ihr den Herrn fürchtet, hofft auf sein Erbarmen, weicht nicht ab, damit ihr nicht zu Fall kommt. Ihr, die ihr den Herrn fürchtet, vertraut auf ihn und er wird euch den Lohn nicht vorenthalten. Ihr, die ihr den Herrn fürchtet, hofft auf Heil, auf immer währende Freude und auf Erbarmen!
Schaut auf die früheren Generationen und seht: Wer hat auf den Herrn vertraut und ist dabei zuschanden geworden? Wer hoffte auf ihn und wurde verlassen? Wer rief ihn an und er erhörte ihn nicht?
Denn gnädig und barmherzig ist der Herr; er vergibt die Sünden und hilft zur Zeit der Not.

Lesung *Jakobus 4,1-10* Schwestern und Brüder! Woher kommen die Kriege bei euch, woher die Streitigkeiten? Doch nur vom Kampf der Leidenschaften in eurem Innern. Ihr begehrt und erhaltet doch nichts. Ihr mordet und seid eifersüchtig und könnt dennoch nichts erreichen. Ihr streitet und führt Krieg. Ihr erhaltet nichts, weil ihr nicht bittet. Ihr bittet und empfangt doch nichts, weil ihr in böser Absicht bittet, um es in eurer Leidenschaft zu verschwenden. Lj II

Ihr Ehebrecher, wisst ihr nicht, dass Freundschaft mit der Welt Feindschaft mit Gott ist? Wer also ein Freund der Welt sein will, der wird zum Feind Gottes. Oder meint ihr, die Schrift sage ohne Grund: Eifersüchtig sehnt er sich nach dem Geist, den er in uns wohnen ließ. Doch er gibt noch größere Gnade; darum heißt es auch: Gott tritt den Stolzen entgegen, den Demütigen aber schenkt er seine Gnade.
Ordnet euch also Gott unter, leistet dem Teufel Widerstand; dann wird er vor euch fliehen. Sucht die Nähe Gottes; dann wird er sich euch nähern. Reinigt die Hände, ihr Sünder, läutert euer Herz, ihr Menschen mit zwei Seelen! Klagt und trauert und weint! Euer Lachen verwandle sich in Trauer, eure Freude in Betrübnis. Demütigt euch vor dem Herrn; dann wird er euch erhöhen.

Evangelium *Markus 9,30-37* In jener Zeit zogen Jesus und seine Jünger durch Galiläa. Er wollte aber nicht, dass jemand davon erfuhr; denn er wollte seine Jünger über etwas belehren. Er sagte zu ihnen: Der Menschensohn wird den Menschen ausgeliefert und sie werden ihn töten; doch drei Tage nach seinem Tod wird er auferstehen. Aber sie verstanden den Sinn seiner Worte nicht, scheuten sich jedoch, ihn zu fragen.
Sie kamen nach Kafarnaum. Als er dann im Haus war, fragte er sie: Worüber habt ihr unterwegs gesprochen? Sie schwiegen, denn sie hatten unterwegs miteinander darüber gesprochen, wer von ihnen der Größte sei. Da setzte er sich, rief die Zwölf und sagte zu ihnen: Wer der Erste sein will, soll der Letzte von allen und der Diener aller sein. Und er stellte ein Kind in ihre Mitte, nahm es in seine Arme und sagte zu ihnen: Wer ein solches Kind um meinetwillen aufnimmt, der nimmt mich auf; wer aber mich aufnimmt, der nimmt nicht nur mich auf, sondern den, der mich gesandt hat.

Zum Evangelium Der Kontrast könnte nicht größer sein. Jesus ist auf dem Weg nach Jerusalem, dem Weg in den Tod, und nimmt seine Vertrauten extra zur Seite, um ihnen, zum zweiten Mal, anzukündigen, was ihm bevorsteht. Die Jünger dagegen haben nichts Besseres zu tun, als untereinander Rangordnungen abzustecken. Da setzt Jesus ein klares Zeichen: Er stellt ein Kind in ihre Mitte, damit sie – damit wir – begreifen, worauf es wirklich ankommt: Wir sollten das, was wir gewöhnlich als Leben bezeichnen, hinter uns lassen und ganz neu werden, wie ein Kind, so, wie Gott uns gedacht hat. Das, was unter Erwachsenen gewöhnlich als Leben gilt, ist oft genau dies, worum es den Jüngern hier geht: Wer ist der Beste, der Größte, wer kommt an, wer hält mit? Diese Haltung macht unzufrieden, hektisch, selbst bezogen, man bekommt Angst voreinander. Wenn Jesus auf die Kinder verweist, will er, dass wir das Allereinfachste und zugleich das Allerschwerste lernen: einfach so zu leben und zu denken, dass Gott uns als die liebt, die wir wirklich sind.

Mittwoch der 7. Woche im Jahreskreis

Lesung *Jesus Sirach 4,11-19 (12-22)* Die Weisheit belehrt ihre Söhne, sie mahnt eindringlich alle, die auf sie achten. Wer sie liebt, liebt das Leben, wer sie sucht, wird Gott gefallen. Lj I
Wer sie ergreift, findet Ehre beim Herrn und wird unter Gottes Segen leben.
Der Dienst an ihr ist Dienst am Heiligtum; wer sie liebt, den liebt der Herr.
Wer auf mich hört, wird gerecht richten, wer mir zuhört, wohnt in meinen innersten Kammern. Hat er Vertrauen zu mir, wird er mich erlangen, auch seine Nachkommen werden mich besitzen. Denn unerkannt gehe ich mit ihm und prüfe ihn durch Versuchungen. Furcht und Bangen lasse ich über ihn kommen, bis sein Herz von mir erfüllt ist.
Dann wende ich mich ihm zu, zeige ihm den geraden Weg und enthülle ihm meine Geheimnisse. Weicht er ab, so verwerfe ich ihn und überlasse ihn denen, die ihn vernichten.

Lesung *Jakobus 4,13-17* Ihr aber, die ihr sagt: Heute oder morgen werden wir in diese oder jene Stadt reisen, dort werden wir ein Jahr bleiben, Handel treiben und Gewinne machen –, ihr wisst doch nicht, was morgen mit eurem Leben sein wird. Rauch seid ihr, den man eine Weile sieht; dann verschwindet er. Ihr solltet lieber sagen: Wenn der Herr will, werden wir noch leben und dies oder jenes tun. Nun aber prahlt ihr voll Übermut; doch all dieses Prahlen ist schlecht. Wer also das Gute tun kann und es nicht tut, der sündigt. Lj II

Evangelium *Markus 9,38-40* In jener Zeit sagte Johannes, einer der Zwölf, zu Jesus: Meister, wir haben gesehen, wie jemand in deinem Namen Dämonen austrieb; und wir versuchten, ihn daran zu hindern, weil er uns nicht nachfolgt.
Jesus erwiderte: Hindert ihn nicht! Keiner, der in meinem Namen Wunder tut, kann so leicht schlecht von mir reden. Denn wer nicht gegen uns ist, der ist für uns.

Zum Evangelium Die Jünger wollen einen Fremden hindern, in Jesu Namen einen Dämon auszutreiben. Er ist kein „eingeschriebenes Kirchenmitglied“ , also gehört er auch nicht zu ihnen. Nur wer zu uns gehört, ist gut. Wer nicht zu uns gehört, ist nicht gut. Sie beanspruchen Jesus exklusiv für sich. Der Name Jesu wird missbraucht, wenn man damit die eigene Bedeutung und Größe herauszustreichen versucht. Jesus hat andere Maßstäbe: Wer nicht gegen uns ist, ist für uns. Kann jemand gegen Jesus sein, wenn er einem anderen gut tut? Ist Gutes tun nicht Kriterium für Nachfolge, Zeichen der Gegenwart Gottes? Aus-grenzen verletzt. Ent-grenzen heilt. Gottes Barmherzigkeit kennt keine Grenzen.

Donnerstag der 7. Woche im Jahreskreis

Lj I **Lesung** *Jesus Sirach 5,1-8 (1-10)* Verlass dich nicht auf deinen Reichtum und sag nicht: Ich kann es mir leisten. Folg nicht deinem Herzen und deinen Augen, um nach dem Begehren deiner Seele zu leben.
Sag nicht: Wer vermag etwas gegen meine Macht? Denn der Herr rächt die Verfolgten.
Sag nicht: Ich habe gesündigt, doch was ist mir geschehen? Denn der Herr hat viel Geduld. Verlass dich nicht auf die Vergebung, füge nicht Sünde an Sünde, indem du sagst: Seine Barmherzigkeit ist groß, er wird mir viele Sünden verzeihen. Denn Erbarmen ist bei ihm, aber auch Zorn, auf den Frevlern ruht sein Grimm.
Zögere nicht, dich zu ihm zu bekehren, verschieb es nicht Tag um Tag! Denn sein Zorn bricht plötzlich aus, zur Zeit der Vergeltung wirst du dahingerafft.
Vertrau nicht auf trügerische Schätze; sie nützen nichts am Tag des Zorns.

Lj II **Lesung** *Jakobus 5,1-6* Ihr Reichen, weint nur und klagt über das Elend, das euch treffen wird.
Euer Reichtum verfault und eure Kleider werden von Motten zerfressen. Euer Gold und Silber verrostet; ihr Rost wird als Zeuge gegen euch auftreten und euer Fleisch verzehren wie Feuer.
Noch in den letzten Tagen sammelt ihr Schätze. Aber der Lohn der Arbeiter, die eure Felder abgemäht haben, der Lohn, den ihr ihnen vorenthalten habt, schreit zum Himmel; die Klagerufe derer, die eure Ernte eingebracht haben, dringen zu den Ohren des Herrn der himmlischen Heere.
Ihr habt auf Erden ein üppiges und ausschweifendes Leben geführt und noch am Schlachttag habt ihr euer Herz gemästet. Ihr habt den Gerechten verurteilt und umgebracht, er aber leistete euch keinen Widerstand.

Evangelium *Markus 9,41-43.45.47-50* In jener Zeit sprach Jesus zu seinen Jüngern: Wer euch auch nur einen Becher Wasser zu trinken gibt, weil ihr zu Christus gehört – amen, ich sage euch: er wird nicht um seinen Lohn kommen. Wer einen von diesen Kleinen, die an mich glauben, zum Bösen verführt, für den wäre es besser, wenn er mit einem Mühlstein um den Hals ins Meer geworfen würde.
Wenn dich deine Hand zum Bösen verführt, dann hau sie ab; es ist besser für dich, verstümmelt in das Leben zu gelangen, als mit zwei Händen in die Hölle zu kommen, in das nie erlöschende Feuer.
Und wenn dich dein Fuß zum Bösen verführt, dann hau ihn ab; es ist besser für dich, verstümmelt in das Leben zu gelangen, als mit zwei Füßen in die Hölle geworfen zu werden.
Und wenn dich dein Auge zum Bösen verführt, dann reiß es aus; es ist besser für dich, einäugig in das Reich Gottes zu kommen, als mit zwei Augen in

die Hölle geworfen zu werden, wo ihr Wurm nicht stirbt und das Feuer nicht erlischt.
Denn jeder wird mit Feuer gesalzen werden. Das Salz ist etwas Gutes. Wenn das Salz die Kraft zum Salzen verliert, womit wollt ihr ihm seine Würze wiedergeben? Habt Salz in euch und haltet Frieden untereinander!

Zum Evangelium Wären diese drastischen Worte Jesu ein Aufruf zur Selbstverstümmelung, dann hätte Friedrich Nietzsche mit seiner Anklage gegen das Christentum Recht, es beruhe auf der Angstmoral masochistischer Selbstzerstörung. Jesus zielt mit diesen Worten jedoch darauf, „sich von allem zu befreien, was die Gemeinschaft mit Gott behindern will. Das wird in jedem Einzelfall etwas anderes sein" (E. Schweizer). Jesus bezieht die Verführungen nicht auf moralische Gebote, sondern auf den Abfall vom Glauben. Mit Glaube ist eine Sphäre der Geborgenheit gemeint, in der der Mensch in Einklang mit sich lebt, weil er in Einklang mit Gott lebt. Welche Verführungen können diesen Glauben bedrohen? Es ist die Verführung, unseren Glauben und unsere Wahrheit nicht zu leben. Es ist die Verführung, unseren Glauben mit einer einmal gewählten Weltanschauung und einem fertigen Bild von Gott zu verwechseln. Es ist die Verführung, den Glauben mit Selbstsicherheit und einem unverrückbaren Standpunkt zu verwechseln. Also sollten wir alles „ausreißen", was uns von der einfachen Gottunmittelbarkeit des Kindes wegführt, damit wir „Salz" in uns und „Frieden untereinander" haben.

Freitag der 7. Woche im Jahreskreis

Lesung *Jesus Sirach 6,5-17* Sanfte Rede erwirbt viele Freunde, freundliche Lippen sind willkommen. Viele seien es, die dich grüßen, dein Vertrauter aber sei nur einer aus tausend. **Lj I**
Willst du einen Freund gewinnen, gewinne ihn durch Erprobung, schenk ihm nicht zu schnell dein Vertrauen!
Mancher ist Freund je nach der Zeit, am Tag der Not hält er nicht stand. Mancher Freund wird zum Feind, unter Schmähungen deckt er den Streit mit dir auf. Mancher ist Freund als Gast am Tisch, am Tag des Unheils ist er nicht zu finden. In deinem Glück ist er eins mit dir, in deinem Unglück trennt er sich von dir. Trifft dich ein Unglück, wendet er sich gegen dich und hält sich vor dir verborgen.
Von deinen Feinden halte dich fern, vor deinen Freunden sei auf der Hut!
Ein treuer Freund ist wie ein festes Zelt; wer einen solchen findet, hat einen Schatz gefunden. Für einen treuen Freund gibt es keinen Preis, nichts wiegt seinen Wert auf.
Das Leben ist geborgen bei einem treuen Freund, ihn findet, wer Gott fürchtet. Wer den Herrn fürchtet, hält rechte Freundschaft, wie er selbst, so ist auch sein Freund.

Lj II **Lesung** *Jakobus 5,9-12* Klagt nicht übereinander, Brüder, damit ihr nicht gerichtet werdet. Seht, der Richter steht schon vor der Tür. Brüder, im Leiden und in der Geduld nehmt euch die Propheten zum Vorbild, die im Namen des Herrn gesprochen haben. Wer geduldig alles ertragen hat, den preisen wir glücklich. Ihr habt von der Ausdauer des Ijob gehört und das Ende gesehen, das der Herr herbeigeführt hat. Denn der Herr ist voll Erbarmen und Mitleid. Vor allem, meine Brüder, schwört nicht, weder beim Himmel noch bei der Erde noch irgendeinen anderen Eid. Euer Ja soll ein Ja sein und euer Nein ein Nein, damit ihr nicht dem Gericht verfallt.

Evangelium *Markus 10,1-12* In jener Zeit kam Jesus nach Judäa und in das Gebiet jenseits des Jordan. Wieder versammelten sich viele Leute bei ihm, und er lehrte sie, wie er es gewohnt war.
Da kamen Pharisäer zu ihm und fragten: Darf ein Mann seine Frau aus der Ehe entlassen? Damit wollten sie ihm eine Falle stellen.
Er antwortete ihnen: Was hat euch Mose vorgeschrieben? Sie sagten: Mose hat erlaubt, eine Scheidungsurkunde auszustellen und die Frau aus der Ehe zu entlassen.
Jesus entgegnete ihnen: Nur weil ihr so hartherzig seid, hat er euch dieses Gebot gegeben. Am Anfang der Schöpfung aber hat Gott sie als Mann und Frau geschaffen. Darum wird der Mann Vater und Mutter verlassen, und die zwei werden e i n Fleisch sein. Sie sind also nicht mehr zwei, sondern eins. Was aber Gott verbunden hat, das darf der Mensch nicht trennen.
Zu Hause befragten ihn die Jünger noch einmal darüber. Er antwortete ihnen: Wer seine Frau aus der Ehe entlässt und eine andere heiratet, begeht ihr gegenüber Ehebruch. Auch eine Frau begeht Ehebruch, wenn sie ihren Mann aus der Ehe entlässt und einen anderen heiratet.

Zum Evangelium Wenn Jesus von der Ehe spricht, setzt er nicht bei ihrem Ende, der Krise, sondern bei ihrem Anfang, der Liebe, an. Die Liebe zwischen Mann und Frau steht von Anfang an unter Gottes Verheißung. Die Schöpfungsworte sind in eine Welt hinein gesprochen, in der Männer debattieren, ob eine Frau so viel wert ist wie ein Kamel. Insofern ist es eine Provokation der patriarchalischen Ordnung, wenn Gott Mann und Frau in einem Atemzug nennt. Der Scheidebrief, den die Pharisäer ins Gespräch bringen, ist zum Trick geworden, wie ein Mann seine Frau loswerden kann. Die Frau kann ihren Mann gar nicht verlassen, weil sie ihn nicht geheiratet hat, sondern geheiratet worden ist. Die Scheidung ist nur eine Notlösung wegen der Herzenshärte der Männer. Wenn Männer ihre Frauen so liebten, wie es in Gottes Schöpfung vorgesehen ist, kämen sie nicht auf den Gedanken, sie wegzuschicken. Jesus hat Frauen als Partnerinnen behandelt, nie als „Anhängsel des Mannes“. Mann und Frau, gleichwertige, aber nicht gleichartige Menschen. Heute gehen die meisten Scheidungen von Frauen aus. Eine „Antwort“ auf ihre jahrhundertelange Unterdrückung?

Samstag der 7. Woche im Jahreskreis

Lesung *Jesus Sirach 17,1-4.6-15 (1-13)* Der Herr hat die Menschen aus Erde erschaffen und lässt sie wieder zu ihr zurückkehren. Gezählte Tage und eine bestimmte Zeit wies er ihnen zu und gab ihnen Macht über alles auf der Erde. Ihm selbst ähnlich hat er sie mit Kraft bekleidet und sie nach seinem Abbild erschaffen. Auf alle Wesen legte er die Furcht vor ihnen, über Tiere und Vögel sollten sie herrschen. Lj I

Er bildete ihnen Mund und Zunge, Auge und Ohr und ein Herz zum Denken gab er ihnen. Mit kluger Einsicht erfüllte er sie und lehrte sie, Gutes und Böses zu erkennen. Er zeigte ihnen die Größe seiner Werke, um die Furcht vor ihm in ihr Herz zu pflanzen. Sie sollten für immer seine Wunder rühmen und seinen heiligen Namen loben.

Er hat ihnen Weisheit geschenkt und ihnen das Leben spendende Gesetz gegeben. Einen ewigen Bund hat er mit ihnen geschlossen und ihnen seine Gebote mitgeteilt. Ihre Augen sahen seine machtvolle Herrlichkeit, ihr Ohr vernahm seine gewaltige Stimme. Er sprach zu ihnen: Hütet euch vor allem Unrecht! Er schrieb ihnen ihr Verhalten gegenüber dem Nächsten vor. Ihre Wege liegen allezeit offen vor ihm, sie sind nicht verborgen vor seinen Augen.

Lesung *Jakobus 5,13-20* Schwestern und Brüder! Ist einer von euch bedrückt? Dann soll er beten. Ist einer fröhlich? Dann soll er ein Loblied singen. Ist einer von euch krank? Dann rufe er die Ältesten der Gemeinde zu sich; sie sollen Gebete über ihn sprechen und ihn im Namen des Herrn mit Öl salben. Das gläubige Gebet wird den Kranken retten und der Herr wird ihn aufrichten; wenn er Sünden begangen hat, werden sie ihm vergeben. Lj II

Darum bekennt einander eure Sünden und betet füreinander, damit ihr geheiligt werdet. Viel vermag das inständige Gebet eines Gerechten. Elija war ein Mensch wie wir; er betete inständig, es solle nicht regnen, und es regnete drei Jahre und sechs Monate nicht auf der Erde. Und er betete wieder; da gab der Himmel Regen und die Erde brachte ihre Früchte hervor.

Meine Brüder, wenn einer bei euch von der Wahrheit abirrt und jemand ihn zur Umkehr bewegt, dann sollt ihr wissen: Wer einen Sünder, der auf Irrwegen ist, zur Umkehr bewegt, der rettet ihn vor dem Tod und deckt viele Sünden zu.

Evangelium *Markus 10,13-16* In jener Zeit brachte man Kinder zu Jesus, damit er ihnen die Hände auflegte. Die Jünger aber wiesen die Leute schroff ab. Als Jesus das sah, wurde er unwillig und sagte zu ihnen: Lasst die Kinder zu mir kommen; hindert sie nicht daran! Denn Menschen wie ihnen gehört das Reich Gottes. Amen, das sage ich euch: Wer das Reich Gottes nicht so annimmt, wie ein Kind, der wird nicht hineinkommen. Und er nahm die Kinder in seine Arme; dann legte er ihnen die Hände auf und segnete sie.

Zum Evangelium Erwachsene haben die Eigenart, Kinder belehren zu wollen. Jesus stellt diese Eigenart auf den Kopf, indem er gerade die Kinder segnet. Kinder halten den Alltag auf Trab, stellen unbequeme Fragen, stören den normalen Ablauf. Jesus geht es darum, den Anspruch loszulassen, andere zu belehren. Komm, wie du bist. Sei da, auch wenn du störst. Sei wie ein Kind. Lebe in der Gegenwart. Beschäftige dich nicht mit der Zukunft, die dich von der Gegenwart abzieht. Zeige deine Gefühle unverblümt und direkt. Denn dort, wo ich das Kleine, Schwache, Kindliche ausgrenze, lehne ich mich auf gegen den Gott, der sich gerade dem Kleinen, Kindlichen, Unfertigen zuwendet – damit ich ein Mensch werde, geeignet für das Reich Gottes.

8. Woche im Jahreskreis

Montag der 8. Woche im Jahreskreis

Lj I **Lesung** *Jesus Sirach 17,24-29 (20-28)* Der Herr gewährt den Reumütigen Umkehr und tröstet die Hoffnungslosen und bestimmte sie für ein Leben in der Wahrheit.
Wende dich zum Herrn, lass ab von der Sünde, bete vor ihm und beseitige das Ärgernis! Kehre zum Höchsten zurück und wende dich ab vom Bösen, hasse stets das Schlechte!
Wer wird in der Unterwelt den Höchsten loben anstelle derer, die leben und ihn preisen? Beim Toten, der nicht mehr ist, verstummt der Lobgesang; nur der Lebende und Gesunde preist den Herrn.
Wie groß ist das Erbarmen des Herrn und seine Nachsicht gegen alle, die umkehren zu ihm.

Lj II **Lesung** *1 Petrus 1,3-9* Gepriesen sei der Gott und Vater unseres Herrn Jesus Christus: Er hat uns in seinem großen Erbarmen neu geboren, damit wir durch die Auferstehung Jesu Christi von den Toten eine lebendige Hoffnung haben und das unzerstörbare, makellose und unvergängliche Erbe empfangen, das im Himmel für euch aufbewahrt ist.
Gottes Macht behütet euch durch den Glauben, damit ihr das Heil erlangt, das am Ende der Zeit offenbart werden soll. Deshalb seid ihr voll Freude, obwohl ihr jetzt vielleicht kurze Zeit unter mancherlei Prüfungen leiden müsst. Dadurch soll sich euer Glaube bewähren und es wird sich zeigen, dass er wertvoller ist als Gold, das im Feuer geprüft wurde und doch vergänglich ist.

So wird eurem Glauben Lob, Herrlichkeit und Ehre zuteil bei der Offenbarung Jesu Christi. Ihn habt ihr nicht gesehen und dennoch liebt ihr ihn; ihr seht ihn auch jetzt nicht; aber ihr glaubt an ihn und jubelt in unsagbarer, von himmlischer Herrlichkeit verklärter Freude, da ihr das Ziel des Glaubens erreichen werdet: euer Heil.

Evangelium *Markus 10,17-27* In jener Zeit lief ein Mann auf Jesus zu, fiel vor ihm auf die Knie und fragte ihn: Guter Meister, was muss ich tun, um das ewige Leben zu gewinnen?
Jesus antwortete: Warum nennst du mich gut? Niemand ist gut außer Gott, dem Einen. Du kennst doch die Gebote: Du sollst nicht töten, du sollst nicht die Ehe brechen, du sollst nicht stehlen, du sollst nicht falsch aussagen, du sollst keinen Raub begehen; ehre deinen Vater und deine Mutter!
Er erwiderte ihm: Meister, alle diese Gebote habe ich von Jugend an befolgt. Da sah ihn Jesus an, und weil er ihn liebte, sagte er: Eines fehlt dir noch: Geh, verkaufe, was du hast, gib das Geld den Armen, und du wirst einen bleibenden Schatz im Himmel haben; dann komm und folge mir nach! Der Mann aber war betrübt, als er das hörte, und ging traurig weg; denn er hatte ein großes Vermögen.
Da sah Jesus seine Jünger an und sagte zu ihnen: Wie schwer ist es für Menschen, die viel besitzen, in das Reich Gottes zu kommen! Die Jünger waren über seine Worte bestürzt. Jesus aber sagte noch einmal zu ihnen: Meine Kinder, wie schwer ist es, in das Reich Gottes zu kommen! Eher geht ein Kamel durch ein Nadelöhr, als dass ein Reicher in das Reich Gottes gelangt. Sie aber erschraken noch mehr und sagten zueinander: Wer kann dann noch gerettet werden? Jesus sah sie an und sagte: Für Menschen ist das unmöglich, aber nicht für Gott; denn für Gott ist alles möglich.

Zum Evangelium Wie kann ich ewiges Leben gewinnen? Der Mann, der Jesus fragt, hat ein sensibles Gespür dafür, dass es mit dem Einhalten der Gebote noch nicht getan ist. Trotzdem erschrickt er zutiefst vor Jesu Antwort: „Eines fehlt dir" – alles hergeben, woran er am meisten hängt ... Da geht er traurig weg.
Erschrecken wir nicht auch vor der Erkenntnis: Wenn Gott mich will, dann ganz? „Wer kann da noch gerettet werden?" Ist das nicht menschenunmögliche Überforderung? Auf diese Gemütslage zielt der Satz Jesu: „Für Menschen ist das unmöglich, ... für Gott ist alles möglich." Dieser Satz ist Trost. Er macht aus Verzagten Erwählte. Denn da geht es nicht mehr darum: Wer traut sich das zu?, sondern: Wer traut mir das zu? Gott traut mir zu, die Nachfolge anzutreten. Was er fordert, soll mich nicht erschrecken, es unterstreicht vielmehr die Ernsthaftigkeit, mit der er mich in Anspruch nimmt: Ich brauche dich ganz, ich will das Wichtigste in deinem Leben sein. Gott weiß, dass wir unsere Wichtigkeiten groß machen

wie ein Kamel und unser Glaube demgegenüber klein wie ein Nadelöhr ist. Deshalb macht er das uns Unmögliche möglich, indem er ergänzt, was wir nicht können. Und doch: „Eines fehlt dir noch." Was fehlt mir?

Dienstag der 8. Woche im Jahreskreis

Lj I **Lesung** *Jesus Sirach 35,1-15* Viele Opfer bringt dar, wer das Gesetz befolgt; Heilsopfer spendet, wer die Gebote hält; Speiseopfer bringt dar, wer Liebe erweist; Dankopfer spendet, wer Almosen gibt: Abkehr vom Bösen findet das Gefallen des Herrn: als Sühne gilt ihm die Abkehr vom Unrecht.

Erscheine nicht mit leeren Händen vor dem Herrn, denn das alles muss geschehen, weil es angeordnet ist. Die Opfergabe des Gerechten macht den Altar glänzend von Fett und ihr Wohlgeruch steigt zum Höchsten auf. Das Opfer des Gerechten ist angenehm, sein Gedenkopfer wird nicht vergessen werden.

Freigebig ehre den Herrn, nicht gering sei die Gabe in deinen Händen. Bei all deinen guten Werken zeig ein frohes Gesicht und weihe deinen Zehnten mit Freude! Wie Gott dir gegeben hat, so gib auch ihm, freigebig und so gut, wie du kannst.

Denn er ist ein Gott, der vergilt, siebenfach wird er es dir erstatten. Versuche nicht, ihn zu bestechen, denn er nimmt nichts an; vertrau nicht auf Opfergaben, die durch Unterdrückung erworben sind. Er ist ja der Gott des Rechts, bei ihm gibt es keine Begünstigung.

Lj II **Lesung** *1 Petrus 1,10-16* Liebe Schwestern und Brüder! Die Propheten haben nach dem Heil gesucht und geforscht und sie haben über die Gnade geweissagt, die für euch bestimmt ist. Sie haben nachgeforscht, auf welche Zeit und welche Umstände der in ihnen wirkende Geist Christi hindeute, der die Leiden Christi und die darauf folgende Herrlichkeit im Voraus bezeugte. Den Propheten wurde offenbart, dass sie damit nicht sich selbst, sondern euch dienten; und jetzt ist euch dies alles von denen verkündet worden, die euch in der Kraft des vom Himmel gesandten Heiligen Geistes das Evangelium gebracht haben. Das alles zu sehen ist sogar das Verlangen der Engel.

Deshalb umgürtet euch und macht euch bereit! Seid nüchtern und setzt eure Hoffnung ganz auf die Gnade, die euch bei der Offenbarung Jesu Christi geschenkt wird. Seid gehorsame Kinder und lasst euch nicht mehr von euren Begierden treiben wie früher, in der Zeit eurer Unwissenheit.

Wie er, der euch berufen hat, heilig ist, so soll auch euer ganzes Leben heilig werden. Denn es heißt in der Schrift: Seid heilig, denn ich bin heilig.

Evangelium *Markus 10,28-31* In jener Zeit sagte Petrus zu Jesus: Du weißt, wir haben alles verlassen und sind dir nachgefolgt. Jesus antwortete:

Amen, ich sage euch: Jeder, der um meinetwillen und um des Evangeliums willen Haus oder Brüder, Schwestern, Mutter, Vater, Kinder oder Äcker verlassen hat, wird das Hundertfache dafür empfangen: Jetzt in dieser Zeit wird er Häuser, Brüder, Schwestern, Mütter, Kinder und Äcker erhalten, wenn auch unter Verfolgungen, und in der kommenden Welt das ewige Leben. Viele aber, die jetzt die Ersten sind, werden dann die Letzten sein, und die Letzten werden die Ersten sein.

Zum Evangelium „Du weißt, wir haben alles verlassen und sind dir nachgefolgt." Jesus scheint sofort die versteckte Nachfrage herauszuhören: „Und – was haben wir davon?" Jesus hätte auf die Frage des Petrus ganz anders reagieren können, etwa: Hast du immer noch nichts begriffen? Aber diese versteckte Frage ist für ihn offensichtlich kein Problem. Denn er weiß, dass seine Freunde viel, sehr viel aufgegeben haben, um mit ihm zusammen zu sein. Er stellt die Frage des Petrus in den richtigen Zusammenhang: Wer um des Evangeliums willen Liebgewordenes verliert, loslässt, verlässt, gewinnt dafür das Bessere: ewiges Leben, wirklichen Reichtum, hundertfaches Empfangen, das ihm nicht mehr genommen wird. – „Reich wird man nicht durch das, was man besitzt, sondern mehr noch durch das, was man mit Würde zu entbehren weiß. Und es könnte sein, dass die Menschheit reicher wird, indem sie ärmer wird, und gewinnt, indem sie verliert" (Immanuel Kant).

Mittwoch der 8. Woche im Jahreskreis

Lesung *Jesus Sirach 36,1-2.4-5a.10-17* Lj I

Rette uns, du Gott des Alls, /
und wirf deinen Schrecken auf alle Völker!
Wie du dich an uns vor ihren Augen als heilig bezeugt hast, /
so verherrliche dich an ihnen vor unseren Augen,
damit sie erkennen, wie wir es erkannten: /
Beschleunige das Ende und schau auf die Zeit! /
Denn wer darf zu dir sagen: Was tust du?
Wer entkommt, der werde von der Glut deines Zornes verzehrt, /
die Peiniger deines Volkes sollen zugrunde gehen.
Bring das Haupt der Fürsten Moabs zum Schweigen, /
das sagt: Es gibt keinen außer mir.
Sammle alle Stämme Jakobs, /
verteil den Erbbesitz wie in den Tagen der Vorzeit!
Hab Erbarmen mit dem Volk, das deinen Namen trägt, /
mit Israel, den du deinen Erstgeborenen nanntest.

Lesung *1 Petrus 1,18-25* Ihr wisst, dass ihr aus eurer sinnlosen, von den Vätern ererbten Lebensweise nicht um einen vergänglichen Preis losgekauft Lj II wurdet, nicht um Silber oder Gold, sondern mit dem kostbaren Blut Christi, des Lammes ohne Fehl und Makel. Er war schon vor der Erschaffung der Welt dazu ausersehen und euretwegen ist er am Ende der Zeiten erschienen. Durch ihn seid ihr zum Glauben an Gott gekommen, der ihn von den Toten auferweckt und ihm die Herrlichkeit gegeben hat, sodass ihr an Gott glauben und auf ihn hoffen könnt. Der Wahrheit gehorsam, habt ihr euer Herz rein gemacht für eine aufrichtige Bruderliebe; darum hört nicht auf, einander von Herzen zu lieben. Ihr seid neu geboren worden, nicht aus vergänglichem, sondern aus unvergänglichem Samen: aus Gottes Wort, das lebt und das bleibt. Denn alles Sterbliche ist wie Gras / und all seine Schönheit ist wie die Blume im Gras. Das Gras verdorrt und die Blume verwelkt; / doch das Wort des Herrn bleibt in Ewigkeit. Dieses Wort ist das Evangelium, das euch verkündet worden ist.

Evangelium *Markus 10,32-45* In jener Zeit, als Jesus und seine Jünger auf dem Weg hinauf nach Jerusalem waren, ging Jesus voraus. Die Leute wunderten sich über ihn, die Jünger aber hatten Angst. Da versammelte er die Zwölf wieder um sich und kündigte ihnen an, was ihm bevorstand.
Er sagte: Wir gehen jetzt nach Jerusalem hinauf; dort wird der Menschensohn den Hohenpriestern und den Schriftgelehrten ausgeliefert; sie werden ihn zum Tod verurteilen und den Heiden übergeben; sie werden ihn verspotten, anspucken, geißeln und töten. Aber nach drei Tagen wird er auferstehen.
Da traten Jakobus und Johannes, die Söhne des Zebedäus, zu ihm und sagten: Meister, wir möchten, dass du uns eine Bitte erfüllst. Er antwortete: Was soll ich für euch tun? Sie sagten zu ihm: Lass in deinem Reich einen von uns rechts und den andern links neben dir sitzen.
Jesus erwiderte: Ihr wisst nicht, um was ihr bittet. Könnt ihr den Kelch trinken, den ich trinke, oder die Taufe auf euch nehmen, mit der ich getauft werde? Sie antworteten: Wir können es. Da sagte Jesus zu ihnen: Ihr werdet den Kelch trinken, den ich trinke, und die Taufe empfangen, mit der ich getauft werde. Doch den Platz zu meiner Rechten und zu meiner Linken habe nicht ich zu vergeben; dort werden die sitzen, für die diese Plätze bestimmt sind.
Als die zehn anderen Jünger das hörten, wurden sie sehr ärgerlich über Jakobus und Johannes. Da rief Jesus sie zu sich und sagte: Ihr wisst, dass die, die als Herrscher gelten, ihre Völker unterdrücken und die Mächtigen ihre Macht über die Menschen missbrauchen. Bei euch aber soll es nicht so sein, sondern wer bei euch groß sein will, der soll euer Diener sein, und wer bei euch der Erste sein will, soll der Sklave aller sein.
Denn auch der Menschensohn ist nicht gekommen, um sich dienen zu lassen, sondern um zu dienen und sein Leben hinzugeben als Lösegeld für viele.

Zum Evangelium Es wird ernst. Sie sind mit Jesus auf dem Weg nach Jerusalem. Er kündigt ihnen an, was geschehen wird. Da möchte man sich rechtzeitig die eigenen Pfründe sichern, heute ist das nicht anders wie damals. Es tut uns sicher ganz gut zu hören, dass es auch unter den Jüngern „gemenschelt" hat. Der Wunsch nach Belohnung, das heimliche Schielen auf Erfolge und Misserfolge anderer – kommt uns das so fremd vor? Jesus stellt alle Regeln von Macht, Selbstdarstellung, Bequemlichkeit auf den Kopf: Groß ist, wer dient. Gottes Spielregeln sind nie das Normale, sondern grenzen immer an ein Wunder. Dienen und Lieben sind die sanfte Revolution in einer Welt des Ellenbogeneinsatzes. Jesu Dienen und Lieben brachte ihn ans Kreuz. Ob sich Jakobus und Johannes an ihre Bitte, zu seiner Rechten und Linken zu sitzen, erinnert haben, als sie später rechts und links neben Jesu Kreuz zwei weitere Kreuze stehen sahen?

Donnerstag der 8. Woche im Jahreskreis

Lesung *Jesus Sirach 42,15-25* Lj I

Nun will ich der Werke Gottes gedenken; /
was ich gesehen habe, will ich erzählen:
Durch Gottes Wort entstanden seine Werke; /
seine Lehre ist ein Ausfluss seiner Liebe.
Über allem strahlt die leuchtende Sonne, /
die Herrlichkeit des Herrn erfüllt alle seine Werke.
Die Heiligen Gottes vermögen nicht, /
alle seine Wunder zu erzählen.
Gott gibt seinen Heerscharen die Kraft, /
vor seiner Herrlichkeit zu bestehen.
Meerestiefe und Menschenherz durchforscht er /
und er kennt alle ihre Geheimnisse.
Der Höchste hat Kenntnis von allem, /
bis in die fernste Zeit sieht er das Kommende.
Vergangenheit und Zukunft macht er kund /
und enthüllt die Rätsel des Verborgenen.
Es fehlt ihm keine Einsicht, /
kein Ding entgeht ihm.
Seine machtvolle Weisheit hat er fest gegründet, /
er ist der Einzige von Ewigkeit her.
Nichts ist hinzuzufügen, nichts wegzunehmen, /
er braucht keinen Lehrmeister.
Alle seine Werke sind vortrefflich, /
doch sehen wir nur einen Funken und ein Spiegelbild.
Alles lebt und besteht für immer, /
für jeden Gebrauch ist alles bereit.

Jedes Ding ist vom andern verschieden, /
keines von ihnen hat er vergeblich gemacht.
Eines ergänzt durch seinen Wert das andere. /
Wer kann sich satt sehen an ihrer Pracht?

Lj II **Lesung** *1 Petrus 2,2-5.9-12* Verlangt, gleichsam als neugeborene Kinder, nach der unverfälschten, geistigen Milch, damit ihr durch sie heranwachst und das Heil erlangt. Denn ihr habt erfahren, wie gütig der Herr ist. Kommt zu ihm, dem lebendigen Stein, der von den Menschen verworfen, aber von Gott auserwählt und geehrt worden ist. Lasst euch als lebendige Steine zu einem geistigen Haus aufbauen, zu einer heiligen Priesterschaft, um durch Jesus Christus geistige Opfer darzubringen, die Gott gefallen.
Ihr aber seid ein auserwähltes Geschlecht, eine königliche Priesterschaft, ein heiliger Stamm, ein Volk, das sein besonderes Eigentum wurde, damit ihr die großen Taten dessen verkündet, der euch aus der Finsternis in sein wunderbares Licht gerufen hat. Einst wart ihr nicht sein Volk, jetzt aber seid ihr Gottes Volk; einst gab es für euch kein Erbarmen, jetzt aber habt ihr Erbarmen gefunden. Liebe Brüder, da ihr Fremde und Gäste seid in dieser Welt, ermahne ich euch: Gebt den irdischen Begierden nicht nach, die gegen die Seele kämpfen. Führt unter den Heiden ein rechtschaffenes Leben, damit sie, die euch jetzt als Übeltäter verleumden, durch eure guten Taten zur Einsicht kommen und Gott preisen am Tag der Heimsuchung.

Evangelium *Markus 10,46-52* Sie kamen nach Jericho. Als er mit seinen Jüngern und einer großen Menschenmenge Jericho wieder verließ, saß an der Straße ein blinder Bettler, Bartimäus, der Sohn des Timäus. Sobald er hörte, dass es Jesus von Nazaret war, rief er laut: Sohn Davids, Jesus, hab Erbarmen mit mir! Viele wurden ärgerlich und befahlen ihm zu schweigen. Er aber schrie noch viel lauter: Sohn Davids, hab Erbarmen mit mir! Jesus blieb stehen und sagte: Ruft ihn her! Sie riefen den Blinden und sagten zu ihm: Hab nur Mut, steh auf, er ruft dich. Da warf er seinen Mantel weg, sprang auf und lief auf Jesus zu. Und Jesus fragte ihn: Was soll ich dir tun? Der Blinde antwortete: Rabbuni, ich möchte wieder sehen können. Da sagte Jesus zu ihm: Geh! Dein Glaube hat dir geholfen. Im gleichen Augenblick konnte er wieder sehen, und er folgte Jesus auf seinem Weg.

Zum Evangelium Die Heilung des Bartimäus steht am Ende eines Textabschnittes im Markusevangelium, der von der wahren Nachfolge handelt. Vorher kündigt Jesus dreimal sein Leiden an, dreimal verstehen die Jünger nicht, dreimal werden sie in die Nachfolge gerufen. Bartimäus, dem die Augen geöffnet werden, folgt Jesus nach und gehört zu denen, die verstehen, worum es geht. Er ist Vorbild für die Jünger und Jüngerinnen. Zuerst sitzt Bartimäus, dann hört er von Jesus, und am Ende sieht er. Die Wende vom Blindsein zum Sehen ist sein Schreien. Das Schreien ist wichtig. Er ergreift die Initiative, bittet um Erbarmen und bekennt Jesus als „Sohn Davids", und damit als Messias. Er findet sich nicht ab mit seiner Blindheit, er sehnt sich und hofft und läuft hin zu Jesus, weil er in ihm den gefunden hat, dem er glaubt. Und er „warf seinen Mantel ab", seinen bisherigen Schutz, sein bisheriges Leben und wird offen für Heilung, für ein neues Leben. Dieses Sehen ist mehr als der Gewinn des Augenlichts, es ist eine neue Sicht, ein anderes Sehen, ein tieferes Erkennen. Dieses tiefere Sehen kann gar nicht anders, als dem zu folgen, der neues Leben gibt. Die Hoffnung, die Sehnsucht, das Initiativ-Werden machen Bartimäus zu einem Vorbild des Glaubens.

Freitag der 8. Woche im Jahreskreis

Lesung *Jesus Sirach 44,1.9-13* Die ehrwürdigen Männer will ich preisen, unsere Väter, wie sie aufeinander folgten. **Lj I**
Manche blieben ohne Nachruhm; sie sind erloschen, sobald sie starben. Sie sind, als wären sie nie gewesen, und ebenso auch ihre Kinder. Jene aber sind die ehrwürdigen Männer, deren Hoffnung nicht vergeht.
Bei ihren Nachkommen bleibt ihr Gut, ihr Erbe bei ihren Enkeln. Ihre Nachkommen halten fest an ihrem Bund und ebenso ihre Kinder, um der Väter willen. Ihre Nachkommen haben für immer Bestand, ihr Ruhm wird niemals ausgelöscht.

Lesung *1 Petrus 4,7-13* Das Ende aller Dinge ist nahe. Seid also besonnen und nüchtern und betet! Vor allem haltet fest an der Liebe zueinander; denn die Liebe deckt viele Sünden zu. Seid untereinander gastfreundlich, ohne zu murren. Dient einander als gute Verwalter der vielfältigen Gnade Gottes, jeder mit der Gabe, die er empfangen hat. Wer redet, der rede mit den Worten, die Gott ihm gibt; wer dient, der diene aus der Kraft, die Gott verleiht. So wird in allem Gott verherrlicht durch Jesus Christus. Sein ist die Herrlichkeit und die Macht in alle Ewigkeit. Amen. Liebe Brüder, lasst euch durch die Feuersglut, die zu eurer Prüfung über euch gekommen ist, nicht verwirren, als ob euch etwas Ungewöhnliches zustoße. Stattdessen freut euch, dass ihr Anteil an den Leiden Christi habt; denn so könnt ihr auch bei der Offenbarung seiner Herrlichkeit voll Freude jubeln. **Lj II**

Evangelium *Markus 11,11-25* In jener Zeit zog Jesus nach Jerusalem hinein, in den Tempel; nachdem er sich alles angesehen hatte, ging er spät am Abend mit den Zwölf nach Betanien hinaus.
Als sie am nächsten Tag Betanien verließen, hatte er Hunger. Da sah er von Weitem einen Feigenbaum mit Blättern und ging hin, um nach Früchten zu suchen. Aber er fand an dem Baum nichts als Blätter; denn es war nicht die

Zeit der Feigenernte. Da sagte er zu ihm: In Ewigkeit soll niemand mehr eine Frucht von dir essen. Und seine Jünger hörten es.
Dann kamen sie nach Jerusalem. Jesus ging in den Tempel und begann, die Händler und Käufer aus dem Tempel hinauszutreiben; er stieß die Tische der Geldwechsler und die Stände der Taubenhändler um und ließ nicht zu, dass jemand irgendetwas durch den Tempelbezirk trug. Er belehrte sie und sagte: Heißt es nicht in der Schrift: Mein Haus soll ein Haus des Gebetes für alle Völker sein? Ihr aber habt daraus eine Räuberhöhle gemacht.
Die Hohenpriester und die Schriftgelehrten hörten davon und suchten nach einer Möglichkeit, ihn umzubringen. Denn sie fürchteten ihn, weil alle Leute von seiner Lehre sehr beeindruckt waren. Als es Abend wurde, verließ Jesus mit seinen Jüngern die Stadt.
Als sie am nächsten Morgen an dem Feigenbaum vorbeikamen, sahen sie, dass er bis zu den Wurzeln verdorrt war. Da erinnerte sich Petrus und sagte zu Jesus: Rabbi, sieh doch, der Feigenbaum, den du verflucht hast, ist verdorrt.
Jesus sagte zu ihnen: Ihr müsst Glauben an Gott haben. Amen, das sage ich euch: Wenn jemand zu diesem Berg sagt: Heb dich empor und stürz dich ins Meer!, und wenn er in seinem Herzen nicht zweifelt, sondern glaubt, dass geschieht, was er sagt, dann wird es geschehen. Darum sage ich euch: Alles, worum ihr betet und bittet – glaubt nur, dass ihr es schon erhalten habt, dann wird es euch zuteil.
Und wenn ihr beten wollt und ihr habt einem anderen etwas vorzuwerfen, dann vergebt ihm, damit auch euer Vater im Himmel euch eure Verfehlungen vergibt.

Zum Evangelium Findet Gott Frucht, wenn er kommt? Oder nur Blätter? Gott kommt, wann er will. Deshalb ist unser Leben Entscheidungszeit. Und: Irgendwann ist es zu spät! Das ist die Mahnung der Geschichte vom verdorrten Feigenbaum.
Wie steht es um unsere Gottesbeziehung? Was müssen wir an Äußerlichem, an Machtwünschen, an Herrschaftsdenken, an Besitzdenken „austreiben“, damit Gott in den Tempel unseres Herzens einziehen kann? Diese Frage richtet die Geschichte von der Tempelreinigung an uns.
Ein Glaube, der Gott zum Lebensmittelpunkt hat, gibt uns die Kraft, uns oft berghoch erscheinende Hindernisse auf dem Weg zum wahren Leben fortzuräumen. Eine Perspektive der Veränderung geschieht durch das Beten. Aber nicht durch ein Beten, das Gott zur Erfüllung unserer oft sehr fragwürdigen Wünsche anruft, sondern durch ein Beten, das unser Dasein auf das Wesentliche zentriert, so dass sich die bisher scheinbar so wichtigen Fragen des Lebens relativieren. Gebet ist nicht Magie oder Handel, Gebet ist der Ort unserer inneren Freiheit, an dem wir uns, wie wir sind, Gottes Liebe anvertrauen.

Samstag der 8. Woche im Jahreskreis

Lesung *Jesus Sirach 51,12cd.13-20 (17-28)* Ich danke dem Herrn und will seinen Namen loben und verherrlichen. Lj I

Als ich jung und noch nicht unstet war, suchte ich eifrig die Weisheit. Sie kam zu mir in ihrer Schönheit und bis zuletzt will ich sie erstreben. Und wie nach dem Blühen die Trauben reifen, die das Herz erfreuen, so schritt mein Fuß auf geradem Weg; denn schon von Jugend an habe ich sie erkannt.

Nur kurz hörte ich hin und schon fand ich Belehrung in Menge. Sie ist für mich zur Amme geworden; meinem Lehrer will ich danken. Ich hatte im Sinn, Freude zu erleben, ich strebte ohne Rast nach Glück.

Ich verlangte brennend nach ihr und wandte von ihr meinen Blick nicht ab. Ich richtete mein Verlangen auf sie und auf ihren Höhen wanke ich nicht. Meine Hand öffnete ihre Tore und ich nahm sie leibhaftig wahr. Ich habe ihretwegen meine Hände gereinigt und ich fand die Weisheit in ihrer Reinheit. Einsicht erwarb ich durch sie von Anfang an, darum lasse ich nicht von ihr.

Lesung *Judas 17.20b-25* Ihr aber, liebe Brüder, denkt an die Worte, die von den Aposteln Jesu Christi, unseres Herrn, im Voraus verkündet worden sind. Lj II

Ihr aber, liebe Brüder, gründet euch auf euren hochheiligen Glauben und baut darauf weiter, betet in der Kraft des Heiligen Geistes, haltet fest an der Liebe Gottes und wartet auf das Erbarmen Jesu Christi, unseres Herrn, der euch das ewige Leben schenkt. Erbarmt euch derer, die zweifeln; rettet sie, entreißt sie dem Feuer! Der anderen aber erbarmt euch voll Furcht; verabscheut sogar das Gewand eines Menschen, der der Sünde verfallen ist. Dem einen Gott aber, der die Macht hat, euch vor jedem Fehltritt zu bewahren und euch untadelig und voll Freude vor seine Herrlichkeit treten zu lassen, ihm, der uns durch Jesus Christus, unseren Herrn, rettet, gebührt die Herrlichkeit, Hoheit, Macht und Gewalt vor aller Zeit und jetzt und für alle Zeiten. Amen.

Evangelium *Markus 11,27-33* In jener Zeit kamen Jesus und seine Jünger wieder nach Jerusalem. Als er im Tempel umherging, kamen die Hohenpriester, die Schriftgelehrten und die Ältesten zu ihm und fragten ihn: Mit welchem Recht tust du das alles? Wer hat dir die Vollmacht gegeben, das zu tun?

Jesus sagte zu ihnen: Zuerst will ich euch eine Frage vorlegen. Antwortet mir, dann werde ich euch sagen, mit welchem Recht ich das tue. Stammte die Taufe des Johannes vom Himmel oder von den Menschen? Antwortet mir!

Da überlegten sie und sagten zueinander: Wenn wir antworten: Vom Himmel!, so wird er sagen: Warum habt ihr ihm dann nicht geglaubt? Sollen wir also antworten: Von den Menschen? Sie fürchteten sich aber vor den Leuten; denn alle glaubten, dass Johannes wirklich ein Prophet war. Darum antworteten sie Jesus: Wir wissen es nicht.

Jesus erwiderte: Dann sage auch ich euch nicht, mit welchem Recht ich das alles tue.

Zum Evangelium Zu jeder Zeit gibt es Menschen, die sich dafür rühmen, zu allem, auch was religiöse Fragen betrifft, die „notwendige kritische Distanz" zu wahren. Sie halten sich jede Erschütterung im Namen Gottes vom Leib, obwohl sie seinen Namen ständig im Mund führen. Sie sind Meister des Ausweichens, es mangelt ihnen an Mut, Entschlossenheit, Persönlichkeit. Menschen dieser Art stellen Jesus die Frage nach seiner Legitimation. Ihre Frage zielt einzig auf den Erhalt von Macht, Gesetz und Ordnung. Sie wollen gar nicht verstehen, denn verstehen hieße: sich von Jesu Anspruch treffen und erschüttern zu lassen. Deshalb verweigert Jesus ihnen eine Antwort.
Wir müssen bereit sein, uns in Frage stellen zu lassen, damit unsere Fragen nicht ohne Antwort bleiben.

9. Woche im Jahreskreis

Montag der 9. Woche im Jahreskreis

Lj I **Lesung** *Tobit 1,3; 2,1b-8* Anfang der Geschichte Tobits. Ich, Tobit, habe mich mein ganzes Leben lang an den Weg der Wahrheit und Gerechtigkeit gehalten und ich habe den Brüdern aus meinem Stamm und meinem Volk, die mit mir zusammen in das Land der Assyrer nach Ninive gekommen waren, aus Barmherzigkeit viel geholfen.
Man veranstaltete mir zu Ehren am Pfingsttag – dem Fest der Sieben Wochen – ein Festmahl. Ich setzte mich zu Tisch; als ich aber die vielen Speisen sah, sagte ich zu meinem Sohn: Geh zu unseren Brüdern, und wenn du einen Armen findest, der dem Herrn treu geblieben ist, bring ihn her; ich warte auf dich. Er kam zurück und sagte: Auf dem Marktplatz liegt einer von unserem Volk, den man erdrosselt hat. Ich sprang auf, noch ehe ich etwas gegessen hatte, und verbarg den Toten bis zum Sonnenuntergang in einer Hütte. Nach meiner Rückkehr wusch ich mich und aß voll Trauer mein Mahl. Ich erinnerte mich an das Wort des Propheten Amos: Eure Feste sollen sich in Trauer verwandeln und alle eure Freudenlieder in Totenklage. Und ich begann zu weinen.
Nach Sonnenuntergang ging ich hinaus, um ein Grab zu schaufeln, und begrub den Toten. Meine Nachbarn aber sagten hämisch: Er hat schon gar keine Angst mehr, wegen dieser Tat hingerichtet zu werden. Eben erst hat er fliehen müssen und schon begräbt er wieder die Toten.

Lj II **Lesung** *2 Petrus 1,1-7* Simon Petrus, Knecht und Apostel Jesu Christi, an alle, die durch die Gerechtigkeit unseres Gottes und Retters Jesus Christus den gleichen kostbaren Glauben erlangt haben wie wir. Gnade sei mit euch und Friede in Fülle durch die Erkenntnis Gottes und Jesu, unseres Herrn. Alles, was für unser Leben und unsere Frömmigkeit gut ist, hat seine göttliche Macht uns geschenkt; sie hat uns den erkennen lassen, der uns durch seine Herrlichkeit und Kraft berufen hat. Durch sie wurden uns die kostbaren und überaus großen Verheißungen geschenkt, damit ihr der verderblichen Begierde, die in der Welt herrscht, entflieht und an der göttlichen Natur Anteil erhaltet. Darum setzt allen Eifer daran, mit eurem Glauben die Tugend zu verbinden, mit der Tugend die Erkenntnis, mit der Erkenntnis die Selbstbeherrschung, mit der Selbstbeherrschung die Ausdauer, mit der Ausdauer die Frömmigkeit, mit der Frömmigkeit die Brüderlichkeit und mit der Brüderlichkeit die Liebe.

Evangelium *Markus 12,1-12* Jesus begann zu ihnen (wieder) in Form von Gleichnissen zu reden. (Er sagte:) Ein Mann legte einen Weinberg an, zog ringsherum einen Zaun, hob eine Kelter aus und baute einen Turm. Dann verpachtete er den Weinberg an Winzer und reiste in ein anderes Land. Als nun die Zeit dafür gekommen war, schickte er einen Knecht zu den Winzern, um bei ihnen seinen Anteil an den Früchten des Weinbergs holen zu lassen. Sie aber packten und prügelten ihn und jagten ihn mit leeren Händen fort. Darauf schickte er einen anderen Knecht zu ihnen; auch ihn misshandelten und beschimpften sie. Als er einen dritten schickte, brachten sie ihn um. Ähnlich ging es vielen anderen; die einen wurden geprügelt, die andern umgebracht. Schließlich blieb ihm nur noch einer: sein geliebter Sohn. Ihn sandte er als letzten zu ihnen, denn er dachte: Vor meinem Sohn werden sie Achtung haben. Die Winzer aber sagten zueinander: Das ist der Erbe. Auf, wir wollen ihn töten, dann gehört sein Erbgut uns. Und sie packten ihn und brachten ihn um und warfen ihn aus dem Weinberg hinaus. Was wird nun der Besitzer des Weinbergs tun? Er wird kommen und die Winzer töten und den Weinberg anderen geben. Habt ihr nicht das Schriftwort gelesen:
Der Stein, den die Bauleute verworfen haben, / er ist zum Eckstein geworden;
das hat der Herr vollbracht, / vor unseren Augen geschah dieses Wunder?
Daraufhin hätten sie Jesus gern verhaften lassen; aber sie fürchteten die Menge. Denn sie hatten gemerkt, dass er mit diesem Gleichnis sie meinte. Da ließen sie ihn stehen und gingen weg.

Zum Evangelium Zur Zeit Jesu gab es immer wieder Vorfälle zwischen Weinbergbesitzern im Ausland und ihren Pächtern vor Ort. Jesus greift diesen Konfliktstoff auf, um über die Geschichte Gottes mit den Menschen zu erzählen. Gott wird schon bei Jesaja als Weinbergbesitzer bezeichnet, der in seiner Liebe für die Kinder Israels einen wunderschönen Weinberg als ihre Heimstatt anlegt. Aber sie vergessen, wer ihr Ursprung, ihre Heimat, ihr Glück ist. Sie wollen selber die Herren der Welt sein. Gott unternimmt immer wieder einen neuen Anlauf, um die Menschen zu gewinnen. Schließlich schickt er das Liebste, seinen eigenen Sohn, in den Weinberg namens Welt, aber auch das wird umgebracht. Eine traurige Geschichte über eine gottvergessene Welt. Aber auch eine Wundergeschichte: Denn der Sohn ist zum Eckstein geworden, Grundstein für einen Neuanfang. Die Liebe Gottes lässt sich nicht unterkriegen, weil er an seiner Sehnsucht festhält, dass wir eins werden mit ihm. Was für ein Gott, der uns immer wieder wundern macht!

Dienstag der 9. Woche im Jahreskreis

Lj I **Lesung** *Tobit 2,9-14* Als ich, Tobit, am Pfingsttag einen Toten begraben hatte, und in der Nacht nach Hause kam, legte ich mich an der Hofmauer zum Schlafen nieder, weil ich unrein geworden war. Mein Gesicht ließ ich unbedeckt, ohne auf die Sperlinge zu achten, die in der Mauer nisteten. Da ließen die Sperlinge ihren warmen Kot in meine offenen Augen fallen, und es bildeten sich weiße Flecke in meinen Augen. Ich ging zu den Ärzten, doch sie konnten mir nicht helfen. Achikar sorgte für meinen Unterhalt, bis er in die Provinz Elymaïs zog.
Meine Frau Hanna fertigte zu Hause Webarbeiten an, wie sie Frauen zu machen pflegen, und lieferte sie dann bei den Bestellern ab. Einmal geschah es, dass sie ihr nicht nur den Lohn zahlten, sondern auch noch ein Ziegenböckchen dazuschenkten. Als sie heimkam, fing das Tier an zu meckern. Ich fragte sie: Wo hast du das Böckchen her? Es ist doch nicht etwa gestohlen? Dann gib es seinen Eigentümern zurück! Denn was gestohlen ist, darf man nicht essen. Sie erwiderte: Es wurde mir zusätzlich zu meinem Lohn geschenkt. Aber ich glaubte ihr nicht und verlangte, dass sie es seinen Eigentümern zurückbrachte, und ich schämte mich ihretwegen. Doch sie antwortete: Wo ist denn der Lohn für deine Barmherzigkeit und Gerechtigkeit? Jeder weiß, was sie dir eingebracht haben.

Lj II **Lesung** *2 Petrus 3,12-15a.17-18* Liebe Schwestern und Brüder! Ihr müsst den Tag Gottes erwarten und seine Ankunft beschleunigen! An jenem Tag wird sich der Himmel im Feuer auflösen und die Elemente werden im Brand zerschmelzen. Dann erwarten wir, seiner Verheißung gemäß, einen neuen Himmel und eine neue Erde, in denen die Gerechtigkeit wohnt.
Weil ihr das erwartet, liebe Brüder, bemüht euch darum, von ihm ohne Makel und Fehler und in Frieden angetroffen zu werden. Seid überzeugt, dass die Geduld unseres Herrn eure Rettung ist.
Ihr aber, liebe Brüder, sollt das im Voraus wissen und Acht geben, dass ihr euch nicht von dem Irrtum der Gottesverächter mitreißen lasst, euren Halt verliert und zu Fall kommt. Wachset in der Gnade und Erkenntnis unseres

Herrn und Retters Jesus Christus! Ihm gebührt die Herrlichkeit, jetzt und bis zum Tag der Ewigkeit. Amen.

Evangelium *Markus 12,13-17* In jener Zeit wurden einige Pharisäer und einige Anhänger des Herodes zu Jesus geschickt, um ihn mit einer Frage in eine Falle zu locken. Sie kamen zu ihm und sagten: Meister, wir wissen, dass du immer die Wahrheit sagst und dabei auf niemand Rücksicht nimmst; denn du siehst nicht auf die Person, sondern lehrst wirklich den Weg Gottes. Ist es erlaubt, dem Kaiser Steuer zu zahlen, oder nicht? Sollen wir sie zahlen oder nicht zahlen?
Er aber durchschaute ihre Heuchelei und sagte zu ihnen: Warum stellt ihr mir eine Falle? Bringt mir einen Denar, ich will ihn sehen. Man brachte ihm einen. Da fragte er sie: Wessen Bild und Aufschrift ist das? Sie antworteten ihm: Des Kaisers. Da sagte Jesus zu ihnen: So gebt dem Kaiser, was dem Kaiser gehört, und Gott, was Gott gehört! Und sie waren sehr erstaunt über ihn.

Zum Evangelium Die Steuer wurde durch jüdische Behörden im Auftrag des römischen Statthalters eingezogen. Sie machte dem jüdischen Volk schmerzlich seine Fremdbestimmtheit bewusst. Wie wird sich Jesus zu diesem Problem verhalten? Die Fallensteller kommen mit ihrer Frage aus beiden Lagern, dem jüdischen Volk und den Anhängern des Herodes. Für Jesus eine prekäre Lage. Sagt Jesus „Ja“, stellt er sich gegen einen großen Teil des frommen Volkes; sagt er „Nein“, ist er in den Augen der römischen Besatzungsmacht ein Aufrührer. Jesus lässt sich eine Steuermünze geben: Sie trägt das Bild und den Namen des Kaisers. Die Juden tragen sie mit sich herum und dokumentieren damit, dass sie sich mit der Kaiserherrschaft arrangiert haben. Also „gebt dem Kaiser, was dem Kaiser gehört“, aber eben nur das! Und „gebt Gott, was Gott gehört!“ Die Münze des Lebens hat immer eine zweite Seite, auf die kein „Kaiser“ je Zugriff hat. Und auf die Seite kommt es vor allem an. Den Tribut an die Welt müssen wir zahlen. Aber unser Herz gehört Gott. Der Anspruch Gottes auf mein Leben begrenzt jeden absoluten Anspruch der Politik, und im Konflikt geht es immer darum, dass man „Gott mehr gehorchen muss als den Menschen“ (Apg 5,29). Unser Christsein in dieser Welt heißt, sich Rechenschaft zu geben, was „des Kaisers und was Gottes ist“ und die richtige Reihenfolge einzuhalten.

Mittwoch der 9. Woche im Jahreskreis

Lesung *Tobit 3,1-11a.16-17a* In jenen Tagen wurde ich, Tobit, traurig **Lj I**
und begann zu weinen. In meinem Schmerz betete ich: Herr, du bist gerecht, alle deine Wege und Taten zeugen von deiner Barmherzigkeit und Wahrheit; wahr und gerecht ist dein Gericht in Ewigkeit. Denk an mich und blick auf mich herab! Straf mich nicht für die Sünden und Fehler, die

ich und meine Väter dir gegenüber begangen haben. Sie haben nicht auf deine Gebote gehört. Darum hast du uns der Plünderung, der Gefangenschaft und dem Tod preisgegeben; bei allen Völkern, unter die wir zerstreut worden sind, hast du uns zum Gespött gemacht. Auch jetzt treffen mich zu Recht deine harten Strafen, die du über mich kommen lässt wegen meiner und meiner Väter Sünden. Denn wir haben deine Gebote nicht gehalten und haben den Weg deiner Wahrheit verlassen. Tu also mit mir, was dir gefällt. Lass meinen Geist von mir scheiden; lass mich sterben und zu Staub werden! Es ist besser für mich, tot zu sein als zu leben. Denn ungerechte Vorwürfe musste ich anhören und ich bin sehr betrübt. Lass mich jetzt aus meiner Not zur ewigen Ruhestatt gelangen! Wende deine Augen nicht von mir ab!

Am gleichen Tag geschah es, dass in Ekbatana in Medien Sara, die Tochter Raguëls, von den Mägden ihres Vaters ebenfalls beschimpft wurde. Sie war mit sieben Männern verheiratet gewesen; doch der böse Dämon Aschmodai hatte sie alle getötet, bevor sie mit ihr geschlafen hatten. Die Mägde sagten zu ihr: Begreifst du denn nicht, dass du deine eigenen Männer erwürgst? Sieben hast du gehabt, doch kein einziger ist dir geblieben. Mit welchem Recht also behandelst du uns so hart? Wenn sie schon sterben mussten, dann verschwinde du doch mit ihnen! Hoffentlich bekommen wir nie einen Sohn oder eine Tochter von dir zu sehen.

Als Sara das hörte, wurde sie so traurig, dass sie sich erhängen wollte. Aber sie dachte: Ich bin die einzige Tochter meines Vaters. Wenn ich das täte, wäre es eine große Schande für ihn und ich wäre schuld daran, dass der alte Mann vor Kummer ins Grab sinkt. Darum trat sie ans Fenster und betete: Gepriesen seist du, Herr, mein Gott. Gepriesen sei dein heiliger und ehrwürdiger Name in Ewigkeit.

Das Gebet beider, Tobits und Saras, fand Gehör bei der Majestät des großen Rafael. Er wurde gesandt, um beide zu heilen: um Tobit von den weißen Flecken auf seinen Augen zu befreien und um Sara, die Tochter Raguëls, mit Tobits Sohn Tobias zu vermählen und den bösen Dämon Aschmodai zu fesseln. Denn Tobias sollte Sara zur Frau haben.

Lj II **Lesung** *2 Timotheus 1,1-3.6-12* Paulus, durch den Willen Gottes zum Apostel Christi Jesu berufen, um das Leben in Christus Jesus, das uns verheißen ist, zu verkündigen, an Timotheus, seinen geliebten Sohn: Gnade, Erbarmen und Friede von Gott, dem Vater, und Christus Jesus, unserem Herrn.

Ich danke Gott, dem ich wie schon meine Vorfahren mit reinem Gewissen diene – ich danke ihm bei Tag und Nacht in meinen Gebeten, in denen ich unablässig an dich denke.

Darum rufe ich dir ins Gedächtnis: Entfache die Gnade Gottes wieder, die dir durch die Auflegung meiner Hände zuteil geworden ist. Denn Gott hat uns

nicht einen Geist der Verzagtheit gegeben, sondern den Geist der Kraft, der Liebe und der Besonnenheit.
Schäme dich also nicht, dich zu unserem Herrn zu bekennen; schäme dich auch meiner nicht, der ich seinetwegen im Gefängnis bin, sondern leide mit mir für das Evangelium. Gott gibt dazu die Kraft: Er hat uns gerettet; mit einem heiligen Ruf hat er uns gerufen, nicht aufgrund unserer Werke, sondern aus eigenem Entschluss und aus Gnade, die uns schon vor ewigen Zeiten in Christus Jesus geschenkt wurde; jetzt aber wurde sie durch das Erscheinen unseres Retters Christus Jesus offenbart. Er hat dem Tod die Macht genommen und uns das Licht des unvergänglichen Lebens gebracht durch das Evangelium, als dessen Verkünder, Apostel und Lehrer ich eingesetzt bin.
Darum muss ich auch dies alles erdulden; aber ich schäme mich nicht, denn ich weiß, wem ich Glauben geschenkt habe, und ich bin überzeugt, dass er die Macht hat, das mir anvertraute Gut bis zu jenem Tag zu bewahren.

Evangelium *Markus 12,18-27* In jener Zeit kamen einige von den Sadduzäern, die behaupten, es gebe keine Auferstehung, zu Jesus und fragten ihn: Meister, Mose hat uns vorgeschrieben: Wenn ein Mann, der einen Bruder hat, stirbt und eine Frau hinterlässt, aber kein Kind, dann soll sein Bruder die Frau heiraten und seinem Bruder Nachkommen verschaffen.
Es lebten einmal sieben Brüder. Der erste nahm sich eine Frau, und als er starb, hinterließ er keine Nachkommen. Da nahm sie der zweite; auch er starb, ohne Nachkommen zu hinterlassen, und ebenso der dritte. Keiner der sieben hatte Nachkommen. Als letzte von allen starb die Frau. Wessen Frau wird sie nun bei der Auferstehung sein? Alle sieben haben sie doch zur Frau gehabt.
Jesus sagte zu ihnen: Ihr irrt euch, ihr kennt weder die Schrift noch die Macht Gottes. Wenn nämlich die Menschen von den Toten auferstehen, werden sie nicht mehr heiraten, sondern sie werden sein wie die Engel im Himmel. Dass aber die Toten auferstehen, habt ihr das nicht im Buch des Mose gelesen, in der Geschichte vom Dornbusch, in der Gott zu Mose spricht: Ich bin der Gott Abrahams, der Gott Isaaks und der Gott Jakobs?
Er ist doch nicht ein Gott von Toten, sondern von Lebenden. Ihr irrt euch sehr.

Zum Evangelium Die Sadduzäer sind die Modernen und Aufgeklärten ihrer Zeit. Sie ähneln in gewisser Weise den Aufgeklärten unserer Zeit. Man macht lächerlich und lehnt ab, was nicht beweisbar ist. Weil nicht ist, was nicht sein kann, lasst uns heute gut für unser Ego sorgen und essen und trinken, denn morgen sind wir tot. – Jesus lässt sich nicht auf die Diskussion über ein fiktives Beispiel ein, nach welchen Kriterien zwischenmenschliche Beziehungen im Himmel weiter existieren werden. Menschliche Definitionen reichen nicht aus, um das zu fassen, was Jesus zum Thema Leben offenbart hat. In jeder Phase der Veränderung menschlichen Lebens ist Gott auf der Seite des sich verändernden Lebens, auch und gerade in den gefürchteten Phasen wie Krankheit, Alter, Schmerz. Jeder Augenblick des Lebens, und sei er noch so kurz, ist das Leben, das Gott meint, wenn er sagt: „Ich bin kein Gott von Toten, sondern von Lebenden." Er bleibt auch der Gott meines Lebens, wenn eines Tages der Tod kommt. Er bleibt mein Leben durch meinen Tod hindurch. „Unser Leben sind Flüsse – die zum Tode führen – der Leben bedeutet" (Ernesto Cardenal).

Donnerstag der 9. Woche im Jahreskreis

Lj I **Lesung** *Tobit 6,10-11; 7,1.8(9)-17; 8,4-9 (9a)* In jenen Tagen, als sie in der Nähe der Stadt Ekbatana waren, sagte der Engel zu dem jungen Tobias: Bruder, heute werden wir bei Raguël übernachten. Es ist ein Verwandter von dir. Er hat nur ein einziges Kind, eine Tochter namens Sara.
Als sie in Ekbatana beim Haus Raguëls angelangt waren, kam ihnen Sara entgegen und hieß sie willkommen. Sie erwiderten ihren Gruß und Sara führte sie ins Haus. Man schlachtete einen Widder und setzte ihnen ein reiches Mahl vor.
Da bat Tobias den Rafael: Asarja, mein Bruder, bring doch zur Sprache, worüber du unterwegs mit mir geredet hast, damit die Sache zu einem glücklichen Ende kommt. Rafael teilte Raguël alles mit. Darauf sagte Raguël zu Tobias: Iss und trink und lass es dir gut gehen! Du hast einen Anspruch darauf, mein Kind zu heiraten. Ich muss dir aber die Wahrheit sagen: Ich habe meine Tochter schon sieben Männern zur Frau gegeben; doch jeder, der zu ihr ins Brautgemach ging, ist noch in derselben Nacht gestorben. Aber lass es dir jetzt trotzdem gut gehen! Tobias erwiderte: Ich will nichts essen, ehe ihr sie mir nicht feierlich zur Frau gegeben habt. Da sagte Raguël: Du sollst sie bekommen, sie ist von jetzt an nach Recht und Gesetz deine Frau. Du bist mit ihr verwandt; sie gehört dir. Der barmherzige Gott schenke euch viel Glück. Und er ließ seine Tochter Sara rufen, nahm sie bei der Hand und gab sie Tobias zur Frau; er sagte: Hier, sie ist dein nach dem Gesetz des Mose. Führ sie zu deinem Vater! Und er segnete sie. Dann rief er seine Frau Edna herbei, nahm ein Blatt Papier, schrieb den Ehevertrag und man setzte das Siegel darunter. Darauf begannen sie mit dem Mahl.
Raguël rief seine Frau Edna und sagte zu ihr: Schwester, richte das andere Zimmer her und führ Sara hinein. Sie tat, was er sagte, und führte sie hinein. Sara aber begann zu weinen. Ihre Mutter trocknete ihr die Tränen und tröstete sie: Hab Vertrauen, mein Kind! Nach so viel Leid schenke dir der Herr des Himmels und der Erde endlich Freude. Hab nur Vertrauen, meine Tochter!
Als Tobias und Sara in der Kammer allein waren, erhob sich Tobias vom Lager und sagte: Steh auf, Schwester, wir wollen beten, damit der Herr Erbarmen mit uns hat.

Und er begann zu beten: Sei gepriesen, Gott unserer Väter; gepriesen sei dein heiliger und ruhmreicher Name in alle Ewigkeit. Die Himmel und alle deine Geschöpfe müssen dich preisen. Du hast Adam erschaffen und hast ihm Eva zur Frau gegeben, damit sie ihm hilft und ihn ergänzt. Von ihnen stammen alle Menschen ab. Du sagtest: Es ist nicht gut, dass der Mensch allein ist; wir wollen für ihn einen Menschen machen, der ihm hilft und zu ihm passt. Darum, Herr, nehme ich diese meine Schwester auch nicht aus reiner Lust zur Frau, sondern aus wahrer Liebe. Hab Erbarmen mit mir und lass mich gemeinsam mit ihr ein hohes Alter erreichen! Und Sara sagte zusammen mit ihm: Amen. Und beide schliefen die Nacht über miteinander.

Lesung *2 Timotheus 2,8-15* Denk daran, dass Jesus Christus, der Nachkomme Davids, von den Toten auferstanden ist; so lautet mein Evangelium, für das ich zu leiden habe und sogar wie ein Verbrecher gefesselt bin; aber das Wort Gottes ist nicht gefesselt. Das alles erdulde ich um der Auserwählten willen, damit auch sie das Heil in Christus Jesus und die ewige Herrlichkeit erlangen. Das Wort ist glaubwürdig: Wenn wir mit Christus gestorben sind, werden wir auch mit ihm leben; wenn wir standhaft bleiben, werden wir auch mit ihm herrschen; wenn wir ihn verleugnen, wird auch er uns verleugnen. Wenn wir untreu sind, bleibt er doch treu, denn er kann sich selbst nicht verleugnen. **Lj II**

Ruf ihnen das ins Gedächtnis und beschwöre sie bei Gott, sich nicht um Worte zu streiten; das ist unnütz und führt die Zuhörer nur ins Verderben. Bemüh dich darum, dich vor Gott zu bewähren als ein Arbeiter, der sich nicht zu schämen braucht, als ein Mann, der offen und klar die wahre Lehre vertritt.

Evangelium *Markus 12,28b-34* Ein Schriftgelehrter ging zu Jesus hin und fragte ihn: Welches Gebot ist das erste von allen? Jesus antwortete: Das erste ist: Höre, Israel, der Herr, unser Gott, ist der einzige Herr. Darum sollst du den Herrn, deinen Gott, lieben mit ganzem Herzen und ganzer Seele, mit all deinen Gedanken und all deiner Kraft. Als zweites kommt hinzu: Du sollst deinen Nächsten lieben wie dich selbst. Kein anderes Gebot ist größer als diese beiden.

Da sagte der Schriftgelehrte zu ihm: Sehr gut, Meister! Ganz richtig hast du gesagt: Er allein ist der Herr, und es gibt keinen anderen außer ihm, und ihn mit ganzem Herzen, ganzem Verstand und ganzer Kraft zu lieben und den Nächsten zu lieben wie sich selbst, ist weit mehr als alle Brandopfer und anderen Opfer.

Jesus sah, dass er mit Verständnis geantwortet hatte, und sagte zu ihm: Du bist nicht fern vom Reich Gottes. Und keiner wagte mehr, Jesus eine Frage zu stellen.

Zum Evangelium In der Frage des Schriftgelehrten nach dem wichtigsten Gebot geht es sowohl um eine für alle verbindliche Maxime in einer Vielzahl von An-Geboten als auch um die ganz persönliche Lebensorientierung. Jesus beantwortet die Frage, indem er aus der Thora das zentrale „Glaubensbekenntnis" „Höre, Israel ..." zitiert. Höre auf den, der allein Gott ist. Höre auf den, der dich von Anfang an geliebt hat. Und beantworte seine Liebe. Weil er der Alleinige und Einzige ist, haben wir nicht das Sagen, sondern das Hören, sind wir nicht die Wählenden, sondern die Gewählten. Das ganze Herz, die ganze Seele, die ganze Kraft sollen wir in die Beziehung zu dem einen Gott investieren und uns von dieser Beziehung nicht ablenken lassen durch eigene Pläne, Geschichten, Hoffnungen, weder von dem, was war, noch von dem, was kommen wird. Wenn ich so eindeutig aus und in dieser Liebesbeziehung zu Gott lebe, wird alles andere eine Frage „zweiter Ordnung". Meine Liebe zu Gott erweist sich durch meine Liebe zum Mitmenschen. Der Weg zu meinem Nächsten ist der Weg zu Gott und der Weg zu mir selbst. Dem anderen gehört genauso wie mir die eine Welt Gottes, deshalb müssen wir sie miteinander teilen, statt uns gegenseitig etwas wegzunehmen. „Einen Menschen lieben heißt, ihn so zu sehen, wie Gott ihn gemeint hat" (Dostojewski).

Freitag der 9. Woche im Jahreskreis

Lj I **Lesung** *Tobit 11,5-14* Hanna saß am Weg und hielt nach ihrem Sohn Ausschau. Als sie ihn kommen sah, rief sie seinem Vater zu: Dein Sohn kommt zurück und mit ihm der Mann, der ihn begleitet hat. Rafael aber sagte zu Tobias: Ich weiß, dein Vater wird wieder sehen können. Streich ihm die Galle auf die Augen! Sie wird zwar brennen; aber wenn er sich die Augen reibt, wird er die weißen Flecken wegwischen und wird dich wieder sehen können. Hanna war inzwischen herbeigeeilt, fiel ihrem Sohn um den Hals und rief: Ich habe dich wieder gesehen, mein Sohn, jetzt kann ich ruhig sterben. Und beide brachen in Tränen aus. Auch Tobit versuchte, ihm entgegenzugehen, stolperte aber an der Tür. Da lief ihm sein Sohn entgegen und fing ihn auf. Und er strich seinem Vater die Galle auf die Augen und sagte: Hab keine Angst, mein Vater! Tobit rieb sich die Augen, weil sie brannten; da begannen die weißen Flecken, sich von den Augenwinkeln aus abzulösen. Und er konnte seinen Sohn sehen, fiel ihm um den Hals und sagte unter Tränen: Sei gepriesen, Gott, gepriesen sei dein heiliger Name in Ewigkeit. Gepriesen seien alle deine heiligen Engel. Du hast mich gezüchtigt und hast wieder Erbarmen mit mir gehabt. Denn ich darf meinen Sohn Tobias wieder sehen.
Voll Freude ging der Sohn mit seinem Vater ins Haus und erzählte ihm, was für wunderbare Dinge er in Medien erlebt hatte.
Dann ging Tobit seiner Schwiegertochter bis an das Tor von Ninive entgegen. Er war voll Freude und pries Gott und alle, die ihn sahen, staunten, dass

er wieder sehen konnte. Tobit aber bezeugte ihnen, dass Gott Erbarmen mit ihm gehabt hatte. Als Tobit seiner Schwiegertochter begegnete, segnete er sie und sagte: Sei willkommen, meine Tochter! Gepriesen sei Gott, der dich zu uns geführt hat, und gesegnet seien dein Vater und deine Mutter.

Lesung *2 Timotheus 3,10-17* Mein Sohn! Du bist mir gefolgt in der Lehre, im Leben und Streben, im Glauben, in der Langmut, der Liebe und der Ausdauer, in den Verfolgungen und Leiden, denen ich in Antiochia, Ikonion und Lystra ausgesetzt war. Welche Verfolgungen habe ich erduldet! Und aus allen hat der Herr mich errettet. So werden alle, die in der Gemeinschaft mit Christus Jesus ein frommes Leben führen wollen, verfolgt werden. Böse Menschen und Schwindler dagegen werden immer mehr in das Böse hineingeraten; sie sind betrogene Betrüger. **Lj II**
Du aber bleibe bei dem, was du gelernt und wovon du dich überzeugt hast. Du weißt, von wem du es gelernt hast; denn du kennst von Kindheit an die heiligen Schriften, die dir Weisheit verleihen können, damit du durch den Glauben an Christus Jesus gerettet wirst.
Jede von Gott eingegebene Schrift ist auch nützlich zur Belehrung, zur Widerlegung, zur Besserung, zur Erziehung in der Gerechtigkeit; so wird der Mensch Gottes zu jedem guten Werk bereit und gerüstet sein.

Evangelium *Markus 12,35-37* In jener Zeit, als Jesus im Tempel lehrte, sagte er: Wie können die Schriftgelehrten behaupten, der Messias sei der Sohn Davids? Denn David hat, vom Heiligen Geist erfüllt, selbst gesagt:
Der Herr sprach zu meinem Herrn: Setze dich mir zur Rechten und ich lege dir deine Feinde unter die Füße. David selbst also nennt ihn „Herr“. Wie kann er dann Davids Sohn sein?
Es war eine große Menschenmenge versammelt und hörte ihm mit Freude zu.

Zur Lesung Wie gehen wir mit schweren persönlichen Schicksalsschlägen um? Manche Menschen verbittern, manche verkriechen sich, manche werden zynisch oder gewalttätig. Manche aber lernen, ihr Schicksal anzunehmen und an ihm zu reifen. Tobit ist ein Beispiel dafür. Die Zeit der Blindheit hat seinen Blick nach innen geschärft. Sein persönliches Leid lässt ihn nicht gegen Gott antreten. Er weiß: Gottes Größe ist unabhängig von seinem Schicksal. Ein Mensch, der erkennt, wie arm er ohne Gott ist, kann sich von Gott beschenken lassen. Gottes Geschenk an Tobit ist das wiedergewonnene Augenlicht (und damit eine neue Sicht des Lebens) und das Glück seines Sohnes und seiner Frau. Glück ist für Tobit geteiltes Glück. **Lj I**
„Mein Glück das ist unser Glück / Meine Sonne das ist unsere Sonne / Wir teilen uns das Leben / Der Raum und die Zeit gehören allen“ (Paul Eluard).

Lj II **Zur Lesung** Wenn ich auf mein Leben zurückblicke, was hat meinen Glauben besonders geprägt? Ist er in Krisen geraten, habe ich ihn in Zweifel gezogen, ist er erwachsen geworden oder in den Kinderschuhen stecken geblieben? Was hat ihn gefestigt, was hat ihn gefährdet? Um diese Thematik dreht sich auch der Brief an Timotheus, einen früheren Schüler von Paulus. Paulus sitzt im Gefängnis und wartet auf seinen Tod. Seine Abschiedsworte wirken wie ein Ver- mächtnis, das er Timotheus und seiner Gemeinde übergibt. Wenn der Glaube ins Wanken gerät, wenn die erste Begeisterung nachlässt, ist es wichtig, sich auf das zu besinnen, was die bleibende Grundlage des Glaubens ist. Für Paulus sind es die „heiligen Schriften", die uns auf unserem Weg zu einem reifen Glauben begleiten. Sie sind „nützlich zur Belehrung, zur Widerlegung, zur Besserung, zur Erziehung der Gerechtigkeit": Glaube ist mehr als ein Gefühl, Glauben ist Nachdenken, Zusammenhänge verstehen, sich auseinandersetzen. Glauben heißt spüren, wo ich Besserung, Vergebung brauche, Glaube setzt sich ein für Gerechtigkeit, bewährt sich im Umgang miteinander. Dieser Glaube hört nicht auf, wenn es schwierig wird, sondern er wächst mit den Herausforderungen des Lebens mit. Er ist das Kraftzentrum, das die kleinen und großen, die schmerzlichen und die frohen Ereignisse auf unserem Weg ordnet.

Samstag der 9. Woche im Jahreskreis

Lj I **Lesung** *Tobit 12,1.5-15.20* In jenen Tagen rief Tobit seinen Sohn Tobias zu sich und sagte: Mein Sohn, vergiss nicht den Lohn für den Mann, der dich begleitet hat. Du musst ihm aber mehr geben, als wir ihm versprochen haben. Dann rief er den Engel zu sich und sagte: Nimm die Hälfte von allem, was ihr mitgebracht habt. Der Engel aber nahm die beiden beiseite und sagte zu ihnen: Preist Gott und lobt ihn! Gebt ihm die Ehre und bezeugt vor allen Menschen, was er für euch getan hat. Es ist gut, Gott zu preisen und seinen Namen zu verherrlichen und voll Ehrfurcht seine Taten zu verkünden. Hört nie auf, ihn zu preisen. Es ist gut, das Geheimnis eines Königs zu wahren; die Taten Gottes aber soll man offen rühmen. Tut Gutes, dann wird euch kein Unglück treffen. Es ist gut, zu beten und zu fasten, barmherzig und gerecht zu sein. Lieber wenig, aber gerecht, als viel und ungerecht. Besser barmherzig sein als Gold aufhäufen. Denn Barmherzigkeit rettet vor dem Tod und reinigt von jeder Sünde. Wer barmherzig und gerecht ist, wird lange leben. Wer aber sündigt, ist der Feind seines eigenen Lebens.
Ich will euch nichts verheimlichen; ich habe gesagt: Es ist gut, das Geheimnis eines Königs zu wahren; die Taten Gottes aber soll man offen rühmen.
Darum sollt ihr wissen: Als ihr zu Gott flehtet, du und deine Schwiegertochter Sara, da habe ich euer Gebet vor den heiligen Gott gebracht. Und ebenso bin ich in deiner Nähe gewesen, als du die Toten begraben hast. Auch als du ohne zu zögern vom Tisch aufgestanden bist und dein Essen stehen gelas-

sen hast, um einem Toten den letzten Dienst zu erweisen, blieb mir deine gute Tat nicht verborgen, sondern ich war bei dir. Nun hat mich Gott auch gesandt, um dich und deine Schwiegertochter Sara zu heilen. Ich bin Rafael, einer von den sieben heiligen Engeln, die das Gebet der Heiligen emportragen und mit ihm vor die Majestät des heiligen Gottes treten. Jetzt aber dankt Gott! Ich steige wieder auf zu dem, der mich gesandt hat. Doch ihr sollt alles, was geschehen ist, in einem Buch aufschreiben.

Lesung *2 Timotheus 4,1-8* Mein Sohn! Ich beschwöre dich bei Gott und bei Christus Jesus, dem kommenden Richter der Lebenden und der Toten, bei seinem Erscheinen und bei seinem Reich: Verkünde das Wort, tritt dafür ein, ob man es hören will oder nicht; weise zurecht, tadle, ermahne, in unermüdlicher und geduldiger Belehrung. **Lj II**

Denn es wird eine Zeit kommen, in der man die gesunde Lehre nicht erträgt, sondern sich nach eigenen Wünschen immer neue Lehrer sucht, die den Ohren schmeicheln; und man wird der Wahrheit nicht mehr Gehör schenken, sondern sich Fabeleien zuwenden.

Du aber sei in allem nüchtern, ertrage das Leiden, verkünde das Evangelium, erfülle treu deinen Dienst! Denn ich werde nunmehr geopfert, und die Zeit meines Aufbruchs ist nahe. Ich habe den guten Kampf gekämpft, den Lauf vollendet, die Treue gehalten. Schon jetzt liegt für mich der Kranz der Gerechtigkeit bereit, den mir der Herr, der gerechte Richter, an jenem Tag geben wird, aber nicht nur mir, sondern allen, die sehnsüchtig auf sein Erscheinen warten.

Evangelium *Markus 12,38-44* In jener Zeit lehrte Jesus eine große Menschenmenge: und sagte: Nehmt euch in Acht vor den Schriftgelehrten! Sie gehen gern in langen Gewändern umher, lieben es, wenn man sie auf den Straßen und Plätzen grüßt, und sie wollen in der Synagoge die vordersten Sitze und bei jedem Festmahl die Ehrenplätze haben. Sie bringen die Witwen um ihre Häuser und verrichten in ihrer Scheinheiligkeit lange Gebete. Aber umso härter wird das Urteil sein, das sie erwartet.

Als Jesus einmal dem Opferkasten gegenübersaß, sah er zu, wie die Leute Geld in den Kasten warfen. Viele Reiche kamen und gaben viel. Da kam auch eine arme Witwe und warf zwei kleine Münzen hinein. Er rief seine Jünger zu sich und sagte: Amen, ich sage euch: Diese arme Witwe hat mehr in den Opferkasten hineingeworfen als alle andern. Denn sie alle haben nur etwas von ihrem Überfluss hergegeben; diese Frau aber, die kaum das Nötigste zum Leben hat, sie hat alles gegeben, was sie besaß, ihren ganzen Lebensunterhalt.

Zum Evangelium Die Schriftgelehrten gehen davon aus, der Glaube gebe ihnen eine bessere Position im Leben. Nach Jesu Worten aber ist der Glaube eine Veränderung im Leben und keine gesellschaftliche Position.

Jesus stellt dem Verhalten der Schriftgelehrten das Verhalten der Witwe gegenüber. Sie hat fast nichts und gibt doch alles, was sie hat – weil sie weiß, dass ihr auch das Wenige, was sie hat, geschenkt ist und dass sie sich selbst nichts zu verdanken hat. Sie ist Beispiel für einen Glauben, der sich selbst gibt und nicht an sich festhält. So wie Jesus, der nichts anderes getan hat, als sich selbst zu geben. Die Schriftgelehrten glauben, sie hätten sich das, was sie haben, selber zu verdanken und brüsten sich damit. Das Verhalten der Schriftgelehrten steckt in uns, wenn wir vor allem an uns selbst glauben, unser gutes Tun sichtbar machen und uns in Szene setzen. Das Verhalten der Witwe steckt in den Momenten in uns, in denen wir versuchen, alles zu geben: das „alles" ist nicht unser Reichtum, sondern unsere Armut: wir selbst. Wir haben nichts, dessen wir uns rühmen könnten, aber wir dürfen uns freuen, denn alles ist uns geschenkt. „Du kannst alles neu machen für die, die dir nahekommen, indem du aus deiner Armut gibst, mit deinem Reichtum richtest du nichts aus" (Kirsten Jorgensen).

10. Woche im Jahreskreis

Montag der 10. Woche im Jahreskreis

Lj I **Lesung** *2 Korinther 1,1-7* Paulus, durch Gottes Willen Apostel Christi Jesu, und der Bruder Timotheus an die Kirche Gottes, die in Korinth ist, und an alle Heiligen in ganz Achaia. Gnade sei mit euch und Friede von Gott, unserem Vater, und dem Herrn Jesus Christus.

Gepriesen sei der Gott und Vater Jesu Christi, unseres Herrn, der Vater des Erbarmens und der Gott allen Trostes. Er tröstet uns in all unserer Not, damit auch wir die Kraft haben, alle zu trösten, die in Not sind, durch den Trost, mit dem auch wir von Gott getröstet werden. Wie uns nämlich die Leiden Christi überreich zuteil geworden sind, so wird uns durch Christus auch überreicher Trost zuteil.

Sind wir aber in Not, so ist es zu eurem Trost und Heil, und werden wir getröstet, so geschieht auch das zu eurem Trost; er wird wirksam, wenn ihr geduldig die gleichen Leiden ertragt, die auch wir ertragen.

Unsere Hoffnung für euch ist unerschütterlich; wir sind sicher, dass ihr mit uns nicht nur an den Leiden teilhabt, sondern auch am Trost.

Lj II **Lesung** *1 Könige 17,1-6* In jenen Tagen sprach der Prophet Elija aus Tischbe in Gilead zu Ahab, dem König von Israel: So wahr der Herr, der Gott Israels, lebt, in dessen Dienst ich stehe: In diesen Jahren sollen weder Tau noch Regen fallen, es sei denn auf mein Wort hin.

Danach erging das Wort des Herrn an Elija: Geh weg von hier, wende dich nach Osten und verbirg dich am Bach Kerit östlich des Jordan! Aus dem

Bach sollst du trinken und den Raben habe ich befohlen, dass sie dich dort ernähren.
Elija ging weg und tat, was der Herr befohlen hatte; er begab sich zum Bach Kerit östlich des Jordan und ließ sich dort nieder. Die Raben brachten ihm Brot und Fleisch am Morgen und ebenso Brot und Fleisch am Abend und er trank aus dem Bach.

Evangelium *Matthäus 5,1-12* In jener Zeit, als Jesus die vielen Menschen sah, die ihm folgten, stieg er auf einen Berg. Er setzte sich, und seine Jünger traten zu ihm. Dann begann er zu reden und lehrte sie.
Er sagte: Selig, die arm sind vor Gott; denn ihnen gehört das Himmelreich. Selig die Trauernden; denn sie werden getröstet werden. Selig, die keine Gewalt anwenden; denn sie werden das Land erben. Selig, die hungern und dürsten nach der Gerechtigkeit; denn sie werden satt werden. Selig die Barmherzigen; denn sie werden Erbarmen finden. Selig, die ein reines Herz haben; denn sie werden Gott schauen. Selig, die Frieden stiften; denn sie werden Söhne Gottes genannt werden. Selig, die um der Gerechtigkeit willen verfolgt werden; denn ihnen gehört das Himmelreich.
Selig seid ihr, wenn ihr um meinetwillen beschimpft und verfolgt und auf alle mögliche Weise verleumdet werdet. Freut euch und jubelt: Euer Lohn im Himmel wird groß sein. Denn so wurden schon vor euch die Propheten verfolgt.

Zum Evangelium Mit ungeheurer Kühnheit spricht Jesus gerade den Menschen das Selig zu, denen das glatte Gegenteil von Seligkeit und Glück widerfährt. Die Seligpreisungen stellen unserer oft so trostlosen Sicht der Welt die Perspektive Gottes gegenüber. Sie setzen eine Wirklichkeit in Kraft, aus der unser Leben kommt und es mit seinen Höhen und Tiefen umfängt. Wenn wir diese Sphäre vergessen und uns gefangen nehmen lassen von unserem Alltag, dann ist der Ehrliche der Dumme, dann siegt der Schein über das Sein, Ichbezogenheit über Hingabefähigkeit. Der Glaube der Seligpreisungen ist ein Glaube „gegen" die Macht des Faktischen, gegen das Misslingen des Lebens, gegen den Sieg von Ungerechtigkeit und Hass. Die Seligpreisungen fordern auf, Trauer, Leid, Mutlosigkeit nicht unwidersprochen hinzunehmen und nicht nur gelten zu lassen, was auf der Hand liegt. Deshalb ist dieser Glaube zugleich ein Glaube „für": Er tritt für die Verheißungen Jesu ein. Ohne Verheißung bleibt das Leben leer. Wer sich selbst genügt, stößt irgendwann an die Grenzen der Vergeblichkeit. – „Das erste Menschenrecht ist das Recht auf Glück", so heißt es vor 200 Jahren in der Charta der Menschenrechte Amerikas. Glück ist nichts, was ich nur für mich allein habe. Jeder kann etwas zu einer glücklicheren Welt beitragen. „Es gibt keine Entschuldigung für das Nichtstun" (Jean Ziegler).

Dienstag der 10. Woche im Jahreskreis

Lj I **Lesung** *2 Korinther 1,18-22* Schwestern und Brüder! Gott ist treu, er bürgt dafür, dass unser Wort euch gegenüber nicht Ja und Nein zugleich ist. Denn Gottes Sohn Jesus Christus, der euch durch uns verkündigt wurde – durch mich, Silvanus und Timotheus –, ist nicht als Ja und Nein zugleich gekommen; in ihm ist das Ja verwirklicht. Er ist das Ja zu allem, was Gott verheißen hat. Darum rufen wir durch ihn zu Gottes Lobpreis auch das Amen.

Gott aber, der uns und euch in der Treue zu Christus festigt und der uns alle gesalbt hat, er ist es auch, der uns sein Siegel aufgedrückt und als ersten Anteil am verheißenen Heil den Geist in unser Herz gegeben hat.

Lj II **Lesung** *1 Könige 17,7-16* In jenen Tagen vertrocknete der Bach; denn es fiel kein Regen im Land. Da erging das Wort des Herrn an Elija: Mach dich auf und geh nach Sarepta, das zu Sidon gehört, und bleib dort! Ich habe dort einer Witwe befohlen, dich zu versorgen.

Er machte sich auf und ging nach Sarepta. Als er an das Stadttor kam, traf er dort eine Witwe, die Holz auflas. Er bat sie: Bring mir in einem Gefäß ein wenig Wasser zum Trinken! Als sie wegging, um es zu holen, rief er ihr nach: Bring mir auch einen Bissen Brot mit!

Doch sie sagte: So wahr der Herr, dein Gott, lebt: Ich habe nichts mehr vorrätig als eine Hand voll Mehl im Topf und ein wenig Öl im Krug. Ich lese hier ein paar Stücke Holz auf und gehe dann heim, um für mich und meinen Sohn etwas zuzubereiten. Das wollen wir noch essen und dann sterben.

Elija entgegnete ihr: Fürchte dich nicht! Geh heim und tu, was du gesagt hast. Nur mache zuerst für mich ein kleines Gebäck und bring es zu mir heraus! Danach kannst du für dich und deinen Sohn etwas zubereiten; denn so spricht der Herr, der Gott Israels: Der Mehltopf wird nicht leer werden und der Ölkrug nicht versiegen bis zu dem Tag, an dem der Herr wieder Regen auf den Erdboden sendet. Sie ging und tat, was Elija gesagt hatte. So hatte sie mit ihm und ihrem Sohn viele Tage zu essen. Der Mehltopf wurde nicht leer und der Ölkrug versiegte nicht, wie der Herr durch Elija versprochen hatte.

Evangelium *Matthäus 5,13-16* In jener Zeit sprach Jesus zu seinen Jüngern: Ihr seid das Salz der Erde. Wenn das Salz seinen Geschmack verliert, womit kann man es wieder salzig machen? Es taugt zu nichts mehr; es wird weggeworfen und von den Leuten zertreten.

Ihr seid das Licht der Welt. Eine Stadt, die auf einem Berg liegt, kann nicht verborgen bleiben. Man zündet auch nicht ein Licht an und stülpt ein Gefäß darüber, sondern man stellt es auf den Leuchter; dann leuchtet es allen im Haus. So soll euer Licht vor den Menschen leuchten, damit sie eure guten Werke sehen und euren Vater im Himmel preisen.

Zum Evangelium Wir: „Salz der Erde, Licht der Welt"! Jesus sagt nicht, wir sollen Salz und Licht sein, sondern wir sind es! Diese Wort gelten allen, die auf Jesu Namen getauft sind. Auch wenn wir es uns nicht zutrauen: Wir sind es. Weil Jesus uns dazu macht. Weil er uns mit den Seligpreisungen in ein neues Sein ruft. Nicht, weil wir besonders glaubensstark, begabt, gerecht wären, wir brauchen nur zu sein, wie wir sind, was wir in den Augen Jesu sind: Abglanz seines Lichtes, Salz seiner Weisung, der Thora. Jesus traut uns die Kreativität der Liebe zu, die dem Leben dient: Salz zu sein, das würzt, vor Verfall bewahrt, Eis zum Schmelzen bringt. Und Licht zu sein, das die Dunkelheit aufreißt, Energie und Dynamik verbreitet. An unserer Liebe soll Gottes Liebe erkannt werden. Wenn wir Jesus folgen, folgen wir nicht dem Trugbild einer heilen Welt, sondern setzen uns für eine verbesserungsbedürftige Welt ein. Die Erde hat Salz, hat Licht nötig. Seien wir Salz, statt über die Fadheit des Lebens zu jammern, seien wir Licht, statt über die Dunkelheit der Welt zu klagen. Sprechen wir Gott hinein in diese Welt. Denn er mutet und traut uns zu, „dass wir, die Lieblosen dieser Erde, seine Liebe sind" (Marie Luise Kaschnitz).

Mittwoch der 10. Woche im Jahreskreis

Lesung *2 Korinther 3,4-11* Schwestern und Brüder! Wir haben durch Christus so großes Vertrauen zu Gott. Doch sind wir dazu nicht von uns aus fähig, als ob wir uns selbst etwas zuschreiben könnten; unsere Befähigung stammt vielmehr von Gott. Er hat uns fähig gemacht, Diener des Neuen Bundes zu sein, nicht des Buchstabens, sondern des Geistes. Denn der Buchstabe tötet, der Geist aber macht lebendig. Lj I

Wenn aber schon der Dienst, der zum Tod führt und dessen Buchstaben in Stein gemeißelt waren, so herrlich war, dass die Israeliten das Gesicht des Mose nicht anschauen konnten, weil es eine Herrlichkeit ausstrahlte, die doch vergänglich war, wie sollte da der Dienst des Geistes nicht viel herrlicher sein?

Wenn schon der Dienst, der zur Verurteilung führt, herrlich war, so wird der Dienst, der zur Gerechtigkeit führt, noch viel herrlicher sein. Eigentlich kann von Herrlichkeit in jenem Fall gar nicht die Rede sein, wo das Verherrlichte vor der größeren Herrlichkeit verblasst. Wenn nämlich schon das Vergängliche in Herrlichkeit erschien: die Herrlichkeit des Bleibenden wird es überstrahlen.

Lesung *1 Könige 18,20-39* In jenen Tagen schickte König Ahab in ganz Israel umher und ließ die Propheten auf dem Karmel zusammenkommen. Und Elija trat vor das ganze Volk und rief: Wie lange noch schwankt ihr nach zwei Seiten? Wenn Jahwe der wahre Gott ist, dann folgt ihm! Wenn aber Baal es ist, dann folgt diesem! Doch das Volk gab ihm keine Antwort. Lj II

Da sagte Elija zum Volk: Ich allein bin als Prophet des Herrn übrig geblieben; die Propheten des Baal aber sind vierhundertfünfzig. Man gebe uns zwei Stiere. Sie sollen sich einen auswählen, ihn zerteilen und auf das Holz legen, aber kein Feuer anzünden. Ich werde den andern zubereiten, auf das Holz legen und kein Feuer anzünden. Dann sollt ihr den Namen eures Gottes anrufen und ich werde den Namen des Herrn anrufen. Der Gott, der mit Feuer antwortet, ist der wahre Gott. Da rief das ganze Volk: Der Vorschlag ist gut. Nun sagte Elija zu den Propheten des Baal: Wählt ihr zuerst den einen Stier aus und bereitet ihn zu; denn ihr seid die Mehrheit. Ruft dann den Namen eures Gottes an, entzündet aber kein Feuer! Sie nahmen den Stier, den er ihnen überließ, und bereiteten ihn zu. Dann riefen sie vom Morgen bis zum Mittag den Namen des Baal an und schrien: Baal, erhöre uns! Doch es kam kein Laut und niemand gab Antwort. Sie tanzten hüpfend um den Altar, den sie gebaut hatten. Um die Mittagszeit verspottete sie Elija und sagte: Ruft lauter! Er ist doch Gott. Er könnte beschäftigt sein, könnte beiseite gegangen oder verreist sein. Vielleicht schläft er und wacht dann auf. Sie schrien nun mit lauter Stimme. Nach ihrem Brauch ritzten sie sich mit Schwertern und Lanzen wund, bis das Blut an ihnen herabfloss. Als der Mittag vorüber war, verfielen sie in Raserei und das dauerte bis zu der Zeit, da man das Speiseopfer darzubringen pflegt. Doch es kam kein Laut, keine Antwort, keine Erhörung.
Nun forderte Elija das ganze Volk auf: Tretet her zu mir! Sie kamen und Elija baute den zerstörten Altar Jahwes wieder auf. Er nahm zwölf Steine, nach der Zahl der Stämme der Söhne Jakobs, zu dem der Herr gesagt hatte: Israel soll dein Name sein. Er fügte die Steine zu einem Altar für den Namen des Herrn, zog rings um den Altar einen Graben und grenzte eine Fläche ab, die zwei Sea Saat hätte aufnehmen können. Sodann schichtete er das Holz auf, zerteilte den Stier und legte ihn auf das Holz. Nun befahl er: Füllt vier Krüge mit Wasser und gießt es über das Brandopfer und das Holz! Hierauf sagte er: Tut es noch einmal! Und sie wiederholten es. Dann sagte er: Tut es zum dritten Mal! Und sie taten es zum dritten Mal. Das Wasser lief rings um den Altar. Auch den Graben füllte er mit Wasser.
Zu der Zeit nun, da man das Speiseopfer darzubringen pflegt, trat der Prophet Elija an den Altar und rief: Herr, Gott Abrahams, Isaaks und Israels, heute soll man erkennen, dass du Gott bist in Israel, dass ich dein Knecht bin und all das in deinem Auftrag tue. Erhöre mich, Herr, erhöre mich! Dieses Volk soll erkennen, dass du, Herr, der wahre Gott bist und dass du sein Herz zur Umkehr wendest. Da kam das Feuer des Herrn herab und verzehrte das Brandopfer, das Holz, die Steine und die Erde. Auch das Wasser im Graben leckte es auf.
Das ganze Volk sah es, warf sich auf das Angesicht nieder und rief: Jahwe ist Gott, Jahwe ist Gott!

Evangelium *Matthäus 5,17-19* In jener Zeit sprach Jesus zu seinen Jüngern: Denkt nicht, ich sei gekommen, um das Gesetz und die Propheten aufzuheben. Ich bin nicht gekommen, um aufzuheben, sondern um zu erfüllen. Amen, das sage ich euch: Bis Himmel und Erde vergehen, wird auch nicht der kleinste Buchstabe des Gesetzes vergehen, bevor nicht alles geschehen ist.
Wer auch nur eines von den kleinsten Geboten aufhebt und die Menschen entsprechend lehrt, der wird im Himmelreich der Kleinste sein. Wer sie aber hält und halten lehrt, der wird groß sein im Himmelreich.

Zum Evangelium Zur Zeit Jesu regeln über 600 Vorschriften und Bestimmungen das religiöse Leben. Das einfache Volk kennt die meisten dieser Gebote, die die zehn Weisungen Gottes für das konkrete Leben auslegen, gar nicht. Die religiösen Autoritäten drücken das Volk mit dieser Gesetzeslast. Jesus hat einen völlig anderen Ansatz. Gesetze sind für den Menschen da, nicht der Mensch für das Gesetz. Gott will den Menschen nicht einengen, sondern ihm durch die Gebote Richtung weisen für den Weg durchs Leben. Statt eines „du sollst" steht die Zusage im Mittelpunkt, dass Gott das Glück des Menschen will. In diesem Sinn spricht Jesus von der Erfüllung des Gesetzes. Es geht nicht darum, einer äußeren Norm entsprechend Gebote einzuhalten, sondern sie von ihrem innersten Kern her zu erfüllen, der Liebe. Liebe kann man nicht gesetzlich einfordern, man kann sie nur verschwenderisch leben.

Donnerstag der 10. Woche im Jahreskreis

Lesung *2 Korinther 3,15–4,1.3-6* Schwestern und Brüder! Bis heute liegt die Hülle auf ihrem Herzen, wenn Mose vorgelesen wird. Sobald sich aber einer dem Herrn zuwendet, wird die Hülle entfernt. Der Herr aber ist der Geist, und wo der Geist des Herrn wirkt, da ist Freiheit. Wir alle spiegeln mit enthülltem Angesicht die Herrlichkeit des Herrn wider und werden so in sein eigenes Bild verwandelt, von Herrlichkeit zu Herrlichkeit, durch den Geist des Herrn. Lj I
Daher erlahmt unser Eifer nicht in dem Dienst, der uns durch Gottes Erbarmen übertragen wurde. Wenn unser Evangelium dennoch verhüllt ist, ist es nur denen verhüllt, die verloren gehen; denn der Gott dieser Weltzeit hat das Denken der Ungläubigen verblendet. So strahlt ihnen der Glanz der Heilsbotschaft nicht auf, der Botschaft von der Herrlichkeit Christi, der Gottes Ebenbild ist.
Wir verkündigen nämlich nicht uns selbst, sondern Jesus Christus als den Herrn, uns aber als eure Knechte um Jesu willen. Denn Gott, der sprach: Aus Finsternis soll Licht aufleuchten!, er ist in unseren Herzen aufgeleuchtet, damit wir erleuchtet werden zur Erkenntnis des göttlichen Glanzes auf dem Antlitz Christi.

Lj II **Lesung** *1 Könige 18,41-46* Dann sagte Elija zu Ahab: Geh hinauf, iss und trink; denn ich höre das Rauschen des Regens. Während Ahab wegging, um zu essen und zu trinken, stieg Elija zur Höhe des Karmel empor, kauerte sich auf den Boden nieder und legte seinen Kopf zwischen die Knie. Dann befahl er seinem Diener: Geh hinauf und schau auf das Meer hinaus! Dieser ging hinauf, schaute hinaus und meldete: Es ist nichts zu sehen. Elija befahl: Geh noch einmal hinauf! So geschah es siebenmal. Beim siebten Mal meldete der Diener: Eine Wolke, klein wie eine Menschenhand, steigt aus dem Meer herauf. Darauf sagte Elija: Geh hinauf und sag zu Ahab: Spanne an und fahr hinab, damit der Regen dich nicht aufhält. Es dauerte nicht lange, da verfinsterte sich der Himmel durch Sturm und Wolken und es fiel ein starker Regen. Ahab bestieg den Wagen und fuhr nach Jesreel. Über Elija aber kam die Hand des Herrn. Er gürtete sich und lief vor Ahab her bis dorthin, wo der Weg nach Jesreel abzweigt.

Evangelium *Matthäus 5,20-26* In jener Zeit sprach Jesus zu seinen Jüngern: Wenn eure Gerechtigkeit nicht weit größer ist als die der Schriftgelehrten und der Pharisäer, werdet ihr nicht in das Himmelreich kommen.
Ihr habt gehört, dass zu den Alten gesagt worden ist: Du sollst nicht töten; wer aber jemand tötet, soll dem Gericht verfallen sein. Ich aber sage euch: Jeder, der seinem Bruder auch nur zürnt, soll dem Gericht verfallen sein; und wer zu seinem Bruder sagt: Du Dummkopf!, soll dem Spruch des Hohen Rates verfallen sein; wer aber zu ihm sagt: Du gottloser Narr!, soll dem Feuer der Hölle verfallen sein.
Wenn du deine Opfergabe zum Altar bringst und dir dabei einfällt, dass dein Bruder etwas gegen dich hat, so lass deine Gabe dort vor dem Altar liegen; geh und versöhne dich zuerst mit deinem Bruder, dann komm und opfere deine Gabe.
Schließ ohne Zögern Frieden mit deinem Gegner, solange du mit ihm noch auf dem Weg zum Gericht bist. Sonst wird dich dein Gegner vor den Richter bringen und der Richter wird dich dem Gerichtsdiener übergeben und du wirst ins Gefängnis geworfen. Amen, das sage ich dir: Du kommst von dort nicht heraus, bis du den letzten Pfennig bezahlt hast.

Zum Evangelium Am Beispiel des 5. Gebotes wird gezeigt, was innere Erfüllung des Gesetzes in Jesu Augen bedeutet. Nicht nur das Töten ist Sünde, sondern schon der Zorn, die Beschimpfung, die Abwertung des anderen. Das Morden beginnt nicht erst beim Zücken der Waffen, es fängt tief im Herzen an. „Es gibt viele Arten zu töten" (Bertolt Brecht). Wie leicht kann man einen anderen Menschen fertig machen, ihn durch den Kakao ziehen, ihn aktiv oder passiv boykottieren, ihm das Leben so schwer machen, bis er erledigt ist. Nicht erst die Tat, sondern schon die Gesinnung zählt. Die Worte Jesu wirken hier wie Beschwörungen, was

sich im Herzen von Menschen ändern müsste, um alle „Arten zu töten“ endlich fahren zu lassen.
Und wer kann guten Gewissens vor Gott treten, wenn zwischen ihm und dem Bruder/der Schwester Unfrieden herrscht? Versöhnt euch, solange ihr unterwegs seid! Der ganze Weg unseres Lebens ist uns gegeben, um zu versöhnen, statt zu entzweien. Das einzige Mittel, etwas wiedergutzumachen, ist gut zu sein zu anderen. Nicht wie man Recht, hat ist das Wichtigste, sondern wie man Recht gibt!

Freitag der 10. Woche im Jahreskreis

Lesung *2 Korinther 4,7-15* Schwestern und Brüder! Den Schatz der Erkenntnis des göttlichen Glanzes auf dem Antlitz Christi tragen wir in zerbrechlichen Gefäßen; so wird deutlich, dass das Übermaß der Kraft von Gott und nicht von uns kommt. Von allen Seiten werden wir in die Enge getrieben und finden doch noch Raum; wir wissen weder aus noch ein und verzweifeln dennoch nicht; wir werden gehetzt und sind doch nicht verlassen; wir werden niedergestreckt und doch nicht vernichtet. Wohin wir auch kommen, immer tragen wir das Todesleiden Jesu an unserem Leib, damit auch das Leben Jesu an unserem Leib sichtbar wird. Lj I
Denn immer werden wir, obgleich wir leben, um Jesu willen dem Tod ausgeliefert, damit auch das Leben Jesu an unserem sterblichen Fleisch offenbar wird. So erweist an uns der Tod, an euch aber das Leben seine Macht. Doch haben wir den gleichen Geist des Glaubens, von dem es in der Schrift heißt: Ich habe geglaubt, darum habe ich geredet. Auch wir glauben und darum reden wir. Denn wir wissen, dass der, welcher Jesus, den Herrn, auferweckt hat, auch uns mit Jesus auferwecken und uns zusammen mit euch vor sein Angesicht stellen wird.
Alles tun wir euretwegen, damit immer mehr Menschen aufgrund der überreich gewordenen Gnade den Dank vervielfachen, Gott zur Ehre.

Lesung *1 Könige 19,9a.11-16* In jenen Tagen kam Elija zum Gottesberg Horeb. Dort ging er in eine Höhle, um darin zu übernachten. Doch das Wort des Herrn erging an ihn: Komm heraus und stell dich auf den Berg vor den Herrn! Lj II
Da zog der Herr vorüber: Ein starker, heftiger Sturm, der die Berge zerriss und die Felsen zerbrach, ging dem Herrn voraus. Doch der Herr war nicht im Sturm. Nach dem Sturm kam ein Erdbeben. Doch der Herr war nicht im Erdbeben. Nach dem Beben kam ein Feuer. Doch der Herr war nicht im Feuer.
Nach dem Feuer kam ein sanftes, leises Säuseln. Als Elija es hörte, hüllte er sein Gesicht in den Mantel, trat hinaus und stellte sich an den Eingang der Höhle. Da vernahm er eine Stimme, die ihm zurief: Was willst du hier, Elija? Er antwortete: Mit Leidenschaft bin ich für den Herrn, den Gott der Heere, eingetreten, weil die Israeliten deinen Bund verlassen, deine Altäre zerstört

und deine Propheten mit dem Schwert getötet haben. Ich allein bin übrig geblieben und nun trachten sie auch mir nach dem Leben.
Der Herr antwortete ihm: Geh deinen Weg durch die Wüste zurück und begib dich nach Damaskus! Bist du dort angekommen, salbe Hasaël zum König über Aram! Jehu, den Sohn Nimschis, sollst du zum König von Israel salben und Elischa, den Sohn Schafats aus Abel-Mehola, salbe zum Propheten an deiner Stelle.

Evangelium *Matthäus 5,27-32* In jener Zeit sprach Jesus zu seinen Jüngern: Ihr habt gehört, dass gesagt worden ist: Du sollst nicht die Ehe brechen. Ich aber sage euch: Wer eine Frau auch nur lüstern ansieht, hat in seinem Herzen schon Ehebruch mit ihr begangen.
Wenn dich dein rechtes Auge zum Bösen verführt, dann reiß es aus und wirf es weg! Denn es ist besser für dich, dass eines deiner Glieder verloren geht, als dass dein ganzer Leib in die Hölle geworfen wird. Und wenn dich deine rechte Hand zum Bösen verführt, dann hau sie ab und wirf sie weg! Denn es ist besser für dich, dass eines deiner Glieder verloren geht, als dass dein ganzer Leib in die Hölle kommt.
Ferner ist gesagt worden: Wer seine Frau aus der Ehe entlässt, muss ihr eine Scheidungsurkunde geben. Ich aber sage euch: Wer seine Frau entlässt, obwohl kein Fall von Unzucht vorliegt, liefert sie dem Ehebruch aus; und wer eine Frau heiratet, die aus der Ehe entlassen worden ist, begeht Ehebruch.

Lj I **Zur Lesung** Es gehört in Korinth zum guten Ton, öffentlich auf dem Marktplatz über Philosophie und Religion zu debattieren. Dabei wird auch Kritik an Paulus geübt. Sein Ansehen steht auf dem Spiel. Er, ein Apostel, so krank und schwach wie er ist? Und was ist das für ein obskurer Gott, dessen Sohn gekreuzigt wurde? Auch in seiner Gemeinde werden Zweifel laut. Was taugt der Gott Jesu, wenn es immer noch Dunkelheit und Leiden gibt? Paulus widerspricht: Er weiß aus eigener leidvoller Erfahrung, dass Glauben nichts mit heiler Welt zu tun hat. Solange die Welt noch nicht erlöst ist, gibt es immer auch Dunkles. Als Christ weiß ich mich aber in allen Lebenssituationen getragen von Gott. Durch unsere zerbrechliche Existenz bilden wir Jesu Tod ab, durch den Schatz in diesem Gefäß bilden wir seine Auferstehung ab. Wir sind zerbrechliche Gefäße, gefüllt mit göttlichem Licht, Ebenbilder der Herrlichkeit Gottes, aber mit dem Gesicht des Gekreuzigten.

Lj II **Zur Lesung** Elija ist Jahwes Prophet und tritt für ihn gegen Baal auf. Baal ist der Gott der Fruchtbarkeit und des Wohlergehens. Glaubst du an Baal, glaubst du an deine eigene Stärke und Vortrefflichkeit. Elija tritt dem Zeitgeist Baal entgegen und verhilft Jahwe zum Sieg. Aber was für ein Sieg! 450 Baalspropheten lassen dafür ihr Leben! Elija muss fliehen. Nicht nur wegen seiner Rächer, sondern weil er sich genauso schuldig fühlt wie die, die er umlegen ließ. Er geht in die Wüste, dorthin, wo kein Leben mehr zu erwarten ist. Elija will nur noch sterben. Aber jetzt, da Elija sein Versagen erkannt hat, treibt Gott ihn weiter, in eine andere Richtung, als Elija will. Gott lässt ihn nicht los, er lässt nicht locker bei denen, die sich verkriechen wollen. Was Elija Lebensmut fassen lässt, ist nichts als ein sanfter Windhauch, ein „verschwebendes Schweigen“ (Martin Buber). Gott kommt leise, anders, unerwartet, mitten hinein in die Krise. Er verwandelt Lebensmüdigkeit in Lebensmut. Gottes Geist ist eine sanfte Kraft, die in die Wüste führt, damit man in der Stille seinen leisen Ruf hört. Der Weg, auf den der Geist Gottes uns treibt, ist oft radikal anders, als wir es gerne hätten. Wir müssen Wüstenstrecken durchstehen, um seine Stimme zu hören und zu erkennen, dass er gerade mich braucht, so wie ich bin, mit meinen Stärken und meinem Versagen.

Samstag der 10. Woche im Jahreskreis

Lesung *2 Korinther 5,14-21* Denn die Liebe Christi drängt uns, da wir erkannt haben: Einer ist für alle gestorben, also sind alle gestorben. Er ist aber für alle gestorben, damit die Lebenden nicht mehr für sich leben, sondern für den, der für sie starb und auferweckt wurde. Also schätzen wir von jetzt an niemand mehr nur nach menschlichen Maßstäben ein; auch wenn wir früher Christus nach menschlichen Maßstäben eingeschätzt haben, jetzt schätzen wir ihn nicht mehr so ein. Wenn also jemand in Christus ist, dann ist er eine neue Schöpfung: Das Alte ist vergangen, Neues ist geworden. Aber das alles kommt von Gott, der uns durch Christus mit sich versöhnt und uns den Dienst der Versöhnung aufgetragen hat. Ja, Gott war es, der in Christus die Welt mit sich versöhnt hat, indem er den Menschen ihre Verfehlungen nicht anrechnete und uns das Wort von der Versöhnung (zur Verkündigung) anvertraute. Wir sind also Gesandte an Christi statt, und Gott ist es, der durch uns mahnt. Wir bitten an Christi statt: Lasst euch mit Gott versöhnen! Er hat den, der keine Sünde kannte, für uns zur Sünde gemacht, damit wir in ihm Gerechtigkeit Gottes würden. Lj I

Lesung *1 Könige 19,19-21* In jenen Tagen, als Elija vom Gottesberg Horeb weggegangen war, traf er Elischa, den Sohn Schafats. Er war gerade mit zwölf Gespannen am Pflügen und er selbst pflügte mit dem zwölften. Im Vorbeigehen warf Elija seinen Mantel über ihn. Lj II

Sogleich verließ Elischa die Rinder, eilte Elija nach und bat ihn: Lass mich noch meinem Vater und meiner Mutter den Abschiedskuss geben; dann werde ich dir folgen. Elija antwortete: Geh, aber komm dann zurück! Bedenke, was ich an dir getan habe.

Elischa ging von ihm weg, nahm seine zwei Rinder und schlachtete sie. Mit dem Joch der Rinder kochte er das Fleisch und setzte es den Leuten zum Essen vor. Dann stand er auf, folgte Elija und trat in seinen Dienst.

Evangelium *Matthäus 5,33-37* In jener Zeit sprach Jesus zu seinen Jüngern: Ihr habt gehört, dass zu den Alten gesagt worden ist: Du sollst keinen Meineid schwören, und: Du sollst halten, was du dem Herrn geschworen hast.
Ich aber sage euch: Schwört überhaupt nicht, weder beim Himmel, denn er ist Gottes Thron, noch bei der Erde, denn sie ist der Schemel für seine Füße, noch bei Jerusalem, denn es ist die Stadt des großen Königs. Auch bei deinem Haupt sollst du nicht schwören; denn du kannst kein einziges Haar weiß oder schwarz machen. Euer Ja sei ein Ja, euer Nein ein Nein; alles andere stammt vom Bösen.

Zum Evangelium „Euer Ja sei ein Ja, euer Nein ein Nein" – das ist ein Spitzensatz der Bergpredigt, ein Grundsatz für das Leben in dieser Welt. Gottes Kennzeichen ist es, dass er Ja und Nein nicht miteinander vermischt. Gott sagt nicht heute Ja und morgen Nein zu uns. Und er will nicht, dass wir aus Ja ein Nein und aus Nein ein Ja machen. Ja und Nein durcheinander zu bringen, heißt Sein und Nichtsein, Leben und Tod durcheinander bringen. Ja muss Ja sein, Nein muss Nein sein. Darauf ist alles aufgebaut. Wenn Ja und Nein zu einem „Vielleicht" werden, nennt das die Bibel Lüge. Dann beginnen die Lebenslügen, mit denen wir uns selbst betrügen. Weil der Mensch sehr genau weiß, dass er sich und andere belügen kann, hat er das Schwören erfunden. Aus Misstrauen, ob auf ein Ja und Nein wirklich Verlass ist. Aber der Schwur macht uns nicht verlässlicher. Denn wer schwört, beruft sich auf eine höhere Instanz. Wer schwört, beschwört Gott. Er soll als Bürge für die Wahrheit unserer Rede einstehen. Aber wir verfügen nicht über Gott, wir dürfen ihn nicht für eine Wahrheitsaussage in Beschlag nehmen. Wir sollen es bei der Wahrheit eines klaren Ja und Nein belassen, damit wir als Menschen füreinander verlässlich sind. Mit der Wahrheit des Ja und Nein lassen sich unsere Lebensbeziehungen geradliniger und lebensfreundlicher gestalten.

11. Woche im Jahreskreis

Montag der 11. Woche im Jahreskreis

Lj I **Lesung** *2 Korinther 6,1-10* Schwestern und Brüder! Als Mitarbeiter Gottes ermahnen wir euch, dass ihr seine Gnade nicht vergebens empfangt. Denn es heißt: Zur Zeit der Gnade erhöre ich dich, am Tag der Rettung helfe ich dir.

Jetzt ist sie da, die Zeit der Gnade; jetzt ist er da, der Tag der Rettung. Niemand geben wir auch nur den geringsten Anstoß, damit unser Dienst nicht getadelt werden kann.
In allem erweisen wir uns als Gottes Diener: durch große Standhaftigkeit, in Bedrängnis, in Not, in Angst, unter Schlägen, in Gefängnissen, in Zeiten der Unruhe, unter der Last der Arbeit, in durchwachten Nächten, durch Fasten, durch lautere Gesinnung, durch Erkenntnis, durch Langmut, durch Güte, durch den Heiligen Geist, durch ungeheuchelte Liebe, durch das Wort der Wahrheit, in der Kraft Gottes, mit den Waffen der Gerechtigkeit in der Rechten und in der Linken, bei Ehrung und Schmähung, bei übler Nachrede und bei Lob.
Wir gelten als Betrüger und sind doch wahrhaftig; wir werden verkannt und doch anerkannt; wir sind wie Sterbende und seht: wir leben; wir werden gezüchtigt und doch nicht getötet; uns wird Leid zugefügt und doch sind wir jederzeit fröhlich; wir sind arm und machen doch viele reich; wir haben nichts und haben doch alles.

Lesung *1 Könige 21,1-16* In jenen Tagen trug sich Folgendes zu. Nabot aus Jesreel hatte einen Weinberg in Jesreel neben dem Palast Ahabs, des Königs von Samarien. Ahab verhandelte mit Nabot und schlug ihm vor: Gib mir deinen Weinberg! Er soll mir als Gemüsegarten dienen; denn er liegt nahe bei meinem Haus. Ich will dir dafür einen besseren Weinberg geben. Wenn es dir aber lieber ist, bezahle ich dir den Kaufpreis in Geld. Doch Nabot erwiderte: Der Herr bewahre mich davor, dass ich dir das Erbe meiner Väter überlasse. **Lj II**
Darauf kehrte Ahab in sein Haus zurück. Er war missmutig und verdrossen, weil Nabot aus Jesreel zu ihm gesagt hatte: Ich werde dir das Erbe meiner Väter nicht überlassen. Er legte sich auf sein Bett, wandte das Gesicht zur Wand und wollte nicht essen. Seine Frau Isebel kam zu ihm herein und fragte: Warum bist du missmutig und willst nicht essen?
Er erzählte ihr: Ich habe mit Nabot aus Jesreel verhandelt und ihm gesagt: Verkauf mir deinen Weinberg für Geld, oder wenn es dir lieber ist, gebe ich dir einen anderen dafür. Doch er hat geantwortet: Ich werde dir meinen Weinberg nicht geben.
Da sagte seine Frau Isebel zu ihm: Du bist doch jetzt König in Israel. Steh auf, iss und sei guter Dinge! Ich werde dir den Weinberg Nabots aus Jesreel verschaffen. Sie schrieb Briefe im Namen Ahabs, versah sie mit seinem Siegel und schickte sie an die Ältesten und Vornehmen, die mit Nabot zusammen in der Stadt wohnten. In den Briefen schrieb sie: Ruft ein Fasten aus und lasst Nabot oben vor allem Volk Platz nehmen! Setzt ihm aber zwei nichtswürdige Männer gegenüber! Sie sollen gegen ihn als Zeugen auftreten und sagen: Du hast Gott und den König gelästert. Führt ihn dann hinaus und steinigt ihn zu Tode! Die Männer der Stadt, die Ältesten

und Vornehmen, die mit ihm zusammen in der Stadt wohnten, taten, was Isebel ihnen geboten hatte, was in den Briefen stand, die sie ihnen gesandt hatte.
Sie riefen ein Fasten aus und ließen Nabot oben vor allem Volk Platz nehmen. Es kamen aber auch die beiden nichtswürdigen Männer und setzten sich ihm gegenüber. Sie standen vor dem Volk als Zeugen gegen Nabot auf und sagten: Nabot hat Gott und den König gelästert. Sogleich führte man ihn aus der Stadt hinaus und steinigte ihn zu Tode.
Darauf ließen sie Isebel melden: Nabot wurde gesteinigt und ist tot. Sobald sie hörte, dass Nabot gesteinigt wurde und tot war, sagte sie zu Ahab: Auf, nimm den Weinberg Nabots aus Jesreel in Besitz, den er dir für Geld nicht verkaufen wollte; denn Nabot lebt nicht mehr; er ist tot. Als Ahab hörte, dass Nabot tot war, stand er auf und ging zum Weinberg Nabots aus Jesreel hinab, um von ihm Besitz zu ergreifen.

Evangelium *Matthäus 5,38-42* In jener Zeit sprach Jesus zu seinen Jüngern: Ihr habt gehört, dass gesagt worden ist: Auge für Auge und Zahn für Zahn.
Ich aber sage euch: Leistet dem, der euch etwas Böses antut, keinen Widerstand, sondern wenn dich einer auf die rechte Wange schlägt, dann halt ihm auch die andere hin.
Und wenn dich einer vor Gericht bringen will, um dir das Hemd wegzunehmen, dann lass ihm auch den Mantel.
Und wenn dich einer zwingen will, eine Meile mit ihm zu gehen, dann geh zwei mit ihm.
Wer dich bittet, dem gib, und wer von dir borgen will, den weise nicht ab.

Zum Evangelium Auge für Auge, Zahn für Zahn, wie du mir, so ich dir – die Logik dieser simplen Regel richtet unheilbare Zerstörung an. Jesus setzt mit seinem „Ich aber sage euch" diese Regel außer Kraft, um die Spirale des Bösen zu beenden. Was er stattdessen verlangt, hört sich wie eine einzige Überforderung an. Doch Jesus fordert nicht Passivität, Selbsterniedrigung oder den Verzicht auf die eigene Würde. Jesus bezieht sich auf die Situation der Arbeiter, Tagelöhner und Bauern. Es war üblich, sie zu schlagen oder ihnen das letzte Hemd zu pfänden. Zurückschlagen, Frondienst verweigern, Gerichtsverfahren verhindern, war undenkbar. Jesus empfiehlt seinen FreundInnen, das Unrecht, das ihnen angetan wird, freiwillig zu verdoppeln. Diese Verdoppelung ist die aktive und demonstrative Haltung der „Gütekraft". Der katholische Philosoph Lanza del Vasto schreibt, „dass der Mensch, der dich zu Unrecht geschlagen hat, irgendwo in seinem Innern fühlt, dass er Unrecht getan hat. Das ist die taktische Regel gütekräftigen Handelns: Veranlasse deinen Gegner, sein Unrecht zu vervielfachen. Und du ertrage es mit Geduld, Ausdauer und Hoffnung. Lass dich nicht verdrießen, sondern warte, bis er soviel Unrecht auf sich geladen hat, dass in seiner dunklen Seele etwas ins Wanken kommt und umkippt."

Dienstag der 11. Woche im Jahreskreis

Lesung *2 Korinther 8,1-9* Brüder, wir wollen euch jetzt von der Gnade erzählen, die Gott den Gemeinden Mazedoniens erwiesen hat. Während sie durch große Not geprüft wurden, verwandelten sich ihre übergroße Freude und ihre tiefe Armut in den Reichtum ihres selbstlosen Gebens. Lj I

Ich bezeuge, dass sie nach Kräften und sogar über ihre Kräfte spendeten, ganz von sich aus, indem sie sich geradezu aufdrängten und uns um die Gunst baten, zur Hilfeleistung für die Heiligen beitragen zu dürfen.

Und über unsere Erwartung hinaus haben sie sich eingesetzt, zunächst für den Herrn, aber auch für uns, wie es Gottes Wille war.

Daraufhin ermutigten wir Titus, dieses Liebeswerk, das er früher bei euch begonnen hatte, nun auch zu vollenden.

Wie ihr aber an allem reich seid, an Glauben, Rede und Erkenntnis, an jedem Eifer und an der Liebe, die wir in euch begründet haben, so sollt ihr euch auch an diesem Liebeswerk mit reichlichen Spenden beteiligen.

Ich meine das nicht als strenge Weisung, aber ich gebe euch Gelegenheit, angesichts des Eifers anderer auch eure Liebe als echt zu erweisen. Denn ihr wisst, was Jesus Christus, unser Herr, in seiner Liebe getan hat: Er, der reich war, wurde euretwegen arm, um euch durch seine Armut reich zu machen.

Lesung *1 Könige 21,17-29* Als Nabot tot war, erging das Wort des Herrn an Elija aus Tischbe: Mach dich auf und geh Ahab, dem König von Israel, entgegen, der in Samaria seinen Wohnsitz hat. Er ist zum Weinberg Nabots hinabgegangen, um von ihm Besitz zu ergreifen. Sag ihm: So spricht der Herr: Durch einen Mord bist du Erbe geworden? Weiter sag ihm: So spricht der Herr: An der Stelle, wo die Hunde das Blut Nabots geleckt haben, werden Hunde auch dein Blut lecken. Lj II

Ahab sagte zu Elija: Hast du mich gefunden, mein Feind?

Er erwiderte: Ich habe dich gefunden. Weil du dich hergabst, das zu tun, was dem Herrn missfällt, werde ich Unheil über dich bringen. Ich werde dein Geschlecht hinwegfegen und von Ahabs Geschlecht alles, was männlich ist, bis zum letzten Mann in Israel ausrotten. Weil du mich zum Zorn gereizt und Israel zur Sünde verführt hast, werde ich mit deinem Haus verfahren wie mit dem Haus Jerobeams, des Sohnes Nebats, und mit dem Haus Baschas, des Sohnes Ahijas.

Und über Isebel verkündet der Herr: Die Hunde werden Isebel an der Mauer von Jesreel auffressen. Wer von der Familie Ahabs in der Stadt stirbt, den werden die Hunde fressen, und wer auf dem freien Feld stirbt, den werden die Vögel des Himmels fressen.

Es gab in der Tat niemand, der sich wie Ahab hergab zu tun, was dem Herrn missfiel, da seine Frau Isebel ihn verführte. Sein Tun war überaus verwerflich; er lief den Götzen nach und folgte den Gebräuchen der Amoriter, die der Herr vor den Israeliten vertrieben hatte.
Als Ahab diese Drohungen hörte, zerriss er seine Kleider, trug ein Bußgewand auf dem bloßen Leib, fastete, schlief im Bußgewand und ging bedrückt umher.
Da erging das Wort des Herrn an Elija aus Tischbe: Hast du gesehen, wie Ahab sich vor mir gedemütigt hat? Weil er sich vor mir gedemütigt hat, will ich das Unglück nicht schon in seinen Tagen kommen lassen. Erst in den Tagen seines Sohnes werde ich das Unheil über sein Haus bringen.

Evangelium *Matthäus 5,43-48* In jener Zeit sprach Jesus zu seinen Jüngern: Ihr habt gehört, dass gesagt worden ist: Du sollst deinen Nächsten lieben und deinen Feind hassen. Ich aber sage euch: Liebt eure Feinde und betet für die, die euch verfolgen, damit ihr Söhne eures Vaters im Himmel werdet; denn er lässt seine Sonne aufgehen über Bösen und Guten, und er lässt regnen über Gerechte und Ungerechte. Wenn ihr nämlich nur die liebt, die euch lieben, welchen Lohn könnt ihr dafür erwarten? Tun das nicht auch die Zöllner? Und wenn ihr nur eure Brüder grüßt, was tut ihr damit Besonderes? Tun das nicht auch die Heiden? Ihr sollt also vollkommen sein, wie es auch euer himmlischer Vater ist.

Zum Evangelium „Liebt eure Feinde!" Wieder so eine Forderung, die der menschlichen Natur völlig entgegen zu stehen scheint! Wie soll das gehen, seinen Feind, seine Feindin zu lieben?
Wenn wir uns unseren schlimmsten Feind einmal vor Augen führen – warum „hassen" wir ihn? Was irritiert uns, stößt uns ab an ihm? Womit kommen wir nicht zurecht? Verkörpert er etwas, was wir selber gern hätten oder wären, uns aber aus Angst und Schuldgefühlen nicht erlauben? Oder lehnen wir ihn ab, weil er bestimmte Seiten von uns widerspiegelt, mit denen wir nicht zurechtkommen? Sehr oft jedenfalls weist unser „Hass" auf unterdrückte, nicht gelebte Anteile in uns selbst zurück, die wir stellvertretend am anderen hassen oder zumindest ablehnen. Müssten wir, um unseren Feind zu lieben, nicht lernen, erst einmal mit uns selbst geduldiger, toleranter, weitherziger umzugehen? Uns mit uns selbst versöhnen ist eine wichtige Voraussetzung, um mit anderen versöhnt zu sein. Je mehr wir uns selbst erkennen, umso mehr werden wir Schritt für Schritt uns selbst und unsere Mitmenschen respektieren und lieben lernen.

Mittwoch der 11. Woche im Jahreskreis

Lj I **Lesung** *2 Korinther 9,6-11* Schwestern und Brüder! Denkt daran: Wer kärglich sät, wird auch kärglich ernten; wer reichlich sät, wird reichlich ern-

ten. Jeder gebe, wie er es sich in seinem Herzen vorgenommen hat, nicht verdrossen und nicht unter Zwang; denn Gott liebt einen fröhlichen Geber. In seiner Macht kann Gott alle Gaben über euch ausschütten, sodass euch allezeit in allem alles Nötige ausreichend zur Verfügung steht und ihr noch genug habt, um allen Gutes zu tun, wie es in der Schrift heißt:
Reichlich gibt er den Armen; seine Gerechtigkeit hat Bestand für immer.
Gott, der Samen gibt für die Aussaat und Brot zur Nahrung, wird auch euch das Saatgut geben und die Saat aufgehen lassen; er wird die Früchte eurer Gerechtigkeit wachsen lassen. In allem werdet ihr reich genug sein, um selbstlos schenken zu können; und wenn wir diese Gabe überbringen, wird sie Dank an Gott hervorrufen.

Lesung *2 Könige 2,1.4b.6-14* An dem Tag, da der Herr Elija im Wirbelsturm in den Himmel aufnehmen wollte, ging Elija mit Elischa von Gilgal weg. So kamen sie nach Jericho. Elija aber bat Elischa: Bleib hier; denn der Herr hat mich an den Jordan gesandt. Elischa erwiderte: So wahr der Herr lebt und so wahr du lebst: Ich verlasse dich nicht. **Lj II**
So gingen beide miteinander. Fünfzig Prophetenjünger folgten ihnen und blieben dann seitwärts in einiger Entfernung stehen. Die beiden traten an den Jordan. Hier nahm Elija seinen Mantel, rollte ihn zusammen und schlug mit ihm auf das Wasser. Dieses teilte sich nach beiden Seiten und sie schritten trockenen Fußes hindurch. Als sie drüben angekommen waren, sagte Elija zu Elischa: Sprich eine Bitte aus, die ich dir erfüllen soll, bevor ich von dir weggenommen werde. Elischa antwortete: Möchten mir doch zwei Anteile deines Geistes zufallen. Elija entgegnete: Du hast etwas Schweres erbeten. Wenn du siehst, wie ich von dir weggenommen werde, wird es dir zuteil werden. Sonst aber wird es nicht geschehen.
Während sie miteinander gingen und redeten, erschien ein feuriger Wagen mit feurigen Pferden und trennte beide voneinander. Elija fuhr im Wirbelsturm zum Himmel empor.
Elischa sah es und rief laut: Mein Vater, mein Vater! Wagen Israels und sein Lenker! Als er ihn nicht mehr sah, fasste er sein Gewand und riss es mitten entzwei
Dann hob er den Mantel auf, der Elija entfallen war, kehrte um und trat an das Ufer des Jordan. Er nahm den Mantel, der Elija entfallen war, schlug mit ihm auf das Wasser und rief: Wo ist der Herr, der Gott des Elija? Als er auf das Wasser schlug, teilte es sich nach beiden Seiten und Elischa ging hinüber.

Evangelium *Matthäus 6,1-6.16-18* In jener Zeit sprach Jesus zu seinen Jüngern: Hütet euch, eure Gerechtigkeit vor den Menschen zur Schau zu stellen; sonst habt ihr keinen Lohn von eurem Vater im Himmel zu erwarten. Wenn du Almosen gibst, lass es also nicht vor dir herposaunen, wie es die Heuchler in den Synagogen und auf den Gassen tun, um von den Leuten ge-

lobt zu werden. Amen, das sage ich euch: Sie haben ihren Lohn bereits erhalten. Wenn du Almosen gibst, soll deine linke Hand nicht wissen, was deine rechte tut. Dein Almosen soll verborgen bleiben und dein Vater, der auch das Verborgene sieht, wird es dir vergelten.
Wenn ihr betet, macht es nicht wie die Heuchler. Sie stellen sich beim Gebet gern in die Synagogen und an die Straßenecken, damit sie von den Leuten gesehen werden. Amen, das sage ich euch: Sie haben ihren Lohn bereits erhalten. Du aber geh in deine Kammer, wenn du betest, und schließ die Tür zu; dann bete zu deinem Vater, der im Verborgenen ist. Dein Vater, der auch das Verborgene sieht, wird es dir vergelten.
Wenn ihr fastet, macht kein finsteres Gesicht wie die Heuchler. Sie geben sich ein trübseliges Aussehen, damit die Leute merken, dass sie fasten. Amen, das sage ich euch: Sie haben ihren Lohn bereits erhalten. Du aber salbe dein Haar, wenn du fastest, und wasche dein Gesicht, damit die Leute nicht merken, dass du fastest, sondern nur dein Vater, der auch das Verborgene sieht; und dein Vater, der das Verborgene sieht, wird es dir vergelten.

Zum Evangelium Heute kommt es selten vor, dass jemand mit Frömmigkeit renommieren will. Eher muss sich einer, der sein Christsein ernst nimmt, gegen das Argument rechtfertigen: „Du bist doch sonst ein ganz vernünftiger Mensch ..." Doch wir kennen die moderne Variante des alten Themas: „Tue Gutes und rede darüber." Die Empfehlungen Jesu gehen alle in eine Richtung: unerkannt Gutes tun, im Verborgenen beten, so fasten, dass nur Gott es merkt. Immer ist entscheidend, was wir mit unserem „guten Tun" zum Ausdruck bringen: unseren eigenen Willen oder Gottes Willen, Selbstdarstellung oder Transparenz für die Wirklichkeit Gottes. „Der Christ soll ‚Zeichen' der Gegenwart Gottes unter den Menschen sein" (Chiara Lubich). Wie werden wir das? Werden wir für eine neue Dimension offen, wenn wir fasten, Almosen geben, beten? Wenden wir uns anderen Menschen zu, pflegen Freundschaften, zeigen Respekt vor dem Nächsten, auch vor dem fremden Nächsten? Fromme Werke und Beten sind nie Selbstzweck. Es sollte uns immer ein Anliegen sein, Gottes Nähe zu erfahren, die falschen Gewichte unseres Lebens hinter uns zu lassen und nicht unser Licht, sondern das Licht dessen, der ins Verborgene sieht, zum Leuchten zu bringen.

Donnerstag der 11. Woche im Jahreskreis

Lj I **Lesung** *2 Korinther 11,1-11* Schwestern und Brüder! Lasst euch doch ein wenig Unverstand von mir gefallen! Aber das tut ihr ja. Denn ich liebe euch mit der Eifersucht Gottes; ich habe euch einem einzigen Mann verlobt, um euch als reine Jungfrau zu Christus zu führen. Ich fürchte aber, wie die Schlange einst durch ihre Falschheit Eva täuschte, könntet auch ihr in euren

Gedanken von der aufrichtigen und reinen Hingabe an Christus abkommen. Ihr nehmt es ja offenbar hin, wenn irgendeiner daherkommt und einen anderen Jesus verkündigt, als wir verkündigt haben, wenn ihr einen anderen Geist empfangt, als ihr empfangen habt, oder ein anderes Evangelium, als ihr angenommen habt.
Ich denke doch, ich stehe den Überaposteln keineswegs nach. Im Reden mag ich ein Stümper sein, aber nicht in der Erkenntnis; wir haben sie euch in keiner Weise und in keinem Fall vorenthalten.
Oder habe ich einen Fehler gemacht, als ich, um euch zu erhöhen, mich selbst erniedrigte und euch das Evangelium Gottes verkündete, ohne etwas dafür zu nehmen?
Andere Gemeinden habe ich ausgeplündert und Geld von ihnen genommen, um euch dienen zu können. Aber als ich zu euch kam und in Schwierigkeiten geriet, bin ich niemand zur Last gefallen; was ich zu wenig hatte, ergänzten die Brüder, die aus Mazedonien kamen. Ich habe also darauf Wert gelegt, euch in keiner Weise zur Last zu fallen, und werde auch weiterhin darauf Wert legen.
So gewiss die Wahrheit Christi in mir ist: diesen Ruhm wird mir im Gebiet von Achaia niemand nehmen. Warum? Liebe ich euch etwa nicht? Gott weiß es.

Lesung *Jesus Sirach 48,1-14 (1-15)* In jenen Tagen stand Elija auf, ein Prophet wie Feuer, seine Worte waren wie ein brennender Ofen. Er entzog ihnen ihren Vorrat an Brot, durch sein Eifern verringerte er ihre Zahl. Auf Gottes Wort hin verschloss er den Himmel und dreimal ließ er Feuer herniederfallen. **Lj II**
Wie Ehrfurcht gebietend warst du, Elija, wer dir gleichkommt, kann sich rühmen. Einen Verstorbenen hast du vom Tod erweckt, aus der Unterwelt, nach Gottes Willen. Könige hast du ins Grab geschickt, Vornehme von ihren Lagern hinweg. Am Sinai hast du Strafbefehle vernommen, am Horeb Urteile der Rache. Könige hast du gesalbt für die Vergeltung und einen Propheten als deinen Nachfolger.
Du wurdest im Wirbelsturm nach oben entrückt, in Feuermassen himmelwärts. Von dir sagt die Schrift, du stehst bereit für die Endzeit, um den Zorn zu beschwichtigen, bevor er entbrennt, um den Söhnen das Herz der Väter zuzuwenden und Jakobs Stämme wieder aufzurichten. Wohl dem, der dich sieht und stirbt; denn auch er wird leben.
Elija ist im Wirbelsturm entschwunden, Elischa wurde mit seinem Geist erfüllt. Doppelt so viele Zeichen wirkte er, zu Wundern wurden alle Worte aus seinem Mund. Solange er lebte, hat er vor niemand gezittert, kein Sterblicher hatte Macht über seinen Geist. Nichts war für ihn unerreichbar, noch im Grab zeigte sein Leichnam Prophetenkraft. In seinem Leben vollbrachte er Wunder und bei seinem Tod erstaunliche Taten.

Evangelium *Matthäus 6,7-15* In jener Zeit sprach Jesus zu seinen Jüngern: Wenn ihr betet, sollt ihr nicht plappern wie die Heiden, die meinen, sie werden nur erhört, wenn sie viele Worte machen. Macht es nicht wie sie; denn euer Vater weiß, was ihr braucht, noch ehe ihr ihn bittet. So sollt ihr beten:
Unser Vater im Himmel, dein Name werde geheiligt, dein Reich komme, dein Wille geschehe wie im Himmel, so auf der Erde. Gib uns heute das Brot, das wir brauchen. Und erlass uns unsere Schulden, wie auch wir sie unseren Schuldnern erlassen haben. Und führe uns nicht in Versuchung, sondern rette uns vor dem Bösen.
Denn wenn ihr den Menschen ihre Verfehlungen vergebt, dann wird euer himmlischer Vater auch euch vergeben. Wenn ihr aber den Menschen nicht vergebt, dann wird euch euer Vater eure Verfehlungen auch nicht vergeben.

Zum Evangelium Gott braucht keine Überredungskünste, um uns zu hören. Dass er uns hört, ist nicht Ziel, sondern Voraussetzung unseres Betens; „denn euer Vater weiß, was ihr braucht, noch ehe ihr ihn bittet". Nach dieser „Vorrede" Jesu folgt das Vaterunser, das Gebet, das Christen zu allen Zeiten und an allen Orten miteinander verbunden hat und verbindet, egal, welcher Kultur, Nationalität, Rasse sie angehören. Wenn uns sonst die Worte ausgehen, wenn wir sonst nicht mehr wissen, wie wir beten sollen, dann ist immer Raum für dieses Gebet. Und niemand spricht es allein. Immer wird irgendwo auf der Welt ein Mensch sein, der es betet, während ich es bete.
Vielleicht haben manche Schwierigkeiten, Gott als Vater anzureden, weil sie traumatische Erfahrungen mit Vätern gemacht haben. Aber kann es nicht sein, dass wir erst über Gott erfahren, was Vater bedeutet? Unsere Vaterbilder mögen gebrochen und verunstaltet sein. Doch mit dem Vatergott stellt Jesus uns in Beziehung mit dem Urbild väterlicher Geborgenheit und Liebe. Diesen Vater dürfen wir nicht mit menschlichen Vätern verwechseln. Dieser Vater steht gegen enttäuschende Erfahrungen und Verletzungen. „Gott weiß doch alles, und er kennt doch jeden! Und wenn wir beten, ordnet sich die Welt, die viel verwirrte, vor dem stillen Blick, und aus der Fremde führt der Weg zurück zu jenem Urgrund, der das Leben birgt" (A. Pötzsch).

Freitag der 11. Woche im Jahreskreis

Lj I **Lesung** *2 Korinther 11,18.21b-30* Schwestern und Brüder! Da viele Menschen im Sinn dieser Welt prahlen, will auch ich einmal prahlen. Womit aber jemand prahlt – ich rede jetzt als Narr –, damit kann auch ich prahlen.
Sie sind Hebräer – ich auch. Sie sind Israeliten – ich auch. Sie sind Nachkommen Abrahams – ich auch. Sie sind Diener Christi – jetzt rede ich ganz unvernünftig –, ich noch mehr:

Ich ertrug mehr Mühsal, war häufiger im Gefängnis, wurde mehr geschlagen, war oft in Todesgefahr. Fünfmal erhielt ich von Juden die neununddreißig Hiebe; dreimal wurde ich ausgepeitscht, einmal gesteinigt, dreimal erlitt ich Schiffbruch, eine Nacht und einen Tag trieb ich auf hoher See.
Ich war oft auf Reisen, gefährdet durch Flüsse, gefährdet durch Räuber, gefährdet durch das eigene Volk, gefährdet durch Heiden, gefährdet in der Stadt, gefährdet in der Wüste, gefährdet auf dem Meer, gefährdet durch falsche Brüder. Ich erduldete Mühsal und Plage, durchwachte viele Nächte, ertrug Hunger und Durst, häufiges Fasten, Kälte und Blöße.
Um von allem andern zu schweigen, weise ich noch auf den täglichen Andrang zu mir und die Sorge für alle Gemeinden hin. Wer leidet unter seiner Schwachheit, ohne dass ich mit ihm leide? Wer kommt zu Fall, ohne dass ich von Sorge verzehrt werde?
Wenn schon geprahlt sein muss, will ich mit meiner Schwachheit prahlen.

Lesung *2 Könige 11,1-4.9-18.20* Als Atalja, die Mutter Ahasjas, sah, dass ihr Sohn tot war, ging sie daran, die ganze Nachkommenschaft der königlichen Familie auszurotten. Doch Joscheba, die Tochter des Königs Joram und Schwester Ahasjas, nahm Joasch, den Sohn Ahasjas, aus dem Kreis der Königssöhne, die ermordet werden sollten, weg und brachte ihn heimlich mit seiner Amme in die Bettenkammer. Dort versteckte sie ihn vor Atalja, sodass er nicht getötet wurde. Er blieb sechs Jahre bei ihr im Haus des Herrn verborgen, während Atalja das Land regierte. Im siebten Jahr bestellte der Priester Jojada die Hundertschaftsführer der Karer und Läufer zu sich. Er führte sie in das Haus des Herrn, schloss mit ihnen ein Abkommen, ließ sie im Haus des Herrn schwören und zeigte ihnen den Sohn des Königs. **Lj II**
Die Führer der Hundertschaften befolgten alle Weisungen des Priesters Jojada. Jeder holte seine Leute, sowohl jene, die am Sabbat aufzogen, als auch jene, die am Sabbat abzogen. Sie kamen zum Priester Jojada und dieser gab den Anführern der Hundertschaften die Lanzen und Schilde, die dem König David gehört hatten und sich jetzt im Haus des Herrn befanden. Die Läufer stellten sich mit der Waffe in der Hand von der Südseite des Tempels bis zur Nordseite vor dem Altar und dem Tempel rings um den König auf. Dann führte Jojada den Königssohn heraus und überreichte ihm den Stirnreif und das Königsgesetz. So machten sie ihn zum König, salbten ihn, klatschten in die Hände und riefen: Es lebe der König! Als Atalja das Geschrei des Volkes hörte, kam sie zu den Leuten in das Haus des Herrn. Da sah sie den König am gewohnten Platz bei der Säule stehen; die Obersten und die Trompeter waren bei ihm und alle Bürger des Landes waren voller Freude und bliesen die Trompeten. Atalja zerriss ihre Kleider und schrie: Verrat, Verrat! Doch der Priester Jojada befahl den Hundertschaftsführern, die das Kommando über die Truppen hatten: Führt sie durch die Reihen hinaus und schlagt jeden mit dem Schwert nieder, der ihr folgen will; denn so sagte der Priester –

sie soll nicht im Haus des Herrn getötet werden. Da legte man Hand an sie, und als sie an den Weg kam, auf dem man die Pferde zum Palast des Königs führt, wurde sie dort getötet. Jojada schloss nun den Bund des Herrn mit König und Volk. Sie versprachen, dass sie das Volk des Herrn sein wollten. Auch König und Volk ließ er einen Bund schließen. Darauf zogen alle Bürger des Landes zum Baalstempel und rissen ihn nieder. Sie zertrümmerten seine Altäre und Bilder vollständig und erschlugen den Baalspriester Mattan vor den Altären. Auch stellte Jojada Posten vor das Haus des Herrn.
Alle Bürger des Landes waren voll Freude und die Stadt blieb ruhig. Atalja aber hatte man vor dem Palast des Königs mit dem Schwert umgebracht.

Evangelium *Matthäus 6,19-23* In jener Zeit sprach Jesus zu seinen Jüngern: Sammelt euch nicht Schätze hier auf der Erde, wo Motte und Wurm sie zerstören und wo Diebe einbrechen und sie stehlen, sondern sammelt euch Schätze im Himmel, wo weder Motte noch Wurm sie zerstören und keine Diebe einbrechen und sie stehlen. Denn wo dein Schatz ist, da ist auch dein Herz.
Das Auge gibt dem Körper Licht. Wenn dein Auge gesund ist, dann wird dein ganzer Körper hell sein. Wenn aber dein Auge krank ist, dann wird dein ganzer Körper finster sein. Wenn nun das Licht in dir Finsternis ist, wie groß muss dann die Finsternis sein!

Zum Evangelium Diese Worte leiten einen Abschnitt der Bergpredigt ein, in dem die Frage der Sicherheit unseres Lebens im Zentrum steht. Wir leben sozusagen in einem „Riss“: Da ist die Welt, wie wir sie vorfinden und da ist das Reich Gottes, für das wir bestimmt sind. Wir sind noch nicht Erlöste, aber wir sind auf dem Weg. Wenn wir beten „Dein Reich komme“, sollten wir auch so leben, dass es kommen kann. Es kann uns erreichen, wenn wir offen sind, wenn wir uns nicht ganz dem Sog dieser Welt hingeben. Diese Verweigerung ist nicht einfach, die Welt hat ihre eigenen Gesetze. Wir machen in ihr mit, haben an ihren Schätzen teil, sammeln, häufen an, werfen wieder weg, ersetzen Altes durch Neues. Dabei ist uns viel Besseres verheißen: ein Schatz im Himmel, den uns niemand mehr nehmen kann. Wir sammeln für ihn, wenn wir die Schätze der Erde mit denen teilen, die nichts haben. Könnten wir denn die Gaben Gottes, für die wir dankbar sind und die wir schon jetzt genießen, für uns allein wegschließen? Nur das Teilen der Schätze hier macht das Leben hell, weil es in das Licht blickt, das von den Schätzen des Himmels her strahlt.

Samstag der 11. Woche im Jahreskreis

Lj I **Lesung** *2 Korinther 12,1-10* Schwestern und Brüder! Ich muss mich rühmen; zwar nützt es nichts, trotzdem will ich jetzt von Erscheinungen und Offenbarungen sprechen, die mir der Herr geschenkt hat.

Ich kenne jemand, einen Diener Christi, der vor vierzehn Jahren bis in den dritten Himmel entrückt wurde; ich weiß allerdings nicht, ob es mit dem Leib oder ohne den Leib geschah, nur Gott weiß es. Und ich weiß, dass dieser Mensch in das Paradies entrückt wurde; ob es mit dem Leib oder ohne den Leib geschah, weiß ich nicht, nur Gott weiß es. Er hörte unsagbare Worte, die ein Mensch nicht aussprechen kann. Diesen Mann will ich rühmen; was mich selbst angeht, will ich mich nicht rühmen, höchstens meiner Schwachheit. Wenn ich mich dennoch rühmen wollte, wäre ich zwar kein Narr, sondern würde die Wahrheit sagen. Aber ich verzichte darauf; denn jeder soll mich nur nach dem beurteilen, was er an mir sieht oder aus meinem Mund hört.

Damit ich mich wegen der einzigartigen Offenbarungen nicht überhebe, wurde mir ein Stachel ins Fleisch gestoßen: ein Bote Satans, der mich mit Fäusten schlagen soll, damit ich mich nicht überhebe. Dreimal habe ich den Herrn angefleht, dass dieser Bote Satans von mir ablasse. Er aber antwortete mir: Meine Gnade genügt dir; denn sie erweist ihre Kraft in der Schwachheit. Viel lieber also will ich mich meiner Schwachheit rühmen, damit die Kraft Christi auf mich herabkommt. Deswegen bejahe ich meine Ohnmacht, alle Misshandlungen und Nöte, Verfolgungen und Ängste, die ich für Christus ertrage; denn wenn ich schwach bin, dann bin ich stark.

Lesung *2 Chronik 24,17-25* Nach dem Tod Jojadas kamen die führenden Männer Judas zum König und warfen sich vor ihm nieder. Dieser hörte damals auf sie, sodass sie den Bund des Herrn, des Gottes ihrer Väter, verließen und die Kultpfähle und Götzenbilder verehrten. Wegen dieser Schuld kam ein Zorngericht über Juda und Jerusalem. Der Herr schickte Propheten zu ihnen, um sie zur Umkehr zum Herrn zu bewegen, aber man hörte nicht auf ihre Warnung. Da kam der Geist Gottes über Secharja, den Sohn des Priesters Jojada. Er trat vor das Volk und hielt ihm vor: So spricht Gott: Warum übertretet ihr die Gebote des Herrn? So könnt ihr kein Glück mehr haben. Weil ihr den Herrn verlassen habt, wird er euch verlassen. Sie aber taten sich gegen ihn zusammen und steinigten ihn auf Befehl des Königs im Hof des Hauses des Herrn. König Joasch dachte nicht mehr an die Treue, mit der ihm Jojada, der Vater Secharjas, gedient hatte, sondern ließ dessen Sohn töten. Dieser aber rief sterbend aus: Der Herr möge es sehen und vergelten. Um die Jahreswende zog das Heer der Aramäer gegen Joasch. Sie drangen nach Juda und Jerusalem vor und machten alle führenden Männer des Volkes nieder. Ihre gesamte Beute brachte man zum König von Damaskus. Mit nur wenig Kriegern war das Heer der Aramäer gekommen; aber der Herr gab ein sehr großes Heer in ihre Gewalt, weil die Israeliten den Herrn, den Gott ihrer Väter, verlassen hatten. So vollzogen die Aramäer an Joasch das Strafgericht. Als sie abzogen und ihn schwer krank zurücklie- **Lj II**

ßen, verschworen sich seine Diener gegen ihn wegen der Blutschuld am Sohn des Priesters Jojada und erschlugen ihn auf seinem Bett. Man begrub ihn in der Davidstadt, aber nicht in den Gräbern der Könige.

Evangelium *Matthäus 6,24-34* In jener Zeit sprach Jesus zu seinen Jüngern: Niemand kann zwei Herren dienen; er wird entweder den einen hassen und den andern lieben oder er wird zu dem einen halten und den andern verachten. Ihr könnt nicht beiden dienen, Gott und dem Mammon.
Deswegen sage ich euch: Sorgt euch nicht um euer Leben und darum, dass ihr etwas zu essen habt, noch um euren Leib und darum, dass ihr etwas anzuziehen habt. Ist nicht das Leben wichtiger als die Nahrung und der Leib wichtiger als die Kleidung? Seht euch die Vögel des Himmels an: Sie säen nicht, sie ernten nicht und sammeln keine Vorräte in Scheunen; euer himmlischer Vater ernährt sie. Seid ihr nicht viel mehr wert als sie?
Wer von euch kann mit all seiner Sorge sein Leben auch nur um eine kleine Zeitspanne verlängern? Und was sorgt ihr euch um eure Kleidung? Lernt von den Lilien, die auf dem Feld wachsen: Sie arbeiten nicht und spinnen nicht. Doch ich sage euch: Selbst Salomo war in all seiner Pracht nicht gekleidet wie eine von ihnen. Wenn aber Gott schon das Gras so prächtig kleidet, das heute auf dem Feld steht und morgen ins Feuer geworfen wird, wie viel mehr dann euch, ihr Kleingläubigen!
Macht euch also keine Sorgen und fragt nicht: Was sollen wir essen? Was sollen wir trinken? Was sollen wir anziehen? Denn um all das geht es den Heiden. Euer himmlischer Vater weiß, dass ihr das alles braucht. Euch aber muss es zuerst um sein Reich und um seine Gerechtigkeit gehen; dann wird euch alles andere dazugegeben.
Sorgt euch also nicht um morgen; denn der morgige Tag wird für sich selbst sorgen. Jeder Tag hat genug eigene Plage.

Zum Evangelium Von allen Seiten pfeifen es die Spatzen von den Dächern: Sorgt euch um euer Leben. Sichert auch ab, wählt die richtige, eurem Einkommen, euren Lebensverhältnissen zugeschnittene Versicherung, und vergesst nicht, überhaupt alles versichern zu lassen, damit im Falle eines Falles ihr nicht da steht ohne alles! Die konzentrierte Sorge um sich selbst ist meistens Ausdruck großer Lebensunsicherheit. Je unsicherer wir sind, desto mehr äußere Sicherheit suchen wir. Je mehr wir haben, desto mehr müssen wir es absichern. Oft sind Menschen, die wenig haben, sorgloser. Sie leben in den Tag, sie wirken ein bisschen unvernünftig, sie sind nicht so sehr mit inneren und äußeren Ängsten belegt.
Es geht nicht darum, sich nicht mehr zu sorgen sondern darum, nicht an der falschen Stelle zu viel zu sorgen. Das frisst Energien, die wir für die wichtigste Sorge bräuchten: „Euch aber muss es zuerst um sein Reich

und seine Gerechtigkeit gehen; dann wird euch alles andere dazugegeben." Wofür sorge ich? Die Sorge um sein Reich lässt die Sorgen um mein Ich zurücktreten und schenkt mir die Gelassenheit für das, was Tag für Tag „genug eigene Plage" hat.

12. Woche im Jahreskreis

Montag der 12. Woche im Jahreskreis

Lesung *Genesis 12,1-9* In jenen Tagen sprach der Herr zu Abram: Zieh weg aus deinem Land, von deiner Verwandtschaft und aus deinem Vaterhaus in das Land, das ich dir zeigen werde. Ich werde dich zu einem großen Volk machen, dich segnen und deinen Namen groß machen. Ein Segen sollst du sein. Ich will segnen, die dich segnen; wer dich verwünscht, den will ich verfluchen. Durch dich sollen alle Geschlechter der Erde Segen erlangen. Lj I

Da zog Abram weg, wie der Herr ihm gesagt hatte, und mit ihm ging auch Lot. Abram war fünfundsiebzig Jahre alt, als er aus Haran fortzog. Abram nahm seine Frau Sarai mit, seinen Neffen Lot und alle ihre Habe, die sie erworben hatten, und die Knechte und Mägde, die sie in Haran gewonnen hatten. Sie wanderten nach Kanaan aus und kamen dort an.

Abram zog durch das Land bis zur Stätte von Sichem, bis zur Orakeleiche. Die Kanaaniter waren damals im Land. Der Herr erschien Abram und sprach: Deinen Nachkommen gebe ich dieses Land. Dort baute er dem Herrn, der ihm erschienen war, einen Altar.

Von da brach er auf zum Bergland östlich von Bet-El und schlug sein Zelt so auf, dass er Bet-El im Westen und Ai im Osten hatte. Dort baute er dem Herrn einen Altar und rief den Namen des Herrn an. Dann zog Abram immer weiter, dem Negeb zu.

Lesung *2 Könige 17,5-8.13-15a.18* In jenen Tagen fiel der König von Assur über das ganze Land her, rückte gegen Samaria vor und belagerte es drei Jahre lang. Im neunten Jahr Hoscheas eroberte er die Stadt, verschleppte die Israeliten nach Assur und siedelte sie in Halach, am Habor, einem Fluss von Gosan, und in den Städten der Meder an. Lj II

Das geschah, weil die Israeliten sich gegen den Herrn, ihren Gott, versündigten, der sie aus Ägypten, aus der Gewalt des Pharao, des Königs von Ägypten, heraufgeführt hatte. Sie verehrten fremde Götter, ahmten die Bräuche der Völker nach, die der Herr vor den Israeliten vertrieben hatte, und folgten dem Beispiel, das die Könige von Israel gaben. Der Herr warnte Israel und Juda durch alle seine Propheten, durch alle Seher: Kehrt um von euren bösen Wegen, achtet auf meine Befehle und meine Gebote genau nach dem Gesetz, das ich euren Vätern gegeben und euch durch meine Knechte, die Propheten, verkündet habe.

Doch sie wollten nicht hören, sondern versteiften ihre Nacken wie ihre Väter, die nicht auf den Herrn, ihren Gott, vertrauten. Sie verwarfen seine Gebote und den Bund, den er mit ihren Vätern geschlossen hatte, und verschmähten die Warnungen, die er an sie richtete.
Darum wurde der Herr über Israel sehr zornig. Er verstieß es von seinem Angesicht, sodass der Stamm Juda allein übrig blieb.

Evangelium *Matthäus 7,1-5* In jener Zeit sprach Jesus zu seinen Jüngern: Richtet nicht, damit ihr nicht gerichtet werdet! Denn wie ihr richtet, so werdet ihr gerichtet werden, und nach dem Maß, mit dem ihr messt und zuteilt, wird euch zugeteilt werden.
Warum siehst du den Splitter im Auge deines Bruders, aber den Balken in deinem Auge bemerkst du nicht? Wie kannst du zu deinem Bruder sagen: Lass mich den Splitter aus deinem Auge herausziehen! – und dabei steckt in deinem Auge ein Balken?
Du Heuchler! Zieh zuerst den Balken aus deinem Auge, dann kannst du versuchen, den Splitter aus dem Auge deines Bruders herauszuziehen.

Zum Evangelium Schon im Alten Testament ist das Richten allein Gott vorbehalten. Kein Mensch darf sich als Richter über einen anderen erheben. Was Jesus in der Bergpredigt über das Richten äußert, übertrifft alle bisherigen Aussagen der Bibel. Wer über andere hart urteilt, wird selbst ein hartes Urteil erfahren. Denn seine Urteilsmaßstäbe werden ihn selber treffen. Wer anderen vergibt, dem wird selber vergeben. Das Verbot des Richtens heißt nicht, dass wir kein Urteil treffen dürfen. Wenn wir Zeugen einer bösen Tat sind, dürfen wir nicht wortlos oder untätig sein. Wer sich nicht dem Bösen entgegenstellt, wird zum Mitschuldigen. Doch das Urteil über eine Tat darf nie zur Ver-Urteilung der Person werden. Beispiel dafür ist ein Satz des ehemaligen Bundespräsidenten Johannes Rau aus seiner Rede anlässlich der Trauerfeier für die Opfer des Amokschützen in Erfurt: „Was immer ein Mensch getan hat, er bleibt ein Mensch."

Dienstag der 12. Woche im Jahreskreis

Lj I **Lesung** *Genesis 13,2.5-18* Abram hatte einen sehr ansehnlichen Besitz an Vieh, Silber und Gold. Auch Lot, der mit Abram gezogen war, besaß Schafe und Ziegen, Rinder und Zelte. Das Land war aber zu klein, als dass sich beide nebeneinander hätten ansiedeln können; denn ihr Besitz war zu groß und so konnten sie sich nicht miteinander niederlassen. Zwischen den Hirten Abrams und den Hirten Lots kam es zum Streit; auch siedelten damals noch die Kanaaniter und die Perisiter im Land.
Da sagte Abram zu Lot: Zwischen mir und dir, zwischen meinen und deinen Hirten soll es keinen Streit geben; wir sind doch Brüder. Liegt nicht das

ganze Land vor dir? Trenn dich also von mir! Wenn du nach links willst, gehe ich nach rechts; wenn du nach rechts willst, gehe ich nach links. Lot blickte auf und sah, dass die ganze Jordangegend bewässert war. Bevor der Herr Sodom und Gomorra vernichtete, war sie bis Zoar hin wie der Garten des Herrn, wie das Land Ägypten. Da wählte sich Lot die ganze Jordangegend aus. Lot brach nach Osten auf und sie trennten sich voneinander. Abram ließ sich in Kanaan nieder, während Lot sich in den Städten jener Gegend niederließ und seine Zelte bis Sodom hin aufschlug.
Die Leute von Sodom aber waren sehr böse und sündigten schwer gegen den Herrn.
Nachdem sich Lot von Abram getrennt hatte, sprach der Herr zu Abram: Blick auf und schau von der Stelle, an der du stehst, nach Norden und Süden, nach Osten und Westen. Das ganze Land nämlich, das du siehst, will ich dir und deinen Nachkommen für immer geben.
Ich mache deine Nachkommen zahlreich wie den Staub auf der Erde. Nur wer den Staub auf der Erde zählen kann, wird auch deine Nachkommen zählen können. Mach dich auf, durchzieh das Land in seiner Länge und Breite; denn dir werde ich es geben.
Da zog Abram mit seinen Zelten weiter und ließ sich bei den Eichen von Mamre in Hebron nieder. Dort baute er dem Herrn einen Altar.

Lesung *2 Könige 19,9b-11.14-21.31-35a.36* In jenen Tagen schickte Sanherib, der König von Assur, Boten zu Hiskija, dem König von Juda mit dem Auftrag: So sollt ihr zu Hiskija, dem König von Juda, sagen: Lass dir nicht von deinem Gott, auf den du vertraust, einreden, Jerusalem werde dem König von Assur nicht in die Hände fallen. Du hast doch gehört, was die Könige von Assur mit allen anderen Ländern gemacht haben. Sie haben sie dem Untergang geweiht. Und du meinst, du wirst gerettet? **Lj II**
Hiskija nahm das Schreiben von den Boten in Empfang und las es. Dann ging er zum Haus des Herrn hinauf, breitete das Schreiben vor dem Herrn aus und betete vor dem Herrn; er sagte:
Herr, Gott Israels, der über den Kerubim thront, du allein bist der Gott aller Reiche der Erde. Du hast den Himmel und die Erde gemacht. Wende mir dein Ohr zu, Herr, und höre! Öffne, Herr, deine Augen und sieh her! Hör alles, was Sanherib sagt, der seinen Boten hergesandt hat, um den lebendigen Gott zu verhöhnen. Es ist wahr, Herr, die Könige von Assur haben die Völker vernichtet, ihre Länder verwüstet und ihre Götter ins Feuer geworfen. Aber das waren keine Götter, sondern Werke von Menschenhand, aus Holz und Stein; darum konnte man sie vernichten. Nun aber, Herr, unser Gott, rette uns aus seiner Hand, damit alle Reiche der Erde erkennen, dass du, Jahwe, Gott bist, du allein.
Der Prophet Jesaja, der Sohn des Amoz, schickte zu Hiskija einen Boten und ließ ihm sagen: So spricht der Herr, der Gott Israels: Ich habe gehört, wie du

wegen des Königs Sanherib von Assur zu mir gebetet hast. Das ist das Wort des Herrn gegen ihn:
Dich verachtet, dich verspottet / die Jungfrau, die Tochter Zion.
Die Tochter Jerusalem / schüttelt spöttisch den Kopf über dich.
Von Jerusalem wird ein Rest ausziehen, vom Berg Zion ziehen die Geretteten hinaus.
Der leidenschaftliche Eifer des Herrn wird das vollbringen.
Darum – so spricht der Herr über den König von Assur: Er wird nicht in diese Stadt eindringen; er wird keinen einzigen Pfeil hineinschießen, er wird nicht unter dem Schutz seines Schildes gegen sie anrennen und keinen Damm gegen sie aufschütten. Auf dem Weg, auf dem er gekommen ist, wird er wieder zurückkehren. Aber in diese Stadt wird er nicht eindringen – Spruch des Herrn. Ich werde diese Stadt beschützen und retten, um meinetwillen und um meines Knechtes David willen.
In jener Nacht zog der Engel des Herrn aus und erschlug im Lager der Assyrer hundertfünfundachtzigtausend Mann. Da brach Sanherib, der König von Assur, auf und kehrte in sein Land zurück. Er blieb in Ninive.

Evangelium *Matthäus 7,6.12-14* In jener Zeit sprach Jesus zu seinen Jüngern: Gebt das Heilige nicht den Hunden und werft eure Perlen nicht den Schweinen vor, denn sie könnten sie mit ihren Füßen zertreten und sich umwenden und euch zerreißen.
Alles, was ihr von anderen erwartet, das tut auch ihnen! Darin besteht das Gesetz und die Propheten.
Geht durch das enge Tor! Denn das Tor ist weit, das ins Verderben führt, und der Weg dahin ist breit und viele gehen auf ihm. Aber das Tor, das zum Leben führt, ist eng und der Weg dahin ist schmal und nur wenige finden ihn.

Zum Evangelium „Alles, was ihr von anderen erwartet, das tut auch ihnen!" Diese so genannte „Goldene Regel" ist keine Erfindung Jesu, sie ist Urbestand aller großer Religionen, weil sie auf einer Moral basiert, die nicht nur den Kopf, sondern das Herz des Menschen erreicht: Sie holt den Menschen dort ab, wo er steht. Sie lädt uns geradezu ein, als erstes an uns selber zu denken und uns die stärksten Wünsche, die besten Absichten für uns selbst vorzustellen. Wenn ich weiß, was für mich Glück bedeutet, kann ich mir auch vorstellen, was für den anderen Glück bedeutet. Aber mein Glück hängt vom Glück des anderen ab. Glück in der Einzahl ist eine Unmöglichkeit. Glück wird schnell zum Unglück, wenn es dem anderen schadet. Denn alles, was menschlich ist, verbindet. Würde sich die Goldene Regel durchsetzen in unserer Welt, bräche der viel beschworene Gegensatz zwischen Egoismus und Altruismus in sich zusammen, und wir fänden den Weg zu dem engen Tor, das zum Leben führt. Wir würden unsere Mitmenschen so behandeln, wie wir selbst es uns von ihnen wünschen. Könnte es dann auf unserer Welt noch länger Hunger, Elend, Armut, Krieg geben?

Mittwoch der 12. Woche im Jahreskreis

Lesung *Genesis 15,1-12.17-18* In jenen Tagen erging das Wort des Herrn in einer Vision an Abram: Fürchte dich nicht, Abram, ich bin dein Schild; dein Lohn wird sehr groß sein. Abram antwortete: Herr, mein Herr, was willst du mir schon geben? Ich gehe doch kinderlos dahin und Erbe meines Hauses ist Eliëser aus Damaskus. Und Abram sagte: Du hast mir ja keine Nachkommen gegeben; also wird mich mein Haussklave beerben. **Lj I**

Da erging das Wort des Herrn an ihn: Nicht er wird dich beerben, sondern dein leiblicher Sohn wird dein Erbe sein. Er führte ihn hinaus und sprach: Sieh doch zum Himmel hinauf und zähl die Sterne, wenn du sie zählen kannst. Und er sprach zu ihm: So zahlreich werden deine Nachkommen sein. Abram glaubte dem Herrn und der Herr rechnete es ihm als Gerechtigkeit an. Er sprach zu ihm: Ich bin der Herr, der dich aus Ur in Chaldäa herausgeführt hat, um dir dieses Land zu Eigen zu geben.

Da sagte Abram: Herr, mein Herr, woran soll ich erkennen, dass ich es zu Eigen bekomme? Der Herr antwortete ihm: Hol mir ein dreijähriges Rind, eine dreijährige Ziege, einen dreijährigen Widder, eine Turteltaube und eine Haustaube! Abram brachte ihm alle diese Tiere, zerteilte sie und legte je eine Hälfte der andern gegenüber; die Vögel aber zerteilte er nicht. Da stießen Raubvögel auf die Fleischstücke herab, doch Abram verscheuchte sie.

Bei Sonnenuntergang fiel auf Abram ein tiefer Schlaf; große, unheimliche Angst überfiel ihn. Die Sonne war untergegangen und es war dunkel geworden. Auf einmal waren ein rauchender Ofen und eine lodernde Fackel da; sie fuhren zwischen jenen Fleischstücken hindurch.

An diesem Tag schloss der Herr mit Abram folgenden Bund: Deinen Nachkommen gebe ich dieses Land vom Grenzbach Ägyptens bis zum großen Strom, dem Eufrat.

Lesung *2 Könige 22,8-13; 23,1-3* In jenen Tagen teilte der Hohepriester Hilkija dem Staatsschreiber Schafan mit: Ich habe im Haus des Herrn das Gesetzbuch gefunden. Hilkija übergab Schafan das Buch und dieser las es. Darauf begab sich der Staatsschreiber Schafan zum König und meldete ihm: Deine Knechte haben das Geld ausgeschüttet, das sich im Haus vorfand, und es den Werkmeistern übergeben, die im Haus des Herrn angestellt sind. **Lj II**

Dann sagte der Staatsschreiber Schafan zum König: Der Priester Hilkija hat mir ein Buch gegeben. Schafan las es dem König vor. Als der König die Worte des Gesetzbuches hörte, zerriss er seine Kleider und befahl dem

Priester Hilkija sowie Ahikam, dem Sohn Schafans, Achbor, dem Sohn Michas, dem Staatsschreiber Schafan und Asaja, dem Diener des Königs: Geht und befragt den Herrn für mich, für das Volk und für ganz Juda wegen dieses Buches, das aufgefunden wurde. Der Zorn des Herrn muss heftig gegen uns entbrannt sein, weil unsere Väter auf die Worte dieses Buches nicht gehört und weil sie nicht getan haben, was in ihm niedergeschrieben ist.
Der König ließ alle Ältesten Judas und Jerusalems bei sich zusammenkommen. Er ging zum Haus des Herrn hinauf mit allen Männern Judas und allen Einwohnern Jerusalems, den Priestern und Propheten und allem Volk, Jung und Alt. Er ließ ihnen alle Worte des Bundesbuches vorlesen, das im Haus des Herrn gefunden worden war. Dann trat der König an die Säule und schloss vor dem Herrn diesen Bund: Er wolle dem Herrn folgen, auf seine Gebote, Satzungen und Gesetze von ganzem Herzen und ganzer Seele achten und die Vorschriften des Bundes einhalten, die in diesem Buch niedergeschrieben sind. Das ganze Volk trat dem Bund bei.

Evangelium *Matthäus 7,15-20* In jener Zeit sprach Jesus zu seinen Jüngern: Hütet euch vor den falschen Propheten; sie kommen zu euch wie Schafe, in Wirklichkeit aber sind sie reißende Wölfe. An ihren Früchten werdet ihr sie erkennen. Erntet man etwa von Dornen Trauben oder von Disteln Feigen?
Jeder gute Baum bringt gute Früchte hervor, ein schlechter Baum aber schlechte. Ein guter Baum kann keine schlechten Früchte hervorbringen und ein schlechter Baum keine guten.
Jeder Baum, der keine guten Früchte hervorbringt, wird umgehauen und ins Feuer geworfen. An ihren Früchten also werdet ihr sie erkennen.

Zum Evangelium Das Kennzeichen eines falschen Propheten, der wie ein Wolf im Schafspelz kommt, ist der Widerspruch zwischen Innerem und Äußerem. Er gibt sich für einen anderen aus, als er in Wirklichkeit ist. Er verhält sich nach außen so, dass andere Vertrauen zu ihm fassen, aber innerlich ist er beherrscht vom Willen, Macht über sie zu gewinnen. Sich für ein Schaf ausgeben, aber innerlich ein gieriger Wolf sein, das ist ein Widerspruch, der keinem von uns fremd sein dürfte. Anstatt die falschen Propheten ins grelle Licht zu zerren und mit dem Finger auf sie zu zeigen, sollten wir in uns hineinschauen: Wo verstelle ich mich, wo mache ich mich zu etwas, das ich nicht bin, wo hat mein Gewinn Vorrang vor dem Wohl des Nächsten? „An ihren Früchten werdet ihr sie erkennen", sagt Jesus. Wenn jemand sich für etwas ausgibt, was er nicht ist, so wird an seinen Früchten doch deutlich, wer er ist. Denn der Baum kann nur die Früchte hervorbringen, die ihm entsprechen. Das Verhältnis von Baum zu Frucht lässt sich nicht verbergen. Jesus sagt aber nicht, dass wir selbst ein Baum sind. Wir sollten hier an das andere Jesuswort im Johannesevangelium denken, wo Jesus sich als Weinstock und uns als Reben bezeichnet. Wenn wir als Reben an diesem Weinstock bleiben, tragen wir gute Früchte.

Donnerstag der 12. Woche im Jahreskreis

Lesung *Genesis 16,1-12.15-16 (Kf: 16,6b-12.15-16)* Sarai, Abrams Frau, hatte ihm keine Kinder geboren. Sie hatte aber eine ägyptische Magd namens Hagar. Sarai sagte zu Abram: Der Herr hat mir Kinder versagt. Geh zu meiner Magd! Vielleicht komme ich durch sie zu einem Sohn. Lj I
Abram hörte auf sie. Sarai, Abrams Frau, nahm also die Ägypterin Hagar, ihre Magd, – zehn Jahre, nachdem sich Abram in Kanaan niedergelassen hatte, – und gab sie ihrem Mann Abram zur Frau. Er ging zu Hagar und sie wurde schwanger. Als sie merkte, dass sie schwanger war, verlor die Herrin bei ihr an Achtung. Da sagte Sarai zu Abram: Das Unrecht, das ich erfahre, komme auf dich. Ich habe dir meine Magd überlassen. Kaum merkt sie, dass sie schwanger ist, so verliere ich schon an Achtung bei ihr. Der Herr entscheide zwischen mir und dir. Abram entgegnete Sarai: Hier ist deine Magd; sie ist in deiner Hand. Tu mit ihr, was du willst.
Da [KF In jenen Tagen] behandelte Sarai sie [Hagar] so hart, dass ihr Hagar [diese ihr] davonlief.
Der Engel des Herrn fand Hagar an einer Quelle in der Wüste, an der Quelle auf dem Weg nach Schur. Er sprach: Hagar, Magd Sarais, woher kommst du und wohin gehst du? Sie antwortete: Ich bin meiner Herrin Sarai davongelaufen. Da sprach der Engel des Herrn zu ihr: Geh zurück zu deiner Herrin und ertrag ihre harte Behandlung! Der Engel des Herrn sprach zu ihr: Deine Nachkommen will ich so zahlreich machen, dass man sie nicht zählen kann. Weiter sprach der Engel des Herrn zu ihr: Du bist schwanger, du wirst einen Sohn gebären und ihn Ismaël – Gott hört – nennen; denn der Herr hat auf dich gehört in deinem Leid. Er wird ein Mensch sein wie ein Wildesel. Seine Hand gegen alle, die Hände aller gegen ihn! Allen seinen Brüdern setzt er sich vors Gesicht.
Hagar gebar dem Abram einen Sohn und Abram nannte den Sohn, den ihm Hagar gebar, Ismaël. Abram war sechsundachtzig Jahre alt, als Hagar ihm Ismaël gebar.

Lesung *2 Könige 24,8-17* Jojachin war achtzehn Jahre alt, als er König wurde, und regierte drei Monate in Jerusalem. Seine Mutter hieß Nehuschta und war eine Tochter Elnatans aus Jerusalem. Wie sein Vater tat er, was dem Herrn missfiel. In jener Zeit zogen die Truppen Nebukadnezzars, des Königs von Babel, gegen Jerusalem und belagerten die Stadt. Als dann König Nebukadnezzar von Babel selbst vor der Stadt erschien, während seine Krieger sie belagerten, ging Jojachin, der König von Juda, mit seiner Mutter, seinen Dienern, Fürsten und Kämmerern zum König von Babel hinaus, und dieser Lj II nahm ihn im achten Jahr seiner Regierung fest. Wie der Herr angedroht hatte, nahm Nebukadnezzar auch alle Schätze des Hauses des Herrn und die Schätze des königlichen Palastes weg und zerbrach alle goldenen Geräte, die Salomo, der König von Israel, im Haus des Herrn hatte anfertigen lassen. Von ganz Jerusalem verschleppte er alle Vornehmen und alle wehrfähigen Männer, insgesamt zehntausend Mann, auch alle Schmiede und Schlosser. Von den Bürgern des Landes blieben nur die geringen Leute zurück. Jojachin verschleppte er nach Babel. Auch die Mutter des Königs, die königlichen Frauen und Kämmerer sowie die einflussreichen Männer des Landes verschleppte er von Jerusalem nach Babel, dazu alle Wehrfähigen, siebentausend Mann, die Schmiede und Schlosser, tausend an der Zahl, lauter kriegstüchtige Männer. Sie alle verschleppte der babylonische König nach Babel. Dann machte der König von Babel den Mattanja, den Onkel Jojachins, an dessen Stelle zum König und änderte seinen Namen in Zidkija.

Evangelium *Matthäus 7,21-29* In jener Zeit sprach Jesus zu seinen Jüngern: Nicht jeder, der zu mir sagt: Herr! Herr!, wird in das Himmelreich kommen, sondern nur, wer den Willen meines Vaters im Himmel erfüllt.
Viele werden an jenem Tag zu mir sagen: Herr, Herr, sind wir nicht in deinem Namen als Propheten aufgetreten und haben wir nicht mit deinem Namen Dämonen ausgetrieben und mit deinem Namen viele Wunder vollbracht? Dann werde ich ihnen antworten: Ich kenne euch nicht. Weg von mir, ihr Übertreter des Gesetzes!
Wer diese meine Worte hört und danach handelt, ist wie ein kluger Mann, der sein Haus auf Fels baute. Als nun ein Wolkenbruch kam und die Wassermassen heranfluteten, als die Stürme tobten und an dem Haus rüttelten, da stürzte es nicht ein; denn es war auf Fels gebaut.
Wer aber meine Worte hört und nicht danach handelt, ist wie ein unvernünftiger Mann, der sein Haus auf Sand baute. Als nun ein Wolkenbruch kam und die Wassermassen heranfluteten, als die Stürme tobten und an dem Haus rüttelten, da stürzte es ein und wurde völlig zerstört.
Als Jesus diese Rede beendet hatte, war die Menge sehr betroffen von seiner Lehre; denn er lehrte sie wie einer, der göttliche Vollmacht hat, und nicht wie ihre Schriftgelehrten.

Zum Evangelium Häuser haben Stockwerke, Dächer, Fassaden, Fenster, Türen und ein Fundament. Mit einem Haus vergleicht Jesus am Ende der Bergpredigt unser Lebensgerüst und bringt mit der Frage, auf welchem Fundament unser Haus steht, seine Verkündigung auf den Punkt. Das Haus kann eine einladende Fassade und eine angenehme Ausstrahlung haben – aber wenn das Fundament nicht trägt, taugt alles andere nichts. Die Praxis des Glaubens ist das Fundament, sie erst zeigt, ob die Botschaft der Bergpredigt mehr als schöne Fassadenverzierung ist.

Wie unser Haus gebaut ist, erfahren wir vor allem, wenn die Stürme kommen und an dem Haus rütteln. Der Glaube, den Jesus verkündet hat, kann nicht ohne Konsequenzen bleiben. Die Begegnung mit ihm drängt danach, in das Leben hineinzuwirken und es auf diesem Fundament aufzubauen. Wenn wir unser Leben auf dem Fundament des Glaubens aufbauen, fallen wir nicht ins Bodenlose, sondern in die Arme Gottes, der gerade dort, in der Tiefe, vor der wir uns fürchten, auf uns wartet. Wer aus diesem Vertrauen lebt, braucht, wie dunkel sein Weg auch sein wird, nicht zu verzweifeln.

Freitag der 12. Woche im Jahreskreis

Lesung *Genesis 17,1.9-10.15-22* Als Abram neunundneunzig Jahre alt war, erschien ihm der Herr und sprach zu ihm: Ich bin Gott, der Allmächtige. Geh deinen Weg vor mir und sei rechtschaffen! Und Gott sprach zu Abraham: Du aber halte meinen Bund, du und deine Nachkommen, Generation um Generation. Das ist mein Bund zwischen mir und euch samt deinen Nachkommen, den ihr halten sollt: Alles, was männlich ist unter euch, muss beschnitten werden. **Lj I**
Weiter sprach Gott zu Abraham: Deine Frau Sarai sollst du nicht mehr Sarai nennen, sondern Sara (Herrin) soll sie heißen. Ich will sie segnen und dir auch von ihr einen Sohn geben. Ich segne sie, sodass Völker aus ihr hervorgehen; Könige über Völker sollen ihr entstammen.
Da fiel Abraham auf sein Gesicht nieder und lachte. Er dachte: Können einem Hundertjährigen noch Kinder geboren werden und kann Sara als Neunzigjährige noch gebären? Dann sagte Abraham zu Gott: Wenn nur Ismael vor dir am Leben bleibt!
Gott entgegnete: Nein, deine Frau Sara wird dir einen Sohn gebären und du sollst ihn Isaak nennen. Ich werde meinen Bund mit ihm schließen als einen ewigen Bund für seine Nachkommen. Auch was Ismael angeht, erhöre ich dich. Ja, ich segne ihn, ich lasse ihn fruchtbar und sehr zahlreich werden. Zwölf Fürsten wird er zeugen und ich mache ihn zu einem großen Volk. Meinen Bund aber schließe ich mit Isaak, den dir Sara im nächsten Jahr um diese Zeit gebären wird.
Als Gott das Gespräch beendet hatte, verließ er Abraham und fuhr zur Höhe auf.

Lesung *2 Könige 25,1b-12 (1-12)* Im neunten Regierungsjahr, am zehnten Tag des zehnten Monats, rückte Nebukadnezzar, der König von Babel, mit seiner ganzen Streitmacht vor Jerusalem und belagerte es. Man errichtete ringsherum einen Belagerungswall. Bis zum elften Jahr des Königs Zidkija wurde die Stadt belagert. Am neunten Tag des vierten Monats war in der Stadt die Hungersnot groß geworden, und die Bürger des Landes hatten kein Brot mehr. Damals wurden Breschen in die Stadtmauer geschlagen. **Lj II**

Der König und alle Krieger verließen die Stadt bei Nacht auf dem Weg durch das Tor zwischen den beiden Mauern, das zum königlichen Garten hinausführt, obwohl die Chaldäer rings um die Stadt lagen. Sie schlugen die Richtung nach der Araba ein. Aber die chaldäischen Truppen setzten dem König nach und holten ihn in den Niederungen von Jericho ein, nachdem alle seine Truppen ihn verlassen und sich zerstreut hatten. Man ergriff den König und brachte ihn nach Ribla, zum König von Babel, und dieser sprach über ihn das Urteil. Die Söhne Zidkijas machte man vor dessen Augen nieder. Zidkija ließ er blenden, in Fesseln legen und nach Babel bringen.
Am siebten Tag des fünften Monats – das ist im neunzehnten Jahr des Königs Nebukadnezzar, des Königs von Babel – rückte Nebusaradan, der Kommandant der Leibwache und Diener des Königs von Babel, in Jerusalem ein und steckte das Haus des Herrn, den königlichen Palast und alle Häuser Jerusalems in Brand. Jedes große Haus ließ er in Flammen aufgehen. Auch die Umfassungsmauern Jerusalems rissen die chaldäischen Truppen, die dem Kommandanten der Leibwache unterstanden, nieder.
Den Rest der Bevölkerung, der noch in der Stadt geblieben war, sowie alle, die zum König von Babel übergelaufen waren, und den Rest der Handwerker schleppte Nebusaradan, der Kommandant der Leibwache, in die Verbannung. Nur von den armen Leuten im Land ließ der Kommandant der Leibwache einen Teil als Wein- und Ackerbauern zurück.

Evangelium *Matthäus 8,1-4* Als Jesus von dem Berg herabstieg, folgten ihm viele Menschen. Da kam ein Aussätziger, fiel vor ihm nieder und sagte: Herr, wenn du willst, kannst du machen, dass ich rein werde. Jesus streckte die Hand aus, berührte ihn und sagte: Ich will es – werde rein! Im gleichen Augenblick wurde der Aussätzige rein.
Jesus aber sagte zu ihm: Nimm dich in Acht! Erzähl niemand davon, sondern geh, zeig dich dem Priester und bring das Opfer dar, das Mose angeordnet hat. Das soll für sie ein Beweis deiner Heilung sein.

Zum Evangelium Ein Aussätziger darf sich in der Gemeinschaft der anderen nicht mehr blicken lassen. Er hat niemanden, zu dem er gehen, mit dem er sprechen, den er berühren kann. Er ist kein Verbrecher, kein Bösewicht, er ist ganz einfach krank. Aussätzige sind ansteckend, das Gesicht entstellt, die Glieder verstümmelt. Sie werden am lebendigen Leib aufgefressen. Man ekelt sich, man bleibt auf Abstand zu ihnen. Wer kann leben, wenn er Tag für Tag hört: „Fass mich nicht an, hau ab!“? – Jesus begibt sich auf Augenhöhe mit dem Aussätzigen, stellt sich mit ihm auf eine Stufe, sieht den Blick des Kranken, die Trauer, die Verzweiflung. Er schaut hin, nicht weg. Er berührt ihn und bricht etwas auf in ihm. Jesus ist der Heiland, weil er heilen kann. Wo die Medizin nein sagt, fängt Gott an. Nicht immer so, dass Krankheit aufhört, sondern so, dass der

Kranke seine Würde zurückgewinnt, weil seine kranke Seele gesund wird und er eine neue Lebenschance erhält. An die Stelle von Jesus können wir selber treten. Denn Gott hat uns mit seiner Kraft ausgestattet. „Heiligenscheine sind keine Sonderausstattung für Heilige. Jeder hat göttliche Ausstrahlung. Entdecke deine Kraft. Sie heißt Liebe" (Herbert Schmidt).

Samstag der 12. Woche im Jahreskreis

Lesung *Genesis 18,1-15* In jenen Tagen erschien der Herr Abraham bei den Eichen von Mamre. Abraham saß zur Zeit der Mittagshitze am Zelteingang. Lj I

Er blickte auf und sah vor sich drei Männer stehen. Als er sie sah, lief er ihnen vom Zelteingang aus entgegen, warf sich zur Erde nieder und sagte: Mein Herr, wenn ich dein Wohlwollen gefunden habe, geh doch an deinem Knecht nicht vorbei! Man wird etwas Wasser holen; dann könnt ihr euch die Füße waschen und euch unter dem Baum ausruhen. Ich will einen Bissen Brot holen und ihr könnt dann nach einer kleinen Stärkung weitergehen; denn deshalb seid ihr doch bei eurem Knecht vorbeigekommen. Sie erwiderten: Tu, wie du gesagt hast.

Da lief Abraham eiligst ins Zelt zu Sara und rief: Schnell drei Sea feines Mehl! Rühr es an und backe Brotfladen! Er lief weiter zum Vieh, nahm ein zartes, prächtiges Kalb und übergab es dem Jungknecht, der es schnell zubereitete. Dann nahm Abraham Butter, Milch und das Kalb, das er hatte zubereiten lassen, und setzte es ihnen vor. Er wartete ihnen unter dem Baum auf, während sie aßen.

Sie fragten ihn: Wo ist deine Frau Sara? Dort im Zelt, sagte er. Da sprach der Herr: In einem Jahr komme ich wieder zu dir, dann wird deine Frau Sara einen Sohn haben.

Sara hörte am Zelteingang hinter seinem Rücken zu. Abraham und Sara waren schon alt; sie waren in die Jahre gekommen. Sara erging es längst nicht mehr, wie es Frauen zu ergehen pflegt. Sara lachte daher still in sich hinein und dachte: Ich bin doch schon alt und verbraucht und soll noch das Glück der Liebe erfahren? Auch ist mein Herr doch schon ein alter Mann!

Da sprach der Herr zu Abraham: Warum lacht Sara und sagt: Soll ich wirklich noch Kinder bekommen, obwohl ich so alt bin? Ist beim Herrn etwas unmöglich? Nächstes Jahr um diese Zeit werde ich wieder zu dir kommen; dann wird Sara einen Sohn haben.

Sara leugnete: Ich habe nicht gelacht. Sie hatte nämlich Angst. Er aber sagte: Doch, du hast gelacht.

Lesung *Klagelieder 2,2.10-14.18-19* Lj II

Schonungslos hat der Herr vernichtet / alle Fluren Jakobs,
niedergerissen in seinem Grimm / die Bollwerke der Tochter Juda,
zu Boden gestreckt, entweiht / das Königtum und seine Fürsten.

Am Boden sitzen, verstummt, / die Ältesten der Tochter Zion,
streuen sich Staub aufs Haupt, / legen Trauerkleider an.
Zu Boden senken den Kopf / die Mädchen von Jerusalem.
Meine Augen ermatten vor Tränen, / mein Inneres glüht.
Ausgeschüttet auf die Erde ist mein Herz / über den Zusammenbruch der Tochter, meines Volkes.
Kind und Säugling verschmachten / auf den Plätzen der Stadt.
Sie sagen zu ihren Müttern: / Wo ist Brot und Wein?,
da sie erschöpft verschmachten / auf den Plätzen der Stadt,
da sie ihr Leben aushauchen / auf dem Schoß ihrer Mütter.
Wie soll ich dir zureden, was dir gleichsetzen, / du Tochter Jerusalem?
Womit kann ich dich vergleichen, wie dich trösten, / Jungfrau, Tochter Zion?
Dein Zusammenbruch ist groß wie das Meer, / wer kann dich heilen?
Deine Propheten schauten dir Lug und Trug. / Deine Schuld haben sie nicht aufgedeckt, / um dein Schicksal zu wenden.
Sie schauten dir als Prophetenworte / nur Trug und Verführung.
Schrei laut zum Herrn, / stöhne, Tochter Zion!
Wie einen Bach lass fließen die Tränen / Tag und Nacht!
Niemals gewähre dir Ruhe, / nie lass dein Auge rasten!
Steh auf, klage bei Nacht, / zu jeder Nachtwache Anfang!
Schütte aus wie Wasser dein Herz / vor dem Angesicht des Herrn!
Erhebe zu ihm die Hände / für deiner Kinder Leben,
die vor Hunger verschmachten / an den Ecken aller Straßen.

Evangelium *Matthäus 8,5-17* In jener Zeit, als Jesus nach Kafarnaum kam, trat ein Hauptmann an ihn heran und bat ihn: Herr, mein Diener liegt gelähmt zu Hause und hat große Schmerzen. Jesus sagte zu ihm: Ich will kommen und ihn gesund machen. Da antwortete der Hauptmann: Herr, ich bin es nicht wert, dass du mein Haus betrittst; sprich nur ein Wort, dann wird mein Diener gesund. Auch ich muss Befehlen gehorchen und ich habe selber Soldaten unter mir; sage ich nun zu einem: Geh!, so geht er, und zu einem andern: Komm!, so kommt er, und zu meinem Diener: Tu das!, so tut er es.
Jesus war erstaunt, als er das hörte, und sagte zu denen, die ihm nachfolgten: Amen, das sage ich euch: Einen solchen Glauben habe ich in Israel noch bei niemand gefunden. Ich sage euch: Viele werden von Osten und Westen kommen und mit Abraham, Isaak und Jakob im Himmelreich zu Tisch sitzen; die aber, für die das Reich bestimmt war, werden hinausgeworfen in die äußerste Finsternis; dort werden sie heulen und mit den Zähnen knirschen. Und zum Hauptmann sagte Jesus: Geh! Es soll geschehen, wie du geglaubt hast. Und in derselben Stunde wurde der Diener gesund.
Jesus ging in das Haus des Petrus und sah, dass dessen Schwiegermutter im Bett lag und Fieber hatte. Da berührte er ihre Hand, und das Fieber wich von ihr. Und sie stand auf und sorgte für ihn.

Am Abend brachte man viele Besessene zu ihm. Er trieb mit seinem Wort die Geister aus und heilte alle Kranken. Dadurch sollte sich erfüllen, was durch den Propheten Jesaja gesagt worden ist: Er hat unsere Leiden auf sich genommen und unsere Krankheiten getragen.

Zum Evangelium Ein heidnischer Hauptmann, einer von der verhassten römischen Besatzungsmacht, tritt an Jesus heran – nicht um für sich, sondern für einen Anderen zu bitten. Ginge es ihm um sein Kind oder seine Frau – aber er bittet für einen Diener! Wie leicht könnte er diesen Diener ersetzen! Aber es scheint, dass für den Hauptmann kein Mensch ersetzbar ist. Diesen Diener liebt er, für ihn steht er ein, seinetwegen sucht er Jesus auf. Allein dies zeigt etwas von der Zartheit eines Mannes, der es sowohl gewohnt ist zu befehlen als auch, dass man seinen Befehlen gehorcht. Nun ist er vor Jesus selber Untertan, und er bittet, obwohl er das Bitten nicht gewohnt ist. Er, ein Heide, kommt mit dem großen Vertrauen zu Jesus, dass er seinen Diener auch „aus der Ferne" heilen kann. Sein Glaube ist unvergleichlich, sagt Jesus. Nehmt euch ein Beispiel, ihr, die ihr sagt, ihr glaubt, aber ihr glaubt noch viel zu dürftig, ihr traut Gott zu wenig zu. Ihr messt ihn nach menschlichem Maß. Dieser Mann aber traut Gott Großes zu!
Ob wir das können – uns und die Menschen, die uns wichtig sind, Gott anzuvertrauen wie der Hauptmann?

13. Woche im Jahreskreis

Montag der 13. Woche im Jahreskreis

Lesung *Genesis 18,16-33* Als die Männer, die Abraham bei den Eichen von Mamre erschienen waren, sich von ihrem Platz erhoben, schauten sie gegen Sodom. Abraham wollte mitgehen, um sie zu verabschieden. Da sagte sich der Herr: Soll ich Abraham verheimlichen, was ich vorhabe? Abraham soll doch zu einem großen, mächtigen Volk werden, durch ihn sollen alle Völker der Erde Segen erlangen. Denn ich habe ihn dazu auserwählt, dass er seinen Söhnen und seinem Haus nach ihm aufträgt, den Weg des Herrn einzuhalten und zu tun, was gut und recht ist, damit der Herr seine Zusagen an Abraham erfüllen kann. Lj I
Der Herr sprach also: Das Klagegeschrei über Sodom und Gomorra, ja, das ist laut geworden, und ihre Sünde, ja, die ist schwer. Ich will hinabgehen und sehen, ob ihr Tun wirklich dem Klagegeschrei entspricht, das zu mir gedrungen ist. Ich will es wissen.
Die Männer wandten sich von dort ab und gingen auf Sodom zu. Abraham aber stand noch immer vor dem Herrn.

Abraham trat näher und sagte: Willst du auch den Gerechten mit den Ruchlosen wegraffen? Vielleicht gibt es fünfzig Gerechte in der Stadt: Willst du auch sie wegraffen und nicht doch dem Ort vergeben wegen der fünfzig Gerechten dort? Das kannst du doch nicht tun, die Gerechten zusammen mit den Ruchlosen umbringen. Dann ginge es ja dem Gerechten genauso wie dem Ruchlosen. Das kannst du doch nicht tun. Sollte sich der Richter über die ganze Erde nicht an das Recht halten? Da sprach der Herr: Wenn ich in Sodom, in der Stadt, fünfzig Gerechte finde, werde ich ihretwegen dem ganzen Ort vergeben.

Abraham antwortete und sprach: Ich habe es nun einmal unternommen, mit meinem Herrn zu reden, obwohl ich Staub und Asche bin. Vielleicht fehlen an den fünfzig Gerechten fünf. Wirst du wegen der fünf die ganze Stadt vernichten? Nein, sagte er, ich werde sie nicht vernichten, wenn ich dort fünfundvierzig finde. Abraham fuhr fort, zu ihm zu reden: Vielleicht finden sich dort nur vierzig. Da sprach er: Ich werde es der vierzig wegen nicht tun.

Und weiter sagte Abraham: Mein Herr zürne nicht, wenn ich weiterrede. Vielleicht finden sich dort nur dreißig. Er entgegnete: Ich werde es nicht tun, wenn ich dort dreißig finde.

Darauf sagte Abraham: Ich habe es nun einmal unternommen, mit meinem Herrn zu reden. Vielleicht finden sich dort nur zwanzig. Er antwortete: Ich werde sie um der zwanzig willen nicht vernichten. Und nochmals sagte Abraham: Mein Herr zürne nicht, wenn ich nur noch einmal das Wort ergreife. Vielleicht finden sich dort nur zehn. Und wiederum sprach er: Ich werde sie um der zehn willen nicht vernichten.

Nachdem der Herr das Gespräch mit Abraham beendet hatte, ging er weg und Abraham kehrte heim.

Lj II **Lesung** *Amos 2,6-10.13-16* So spricht der Herr: Wegen der drei Verbrechen, die Israel beging, /
wegen der vier nehme ich es nicht zurück: Weil sie den Unschuldigen für Geld verkaufen /
und den Armen für ein Paar Sandalen,
weil sie die Kleinen in den Staub treten /
und das Recht der Schwachen beugen. Sohn und Vater gehen zum selben Mädchen, /
um meinen heiligen Namen zu entweihen.
Sie strecken sich auf gepfändeten Kleidern aus /
neben jedem Altar, von Bußgeldern kaufen sie Wein /
und trinken ihn im Haus ihres Gottes.
Dabei bin ich es gewesen, /
der vor ihren Augen die Amoriter vernichtete, die groß waren wie die Zedern /
und stark wie die Eichen; ich habe oben ihre Frucht vernichtet /
und unten ihre Wurzeln.

Ich bin es gewesen, /
der euch aus Ägypten heraufgeführt und euch vierzig Jahre lang /
durch die Wüste geleitet hat, damit ihr das Land der Amoriter /
in Besitz nehmen konntet.
Seht, ich lasse den Boden unter euch schwanken, /
wie ein Wagen schwankt, der voll ist von Garben.
Dann gibt es auch für den Schnellsten keine Flucht mehr, /
dem Starken versagen die Kräfte, /
auch der Held kann sein Leben nicht retten.
Kein Bogenschütze hält stand, /
dem schnellen Läufer helfen seine Beine nichts, /
noch rettet den Reiter sein Pferd.
Selbst der Tapferste unter den Kämpfern, /
nackt muss er fliehen an jenem Tag – /
Spruch des Herrn.

Evangelium *Matthäus 8,18-22* In jener Zeit, als Jesus die vielen Menschen sah, die um ihn waren, befahl er, ans andere Ufer zu fahren. Da kam ein Schriftgelehrter zu ihm und sagte: Meister, ich will dir folgen, wohin du auch gehst.
Jesus antwortete ihm: Die Füchse haben ihre Höhlen und die Vögel ihre Nester; der Menschensohn aber hat keinen Ort, wo er sein Haupt hinlegen kann.
Ein anderer aber, einer seiner Jünger, sagte zu ihm: Herr, lass mich zuerst heimgehen und meinen Vater begraben! Jesus erwiderte: Folge mir nach; lass die Toten ihre Toten begraben!

Zum Evangelium „Ich will dir folgen, wohin du auch gehst." Eine überzeugende Lebensentscheidung. Aber Jesus sagt nicht, prima, komm mit ..., sondern macht die Konsequenzen einer so radikalen Entscheidung deutlich: Du hast keine Heimat mehr, musst alles loslassen. Der zweite Mann will erst seinen Vater begraben. Jesus treibt ihn durch seine harte Antwort in einen inneren Konflikt, damit er eine Entscheidung ohne Wenn und Aber, ohne den Blick zurück, treffen kann. Da gibt es nur die Alternative: Jetzt oder nie! Das Reich Gottes ist wichtiger als das Beerdigungszeremoniell, das für Jesus ohnehin mit den rituellen Trauergesten und dem Geschrei der Klageweiber eine Inszenierung der Hoffnungslosigkeit ist. Jesus lenkt den Blick von der Vergangenheit auf die Zukunft Gottes. Dort liegt unsere Stärke. Wer mit ihm geht, geht ins Leben hinein. – Nachfolge heißt aber immer: Ich lasse mich und meine Ziele in Frage stellen.

Dienstag der 13. Woche im Jahreskreis

Lesung *Genesis 19,15-29* In jenen Tagen drängten die Engel Lot zur Eile: Lj I
Auf, nimm deine Frau und deine beiden Töchter, die hier sind, damit du

nicht wegen der Schuld der Stadt hinweggerafft wirst. Da er noch zögerte, fassten die Männer ihn, seine Frau und seine beiden Töchter an der Hand, weil der Herr mit ihm Mitleid hatte, führten ihn hinaus und ließen ihn erst draußen vor der Stadt los. Während er sie hinaus ins Freie führte, sagte er: Bring dich in Sicherheit, es geht um dein Leben. Sieh dich nicht um und bleib in der ganzen Gegend nicht stehen! Rette dich ins Gebirge, sonst wirst du auch weggerafft. Lot aber sagte zu ihnen: Nein, mein Herr, dein Knecht hat doch dein Wohlwollen gefunden. Du hast mir große Gunst erwiesen und mich am Leben gelassen. Ich kann aber nicht ins Gebirge fliehen, sonst lässt mich das Unglück nicht mehr los und ich muss sterben. Da, die Stadt in der Nähe, dorthin könnte man fliehen. Sie ist doch klein; dorthin will ich mich retten. Ist sie nicht klein? So könnte ich am Leben bleiben. Er antwortete ihm: Gut, auch das will ich dir gewähren und die Stadt, von der du sprichst, nicht zerstören. Schnell flieh dorthin; denn ich kann nichts unternehmen, bevor du dort angekommen bist. Deshalb nannte er die Stadt Zoar – Kleine.
Als die Sonne über dem Land aufgegangen und Lot in Zoar angekommen war, ließ der Herr auf Sodom und Gomorra Schwefel und Feuer regnen, vom Herrn, vom Himmel herab. Er vernichtete von Grund auf jene Städte und die ganze Gegend, auch alle Einwohner der Städte und alles, was auf den Feldern wuchs. Als Lots Frau zurückblickte, wurde sie zu einer Salzsäule.
Am frühen Morgen begab sich Abraham an den Ort, an dem er dem Herrn gegenübergestanden hatte. Er schaute gegen Sodom und Gomorra und auf das ganze Gebiet im Umkreis und sah: Qualm stieg von der Erde auf wie der Qualm aus einem Schmelzofen.
Als Gott die Städte der Gegend vernichtete, dachte er an Abraham und ließ Lot mitten aus der Zerstörung fortgeleiten, während er die Städte, in denen Lot gewohnt hatte, von Grund auf zerstörte.

Lj II **Lesung** *Amos 3,1-8; 4,11-12*

Hört dieses Wort, das der Herr gesprochen hat / über euch,
ihr Söhne Israels,
über den ganzen Stamm, /
den ich aus Ägypten heraufgeführt habe.
Nur euch habe ich erwählt / aus allen Stämmen der Erde;
darum ziehe ich euch zur Rechenschaft / für alle eure Vergehen.
Gehen zwei den gleichen Weg, / ohne dass sie sich verabredet haben?
Brüllt der Löwe im Wald / und er hat keine Beute?
Gibt der junge Löwe Laut in seinem Versteck, / ohne dass er einen Fang getan hat?
Fällt ein Vogel zur Erde, / wenn niemand nach ihm geworfen hat?
Springt die Klappfalle vom Boden auf, / wenn sie nichts gefangen hat?
Bläst in der Stadt jemand ins Horn, / ohne dass das Volk erschrickt?
Geschieht ein Unglück in einer Stadt, / ohne dass der Herr es bewirkt hat?

Nichts tut Gott, der Herr, ohne dass er seinen Knechten, den Propheten, / zuvor seinen Ratschluss offenbart hat.
Der Löwe brüllt – wer fürchtet sich nicht? / Gott, der Herr, spricht – wer wird da nicht zum Propheten?
Ich brachte über euch eine gewaltige Zerstörung / wie die, die Gott einst über Sodom und Gomorra verhängte;
ihr wart wie ein Holzscheit, / das man aus dem Feuer herausholt.
Und dennoch seid ihr nicht umgekehrt zu mir – / Spruch des Herrn.
Darum will ich dir all das antun, Israel, / und weil ich dir all das antun werde, / mach dich bereit, deinem Gott gegenüberzutreten.

Evangelium *Matthäus 8,23-27* In jener Zeit stieg Jesus in das Boot, und seine Jünger folgten ihm. Plötzlich brach auf dem See ein gewaltiger Sturm los, sodass das Boot von den Wellen überflutet wurde. Jesus aber schlief. Da traten die Jünger zu ihm und weckten ihn; sie riefen: Herr, rette uns, wir gehen zugrunde! Er sagte zu ihnen: Warum habt ihr solche Angst, ihr Kleingläubigen? Dann stand er auf, drohte den Winden und dem See und es trat völlige Stille ein.
Die Leute aber staunten und sagten: Was ist das für ein Mensch, dass ihm sogar die Winde und der See gehorchen?

Zum Evangelium Wie schnell und plötzlich kann unser Leben von Grund auf erschüttert werden! Alle bisherigen Sicherheiten brechen zusammen, egal, ob es sich um persönliche Erschütterungen oder um weltweite Erschütterungen durch Terrorakte, Kriege, Naturkatastrophen etc. handelt. Bild für diese existentielle Unsicherheit und Angst ist die Erzählung vom Seesturm, der die Jünger mitten auf dem See in Todesangst versetzt. Der im Boot schlafende Jesus ist das Gegenbild zu dieser Angst. Wenn die Angst übermächtig wird, ist es hilfreich, sich den schlafenden Jesus im Boot zu vergegenwärtigen. Er schläft nicht, weil ihm unsere Not gleichgültig wäre. Er schläft, weil er abgrundtiefes Vertrauen hat. Deshalb ist kein Abgrund so tief, als dass wir von seiner Hand nicht aufgefangen würden. Jesus im selben Boot wie ich – gibt mir dieses Wissen nicht die Gelassenheit, dass allem, was mein Leben bedroht, die letzte Macht genommen ist?

Mittwoch der 13. Woche im Jahreskreis

Lesung *Genesis 21,5.8-20* Abraham war hundert Jahre alt, als sein Sohn Isaak zur Welt kam. Lj I
Das Kind wuchs heran und wurde entwöhnt. Als Isaak entwöhnt wurde, veranstaltete Abraham ein großes Festmahl. Eines Tages beobachtete Sara, wie der Sohn, den die Ägypterin Hagar Abraham geboren hatte, umhertollte. Da sagte sie zu Abraham: Verstoß diese Magd und ihren Sohn! Denn der Sohn

dieser Magd soll nicht zusammen mit meinem Sohn Isaak Erbe sein. Dieses Wort verdross Abraham sehr, denn es ging doch um seinen Sohn. Gott sprach aber zu Abraham: Sei wegen des Knaben und deiner Magd nicht verdrossen! Hör auf alles, was dir Sara sagt! Denn nach Isaak sollen deine Nachkommen benannt werden. Aber auch den Sohn der Magd will ich zu einem großen Volk machen, weil auch er dein Nachkomme ist. Am Morgen stand Abraham auf, nahm Brot und einen Schlauch mit Wasser, übergab beides Hagar, legte es ihr auf die Schulter, übergab ihr das Kind und entließ sie. Sie zog fort und irrte in der Wüste von Beerscheba umher. Als das Wasser im Schlauch zu Ende war, warf sie das Kind unter einen Strauch, ging weg und setzte sich in der Nähe hin, etwa einen Bogenschuss weit entfernt; denn sie sagte: Ich kann nicht mit ansehen, wie das Kind stirbt. Sie saß in der Nähe und weinte laut. Gott hörte den Knaben schreien; da rief der Engel Gottes vom Himmel her Hagar zu und sprach: Was hast du, Hagar? Fürchte dich nicht, Gott hat den Knaben dort schreien gehört, wo er liegt. Steh auf, nimm den Knaben und halt ihn fest an deiner Hand; denn zu einem großen Volk will ich ihn machen. Gott öffnete ihr die Augen und sie erblickte einen Brunnen. Sie ging hin, füllte den Schlauch mit Wasser und gab dem Knaben zu trinken. Gott war mit dem Knaben. Er wuchs heran, ließ sich in der Wüste nieder und wurde ein Bogenschütze.

Lj II **Lesung** *Amos 5,14-15.21-24* Sucht das Gute, nicht das Böse; / dann werdet ihr leben
und dann wird, wie ihr sagt, / der Herr, der Gott der Heere, bei euch sein.
Hasst das Böse, liebt das Gute / und bringt bei Gericht das Recht zur Geltung!
Vielleicht ist der Herr, der Gott der Heere, / dem Rest Josefs dann gnädig.
Ich hasse eure Feste, ich verabscheue sie / und kann eure Feiern nicht riechen.
Wenn ihr mir Brandopfer darbringt, / ich habe kein Gefallen an euren Gaben / und eure fetten Heilsopfer will ich nicht sehen.
Weg mit dem Lärm deiner Lieder! / Dein Harfenspiel will ich nicht hören,
sondern das Recht ströme wie Wasser, / die Gerechtigkeit wie ein nie versiegender Bach.

Evangelium *Matthäus 8,28-34* In jener Zeit, als Jesus an das andere Ufer kam, in das Gebiet von Gadara, liefen ihm aus den Grabhöhlen zwei Besessene entgegen. Sie waren so gefährlich, dass niemand den Weg benutzen konnte, der dort vorbeiführte. Sofort begannen sie zu schreien: Was haben wir mit dir zu tun, Sohn Gottes? Bist du hergekommen, um uns schon vor der Zeit zu quälen?
In einiger Entfernung weidete gerade eine große Schweineherde. Da baten ihn die Dämonen: Wenn du uns austreibst, dann schick uns in die Schwein-

eherde! Er sagte zu ihnen: Geht! Da verließen sie die beiden und fuhren in die Schweine. Und die ganze Herde stürzte sich den Abhang hinab in den See und kam in den Fluten um.
Die Hirten flohen, liefen in die Stadt und erzählten dort alles, auch das, was mit den Besessenen geschehen war. Und die ganze Stadt zog zu Jesus hinaus; als sie ihn trafen, baten sie ihn, ihr Gebiet zu verlassen.

Zur Lesung Politische Konflikte rühren manchmal aus uralten Familienstreitigkeiten her. Beispiel ist die Geschichte der Brüder Isaak und Ismael. Damals war es Brauch, dass ein Sippenoberhaupt, das keinen Sohn hatte, mit einer Nebenfrau einen Sohn zeugte, der nach dem Tod des Vaters in dessen Rechte und Pflichten eintrat. So zeugte Abraham, der Stammvater der Juden, auf Betreiben Saras, mit der Magd Hagar Ismael. Das führt zu nicht vorhersehbaren Spannungen. Hagar lässt die kinderlose Sarah ihre Überlegenheit spüren. Einige Jahre später wird Isaak, das gemeinsame Kind von Abraham und Sarah, geboren. Nun muss Ismael seine Position als „Thronfolger" abgeben und an den Platz des „zweiten Sohnes" treten. Er kann wählen, ob er Mitarbeiter des ersten Sohnes sein oder seine eigene Sippe gründen will. Wurde dieses Gesetz eingehalten, gab es keine Probleme. Aber Ismael und Hagar wurden auf Saras Betreiben buchstäblich in die Wüste geschickt – und wenn Gott sie nicht gerettet hätte, wären sie verdurstet. Jemanden in den Schatten zu stellen, ist keine Lösung. Der Schatten schlägt zurück, sobald sich die Gelegenheit bietet. Liegen hier – in einer uralten Verletzung der Ordnung – nicht die Wurzeln des Konflikts zwischen Israelis und Palästinensern? Bräuchte Palästina, für das Ismael steht, nicht seinen eigenen anerkannten Statt, so wie auch Israel umgekehrt anerkannt werden müsste, damit beide Nationen in Sicherheit leben können? Lj I

Zur Lesung Knallharte Worte ruft der Prophet Amos vor etwa 2 800 Jahren an den Tempeltüren aus! Dabei lassen sich die Bewohner von Bethel und Gilgal ihre Gottesdienste etwas kosten: Lämmer, Widder, Schafe, Tauben bringen sie Gott zum Opfer dar. Aber das Opfern und Singen und Feiern ist noch lange nicht Gottesdienst. Was drinnen Gottesdienst ist, entscheidet sich draußen. Gott selbst spricht durch Amos. Er ist enttäuscht von seinem Volk, es verwundet ihn, dass sich die Gutgestellten nicht mehr von den Entrechteten verwunden lassen. Man hat ihnen ihr Land geraubt, man lässt sie links liegen, man schaut weg von ihnen, um ungestört Gottesdienst feiern zu können. Amos' Worte gelten genauso uns: Recht und Gerechtigkeit liegen in vielen Bereichen brach, verkümmern wie ein versiegendes Rinnsal. Amos schlägt ein Leck in die Selbstverständlichkeiten des Lebens, verrückt die gewohnten Sichtweisen, öffnet ein „Fenster der Verwundbarkeit" (Dorothee Sölle). Dieses Fenster Lj II müssen wir offen halten und ein Netz knüpfen mit denen, die uns durch dieses Fenster anblicken, damit endlich „das Recht ströme wie Wasser, die Gerechtigkeit wie ein nie versiegender Bach".

Donnerstag der 13. Woche im Jahreskreis

Lj I **Lesung** *Genesis 22,1-19* In jenen Tagen stellte Gott Abraham auf die Probe. Er sprach zu ihm: Abraham! Er antwortete: Hier bin ich. Gott sprach: Nimm deinen Sohn, deinen einzigen, den du liebst, Isaak, geh in das Land Morija und bring ihn dort auf einem der Berge, den ich dir nenne, als Brandopfer dar.

Frühmorgens stand Abraham auf, sattelte seinen Esel, holte seine beiden Jungknechte und seinen Sohn Isaak, spaltete Holz zum Opfer und machte sich auf den Weg zu dem Ort, den ihm Gott genannt hatte. Als Abraham am dritten Tag aufblickte, sah er den Ort von weitem.

Da sagte Abraham zu seinen Jungknechten: Bleibt mit dem Esel hier! Ich will mit dem Knaben hingehen und anbeten; dann kommen wir zu euch zurück. Abraham nahm das Holz für das Brandopfer und lud es seinem Sohn Isaak auf. Er selbst nahm das Feuer und das Messer in die Hand. So gingen beide miteinander. Nach einer Weile sagte Isaak zu seinem Vater Abraham: Vater! Er antwortete: Ja, mein Sohn! Dann sagte Isaak: Hier ist Feuer und Holz. Wo aber ist das Lamm für das Brandopfer? Abraham entgegnete: Gott wird sich das Opferlamm aussuchen, mein Sohn. Und beide gingen miteinander weiter.

Als sie an den Ort kamen, den ihm Gott genannt hatte, baute Abraham den Altar, schichtete das Holz auf, fesselte seinen Sohn Isaak und legte ihn auf den Altar, oben auf das Holz. Schon streckte Abraham seine Hand aus und nahm das Messer, um seinen Sohn zu schlachten.

Da rief ihm der Engel des Herrn vom Himmel her zu: Abraham, Abraham! Er antwortete: Hier bin ich. Jener sprach: Streck deine Hand nicht gegen den Knaben aus und tu ihm nichts zuleide! Denn jetzt weiß ich, dass du Gott fürchtest; du hast mir deinen einzigen Sohn nicht vorenthalten. Als Abraham aufschaute, sah er: Ein Widder hatte sich hinter ihm mit seinen Hörnern im Gestrüpp verfangen. Abraham ging hin, nahm den Widder und brachte ihn statt seines Sohnes als Brandopfer dar. Abraham nannte jenen Ort Jahwe-Jire – Der Herr sieht –, wie man noch heute sagt: Auf dem Berg lässt sich der Herr sehen.

Der Engel des Herrn rief Abraham zum zweiten Mal vom Himmel her zu und sprach: Ich habe bei mir geschworen – Spruch des Herrn: Weil du das getan hast und deinen einzigen Sohn mir nicht vorenthalten hast, will ich dir Segen schenken in Fülle und deine Nachkommen zahlreich machen wie die Sterne am Himmel und den Sand am Meeresstrand. Deine Nachkommen sollen das Tor ihrer Feinde einnehmen. Segnen sollen sich mit deinen Nachkommen alle Völker der Erde, weil du auf meine Stimme gehört hast.

Darauf kehrte Abraham zu seinen Jungknechten zurück. Sie machten sich auf und gingen miteinander nach Beerscheba. Abraham blieb in Beerscheba wohnen.

Lesung *Amos 7,10-17* In jenen Tagen ließ Amazja, der Priester von Bet-El, Jerobeam, dem König von Israel, melden: Mitten im Haus Israel ruft Amos zum Aufruhr gegen dich auf; seine Worte sind unerträglich für das Land. Denn so sagt Amos: Jerobeam stirbt durch das Schwert und Israel muss sein Land verlassen und in die Verbannung ziehen. Lj II
Zu Amos aber sagte Amazja: Geh, Seher, flüchte ins Land Juda! Iss dort dein Brot und tritt dort als Prophet auf! In Bet-El darfst du nicht mehr als Prophet reden; denn das hier ist ein Heiligtum des Königs und ein Reichstempel.
Amos antwortete Amazja: Ich bin kein Prophet und kein Prophetenschüler, sondern ich bin ein Viehzüchter und ich ziehe Maulbeerfeigen. Aber der Herr hat mich von meiner Herde weggeholt und zu mir gesagt: Geh und rede als Prophet zu meinem Volk Israel!
Darum höre jetzt das Wort des Herrn! Du sagst: Tritt nicht als Prophet gegen Israel auf und prophezei nicht gegen das Haus Isaak! Darum – so spricht der Herr: Deine Frau wird in der Stadt als Dirne leben, deine Söhne und Töchter fallen unter dem Schwert, dein Ackerland wird mit der Messschnur verteilt, du selbst aber stirbst in einem unreinen Land und Israel muss sein Land verlassen und in die Verbannung ziehen.

Evangelium *Matthäus 9,1-8* In jener Zeit stieg Jesus in das Boot, fuhr über den See und kam in seine Stadt. Da brachte man auf einer Tragbahre einen Gelähmten zu ihm. Als Jesus ihren Glauben sah, sagte er zu dem Gelähmten: Hab Vertrauen, mein Sohn, deine Sünden sind dir vergeben!
Da dachten einige Schriftgelehrte: Er lästert Gott.
Jesus wusste, was sie dachten, und sagte: Warum habt ihr so böse Gedanken im Herzen? Was ist leichter, zu sagen: Deine Sünden sind dir vergeben!, oder zu sagen: Steh auf und geh umher? Ihr sollt aber erkennen, dass der Menschensohn die Vollmacht hat, hier auf der Erde Sünden zu vergeben. Darauf sagte er zu dem Gelähmten: Steh auf, nimm deine Tragbahre, und geh nach Hause! Und der Mann stand auf und ging heim.
Als die Leute das sahen, erschraken sie und priesen Gott, der den Menschen solche Vollmacht gegeben hat.

Zur Lesung „Wer sich auf Genesis 22 einlässt, muss darauf gefasst sein, dass er immer wieder wie vor einem Abgrund zurückschaudert." So beschreibt der Alttestamentler Gerhard von Rad die Wirkung dieser Erzählung. Sie ist derart erschütternd, dass man sich fragt: Was für ein Gott ist unser Gott? Lj I

Abraham wird in die Herausforderung getrieben, sich zwischen Gott und seinem Sohn zu entscheiden. Opfert er Isaak, opfert er nicht nur seinen Sohn, sondern sich selbst, sein Leben, seine Zukunft. Aber indem Abraham der dunklen Gottesforderung – gegen alle Einsicht und Verstehbarkeit – nachkommt, wird Isaak gerettet. Die Szene will am denkbar schlimmsten Fall zeigen, wie Gott zurückfordern kann, was er zuvor verheißen und geschenkt hat. Und die Szene zeigt zugleich, dass Gott, auch wenn er nur dunkel und unbegreiflich scheint, seinen Verheißungen treu bleibt. –
Die Opferung Isaaks ist liturgisch als Lesung in der Osternacht verankert. Die Parallelen zur Passion Christi sind nicht zu übersehen. „Am Karfreitag hat Gott diesen Ritus an seinem Sohn vollzogen, in ungleich größerer Form: Anstelle der Fesselung auf einen Brennholzstoß das Annageln ans Kreuz. Anstelle der Beinahe-Opferung ein qualvolles Sterben. Anstelle der Entfesselung die Auferstehung vom Tod. Alle Elemente des alten Rituals sind erhalten. Im Alten Testament steht Isaak für das Volk Israel. Im Ritual der Opferung wird es von den Fesseln an die Vorfahren befreit. Im Neuen Testament steht der Jude Jesus für die Menschheit. Im Geschehen von Kreuzigung, Tod und Auferstehung wird sie von den Fesseln an Gott befreit. Gott gibt den Menschen frei“ (Werner Küstenmacher).
Das Ritual, das Abraham mit Isaak vollzieht, geschieht in drei Schritten: Fesselung, Beinahe-Opferung und Entfesselung. Alle Beteiligten gehen dabei durch den Tod und erstehen auf: Der Sohn hat dem eigenen Tod ins Auge geblickt und gelernt, dass er ganz sich selbst und Gott gehört. Für den Vater bedeutet dieser Ritus, dass er sein geliebtes Kind „zurückgibt“ an die große Macht, die ihm dieses Kind für eine Weile anvertraut hat. Aus Abrahams geliebtem Sohn Isaak wird Gottes geliebter Sohn Isaak. Er wird seine eigenen Gotteserfahrungen machen können und damit den Schatz des Glaubens auf einzigartige Weise mehren können.

Lj II **Zur Lesung** Amazja ist königlicher Hofprophet. Er gehört zu einem Typus von Mensch, den es zu allen Zeiten gibt: Er ist ein Priester und Prophet, der im Auftrag der Mächtigen handelt. Nach dem Motto: „Wes Brot ich ess, des Lied ich sing.“ Amos ist das genaue Gegenteil. Er war nie auf einer Prophetenschule, er ist Außenseiter, er ist allein seinem Gott verantwortlich und nimmt Partei für die Armen. Amazja warnt Amos: Du bist nicht willkommen, du bist ein Störenfried der Mächtigen. Geh woanders hin, sonst geht es dir an den Kragen ... Amos aber, von Gott selbst berufen, verkörpert die Erinnerung an die Wurzeln von Israels Wesen, nämlich den Glauben an seinen Gott und die Forderung nach Gerechtigkeit unter den Menschen. Ein Reich ohne Gerechtigkeit hat auf Dauer keinen Bestand. Auch die Kirche ist seit ihrem Bestehen immer wieder der Versuchung der Macht erlegen und hat die Botschaft des Evangeliums verfälscht. Gott ist einer von uns geworden, der Heiland wurde nicht in den Palästen des Herodes, sondern in einem Stall geboren. Wir alle, die wir auf den Namen Jesu Christi hören, müssen uns vorsehen, dass wir nicht – wie Amazja – zu Kofferträgern der Mächtigen werden. Unser Auftrag ist es, den „Gott-einer-von-uns" zu verkünden, wie Amos den Finger in die Wunden der Zeit zu legen und für eine gerechte Welt zu kämpfen, die das Antlitz des Mensch gewordenen Gottes trägt.

Freitag der 13. Woche im Jahreskreis

Lesung *Genesis 23,1-4.19;24,1-8.62-67* Die Lebenszeit Saras betrug hundertsiebenundzwanzig Jahre; so lange lebte Sara. Sie starb in Kirjat-Arba, das jetzt Hebron heißt, in Kanaan. Abraham kam, um die Totenklage über sie zu halten und sie zu beweinen. Danach stand Abraham auf, ging von seiner Toten weg und redete mit den Hetitern. Er sagte: Fremder und Halbbürger bin ich unter euch. Gebt mir ein Grab bei euch als Eigentum, damit ich meine Tote hinausbringen und begraben kann. Lj I

Dann begrub Abraham seine Frau Sara in der Höhle des Grundstücks von Machpela bei Mamre, das jetzt Hebron heißt, in Kanaan.

Abraham war alt und hochbetagt; der Herr hatte ihn mit allem gesegnet. Eines Tages sagte er zum Großknecht seines Hauses, der seinen ganzen Besitz verwaltete: Leg deine Hand unter meine Hüfte! Ich will dir einen Eid beim Herrn, dem Gott des Himmels und der Erde, abnehmen, dass du meinem Sohn keine Frau von den Töchtern der Kanaaniter nimmst, unter denen ich wohne.

Du sollst vielmehr in meine Heimat zu meiner Verwandtschaft reisen und eine Frau für meinen Sohn Isaak holen.

Der Knecht entgegnete ihm: Vielleicht will aber die Frau mir gar nicht hierher in dieses Land folgen. Soll ich dann deinen Sohn in das Land zurückbringen, aus dem du ausgewandert bist?

Hüte dich, antwortete ihm Abraham, meinen Sohn dorthin zurückzubringen! Der Herr, der Gott des Himmels, der mich weggeholt hat aus dem Haus meines Vaters und aus meinem Heimatland, der zu mir gesagt und mir geschworen hat: Deinen Nachkommen gebe ich dieses Land!, er wird seinen Engel vor dir hersenden und so wirst du von dort eine Frau für meinen Sohn mitbringen.

Wenn dir aber die Frau nicht folgen will, dann bist du von dem Eid, den du mir geleistet hast, entbunden. Meinen Sohn darfst du auf keinen Fall dorthin zurückbringen.

Lange Zeit danach war Isaak in die Gegend des Brunnens von Lahai–Roï gekommen und hatte sich im Negeb niedergelassen. Eines Tages ging Isaak gegen Abend hinaus, um sich auf dem Feld zu beschäftigen. Als er aufblickte, sah er: Kamele kamen daher. Auch Rebekka blickte auf und sah Isaak. Sie ließ sich vom Kamel herunter und fragte den Knecht: Wer ist der

Mann dort, der uns auf dem Feld entgegenkommt? Der Knecht erwiderte: Das ist mein Herr. Da nahm sie den Schleier und verhüllte sich.
Der Knecht erzählte Isaak alles, was er ausgerichtet hatte. Isaak führte Rebekka in das Zelt seiner Mutter Sara. Er nahm sie zu sich und sie wurde seine Frau. Isaak gewann sie lieb und tröstete sich so über den Verlust seiner Mutter.

Lj II **Lesung** *Amos 8,4-6.9-12* Hört dieses Wort, die ihr die Schwachen verfolgt / und die Armen im Land unterdrückt.
Ihr sagt: Wann ist das Neumondfest vorbei? / Wir wollen Getreide verkaufen.
Und wann ist der Sabbat vorbei? / Wir wollen den Kornspeicher öffnen, / das Maß kleiner und den Preis größer machen / und die Gewichte fälschen.
Wir wollen mit Geld die Hilflosen kaufen, / für ein paar Sandalen die Armen.
Sogar den Abfall des Getreides / machen wir zu Geld.
An jenem Tag – Spruch Gottes, des Herrn – / lasse ich am Mittag die Sonne untergehen
und breite am helllichten Tag / über die Erde Finsternis aus.
Ich verwandle eure Feste in Trauer / und all eure Lieder in Totenklage.
Ich lege allen ein Trauergewand um / und schere alle Köpfe kahl.
Ich bringe Trauer über das Land / wie die Trauer um den einzigen Sohn
und das Ende wird sein / wie der bittere Tag des Todes.
Seht, es kommen Tage – Spruch Gottes, des Herrn –, / da schicke ich den Hunger ins Land, nicht den Hunger nach Brot, nicht Durst nach Wasser, / sondern nach einem Wort des Herrn.
Dann wanken die Menschen von Meer zu Meer, / sie ziehen von Norden nach Osten,
um das Wort des Herrn zu suchen; / doch sie finden es nicht.

Evangelium *Matthäus 9,9-13* In jener Zeit sah Jesus einen Mann namens Matthäus am Zoll sitzen und sagte zu ihm: Folge mir nach! Da stand Matthäus auf und folgte ihm. Und als Jesus in seinem Haus beim Essen war, kamen viele Zöllner und Sünder und aßen zusammen mit ihm und seinen Jüngern.
Als die Pharisäer das sahen, sagten sie zu seinen Jüngern: Wie kann euer Meister zusammen mit Zöllnern und Sündern essen?
Er hörte es und sagte: Nicht die Gesunden brauchen den Arzt, sondern die Kranken. Darum lernt, was es heißt: Barmherzigkeit will ich, nicht Opfer. Denn ich bin gekommen, um die Sünder zu rufen, nicht die Gerechten.

Zum Evangelium Jesus war wie ein Magnet für all jene, um die die Frommen und Wohlanständigen einen Riesenbogen machten: für die Zöllner, die sich am Elend der Unterdrückung durch römische Fremdherrschaft bereichert haben, für die Sünder, für die Kranken, für die aus allen gesellschaftlichen Normen Herausgekippten. Jesus zeigt nicht mit dem Finger auf ihre Schwächen, stellt keine moralischen Forderungen an sie, sondern setzt auf das Erbarmen, auf die bedingungslose Annahme eines jeden Einzelnen. Wer so viel Annahme erfährt, kann sein Leben verändern. Wer versucht, Menschlichkeit ohne Vorwurf zu leben, wird oft spüren, wie viel schwieriger solch eine Offenheit ist als das Anwenden moralischer Grundsätze und Schuldzuschreibungen. Von dem russischen Schriftsteller Dostojewskij ist der Satz überliefert: „Es gibt doch gar keine sündigen Menschen, sondern nur unglückliche. So muss man das sagen." Ein bedenkenswerter Standpunkt, der helfen kann, nicht vorschnell den Stab über einen Menschen zu brechen. Gott allein weiß, wie wir wirklich sind.

Samstag der 13. Woche im Jahreskreis

Lesung *Genesis 27,1-5.15-29* Als Isaak alt geworden und seine Augen erloschen waren, sodass er nicht mehr sehen konnte, rief er seinen älteren Sohn Esau und sagte zu ihm: Mein Sohn! Er antwortete: Hier bin ich. Da sagte Isaak: Du siehst, ich bin alt geworden. Ich weiß nicht, wann ich sterbe. Nimm jetzt dein Jagdgerät, deinen Köcher und deinen Bogen, geh aufs Feld und jag mir ein Wild! Bereite mir dann ein leckeres Mahl, wie ich es gern mag, und bring es mir zum Essen, damit ich dich segne, bevor ich sterbe. Rebekka hatte das Gespräch zwischen Isaak und seinem Sohn Esau mit angehört. Lj I

Als Esau zur Jagd aufs Feld gegangen war, um ein Wild herbeizuschaffen, holte Rebekka die Feiertagskleider ihres älteren Sohnes Esau, die sie bei sich im Haus hatte, und zog sie ihrem jüngeren Sohn Jakob an. Die Felle der Ziegenböckchen legte sie um seine Hände und um seinen glatten Hals. Dann übergab sie das leckere Essen und das Brot, das sie zubereitet hatte, ihrem Sohn Jakob. Er ging zu seinem Vater hinein und sagte: Mein Vater! Ja, antwortete er, wer bist du, mein Sohn? Jakob entgegnete seinem Vater: Ich bin Esau, dein Erstgeborener. Ich habe getan, wie du mir gesagt hast. Setz dich auf, iss von meinem Wildbret und dann segne mich! Da sagte Isaak zu seinem Sohn: Wie hast du nur so schnell etwas finden können, mein Sohn? Er antwortete: Der Herr, dein Gott, hat es mir entgegenlaufen lassen. Da sagte Isaak zu Jakob: Komm näher heran! Ich will dich betasten, mein Sohn, ob du wirklich mein Sohn Esau bist oder nicht. Jakob trat zu seinem Vater Isaak hin. Isaak betastete ihn und sagte: Die Stimme ist zwar Jakobs Stimme, die Hände aber sind Esaus Hände. Er erkannte ihn nicht, denn Jakobs Hände waren behaart wie die seines Bruders Esau, und so segnete er ihn. Er fragte: Bist du es, mein Sohn Esau? Ja, entgegnete er. Da sagte Isaak: Bring es mir! Ich will von dem Wildbret meines Sohnes essen und dich dann segnen. Jakob brachte es ihm und Isaak aß. Dann reichte er ihm auch Wein und Isaak trank. Nun sagte sein Vater Isaak zu ihm: Komm näher und küss mich, mein

Sohn! Er trat näher und küsste ihn. Isaak roch den Duft seiner Kleider, er segnete ihn und sagte:
Ja, mein Sohn duftet wie das Feld, /
das der Herr gesegnet hat.
Gott gebe dir vom Tau des Himmels, /
vom Fett der Erde, viel Korn und Most.
Dienen sollen dir die Völker, /
Stämme sich vor dir niederwerfen, /
Herr sollst du über deine Brüder sein. /
Die Söhne deiner Mutter sollen dir huldigen. /
Verflucht, wer dich verflucht. /
Gesegnet, wer dich segnet.

Lj II **Lesung** *Amos 9,11-15*
So spricht der Herr: An jenem Tag richte ich die zerfallene Hütte Davids wieder auf / und bessere ihre Risse aus,
ich richte ihre Trümmer auf / und stelle alles wieder her / wie in den Tagen der Vorzeit,
damit sie den Rest von Edom unterwerfen / und alle Völker,
über denen mein Name ausgerufen ist – / Spruch des Herrn, der das alles bewirkt.
Seht, es kommen Tage – Spruch des Herrn –, / da folgt der Pflüger dem Schnitter auf dem Fuß/ und der Keltertreter dem Sämann;
da triefen die Berge von Wein / und alle Hügel fließen über.
Dann wende ich das Geschick meines Volkes Israel. /
Sie bauen die verwüsteten Städte wieder auf und wohnen darin;
sie pflanzen Weinberge und trinken den Wein, / sie legen Gärten an und essen die Früchte.
Und ich pflanze sie ein in ihrem Land / und nie mehr werden sie ausgerissen aus ihrem Land, das ich ihnen gegeben habe, / spricht der Herr, dein Gott.

Evangelium *Matthäus 9,14-17* In jener Zeit kamen die Jünger Johannes' des Täufers zu Jesus und sagten: Warum fasten deine Jünger nicht, während wir und die Pharisäer fasten?
Jesus antwortete ihnen: Können denn die Hochzeitsgäste trauern, solange der Bräutigam bei ihnen ist? Es werden aber Tage kommen, da wird ihnen der Bräutigam genommen sein; dann werden sie fasten.
Niemand setzt ein Stück neuen Stoff auf ein altes Kleid; denn der neue Stoff reißt doch wieder ab und es entsteht ein noch größerer Riss. Auch füllt man nicht neuen Wein in alte Schläuche. Sonst reißen die Schläuche, der Wein läuft aus und die Schläuche sind unbrauchbar. Neuen Wein füllt man in neue Schläuche, dann bleibt beides erhalten.

Zum Evangelium Fasten damals in Israel: den ganzen Tag bis zum Einbruch der Dämmerung nichts essen und selbst bei größter Hitze nichts trinken. Das musste ausgehalten werden, um Gottes Gunst zu erringen. Je mehr man ihm opfert, je mehr man sich ins eigene Fleisch schneidet, desto wohlgefälliger ist man diesem Gott. Spukt diese Vorstellung nicht auch heute in vielen Köpfen herum? – Jesus widerspricht dieser Einstellung, gegen die sich schon die Propheten wandten, denn eine Gottesbeziehung, die auf Selbstunterdrückung und Selbsteinschränkung beruht, kann nicht der Wille Gottes sein. Damit prangert Jesus nicht ernst gemeinte Frömmigkeit, sondern das Zerrbild eines Gottes an, der der Versöhnung durch Opfer bedarf. Fasten und Opfern können den unmittelbaren vertrauensvollen Zugang zu Gott versperren. Um diesen Zugang aber geht es Jesus, wenn er die Beziehung zwischen Gott und Mensch im Bild der Hochzeit darstellt. Das Gottesverhältnis des Menschen ist durch hoch-zeitliches Glück, unzertrennliche Liebe bestimmt. Diese Botschaft ist so befreiend und neu, dass sie alles Bisherige, alle „alten Schläuche“ sprengt.

14. Woche im Jahreskreis

Montag der 14. Woche im Jahreskreis

Lesung *Genesis 28,10-22a* In jenen Tagen zog Jakob aus Beerscheba weg und ging nach Haran. Er kam an einen bestimmten Ort, wo er übernachtete, denn die Sonne war untergegangen. Er nahm einen von den Steinen dieses Ortes, legte ihn unter seinen Kopf und schlief dort ein. **Lj I**

Da hatte er einen Traum: Er sah eine Treppe, die auf der Erde stand und bis zum Himmel reichte. Auf ihr stiegen Engel Gottes auf und nieder. Und siehe, der Herr stand oben und sprach: Ich bin der Herr, der Gott deines Vaters Abraham und der Gott Isaaks. Das Land, auf dem du liegst, will ich dir und deinen Nachkommen geben. Deine Nachkommen werden zahlreich sein wie der Staub auf der Erde. Du wirst dich unaufhaltsam ausbreiten nach Westen und Osten, nach Norden und Süden und durch dich und deine Nachkommen werden alle Geschlechter der Erde Segen erlangen. Ich bin mit dir, ich behüte dich, wohin du auch gehst, und bringe dich zurück in dieses Land. Denn ich verlasse dich nicht, bis ich vollbringe, was ich dir versprochen habe.

Jakob erwachte aus seinem Schlaf und sagte: Wirklich, der Herr ist an diesem Ort und ich wusste es nicht. Furcht überkam ihn und er sagte: Wie Ehrfurcht gebietend ist doch dieser Ort! Hier ist nichts anderes als das Haus Gottes und das Tor des Himmels. Jakob stand früh am Morgen auf, nahm den Stein, den er unter seinen Kopf gelegt hatte, stellte ihn als Steinmal auf und goss Öl darauf. Dann gab er dem Ort den Namen Bet-El – Gotteshaus. Früher hieß die Stadt Lus.

Jakob machte das Gelübde: Wenn Gott mit mir ist und mich auf diesem Weg, den ich eingeschlagen habe, behütet, wenn er mir Brot zum Essen und Kleider zum Anziehen gibt, wenn ich wohlbehalten heimkehre in das Haus meines Vaters und der Herr sich mir als Gott erweist, dann soll der Stein, den ich als Steinmal aufgestellt habe, ein Gotteshaus werden.

Lj II **Lesung** *Hosea 2,16b.17b-18.21-22* So spricht der Herr: Ich selbst will Israel, meine treulose Braut, in die Wüste hinausführen und sie umwerben. Sie wird mir dorthin bereitwillig folgen wie in den Tagen ihrer Jugend, wie damals, als sie aus Ägypten heraufzog. An jenem Tag – Spruch des Herrn – wirst du zu mir sagen: Mein Mann!, und nicht mehr: Mein Baal!
Ich traue dich mir an auf ewig; ich traue dich mir an um den Brautpreis von Gerechtigkeit und Recht, von Liebe und Erbarmen, ich traue dich mir an um den Brautpreis meiner Treue: Dann wirst du den Herrn erkennen.

Evangelium *Matthäus 9,18–26* In jener Zeit, als Jesus redete, kam ein Synagogenvorsteher, fiel vor ihm nieder und sagte: Meine Tochter ist eben gestorben; komm doch, leg ihr deine Hand auf, dann wird sie wieder lebendig. Jesus stand auf und folgte ihm mit seinen Jüngern.
Da trat eine Frau, die schon zwölf Jahre an Blutungen litt, von hinten an ihn heran und berührte den Saum seines Gewandes; denn sie sagte sich: Wenn ich auch nur sein Gewand berühre, werde ich geheilt. Jesus wandte sich um, und als er sie sah, sagte er: Hab keine Angst, meine Tochter, dein Glaube hat dir geholfen. Und von dieser Stunde an war die Frau geheilt.
Als Jesus in das Haus des Synagogenvorstehers kam und die Flötenspieler und die Menge der klagenden Leute sah, sagte er: Geht hinaus! Das Mädchen ist nicht gestorben, es schläft nur. Da lachten sie ihn aus. Als man die Leute hinausgedrängt hatte, trat er ein und fasste das Mädchen an der Hand; da stand es auf. Und die Kunde davon verbreitete sich in der ganzen Gegend.

Lj I **Zur Lesung** Jakob hat seinen Bruder Esau um sein Erstgeburtsrecht betrogen, Esau verfolgt ihn. Jakob flieht. Er ist fertig, verzweifelt, allein. Wie könnte es ihm auch gut gehen, da er sich den Segen Gottes erschlichen hat? Er schläft erschöpft ein, mitten in der Wüste – und hat diesen phantastischen Traum, in dem Gott mit ihm spricht. Mit ihm, dem Schuldigen, der gegen alle sittlichen Ordnungen verstoßen hat. Gott durchbricht, was Welt und Menschen festlegen. Am Abend wusste Jakob noch nicht, dass Gott mit ihm unterwegs ist. In der Nacht seiner Verzweiflung begegnet er ihm. „Ich bin mit dir“, das gilt auch uns, weil der menschliche Gott das Leben in seiner Abgründigkeit mit uns teilt. Die alles entscheidende Bewegung geht von Gott aus. Und oft steht gerade an den Tiefpunkten unseres Lebens die Leiter, die uns mit dem Himmel verbinden will.

Zur Lesung Damals, als Gott sein Israel aus Ägypten herausgeführt hat, war die Welt noch in Ordnung. Da war Israel die glückliche, von Gott geliebte Braut. Doch dann kam die Gewöhnung, die Entfremdung, die Auflehnung, weil der Bräutigam Gott nicht immer dem entsprach, was man von ihm erwartet hat. Die Braut sucht sich neue Liebe, wendet sich anderen Göttern zu, die Luxus und leichtes Leben versprechen, kostet vermeintliches neues Glück – aber es trägt nicht. – Manche Eheberater schlagen Paaren in Krisenzeiten vor, sich an die erste Zeit, als sie noch verliebt waren, zurück zu erinnern, um wieder herauszuspüren, was es war, was sie gegenseitig angezogen hat. Gott besinnt sich auf den Anfang dieser Liebe. Er gibt nicht auf. Er umwirbt seine Braut Israel. Er ist sich nicht zu gut. Weil er sie liebt, trotz allem. Der Brautpreis ist „Gerechtigkeit und Recht, Liebe und Erbarmen und Treue". Das sind die Säulen einer tragfähigen Ehe. Das sind die Säulen einer tragfähigen Liebe zwischen Gott und Mensch. Nur: im Gegensatz zur Ehe stiehlt sich Gott nicht davon, wenn Konflikte kommen oder ein anderes begehrenswertes Ziel lockt. Seine Treue hält, was sie verspricht. Mit Gott können wir rechnen. Kann er mit uns rechnen? Lj II

Dienstag der 14. Woche im Jahreskreis

Lesung *Genesis 32,23-33 (22-32)* In jener Zeit stand Jakob in der Nacht auf, nahm seine beiden Frauen, seine beiden Mägde sowie seine elf Söhne und durchschritt die Furt des Jabbok. Er nahm sie und ließ sie den Fluss überqueren. Dann schaffte er alles hinüber, was ihm sonst noch gehörte. Lj I

Als nur noch er allein zurückgeblieben war, rang mit ihm ein Mann, bis die Morgenröte aufstieg. Als der Mann sah, dass er ihm nicht beikommen konnte, schlug er ihn aufs Hüftgelenk. Jakobs Hüftgelenk renkte sich aus, als er mit ihm rang. Der Mann sagte: Lass mich los; denn die Morgenröte ist aufgestiegen. Jakob aber entgegnete: Ich lasse dich nicht los, wenn du mich nicht segnest. Jener fragte: Wie heißt du? Jakob, antwortete er. Da sprach der Mann: Nicht mehr Jakob wird man dich nennen, sondern Israel – Gottesstreiter; denn mit Gott und Menschen hast du gestritten und hast gewonnen. Nun fragte Jakob: Nenne mir doch deinen Namen! Jener entgegnete: Was fragst du mich nach meinem Namen? Dann segnete er ihn dort.

Jakob gab dem Ort den Namen Penuël – Gottesgesicht – und sagte: Ich habe Gott von Angesicht zu Angesicht gesehen und bin doch mit dem Leben davongekommen.

Die Sonne schien bereits auf ihn, als er durch Penuël zog; er hinkte an seiner Hüfte. Darum essen die Israeliten den Muskelstrang über dem Hüftgelenk nicht bis auf den heutigen Tag; denn er hat Jakob aufs Hüftgelenk, auf den Hüftmuskel geschlagen.

Lj II **Lesung** *Hosea 8,4-7.11-13*
Sie setzen Könige ein, aber gegen meinen Willen; /
sie wählen Fürsten, doch ich erkenne sie nicht an.
Sie machen sich Götzen aus ihrem Silber und Gold – /
wohl damit es vernichtet wird.
Samaria, dein Kalb ist verworfen. /
Mein Zorn ist entbrannt gegen sie; /
wie lange noch sind sie unfähig, sich zu läutern?
Denn wer sind Israel und das Kalb? /
Ein Handwerker hat das Kalb gemacht /
und es ist kein Gott.
Ja, zersplittert soll es am Boden liegen, /
das Kalb von Samaria.
Denn sie säen Wind /
und sie ernten Sturm.
Halme ohne Ähren bringen kein Mehl. /
Und wenn sie es bringen, /
verschlingen es Fremde.
Efraim hat viele Altäre gebaut, /
um sich zu entsündigen, /
doch die Altäre sind ihm zur Sünde geworden.
Ich kann ihnen noch so viele Gesetze aufschreiben, /
sie gelten ihnen so wenig wie die eines Fremden.
Schlachtopfer lieben sie, /
sie opfern Fleisch und essen davon; /
der Herr aber hat kein Gefallen an ihnen.
Jetzt denkt er an ihre Schuld /
und straft sie für ihre Sünden: /
Sie müssen zurück nach Ägypten.

Evangelium *Matthäus 9,32-38* In jener Zeit brachte man zu Jesus einen Stummen, der von einem Dämon besessen war. Er trieb den Dämon aus, und der Stumme konnte reden. Alle Leute staunten und sagten: So etwas ist in Israel noch nie geschehen. Die Pharisäer aber sagten: Mit Hilfe des Anführers der Dämonen treibt er die Dämonen aus.
Jesus zog durch alle Städte und Dörfer, lehrte in ihren Synagogen, verkündete das Evangelium vom Reich und heilte alle Krankheiten und Leiden. Als er die vielen Menschen sah, hatte er Mitleid mit ihnen; denn sie waren müde und erschöpft wie Schafe, die keinen Hirten haben.
Da sagte er zu seinen Jüngern: Die Ernte ist groß, aber es gibt nur wenig Arbeiter. Bittet also den Herrn der Ernte, Arbeiter für seine Ernte auszusenden.

Zum Evangelium Jesus heilt einen Stummen – ein Grund zum Staunen und zur Freude! So jedenfalls sehen es die Umstehenden. Doch nicht alle sind dieser Ansicht: gerade die Pharisäer, die den Menschen die Tora, die gute Lebensweisung Gottes nahebringen wollen, hinterfragen seine Autorität; sie unterstellen ihm, dass er statt für Gott gegen Gott arbeitet. Dieser Einstellung begegnen auch wir immer wieder: Ungewohntes Verhalten im religiös-sozialen und kultischen Bereich, das nicht ins gewohnte Schema passt und sich nicht aus der Tradition ableiten lässt, das kann doch nicht von Gott sein ...
Scheinbar ungerührt von dieser Infragestellung duch die religiösen Autoritäten fährt Jesus fort, die Nähe Gottes zu verkündigen und die Menschen in Not zu heilen. Was ihn bewegt ist nicht die Suche nach Anerkennung und Bestätigung, sondern Mitleid mit den Menschen, die seine Hilfe brauchen, weil sie sonst niemanden haben. Ein Ansporn auch für uns, die Menchen, die auf unsere Hilfe angewiesen sind, in ihrer Not wahrzunehmen und soweit es in unserer Kraft steht zu unterstützen, denn „die Ernte ist groß".

Mittwoch der 14. Woche im Jahreskreis

Lesung *Genesis 41,55-57; 42,5-7a.17-24a* In jenen Tagen, da ganz Ägypten Hunger hatte, schrie das Volk zum Pharao nach Brot. Der Pharao aber sagte zu den Ägyptern: Geht zu Josef! Tut, was er euch sagt. **Lj I**
Als die Hungersnot über das ganze Land gekommen war, öffnete Josef alle Speicher und verkaufte Getreide an die Ägypter. Aber der Hunger wurde immer drückender in Ägypten. Auch alle Welt kam nach Ägypten, um bei Josef Getreide zu kaufen; denn der Hunger wurde immer drückender auf der ganzen Erde.
Die Söhne Israels kamen mitten unter anderen, die auch gekommen waren, um Getreide zu kaufen; denn Hungersnot herrschte in Kanaan. Josef verwaltete das Land. Er war es, der allen Leuten im Lande Getreide verkaufte. So kamen Josefs Brüder und warfen sich vor ihm mit dem Gesicht zur Erde nieder. Als Josef seine Brüder sah, erkannte er sie. Aber er gab sich ihnen nicht zu erkennen, sondern fuhr sie barsch an. Dann ließ er sie für drei Tage in Haft nehmen.
Am dritten Tag sagte Josef zu ihnen: Tut Folgendes und ihr werdet am Leben bleiben, denn ich fürchte Gott: Wenn ihr ehrliche Leute seid, soll einer von euch Brüdern in dem Gefängnis zurückgehalten werden, in dem ihr in Haft gewesen seid. Ihr anderen aber geht und bringt das gekaufte Getreide heim, um den Hunger eurer Familien zu stillen. Euren jüngsten Bruder aber schafft mir herbei, damit sich eure Worte als wahr erweisen und ihr nicht sterben müsst. So machten sie es.
Sie sagten zueinander: Ach ja, wir sind an unserem Bruder schuldig geworden. Wir haben zugesehen, wie er sich um sein Leben ängstigte. Als er uns

um Erbarmen anflehte, haben wir nicht auf ihn gehört. Darum ist nun diese Bedrängnis über uns gekommen.
Ruben entgegnete ihnen: Habe ich euch nicht gesagt: Versündigt euch nicht an dem Kind! Ihr aber habt nicht gehört. Nun wird für sein Blut von uns Rechenschaft gefordert.
Sie aber ahnten nicht, dass Josef zuhörte, denn er bediente sich im Gespräch mit ihnen eines Dolmetschers. Er wandte sich von ihnen ab und weinte.

Lj II **Lesung** *Hosea 10,1-3.7-8.12*
Israel war ein üppiger Weinstock, / der seine Frucht brachte.
Je fruchtbarer er war, / desto mehr opferte man auf den Altären.
Je schöner sein Land wurde, / umso schöner schmückten sie die Steinmale.
Ihr Herz ist geteilt, / etzt müssen sie büßen.
Der Herr selbst zerschlägt ihre Altäre / und zerstört ihre Steinmale.
Dann werden sie sagen: / Wir haben keinen König mehr;
denn wir haben den Herrn nicht gefürchtet. / Aber auch ein König – was könnte er für uns tun?
Samaria wird vernichtet, / sein König gleicht einem abgebrochenen Zweig auf dem Wasser.
Verwüstet werden die unheilvollen Kulthöhen, / diese Sünde Israels.
Dornen und Disteln überwuchern ihre Altäre. / Dann wird man zu den Bergen sagen: Deckt uns zu!, / und zu den Hügeln: Fallt auf uns!
Sät als eure Saat Gerechtigkeit aus, / so werdet ihr ernten, / wie es der göttlichen Liebe entspricht.
Nehmt Neuland unter den Pflug! / Es ist Zeit, den Herrn zu suchen;
dann wird er kommen / und euch mit Heil überschütten.

Evangelium *Matthäus 10,1-7* In jener Zeit rief Jesus seine zwölf Jünger zu sich und gab ihnen die Vollmacht, die unreinen Geister auszutreiben und alle Krankheiten und Leiden zu heilen.
Die Namen der zwölf Apostel sind: an erster Stelle Simon, genannt Petrus, und sein Bruder Andreas, dann Jakobus, der Sohn des Zebedäus, und sein Bruder Johannes, Philippus und Bartholomäus, Thomas und Matthäus, der Zöllner, Jakobus, der Sohn des Alphäus, und Thaddäus, Simon Kananäus und Judas Iskariot, der ihn später verraten hat.
Diese Zwölf sandte Jesus aus und gebot ihnen: Geht nicht zu den Heiden und betretet keine Stadt der Samariter, sondern geht zu den verlorenen Schafen des Hauses Israel. Geht und verkündet: Das Himmelreich ist nahe.

Zum Evangelium Jesus lässt die Menschen nicht zu sich kommen wie ein Guru. Er geht selbst in die Städte und Dörfer und sieht, was los ist und was den Menschen fehlt. Sie sind zerrissen, orientierungslos, niedergeschlagen. Es rührt ihn zutiefst an. Er wählt zwölf aus, die von ihm gelernt haben, was zu tun ist. Heilen und Helfen bedeutet, erst einmal die Orientierungslosigkeit der Menschen an sich herankommen zu lassen. Mit dem Erbarmen fängt alles an. Damals, heute. Das heißt: Wir dürfen nicht sitzen bleiben in unserer abgesteckten Welt. Wir sind gesendet, aufzustehen, hinzugehen, wo wir gebraucht sind und von der Liebe Gottes nicht nur zu reden, sondern sie zu tun. Das ist Erbarmen. Die auf mein Helfen und Heilen angewiesen sind, leben womöglich direkt neben mir.

Donnerstag der 14. Woche im Jahreskreis

Lesung *Genesis 44,18-21.23b-29; 45,1-5* In jenen Tagen trat Juda an Josef heran und sagte: Bitte, mein Herr, dein Knecht darf vielleicht meinem Herrn offen etwas sagen, ohne dass sein Zorn über deinen Knecht entbrennt; denn du bist wie der Pharao. **Lj I**

Mein Herr hat seine Knechte gefragt: Habt ihr einen Vater oder Bruder? Wir erwiderten meinem Herrn: Wir haben einen alten Vater und einen kleinen Bruder, der ihm noch in hohem Alter geboren wurde. Dessen Bruder ist gestorben; er ist allein von seiner Mutter noch da und sein Vater liebt ihn besonders. Du aber hast von deinen Knechten verlangt: Bringt ihn her zu mir, ich will ihn mit eigenen Augen sehen. Wenn euer jüngster Bruder nicht mit euch kommt, dürft ihr mir nicht mehr unter die Augen treten. Als wir zu deinem Knecht, deinem Vater, hinaufgekommen waren, erzählten wir ihm, was mein Herr gesagt hatte.

Als dann unser Vater sagte: Kauft uns noch einmal etwas Brotgetreide!, entgegneten wir: Wir können nicht hinunterziehen; nur wenn unser jüngster Bruder dabei ist, ziehen wir hinunter. Wir können nämlich dem Mann nicht mehr unter die Augen treten, wenn nicht unser jüngster Bruder dabei ist. Darauf antwortete uns dein Knecht, mein Vater: Ihr wisst, dass mir meine Frau zwei Söhne geboren hat. Einer ist von mir gegangen und ich sagte: Er ist gewiss zerrissen worden. Ich habe ihn bis heute nicht mehr gesehen. Nun nehmt ihr mir auch den noch weg. Stößt ihm ein Unglück zu, dann bringt ihr mein graues Haar vor Leid in die Unterwelt.

Josef vermochte sich vor all den Leuten, die um ihn standen, nicht mehr zu halten und rief: Schafft mir alle Leute hinaus! So stand niemand bei Josef, als er sich seinen Brüdern zu erkennen gab. Er begann so laut zu weinen, dass es die Ägypter hörten; auch am Hof des Pharao hörte man davon. Josef sagte zu seinen Brüdern: Ich bin Josef. Ist mein Vater noch am Leben? Seine Brüder waren zu keiner Antwort fähig, weil sie fassungslos vor ihm standen.

Josef sagte zu seinen Brüdern: Kommt doch näher zu mir her! Als sie näher herangetreten waren, sagte er: Ich bin Josef, euer Bruder, den ihr nach Ägypten verkauft habt. Jetzt aber lasst es euch nicht mehr leid sein und grämt euch nicht, weil ihr mich hierher verkauft habt. Denn um Leben zu erhalten, hat mich Gott vor euch hergeschickt.

Lj II **Lesung** *Hosea 11,1-4.8a.c-9* So spricht der Herr: Als Israel jung war, gewann ich ihn lieb, / ich rief meinen Sohn aus Ägypten.
Je mehr ich sie rief, / desto mehr liefen sie von mir weg.
Sie opferten den Baalen / und brachten den Götterbildern Rauchopfer dar.
Ich war es, der Efraim gehen lehrte, / ich nahm ihn auf meine Arme.
Sie aber haben nicht erkannt, / dass ich sie heilen wollte.
Mit menschlichen Fesseln zog ich sie an mich, / mit den Ketten der Liebe.
Ich war da für sie wie die Eltern, / die den Säugling an ihre Wangen heben.
Ich neigte mich ihm zu / und gab ihm zu essen.
Wie könnte ich dich preisgeben, Efraim, / wie dich aufgeben, Israel?
Mein Herz wendet sich gegen mich, / mein Mitleid lodert auf.
Ich will meinen glühenden Zorn nicht vollstrecken / und Efraim nicht noch einmal vernichten.
Denn ich bin Gott, nicht ein Mensch, / der Heilige in deiner Mitte. / Darum komme ich nicht in der Hitze des Zorns.

Evangelium *Matthäus 10,7-15* In jener Zeit sprach Jesus zu seinen Aposteln: Geht und verkündet: Das Himmelreich ist nahe. Heilt Kranke, weckt Tote auf, macht Aussätzige rein, treibt Dämonen aus! Umsonst habt ihr empfangen, umsonst sollt ihr geben.
Steckt nicht Gold, Silber und Kupfermünzen in euren Gürtel. Nehmt keine Vorratstasche mit auf den Weg, kein zweites Hemd, keine Schuhe, keinen Wanderstab; denn wer arbeitet, hat ein Recht auf seinen Unterhalt.
Wenn ihr in eine Stadt oder in ein Dorf kommt, erkundigt euch, wer es wert ist, euch aufzunehmen; bei ihm bleibt, bis ihr den Ort wieder verlasst.
Wenn ihr in ein Haus kommt, dann wünscht ihm Frieden. Wenn das Haus es wert ist, soll der Friede, den ihr ihm wünscht, bei ihm einkehren. Ist das Haus es aber nicht wert, dann soll der Friede zu euch zurückkehren.
Wenn man euch aber in einem Haus oder in einer Stadt nicht aufnimmt und eure Worte nicht hören will, dann geht weg und schüttelt den Staub von euren Füßen. Amen, das sage ich euch: Dem Gebiet von Sodom und Gomorra wird es am Tag des Gerichts nicht so schlimm ergehen wie dieser Stadt.

Zum Evangelium „Geht und verkündet: Das Himmelreich ist nahe." Jesus sendet die Zwölf bis an die Ränder menschlicher Verzweiflung: zu den Kranken, den Toten, den Aussätzigen, den Besessenen. In Bereiche menschlicher Abgründe, die es heute genauso gibt, mitten unter uns, vielleicht mitten in uns selbst. Wäre dieser Auftrag aus längst vergangener Zeit nur gültig für längst vergangene Tage, dann wären unser Glaube, das Evangelium, unsere Hoffnungen eine einzige Illusion. Und doch fragt man sich, heute, wo denn die Nähe des Himmelreiches zu spüren ist. Wir hören, dass der Himmel immer dort aufscheint, wo Kranke geheilt, Tote erweckt, Aussätzige rein, Besessenheiten ausgetrieben werden. Wo Menschen einander Heil werden, wo sie einander aus unguten Abhängigkeiten befreien, wo Abgestorbenes wieder leben darf, wo Ausgrenzungen abgebaut werden – da wächst uns ein Stück Himmel entgegen, hier und jetzt. Und dann spüren wir es, immer wieder: Schon „der Weg zum Himmel ist Himmel" (Teresa von Avila).

Freitag der 14. Woche im Jahreskreis

Lesung *Genesis 46,1-7.28-30* In jener Zeit brach Israel auf mit allem, was ihm gehörte. Er kam nach Beerscheba und brachte dem Gott seines Vaters Isaak Schlachtopfer dar. Da sprach Gott in einer nächtlichen Vision zu Israel: Jakob! Jakob! Hier bin ich!, antwortete er. **Lj I**
Gott sprach: Ich bin Gott, der Gott deines Vaters. Fürchte dich nicht, nach Ägypten hinabzuziehen; denn zu einem großen Volk mache ich dich dort. Ich selbst ziehe mit dir hinunter nach Ägypten und ich führe dich auch selbst wieder herauf. Josef wird dir die Augen zudrücken.
Jakob brach von Beerscheba auf. Die Söhne Israels hoben ihren Vater Jakob, ihre Kinder und ihre Frauen auf die Wagen, die der Pharao geschickt hatte, um ihn zu holen. Sie nahmen ihr Vieh und ihre Habe, die sie in Kanaan erworben hatten, und gelangten nach Ägypten, Jakob und mit ihm alle seine Nachkommen. Seine Söhne und Enkel, seine Töchter und Enkelinnen, alle seine Nachkommen brachte er mit nach Ägypten.
Jakob schickte Juda voraus zu Josef, um ihn zu sich nach Goschen zu bestellen. So kamen sie ins Gebiet von Goschen. Josef ließ seinen Wagen anschirren und zog seinem Vater Israel nach Goschen entgegen. Als er ihn sah, fiel er ihm um den Hals und weinte lange.
Israel sagte zu Josef: Jetzt will ich gern sterben, nachdem ich dein Angesicht wieder sehen durfte und weiß, dass du noch am Leben bist.

Lesung *Hosea 14,2-10* So spricht der Herr: Kehr um, Israel, zum Herrn, deinem Gott! / Denn du bist zu Fall gekommen durch deine Schuld. **Lj II**
Kehrt um zum Herrn, / nehmt Worte der Reue mit euch und sagt zu ihm: Nimm alle Schuld von uns / und lass uns Gutes erfahren! / Wir danken es dir mit der Frucht unserer Lippen.
Assur kann uns nicht retten. / Wir wollen nicht mehr auf Pferden reiten und zum Machwerk unserer Hände sagen wir nie mehr: Unser Gott. / Denn nur bei dir findet der Verwaiste Erbarmen.
So spricht der Herr: Ich will ihre Untreue heilen/ und sie aus lauter Großmut wieder lieben. / Denn mein Zorn hat sich von Israel abgewandt.
Ich werde für Israel da sein wie der Tau, /damit es aufblüht wie eine Lilie / und Wurzeln schlägt wie der Libanon.
Seine Zweige sollen sich ausbreiten, / seine Pracht soll der Pracht des Ölbaums gleichen / und sein Duft dem Duft des Libanon.

Sie werden wieder in meinem Schatten wohnen; / sie bauen Getreide an und gedeihen wie die Reben, / deren Wein so berühmt ist wie der Wein vom Libanon.
Was hat Efraim noch mit den Götzen zu tun? / Ich, ja ich, erhöre ihn, ich schaue nach ihm.
Ich bin wie der grünende Wacholder, / an mir findest du reiche Frucht.
Wer weise ist, begreife dies alles, / wer klug ist, erkenne es.
Ja, die Wege des Herrn sind gerade; / die Gerechten gehen auf ihnen, / die Treulosen aber kommen auf ihnen zu Fall.

Evangelium *Matthäus 10,16-23* In jener Zeit sprach Jesus zu seinen Aposteln: Seht, ich sende euch wie Schafe mitten unter die Wölfe; seid daher klug wie die Schlangen und arglos wie die Tauben!
Nehmt euch aber vor den Menschen in Acht! Denn sie werden euch vor die Gerichte bringen und in ihren Synagogen auspeitschen. Ihr werdet um meinetwillen vor Statthalter und Könige geführt, damit ihr vor ihnen und den Heiden Zeugnis ablegt. Wenn man euch vor Gericht stellt, macht euch keine Sorgen, wie und was ihr reden sollt; denn es wird euch in jener Stunde eingegeben, was ihr sagen sollt. Nicht ihr werdet dann reden, sondern der Geist eures Vaters wird durch euch reden.
Brüder werden einander dem Tod ausliefern und Väter ihre Kinder, und die Kinder werden sich gegen ihre Eltern auflehnen und sie in den Tod schicken. Und ihr werdet um meines Namens willen von allen gehasst werden; wer aber bis zum Ende standhaft bleibt, der wird gerettet.
Wenn man euch in der einen Stadt verfolgt, so flieht in eine andere. Amen, ich sage euch: Ihr werdet nicht zu Ende kommen mit den Städten Israels, bis der Menschensohn kommt.

Zum Evangelium „Homo homini lupus“: Der Mensch ist des Menschen Wolf. In diese Wolfswelt hat Jesus die Jünger geschickt, um die Welt des mörderischen Kampfes um Macht, Einfluss, Karriere für sein Friedensreich zu gewinnen. Die Jünger haben die Wolfszähne zu spüren bekommen: Jakobus wird unter Herodes enthauptet. Stephanus wird gesteinigt. Petrus wird unter Nero gekreuzigt. Matthäus wird in Äthiopien auf den Boden genagelt und verbrannt. Auch heute gibt es verfolgte Christen, etwa in China, Indonesien, Nigeria... Es muss nicht immer Blut fließen. Aber es ist der Normalfall, dass Jesus und seinen Jüngern und Jüngerinnen nicht zugejubelt wird. Warum lassen Christen sich ihres Glaubens wegen verfolgen oder gar umbringen? Vielleicht, weil und wenn sie spüren, dass Nachfolge mit einem Glück zu tun hat, dem Glück erfüllten Lebens, wo der eigene Lebensfaden mit dem mitlaufenden Faden Gottes verknüpft ist? Und weil sie bei aller Bedrohung und scheinbarer Erfolglosigkeit getragen sind von der Zusage Jesu: „Ich bin bei euch bis ans Ende der Welt“ (Mt 28,20)? „Merkt auf, da gibt es ein heimliches, von den Händen des Daseins selber verstecktes Glück, das alles Unglück auf- und überwiegt“ (Martin Buber). Könnte unser Christsein dieses „versteckte Glück“ beherbergen?

Samstag der 14. Woche im Jahreskreis

Lesung *Genesis 49,29-33; 50,15-26a* In jenen Tagen trug Jakob seinen Söhnen auf und sagte zu ihnen: Ich werde mit meinen Vorfahren vereint. Begrabt mich bei meinen Vätern in der Höhle auf dem Grundstück des Hetiters Efron, in der Höhle auf dem Grundstück von Machpela bei Mamre in Kanaan. Das Grundstück hatte Abraham vom Hetiter Efron als eigene Grabstätte gekauft. Dort hat man Abraham und seine Frau Sara begraben; dort hat man Isaak und seine Frau Rebekka begraben; dort habe ich Lea begraben, auf dem Grundstück, das samt der Höhle darauf von den Hetitern in unseren Besitz übergegangen ist. Lj I

Jakob beendete den Auftrag an seine Söhne und zog seine Füße auf das Bett zurück. Dann verschied er und wurde mit seinen Vorfahren vereint.

Als Josefs Brüder sahen, dass ihr Vater tot war, sagten sie: Wenn sich Josef nur nicht feindselig gegen uns stellt und uns alles Böse vergilt, das wir ihm getan haben. Deshalb ließen sie Josef wissen: Dein Vater hat uns, bevor er starb, aufgetragen: So sagt zu Josef: Vergib doch deinen Brüdern ihre Untat und Sünde, denn Schlimmes haben sie dir angetan. Nun also vergib doch die Untat der Knechte des Gottes deines Vaters! Als man ihm diese Worte überbrachte, musste Josef weinen. Seine Brüder gingen dann auch selbst hin, fielen vor ihm nieder und sagten: Hier sind wir als deine Sklaven.

Josef aber antwortete ihnen: Fürchtet euch nicht! Stehe ich denn an Gottes Stelle? Ihr habt Böses gegen mich im Sinne gehabt, Gott aber hatte dabei Gutes im Sinn, um zu erreichen, was heute geschieht: viel Volk am Leben zu erhalten. Nun also fürchtet euch nicht! Ich will für euch und eure Kinder sorgen. So tröstete er sie und redete ihnen freundlich zu.

Josef blieb in Ägypten, er und das Haus seines Vaters. Josef wurde hundertzehn Jahre alt. Er sah noch Efraims Söhne und Enkel. Auch die Söhne Machirs, des Sohnes Manasses, kamen auf Josefs Knien zur Welt.

Dann sprach Josef zu seinen Brüdern: Ich muss sterben. Gott wird sich euer annehmen, er wird euch aus diesem Land heraus und in jenes Land hinaufführen, das er Abraham, Isaak und Jakob mit einem Eid zugesichert hat.

Josef ließ die Söhne Israels schwören: Wenn Gott sich euer annimmt, dann nehmt meine Gebeine von hier mit hinauf! Josef starb im Alter von hundertzehn Jahren.

Lesung *Jesaja 6,1-8* Im Todesjahr des Königs Usija sah ich den Herrn. Er saß auf einem hohen und erhabenen Thron. Der Saum seines Gewandes füllte den Tempel aus. Serafim standen über ihm. Jeder hatte sechs Flügel: Lj II

Mit zwei Flügeln bedeckten sie ihr Gesicht, mit zwei bedeckten sie ihre Füße und mit zwei flogen sie. Sie riefen einander zu:
Heilig, heilig, heilig ist der Herr der Heere. Von seiner Herrlichkeit ist die ganze Erde erfüllt. Die Türschwellen bebten bei ihrem lauten Ruf und der Tempel füllte sich mit Rauch.
Da sagte ich: Weh mir, ich bin verloren. Denn ich bin ein Mann mit unreinen Lippen und lebe mitten in einem Volk mit unreinen Lippen und meine Augen haben den König, den Herrn der Heere, gesehen. Da flog einer der Serafim zu mir; er trug in seiner Hand eine glühende Kohle, die er mit einer Zange vom Altar genommen hatte. Er berührte damit meinen Mund und sagte: Das hier hat deine Lippen berührt: Deine Schuld ist getilgt, deine Sünde gesühnt.
Danach hörte ich die Stimme des Herrn, der sagte: Wen soll ich senden? Wer wird für uns gehen? Ich antwortete: Hier bin ich, sende mich!

Evangelium *Matthäus 10,24-33* In jener Zeit sprach Jesus zu seinen Aposteln: Ein Jünger steht nicht über seinem Meister und ein Sklave nicht über seinem Herrn. Der Jünger muss sich damit begnügen, dass es ihm geht wie seinem Meister, und der Sklave, dass es ihm geht wie seinem Herrn. Wenn man schon den Herrn des Hauses Beelzebul nennt, dann erst recht seine Hausgenossen.
Darum fürchtet euch nicht vor ihnen! Denn nichts ist verhüllt, was nicht enthüllt wird, und nichts ist verborgen, was nicht bekannt wird. Was ich euch im Dunkeln sage, davon redet am hellen Tag, und was man euch ins Ohr flüstert, das verkündet von den Dächern.
Fürchtet euch nicht vor denen, die den Leib töten, die Seele aber nicht töten können, sondern fürchtet euch vor dem, der Seele und Leib ins Verderben der Hölle stürzen kann.
Verkauft man nicht zwei Spatzen für ein paar Pfennig? Und doch fällt keiner von ihnen zur Erde ohne den Willen eures Vaters. Bei euch aber sind sogar die Haare auf dem Kopf alle gezählt. Fürchtet euch also nicht! Ihr seid mehr wert als viele Spatzen.
Wer sich nun vor den Menschen zu mir bekennt, zu dem werde auch ich mich vor meinem Vater im Himmel bekennen. Wer mich aber vor den Menschen verleugnet, den werde auch ich vor meinem Vater im Himmel verleugnen.

Lj I **Zur Lesung** Zwischen den einst mächtigen und nun ohnmächtigen Brüdern und dem einst ohnmächtigen und jetzt mächtigen Josef steht ein Berg unbewältigter Vergangenheit. Versöhnung muss werden. Aber wie? Josef schlägt kein Kapital aus der Unsicherheit und Angst seiner Brüder. Er macht keine Vorwürfe, sondern er zeigt seine Gefühle. Es ist, als würden seine Tränen alles lösen, was sich in den Jahren an Enttäuschung, Wut, Bitterkeit angesammelt hat. So gelöst, kann er die lösenden, großartigen Worte sprechen: „Gott hatte dabei Gutes im Sinn." Er stellt sich nicht als unschuldiges Opfer und die Brüder als böse Täter dar, er bietet eine gemeinsame Ebene an: Gottes Wirken. Das ist die Brücke zu echter Versöhnung. – Wir alle können ohne Vergebung nicht leben. Da, wo uns vergeben wird und wo wir vergeben, stehen wir mitten in Gottes Heilsgeschichte.

Zur Lesung Ein König stirbt – und hoch über ihm thront ein anderer König, „der Herr der Heere". Er ist so herrlich, dass selbst die Engel seine Herrlichkeit nicht aushalten können. Jesaja wird ergriffen vom Ungreifbaren, das sich ins Endliche hinein kundgibt. Jesaja ist konfrontiert mit der Heiligkeit Gottes, mit einem Bereich, den kein Sterblicher betreten kann. Angesichts des Unvergleichlichen spürt Jesaja umso mehr seine Erdenschwere, die Unreinheit seiner Lippen. An Jesaja vollzieht sich, was die gesamte Menschheit nötig hat: Das Unheilige wird weggebrannt. Nun kann Gott durch ihn sprechen – und Jesaja ist bereit: „Hier bin ich, sende mich!" Er wird zu Menschen gesandt, die sich vom Geber aller Gaben losgelöst haben und das Vakuum ihrer Seele durch anderes als durch Gott in Besitz nehmen lassen. Jesaja soll seinem Volk klarmachen, dass es sein Unrecht anschaut und bekennt: Was ist uns noch heilig? Und wir – gibt es noch etwas, wovor wir Halt machen? Setzen wir unserer Verfügungsmacht eine Grenze? Worin sonst als im Erschaudern vor Gottes Heiligkeit könnte der Respekt vor allem Lebendigen sein Maß finden? Nur bei Gott behält das Heilige seine unverzerrten, unvergänglichen Konturen. Nur wenn wir das dreimal „Heilig" mitsingen können, werden wir frei von den Preisungszwängen, die wir uns als Möchte-gern-Herren-der-Welt auferlegen. Dank sei Gott für seine Ungreifbarkeit. Lj II

15. Woche im Jahreskreis

Montag der 15. Woche im Jahreskreis

Lesung *Exodus 1,8-14.22* In Ägypten kam ein neuer König an die Macht, der Josef nicht gekannt hatte. Er sagte zu seinem Volk: Seht nur, das Volk der Israeliten ist größer und stärker als wir. Gebt Acht! Wir müssen überlegen, was wir gegen sie tun können, damit sie sich nicht weiter vermehren. Wenn ein Krieg ausbricht, können sie sich unseren Feinden anschließen, gegen uns kämpfen und sich des Landes bemächtigen. Da setzte man Fronvögte über sie ein, um sie durch schwere Arbeit unter Druck zu setzen. Sie mussten für den Pharao die Städte Pitom und Ramses als Vorratslager bauen. Je mehr man sie aber unter Druck hielt, umso stärker vermehrten sie sich und breiteten sie sich aus, sodass die Ägypter vor ihnen das Grauen packte. Daher gingen sie hart gegen die Israeliten vor und machten sie zu Sklaven. Sie Lj I

machten ihnen das Leben schwer durch harte Arbeit mit Lehm und Ziegeln und durch alle möglichen Arbeiten auf den Feldern. So wurden die Israeliten zu harter Sklavenarbeit gezwungen.
Daher gab der Pharao seinem ganzen Volk den Befehl: Alle Knaben, die den Hebräern geboren werden, werft in den Nil! Die Mädchen dürft ihr alle am Leben lassen.

Lj II **Lesung** *Jesaja 1,10-17* Hört das Wort des Herrn, ihr Herrscher von Sodom! Vernimm die Weisung unseres Gottes, du Volk von Gomorra! Was soll ich mit euren vielen Schlachtopfern?, spricht der Herr. Die Widder, die ihr als Opfer verbrennt, und das Fett eurer Rinder habe ich satt; das Blut der Stiere, der Lämmer und Böcke ist mir zuwider. Wenn ihr kommt, um mein Angesicht zu schauen – wer hat von euch verlangt, dass ihr meine Vorhöfe zertrampelt?
Bringt mir nicht länger sinnlose Gaben, Rauchopfer, die mir ein Gräuel sind. Neumond und Sabbat und Festversammlung – Frevel und Feste – ertrage ich nicht. Eure Neumondfeste und Feiertage sind mir in der Seele verhasst, sie sind mir zur Last geworden, ich bin es müde, sie zu ertragen.
Wenn ihr eure Hände ausbreitet, verhülle ich meine Augen vor euch. Wenn ihr auch noch so viel betet, ich höre es nicht. Eure Hände sind voller Blut.
Wascht euch, reinigt euch! Lasst ab von eurem üblen Treiben! Hört auf, vor meinen Augen Böses zu tun! Lernt, Gutes zu tun! Sorgt für das Recht! Helft den Unterdrückten! Verschafft den Waisen Recht, tretet ein für die Witwen!

Evangelium *Matthäus 10,34–11,1* In jener Zeit sprach Jesus zu seinen Aposteln: Denkt nicht, ich sei gekommen, um Frieden auf die Erde zu bringen. Ich bin nicht gekommen, um Frieden zu bringen, sondern das Schwert. Denn ich bin gekommen, um den Sohn mit seinem Vater zu entzweien und die Tochter mit ihrer Mutter und die Schwiegertochter mit ihrer Schwiegermutter; und die Hausgenossen eines Menschen werden seine Feinde sein.
Wer Vater oder Mutter mehr liebt als mich, ist meiner nicht würdig, und wer Sohn oder Tochter mehr liebt als mich, ist meiner nicht würdig. Und wer nicht sein Kreuz auf sich nimmt und mir nachfolgt, ist meiner nicht würdig. Wer das Leben gewinnen will, wird es verlieren; wer aber das Leben um meinetwillen verliert, wird es gewinnen.
Wer euch aufnimmt, der nimmt mich auf, und wer mich aufnimmt, nimmt den auf, der mich gesandt hat. Wer einen Propheten aufnimmt, weil es ein Prophet ist, wird den Lohn eines Propheten erhalten. Wer einen Gerechten aufnimmt, weil es ein Gerechter ist, wird den Lohn eines Gerechten erhalten. Und wer einem von diesen Kleinen auch nur einen Becher frisches Wasser zu trinken gibt, weil es ein Jünger ist – amen, ich sage euch: Er wird gewiss nicht um seinen Lohn kommen.

Als Jesus die Unterweisung der zwölf Jünger beendet hatte, zog er weiter, um in den Städten zu lehren und zu predigen.

Zum Evangelium „Ich bin nicht gekommen, um Frieden zu bringen, sondern das Schwert ...“ Ein sperriger Satz, der so gar nicht zu Jesus, dem Friedensstifter, zu passen scheint. Im Lauf der Kirchengeschichte wurde dieser Satz aus seinem Kontext isoliert und erschreckend wörtlich genommen. Die Folge waren Kreuzzüge, Religionskriege, Waffensegnungen im Namen Jesu Christi. Der Satz vom Schwert und vom Frieden meint aber alles andere als Krieg und Gewalt. Er fordert zur Entscheidung auf, die Konsequenzen hat. In der frühen Kirche spalteten sich Familien, weil sich einige auf den Namen Jesu taufen ließen und andere nicht. Der Friede, den Jesus bringt, hat nichts mit Harmoniestreben zu tun, sondern mit dem Einsatz für eine friedlichere, bessere, gerechtere Welt. Wer sich für diesen Frieden einsetzt, kann es nicht halbherzig tun. Die ganze Existenz ist gefragt. Er wird auf Widerspruch treffen, er wird in Konflikte verwickelt werden. Er wird auf diesem Weg vielleicht alles verlieren, was für ihn bisher erstrebenswert war. „Wenn alles verloren ist, tritt die Seele hervor“ (Henry Miller). Aber könnte das, was man verloren hat, nicht Platz schaffen für einen großen Gewinn? „Wer das Leben um meinetwillen verliert, wird es gewinnen.“

Dienstag der 15. Woche im Jahreskreis

Lesung *Exodus 2,1-15a* In jenen Tagen ging ein Mann aus einer levitischen Familie hin und nahm eine Frau aus dem gleichen Stamm. Sie wurde schwanger und gebar einen Sohn. Weil sie sah, dass es ein schönes Kind war, verbarg sie es drei Monate lang. Als sie es nicht mehr verborgen halten konnte, nahm sie ein Binsenkästchen, dichtete es mit Pech und Teer ab, legte den Knaben hinein und setzte ihn am Nilufer im Schilf aus. Seine Schwester blieb in der Nähe stehen, um zu sehen, was mit ihm geschehen würde. **Lj I**

Die Tochter des Pharao kam herab, um im Nil zu baden. Ihre Dienerinnen gingen unterdessen am Nilufer auf und ab. Auf einmal sah sie im Schilf das Kästchen und ließ es durch ihre Magd holen. Als sie es öffnete und hineinsah, lag ein weinendes Kind darin. Sie bekam Mitleid mit ihm und sie sagte: Das ist ein Hebräerkind. Da sagte seine Schwester zur Tochter des Pharao: Soll ich zu den Hebräerinnen gehen und dir eine Amme rufen, damit sie dir das Kind stillt? Die Tochter des Pharao antwortete ihr: Ja, geh! Das Mädchen ging und rief die Mutter des Knaben herbei. Die Tochter des Pharao sagte zu ihr: Nimm das Kind mit und still es mir! Ich werde dich dafür entlohnen. Die Frau nahm das Kind zu sich und stillte es. Als der Knabe größer geworden war, brachte sie ihn der Tochter des Pharao. Diese nahm ihn als Sohn an, nannte ihn Mose und sagte: Ich habe ihn aus dem Wasser gezogen.

Die Jahre vergingen und Mose wuchs heran. Eines Tages ging er zu seinen Brüdern hinaus und schaute ihnen bei der Fronarbeit zu. Da sah er, wie ein Ägypter einen Hebräer schlug, einen seiner Stammesbrüder. Mose sah sich nach allen Seiten um, und als er sah, dass sonst niemand da war, erschlug er den Ägypter und verscharrte ihn im Sand.
Als er am nächsten Tag wieder hinausging, sah er zwei Hebräer miteinander streiten. Er sagte zu dem, der im Unrecht war: Warum schlägst du deinen Stammesgenossen? Der Mann erwiderte: Wer hat dich zum Aufseher und Schiedsrichter über uns bestellt? Meinst du, du könntest mich umbringen, wie du den Ägypter umgebracht hast? Da bekam Mose Angst und sagte: Die Sache ist also bekannt geworden. Der Pharao hörte von diesem Vorfall und wollte Mose töten; Mose aber entkam ihm. Er wollte in Midian bleiben.

Lj II **Lesung** *Jesaja 7,1-9* In der Zeit, als Ahas, der Sohn Jotams, des Sohnes Usijas, König von Juda war, zogen Rezin, der König von Aram, und Pekach, der Sohn Remaljas, der König von Israel, gegen Jerusalem in den Krieg; aber sie konnten die Stadt nicht einnehmen.
Als man dem Haus David meldete: Aram hat sich mit Efraim verbündet!, da zitterte das Herz des Königs und das Herz seines Volkes, wie die Bäume des Waldes im Wind zittern.
Der Herr aber sagte zu Jesaja: Geh zur Walkerfeldstraße hinaus, zusammen mit deinem Sohn Schear-Jaschub – Ein Rest kehrt um –, an das Ende der Wasserleitung des oberen Teiches, um Ahas zu treffen.
Sag zu ihm: Bewahre die Ruhe, fürchte dich nicht! Dein Herz soll nicht verzagen wegen dieser beiden Holzscheite, dieser rauchenden Stummel, wegen des glühenden Zorns Rezins von Aram und des Sohnes Remaljas. Zwar planen Aram, Efraim und der Sohn Remaljas Böses gegen dich und sagen: Wir wollen gegen Juda ziehen, es an uns reißen und für uns erobern; dann wollen wir den Sohn Tabeals dort zum König machen. Doch so spricht Gott, der Herr:
Das kommt nicht zustande, das wird nicht geschehen. Denn das Haupt von Aram ist Damaskus und das Haupt von Damaskus ist Rezin. Noch fünfundsechzig Jahre, dann wird Efraim zerschlagen, es wird aufhören, ein Volk zu sein. Das Haupt von Efraim ist Samaria und das Haupt von Samaria ist der Sohn Remaljas. Glaubt ihr nicht, so bleibt ihr nicht.

Evangelium *Matthäus 11,20-24* In jener Zeit begann Jesus, den Städten, in denen er die meisten Wunder getan hatte, Vorwürfe zu machen, weil sie sich nicht bekehrt hatten:
Weh dir, Chorazin! Weh dir, Betsaida! Wenn einst in Tyrus und Sidon die Wunder geschehen wären, die bei euch geschehen sind – man hätte dort in Sack und Asche Buße getan. Ja, das sage ich euch: Tyrus und Sidon wird es

am Tag des Gerichts nicht so schlimm ergehen wie euch. Und du, Kafarnaum, meinst du etwa, du wirst bis zum Himmel erhoben? Nein, in die Unterwelt wirst du hinabgeworfen. Wenn in Sodom die Wunder geschehen wären, die bei dir geschehen sind, dann stünde es noch heute. Ja, das sage ich euch: Dem Gebiet von Sodom wird es am Tag des Gerichts nicht so schlimm ergehen wie dir.

Zum Evangelium Diesen harten Gerichtsworten gehen die Worte Jesu voraus, dass er die Menschen als ewige Kinder sieht, die ihr Leben verspielen, weil sie ausweichen, zögern, ablehnen, sich nicht entscheiden können. Dazu kommen jene, die seiner Botschaft gleichgültig oder geringschätzig gegenüberstehen. Doch selbst nach der Verfluchung der Städte, in denen nicht einmal die Wunderkraft Jesu eine Gesinnungsänderung bewirkt, rückt im anschließenden Abschnitt des Evangeliums der zärtliche Gott ins Zentrum, der gerade die Kleinen, Kindlichen, Erschöpften in seine Nähe einlädt. Jesus hat diese Wehe-Worte ausgesprochen, um in der Metapher von Chorazin und Betsaida menschliche Einstellungen zu beschreiben, die sich zueinander wie Feuer und Wasser verhalten. Wenn wir wie Betsaida und Chorazin das Wunder der Menschlichkeit Jesu an uns abprallen lassen, wenn wir uns selbst mehr zutrauen als Gott, dann ist das „Weh dir" die unausweichliche Folge unserer Entscheidung. „Nicht die Frage des Rechtverhaltens, sondern des Rechtseins steht zur Entscheidung, wenn es um Gott geht. Alle Selbstsicheren werden, weil selbst Verstoßende, scheitern. Alle Verstoßenen aber werden aufatmen und sich wie Eingeladene fühlen" (Eugen Drewermann).

Mittwoch der 15. Woche im Jahreskreis

Lesung *Exodus 3,1-6.9-12* In jenen Tagen weidete Mose die Schafe und Ziegen seines Schwiegervaters Jitro, des Priesters von Midian. Eines Tages trieb er das Vieh über die Steppe hinaus und kam zum Gottesberg Horeb. Dort erschien ihm der Engel des Herrn in einer Flamme, die aus einem Dornbusch emporschlug. Er schaute hin: Da brannte der Dornbusch und verbrannte doch nicht. Mose sagte: Ich will dorthin gehen und mir die außergewöhnliche Erscheinung ansehen. Warum verbrennt denn der Dornbusch nicht? **Lj I**

Als der Herr sah, dass Mose näher kam, um sich das anzusehen, rief Gott ihm aus dem Dornbusch zu: Mose, Mose! Er antwortete: Hier bin ich. Der Herr sagte: Komm nicht näher heran! Leg deine Schuhe ab; denn der Ort, wo du stehst, ist heiliger Boden. Dann fuhr er fort: Ich bin der Gott deines Vaters, der Gott Abrahams, der Gott Isaaks und der Gott Jakobs. Da verhüllte Mose sein Gesicht; denn er fürchtete sich, Gott anzuschauen.

Der Herr sprach zu Mose: Jetzt ist die laute Klage der Israeliten zu mir gedrungen und ich habe auch gesehen, wie die Ägypter sie unterdrücken. Und

jetzt geh! Ich sende dich zum Pharao. Führe mein Volk, die Israeliten, aus Ägypten heraus!
Mose antwortete Gott: Wer bin ich, dass ich zum Pharao gehen und die Israeliten aus Ägypten herausführen könnte? Gott aber sagte: Ich bin mit dir; ich habe dich gesandt und als Zeichen dafür soll dir dienen: Wenn du das Volk aus Ägypten herausgeführt hast, werdet ihr Gott an diesem Berg verehren.

Lj II **Lesung** *Jesaja 10,5-7.13-16* So spricht der Herr: Weh Assur, dem Stock meines Zorns! Es ist der Knüppel in meiner wütenden Hand. Gegen ein ruchloses Volk schicke ich ihn, auf die Nation, der ich zürne, lasse ich ihn los, damit er Beute erbeutet und raubt wie ein Räuber, sie zertritt wie den Staub auf den Straßen.
Doch Assur stellt es sich nicht so vor, sein Herz plant es anders, es hat nur Vernichtung im Sinn, die Ausrottung nicht weniger Völker. Der König von Assur sagt: Das alles habe ich mit meiner starken Hand und mit meiner Weisheit vollbracht; denn ich bin klug. Die Grenzen zwischen den Völkern habe ich aufgehoben, ihre Schätze geplündert, wie ein Held habe ich die Könige vom Thron gestoßen. Wie man in ein Nest greift, so griff meine Hand nach dem Reichtum der Völker. Wie man verlassene Eier sammelt, so habe ich alle Länder der Erde gesammelt. Da war keiner, der mit den Flügeln schlug, keiner, der den Schnabel aufriss und piepste.
Prahlt denn die Axt gegenüber dem, der mit ihr hackt, oder brüstet die Säge sich vor dem, der mit ihr sägt? Das wäre, wie wenn der Stock den Mann schwingt, der ihn hochhebt, oder wie wenn der Knüppel den hochhebt, der nicht aus Holz ist. Darum schickt Gott, der Herr der Heere, den feisten Männern von Assur die Schwindsucht. Er entfacht ein Feuer unter Assurs Pracht, ein loderndes Feuer.

Evangelium *Matthäus 11,25-27* In jener Zeit sprach Jesus: Ich preise dich, Vater, Herr des Himmels und der Erde, weil du all das den Weisen und Klugen verborgen, den Unmündigen aber offenbart hast. Ja, Vater, so hat es dir gefallen.
Mir ist von meinem Vater alles übergeben worden; niemand kennt den Sohn, nur der Vater, und niemand kennt den Vater, nur der Sohn und der, dem es der Sohn offenbaren will.

Zum Evangelium Was haben die „Weisen und Klugen" getan, dass sie in ein so negatives Licht geraten? Jesus bezieht sich zunächst auf jene Intellektuellen seiner Zeit – vor allem auf die Schriftgelehrten und die Pharisäer –, die nicht im Traum daran dachten, sich auf seine Botschaft einzulassen. Sie lehnten ihn ab. Sie vertrauten ihm nicht. Eine Klugheit, die sich etwas auf ihre klugen Gedanken einbildet und meint, das Leben ohne Hilfe eines anderen im Griff zu haben – diese Klugheit macht dumm. Sie hindert daran, sich auf das einzulassen, was manchmal geradezu lebenswichtig ist: seine aufgerüstete Selbstsicherheit fallen zu lassen; bereit sein, sich zu öffnen; annehmen, was einem gereicht wird. Die Unmündigen, die Kleinen sind die damals Ausgestoßenen, Armen, Kranken, Verachteten, die dringend angewiesen waren auf die barmherzige Liebe Jesu. Zwischen ihnen und Jesus steht keine Mauer, die sie daran hindert, das Geschenk, das ihnen gereicht wird, anzunehmen. Es geht nicht darum, dass wir unseren Verstand abgeben müssten, um uns dem Evangelium zu nähern, sondern es geht um die Erkenntnis, dass wir mit leeren Händen dastehen.

Donnerstag der 15. Woche im Jahreskreis

Lesung *Exodus 3,13-20* In jenen Tagen, als Gott dem Mose aus dem Dornbusch zurief, sagte Mose zu Gott: Ich werde also zu den Israeliten kommen und ihnen sagen: Der Gott eurer Väter hat mich zu euch gesandt. Da werden sie mich fragen: Wie heißt er? Was soll ich ihnen darauf sagen? Lj I

Da antwortete Gott dem Mose: Ich bin der „Ich-bin-da". Und er fuhr fort: So sollst du zu den Israeliten sagen: Der „Ich-bin-da" hat mich zu euch gesandt. Weiter sprach Gott zu Mose: So sag zu den Israeliten: Jahwe, der Gott eurer Väter, der Gott Abrahams, der Gott Isaaks und der Gott Jakobs, hat mich zu euch gesandt. Das ist mein Name für immer und so wird man mich nennen in allen Generationen.

Geh, versammle die Ältesten Israels und sag ihnen: Jahwe, der Gott eurer Väter, der Gott Abrahams, Isaaks und Jakobs, ist mir erschienen und hat mir gesagt: Ich habe sorgsam auf euch geachtet und habe gesehen, was man euch in Ägypten antut. Darum habe ich beschlossen, euch aus dem Elend Ägyptens hinaufzuführen in das Land der Kanaaniter, Hetiter, Amoriter, Perisiter, Hiwiter und Jebusiter, in ein Land, in dem Milch und Honig fließen. Wenn sie auf dich hören, so geh mit den Ältesten Israels zum König von Ägypten; sagt ihm: Jahwe, der Gott der Hebräer, ist uns begegnet. Und jetzt wollen wir drei Tagesmärsche weit in die Wüste ziehen und Jahwe, unserem Gott, Schlachtopfer darbringen.

Ich weiß, dass euch der König von Ägypten nicht ziehen lässt, es sei denn, er würde von starker Hand dazu gezwungen. Erst wenn ich meine Hand ausstrecke und Ägypten niederschlage mit allen meinen Wundern, die ich in seiner Mitte vollbringe, wird er euch ziehen lassen.

Lesung *Jesaja 26,7-9.12.16-19* Der Weg des Gerechten ist gerade, du ebnest dem Gerechten die Bahn. Herr, auf das Kommen deines Gerichts vertrauen wir. Deinen Namen anzurufen und an dich zu denken ist unser Verlangen. Lj II

Meine Seele sehnt sich nach dir in der Nacht, auch mein Geist ist voll Sehnsucht nach dir. Denn dein Gericht ist ein Licht für die Welt, die Bewohner der Erde lernen deine Gerechtigkeit kennen. Herr, du wirst uns Frieden schenken; denn auch alles, was wir bisher erreichten, hast du für uns getan.
Herr, in der Not suchten wir dich; wir schrien in unserer Qual, als du uns straftest. Wie eine schwangere Frau, die nahe daran ist, ihr Kind zu gebären, die sich in ihren Wehen windet und schreit, so waren wir, Herr, in deinen Augen.
Wir waren schwanger und lagen in Wehen; doch als wir gebaren, war es ein Wind. Wir brachten dem Land keine Rettung, kein Erdenbewohner wurde geboren.
Deine Toten werden leben, die Leichen stehen wieder auf; wer in der Erde liegt, wird erwachen und jubeln. Denn der Tau, den du sendest, ist ein Tau des Lichts; die Erde gibt die Toten heraus.

Evangelium *Matthäus 11,28-30* In jener Zeit sprach Jesus: Kommt alle zu mir, die ihr euch plagt und schwere Lasten zu tragen habt. Ich werde euch Ruhe verschaffen.
Nehmt mein Joch auf euch und lernt von mir; denn ich bin gütig und von Herzen demütig; so werdet ihr Ruhe finden für eure Seele. Denn mein Joch drückt nicht und meine Last ist leicht.

Zum Evangelium Jesus sagt: Kommt alle zu mir. Nicht nur die Frommen und Zufriedenen, sondern auch die, die es zu nichts gebracht haben, die Bettler, die Penner, die Ausbeuter; die Säufer, die Süchtigen, die Huren und Ehebrecher. Kommt alle zu mir, die ihr Gott verloren habt und nicht mehr glauben könnt. Kommt zu mir, traut euch zu mir, vertraut euch mir an, werdet meine Jünger und Jüngerinnen. Kommt und geht mit mir, dann findet ihr den Herzensfrieden und die Geborgenheit wieder, die ihr verloren habt, weil ihr auf falschen Wegen suchtet. Gottes Revolution wird selbst Sünder in Bekehrte verwandeln. – Und sie sind gekommen, zuallererst die, die von sich nichts mehr erwartet haben, die gefangen waren in ihren Süchten und eingesperrt in ihren schlechten Ruf. Die Verfahrenheit ihrer Existenz hat sie feinfühlig gemacht für das, was einzig Macht hat, sie zu erlösen aus diesem quälenden Teufelskreis der Entfremdung: weil da einer war, der ihnen einen neuen Anfang geschenkt hat, ohne Vorleistung und Vorbedingung, einfach so – gratis, aus Gnade. Sie haben gespürt, was Jesus durch seinen Umgang mit ihnen beglaubigt hat: Gott ist barmherzig. Und, so heißt es, es waren viele, die da kamen. Wir können kommen, egal, wie wir sind, wo wir uns befinden, wie schlecht wir über uns selbst denken. Hauptsache, wir kommen. Da ist einer, der uns mit offenen Armen aufnimmt.

Freitag der 15. Woche im Jahreskreis

Lesung *Exodus 11,10–12,14* In jenen Tagen vollbrachten Mose und Aaron viele Wunder vor den Augen des Pharao, aber der Herr verhärtete das Herz des Pharao, sodass er die Israeliten nicht aus seinem Land fortziehen ließ. Lj I

Der Herr sprach zu Mose und Aaron in Ägypten: Dieser Monat soll die Reihe eurer Monate eröffnen, er soll euch als der erste unter den Monaten des Jahres gelten. Sagt der ganzen Gemeinde Israel: Am Zehnten dieses Monats soll jeder ein Lamm für seine Familie holen, ein Lamm für jedes Haus. Ist die Hausgemeinschaft für ein Lamm zu klein, so nehme er es zusammen mit dem Nachbarn, der seinem Haus am nächsten wohnt, nach der Anzahl der Personen. Bei der Aufteilung des Lammes müsst ihr berücksichtigen, wie viel der Einzelne essen kann. Nur ein fehlerfreies, männliches, einjähriges Lamm darf es sein, das Junge eines Schafes oder einer Ziege müsst ihr nehmen. Ihr sollt es bis zum vierzehnten Tag dieses Monats aufbewahren. Gegen Abend soll die ganze versammelte Gemeinde Israel die Lämmer schlachten. Man nehme etwas von dem Blut und bestreiche damit die beiden Türpfosten und den Türsturz an den Häusern, in denen man das Lamm essen will. Noch in der gleichen Nacht soll man das Fleisch essen. Über dem Feuer gebraten und zusammen mit ungesäuertem Brot und Bitterkräutern soll man es essen. Nichts davon dürft ihr roh oder in Wasser gekocht essen, sondern es muss über dem Feuer gebraten sein. Kopf und Beine dürfen noch nicht vom Rumpf getrennt sein. Ihr dürft nichts bis zum Morgen übrig lassen. Wenn aber am Morgen noch etwas übrig ist, dann verbrennt es im Feuer!

So aber sollt ihr es essen: eure Hüften gegürtet, Schuhe an den Füßen, den Stab in der Hand. Esst es hastig! Es ist die Paschafeier für den Herrn – das heißt: der Vorübergang des Herrn. In dieser Nacht gehe ich durch Ägypten und erschlage in Ägypten jeden Erstgeborenen bei Mensch und Vieh. Über alle Götter Ägyptens halte ich Gericht, ich, der Herr. Das Blut an den Häusern, in denen ihr wohnt, soll ein Zeichen zu eurem Schutz sein. Wenn ich das Blut sehe, werde ich an euch vorübergehen und das vernichtende Unheil wird euch nicht treffen, wenn ich in Ägypten dreinschlage.

Diesen Tag sollt ihr als Gedenktag begehen. Feiert ihn als Fest zur Ehre des Herrn! Für die kommenden Generationen macht euch diese Feier zur festen Regel!

Lesung *Jesaja 38,1-6.21-22; 2 Kön 20,8-11* In jenen Tagen wurde der König Hiskija schwer krank und war dem Tod nahe. Der Prophet Jesaja, der Sohn des Amoz, kam zu ihm und sagte: So spricht der Herr: Bestell dein Haus; denn du wirst sterben, du wirst nicht am Leben bleiben. Lj II

Da drehte sich Hiskija mit dem Gesicht zur Wand und betete zum Herrn: Ach Herr, denk daran, dass ich mein Leben lang treu und mit aufrichtigem Her-

zen meinen Weg vor deinen Augen gegangen bin und dass ich immer getan habe, was dir gefällt. Und Hiskija begann laut zu weinen.
Da erging das Wort des Herrn an Jesaja: Geh zu Hiskija und sag zu ihm: So spricht der Herr, der Gott deines Vaters David: Ich habe dein Gebet gehört und deine Tränen gesehen. Ich will zu deiner Lebenszeit noch fünfzehn Jahre hinzufügen. Und ich will dich und diese Stadt aus der Gewalt des Königs von Assur retten und diese Stadt beschützen.
Darauf sagte Jesaja: Man hole einen Feigenbrei und streiche ihn auf das Geschwür, damit der König gesund wird. Hiskija aber fragte Jesaja: Was ist das Zeichen dafür, dass ich wieder zum Haus des Herrn hinaufgehen werde?
Das soll für dich das Zeichen des Herrn sein, dass der Herr sein Versprechen halten wird: Siehe, ich lasse den Schatten, der auf den Stufen des Ahas bereits herabgestiegen ist, wieder zehn Stufen hinaufsteigen. Da stieg der Schatten auf den Stufen, die er bereits herabgestiegen war, wieder zehn Stufen hinauf.

Evangelium *Matthäus 12,1-8* In jener Zeit ging Jesus an einem Sabbat durch die Kornfelder. Seine Jünger hatten Hunger; sie rissen deshalb Ähren ab und aßen davon. Die Pharisäer sahen es und sagten zu ihm: Sieh her, deine Jünger tun etwas, das am Sabbat verboten ist.
Da sagte er zu ihnen: Habt ihr nicht gelesen, was David getan hat, als er und seine Begleiter hungrig waren – wie er in das Haus Gottes ging und wie sie die heiligen Brote aßen, die weder er noch seine Begleiter, sondern nur die Priester essen durften? Oder habt ihr nicht im Gesetz gelesen, dass am Sabbat die Priester im Tempel den Sabbat entweihen, ohne sich schuldig zu machen? Ich sage euch: Hier ist einer, der größer ist als der Tempel.
Wenn ihr begriffen hättet, was das heißt: Barmherzigkeit will ich, nicht Opfer, dann hättet ihr nicht Unschuldige verurteilt; denn der Menschensohn ist Herr über den Sabbat.

Zum Evangelium Eben noch haben sie die alle einladende Worte Jesu gehört- und da beginnen von neuem die Auseinandersetzungen mit den erklärten Gegnern dieser barmherzigen Perspektive des Neuanfangs, der den Menschen die schwere Last abnehmen und das Leben erleichtern will. Jesus geht es bei diesen Debatten darum, ob wir selber leben oder ob wir gelebt werden, ob die Gebote Leben fördern oder Leben verhindern. Diese Frage spitzt sich an dem damals heiligsten Gebot zu, der Einhaltung des Sabbats. Das Sabbatgebot war das Kennzeichen jüdischer Identität und Eigenart. Am Sabbat sollen die Menschen nach den Tagen der Arbeit zu ihrem Schöpfer aufblicken und sich mit ihm gemeinsam an der guten Schöpfung erfreuen. Doch man kann das Heiligste pervertieren, wenn der Tag, der dafür geschaffen ist, den Menschen vor Gott aufatmen zu lassen, durch eine Menge einzelner Bestimmungen eingezwängt wird, die dieses Ausatmen und Zur- Ruhe- Kommen gerade verhindern. Der Sabbat ist heilig, aber er ist es nicht gegen den Menschen, sondern nur für ihn. Ein Gebot, das an der Not eines Menschen achtlos vorbeigeht, kann sich nicht auf Gott berufen. Der Menschensohn, Jesus, ist der Herr über den Sabbat. Und er sagt unmissverständlich: „Barmherzigkeit will ich, nicht Opfer."

Samstag der 15. Woche im Jahreskreis

Lesung *Exodus 12,37-42* In jenen Tagen brachen die Israeliten von Ramses nach Sukkot auf. Es waren an die sechshunderttausend Mann zu Fuß, nicht gerechnet die Kinder. Auch ein großer Haufen anderer Leute zog mit, dazu Schafe, Ziegen und Rinder, eine sehr große Menge Vieh. **Lj I**

Aus dem Teig, den sie aus Ägypten mitgebracht hatten, backten sie ungesäuerte Brotfladen; denn der Teig war nicht durchsäuert, weil sie aus Ägypten verjagt worden waren und nicht einmal Zeit hatten, für Reiseverpflegung zu sorgen.

Der Aufenthalt der Israeliten in Ägypten dauerte vierhundertdreißig Jahre. Nach Ablauf der vierhundertdreißig Jahre, genau an jenem Tag, zogen alle Scharen des Herrn aus Ägypten fort.

Eine Nacht des Wachens war es für den Herrn, als er sie aus Ägypten herausführte. Als eine Nacht des Wachens zur Ehre des Herrn gilt sie den Israeliten in allen Generationen.

Lesung *Micha 2,1-5* **Lj II**

Weh denen, die auf ihrem Lager Unheil planen /
und Böses ersinnen.
Wenn es Tag wird, führen sie es aus; /
denn sie haben die Macht dazu.
Sie wollen Felder haben /
und reißen sie an sich, /
sie wollen Häuser haben /
und bringen sie in ihren Besitz.
Sie wenden Gewalt an gegen den Mann und sein Haus, /
gegen den Besitzer und sein Eigentum.
Darum – so spricht der Herr: /
Seht, ich plane Unheil gegen diese Sippe.
Dann könnt ihr den Hals /
nicht mehr aus der Schlinge ziehen und ihr werdet den Kopf nicht mehr so hoch tragen; /
denn es wird eine böse Zeit sein.
An jenem Tag singt man ein Spottlied auf euch /
und es ertönt die Klage: /
Vernichtet sind wir, vernichtet!

Den Besitz seines Volkes veräußert der Herr /
und niemand gibt ihn zurück; /
an Treulose verteilt er unsere Felder.
Darum wird in der Gemeinde des Herrn keiner mehr sein, /
der euch einen Acker zuteilt mit der Messschnur.

Evangelium *Matthäus 12,14-21* In jener Zeit fassten die Pharisäer den Beschluss, Jesus umzubringen.
Als Jesus das erfuhr, ging er von dort weg. Viele folgten ihm, und er heilte alle Kranken. Aber er verbot ihnen, in der Öffentlichkeit von ihm zu reden. Auf diese Weise sollte sich erfüllen, was durch den Propheten Jesaja gesagt worden ist: Seht, das ist mein Knecht, den ich erwählt habe, mein Geliebter, an dem ich Gefallen gefunden habe. Ich werde meinen Geist auf ihn legen und er wird den Völkern das Recht verkünden. Er wird nicht zanken und nicht schreien und man wird seine Stimme nicht auf den Straßen hören. Das geknickte Rohr wird er nicht zerbrechen und den glimmenden Docht nicht auslöschen, bis er dem Recht zum Sieg verholfen hat. Und auf seinen Namen werden die Völker ihre Hoffnung setzen.

Zum Evangelium Sie wollen ihn umbringen. Weil er beansprucht, dass nicht der Mensch dem Sabbat, sondern der Sabbat dem Menschen dienen soll. Er stellt die Gesetzesordnung in einen neuen Rahmen: in den Rahmen der Barmherzigkeit und Liebe. Jesus zieht sich zurück, ohne jedoch sein heilendes Tun aufzugeben, aber auch, ohne daraus für sich „Kapital zu schlagen". Dieses sanftmütige Verhalten offenbart Jesus als den von Jesaja angekündigten Gottesknecht, der kommt, um „den Völkern das Recht zu verkünden", nicht, indem er für dieses Recht streitet, sondern indem er alles dafür tut, damit „das geknickte Rohr" nicht zerbrochen und der „glimmende Docht" nicht ausgelöscht wird. Wo ein geknicktes Rohr gebrochen und ein glimmernder Docht ausgelöscht wird, da ist nicht Gott. Das Schwache soll leben können. Das ist der leise Sieg der Barmherzigkeit, nicht der laute Sieg der Rechthaberei. Welch ein Glück, dass Gott gerade die Menschen am Rande sieht und über keinem den Stab bricht. Welch eine Hoffnung, dass Gott mit uns nicht am Ende ist, wenn wir meinen, am Ende zu sein.

16. Woche im Jahreskreis

Montag der 16. Woche im Jahreskreis

Lj I **Lesung** *Exodus 14,5-18* In jenen Tagen, als man dem König von Ägypten meldete, das Volk sei geflohen, änderten der Pharao und seine Diener ihre Meinung über das Volk und sagten: Wie konnten wir nur Israel aus unserem

Dienst entlassen! Er ließ seinen Streitwagen anspannen und nahm seine Leute mit. Sechshundert auserlesene Streitwagen nahm er mit und alle anderen Streitwagen der Ägypter und drei Mann auf jedem Wagen. Der Herr verhärtete das Herz des Pharao, des Königs von Ägypten, sodass er den Israeliten nachjagte, während sie voll Zuversicht weiterzogen. Die Ägypter jagten mit allen Pferden und Streitwagen des Pharao, mit seiner Reiterei und seiner Streitmacht hinter ihnen her und holten sie ein, als sie gerade am Meer lagerten. Es war bei Pi-Hahirot vor Baal-Zefon.
Als der Pharao sich näherte, blickten die Israeliten auf und sahen plötzlich die Ägypter von hinten anrücken. Da erschraken die Israeliten sehr und schrien zum Herrn. Zu Mose sagten sie: Gab es denn keine Gräber in Ägypten, dass du uns zum Sterben in die Wüste holst? Was hast du uns da angetan? Warum hast du uns aus Ägypten herausgeführt? Haben wir dir in Ägypten nicht gleich gesagt: Lass uns in Ruhe! Wir wollen Sklaven der Ägypter bleiben; denn es ist für uns immer noch besser, Sklaven der Ägypter zu sein, als in der Wüste zu sterben. Mose aber sagte zum Volk: Fürchtet euch nicht! Bleibt stehen und schaut zu, wie der Herr euch heute rettet. Wie ihr die Ägypter heute seht, so seht ihr sie niemals wieder. Der Herr kämpft für euch, ihr aber könnt ruhig abwarten.
Der Herr sprach zu Mose: Was schreist du zu mir? Sag den Israeliten, sie sollen aufbrechen. Und du heb deinen Stab hoch, streck deine Hand über das Meer und spalte es, damit die Israeliten auf trockenem Boden in das Meer hineinziehen können. Ich aber will das Herz der Ägypter verhärten, damit sie hinter ihnen hineinziehen. So will ich am Pharao und an seiner ganzen Streitmacht, an seinen Streitwagen und Reitern meine Herrlichkeit erweisen. Die Ägypter sollen erkennen, dass ich der Herr bin, wenn ich am Pharao, an seinen Streitwagen und Reitern meine Herrlichkeit erweise.

Lesung *Micha 6,1-4.6-8* Hört, was der Herr sagt: Auf, tritt an zum Rechtsstreit! Die Berge sollen Zeugen sein, die Hügel sollen deine Worte hören. Hört zu, ihr Berge, beim Rechtsstreit des Herrn, gebt Acht, ihr Fundamente der Erde! Denn der Herr hat einen Rechtsstreit mit seinem Volk, er geht mit Israel ins Gericht: **Lj II**
Mein Volk, was habe ich dir getan, oder womit bin ich dir zur Last gefallen? Antworte mir! Ich habe dich doch aus Ägypten heraufgeführt und dich freigekauft aus dem Sklavenhaus. Ich habe Mose vor dir hergesandt und Aaron und Mirjam.
Womit soll ich vor den Herrn treten, wie mich beugen vor dem Gott in der Höhe? Soll ich mit Brandopfern vor ihn treten, mit einjährigen Kälbern? Hat der Herr Gefallen an Tausenden von Widdern, an zehntausend Bächen von Öl? Soll ich meinen Erstgeborenen hingeben für meine Vergehen, die Frucht meines Leibes für meine Sünde? Es ist dir gesagt worden, Mensch, was gut ist und was der Herr von dir erwartet: Nichts anderes als dies:

Recht tun, Güte und Treue lieben, in Ehrfurcht den Weg gehen mit deinem Gott.

Evangelium *Matthäus 12,38-42* In jener Zeit sagten einige Schriftgelehrte und Pharisäer zu Jesus: Meister, wir möchten von dir ein Zeichen sehen. Er antwortete ihnen: Diese böse und treulose Generation fordert ein Zeichen, aber es wird ihr kein anderes gegeben werden als das Zeichen des Propheten Jona. Denn wie Jona drei Tage und drei Nächte im Bauch des Fisches war, so wird auch der Menschensohn drei Tage und drei Nächte im Innern der Erde sein.
Die Männer von Ninive werden beim Gericht gegen diese Generation auftreten und sie verurteilen; denn sie haben sich nach der Predigt des Jona bekehrt. Hier aber ist einer, der mehr ist als Jona. Die Königin des Südens wird beim Gericht gegen diese Generation auftreten und sie verurteilen; denn sie kam vom Ende der Erde, um die Weisheit Salomos zu hören. Hier aber ist einer, der mehr ist als Salomo.

Zum Evangelium Jesus ist für seine Umwelt eine ungeheure Provokation. Er rührt an die Grundlagen der etablierten religiösen Weltordnung. Er beansprucht für sich eine höhere Autorität als die Propheten und Gelehrten der Vergangenheit. Es ist verständlich, dass man verlangt, er solle seine Vollmacht beweisen. Schließlich kann ja jeder kommen ... Jesus verweigert sich jedoch einer Religion und Gesellschaft, die sich mit ihren Gesetzen und Vorstellungen an die Stelle Gottes gesetzt hat. Wer Zeichen will, verlangt Sicherheit und will über Gott verfügen. Und ist nicht das Volk trotz der alten prophetischen Zeichen immer wieder von Gott abgefallen? Jesus ist selbst das Zeichen. Er hat Gottes Liebe konsequent bezeugt und gelebt, was ihn schließlich das Leben gekostet hat. Darin liegt seine einzigartige Autorität, die alle anderen Autoritäten in den Schatten stellt. Wer seinem Weg folgt, wird selbst zum Zeichen.

Dienstag der 16. Woche im Jahreskreis

Lj I **Lesung** *Exodus 14,21–15,1* In jenen Tagen streckte Mose seine Hand über das Meer aus und der Herr trieb die ganze Nacht das Meer durch einen starken Ostwind fort. Er ließ das Meer austrocknen und das Wasser spaltete sich. Die Israeliten zogen auf trockenem Boden ins Meer hinein, während rechts und links von ihnen das Wasser wie eine Mauer stand. Die Ägypter setzten ihnen nach; alle Pferde des Pharao, seine Streitwagen und Reiter zogen hinter ihnen ins Meer hinein.
Um die Zeit der Morgenwache blickte der Herr aus der Feuer- und Wolkensäule auf das Lager der Ägypter und brachte es in Verwirrung. Er hemmte die Räder an ihren Wagen und ließ sie nur schwer vorankommen. Da sagte der

Ägypter: Ich muss vor Israel fliehen; denn Jahwe kämpft auf ihrer Seite gegen Ägypten.
Darauf sprach der Herr zu Mose: Streck deine Hand über das Meer, damit das Wasser zurückflutet und den Ägypter, seine Wagen und Reiter, zudeckt. Mose streckte seine Hand über das Meer und gegen Morgen flutete das Meer an seinen alten Platz zurück, während die Ägypter auf der Flucht ihm entgegenliefen. So trieb der Herr die Ägypter mitten ins Meer. Das Wasser kehrte zurück und bedeckte Wagen und Reiter, die ganze Streitmacht des Pharao, die den Israeliten ins Meer nachgezogen war. Nicht ein Einziger von ihnen blieb übrig. Die Israeliten aber waren auf trockenem Boden mitten durch das Meer gezogen, während rechts und links von ihnen das Wasser wie eine Mauer stand.
So rettete der Herr an jenem Tag Israel aus der Hand der Ägypter. Israel sah die Ägypter tot am Strand liegen. Als Israel sah, dass der Herr mit mächtiger Hand an den Ägyptern gehandelt hatte, fürchtete das Volk den Herrn. Sie glaubten an den Herrn und an Mose, seinen Knecht.
Damals sang Mose mit den Israeliten dem Herrn dieses Lied; sie sagten: Ich singe dem Herrn ein Lied, denn er ist hoch und erhaben. Rosse und Wagen warf er ins Meer.

Lesung *Micha 7,14-15.18-20* **Lj II**

Führe mit deinem Stab dein Volk auf die Weide, /
die Schafe, die dein Erbbesitz sind,
die einsam lagern in einer Wildnis /
mitten im fruchtbaren Land.
Sie sollen wieder im Baschan und in Gilead weiden /
wie in den Tagen der Vorzeit.
Wie in den Tagen, als du aus Ägypten auszogst, /
lass uns deine Wunder schauen!
Wer ist ein Gott wie du, /
der du Schuld verzeihst
und dem Rest deines Erbvolkes /
das Unrecht vergibst?
Gott hält nicht für immer fest an seinem Zorn; /
denn er liebt es, gnädig zu sein.
Er wird wieder Erbarmen haben mit uns /
und unsere Schuld zertreten.
Ja, du wirfst all unsere Sünden /
in die Tiefe des Meeres hinab.
Du wirst Jakob deine Treue beweisen /
und Abraham deine Huld,
wie du unseren Vätern geschworen hast /
in den Tagen der Vorzeit.

Evangelium *Matthäus 12,46-50* In jener Zeit als Jesus mit den Leuten redete, standen seine Mutter und seine Brüder vor dem Haus und wollten mit ihm sprechen. Da sagte jemand zu ihm: Deine Mutter und deine Brüder stehen draußen und wollen mit dir sprechen.
Dem, der ihm das gesagt hatte, erwiderte er: Wer ist meine Mutter, und wer sind meine Brüder?
Und er streckte die Hand über seine Jünger aus und sagte: Das hier sind meine Mutter und meine Brüder. Denn wer den Willen meines himmlischen Vaters erfüllt, der ist für mich Bruder und Schwester und Mutter.

Zum Evangelium Seine Angehörigen haben einen weiten Weg zurückgelegt, um ihn zu sehen – und Jesus lässt sie einfach stehen! Diese brüske Ablehnung ist überaus befremdend, damals noch mehr als heute. Denn die Ehrfurcht der Familienmitglieder untereinander war ein absolutes Muss. Jesus stellt diese Bindung in Frage. Er anerkennt Mutter, Brüder, Schwestern einzig in denen, die mit ihm gemeinsam unterwegs sind zu Gott. Gott aber „ist kein Übervater, keine Übermutter, nicht der verewigte Gehorsam aus Kleinkindertagen“ (Eugen Drewermann). Zu Gott findet man, sobald man ohne fremde Autoritäten auskommt. Wo keine fremde Autorität mich an sich fesselt, wird mein Herz frei, um Gott zu entdecken, werde ich frei, mein Leben in der Nachfolge Jesu zu leben. Dann habe ich eine wirkliche Familie.

Mittwoch der 16. Woche im Jahreskreis

Lj I **Lesung** *Exodus 16,1-5.9-15* Die ganze Gemeinde der Israeliten brach von Elim auf und kam in die Wüste Sin, die zwischen Elim und dem Sinai liegt. Es war der fünfzehnte Tag des zweiten Monats nach ihrem Auszug aus Ägypten.
Die ganze Gemeinde der Israeliten murrte in der Wüste gegen Mose und Aaron. Die Israeliten sagten zu ihnen: Wären wir doch in Ägypten durch die Hand des Herrn gestorben, als wir an den Fleischtöpfen saßen und Brot genug zu essen hatten. Ihr habt uns nur deshalb in diese Wüste geführt, um alle, die hier versammelt sind, an Hunger sterben zu lassen.
Da sprach der Herr zu Mose: Ich will euch Brot vom Himmel regnen lassen. Das Volk soll hinausgehen, um seinen täglichen Bedarf zu sammeln. Ich will es prüfen, ob es nach meiner Weisung lebt oder nicht. Wenn sie am sechsten Tag feststellen, was sie zusammengebracht haben, wird es doppelt so viel sein, wie sie sonst täglich gesammelt haben.
Dann sagte Mose zu Aaron: Sag der ganzen Gemeinde der Israeliten: Tretet hin vor den Herrn; denn er hat euer Murren gehört. Während Aaron zur ganzen Gemeinde der Israeliten sprach, wandten sie sich zur Wüste hin. Da erschien plötzlich in der Wolke die Herrlichkeit des Herrn.

Der Herr sprach zu Mose: Ich habe das Murren der Israeliten gehört. Sag ihnen: Am Abend werdet ihr Fleisch zu essen haben, am Morgen werdet ihr satt sein von Brot und ihr werdet erkennen, dass ich der Herr, euer Gott, bin. Am Abend kamen die Wachteln und bedeckten das Lager. Am Morgen lag eine Schicht von Tau rings um das Lager. Als sich die Tauschicht gehoben hatte, lag auf dem Wüstenboden etwas Feines, Knuspriges, fein wie Reif, auf der Erde.
Als das die Israeliten sahen, sagten sie zueinander: Was ist das? Denn sie wussten nicht, was es war. Da sagte Mose zu ihnen: Das ist das Brot, das der Herr euch zu essen gibt.

Lesung *Jeremia 1,1.4-10* Die Worte Jeremias, des Sohnes Hilkijas, aus der Priesterschaft zu Anatot im Land Benjamin. **Lj II**
Das Wort des Herrn erging an mich:
Noch ehe ich dich im Mutterleib formte, habe ich dich ausersehen, noch ehe du aus dem Mutterschoß hervorkamst, habe ich dich geheiligt, zum Propheten für die Völker habe ich dich bestimmt.
Da sagte ich: Ach, mein Gott und Herr, ich kann doch nicht reden, ich bin ja noch so jung.
Aber der Herr erwiderte mir: Sag nicht: Ich bin noch so jung. Wohin ich dich auch sende, dahin sollst du gehen, und was ich dir auftrage, das sollst du verkünden. Fürchte dich nicht vor ihnen; denn ich bin mit dir, um dich zu retten – Spruch des Herrn.
Dann streckte der Herr seine Hand aus, berührte meinen Mund und sagte zu mir: Hiermit lege ich meine Worte in deinen Mund. Sieh her! Am heutigen Tag setze ich dich über Völker und Reiche; du sollst ausreißen und niederreißen, vernichten und einreißen, aufbauen und einpflanzen.

Evangelium *Matthäus 13,1-9* An jenem Tag verließ Jesus das Haus und setzte sich an das Ufer des Sees. Da versammelte sich eine große Menschenmenge um ihn. Er stieg deshalb in ein Boot und setzte sich; die Leute aber standen am Ufer. Und er sprach lange zu ihnen in Form von Gleichnissen.
Er sagte: Ein Sämann ging aufs Feld, um zu säen. Als er säte, fiel ein Teil der Körner auf den Weg und die Vögel kamen und fraßen sie. Ein anderer Teil fiel auf felsigen Boden, wo es nur wenig Erde gab, und ging sofort auf, weil das Erdreich nicht tief war; als aber die Sonne hochstieg, wurde die Saat versengt und verdorrte, weil sie keine Wurzeln hatte. Wieder ein anderer Teil fiel in die Dornen und die Dornen wuchsen und erstickten die Saat.
Ein anderer Teil schließlich fiel auf guten Boden und brachte Frucht, teils hundertfach, teils sechzigfach, teils dreißigfach.
Wer Ohren hat, der höre!

Lj I **Zur Lesung** Wachteln und Manna – das sind natürliche Vorgänge, die sich in der Wüste beobachten lassen. Gott verwandelt die Wüste nicht in ein Schlaraffenland, er hilft mit dem, was vorhanden ist. Ganz natürlich und doch ein Wunder, dass Gott trotz des Murrens und Misstrauens seines Volkes zur rechten Zeit Nahrung bereitstellt. Es ist ein Wunder, dass ihnen plötzlich die Augen aufgehen für die rettende Hand Gottes. In Wüstenzeiten idealisiert man oft die Vergangenheit. Da schien alles besser. Der Unmut über das Jetzt ist stärker. Die Wunder mitten im Alltag sehe ich nicht mehr. Doch das Brot, das meinen Unmut stillen kann, liegt meist näher als ich denke. Es sieht für jeden anders aus. Aber es ist da. Und ich bin angefragt, ob ich mit Gott rechne, gerade dann, wenn ich meine, er sei mir fern. Wenn ich mit ihm rechne und aufbreche, ist auch in der Wüste für mich gesorgt.

Lj II **Zur Lesung** Die Berufung des Jeremia sagt etwas Grundsätzliches über Gott und den Menschen aus: Gott kennt mich besser als ich selbst. Er kennt das in mir, was ich vielleicht noch nicht entdeckt habe, eine besondere Begabung, die nur ich habe. Gott sieht die verborgenen Schätze in mir, das Original, das ich bin, mit dem Gott sich viel Mühe gemacht hat. Gott ruft mich, so wie er Jeremia ruft. Jeremia hält sich für ungeeignet, Prophet zu werden. Seine Zweifel sind vielleicht auch unsere Zweifel. Bin ich wirklich geeignet für eine besondere Berufung? Gott antwortet Jeremia unmissverständlich: Tu, was ich dir sage. Jeremia fühlt sich zu jung, er scheut das Rampenlicht, und genau er soll dort von Gott erzählen, wo Menschen Gott vergessen haben; er soll sich dort einmischen, wo man Gott ausklammern will; er soll seinen Zeitgenossen unbequeme Wahrheiten sagen, weil sie dem Zeitgeist statt dem Geist Gottes folgen. Was Gott Jeremia aufträgt, trägt er auch uns auf. Es kostet Überwindung, das Unrecht beim Namen zu nennen. Man muss wie Jeremia mit Schwierigkeiten, Spott und Konflikten rechnen. Aber wie Jeremia gilt auch uns die Zusage: „Fürchte dich nicht; denn ich bin mit dir." Gott ist auf unserer Seite, er kennt uns, er braucht uns, nicht als Supermenschen und Superchristen, sondern so, wie wir sind. Auch mit unserem manchmal armseligen Glauben kann Gott etwas anfangen.

Donnerstag der 16. Woche im Jahreskreis

Lj I **Lesung** *Exodus 19,1-2.9-11.16-20* Im dritten Monat nach dem Auszug der Israeliten aus Ägypten – am heutigen Tag – kamen sie in der Wüste Sinai an. Sie waren von Refidim aufgebrochen und kamen in die Wüste Sinai. Sie schlugen in der Wüste das Lager auf. Dort lagerte Israel gegenüber dem Berg.
Der Herr sprach zu Mose: Ich werde zu dir in einer dichten Wolke kommen; das Volk soll es hören, wenn ich mit dir rede, damit sie auch an dich immer glauben. Da berichtete Mose dem Herrn, was das Volk gesagt hatte.

Der Herr sprach zu Mose: Geh zum Volk! Ordne an, dass sie sich heute und morgen heilig halten und ihre Kleider waschen. Sie sollen sich für den dritten Tag bereithalten. Am dritten Tag nämlich wird der Herr vor den Augen des ganzen Volkes auf den Berg Sinai herabsteigen.
Am dritten Tag, im Morgengrauen, begann es zu donnern und zu blitzen. Schwere Wolken lagen über dem Berg und gewaltiger Hörnerschall erklang. Das ganze Volk im Lager begann zu zittern. Mose führte es aus dem Lager hinaus Gott entgegen. Unten am Berg blieben sie stehen. Der ganze Sinai war in Rauch gehüllt, denn der Herr war im Feuer auf ihn herabgestiegen. Der Rauch stieg vom Berg auf wie Rauch aus einem Schmelzofen. Der ganze Berg bebte gewaltig und der Hörnerschall wurde immer lauter. Mose redete und Gott antwortete im Donner. Der Herr war auf den Sinai, auf den Gipfel des Berges, herabgestiegen. Er hatte Mose zu sich auf den Gipfel des Berges gerufen und Mose war hinaufgestiegen.

Lesung *Jeremia 2,1-3.7-8.12-13* Das Wort des Herrn erging an mich: Auf! Ruf Jerusalem laut ins Ohr: So spricht der Herr: Ich denke an deine Jugendtreue, an die Liebe deiner Brautzeit, wie du mir in der Wüste gefolgt bist, im Land ohne Aussaat. Heiliger Besitz war Israel dem Herrn, Erstlingsfrucht seiner Ernte. Wer davon aß, machte sich schuldig, Unheil kam über ihn – Spruch des Herrn. **Lj II**
Ich brachte euch dann in das Gartenland, um euch seine Früchte und Güter genießen zu lassen. Aber kaum seid ihr dort gewesen, da habt ihr mein Land entweiht und mir mein Eigentum zum Abscheu gemacht. Die Priester fragten nicht: Wo ist der Herr? Die Hüter des Gesetzes kannten mich nicht, die Hirten des Volkes wurden mir untreu. Die Propheten traten im Dienst des Baal auf und liefen unnützen Götzen nach.
Entsetzt euch darüber, ihr Himmel, erschaudert gewaltig – Spruch des Herrn. Denn mein Volk hat doppeltes Unrecht verübt: Mich hat es verlassen, den Quell des lebendigen Wassers, um sich Zisternen zu graben, Zisternen mit Rissen, die das Wasser nicht halten.

Evangelium *Matthäus 13,10-17* In jener Zeit kamen die Jünger zu Jesus und sagten: Warum redest du zu ihnen in Gleichnissen?
Er antwortete: Euch ist es gegeben, die Geheimnisse des Himmelreichs zu erkennen; ihnen aber ist es nicht gegeben. Denn wer hat, dem wird gegeben, und er wird im Überfluss haben; wer aber nicht hat, dem wird auch noch weggenommen, was er hat. Deshalb rede ich zu ihnen in Gleichnissen, weil sie sehen und doch nicht sehen, weil sie hören und doch nicht hören und nichts verstehen.
An ihnen erfüllt sich die Weissagung Jesajas:
Hören sollt ihr, hören, aber nicht verstehen; sehen sollt ihr, sehen, aber nicht erkennen. Denn das Herz dieses Volkes ist hart geworden und mit ih-

ren Ohren hören sie nur schwer und ihre Augen halten sie geschlossen, damit sie mit ihren Augen nicht sehen und mit ihren Ohren nicht hören, damit sie mit ihrem Herzen nicht zur Einsicht kommen, damit sie sich nicht bekehren und ich sie nicht heile.
Ihr aber seid selig, denn eure Augen sehen und eure Ohren hören. Amen, ich sage euch: Viele Propheten und Gerechte haben sich danach gesehnt zu sehen, was ihr seht, und haben es nicht gesehen, und zu hören, was ihr hört, und haben es nicht gehört.

Zum Evangelium Alltägliches kann Gleichnis für Göttliches sein. Darum geht es Jesus, als er das Gleichnis vom Sämann und seiner Saat, die auf unterschiedlichen Boden fällt, erzählt. Aber nur den Jüngern erklärt er den Sinn, weil man jemandem die Welt nicht erklären kann, wenn er sie nicht in ihrer Tiefendimension sieht. Wenn man nur den Bauern sieht, der sät, sieht man nicht wirklich. Wenn man nur geboren wird und eine Zeit lang lebt und dann stirbt, hat man nicht wirklich gelebt. Das Leben ist mehr als die Oberfläche. Man braucht aber die richtigen Augen, um zu sehen, und die richtigen Ohren, um zu hören. Die Welt mit den Augen der Welt betrachtet, bleibt flach. Die Welt mit den Augen Gottes gesehen, macht die ganz alltäglichen Dinge durchsichtig auf eine tiefere Bedeutung. Was die Augen des Glaubens sehen, hat in der Welt von Glitzer und Glamour keinen besonderen Stellenwert. Vielleicht brauchen manche Menschen so viel aufgesetzte Prächtigkeit, weil sie mit Scheuklappen durch die Welt gehen?

Freitag der 16. Woche im Jahreskreis

Lj I **Lesung** *Exodus 20,1-17* Dann sprach Gott alle diese Worte: Ich bin Jahwe, dein Gott, der dich aus Ägypten geführt hat, aus dem Sklavenhaus.
Du sollst neben mir keine anderen Götter haben. Du sollst dir kein Gottesbild machen und keine Darstellung von irgendetwas am Himmel droben, auf der Erde unten oder im Wasser unter der Erde. Du sollst dich nicht vor anderen Göttern niederwerfen und dich nicht verpflichten, ihnen zu dienen. Denn ich, der Herr, dein Gott, bin ein eifersüchtiger Gott: Bei denen, die mir Feind sind, verfolge ich die Schuld der Väter an den Söhnen, an der dritten und vierten Generation; bei denen, die mich lieben und auf meine Gebote achten, erweise ich Tausenden meine Huld. Du sollst den Namen des Herrn, deines Gottes, nicht missbrauchen; denn der Herr lässt den nicht ungestraft, der seinen Namen missbraucht. Gedenke des Sabbats: Halte ihn heilig! Sechs Tage darfst du schaffen und jede Arbeit tun. Der siebte Tag ist ein Ruhetag, dem Herrn, deinem Gott, geweiht. An ihm darfst du keine Arbeit tun: du, dein Sohn und deine Tochter, dein Sklave und deine Sklavin, dein Vieh und der Fremde, der in deinen Stadtbereichen Wohnrecht hat. Denn in sechs Tagen hat der Herr Himmel, Erde und Meer

gemacht und alles, was dazugehört; am siebten Tag ruhte er. Darum hat der Herr den Sabbattag gesegnet und ihn für heilig erklärt. Ehre deinen Vater und deine Mutter, damit du lange lebst in dem Land, das der Herr, dein Gott, dir gibt. Du sollst nicht morden. Du sollst nicht die Ehe brechen. Du sollst nicht stehlen. Du sollst nicht falsch gegen deinen Nächsten aussagen. Du sollst nicht nach dem Haus deines Nächsten verlangen. Du sollst nicht nach der Frau deines Nächsten verlangen, nach seinem Sklaven oder seiner Sklavin, seinem Rind oder seinem Esel oder nach irgendetwas, das deinem Nächsten gehört.

Lesung *Jeremia 3,14-17* Kehrt um, ihr abtrünnigen Söhne – Spruch des Herrn; denn ich bin euer Gebieter. Ich hole euch, einen aus jeder Stadt und zwei aus jeder Sippe, und bringe euch nach Zion. Ich gebe euch Hirten nach meinem Herzen; mit Einsicht und Klugheit werden sie euch weiden. Lj II

In jenen Tagen, wenn ihr euch im Land vermehrt und fruchtbar seid – Spruch des Herrn –, wird man nicht mehr rufen: Die Bundeslade des Herrn! Sie wird niemand in den Sinn kommen; man denkt nicht mehr an sie, vermisst sie nicht und stellt auch keine neue her.

In jener Zeit wird man Jerusalem „Thron des Herrn" nennen; dort, beim Namen des Herrn in Jerusalem, werden sich alle Völker versammeln und sie werden nicht mehr dem Trieb ihres bösen Herzens folgen.

Evangelium *Matthäus 13,18-23* In jener Zeit sprach Jesus zu seinen Jüngern: Hört, was das Gleichnis vom Sämann bedeutet. Immer wenn ein Mensch das Wort vom Reich hört und es nicht versteht, kommt der Böse und nimmt alles weg, was diesem Menschen ins Herz gesät wurde; hier ist der Samen auf den Weg gefallen. Auf felsigen Boden ist der Samen bei dem gefallen, der das Wort hört und sofort freudig aufnimmt, aber keine Wurzeln hat, sondern unbeständig ist; sobald er um des Wortes willen bedrängt oder verfolgt wird, kommt er zu Fall.In die Dornen ist der Samen bei dem gefallen, der das Wort zwar hört, aber dann ersticken es die Sorgen dieser Welt und der trügerische Reichtum und es bringt keine Frucht.

Auf guten Boden ist der Samen bei dem gesät, der das Wort hört und es auch versteht; er bringt dann Frucht, hundertfach oder sechzigfach oder dreißigfach.

Zum Evangelium Jesu Gleichnisse nehmen den Alltag der Menschen ernst und machen ihn transparent auf Gott hin. Wenn man den Sämann als Metapher für Gott versteht, dann muss man sich wundern, dass er die Samenkörner so unbekümmert ausstreut und nicht darauf achtet, auf welchen Boden sie fallen. Wenn man in den Samenkörnern aber ein Zeichen für die ausgestreute Liebe Gottes sieht, dann steckt in dem unbekümmerten Aussäen eine tiefere Botschaft: Gott streut seine Liebe nicht nur über die Guten und Frommen aus, sondern auch über die, die als nutzlos, böse, sündig bezeichnet werden. Jeder hat die Chance, diese Liebe fruchtbar werden zu lassen. Gott ist so „verrückt", dass er seine Liebe im wahrsten Sinn des Wortes aus dem Fenster wirft, egal, was die Menschen damit anfangen. Aber nur Liebe kann einen Menschen verwandeln. So ist Gott: Lieber vergeudet er seine Liebe, als dass er sie nur denen zuteilt, bei denen sie auf fruchtbaren Boden fällt.

Samstag der 16. Woche im Jahreskreis

Lj I **Lesung** *Exodus 24,3-8* Mose kam und übermittelte dem Volk alle Worte und Rechtsvorschriften des Herrn. Das ganze Volk antwortete einstimmig und sagte: Alles, was der Herr gesagt hat, wollen wir tun. Mose schrieb alle Worte des Herrn auf. Am nächsten Morgen stand er zeitig auf und errichtete am Fuß des Berges einen Altar und zwölf Steinmale für die zwölf Stämme Israels. Er schickte die jungen Männer Israels aus. Sie brachten Brandopfer dar und schlachteten junge Stiere als Heilsopfer für den Herrn. Mose nahm die Hälfte des Blutes und goss es in eine Schüssel, mit der anderen Hälfte besprengte er den Altar. Darauf nahm er die Urkunde des Bundes und verlas sie vor dem Volk. Sie antworteten: Alles, was der Herr gesagt hat, wollen wir tun; wir wollen gehorchen. Da nahm Mose das Blut, besprengte damit das Volk und sagte: Das ist das Blut des Bundes, den der Herr aufgrund all dieser Worte mit euch geschlossen hat.

Lj II **Lesung** *Jeremia 7,1-11* Das Wort, das vom Herrn an Jeremia erging: Stell dich an das Tor des Hauses des Herrn! Dort ruf dieses Wort aus und sprich: Hört das Wort des Herrn, ganz Juda, alle, die ihr durch diese Tore kommt, um dem Herrn zu huldigen. So spricht der Herr der Heere, der Gott Israels: Bessert euer Verhalten und euer Tun, dann will ich bei euch wohnen hier an diesem Ort. Vertraut nicht auf die trügerischen Worte: Der Tempel des Herrn, der Tempel des Herrn, der Tempel des Herrn ist hier! Denn nur wenn ihr euer Verhalten und euer Tun von Grund auf bessert, wenn ihr gerecht entscheidet im Rechtsstreit, wenn ihr die Fremden, die Waisen und Witwen nicht unterdrückt, unschuldiges Blut an diesem Ort nicht vergießt und nicht anderen Göttern nachlauft zu eurem eigenen Schaden, dann will ich bei euch wohnen hier an diesem Ort, in dem Land, das ich euren Vätern gegeben habe für ewige Zeiten. Freilich, ihr vertraut auf die trügerischen Worte, die nichts nützen. Wie? Stehlen, morden, die Ehe brechen, falsch schwören, dem Baal opfern und anderen Göttern nachlaufen, die ihr nicht kennt, und dabei kommt ihr und tretet vor mein Angesicht in diesem Haus, über dem mein Name ausgerufen ist, und sagt: Wir sind geborgen!, um dann weiter alle jene Gräuel zu treiben. Ist denn in euren Augen dieses Haus, über dem mein Name ausgerufen ist, eine Räuberhöhle geworden? Gut, dann betrachte auch ich es so – Spruch des Herrn.

Evangelium *Matthäus 13,24-30* Und Jesus erzählte ihnen noch ein anderes Gleichnis: Mit dem Himmelreich ist es wie mit einem Mann, der guten Samen auf seinen Acker säte. Während nun die Leute schliefen, kam sein Feind, säte Unkraut unter den Weizen und ging wieder weg. Als die Saat aufging und sich die Ähren bildeten, kam auch das Unkraut zum Vorschein. Da gingen die Knechte zu dem Gutsherrn und sagten: Herr, hast du nicht guten Samen auf deinen Acker gesät? Woher kommt dann das Unkraut? Er antwortete: Das hat ein Feind von mir getan. Da sagten die Knechte zu ihm: Sollen wir gehen und es ausreißen? Er entgegnete: Nein, sonst reißt ihr zusammen mit dem Unkraut auch den Weizen aus. Lasst beides wachsen bis zur Ernte. Wenn dann die Zeit der Ernte da ist, werde ich den Arbeitern sagen: Sammelt zuerst das Unkraut und bindet es in Bündel, um es zu verbrennen; den Weizen aber bringt in meine Scheune.

Zum Evangelium Im Himmelreich gelten andere Maßstäbe – so könnte man dieses Gleichnis überschreiben.
Warum darf man das Unkraut nicht ausreißen, damit es dem guten Weizen nicht Nährstoffe und Licht wegnimmt? So fragen sich wohl viele beim Lesen dieses Gleichnisses. Ein Blick auf die griechische Wortwahl hilft hier weiter: Dort heißt es nicht „Unkraut", sondern „Taumellolch" (zizania) – ein Pflanze, die dem begrannten Weizen zunächst sehr ähnlich sieht. Wer ihn zu früh jätet, läuft deshalb Gefahr, an seiner Stelle Weizen auszureißen; später, wenn eine Unterscheidung möglich ist, haben sich die Wurzeln des Lolch so eng mit denen des Weizen verflochten, dass man mit dem Ausreißen des Unkrauts auch einen Teil des Weizens vernichtet.
Für Jesu Hörer war also unmittelbar verständlich, dass Jesus alle Versuche ablehnte, durch irgendwelche gewaltsamen Aktionen das „Unkraut" unter uns entfernen zu wollen – auch wenn es nicht Gottes Wille entsprach. Denn wir Menschen sind nun einmal unfähig, Böses bereits in seinen Anfängen zu erkennen, so dass wir immer in Gefahr stehen, irrtümlich auch Gutes im Ansatz zu zerstören. Auch erkennbar Böses können wir meist nicht aus der Welt entfernen, ohne Gutes mit zu vernichten. Ob das Reich Gottes unter uns erfahrbar ist, hängt also wesentlich von dem Vertrauen ab, das wir Gott entgegenbringen – und dies kann auch bedeuten, unserer Neigung, Menschen mit dem Etikett „gut" oder „böse" zu versehen, zu widerstehen und zu versuchen, sie mit den Augen Jesu zu sehen, der sich gerade zu den Kranken und Sündern gesandt wusste.

17. Woche im Jahreskreis

Montag der 17. Woche im Jahreskreis

Lj I **Lesung** *Exodus 32,15-24.30-34* Mose kehrte um und stieg den Berg hinab, die zwei Tafeln der Bundesurkunde in der Hand, die Tafeln, die auf beiden Seiten beschrieben waren. Auf der einen wie auf der andern Seite waren sie beschrieben. Die Tafeln hatte Gott selbst gemacht und die Schrift, die auf den Tafeln eingegraben war, war Gottes Schrift. Josua hörte das Lärmen und Schreien des Volkes und sagte zu Mose: Horch, Krieg ist im Lager. Mose antwortete: Nicht Siegesgeschrei, auch nicht Geschrei nach Niederlage ist das Geschrei, das ich höre. Als Mose dem Lager näher kam und das Kalb und den Tanz sah, entbrannte sein Zorn. Er schleuderte die Tafeln fort und zerschmetterte sie am Fuß des Berges. Dann packte er das Kalb, das sie gemacht hatten, verbrannte es im Feuer und zerstampfte es zu Staub. Den Staub streute er in Wasser und gab es den Israeliten zu trinken. Zu Aaron sagte Mose: Was hat dir dieses Volk getan, dass du ihm eine so große Schuld aufgeladen hast? Aaron erwiderte: Mein Herr möge sich doch nicht vom Zorn hinreißen lassen. Du weißt doch, wie böse das Volk ist. Sie haben zu mir gesagt: Mach uns Götter, die uns vorangehen. Denn dieser Mose, der Mann, der uns aus Ägypten heraufgeführt hat – wir wissen nicht, was mit ihm geschehen ist. Da habe ich zu ihnen gesagt: Wer Goldschmuck trägt, soll ihn ablegen. Sie haben mir das Gold übergeben, ich habe es ins Feuer geworfen und herausgekommen ist dieses Kalb.
Am folgenden Morgen sprach Mose zum Volk: Ihr habt eine große Sünde begangen. Jetzt will ich zum Herrn hinaufsteigen; vielleicht kann ich für eure Sünde Sühne erwirken. Mose kehrte zum Herrn zurück und sagte: Ach, dieses Volk hat eine große Sünde begangen. Götter aus Gold haben sie sich gemacht. Doch jetzt nimm ihre Sünde von ihnen! Wenn nicht, dann streich mich aus dem Buch, das du angelegt hast. Der Herr antwortete Mose: Nur den, der gegen mich gesündigt hat, streiche ich aus meinem Buch. Aber jetzt geh, führe das Volk, wohin ich dir gesagt habe. Mein Engel wird vor dir hergehen. Am Tag aber, an dem ich Rechenschaft verlange, werde ich über ihre Sünde mit ihnen abrechnen.

Lj II **Lesung** *Jeremia 13,1-11* So hat der Herr zu mir gesagt: Geh, kauf dir einen leinenen Gürtel und leg ihn dir um die Hüften, aber tauch ihn nicht ins Wasser! Da kaufte ich, wie der Herr mir aufgetragen hatte, den Gürtel und legte ihn mir um die Hüften. Nun erging das Wort des Herrn zum zweiten Mal an mich; er sagte: Nimm den gekauften Gürtel, den du um die Hüften trägst, mach dich auf den Weg an den Eufrat und verbirg ihn dort in einer Felsspalte! Ich ging hin und verbarg ihn am Eufrat, wie mir der Herr befohlen hatte.

Nach längerer Zeit sprach der Herr zu mir: Mach dich auf den Weg an den Eufrat und hol den Gürtel zurück, den du dort auf meinen Befehl hin verborgen hast. Da ging ich zum Eufrat, suchte den Gürtel und holte ihn von der Stelle, wo ich ihn verborgen hatte. Doch der Gürtel war verdorben, zu nichts mehr zu gebrauchen.
Nun erging das Wort des Herrn an mich: So spricht der Herr: Ebenso verderbe ich die stolze Pracht Judas und Jerusalems, wie groß sie auch sei. Dieses böse Volk weigert sich, auf meine Worte zu hören, es folgt dem Trieb seines Herzens und läuft anderen Göttern nach, um ihnen zu dienen und sie anzubeten; es soll daher wie dieser Gürtel werden, der zu nichts mehr zu gebrauchen ist. Denn wie sich der Gürtel den Hüften des Mannes anschmiegt, so wollte ich, dass sich das ganze Haus Juda mir anschmiegte – Spruch des Herrn –, damit es mein Volk und mein Ruhm, mein Preis und mein Schmuck wäre. Sie aber haben nicht gehorcht.

Evangelium *Matthäus 13,31-35* In jener Zeit erzählte Jesus der Menge ein weiteres Gleichnis und sagte: Mit dem Himmelreich ist es wie mit einem Senfkorn, das ein Mann auf seinen Acker säte. Es ist das kleinste von allen Samenkörnern; sobald es aber hochgewachsen ist, ist es größer als die anderen Gewächse und wird zu einem Baum, sodass die Vögel des Himmels kommen und in seinen Zweigen nisten.
Und er erzählte ihnen noch ein Gleichnis: Mit dem Himmelreich ist es wie mit dem Sauerteig, den eine Frau unter einen großen Trog Mehl mischte, bis das Ganze durchsäuert war.
Dies alles sagte Jesus der Menschenmenge durch Gleichnisse; er redete nur in Gleichnissen zu ihnen. Damit sollte sich erfüllen, was durch den Propheten gesagt worden ist:
Ich öffne meinen Mund und rede in Gleichnissen, ich verkünde, was seit der Schöpfung verborgen war.

Zum Evangelium Wer bin ich eigentlich selbst? Auf diese Frage antwortete die hl. Theresia von Lisieux: „Ich bin wie ein kleines Samenkorn; man kann noch nicht wissen, was dabei herauskommt." Diese Antwort ist ein Schlüssel zu dem Gleichnis Jesu, in dem er das Himmelreich mit einem Senfkorn vergleicht. Das winzige Senfkorn Himmel ist in uns gelegt. Das heißt, Gottes Kraft lebt in uns und sucht sich jeden Tag mehr zu entfalten. Wir, so klein und unscheinbar wir vielleicht sein mögen, sind mit dem ganz Großen – dem Himmel – Beschenkte. Er kann in uns wachsen, wenn wir wie die Frau, die durch ein Stückchen Sauerteig einen ganzen Trog Mehl durchsäuert, das Geschenk des Himmels in unserem Alltag wirken lassen. „Was dabei herauskommt", das weiß nur Gott.
Der Theologe Paul Tillich schreibt: „Die gewöhnliche Frage: ‚Was sollen wir tun?', muss mit der ungewöhnlichen Frage: ‚Von wo empfangen wir

etwas?' beantwortet werden ... Die Religion ist in erster Linie eine geöffnete Hand, eine Gabe entgegenzunehmen, und erst in zweiter Linie eine tätige Hand, Gaben auszuteilen. Nur wer ... etwas Ewiges in sich trägt, kann das Zeitliche verwandeln" – und dann kann es eines Tages geschehen und der Himmel geht auf alle über und über allen auf.

Dienstag der 17. Woche im Jahreskreis

Lj I **Lesung** *Exodus 33,7-11; 34,4b.5-9.28* In jenen Tagen nahm Mose das Zelt und schlug es für sich außerhalb des Lagers auf, in einiger Entfernung vom Lager. Er nannte es Offenbarungszelt. Wenn einer den Herrn aufsuchen wollte, ging er zum Offenbarungszelt vor das Lager hinaus. Wenn Mose zum Zelt hinausging, erhob sich das ganze Volk. Jeder trat vor sein Zelt und sie schauten Mose nach, bis er in das Zelt eintrat. Sobald Mose das Zelt betrat, ließ sich die Wolkensäule herab und blieb am Zelteingang stehen. Dann redete der Herr mit Mose. Wenn das ganze Volk die Wolkensäule am Zelteingang stehen sah, erhoben sich alle und warfen sich vor ihren Zelten zu Boden.
In jenen Tagen stand Mose am Morgen zeitig auf und ging auf den Sinai hinauf, wie es ihm der Herr aufgetragen hatte. Die beiden steinernen Tafeln nahm er mit. Der Herr aber stieg in der Wolke herab und stellte sich dort neben ihn hin. Er rief den Namen Jahwe aus. Der Herr ging an ihm vorüber und rief: Jahwe ist ein barmherziger und gnädiger Gott, langmütig, reich an Huld und Treue: Er bewahrt Tausenden Huld, nimmt Schuld, Frevel und Sünde weg, lässt aber den Sünder nicht ungestraft; er verfolgt die Schuld der Väter an den Söhnen und Enkeln, an der dritten und vierten Generation.
Sofort verneigte sich Mose bis zur Erde und warf sich zu Boden. Er sagte: Wenn ich deine Gnade gefunden habe, mein Herr, dann ziehe doch mein Herr mit uns. Es ist zwar ein störrisches Volk, doch vergib uns unsere Schuld und Sünde und lass uns dein Eigentum sein!
Mose blieb dort beim Herrn vierzig Tage und vierzig Nächte. Er aß kein Brot und trank kein Wasser. Er schrieb die Worte des Bundes, die zehn Worte, auf Tafeln.

Lj II **Lesung** *Jeremia 14,17b-22* Meine Augen fließen über von Tränen bei Tag und bei Nacht und finden keine Ruhe. Denn großes Verderben brach herein über die Jungfrau, die Tochter, mein Volk, eine unheilbare Wunde. Gehe ich aufs Feld hinaus – seht, vom Schwert Durchbohrte! Komme ich in die Stadt – seht, vom Hunger Gequälte! Ja, auch Propheten und Priester werden verschleppt in ein Land, das sie nicht kennen. Hast du denn Juda ganz verworfen, wurde dir Zion zum Abscheu? Warum hast du uns so geschlagen, dass es für uns keine Heilung mehr gibt? Wir hofften auf Heil, doch kommt nichts Gutes, auf die Zeit der Heilung, doch ach, nur Schrecken!

Wir erkennen, Herr, unser Unrecht, die Schuld unsrer Väter: Ja, wir haben gegen dich gesündigt. Um deines Namens willen verschmäh nicht, verstoß nicht den Thron deiner Herrlichkeit! Gedenke deines Bundes mit uns und löse ihn nicht! Gibt es etwa Regenspender unter den Götzen der Völker? Oder ist es der Himmel, der von selbst regnen lässt? Bist nicht du es, Herr, unser Gott? Wir setzen unsre Hoffnung auf dich; denn du hast dies alles gemacht.

Evangelium *Matthäus 13,36-43* In jener Zeit verließ Jesus die Menge und ging nach Hause. Und seine Jünger kamen zu ihm und sagten: Erkläre uns das Gleichnis vom Unkraut auf dem Acker.
Er antwortete: Der Mann, der den guten Samen sät, ist der Menschensohn; der Acker ist die Welt; der gute Samen, das sind die Söhne des Reiches; das Unkraut sind die Söhne des Bösen; der Feind, der es gesät hat, ist der Teufel; die Ernte ist das Ende der Welt; die Arbeiter bei dieser Ernte sind die Engel. Wie nun das Unkraut aufgesammelt und im Feuer verbrannt wird, so wird es auch am Ende der Welt sein: Der Menschensohn wird seine Engel aussenden und sie werden aus seinem Reich alle zusammenholen, die andere verführt und Gottes Gesetz übertreten haben, und werden sie in den Ofen werfen, in dem das Feuer brennt. Dort werden sie heulen und mit den Zähnen knirschen. Dann werden die Gerechten im Reich ihres Vaters wie die Sonne leuchten.
Wer Ohren hat, der höre!

Zum Evangelium Im Gleichnis vom Unkraut im Acker geht es Jesus darum, dass beides, Getreide und Unkraut, bis zur Ernte wachsen soll. Würde man das Unkraut gleich ausmerzen, liefe man Gefahr, zugleich den guten Samen herauszuziehen. Das „Gute“ lässt sich nicht vom „Bösen“ isolieren, ohne dass alles zerstört wird. Auf uns bezogen heißt das: Alles in uns ist derart miteinander verflochten, dass wir die klare Trennung zwischen dem Nützlichen und dem Schädlichen allein Gott überlassen sollten. Gott hat Geduld. Er rechnet mit unseren Kräften, die, wenn sie in ihrem Wachstum nicht gestört werden, trotz all ihrer Widersprüchlichkeit Gutes hervorbringen können. Die Deutung des Gleichnisses hat Matthäus im Blick auf seine Gemeinde angefügt. Dort berufen sich offenbar einige auf Jesus, halten sich aber nicht an das Gesetz des Mose. Sie sind für Matthäus Unkraut. Das ist die „einfachste“ Lösung: Ausgrenzung der Unruhestifter, damit die Gemeinde wieder „ein Herz und eine Seele“ ist. Matthäus verwandelt damit den Gott der Liebe in einen Gott der Strafangst. Jesus hat uns aber den Gott vorgelebt, der den „Unkrautigen“ nachgegangen ist, weil er wusste, wie sehr wir alle auf Gottes Annahme angewiesen sind, damit unser Leben gelingen kann.

Mittwoch der 17. Woche im Jahreskreis

Lj I **Lesung** *Exodus 34,29-35* Als Mose vom Sinai herunterstieg, hatte er die beiden Tafeln der Bundesurkunde in der Hand. Während Mose vom Berg herunterstieg, wusste er nicht, dass die Haut seines Gesichtes Licht ausstrahlte, weil er mit dem Herrn geredet hatte. Als Aaron und alle Israeliten Mose sahen, strahlte die Haut seines Gesichtes Licht aus und sie fürchteten sich, in seine Nähe zu kommen.

Erst als Mose sie rief, kamen Aaron und alle Sippenhäupter der Gemeinde zu ihm zurück und Mose redete mit ihnen. Dann kamen alle Israeliten herbei und er übergab ihnen alle Gebote, die der Herr ihm auf dem Sinai mitgeteilt hatte.

Als Mose aufhörte, mit ihnen zu reden, legte er über sein Gesicht einen Schleier. Wenn Mose zum Herrn hineinging, um mit ihm zu reden, nahm er den Schleier ab, bis er wieder herauskam. Wenn er herauskam, trug er den Israeliten alles vor, was ihm aufgetragen worden war. Wenn die Israeliten das Gesicht des Mose sahen und merkten, dass die Haut seines Gesichtes Licht ausstrahlte, legte er den Schleier über sein Gesicht, bis er wieder hineinging, um mit dem Herrn zu reden.

Lj II **Lesung** *Jeremia 15,10.16-21* Weh mir, Mutter, dass du mich geboren hast, einen Mann, der mit aller Welt in Zank und Streit liegt. Ich bin niemands Gläubiger und niemands Schuldner und doch fluchen mir alle.

Kamen Worte von dir, so verschlang ich sie; dein Wort war mir Glück und Herzensfreude; denn dein Name ist über mir ausgerufen, Herr, Gott der Heere. Ich sitze nicht heiter im Kreis der Fröhlichen; von deiner Hand gepackt, sitze ich einsam; denn du hast mich mit Groll angefüllt. Warum dauert mein Leiden ewig und ist meine Wunde so bösartig, dass sie nicht heilen will? Wie ein versiegender Bach bist du mir geworden, ein unzuverlässiges Wasser.

Darum – so spricht der Herr: Wenn du umkehrst, lasse ich dich umkehren, dann darfst du wieder vor mir stehen. Redest du Edles und nicht Gemeines, dann darfst du mir wieder Mund sein. Jene sollen sich dir zuwenden, du aber wende dich ihnen nicht zu.

Dann mache ich dich für dieses Volk zur festen, ehernen Mauer. Mögen sie dich bekämpfen, sie werden dich nicht bezwingen; denn ich bin mit dir, um dir zu helfen und dich zu retten – Spruch des Herrn. Ja, ich rette dich aus der Hand der Bösen, ich befreie dich aus der Faust der Tyrannen.

Evangelium *Matthäus 13,44-46* In jener Zeit sprach Jesus zu der Menge: Mit dem Himmelreich ist es wie mit einem Schatz, der in einem Acker vergraben war. Ein Mann entdeckte ihn, grub ihn aber wieder ein. Und in seiner Freude verkaufte er alles, was er besaß, und kaufte den Acker.

Auch ist es mit dem Himmelreich wie mit einem Kaufmann, der schöne Perlen suchte. Als er eine besonders wertvolle Perle fand, verkaufte er alles, was er besaß, und kaufte sie.

Zum Evangelium Der Schatz und die Perle sind Bilder für größte Kostbarkeit, Bilder für das wahre Selbst des Menschen. Wer sein wahres Selbst findet, findet Gott, beides gehört untrennbar zusammen. Der Mann, der alles verkauft, was er besitzt, riskiert viel. Denn wer weiß, wann die Perle „zu Geld gemacht" ist? Aber so ist es: Wenn ein Mensch erst einmal entdeckt, was ihn wirklich glücklich macht, ändert er sein ganzes Leben. Er tut Dinge, die Außenstehenden unvernünftig, ja gefährlich erscheinen. Aber spüren wir nicht selbst, wenn auch in seltenen Momenten, dass es nichts gibt, was sich mehr lohnen würde außer diesem einen, dieser Perle – wofür immer sie stehen mag in unserem Leben? Da gerät, was bisher „normal" war, unter einen Entscheidungsaugenblick, der alles andere in den Schatten stellt. So ist es auch mit der Entdeckung des Himmelreichs: Man wirft alles ab, was einen beschwert, um nur noch dieses Reich zu gewinnen. In jedem Leben gibt es diese Perle: das, was mich auffordert, den Reichtum zu leben, der in mich gelegt ist. Diese Perle, dieser Schatz, das Himmelreich, liegt in meinem Lebensacker. Bin ich mutig, greife ich zu, statt ängstlich und unentschlossen den Schatz verkümmern zu lassen?

Donnerstag der 17. Woche im Jahreskreis

Lesung *Exodus 40,16-21.34-38* In jenen Tagen machte Mose alles, wie es der Herr ihm befohlen hatte. Im zweiten Jahr, am ersten Tag des ersten Monats, stellte man die Wohnstätte auf. Mose stellte die Wohnstätte auf, legte ihre Sockel hin, setzte ihre Bretter darauf, brachte ihre Querlatten an und stellte ihre Säulen auf. Dann spannte er das Zelt über die Wohnstätte und legte die Decke des Zeltes darüber, wie es der Herr dem Mose befohlen hatte. Dann nahm er die Bundesurkunde, legte sie in die Lade, brachte die Stangen an der Lade an und setzte die Deckplatte oben auf die Lade. Er brachte die Lade in die Wohnstätte, spannte die Vorhangdecke auf und verdeckte so die Lade der Bundesurkunde, wie es der Herr dem Mose befohlen hatte. Lj I

Dann verhüllte die Wolke das Offenbarungszelt und die Herrlichkeit des Herrn erfüllte die Wohnstätte. Mose konnte das Offenbarungszelt nicht betreten, denn die Wolke lag darauf, und die Herrlichkeit des Herrn erfüllte die Wohnstätte.

Immer, wenn die Wolke sich von der Wohnstätte erhob, brachen die Israeliten auf, solange ihre Wanderung dauerte. Wenn sich aber die Wolke nicht erhob, brachen sie nicht auf, bis zu dem Tag, an dem sie sich erhob. Bei Tag schwebte über der Wohnstätte die Wolke des Herrn, bei Nacht aber war an ihr Feuer vor den Augen des ganzen Hauses Israel, solange ihre Wanderung dauerte.

Lj II **Lesung** *Jeremia 18,1-6* Das Wort, das vom Herrn an Jeremia erging: Mach dich auf und geh zum Haus des Töpfers hinab! Dort will ich dir meine Worte mitteilen.
So ging ich zum Haus des Töpfers hinab. Er arbeitete gerade mit der Töpferscheibe. Missriet das Gefäß, das er in Arbeit hatte, wie es beim Ton in der Hand des Töpfers vorkommen kann, so machte der Töpfer daraus wieder ein anderes Gefäß, ganz wie es ihm gefiel.
Da erging an mich das Wort des Herrn: Kann ich nicht mit euch verfahren wie dieser Töpfer, Haus Israel? Spruch des Herrn. Seht, wie der Ton in der Hand des Töpfers, so seid ihr in meiner Hand, Haus Israel.

Evangelium *Matthäus 13,47-52* In jener Zeit sprach Jesus zu der Menge: Mit dem Himmelreich ist es wie mit einem Netz, das man ins Meer warf, um Fische aller Art zu fangen. Als es voll war, zogen es die Fischer ans Ufer; sie setzten sich, lasen die guten Fische aus und legten sie in Körbe, die schlechten aber warfen sie weg. So wird es auch am Ende der Welt sein: Die Engel werden kommen und die Bösen von den Gerechten trennen und in den Ofen werfen, in dem das Feuer brennt. Dort werden sie heulen und mit den Zähnen knirschen. Habt ihr das alles verstanden? Sie antworteten: Ja.
Da sagte er zu ihnen: Jeder Schriftgelehrte also, der ein Jünger des Himmelreichs geworden ist, gleicht einem Hausherrn, der aus seinem reichen Vorrat Neues und Altes hervorholt.

Zum Evangelium Gott liebt und fängt – wie ein Fischer – alle Menschen in seinem „Netz“ ein – die guten und die bösen, die barmherzigen und die unbarmherzigen. Während die einen bereit sind, die Liebe Gottes anzunehmen und weiterzugeben, verschließen sich die anderen dieser Liebe. Die Liebe Gottes ist für vertrauensvolle, vergebungsbereite Menschen der Himmel – für die Anderen ist dieses „Liebesfeuer“ Gottes die „Hölle“. Ändern sie ihre Einstellung, im Leben oder nach ihrem Tod, dann wird das „Feuer Gottes“ für sie zur Läuterung und zur Möglichkeit, selbst barmherzig zu werden und so die Barmherzigkeit Gottes zu empfangen. Hoffen und vertrauen wir darauf, dass die Liebe Gottes Mittel und Wege findet, uns „aufzubrechen“, wo wir verschlossen sind, Kaltes und Liebloses in uns zu „verbrennen“ und in Licht und Wärme zu verwandeln. Lassen wir uns von Gott „richten“, also unser Leben „in Ordnung bringen“? Vielleicht brauchen wir dazu einen „heilsamen Schrecken“, damit wir nicht unentschlossen dahinleben, sondern das Geschenk des Himmels, den Schatz, die Perle, ergreifen!

Freitag der 17. Woche im Jahreskreis

Lesung *Levitikus 23,1.4-11.15-16.27.34b-37* Der Herr sprach zu Mose: Das sind die Feste des Herrn, Tage heiliger Versammlungen, die ihr zur festgesetzten Zeit ausrufen sollt: Im ersten Monat, am vierzehnten Tag des Monats, zur Abenddämmerung, ist Pascha zur Ehre des Herrn. Am fünfzehnten Tag dieses Monats ist das Fest der ungesäuerten Brote zur Ehre des Herrn. Sieben Tage sollt ihr ungesäuertes Brot essen. Am ersten Tag habt ihr heilige Versammlung; ihr dürft keine schwere Arbeit verrichten. Sieben Tage hindurch sollt ihr ein Feueropfer für den Herrn darbringen. Am siebten Tag ist heilige Versammlung; da dürft ihr keine schwere Arbeit verrichten. Lj I

Der Herr sprach zu Mose: Rede zu den Israeliten und sag zu ihnen: Wenn ihr in das Land kommt, das ich euch gebe, und wenn ihr dort die Ernte einbringt, sollt ihr dem Priester die erste Garbe eurer Ernte bringen. Er soll sie vor dem Herrn hin- und herschwingen und sie so darbringen, damit ihr Annahme findet. Am Tag nach dem Sabbat soll der Priester den Ritus ausführen.

Vom Tag nach dem Sabbat, an dem ihr die Garbe für die Darbringung gebracht habt, sollt ihr sieben volle Wochen zählen. Zählt fünfzig Tage bis zum Tag nach dem siebten Sabbat, und dann bringt dem Herrn ein neues Speiseopfer dar!

Am zehnten Tag dieses siebten Monats ist der Versöhnungstag. Da sollt ihr heilige Versammlung halten. Ihr sollt euch Enthaltung auferlegen und dem Herrn ein Feueropfer darbringen.

Am fünfzehnten Tag dieses siebten Monats ist sieben Tage hindurch das Laubhüttenfest zur Ehre des Herrn. Am ersten Tag, einem Tag heiliger Versammlung, dürft ihr keine schwere Arbeit verrichten. Sieben Tage hindurch sollt ihr ein Feueropfer für den Herrn darbringen. Am achten Tag habt ihr heilige Versammlung und ihr sollt ein Feueropfer für den Herrn darbringen. Es ist der Tag der Festversammlung; da dürft ihr keine schwere Arbeit verrichten.

Das sind die Festzeiten des Herrn, die ihr als Tage heiliger Versammlung ausrufen sollt, dazu bestimmt, für den Herrn Feueropfer, Brandopfer, Speiseopfer, Schlachtopfer und Trankopfer darzubringen, dem jeweiligen Tag entsprechend.

Lesung *Jeremia 26,1-9* Im Anfang der Regierung Jojakims, des Sohnes Joschijas, des Königs von Juda, erging vom Herrn dieses Wort: So spricht der Herr: Stell dich in den Vorhof des Hauses des Herrn und sag zu den Leuten, die aus allen Städten Judas kommen, um im Haus des Herrn anzubeten, alles, was ich dir ihnen zu verkünden aufgetragen habe; kein Wort sollst du weglassen. Vielleicht hören sie und kehren um, jeder von seinem bösen Weg, sodass mich das Unheil reut, das ich ihnen wegen ihrer schlechten Taten zugedacht habe. Lj II

Sag also zu ihnen: So spricht der Herr: Wenn ihr nicht auf mein Wort hört und meiner Weisung nicht folgt, die ich euch gegeben habe, wenn ihr nicht

auf die Worte meiner Knechte, der Propheten, hört, die ich immer wieder zu euch sende, obwohl ihr nicht hört,
dann verfahre ich mit diesem Haus wie mit Schilo und mache diese Stadt zu einem Fluch bei allen Völkern der Erde.
Die Priester, die Propheten und das ganze Volk hörten, wie Jeremia diese Worte vor dem Haus des Herrn vortrug. Als Jeremia alles gesagt hatte, was er im Auftrag des Herrn vor dem ganzen Volk zu verkünden hatte, ergriffen ihn die Priester, die Propheten und alles Volk und schrien: Jetzt musst du sterben. Warum weissagst du im Namen des Herrn: Wie Schilo wird es diesem Haus gehen und diese Stadt wird verwüstet und entvölkert werden?
Das ganze Volk rottete sich beim Haus des Herrn um Jeremia zusammen.

Evangelium *Matthäus 13,54-58* In jener Zeit kam Jesus in seine Heimatstadt und lehrte die Menschen dort in der Synagoge. Da staunten alle und sagten: Woher hat er diese Weisheit und die Kraft, Wunder zu tun? Ist das nicht der Sohn des Zimmermanns? Heißt nicht seine Mutter Maria und sind nicht Jakobus, Josef, Simon und Judas seine Brüder? Leben nicht alle seine Schwestern unter uns? Woher also hat er das alles? Und sie nahmen Anstoß an ihm und lehnten ihn ab.
Da sagte Jesus zu ihnen: Nirgends hat ein Prophet so wenig Ansehen wie in seiner Heimat und in seiner Familie. Und wegen ihres Unglaubens tat er dort nur wenige Wunder.

Zum Evangelium Die Menschen in Nazaret berufen sich auf Jesu Familie, um ihn empört abzulehnen. Man kennt ihn doch, von Kindesbeinen an, da geht es nicht mit rechten Dingen zu, wenn er „diese Weisheit und die Kraft hat, Wunder zu tun“! Der nimmt sich etwas heraus, was sich sonst keiner herausnimmt ... Wo man nichts mehr erwartet, außer, dass alles so bleibt wie eh und je, kann kein Wunder geschehen. Denn Jesu Wunder bestehen ja darin, dass er Menschen aus dem Gefängnis der Festlegungen und Zwänge in die Freiheit der „Kinder Gottes“ führt, aus der er selbst lebt. Er versteht sein Dasein ganz von Gott her und auf Gott hin, und deshalb scheitert er an all denen, die sich nicht vorstellen können oder wollen, dass er aus dieser intensiven Verbindung mit Gott menschliches Leid zu heilen vermag. Sie haben sich ein festes Bild von Jesus und von seinem Gott gemacht. Aber: „Du sollst dir kein Bildnis machen, heißt es von Gott. Es dürfte auch in diesem Sinne gelten: Gott als das Lebendige in jedem Menschen, das, was nicht erfassbar ist. Es ist eine Versündigung, die wir fast ohne Unterlass begehen. – Ausgenommen, wenn wir lieben“ (Max Frisch).

Samstag der 17. Woche im Jahreskreis

Lj I **Lesung** *Levitikus 25,1.8-17* Der Herr sprach zu Mose auf dem Berg Sinai; er sagte: Du sollst sieben Jahreswochen, siebenmal sieben Jahre, zählen; die

Zeit von sieben Jahreswochen ergibt für dich neunundvierzig Jahre. Im siebten Monat, am zehnten Tag des Monats, sollst du das Signalhorn ertönen lassen; am Versöhnungstag sollt ihr das Horn im ganzen Land ertönen lassen. Erklärt dieses fünfzigste Jahr für heilig und ruft Freiheit für alle Bewohner des Landes aus! Es gelte euch als Jubeljahr. Jeder von euch soll zu seinem Grundbesitz zurückkehren, jeder soll zu seiner Sippe heimkehren. Dieses fünfzigste Jahr gelte euch als Jubeljahr.
Ihr sollt nicht säen, den Nachwuchs nicht abernten, die unbeschnittenen Weinstöcke nicht lesen. Denn es ist ein Jubeljahr, es soll euch als heilig gelten. Vom Feld weg sollt ihr den Ertrag essen. In diesem Jubeljahr soll jeder von euch zu seinem Besitz zurückkehren. Wenn du deinem Stammesgenossen etwas verkaufst oder von ihm etwas kaufst, sollt ihr einander nicht übervorteilen. Kaufst du von deinem Stammesgenossen, so berücksichtige die Zahl der Jahre nach dem Jubeljahr; verkauft er dir, dann soll er die noch ausstehenden Ertragsjahre berücksichtigen. Je höher die Anzahl der Jahre, desto höher berechne den Kaufpreis; je geringer die Anzahl der Jahre, desto weniger verlang von ihm; denn es ist die Zahl von Ernteerträgen, die er dir verkauft.
Ihr sollt einander nicht übervorteilen. Fürchte deinen Gott; denn ich bin der Herr, euer Gott.

Lesung *Jeremia 26,11-16.24* In jenen Tagen sagten die Priester und Propheten zu den Beamten und zum ganzen Volk: Dieser Mann hat den Tod verdient; denn er hat gegen diese Stadt geweissagt, wie ihr mit eigenen Ohren gehört habt. **Lj II**
Jeremia aber erwiderte allen Beamten und dem ganzen Volk: Der Herr hat mich gesandt, damit ich als Prophet gegen dieses Haus und diese Stadt alle Worte verkünde, die ihr gehört habt.
Nun also, bessert euer Verhalten und euer Tun und hört auf die Stimme des Herrn, eures Gottes! Dann wird den Herrn das Unheil reuen, das er euch angedroht hat.
Ich selbst bin in eurer Hand; macht mit mir, was ihr für gut und recht haltet. Aber das sollt ihr wissen: Wenn ihr mich tötet, bringt ihr unschuldiges Blut über euch, über diese Stadt und ihre Einwohner. Denn der Herr hat mich wirklich zu euch gesandt, damit ich euch alle diese Worte in die Ohren rufe.
Da sagten die Beamten und das ganze Volk zu den Priestern und Propheten: Dieser Mann hat den Tod nicht verdient; denn er hat zu uns im Namen des Herrn, unseres Gottes, geredet.
Ahikam jedoch, der Sohn Schafans, beschützte Jeremia, sodass man ihn nicht dem Volk auslieferte, das ihn töten wollte.

Evangelium *Matthäus 14,1-12* In jener Zeit hörte der Tetrarch Herodes, was man von Jesus erzählte. Er sagte zu seinem Gefolge: Das ist Johannes der Täufer. Er ist von den Toten auferstanden; deshalb wirken solche Kräfte in ihm.

Herodes hatte nämlich Johannes festnehmen und in Ketten ins Gefängnis werfen lassen. Schuld daran war Herodias, die Frau seines Bruders Philippus. Denn Johannes hatte zu Herodes gesagt: Du hattest nicht das Recht, sie zur Frau zu nehmen. Der König wollte ihn deswegen töten lassen, fürchtete sich aber vor dem Volk; denn man hielt Johannes für einen Propheten. Als aber der Geburtstag des Herodes gefeiert wurde, tanzte die Tochter der Herodias vor den Gästen. Und sie gefiel Herodes so sehr, dass er schwor, ihr alles zu geben, was sie sich wünschte. Da sagte sie auf Drängen ihrer Mutter: Lass mir auf einer Schale den Kopf des Täufers Johannes herbringen.
Der König wurde traurig; aber weil er einen Schwur geleistet hatte noch dazu vor allen Gästen –, befahl er, ihr den Kopf zu bringen. Und er ließ Johannes im Gefängnis enthaupten. Man brachte den Kopf auf einer Schale und gab ihn dem Mädchen und sie brachte ihn ihrer Mutter.
Die Jünger des Johannes aber holten den Leichnam und begruben ihn. Dann gingen sie zu Jesus und berichteten ihm alles.

Zum Evangelium Die Ermordung des Täufers steht für eine lange Reihe ähnlich grausamer Willkürakte durch alle Epochen der Menschheitsgeschichte. Menschen werden zu Spielzeug in den Händen der Mächtigen, die noch zynisches Vergnügen aus dem Leiden ihrer Opfer ziehen. – Herodes nimmt sich heraus, dass für ihn nicht gilt, was für die Allgemeinheit gilt, obwohl er als König Hüter der gemeinschaftlichen Ordnung sein müsste: Er begeht Ehebruch, er tut all das, was seinen Untertanen verboten ist. Dagegen steht Johannes auf und hält dem König den Spiegel vor. Doch Machtinhaber wie Herodes lassen sich ungern kritisieren. Sie kämpfen bis zum Letzten um ihren Selbsterhalt, sie lügen sich selbst in die Tasche, sie verschmelzen immer mehr mit ihren Untaten. Johannes muss sterben. Doch alles, was man mit seiner Person beseitigen wollte, um weiter leben zu können wie bisher, wird als schlechtes Gewissen, als Alptraum gegenwärtig bleiben. Denn das Leid, das man anderen zufügt, hat zur Konsequenz, dass man immer mehr an sich selber leiden wird. Die Figuren in dieser Geschichte stecken als menschliche Möglichkeit in uns allen. Jesus ist gekommen, um uns aus den Teufelskreisen der Lebenslügen, Verstrickungen und Besessenheiten zu befreien, damit wir zur Wahrheit unseres Lebens finden.

18. Woche im Jahreskreis

Montag der 18. Woche im Jahreskreis

Lj I **Lesung** *Numeri 11,4b-15* In jenen Tagen sagten die Israeliten: Wenn uns doch jemand Fleisch zu essen gäbe! Wir denken an die Fische, die wir in Ägypten umsonst zu essen bekamen, an die Gurken und Melonen, an den

Lauch, an die Zwiebeln und an den Knoblauch. Doch jetzt vertrocknet uns die Kehle, nichts bekommen wir zu sehen als immer nur Manna. Das Manna war wie Koriandersamen und es sah wie Bdelliumharz aus. Die Leute pflegten umherzugehen und es zu sammeln; sie mahlten es mit der Handmühle oder zerstampften es im Mörser, kochten es in einem Topf und bereiteten daraus Brotfladen. Es schmeckte wie Ölkuchen. Wenn bei Nacht der Tau auf das Lager fiel, fiel auch das Manna.
Mose hörte die Leute weinen, eine Sippe wie die andere; jeder weinte am Eingang seines Zeltes. Da entbrannte der Zorn des Herrn; Mose aber war verstimmt und sagte zum Herrn: Warum hast du deinen Knecht so schlecht behandelt und warum habe ich nicht deine Gnade gefunden, dass du mir die Last mit diesem ganzen Volk auferlegst? Habe denn ich dieses ganze Volk in meinem Schoß getragen oder habe ich es geboren, dass du zu mir sagen kannst: Nimm es an deine Brust, wie der Wärter den Säugling, und trag es in das Land, das ich seinen Vätern mit einem Eid zugesichert habe? Woher soll ich für dieses ganze Volk Fleisch nehmen? Sie weinen vor mir und sagen zu mir: Gib uns Fleisch zu essen! Ich kann dieses ganze Volk nicht allein tragen, es ist mir zu schwer. Wenn du mich so behandelst, dann bring mich lieber gleich um, wenn ich überhaupt deine Gnade gefunden habe. Ich will mein Elend nicht mehr ansehen.

Lesung *Jeremia 28,1-17* Im Anfang der Regierung Zidkijas, des Königs von Juda, im fünften Monat des vierten Jahres, sagte der Prophet Hananja, der Sohn Asurs aus Gibeon, im Haus des Herrn vor den Priestern und dem ganzen Volk zu Jeremia: **Lj II**
So spricht der Herr der Heere, der Gott Israels: Ich zerbreche das Joch des Königs von Babel. Noch zwei Jahre und ich bringe alle Geräte des Hauses des Herrn, die Nebukadnezzar, der König von Babel, von diesem Ort weggenommen und nach Babel gebracht hat, wieder an diesen Ort zurück. Auch Jojachin, den Sohn Jojakims, den König von Juda, samt allen Verschleppten aus Juda, die nach Babel gebracht wurden, führe ich an diesen Ort zurück – Spruch des Herrn –; denn ich zerbreche das Joch des Königs von Babel.
Der Prophet Jeremia antwortete dem Propheten Hananja vor den Priestern und vor dem ganzen Volk, das im Haus des Herrn stand.
Der Prophet Jeremia sagte: Ganz recht! Mag der Herr so tun. Der Herr erfülle deine Worte, die du verkündet hast, und bringe die Geräte des Hauses des Herrn und alle Verschleppten aus Babel zurück an diesen Ort.
Doch höre das Wort, das ich dir und dem ganzen Volk in die Ohren rufe: Die Propheten, die vor mir und vor dir je gelebt haben, weissagten Krieg, Unheil und Pest gegen viele Länder und mächtige Reiche. Der Prophet aber, der Heil weissagt – an der Erfüllung des prophetischen Wortes erkennt man den Propheten, den der Herr wirklich gesandt hat.

Da nahm der Prophet Hananja das Jochholz vom Nacken des Propheten Jeremia und brach es entzwei. Vor dem ganzen Volk erklärte Hananja: So spricht der Herr: Ebenso nehme ich binnen zwei Jahren das Joch Nebukadnezzars, des Königs von Babel, vom Nacken aller Völker und zerbreche es. Der Prophet Jeremia ging seines Weges.
Nachdem nun der Prophet Hananja das Jochholz vom Nacken des Propheten Jeremia genommen und zerbrochen hatte, erging das Wort des Herrn an Jeremia: Geh und sag zu Hananja:
So spricht der Herr: Jochstangen aus Holz hast du zerbrochen, dafür aber musst du nun Jochstangen aus Eisen machen. Denn so spricht der Herr der Heere, der Gott Israels: Ein eisernes Joch habe ich auf den Nacken aller dieser Völker gelegt; sie müssen Nebukadnezzar, dem König von Babel, untertan sein. Sie werden ihm untertan sein und auch die Tiere des Feldes gebe ich ihm. Der Prophet Jeremia sagte also zum Propheten Hananja: Höre, Hananja! Der Herr hat dich nicht gesandt und du hast dieses Volk dazu verführt, auf Lügen zu vertrauen. Darum – so spricht der Herr: Siehe, ich schaffe dich vom Erdboden fort. Noch in diesem Jahr bist du tot; denn du hast Auflehnung gegen den Herrn gepredigt. Im siebten Monat desselben Jahres starb der Prophet Hananja.

Evangelium *Matthäus 14,13-21* In jener Zeit, als Jesus hörte, dass Johannes enthauptet worden war, fuhr er mit dem Boot in eine einsame Gegend, um allein zu sein. Aber die Leute in den Städten hörten davon und gingen ihm zu Fuß nach. Als er ausstieg und die vielen Menschen sah, hatte er Mitleid mit ihnen und heilte die Kranken, die bei ihnen waren.
Als es Abend wurde, kamen die Jünger zu ihm und sagten: Der Ort ist abgelegen und es ist schon spät geworden. Schick doch die Menschen weg, damit sie in die Dörfer gehen und sich etwas zu essen kaufen können. Jesus antwortete: Sie brauchen nicht wegzugehen. Gebt ihr ihnen zu essen! Sie sagten zu ihm: Wir haben nur fünf Brote und zwei Fische bei uns.
Darauf antwortete er: Bringt sie her!
Dann ordnete er an, die Leute sollten sich ins Gras setzen. Und er nahm die fünf Brote und die zwei Fische, blickte zum Himmel auf, sprach den Lobpreis, brach die Brote und gab sie den Jüngern; die Jünger aber gaben sie den Leuten, und alle aßen und wurden satt.
Als die Jünger die übrig gebliebenen Brotstücke einsammelten, wurden zwölf Körbe voll. Es waren etwa fünftausend Männer, die an dem Mahl teilnahmen, dazu noch Frauen und Kinder.

Zum Evangelium Nicht der Hunger nach Brot zog die Menschen zu Jesus. Ein anderer Hunger trieb sie an. Hunger nach Hoffnungs- und Trostworten, nach Weg weisenden und Mut machenden Worten. Hunger nach „Lebensmitteln“, die mehr sind als Speise und Trank. Jesus stillt auf erstaunliche Weise auch ihren leiblichen Hunger. Mag sein, dass die Menschen nach diesem Ereignis begeistert von der verwunderlichen Speisung erzählt haben. Aber der Hauptakzent liegt nicht auf dem „Speisungswunder“, sondern darauf, dass sie nicht mehr fort zu gehen brauchten, um sich „Lebensmittel“ zu besorgen. Gebt ihr ihnen zu essen! Das heißt: Gebt weiter, was ihr von mir empfangen habt. Es ist für alle bestimmt, die Hunger nach Leben haben. Es wird nicht weniger, wenn ihr es weiter gebt. Es ist reichlich vorhanden, im Überfluss. Alle können davon satt werden. Im sakramentalen Tun schenkt Jesus sich selbst „wunderbar“ im Brot des Lebens. Jesus gibt dieses Brot Menschen in die Hände zum Weitergeben. Dieses Brot kostet nichts, außer sich aufzumachen, zu Jesus zu gehen und sich beschenken zu lassen.

Dienstag der 18. Woche im Jahreskreis

Lesung *Numeri 12,1-13* In jenen Tagen redeten Mirjam und Aaron über Mose wegen der kuschitischen Frau, die er sich genommen hatte. Er hatte sich nämlich eine Kuschiterin zur Frau genommen. Sie sagten: Hat etwa der Herr nur mit Mose gesprochen? Hat er nicht auch mit uns gesprochen? Das hörte der Herr. Mose aber war ein sehr demütiger Mann, demütiger als alle Menschen auf der Erde. Lj I

Kurz darauf sprach der Herr zu Mose, Aaron und Mirjam: Geht ihr drei hinaus zum Offenbarungszelt! Da gingen die drei hinaus. Der Herr kam in der Wolkensäule herab, blieb am Zelteingang stehen und rief Aaron und Mirjam. Beide traten vor und der Herr sprach: Hört meine Worte! Wenn es bei euch einen Propheten gibt, so gebe ich mich ihm in Visionen zu erkennen und rede mit ihm im Traum. Anders bei meinem Knecht Mose. Mein ganzes Haus ist ihm anvertraut. Mit ihm rede ich von Mund zu Mund, von Angesicht zu Angesicht, nicht in Rätseln. Er darf die Gestalt des Herrn sehen. Warum habt ihr es gewagt, über meinen Knecht Mose zu reden? Der Herr wurde zornig auf sie und ging weg.

Kaum hatte die Wolke das Zelt verlassen, da war Mirjam weiß wie Schnee vor Aussatz. Aaron wandte sich Mirjam zu und sah: Sie war aussätzig. Da sagte Aaron zu Mose: Mein Herr, ich bitte dich, lass uns nicht die Folgen der Sünde tragen, die wir leichtfertig begangen haben. Mirjam soll nicht wie eine Totgeburt sein, die schon halb verwest ist, wenn sie den Schoß der Mutter verlässt. Da schrie Mose zum Herrn: Ach, heile sie doch!

Lesung *Jeremia 30,1-2.12-15.18-22* Das Wort, das vom Herrn an Jeremia erging: So spricht der Herr, der Gott Israels: Schreib dir alle Worte, die ich dir gesagt habe, in ein Buch! Lj II

So spricht der Herr: Arg ist dein Schaden, unheilbar deine Wunde. Niemand verschafft dir Recht. Für das Geschwür gibt es keine Heilung, keine Genesung gibt es für dich.

Alle deine Freunde haben dich vergessen, sie kümmern sich nicht mehr um dich. Denn wie ein Feind schlägt, so habe ich dich geschlagen mit harter Züchtigung wegen deiner vielfachen Schuld und deiner zahlreichen Sünden. Was schreist du über deinen Schaden und dein arges Leiden? Wegen deiner vielfachen Schuld und deiner zahlreichen Sünden habe ich dir das getan.
So spricht der Herr: Seht, ich wende das Geschick der Zelte Jakobs, seiner Wohnstätten erbarme ich mich. Die Stadt soll auf ihrem Schutthügel aufgebaut werden, die Burg auf ihrem alten Platz stehen. Lobgesang wird dort erschallen, die Stimme fröhlicher Menschen.
Ich will ihre Zahl vermehren, sie sollen nicht weniger werden; ich will ihnen Ehre verschaffen, sie sollen nicht verachtet werden. Die Söhne Jakobs werden sein wie ehedem, seine Gemeinde wird vor mir bestehen bleiben, doch alle seine Unterdrücker ziehe ich zur Rechenschaft. Sein Machthaber wird ihm selbst entstammen, sein Herrscher aus seiner Mitte hervorgehen. Ich gewähre ihm Zutritt, sodass er mir nahen kann; denn wer sonst dürfte sein Leben wagen, um mir zu nahen? – Spruch des Herrn.
Ihr werdet mein Volk sein und ich werde euer Gott sein.

Evangelium *Matthäus 14,22-36* Nachdem Jesus die Menge gespeist hatte, forderte er die Jünger auf, ins Boot zu steigen und an das andere Ufer vorauszufahren. Inzwischen wollte er die Leute nach Hause schicken. Nachdem er sie weggeschickt hatte, stieg er auf einen Berg, um in der Einsamkeit zu beten. Spät am Abend war er immer noch allein auf dem Berg.
Das Boot aber war schon viele Stadien vom Land entfernt und wurde von den Wellen hin und her geworfen; denn sie hatten Gegenwind. In der vierten Nachtwache kam Jesus zu ihnen; er ging auf dem See. Als ihn die Jünger über den See kommen sahen, erschraken sie, weil sie meinten, es sei ein Gespenst, und sie schrien vor Angst. Doch Jesus begann mit ihnen zu reden und sagte: Habt Vertrauen, ich bin es; fürchtet euch nicht!
Darauf erwiderte ihm Petrus: Herr, wenn du es bist, so befiehl, dass ich auf dem Wasser zu dir komme. Jesus sagte: Komm! Da stieg Petrus aus dem Boot und ging über das Wasser auf Jesus zu. Als er aber sah, wie heftig der Wind war, bekam er Angst und begann unterzugehen. Er schrie: Herr, rette mich!
Jesus streckte sofort die Hand aus, ergriff ihn und sagte zu ihm: Du Kleingläubiger, warum hast du gezweifelt? Und als sie ins Boot gestiegen waren, legte sich der Wind.
Die Jünger im Boot aber fielen vor Jesus nieder und sagten: Wahrhaftig, du bist Gottes Sohn.
Sie fuhren auf das Ufer zu und kamen nach Gennesaret. Als die Leute dort ihn erkannten, schickten sie Boten in die ganze Umgebung. Und man brachte alle Kranken zu ihm und bat ihn, er möge sie wenigstens den Saum seines Gewandes berühren lassen. Und alle, die ihn berührten, wurden geheilt.

Zum Evangelium Das aufgewühlte Meer ist Bild für die abgründige Existenzangst; das Boot, unsere „Sicherheit" bietet keinen Schutz mehr, es droht in den Wogen der Angst unterzugehen. Petrus ist geistesgegenwärtig genug, als er Jesu Stimme hört, ihn anzusprechen, und er wagt es, nachdem er sich rückversichert hat, dass es wirklich Jesus ist, aus dem Boot zu steigen. Das ist Glaube: spontan zu vertrauen, dass auf Jesu Wort hin das Wasser trägt. Glaube wird durch Vertrauen, er ist nicht Ergebnis einer Reflexion. Das zeigt die Fortsetzung der Geschichte: Als Petrus darüber nachdenkt, ob das Wasser ihn wirklich tragen kann, steigt die Angst wieder hoch, er verliert Jesus aus den Augen, er sieht nur noch das bedrohliche Wasser – und beginnt zu sinken. Zweifel gehören zu unserem Dasein. Und wie oft gleicht das Leben einem Lauf auf schwarzen Wogen. Gerade dann sollten wir unser ganzes Vertrauen darauf setzen, dass er uns die Hand entgegenstreckt und sagt: Komm! Wenn du zu sinken drohst, auf mich kannst Du dich verlassen! Ich selbst komme dir entgegen ... Dieser Glaube ist keine religiöse Anstrengung, sondern das Vertrauen, „das Christus aus dem Nichts mit Erlösung zu uns kommt, mit neuem Leben dort, wo wir nur Finsternis und aufgepeitschtes Meer sehen" (Anders Gadegaard).

Mittwoch der 18. Woche im Jahreskreis

Lesung *Numeri 13,1-2.25–14,1.26-29.34-35* In jenen Tagen sprach der Herr in der Wüste Paran zu Mose: Schick einige Männer aus, die das Land Kanaan erkunden, das ich den Israeliten geben will. Aus jedem Väterstamm sollt ihr einen Mann aussenden, und zwar jeweils einen der führenden Männer. **Lj I**

Vierzig Tage, nachdem man sie zur Erkundung des Landes ausgeschickt hatte, machten sie sich auf den Rückweg. Sie kamen zu Mose und Aaron und zu der ganzen Gemeinde der Israeliten in die Wüste Paran nach Kadesch. Sie berichteten ihnen und der ganzen Gemeinde und zeigten ihnen die Früchte des Landes. Sie erzählten Mose: Wir kamen in das Land, in das du uns geschickt hast: Es ist wirklich ein Land, in dem Milch und Honig fließen; das hier sind seine Früchte. Aber das Volk, das im Land wohnt, ist stark und die Städte sind befestigt und sehr groß. Auch haben wir die Söhne des Anak dort gesehen. Amalek wohnt im Gebiet des Negeb, die Hetiter, die Jebusiter und Amoriter wohnen im Gebirge und die Kanaaniter wohnen am Meer und am Ufer des Jordan.

Kaleb beruhigte das Volk, das über Mose aufgebracht war, und sagte: Wir können trotzdem hinaufziehen und das Land in Besitz nehmen; wir werden es gewiss bezwingen. Die Männer aber, die mit Kaleb zusammen nach Kanaan hinaufgezogen waren, sagten: Wir können nichts gegen dieses Volk ausrichten; es ist stärker als wir. Und sie verbreiteten bei den Israeliten falsche Gerüchte über das Land, das sie erkundet hatten, und sagten: Das Land, das wir durchwandert und erkundet haben, ist ein Land, das seine Bewohner

auffrisst; alle Leute, die wir dort gesehen haben, sind hochgewachsen. Sogar die Riesen haben wir dort gesehen – die Anakiter gehören nämlich zu den Riesen. Wir kamen uns selbst klein wie Heuschrecken vor und auch ihnen erschienen wir so.
Da erhob die ganze Gemeinde ein lautes Geschrei und das Volk weinte die ganze Nacht. Der Herr aber sprach zu Mose und Aaron: Wie lange soll das mit dieser bösen Gemeinde so weitergehen, die immer über mich murrt? Ich habe mir das Murren der Israeliten jetzt lange genug angehört. Sag ihnen: So wahr ich lebe – Spruch des Herrn –, ich will euch das antun, womit ihr mir die Ohren voll geschrien habt: Hier in der Wüste sollen eure Leichen liegen bleiben, alle ohne Ausnahme; jeder von euch, der gemustert worden ist, wird sterben, alle Männer von zwanzig Jahren und darüber, die über mich gemurrt haben. So viele Tage, wie ihr gebraucht habt, um das Land zu erkunden, nämlich vierzig Tage, so viele Jahre lang – für jeden Tag ein Jahr – müsst ihr die Folgen eurer Schuld tragen, also vierzig Jahre lang; dann werdet ihr erkennen, was es heißt, mir Widerstand zu leisten. Ich, der Herr, habe gesprochen. Unwiderruflich werde ich es mit dieser ganzen bösen Gemeinde so machen, die sich gegen mich zusammengerottet hat: In dieser Wüste finden sie ihr Ende, hier müssen sie sterben.

Lj II **Lesung** *Jeremia 31,1-7*
In jener Zeit – Spruch des Herrn – /
werde ich der Gott aller Stämme Israels sein /
und sie werden mein Volk sein.
So spricht der Herr: Gnade fand in der Wüste das Volk, /
das vom Schwert verschont blieb; /
Israel zieht zum Ort seiner Ruhe.
Aus der Ferne ist ihm der Herr erschienen: /
Mit ewiger Liebe habe ich dich geliebt, /
darum habe ich dir so lange die Treue bewahrt.
Ich baue dich wieder auf, /
du sollst neu gebaut werden, Jungfrau Israel.
Du sollst dich wieder schmücken mit deinen Pauken, /
sollst ausziehen im Reigen der Fröhlichen.
Wieder sollst du Weingärten pflanzen /
auf Samarias Bergen. Wer Pflanzungen anlegt, /
darf ihre Früchte genießen.
Denn es kommt der Tag, /
da rufen die Wächter auf Efraims Bergland:
Auf, lasst uns hinaufpilgern nach Zion /
zum Herrn, unserem Gott.
Ja, so spricht der Herr: Jubelt Jakob voll Freude zu /
und jauchzt über das Haupt der Völker!

Verkündet, lobsingt und sagt: /
Der Herr hat sein Volk gerettet, /
den Rest Israels.

Evangelium *Matthäus 15,21-28* In jener Zeit zog sich Jesus in das Gebiet von Tyrus und Sidon zurück. Da kam eine kanaanäische Frau aus jener Gegend zu ihm und rief: Hab Erbarmen mit mir, Herr, du Sohn Davids! Meine Tochter wird von einem Dämon gequält. Jesus aber gab ihr keine Antwort.
Da traten seine Jünger zu ihm und baten: Befrei sie von ihrer Sorge, denn sie schreit hinter uns her. Er antwortete: Ich bin nur zu den verlorenen Schafen des Hauses Israel gesandt.
Doch die Frau kam, fiel vor ihm nieder und sagte: Herr, hilf mir! Er erwiderte: Es ist nicht recht, das Brot den Kindern wegzunehmen und den Hunden vorzuwerfen.
Da entgegnete sie: Ja, du hast Recht, Herr! Aber selbst die Hunde bekommen von den Brotresten, die vom Tisch ihrer Herren fallen. Darauf antwortete ihr Jesus: Frau, dein Glaube ist groß. Was du willst, soll geschehen. Und von dieser Stunde an war ihre Tochter geheilt.

Zum Evangelium Wer liebt, will, dass der andere glücklich ist. Doch manchmal man kann nur zusehen, wie der andere leidet! Da wird das Liebste, ein Kind, von einer dunklen Macht hin und hergezerrt, die ihm Tag für Tag mehr Kraft aussaugt. Ein tödlicher Kreislauf, für die Mutter, für das Kind. Kein Entrinnen. Was für ein Leben! Und dann, die letzte Hoffnung: Jesus. Aber was für eine Begegnung! Die Frau schreit, fleht, wirft sich auf den Boden – und Jesus schweigt. Als ob sie Luft wäre. Und dann, kalt und abweisend: Du gehörst nicht dazu! Als ob sie ein Hund wäre! Aber sie gibt nicht auf, lässt sich nicht abspeisen, und da passiert der Durchbruch: „Frau, dein Glaube ist groß. Was du willst, soll geschehen!" Weil ihr Vertrauen so groß war, hat Jesus seine Grenze aufgebrochen. Und vielleicht war er Grenze, damit die Frau lernen konnte, für die Liebe zu ihrem Kind zu kämpfen statt zu resignieren? Die Geschichte zeigt: Glaube wächst am Widerstand. Vor allem aber zeigt sie, dass Glaube und Liebe zusammengehören: „Dies ist so oft das Problem, dass wir uns Liebe sentimental ohne Glauben vorstellen und Glauben allzu rational denken, ohne Liebe mitzudenken. Nur wenn Liebe und Glaube zwei Seiten ein und derselben Sache sind, ist der Glaube trotzig und ausharrend bis in den Tod" (Kirsten Boggild).

Donnerstag der 18. Woche im Jahreskreis

Lesung *Numeri 20,1-13* In jenen Tagen kam die ganze Gemeinde der Israeliten in die Wüste Zin und das Volk ließ sich in Kadesch nieder. Dort starb Mirjam und wurde auch dort begraben. Lj I

Da die Gemeinde kein Wasser hatte, rotteten sie sich gegen Mose und Aaron zusammen. Das Volk geriet mit Mose in Streit; sie sagten: Wären wir doch umgekommen wie unsere Brüder, die vor den Augen des Herrn gestorben sind. Warum habt ihr das Volk des Herrn in diese Wüste geführt? Nur damit wir hier zusammen mit unserem Vieh sterben? Wozu habt ihr uns aus Ägypten hierher geführt? Nur um uns an diesen elenden Ort zu bringen, eine Gegend ohne Korn und Feigen, ohne Wein und Granatäpfel? Nicht einmal Trinkwasser gibt es.
Mose und Aaron verließen die Versammlung, gingen zum Eingang des Offenbarungszeltes und warfen sich auf ihr Gesicht nieder. Da erschien ihnen die Herrlichkeit des Herrn.
Der Herr sprach zu Mose: Nimm deinen Stab; dann versammelt die Gemeinde, du und dein Bruder Aaron, und sagt vor ihren Augen zu dem Felsen, er solle sein Wasser fließen lassen. Auf diese Weise wirst du für sie Wasser aus dem Felsen fließen lassen und ihnen und ihrem Vieh zu trinken geben.
Mose holte den Stab von seinem Platz vor dem Herrn, wie der Herr ihm befohlen hatte. Mose und Aaron riefen die Versammlung vor dem Felsen zusammen und Mose sagte zu ihnen: Hört, ihr Meuterer, können wir euch wohl aus diesem Felsen Wasser fließen lassen? Dann hob er seine Hand hoch und schlug mit seinem Stab zweimal auf den Felsen. Da kam Wasser heraus, viel Wasser, und die Gemeinde und ihr Vieh konnten trinken.
Der Herr aber sprach zu Mose und Aaron: Weil ihr mir nicht geglaubt habt und mich vor den Augen der Israeliten nicht als den Heiligen bezeugen wolltet, darum werdet ihr dieses Volk nicht in das Land hineinführen, das ich ihm geben will.
Das ist das Wasser von Meriba – Streitwasser –, weil die Israeliten mit dem Herrn gestritten haben und er sich als der Heilige erwiesen hat.

Lj II **Lesung** *Jeremia 31,31-34* Seht, es werden Tage kommen – Spruch des Herrn –, in denen ich mit dem Haus Israel und dem Haus Juda einen neuen Bund schließen werde, nicht wie der Bund war, den ich mit ihren Vätern geschlossen habe, als ich sie bei der Hand nahm, um sie aus Ägypten herauszuführen. Diesen meinen Bund haben sie gebrochen, obwohl ich ihr Gebieter war Spruch des Herrn. Denn das wird der Bund sein, den ich nach diesen Tagen mit dem Haus Israel schließe – Spruch des Herrn: Ich lege mein Gesetz in sie hinein und schreibe es auf ihr Herz. Ich werde ihr Gott sein und sie werden mein Volk sein. Keiner wird mehr den andern belehren, man wird nicht zueinander sagen: Erkennt den Herrn!, sondern sie alle, Klein und Groß, werden mich erkennen – Spruch des Herrn. Denn ich verzeihe ihnen die Schuld, an ihre Sünde denke ich nicht mehr.

Evangelium *Matthäus 16,13-23* In jener Zeit, als Jesus in das Gebiet von Cäsarea Philippi kam, fragte er seine Jünger: Für wen halten die Leute den Menschensohn? Sie sagten: Die einen für Johannes den Täufer, andere für Elija, wieder andere für Jeremia oder sonst einen Propheten.
Da sagte er zu ihnen: Ihr aber, für wen haltet ihr mich? Simon Petrus antwortete: Du bist der Messias, der Sohn des lebendigen Gottes! Jesus sagte zu ihm: Selig bist du, Simon Barjona; denn nicht Fleisch und Blut haben dir das offenbart, sondern mein Vater im Himmel.
Ich aber sage dir: Du bist Petrus – der Fels – und auf diesen Felsen werde ich meine Kirche bauen und die Mächte der Unterwelt werden sie nicht überwältigen. Ich werde dir die Schlüssel des Himmelreichs geben; was du auf Erden binden wirst, das wird auch im Himmel gebunden sein, und was du auf Erden lösen wirst, das wird auch im Himmel gelöst sein.
Dann befahl er den Jüngern, niemand zu sagen, dass er der Messias sei.
Von da an begann Jesus, seinen Jüngern zu erklären, er müsse nach Jerusalem gehen und von den Ältesten, den Hohenpriestern und den Schriftgelehrten vieles erleiden; er werde getötet werden, aber am dritten Tag werde er auferstehen.
Da nahm ihn Petrus beiseite und machte ihm Vorwürfe; er sagte: Das soll Gott verhüten, Herr! Das darf nicht mit dir geschehen! Jesus aber wandte sich um und sagte zu Petrus: Weg mit dir, Satan, geh mir aus den Augen! Du willst mich zu Fall bringen; denn du hast nicht das im Sinn, was Gott will, sondern was die Menschen wollen.

Zur Lesung Der Weg durch die Wüste ist endlos lang, das neue Land, das Heimat werden soll, ist immer noch nicht in Sicht. Kein Wunder, dass sich das Murren immer wieder einstellt. Was einst Auszug in die Freiheit war, wird zum entbehrungseichen Weg, was einst bejubelte Gottesgabe war, das Manna, wird zur eintönigen Speise. Die enttäuschende Gegenwart wiegt mehr als die einstige Unfreiheit. Das Jetzt und die Sorge darum wird zum Maß aller Dinge. Auch Gottes Schutz und Begleitung nützen sich ab, ja man vergisst, dass Gott in allen Durststrecken beigestanden hat. Man ist unzufrieden, weil man sein Leben an dem misst, was fehlt, statt an dem, was einem auf dem Weg durch die Zeit geschenkt wird. Woran messen wir unser Leben? Wo geht unser Blick hin? Auf das, was uns geschenkt ist oder auf das, was wir nicht haben? Lj I

Zur Lesung Wie kann man eine Krise überwinden und neu anfangen? Man versucht alles Erdenkliche und schlittert trotzdem ins alte Verhalten zurück. So geht es Israel, das den Bund mit Gott unzählige Male gebrochen, die Gebote nicht gehalten und sich selbst die Zukunft verstellt hat. Für einen Neuanfang aus eigener Kraft stehen die Chancen schlecht. Die Menschen brauchen Hilfe von Gott, einen neuen Lj II

Bund, ein Gesetz, das Gott in sie hinein legt und auf ihr Herz schreibt, ein Gesetz, das sie nicht mehr von außen bei der Hand nimmt wie Kinder. Sie müssen erwachsen werden, sonst empfinden sie das Gesetz als elterlichen Zwang und reagieren wie Kinder und übertreten es. Das auf ihr Herz geschriebene Gesetz sagt als innere Stimme, was richtig und was falsch ist. Gott macht dafür den ersten Schritt: „Ich verzeihe ihnen die Schuld, an ihre Sünde denke ich nicht mehr." Im Vertrauen auf diesen verzeihenden Gott können wir, egal wo wir gerade sind, einen Neuanfang wagen.

Freitag der 18. Woche im Jahreskreis

Lj I **Lesung** *Deuteronomium 4,32-40* Mose sprach zum Volk; er sagte: Forsche doch einmal in früheren Zeiten nach, die vor dir gewesen sind, seit dem Tag, als Gott den Menschen auf der Erde schuf; forsche nach vom einen Ende des Himmels bis zum andern Ende: Hat sich je etwas so Großes ereignet wie dieses und hat man je solche Worte gehört? Hat je ein Volk einen Gott mitten aus dem Feuer im Donner sprechen hören, wie du ihn gehört hast, und ist am Leben geblieben?

Oder hat je ein Gott es ebenso versucht, zu einer Nation zu kommen und sie mitten aus einer anderen herauszuholen unter Prüfungen, unter Zeichen, Wundern und Krieg, mit starker Hand und hoch erhobenem Arm und unter großen Schrecken, wie es der Herr, euer Gott, in Ägypten mit euch getan hat, vor deinen Augen?

Das hast du sehen dürfen, damit du erkennst: Jahwe ist der Gott, kein anderer ist außer ihm.

Vom Himmel herab ließ er dich seinen Donner hören, um dich zu erziehen. Auf der Erde ließ er dich sein großes Feuer sehen und mitten aus dem Feuer hast du seine Worte gehört.

Weil er deine Väter lieb gewonnen hatte, hat er alle Nachkommen eines jeden von ihnen erwählt und dich dann in eigener Person durch seine große Kraft aus Ägypten geführt, um bei deinem Angriff Völker zu vertreiben, die größer und mächtiger sind als du, um dich in ihr Land zu führen und es dir als Erbbesitz zu geben, wie es jetzt geschieht. Heute sollst du erkennen und dir zu Herzen nehmen: Jahwe ist der Gott im Himmel droben und auf der Erde unten, keiner sonst. Daher sollst du auf seine Gesetze und seine Gebote, auf die ich dich heute verpflichte, achten, damit es dir und später deinen Nachkommen gut geht und du lange lebst in dem Land, das der Herr, dein Gott, dir gibt für alle Zeit.

Lj II **Lesung** *Nahum 2,1.3;3,1-3.6-7* Seht auf den Bergen die Schritte des Freudenboten! Er verkündet Frieden! Juda, feiere deine Feste, erfülle deine Gelübde! Denn der Unheilstifter durchstreift dein Land nicht mehr; er ist völlig vernichtet. Wahrhaftig, der Herr stellt die Pracht Jakobs wieder her wie die

Pracht Israels; denn Verwüster haben sie verwüstet und ihre jungen Pflanzen vernichtet.
Weh der Stadt voll Blutschuld; sie ist nichts als Lüge. Voll von Raffgier ist sie, vom Rauben lässt sie nicht ab. Knallen von Peitschen und Gedröhn rasselnder Räder, rennende Pferde und holpernde Wagen. Hetzende Reiter, flammende Schwerter, blitzende Lanzen, eine Menge Erschlagener, eine Masse von Toten, kein Ende der Leichen, man stolpert über die Leiber.
Mit Kot bewerfe ich dich, gebe dich der Verachtung preis und mache dich zum Schaustück. Dann wird es geschehen: Wer immer dich sieht, schreckt vor dir zurück und sagt: Verwüstet ist Ninive. Wer zeigt ihr Teilnahme? Wo soll ich dir einen Tröster suchen?

Evangelium *Matthäus 16,24-28* In jener Zeit sprach Jesus zu seinen Jüngern: Wer mein Jünger sein will, der verleugne sich selbst, nehme sein Kreuz auf sich und folge mir nach. Denn wer sein Leben retten will, wird es verlieren; wer aber sein Leben um meinetwillen verliert, wird es gewinnen.
Was nützt es einem Menschen, wenn er die ganze Welt gewinnt, dabei aber sein Leben einbüßt? Um welchen Preis kann ein Mensch sein Leben zurückkaufen?
Der Menschensohn wird mit seinen Engeln in der Hoheit seines Vaters kommen und jedem Menschen vergelten, wie es seine Taten verdienen. Amen, ich sage euch: Von denen, die hier stehen, werden einige den Tod nicht erleiden, bis sie den Menschensohn in seiner königlichen Macht kommen sehen.

Zum Evangelium In Buchhandlungen findet man in der Sparte „Lebenshilfe" Titel wie „Die eigene Kraft entdecken", „Positiv leben", „Erfolgreich werden" ... Es geht immer darum, dass der Mensch möglichst viel aus seinem Leben macht. Jesus setzt ganz anders an. Er will uns von dem Erfolgsdruck befreien, auf Gedeih und Verderb unseres eigenen Glückes Schmied zu sein. Aber warum muss man sich „selbst verleugnen"? Im griechischen Urtext heißt es: „nein sagen, sich weigern". Wer Jesus nachfolgen will, muss nein dazu sagen, alles haben zu wollen. Er muss nein dazu sagen, ständig um sich selbst zu kreisen und sein Leben in diesem raffgierigen Sinne „retten" zu wollen. Leben gelingt dagegen, wenn wir unser Kreuz auf uns nehmen. „Das Kreuz ist ein Bild dafür, dass wir nicht eindeutig, sondern gegensätzlich sind" (Anselm Grün). In uns ist nicht nur Liebe, sondern auch Hass, nicht nur Gelingen, sondern auch Scheitern ... Mein Kreuz tragen bedeutet: zu dem, was mich täglich durch-kreuzt, Ja sagen, frei werden von der Fixierung auf die Vorstellung, wie mein Leben zu gehen hat. Das Annehmen meines Kreuzes lässt mich durch meine Brüche und Konflikte hindurch dem Menschen ähnlich werden, als den Gott mich einzigartig geschaffen hat. Wenn ich Gottes Bild von mir folge, lerne ich zugleich die Kunst, wirklich zu leben.

Samstag der 18. Woche im Jahreskreis

Lj I **Lesung** *Deuteronomium 6,4-13* Höre, Israel! Jahwe, unser Gott, Jahwe ist einzig. Darum sollst du den Herrn, deinen Gott, lieben mit ganzem Herzen, mit ganzer Seele und mit ganzer Kraft. Diese Worte, auf die ich dich heute verpflichte, sollen auf deinem Herzen geschrieben stehen. Du sollst sie deinen Söhnen wiederholen. Du sollst von ihnen reden, wenn du zu Hause sitzt und wenn du auf der Straße gehst, wenn du dich schlafen legst und wenn du aufstehst. Du sollst sie als Zeichen um das Handgelenk binden. Sie sollen zum Schmuck auf deiner Stirn werden. Du sollst sie auf die Türpfosten deines Hauses und in deine Stadttore schreiben.

Und wenn der Herr, dein Gott, dich in das Land führt, von dem du weißt: er hat deinen Vätern Abraham, Isaak und Jakob geschworen, es dir zu geben – große und schöne Städte, die du nicht gebaut hast, mit Gütern gefüllte Häuser, die du nicht gefüllt hast, in den Felsen gehauene Zisternen, die du nicht gehauen hast, Weinberge und Ölbäume, die du nicht gepflanzt hast -, wenn du dann isst und satt wirst: nimm dich in Acht, dass du nicht den Herrn vergisst, der dich aus Ägypten, dem Sklavenhaus, geführt hat. Den Herrn, deinen Gott, sollst du fürchten; ihm sollst du dienen, bei seinem Namen sollst du schwören.

Lj II **Lesung** *Habakuk 1,12–2,4* Herr, bist nicht du von Ewigkeit her mein heiliger Gott? Wir wollen nicht sterben. Herr, du hast sie doch nur dazu gerufen, an uns das Gericht zu vollziehen: Du, unser Fels, du hast sie dazu bestimmt, uns zu bestrafen. Deine Augen sind zu rein, um Böses mit anzusehen, du kannst der Unterdrückung nicht zusehen. Warum siehst du also den Treulosen zu und schweigst, wenn der Ruchlose den Gerechten verschlingt? Warum behandelst du die Menschen wie die Fische im Meer, wie das Gewürm, das keinen Herrn hat? Mit der Angel holt er sie alle herauf, er schleppt sie weg in seinem Netz und rafft sie fort in seinem Fischgarn; er freut sich darüber und jubelt. Deshalb opfert er seinem Netz und bringt seinem Fischgarn Rauchopfer dar; denn durch sie hat er reichen Gewinn und ein üppiges Mahl. Darum zückt er unablässig sein Schwert, um ohne Erbarmen die Völker zu morden. Ich will auf meinem Wachtturm stehen, ich stelle mich auf den Wall und spähe aus, um zu sehen, was er mir sagt, was er auf meine Klage entgegnet.

Der Herr gab mir Antwort und sagte: Schreib nieder, was du siehst, schreib es deutlich auf die Tafeln, damit man es mühelos lesen kann. Denn erst zu der bestimmten Zeit trifft ein, was du siehst; aber es drängt zum Ende und ist keine Täuschung; wenn es sich verzögert, so warte darauf; denn es kommt, es kommt und bleibt nicht aus. Sieh her: Wer nicht rechtschaffen ist, schwindet dahin, der Gerechte aber bleibt wegen seiner Treue am Leben.

Evangelium *Matthäus 17,14-20* In jener Zeit trat ein Mann auf ihn zu, fiel vor ihm auf die Knie und sagte: Herr, hab Erbarmen mit meinem Sohn! Er ist mondsüchtig und hat schwer zu leiden. Immer wieder fällt er ins Feuer oder ins Wasser. Ich habe ihn schon zu deinen Jüngern gebracht, aber sie konnten ihn nicht heilen. Da sagte Jesus: O du ungläubige und unbelehrbare Generation! Wie lange muss ich noch bei euch sein? Wie lange muss ich euch noch ertragen? Bringt ihn her zu mir! Dann drohte Jesus dem Dämon. Der Dämon verließ den Jungen, und der Junge war von diesem Augenblick an geheilt.
Als die Jünger mit Jesus allein waren, wandten sie sich an ihn und fragten: Warum konnten denn wir den Dämon nicht austreiben? Er antwortete: Weil euer Glaube so klein ist. Amen, das sage ich euch: Wenn euer Glaube auch nur so groß ist wie ein Senfkorn, dann werdet ihr zu diesem Berg sagen: Rück von hier nach dort!, und er wird wegrücken. Nichts wird euch unmöglich sein.

Zum Evangelium Was traue ich mir zu? Was traue ich Gott zu? Beide Fragen gehören zueinander. Denn mein Zutrauen zu mir selbst hängt von meinem Zutrauen zu Gott ab. Mein Zutrauen zu Gott ist die Kraftquelle, die mir hilft, schwierige Zeiten zu bestehen. Auch wenn mein „Glaube noch so klein ist", so klein wie ein Senfkorn (ca. 700 Senfkörner der Mittelmeerregion passen auf einen Teelöffel!), ist er doch groß genug, um eine heilsame Veränderung zu bewirken. Es kommt nicht auf die „Glaubensmenge", sondern auf die Glaubensbeschaffenheit an: ob mein Glaube – gerade angesichts der vielen Widrigkeiten in meinem Leben – Durchhaltekraft hat und „statt ins Scheitern ins Gelingen verliebt ist" (Ernst Bloch). Solch ein Glaube findet sich nicht mit einer schlechten Welt ab, sondern er macht sich auf die Suche nach dem, was die Welt am Leben erhält und was die Liebe zum Leben nicht durch Ängste und Widerstände verleidet. Der Glaube, Hoffnung gegen alle Hoffnung zu haben und aus dieser Hoffnung sein Leben zu gestalten, ist so, wie wenn man einen unverrückbaren Berg versetzen müsste. Manche Berge unseres Lebens lösen sich auf, wenn wir aus dem Glauben leben, der dort Möglichkeiten eröffnet, wo unser Verstand nicht mehr weiterweiß.

19. Woche im Jahreskreis

Montag der 19. Woche im Jahreskreis

Lesung *Deuteronomium 10,12-22* Mose sprach zum Volk; er sagte: Und nun, Israel, was fordert der Herr, dein Gott, von dir außer dem einen: dass du den Herrn, deinen Gott, fürchtest, indem du auf allen seinen Wegen gehst, ihn liebst und dem Herrn, deinem Gott, mit ganzem Herzen und mit Lj I

ganzer Seele dienst; dass du ihn fürchtest, indem du auf die Gebote des Herrn und seine Gesetze achtest, auf die ich dich heute verpflichte. Dann wird es dir gut gehen.
Sieh, dem Herrn, deinem Gott, gehören der Himmel, der Himmel über den Himmeln, die Erde und alles, was auf ihr lebt. Doch nur deine Väter hat der Herr ins Herz geschlossen, nur sie hat er geliebt. Und euch, ihre Nachkommen, hat er später unter allen Völkern ausgewählt, wie es sich heute zeigt.
Ihr sollt die Vorhaut eures Herzens beschneiden und nicht länger halsstarrig sein. Denn der Herr, euer Gott, ist der Gott über den Göttern und der Herr über den Herren. Er ist der große Gott, der Held und der Furchterregende. Er lässt kein Ansehen gelten und nimmt keine Bestechung an. Er verschafft Waisen und Witwen ihr Recht. Er liebt die Fremden und gibt ihnen Nahrung und Kleidung – auch ihr sollt die Fremden lieben, denn ihr seid Fremde in Ägypten gewesen.
Du sollst den Herrn, deinen Gott, fürchten. Ihm sollst du dienen, an ihm sollst du dich festhalten, bei seinem Namen sollst du schwören. Er ist dein Lobgesang, er ist dein Gott. Für dich hat er all das Große und Furchterregende getan, das du mit eigenen Augen gesehen hast. Als deine Vorfahren nach Ägypten zogen, waren sie nur siebzig an der Zahl; jetzt aber hat der Herr, dein Gott, dich so zahlreich gemacht wie die Sterne am Himmel.

Lj II **Lesung** *Ezechiel 1,2-5.24-28c* Am fünften Tag des Monats – es war im fünften Jahr nach der Verschleppung des Königs Jojachin nach Babel – erging das Wort des Herrn an Ezechiel, den Sohn Busis, den Priester, im Land der Chaldäer, am Fluss Kebar. Dort kam die Hand des Herrn über ihn.
Ich sah: Ein Sturmwind kam von Norden, eine große Wolke mit flackerndem Feuer, umgeben von einem hellen Schein. Aus dem Feuer strahlte es wie glänzendes Gold. Mitten darin erschien etwas wie vier Lebewesen. Und das war ihre Gestalt: Sie sahen aus wie Menschen.
Ich hörte das Rauschen ihrer Flügel; es war wie das Rauschen gewaltiger Wassermassen, wie die Stimme des Allmächtigen. Wenn sie gingen, glich das tosende Rauschen dem Lärm eines Heerlagers. Wenn sie standen, ließen sie ihre Flügel herabhängen. Ein Rauschen war auch oberhalb der Platte, die über ihren Köpfen war. Wenn sie standen, ließen sie ihre Flügel herabhängen.
Oberhalb der Platte über ihren Köpfen war etwas, das wie Saphir aussah und einem Thron glich. Auf dem, was einem Thron glich, saß eine Gestalt, die wie ein Mensch aussah.
Oberhalb von dem, was wie seine Hüften aussah, sah ich etwas wie glänzendes Gold in einem Feuerkranz. Unterhalb von dem, was wie seine Hüften aussah, sah ich etwas wie Feuer und ringsum einen hellen Schein. Wie der Anblick des Regenbogens, der sich an einem Regentag in den Wolken zeigt,

so war der helle Schein ringsum. So etwa sah die Herrlichkeit des Herrn aus. Als ich diese Erscheinung sah, fiel ich nieder auf mein Gesicht.

Evangelium *Matthäus 17,22-27* In jener Zeit, als Jesus und seine Jünger in Galiläa zusammen waren, sagte er zu ihnen: Der Menschensohn wird den Menschen ausgeliefert werden, und sie werden ihn töten; aber am dritten Tag wird er auferstehen. Da wurden sie sehr traurig.
Als Jesus und die Jünger nach Kafarnaum kamen, gingen die Männer, die die Tempelsteuer einzogen, zu Petrus und fragten: Zahlt euer Meister die Doppeldrachme nicht? Er antwortete: Doch!
Als er dann ins Haus hineinging, kam ihm Jesus mit der Frage zuvor: Was meinst du, Simon, von wem erheben die Könige dieser Welt Zölle und Steuern? Von ihren eigenen Söhnen oder von den anderen Leuten? Als Petrus antwortete: Von den anderen!, sagte Jesus zu ihm: Also sind die Söhne frei. Damit wir aber bei niemand Anstoß erregen, geh an den See und wirf die Angel aus; den ersten Fisch, den du heraufholst, nimm, öffne ihm das Maul und du wirst ein Vierdrachmenstück finden. Das gib den Männern als Steuer für mich und für dich.

Zum Evangelium Kafarnaum, ein kleines Nest, enge Sozialkontrolle, Heimat der Jünger Petrus und Andreas, Sitz der Synagoge, in der Jesus die Ankunft des Gottesreiches gepredigt und auf seine Person bezogen hat. Kafarnaum steht Jesus bis zum Schluss skeptisch gegenüber. Hier wird Petrus über Jesu Einstellung zur Tempelsteuer ausgefragt. Petrus will Jesus mit dieser Pfennigfuchserei nicht belasten, weil er ahnt, dass es mit Jesus viel Größeres auf sich hat. Und Jesus will wegen eines geringfügigen Anlasses kein Ärgernis erregen. Deshalb geht er auf das Kleinliche ein, inszeniert das Ganze souverän und heiter wie ein Spiel, wischt mit einem Wimpernschlag vordergründig Kränkendes weg, weil er Wind und Wellen, Fischen und Münzen überlegen ist.

Dienstag der 19. Woche im Jahreskreis

Lesung *Deuteronomium 31,1-8* Mose trat vor ganz Israel hin und sprach diese Worte. Er sagte zu ihnen: Ich bin jetzt hundertzwanzig Jahre alt. Ich kann nicht mehr in den Kampf ziehen. Auch hat der Herr zu mir gesagt: Du wirst den Jordan hier nicht überschreiten. Der Herr, dein Gott, zieht selbst vor dir hinüber, er selbst vernichtet diese Völker bei deinem Angriff, sodass du ihren Besitz übernehmen kannst. Josua zieht vor dir hinüber, wie es der Herr zugesagt hat. Der Herr wird an ihnen tun, was er an Sihon und Og, den Amoriterkönigen, die er vernichtete, und an ihrem Land getan hat. Der Herr wird sie euch ausliefern: Dann sollt ihr an ihnen genau nach dem Gebot handeln, auf das ich euch verpflichtet habe. Empfangt Macht und Stärke: Fürchtet euch nicht und weicht nicht erschreckt zurück, wenn sie angreifen; denn Lj I der Herr, dein Gott, zieht mit dir. Er lässt dich nicht fallen und verlässt dich nicht. Mose rief Josua herbei und sagte vor den Augen ganz Israels zu ihm: Empfange Macht und Stärke: Du sollst mit diesem Volk in das Land hineinziehen, von dem du weißt: Der Herr hat ihren Vätern geschworen, es ihnen zu geben. Du sollst es an sie als Erbbesitz verteilen. Der Herr selbst zieht vor dir her. Er ist mit dir. Er lässt dich nicht fallen und verlässt dich nicht. Du sollst dich nicht fürchten und keine Angst haben.

Lj I **Lesung** *Ezechiel 2,8–3,4* Du aber, Menschensohn, höre, was ich zu dir sage. Sei nicht widerspenstig wie dieses widerspenstige Volk! Öffne deinen Mund und iss, was ich dir gebe. Und ich sah: Eine Hand war ausgestreckt zu mir; sie hielt eine Buchrolle. Er rollte sie vor mir auf. Sie war innen und außen beschrieben und auf ihr waren Klagen, Seufzer und Weherufe geschrieben. Er sagte zu mir: Menschensohn, iss, was du vor dir hast. Iss diese Rolle! Dann geh und rede zum Haus Israel! Ich öffnete meinen Mund und er ließ mich die Rolle essen. Er sagte zu mir: Menschensohn, gib deinem Bauch zu essen, fülle dein Inneres mit dieser Rolle, die ich dir gebe. Ich aß sie und sie wurde in meinem Mund süß wie Honig. Er sagte zu mir: Geh zum Haus Israel, Menschensohn, und sprich mit meinen Worten zu ihnen!

Evangelium *Matthäus 18,1-5.10.12-14* In jener Stunde kamen die Jünger zu Jesus und fragten: Wer ist im Himmelreich der Größte? Da rief er ein Kind herbei, stellte es in ihre Mitte und sagte: Amen, das sage ich euch: Wenn ihr nicht umkehrt und wie die Kinder werdet, könnt ihr nicht in das Himmelreich kommen. Wer so klein sein kann wie dieses Kind, der ist im Himmelreich der Größte. Und wer ein solches Kind um meinetwillen aufnimmt, der nimmt mich auf.
Hütet euch davor, einen von diesen Kleinen zu verachten! Denn ich sage euch: Ihre Engel im Himmel sehen stets das Angesicht meines himmlischen Vaters.
Was meint ihr? Wenn jemand hundert Schafe hat und eines von ihnen sich verirrt, lässt er dann nicht die neunundneunzig auf den Bergen zurück und sucht das verirrte? Und wenn er es findet – amen, ich sage euch: er freut sich über dieses eine mehr als über die neunundneunzig, die sich nicht verirrt haben. So will auch euer himmlischer Vater nicht, dass einer von diesen Kleinen verloren geht.

Zum Evangelium Im Zentrum dieses Abschnittes steht die Frage nach dem rechten Verhalten derer, die zur Kirche Jesu Christi gehören wollen. Am Anfang steht eine Änderung der Blickrichtung: statt danach zu streben, der Größte zu sein, heißt es, sich selbst klein zu machen. Kinder, die Jesus als Vorbild vor Augen stellt, wurden damals – wie auch heute noch in vielen Ländern der Einen Welt – meist in ihrer Arbeitskraft ausgebeutet und kaum als eigenständige Persönlichkeit respektiert. Gerade denen, die aufgrund ihrer niedrigen sozialen Stellung am wenigsten wert zu sein schienen und von vielen verachtet werden, gilt Gottes besondere Sorge. Dies kann auch zu einem verständnisvollen und nachsichtigen Umgang mit den Menschen führen, die sich nicht den in der Kirche und Gesellschaft herrschenden Normen anpassen wollen oder können. Gerade das abseits der Herde ohne äußere Sicherheit umherirrende Schaf wird von Gott unermüdlich gesucht. Es verlangt auch von uns mehr Rücksicht als die neunundneunzig, die in Sicherheit und Geborgenheit leben.

Mittwoch der 19. Woche im Jahreskreis

Lesung *Deuteronomium 34,1-12* Mose stieg aus den Steppen von Moab hinauf auf den Nebo, den Gipfel des Pisga gegenüber Jericho, und der Herr zeigte ihm das ganze Land. Er zeigte ihm Gilead bis nach Dan hin, ganz Naftali, das Gebiet von Efraim und Manasse, ganz Juda bis zum Mittelmeer, den Negeb und die Jordangegend, den Talgraben von Jericho, der Palmenstadt, bis Zoar. Der Herr sagte zu ihm: Das ist das Land, das ich Abraham, Isaak und Jakob versprochen habe mit dem Schwur: Deinen Nachkommen werde ich es geben. Ich habe es dich mit deinen Augen schauen lassen. Hinüberziehen wirst du nicht. Danach starb Mose, der Knecht des Herrn, dort in Moab, wie es der Herr bestimmt hatte. Man begrub ihn im Tal, in Moab, gegenüber Bet-Pegor. Bis heute kennt niemand sein Grab. Mose war hundertzwanzig Jahre alt, als er starb. Sein Auge war noch nicht getrübt, seine Frische war noch nicht geschwunden. Die Israeliten beweinten Mose dreißig Tage lang in den Steppen von Moab. Danach war die Zeit des Weinens und der Klage um Mose beendet. Josua, der Sohn Nuns, war vom Geist der Weisheit erfüllt, denn Mose hatte ihm die Hände aufgelegt. Die Israeliten hörten auf ihn und taten, was der Herr dem Mose aufgetragen hatte. Lj I

Niemals wieder ist in Israel ein Prophet wie Mose aufgetreten. Ihn hat der Herr Auge in Auge berufen. Keiner ist ihm vergleichbar, wegen all der Zeichen und Wunder, die er in Ägypten im Auftrag des Herrn am Pharao, an seinem ganzen Hof und an seinem ganzen Land getan hat, wegen all der Beweise seiner starken Hand und wegen all der Furcht erregenden und großen Taten, die Mose vor den Augen von ganz Israel vollbracht hat.

Lesung *Ezechiel 9,1-8a; 10,18-22* Gott, der Herr, schrie mir laut in die Ohren: Das Strafgericht über die Stadt ist nahe. Jeder soll sein Werkzeug zum Zertrümmern in die Hand nehmen. Da kamen sechs Männer vom oberen Tor, das im Norden liegt. Jeder hatte sein Werkzeug zum Zertrümmern in der Hand. Unter ihnen war auch ein Mann, der ein leinenes Gewand anhatte; an seinem Gürtel hing Schreibzeug. Sie kamen herein und stellten sich neben den Altar aus Bronze. Lj II

Die Herrlichkeit des Gottes Israels schwebte von den Kerubim, über denen sie war, hinüber zur Schwelle des Tempels. Er rief den Mann, der das leinene Gewand anhatte und an dessen Gürtel das Schreibzeug hing. Der Herr sagte zu ihm: Geh mitten durch die Stadt Jerusalem und schreib ein T auf die Stirn aller Männer, die über die in der Stadt begangenen Gräueltaten seufzen und stöhnen.
Und ich hörte, wie er zu den anderen sagte: Geht hinter ihm her durch die Stadt und schlagt zu! Euer Auge soll kein Mitleid zeigen, gewährt keine Schonung! Alt und jung, Mädchen, Kinder und Frauen sollt ihr erschlagen und umbringen. Doch von denen, die das T auf der Stirn haben, dürft ihr keinen anrühren. Beginnt in meinem Heiligtum! Da begannen sie bei den Ältesten, die vor dem Tempel standen. Er sagte zu ihnen: Macht den Tempel unrein, füllt seine Höfe mit Erschlagenen! Dann geht hinaus und schlagt in der Stadt zu! Sie schlugen zu und ich allein blieb übrig.
Da verließ die Herrlichkeit des Herrn die Schwelle des Tempels und nahm wieder ihren Platz über den Kerubim ein. Die Kerubim bewegten ihre Flügel und hoben sich vor meinen Augen vom Boden empor. Sie gingen hinaus und die Räder liefen an ihrer Seite mit. Vor dem östlichen Tor am Haus des Herrn blieben sie stehen. Und die Herrlichkeit des Gottes Israels schwebte über ihnen. Es waren die Lebewesen, die ich unter dem Thron des Gottes Israels am Fluss Kebar gesehen hatte, und ich erkannte, dass es Kerubim waren. Jedes dieser Lebewesen hatte vier Gesichter und vier Flügel. Unter ihren Flügeln hatten sie etwas, das wie Menschenhände aussah. Ihre Gesichter glichen den Gesichtern, die ich am Fluss Kebar gesehen hatte. Jedes Lebewesen ging in die Richtung, in die eines seiner Gesichter wies.

Evangelium *Matthäus 18,15-20* In jener Zeit sprach Jesus zu seinen Jüngern: Wenn dein Bruder sündigt, dann geh zu ihm und weise ihn unter vier Augen zurecht. Hört er auf dich, so hast du deinen Bruder zurückgewonnen. Hört er aber nicht auf dich, dann nimm einen oder zwei Männer mit, denn jede Sache muss durch die Aussage von zwei oder drei Zeugen entschieden werden. Hört er auch auf sie nicht, dann sag es der Gemeinde. Hört er aber auch auf die Gemeinde nicht, dann sei er für dich wie ein Heide oder ein Zöllner.
Amen, ich sage euch: Alles, was ihr auf Erden binden werdet, das wird auch im Himmel gebunden sein und alles, was ihr auf Erden lösen werdet, das wird auch im Himmel gelöst sein. Weiter sage ich euch: Alles, was zwei von euch auf Erden gemeinsam erbitten, werden sie von meinem himmlischen Vater erhalten. Denn wo zwei oder drei in meinem Namen versammelt sind, da bin ich mitten unter ihnen.

Zum Evangelium Matthäus versucht, Verfahrensregeln für den Umgang mit Streit und Schuld in der christlichen Gemeinde festzulegen.

Christliche Gemeinde ist nicht Verdoppelung der Gesellschaft mit ihren Rangplätzen von oben nach unten. Sie ist der Raum, in dem Kleines genauso Platz hat wie Großes. Deshalb wird der, der am anderen schuldig wird, weiterhin „Bruder" genannt. Seine christliche Berufung geht nicht verloren, wenn er die Gemeinschaft verletzt. Er soll aufgesucht statt ausgestoßen, aufgenommen statt abgelehnt werden. Dem Verletzten wird zugetraut, das Gespräch mit dem zu suchen, der an ihm schuldig geworden ist. Zurechtweisen ja, aber im Sinnes eines Zu-Recht-Weisen in das Recht des Himmelreichs: das Recht der Barmherzigkeit. Erst wenn das Zwiegespräch ohne Ergebnis bleibt, werden Zeugen zur Klärung hinzugezogen. Im dritten Schritt kommt die Gemeinde ins Spiel, um dem Schuldiggewordenen bewusst zu machen, dass er mit seinem Verhalten die ganze Gemeinschaft verletzt. Doch manchmal reicht die Brücke nicht bis zum anderen Ufer. Der Betroffene schließt sich selbst aus. Drastisch formuliert Matthäus: Er sei für dich „wie ein Heide und Zöllner". Eine unumkehrbare Ausgrenzung würde aber allem widersprechen, was Jesus gelebt hat. Die christliche Gemeinde öffnet Türen, auch dem, der sie von sich aus zugeschlagen hat. Und am Ende steht die Verheißung, dass Gott hört und erhört, wenn zwei, die vorher uneins waren, im Gebet eins werden. Die Kraft der Vergebung, die von Gott ausgeht, ist unerschöpflich.

Donnerstag der 19. Woche im Jahreskreis

Lesung *Josua 3,7-10a.11.13-17* In jenen Tagen sagte der Herr zu Josua: **Lj I**
Heute fange ich an, dich vor den Augen ganz Israels groß zu machen, damit alle erkennen, dass ich mit dir sein werde, wie ich mit Mose gewesen bin. Du aber sollst den Priestern, die die Bundeslade tragen, befehlen: Wenn ihr zum Ufer des Jordan kommt, geht in den Jordan hinein und bleibt dort stehen!
Darauf sagte Josua zu den Israeliten: Kommt her und hört die Worte des Herrn, eures Gottes! Dann sagte Josua: Daran sollt ihr erkennen, dass ein lebendiger Gott mitten unter euch ist: Er wird die Kanaaniter vor euren Augen vertreiben. Seht, die Bundeslade des Herrn der ganzen Erde zieht vor euch her durch den Jordan. Sobald die Füße der Priester, die die Lade des Herrn tragen, des Herrn der ganzen Erde, im Wasser des Jordan stehen, wird das Wasser des Jordan, das von oben herabkommt, wie abgeschnitten sein und wie ein Wall dastehen.
Als dann das Volk seine Zelte verließ und aufbrach, um den Jordan zu überschreiten, gingen die Priester, die die Bundeslade trugen, an der Spitze des Volkes. Und als die Träger der Lade an den Jordan kamen und die Füße der Priester, die die Lade trugen, das Wasser berührten – der Jordan war aber während der ganzen Erntezeit über alle Ufer getreten –, da blieben die Fluten des Jordan stehen. Das von oben herabkommende Wasser stand wie ein Wall in weiter Entfernung, bei der Stadt Adam, die in der Nähe von Zaretan liegt. Die

zum Meer der Araba, zum Salzmeer, hinabfließenden Fluten dagegen liefen vollständig ab und das Volk zog Jericho gegenüber durch den Jordan.
Die Priester, die die Bundeslade des Herrn trugen, standen, während ganz Israel trockenen Fußes hindurchzog, fest und sicher mitten im Jordan auf trockenem Boden, bis das ganze Volk den Jordan durchschritten hatte.

Lj II **Lesung** *Ezechiel 12,1-12* Das Wort des Herrn erging an mich: Menschensohn, du wohnst mitten unter einem widerspenstigen Volk, das Augen hat, um zu sehen, und doch nicht sieht, das Ohren hat, um zu hören, und doch nicht hört; denn sie sind ein widerspenstiges Volk.
Du, Menschensohn, pack deine Sachen, als würdest du verschleppt, und geh am hellen Tag vor ihren Augen weg, als ob du vor ihren Augen von deinem Wohnsitz an einen andern verschleppt würdest. Vielleicht sehen sie es; aber sie sind ja ein widerspenstiges Volk. Trag dein Gepäck bei Tag vor ihren Augen hinaus wie ein Mann, der verschleppt wird. Am Abend aber geh selbst vor ihren Augen hinaus wie die Leute, die in die Verbannung ziehen.
Brich dir vor ihren Augen ein Loch in die Wand und kriech hindurch! Vor ihren Augen nimm das Gepäck auf die Schulter! Bring es in der Dunkelheit weg! Verhülle dein Gesicht, damit du das Land nicht mehr siehst. Denn ich habe dich zum Mahnzeichen für das Haus Israel gemacht.
Ich tat, was mir befohlen wurde. Bei Tag trug ich mein Gepäck hinaus wie ein Mann, der verschleppt wird. Am Abend brach ich mit den Händen ein Loch durch die Wand; in der Dunkelheit kroch ich hindurch. Dann nahm ich vor ihren Augen das Gepäck auf die Schulter.
Am nächsten Morgen erging das Wort des Herrn an mich: Menschensohn, hat nicht das Haus Israel, das widerspenstige Volk, zu dir gesagt: Was machst du da? Sag zu ihnen: So spricht Gott, der Herr: Dieses drohende Wort gilt dem Fürsten von Jerusalem und dem ganzen Volk Israel, das in Jerusalem wohnt. Sag: Ich bin ein Mahnzeichen für euch: Was ich getan habe, das wird mit ihnen geschehen; in die Verbannung, in die Gefangenschaft werden sie ziehen. Ihr Fürst wird in der Dunkelheit sein Gepäck auf die Schulter nehmen und hinausgehen. In die Mauer wird man ein Loch brechen, um hindurchzugehen. Er wird sein Gesicht verhüllen, um mit seinen Augen das Land nicht zu sehen.

Evangelium *Matthäus 18,21–19,1* In jener Zeit trat Petrus zu Jesus und fragte: Herr, wie oft muss ich meinem Bruder vergeben, wenn er sich gegen mich versündigt? Siebenmal? Jesus sagte zu ihm: Nicht siebenmal, sondern siebenundsiebzigmal.
Mit dem Himmelreich ist es deshalb wie mit einem König, der beschloss, von seinen Dienern Rechenschaft zu verlangen. Als er nun mit der Abrechnung begann, brachte man einen zu ihm, der ihm zehntausend Talente schuldig war. Weil er aber das Geld nicht zurückzahlen konnte, befahl der

Herr, ihn mit Frau und Kindern und allem, was er besaß, zu verkaufen und so die Schuld zu begleichen. Da fiel der Diener vor ihm auf die Knie und bat: Hab Geduld mit mir! Ich werde dir alles zurückzahlen. Der Herr hatte Mitleid mit dem Diener, ließ ihn gehen und schenkte ihm die Schuld.
Als nun der Diener hinausging, traf er einen anderen Diener seines Herrn, der ihm hundert Denare schuldig war. Er packte ihn, würgte ihn und rief: Bezahl, was du mir schuldig bist!
Da fiel der andere vor ihm nieder und flehte: Hab Geduld mit mir! Ich werde es dir zurückzahlen. Er aber wollte nicht, sondern ging weg und ließ ihn ins Gefängnis werfen, bis er die Schuld bezahlt habe. Als die übrigen Diener das sahen, waren sie sehr betrübt; sie gingen zu ihrem Herrn und berichteten ihm alles, was geschehen war.
Da ließ ihn sein Herr rufen und sagte zu ihm: Du elender Diener! Deine ganze Schuld habe ich dir erlassen, weil du mich so angefleht hast. Hättest nicht auch du mit jenem, der gemeinsam mit dir in meinem Dienst steht, Erbarmen haben müssen, so wie ich mit dir Erbarmen hatte? Und in seinem Zorn übergab ihn der Herr den Folterknechten, bis er die ganze Schuld bezahlt habe. Ebenso wird mein himmlischer Vater jeden von euch behandeln, der seinem Bruder nicht von ganzem Herzen vergibt.
Als Jesus diese Reden beendet hatte, verließ er Galiläa und zog in das Gebiet von Judäa jenseits des Jordan.

Zum Evangelium Der Talmud schrieb vor, täglich dreimal zu vergeben. Petrus weiß, als Jünger Jesu muss man mindestens doppelt so viel vergeben. Und Jesus? Er hebt die Vergebung aus dem Bereich des gesetzlichen Maßes heraus. Vergebung ist eine Frage der Liebe, Liebe zählt und zirkelt nicht ab. Liebe kennt kein äußeres Muss, sie handelt nach einem inneren Muss. Wie der König im Gleichnis, der einem über die Maßen Verschuldeten, bei dem jede reale Rückerstattung eine Illusion ist, die komplette Schuld erlässt. Der aber wird durch die Güte des Gebers kein Anderer, sondern verfügt über einen Mitknecht wegen einer geringfügigen Schuld streng nach Recht und Gesetz. – Wer Barmherzigkeit empfängt und seinerseits nicht barmherzig ist, spricht sich selbst das Urteil. Wir leben von Gottes Vergebung. Wir sind siebenmal siebzigmal, das heißt maßlos, auf sie angewiesen. „Jesu Lockruf heißt: Lass laufen, vergib, rechne nicht auf, gib mehr als nötig ...“ (Traugott Giesen).

Freitag der 19. Woche im Jahreskreis

Lesung *Josua 24,1-13* In jenen Tagen versammelte Josua alle Stämme Israels in Sichem; er rief die Ältesten Israels, seine Oberhäupter, Richter und Listenführer zusammen und sie traten vor Gott hin. **Lj I**
Josua sagte zum ganzen Volk: So spricht der Herr, der Gott Israels: Jenseits des Stroms wohnten eure Väter von Urzeiten an Terach, der Vater Abrahams

und der Vater Nahors und dienten anderen Göttern. Da holte ich euren Vater Abraham von jenseits des Stroms und ließ ihn durch das ganze Land Kanaan ziehen. Ich schenkte ihm zahlreiche Nachkommenschaft und gab ihm Isaak. Dem Isaak gab ich Jakob und Esau und ich verlieh Esau das Bergland Seïr, damit er es in Besitz nahm. Jakob aber und seine Söhne zogen nach Ägypten hinab.
Dann sandte ich Mose und Aaron und strafte Ägypten durch das, was ich in Ägypten tat. Danach habe ich euch herausgeführt; ich führte eure Väter heraus aus Ägypten und ihr seid ans Meer gekommen. Die Ägypter aber verfolgten eure Väter mit Wagen und Pferden bis zum Schilfmeer. Da schrien eure Väter zum Herrn und er legte zwischen euch und die Ägypter eine Finsternis und ließ das Meer über sie kommen, sodass es sie überflutete. Mit eigenen Augen habt ihr gesehen, was ich in Ägypten getan habe. Dann habt ihr euch lange in der Wüste aufgehalten.
Ich brachte euch in das Land der Amoriter, die jenseits des Jordan wohnten. Sie kämpften mit euch, aber ich gab sie in eure Gewalt; ihr habt ihr Land in Besitz genommen und ich habe sie euretwegen vernichtet. Dann erhob sich der König Balak von Moab, der Sohn Zippors, und kämpfte gegen Israel. Er schickte Boten zu Bileam, dem Sohn Beors, und ließ ihn rufen, damit er euch verflucht. Ich aber wollte keinen Fluch von Bileam hören. Darum musste er euch segnen und ich rettete euch aus seiner Gewalt.
Dann habt ihr den Jordan durchschritten und seid nach Jericho gekommen; die Bürger von Jericho kämpften gegen euch, ebenso die Amoriter, die Perisiter, die Kanaaniter, die Hetiter, die Girgaschiter, die Hiwiter und die Jebusiter und ich gab sie in eure Gewalt. Ich habe Panik vor euch hergeschickt. Sie trieb die beiden Könige der Amoriter vor euch her; das geschah nicht durch dein Schwert und deinen Bogen.
Ich gab euch ein Land, um das ihr euch nicht bemüht hattet, und Städte, die ihr nicht erbaut hattet. Ihr habt in ihnen gewohnt und ihr habt von Weinbergen und Ölbäumen gegessen, die ihr nicht gepflanzt hattet.

Lj II **Lesung** *Ezechiel 16,1-15.60.63* Das Wort des Herrn erging an mich: Menschensohn, mach Jerusalem seine Gräueltaten bewusst! Sag: So spricht Gott, der Herr, zu Jerusalem: Deiner Herkunft und deiner Geburt nach stammst du aus dem Land der Kanaaniter. Dein Vater war ein Amoriter, deine Mutter eine Hetiterin. Bei deiner Geburt, als du geboren wurdest, hat man deine Nabelschnur nicht abgeschnitten. Man hat dich nicht mit Wasser abgewaschen, nicht mit Salz eingerieben, nicht in Windeln gewickelt. Nichts von all dem hat man getan, kein Auge zeigte dir Mitleid, niemand übte Schonung an dir, sondern am Tag deiner Geburt hat man dich auf freiem Feld ausgesetzt, weil man dich verabscheute.
Da kam ich an dir vorüber und sah dich in deinem Blut zappeln; und ich sagte zu dir, als du blutverschmiert dalagst: Bleib am Leben! Wie eine

Blume auf der Wiese ließ ich dich wachsen. Und du bist herangewachsen, bist groß geworden und herrlich aufgeblüht. Deine Brüste wurden fest; dein Haar wurde dicht. Doch du warst nackt und bloß. Da kam ich an dir vorüber und sah dich, und siehe, deine Zeit war gekommen, die Zeit der Liebe. Ich breitete meinen Mantel über dich und bedeckte deine Nacktheit. Ich leistete dir den Eid und ging mit dir einen Bund ein – Spruch Gottes, des Herrn – und du wurdest mein. Dann habe ich dich gebadet, dein Blut von dir abgewaschen und dich mit Öl gesalbt. Ich kleidete dich in bunte Gewänder, zog dir Schuhe aus Tahasch-Leder an und hüllte dich in Leinen und kostbare Gewänder. Ich legte dir prächtigen Schmuck an, legte dir Spangen an die Arme und eine Kette um den Hals. Deine Nase schmückte ich mit einem Reif, Ohrringe hängte ich dir an die Ohren und setzte dir eine herrliche Krone auf. Mit Gold und Silber konntest du dich schmücken, in Byssus, Seide und bunte Gewebe dich kleiden. Feinmehl, Honig und Öl war deine Nahrung. So wurdest du strahlend schön und wurdest sogar Königin. Der Ruf deiner Schönheit drang zu allen Völkern; denn mein Schmuck, den ich dir anlegte, hatte deine Schönheit vollkommen gemacht – Spruch Gottes, des Herrn. Doch dann hast du dich auf deine Schönheit verlassen, du hast deinen Ruhm missbraucht und dich zur Dirne gemacht. Jedem, der vorbeiging, hast du dich angeboten, jedem bist du zu Willen gewesen.
Aber ich will meines Bundes gedenken, den ich mit dir in deiner Jugend geschlossen habe, und will einen ewigen Bund mit dir eingehen. Dann sollst du dich erinnern, sollst dich schämen und vor Scham nicht mehr wagen, den Mund zu öffnen, weil ich dir alles vergebe, was du getan hast – Spruch Gottes, des Herrn.

Evangelium *Matthäus 19,3-12* In jener Zeit kamen Pharisäer zu Jesus, die ihm eine Falle stellen wollten, und fragten: Darf man seine Frau aus jedem beliebigen Grund aus der Ehe entlassen? Er antwortete: Habt ihr nicht gelesen, dass der Schöpfer die Menschen am Anfang als Mann und Frau geschaffen hat und dass er gesagt hat: Darum wird der Mann Vater und Mutter verlassen und sich an seine Frau binden und die zwei werden ein Fleisch sein? Sie sind also nicht mehr zwei, sondern eins. Was aber Gott verbunden hat, das darf der Mensch nicht trennen.
Da sagten sie zu ihm: Wozu hat dann Mose vorgeschrieben, dass man der Frau eine Scheidungsurkunde geben muss, wenn man sich trennen will? Er antwortete: Nur weil ihr so hartherzig seid, hat Mose euch erlaubt, eure Frauen aus der Ehe zu entlassen. Am Anfang war das nicht so. Ich sage euch: Wer seine Frau entlässt, obwohl kein Fall von Unzucht vorliegt, und eine andere heiratet, der begeht Ehebruch.
Da sagten die Jünger zu ihm: Wenn das die Stellung des Mannes in der Ehe ist, dann ist es nicht gut zu heiraten. Jesus sagte zu ihnen: Nicht alle können

dieses Wort erfassen, sondern nur die, denen es gegeben ist. Denn es ist so: Manche sind von Geburt an zur Ehe unfähig, manche sind von den Menschen dazu gemacht und manche haben sich selbst dazu gemacht – um des Himmelreiches willen. Wer das erfassen kann, der erfasse es.

Zum Evangelium Mahatma Gandhi sagte einmal, an der Stellung der Frau zeige sich, ob eine Gesellschaft human oder inhuman sei. Zur Zeit Jesu war die Frau dem Mann untergeordnet. Sie war sein Eigentum. Er war Herr der Ehe und hatte das Recht, sie aus triftigen Gründen zu „entlassen". Eine „entlassene" Frau war arm dran. Sie ging entweder in ihre Familie zurück, war das nicht möglich, musste sie sich oft als Hure verdingen. Eine „entlassene" Frau wollte keiner mehr heiraten, denn „koch nicht in dem Topf, in dem schon ein anderer gekocht hat". In dieses Umfeld hinein sagt Jesus: „Wer seine Frau entlässt und eine andere heiratet, der bricht an ihr die Ehe." Dieser Satz durchschlägt das gesamte Denk- und Rechtsgebäude der Männer. Für Jesus ist die Gleichwertigkeit von Mann und Frau in der Schöpfungsordnung Gottes grundgelegt (Gen 1,27). Erst gemeinsam bilden sie die Ganzheit des von Gott geliebten Menschen ab. Wer diese Liebe scheidet, verletzt die Schöpfung Gottes. Doch die Herzenshärte der Männer hat die Würde der Frau missbraucht. Dann ist nicht Liebe, dann ist Unterdrückung, und dann kann Scheidung das „kleinere Übel" sein.

Samstag der 19. Woche im Jahreskreis

Lj I **Lesung** *Josua 24,14-29* In jenen Tagen sprach Josua zum Volk: Fürchtet den Herrn und dient ihm in vollkommener Treue. Schafft die Götter fort, denen eure Väter jenseits des Stroms und in Ägypten gedient haben, und dient dem Herrn! Wenn es euch aber nicht gefällt, dem Herrn zu dienen, dann entscheidet euch heute, wem ihr dienen wollt: den Göttern, denen eure Väter jenseits des Stroms dienten, oder den Göttern der Amoriter, in deren Land ihr wohnt. Ich aber und mein Haus, wir wollen dem Herrn dienen.

Das Volk antwortete: Das sei uns fern, dass wir den Herrn verlassen und anderen Göttern dienen. Denn der Herr, unser Gott, war es, der uns und unsere Väter aus dem Sklavenhaus Ägypten herausgeführt hat und der vor unseren Augen alle die großen Wunder getan hat. Er hat uns beschützt auf dem ganzen Weg, den wir gegangen sind, und unter allen Völkern, durch deren Gebiet wir gezogen sind. Der Herr hat alle Völker vertrieben, auch die Amoriter, die vor uns im Land wohnten. Auch wir wollen dem Herrn dienen; denn er ist unser Gott.

Da sagte Josua zum Volk: Ihr seid nicht imstande, dem Herrn zu dienen, denn er ist ein heiliger Gott, ein eifersüchtiger Gott; er wird euch eure Frevel und eure Sünden nicht verzeihen. Wenn ihr den Herrn verlasst und fremden Göttern dient, dann wird er sich von euch abwenden, wird Unglück über

euch bringen und euch ein Ende bereiten, obwohl er euch zuvor Gutes getan hat. Das Volk aber sagte zu Josua: Nein, wir wollen dem Herrn dienen.
Josua antwortete dem Volk: Ihr seid Zeugen gegen euch selbst, dass ihr euch für den Herrn und für seinen Dienst entschieden habt. Sie antworteten: Das sind wir. Schafft also jetzt die fremden Götter ab, die noch bei euch sind, und neigt eure Herzen dem Herrn zu, dem Gott Israels! Das Volk sagte zu Josua: Dem Herrn, unserem Gott, wollen wir dienen und auf seine Stimme hören.
So schloss Josua an jenem Tag einen Bund für das Volk und gab dem Volk Gesetz und Recht in Sichem. Josua schrieb alle diese Worte in das Buch des Gesetzes Gottes und er nahm einen großen Stein und stellte ihn in Sichem unter der Eiche auf, die im Heiligtum des Herrn steht. Dabei sagte er zu dem ganzen Volk: Seht her, dieser Stein wird ein Zeuge sein gegen uns; denn er hat alle Worte des Herrn gehört, die er zu uns gesprochen hat. Er soll ein Zeuge sein gegen euch, damit ihr euren Gott nicht verleugnet. Dann entließ Josua das Volk, einen jeden in seinen Erbbesitz. Nach diesen Ereignissen starb Josua, der Sohn Nuns, der Knecht des Herrn, im Alter von hundertzehn Jahren.

Lesung *Ezechiel 18,1-10.13b.30-32* Das Wort des Herrn erging an mich: **Lj II**
Wie kommt ihr dazu, im Land Israel das Sprichwort zu gebrauchen: Die Väter essen saure Trauben und den Söhnen werden die Zähne stumpf?
So wahr ich lebe – Spruch Gottes, des Herrn –, keiner von euch in Israel soll mehr dieses Sprichwort gebrauchen. Alle Menschenleben sind mein Eigentum, das Leben des Vaters ebenso wie das Leben des Sohnes, sie gehören mir. Nur wer sündigt, soll sterben.
Ist jemand gerecht, so handelt er nach Recht und Gerechtigkeit. Er hält auf den Bergen keine Opfermahlzeiten ab. Er blickt nicht zu den Götzen des Hauses Israel auf. Er schändet nicht die Frau seines Nächsten. Einer Frau tritt er nicht nahe während ihrer Blutung. Er unterdrückt niemand. Er gibt dem Schuldner das Pfand zurück. Er begeht keinen Raub. Dem Hungrigen gibt er von seinem Brot und den Nackten bekleidet er. Er leiht nicht gegen Zins und treibt keinen Wucher. Er hält seine Hand vom Unrecht fern. Zwischen Streitenden fällt er ein gerechtes Urteil. Er lebt nach meinen Gesetzen, er achtet auf meine Rechtsvorschriften und befolgt sie treu. Er ist gerecht und deshalb wird er am Leben bleiben – Spruch Gottes, des Herrn. Angenommen aber, er zeugt einen Sohn, der gewalttätig wird, der Blut vergießt oder eine andere von diesen Sünden begeht, soll der dann am Leben bleiben? Er soll nicht am Leben bleiben. Er hat alle diese Gräueltaten verübt, darum muss er sterben. Er ist selbst schuld an seinem Tod.
Ich will euch richten, jeden nach seinem Verhalten, ihr vom Haus Israel – Spruch Gottes, des Herrn. Kehrt um, wendet euch ab von all euren Vergehen! Sie sollen für euch nicht länger der Anlass sein, in Sünde zu fallen. Werft alle

Vergehen von euch, die ihr verübt habt! Schafft euch ein neues Herz und einen neuen Geist! Warum wollt ihr sterben, ihr vom Haus Israel? Ich habe doch kein Gefallen am Tod dessen, der sterben muss – Spruch Gottes, des Herrn. Kehrt um, damit ihr am Leben bleibt.

Evangelium *Matthäus 19,13-15* In jener Zeit brachte man Kinder zu Jesus, damit er ihnen die Hände auflegte und für sie betete. Die Jünger aber wiesen die Leute schroff ab.
Doch Jesus sagte: Lasst die Kinder zu mir kommen; hindert sie nicht daran! Denn Menschen wie ihnen gehört das Himmelreich. Dann legte er ihnen die Hände auf und zog weiter.

Zum Evangelium Von Erwachsenen erwartet man planvolles, vernünftiges, zielstrebiges Handeln. Kindsein dagegen verbinden wir mit Absichtslosigkeit und Spontaneität. Kinder können mit keiner Leistung oder Stellung aufwarten, und gerade sie stehen für die Letzten, die Gott in der ersten Reihe sitzen lässt. Diesen „kindlichen", nicht durch Absichten und Strategien angespannten Menschen gehört das Himmelreich. Himmelreich ist nicht nur Jenseitiges. Himmel leuchtet schon hier und jetzt auf, wo Menschen ihn nicht durch ihre Eigendrehung verschatten. Kindsein heißt: leben dürfen, was Gott in uns angelegt hat. Das befreit davon, sich allzu sehr nach äußeren Maßstäben zu richten, wie: Was bin ich in den Augen anderer? Wie muss ich sein, dass sie mich mögen, dass ich Erfolg habe ... ? „Empfangen zu können, darauf kommt es an" (Susanne Krahe). Kinder können empfangen, sich beschenken lassen – darauf kommt es an!

20. Woche im Jahreskreis

Montag der 20. Woche im Jahreskreis

Lj I **Lesung** *Richter 2,11-19* Die Israeliten taten, was dem Herrn missfiel, und dienten den Baalen. Sie verließen den Herrn, den Gott ihrer Väter, der sie aus Ägypten herausgeführt hatte, und liefen anderen Göttern nach, den Göttern der Völker, die rings um sie wohnen. Sie warfen sich vor ihnen nieder und erzürnten dadurch den Herrn. Als sie den Herrn verließen und dem Baal und den Astarten dienten, entbrannte der Zorn des Herrn gegen Israel. Er gab sie in die Gewalt von Räubern, die sie ausplünderten, und lieferte sie der Gewalt ihrer Feinde ringsum aus, sodass sie ihren Feinden keinen Widerstand mehr leisten konnten. Sooft sie auch in den Krieg zogen, war die Hand des Herrn gegen sie, und sie hatten kein Glück, wie der Herr gesagt und ihnen geschworen hatte. So gerieten sie in große Not. Der Herr aber setzte Richter ein, die sie aus der Gewalt der Räuber befreiten. Doch sie gehorchten auch ihren Richtern nicht, sondern gaben sich anderen Göttern hin und warfen sich vor ihnen nieder. Rasch wichen sie von dem Weg ab, den ihre Väter, den Geboten des Herrn gehorsam, gegangen waren. Sie handelten nicht so (wie ihre Väter). Wenn aber der Herr bei ihnen Richter einsetzte, dann war der Herr mit dem Richter und rettete die Israeliten aus der Gewalt ihrer Feinde, solange der Richter lebte; denn der Herr hatte Mitleid mit ihnen, wenn sie über ihre Feinde und Unterdrücker klagten. Sobald aber der Richter gestorben war, wurden sie rückfällig und trieben es noch schlimmer als ihre Väter, liefen anderen Göttern nach, dienten ihnen und warfen sich vor ihnen nieder. Sie ließen nicht ab von ihrem bösen Treiben und von ihrem störrischen Verhalten.

Lesung *Ezechiel 24,15-24* Das Wort des Herrn erging an mich: Menschensohn, ich nehme dir die Freude deiner Augen durch einen jähen Tod. Doch du sollst weder klagen noch weinen. Keine Träne darfst du vergießen, nur leise stöhnen. Keine Trauerfeier sollst du halten. Binde deinen Kopfbund um und zieh deine Schuhe an! Verhülle deinen Bart nicht, und iss kein Trauerbrot! **Lj II**

Ich redete am Morgen zum Volk. Meine Frau starb am Abend und ich tat am Morgen, was mir befohlen war. Da sagte das Volk zu mir: Willst du uns nicht erklären, was dein Verhalten für uns zu bedeuten hat?

Ich antwortete ihnen: Das Wort des Herrn ist an mich ergangen. Sag zum Haus Israel: So spricht Gott, der Herr: Ich will mein Heiligtum entweihen, den Zufluchtsort, auf den ihr so stolz seid, die Freude eurer Augen und die Sehnsucht eurer Seele. Eure Söhne und Töchter, die ihr zurückgelassen habt, werden unter dem Schwert fallen. Dann werdet ihr genauso handeln wie ich: Ihr werdet den Bart nicht verhüllen und kein Trauerbrot essen. Euren Kopfbund werdet ihr auf dem Kopf behalten und eure Schuhe an den Füßen. Ihr werdet weder klagen noch weinen, sondern wegen eurer Sünden dahinsiechen und miteinander stöhnen.

Ezechiel wird ein Mahnzeichen für euch sein. Genauso wie er gehandelt hat, werdet ihr handeln; wenn das eintrifft, werdet ihr erkennen, dass ich Gott, der Herr, bin.

Evangelium *Matthäus 19,16-22* In jener Zeit kam ein Mann zu Jesus und fragte: Meister, was muss ich Gutes tun, um das ewige Leben zu gewinnen? Er antwortete: Was fragst du mich nach dem Guten? Nur einer ist „der Gute". Wenn du aber das Leben erlangen willst, halte die Gebote!

Darauf fragte er ihn: Welche? Jesus antwortete: Du sollst nicht töten, du sollst nicht die Ehe brechen, du sollst nicht stehlen, du sollst nicht falsch aussagen; ehre Vater und Mutter! Und: Du sollst deinen Nächsten lieben wie dich selbst!

Der junge Mann erwiderte ihm: Alle diese Gebote habe ich befolgt. Was fehlt mir jetzt noch?

Jesus antwortete ihm: Wenn du vollkommen sein willst, geh, verkauf deinen Besitz und gib das Geld den Armen; so wirst du einen bleibenden Schatz im Himmel haben; dann komm und folge mir nach. Als der junge Mann das hörte, ging er traurig weg; denn er hatte ein großes Vermögen.

Zum Evangelium „Was muss ich Gutes tun?" Die Frage des reichen jungen Mannes könnte Leitfrage für jeden Tag unseres Lebens werden. So wie jeder Tag seine eigenen Sorgen hat, bietet jeder Tag viele Möglichkeiten Gutes zu tun. Es müssen nicht spektakuläre Dinge sein, vielleicht ist es ein Lächeln, eine kleine Zärtlichkeit, ein freundliches Wort, eine solidarische Geste. Das macht uns noch nicht vollkommen, aber ein bisschen gütiger. Der junge Mann will vollkommen sein. Jesus rät ihm, seinen Besitz zu verkaufen, das Geld den Armen zu geben und dafür einen bleibenden Schatz im Himmel zu gewinnen, damit Gott die allein bestimmende Größe seines Lebens wird. Wie schwer das ist, zeigt die Reaktion des Mannes. Er wird traurig, denn das hieße, sein Leben radikal zu verändern. Vielleicht aber ist gerade die Traurigkeit, die uns im Nachdenken über unser kleinen und großen Unvollkommenheiten heimsucht, der Anstoß für den nächsten Schritt, konsequenter in Jesu Fußspuren zu treten.
Was kann ich heute Gutes tun?

Dienstag der 20. Woche im Jahreskreis

Lj I **Lesung** *Richter 6,11-24a* In jenen Tagen kam der Engel des Herrn und setzte sich unter die Eiche bei Ofra, die dem Abiësriter Joasch gehörte. Sein Sohn Gideon war gerade dabei, in der Kelter Weizen zu dreschen, um ihn vor Midian in Sicherheit zu bringen. Da erschien ihm der Engel des Herrn und sagte zu ihm: Der Herr sei mit dir, starker Held. Doch Gideon sagte zu ihm: Ach, mein Herr, ist der Herr wirklich mit uns? Warum hat uns dann all das getroffen? Wo sind alle seine wunderbaren Taten, von denen uns unsere Väter erzählt haben? Sie sagten doch: Wirklich, der Herr hat uns aus Ägypten heraufgeführt. Jetzt aber hat uns der Herr verstoßen und uns der Faust Midians preisgegeben. Da wandte sich der Herr ihm zu und sagte: Geh und befrei mit der Kraft, die du hast, Israel aus der Faust Midians! Ja, ich sende dich. Er entgegnete ihm: Ach, mein Herr, womit soll ich Israel befreien? Sieh doch, meine Sippe ist die schwächste in Manasse und ich bin der Jüngste im Haus meines Vaters. Doch der Herr sagte zu ihm: Weil ich mit dir bin, wirst du Midian schlagen, als wäre es nur ein Mann.
Gideon erwiderte ihm: Wenn ich dein Wohlwollen gefunden habe, dann gib mir ein Zeichen dafür, dass du selbst es bist, der mit mir redet. Entfern dich doch nicht von hier, bis ich zu dir zurückkomme; ich will eine Gabe für dich holen und sie vor dich hinlegen. Er sagte: Ich werde bleiben, bis du zurückkommst. Gideon ging ins Haus hinein und bereitete ein Ziegenböckchen zu sowie ungesäuerte Brote von einem Efa Mehl. Er legte das

Fleisch in einen Korb, tat die Brühe in einen Topf, brachte beides zu ihm hinaus unter die Eiche und setzte es ihm vor. Da sagte der Engel Gottes zu ihm: Nimm das Fleisch und die Brote, und leg sie hier auf den Felsen, die Brühe aber gieß weg! Gideon tat es. Der Engel des Herrn streckte den Stab aus, den er in der Hand hatte, und berührte mit seiner Spitze das Fleisch und die Brote. Da stieg Feuer von dem Felsblock auf und verzehrte das Fleisch und die Brote. Der Engel des Herrn aber war Gideons Augen entschwunden.

Als nun Gideon sah, dass es der Engel des Herrn gewesen war, sagte er: Weh mir, Herr und Gott, ich habe den Engel des Herrn von Angesicht zu Angesicht gesehen. Der Herr erwiderte ihm: Friede sei mit dir! Fürchte dich nicht, du wirst nicht sterben. Gideon errichtete an jener Stelle einen Altar für den Herrn und nannte ihn: Der Herr ist Friede.

Lesung *Ezechiel 28,1-10* Das Wort des Herrn erging an mich: Menschensohn, sag zum Fürsten von Tyrus: So spricht Gott, der Herr: Dein Herz war stolz und du sagtest: Ich bin ein Gott, einen Wohnsitz für Götter bewohne ich mitten im Meer. Doch du bist nur ein Mensch und kein Gott, obwohl du im Herzen geglaubt hast, dass du wie Gott bist. Gewiss, du bist weiser als Daniel. Kein Geheimnis war dir zu dunkel. Durch deine Weisheit und Einsicht schufst du dir Reichtum. Mit Gold und Silber fülltest du deine Kammern. Durch deine gewaltige Weisheit, durch deinen Handel hast du deinen Reichtum vermehrt. Doch dein Herz wurde stolz wegen all deines Reichtums. Lj II

Darum – so spricht Gott, der Herr: Weil du im Herzen geglaubt hast, dass du wie Gott bist, darum schicke ich Fremde gegen dich, tyrannische Völker. Sie zücken das Schwert gegen all deine prächtige Weisheit, entweihen deinen strahlenden Glanz. Man stößt dich hinab in das Grab; wie einer durchbohrt wird und stirbt, so stirbst du mitten im Meer. Willst du dann angesichts deiner Mörder noch sagen: Ich bin ein Gott? Du bist nur ein Mensch und kein Gott in der Hand deiner Mörder. Wie Unbeschnittene sterben, so stirbst du durch Fremde; denn ich habe gesprochen – Spruch Gottes, des Herrn.

Evangelium *Matthäus 19,23-30* In jener Zeit sprach Jesus zu seinen Jüngern: Amen, das sage ich euch: Ein Reicher wird nur schwer in das Himmelreich kommen. Nochmals sage ich euch: Eher geht ein Kamel durch ein Nadelöhr, als dass ein Reicher in das Reich Gottes gelangt. Als die Jünger das hörten, erschraken sie sehr und sagten: Wer kann dann noch gerettet werden? Jesus sah sie an und sagte zu ihnen: Für Menschen ist das unmöglich, für Gott aber ist alles möglich.

Da antwortete Petrus: Du weißt, wir haben alles verlassen und sind dir nachgefolgt. Was werden wir dafür bekommen? Jesus erwiderte ihnen: Amen, ich sage euch: Wenn die Welt neu geschaffen wird und der Menschensohn sich auf den Thron der Herrlichkeit setzt, werdet ihr, die ihr mir nachgefolgt seid, auf zwölf Thronen sitzen und die zwölf Stämme Israels richten. Und jeder, der um meines Namens willen Häuser oder Brüder, Schwestern, Vater, Mutter, Kinder oder Äcker verlassen hat, wird dafür das Hundertfache erhalten und das ewige Leben gewinnen. Viele aber, die jetzt die Ersten sind, werden dann die Letzten sein, und die Letzten werden die Ersten sein.

Zum Evangelium Wie soll ein Kamel durch ein Nadelöhr passen? Das ist absolut unmöglich. Manche Exegeten meinen, Jesus habe dieses Bild in Anlehnung an die engen Durchgänge in der Stadtmauer von Jerusalem benützt, die gerade so breit waren, dass ein Kamel sich mit Mühe und Not ohne Gepäck hindurchzwängen konnte. Diese schmalen Stellen hießen Nadelöhr. Dann würden die Sätze Jesu aussagen: Ein Reicher kann zwar ins Himmelreich kommen, aber es ist für ihn noch schwieriger, als es für das Kamel ist, diese schmalen Durchgänge zu passieren. So wie ein voll beladenes Kamel sich von seiner Last trennen muss, um durch die Öffnung zu gelangen, so muss auch der Mensch sich von seinem Besitz loslösen, um frei für Gott zu werden. Er wird dafür das Hundertfache und das ewige Leben gewinnen. In Jesu Augen ist reich, wer teilt, was er zum Leben hat, statt sich von dem besitzen zu lassen, was er hat: sei es Geld, Beruf, Familie, Anerkennung ...
„Bewahre mich vor der Angst, ich könnte das Leben versäumen. Gib mir nicht, was ich mir wünsche, sondern das, was ich brauche. Lehre mich die Kunst der kleinen Schritte“ (Antoine de Saint-Exupéry).

Mittwoch der 20. Woche im Jahreskreis

Lj I **Lesung** *Richter 9,6-15* In jenen Tagen versammelten sich alle Bürger von Sichem und Bet-Millo, zogen zu der Eiche, die bei Sichem steht, und machten Abimelech zum König.
Als man das Jotam meldete, stellte er sich auf den Gipfel des Berges Garizim und rief ihnen mit erhobener Stimme zu: Hört auf mich, ihr Bürger von Sichem, damit Gott auf euch hört.
Einst machten sich die Bäume auf, um sich einen König zu salben, und sie sagten zum Ölbaum: Sei du unser König! Der Ölbaum sagte zu ihnen: Soll ich mein Fett aufgeben, mit dem man Götter und Menschen ehrt, und hingehen, um über den anderen Bäumen zu schwanken?
Da sagten die Bäume zum Feigenbaum: Komm, sei du unser König! Der Feigenbaum sagte zu ihnen: Soll ich meine Süßigkeit aufgeben und meine guten Früchte und hingehen, um über den anderen Bäumen zu schwanken?
Da sagten die Bäume zum Weinstock: Komm, sei du unser König! Der Weinstock sagte zu ihnen: Soll ich meinen Most aufgeben, der Götter und Menschen erfreut, und hingehen, um über den anderen Bäumen zu schwanken?

Da sagten alle Bäume zum Dornenstrauch: Komm, sei du unser König! Der Dornenstrauch sagte zu den Bäumen: Wollt ihr mich wirklich zu eurem König salben? Kommt, findet Schutz in meinem Schatten! Wenn aber nicht, dann soll vom Dornenstrauch Feuer ausgehen und die Zedern des Libanon fressen.

Lesung *Ezechiel 34,1-11* Das Wort des Herrn erging an mich: Menschensohn, sprich als Prophet gegen die Hirten Israels, sprich als Prophet und sag zu ihnen: So spricht Gott, der Herr: Weh den Hirten Israels, die nur sich selbst weiden. Müssen die Hirten nicht die Herde weiden? Ihr trinkt die Milch, nehmt die Wolle für eure Kleidung und schlachtet die fetten Tiere; aber die Herde führt ihr nicht auf die Weide. Die schwachen Tiere stärkt ihr nicht, die kranken heilt ihr nicht, die verletzten verbindet ihr nicht, die verscheuchten holt ihr nicht zurück, die verirrten sucht ihr nicht und die starken misshandelt ihr. Und weil sie keinen Hirten hatten, zerstreuten sich meine Schafe und wurden eine Beute der wilden Tiere. Meine Herde irrte auf allen Bergen und Höhen umher und war über das ganze Land verstreut. Doch keiner kümmerte sich um sie; niemand suchte sie. Lj II
Darum, ihr Hirten, hört das Wort des Herrn: So wahr ich lebe – Spruch Gottes, des Herrn: Weil meine Herde geraubt wurde und weil meine Schafe eine Beute der wilden Tiere wurden – denn sie hatten keinen Hirten – und weil meine Hirten nicht nach meiner Herde fragten, sondern nur sich selbst und nicht meine Herde weideten, darum, ihr Hirten, hört das Wort des Herrn: So spricht Gott, der Herr: Nun gehe ich gegen die Hirten vor und fordere meine Schafe von ihnen zurück. Ich setze sie ab, sie sollen nicht mehr die Hirten meiner Herde sein. Die Hirten sollen nicht länger nur sich selbst weiden: Ich reiße meine Schafe aus ihrem Rachen, sie sollen nicht länger ihr Fraß sein. Denn so spricht Gott, der Herr: Jetzt will ich meine Schafe selber suchen und mich selber um sie kümmern.

Evangelium *Matthäus 20,1-16a* In jener Zeit erzählte Jesus seinen Jüngern das folgende Gleichnis: Mit dem Himmelreich ist es wie mit einem Gutsbesitzer, der früh am Morgen sein Haus verließ, um Arbeiter für seinen Weinberg anzuwerben. Er einigte sich mit den Arbeitern auf einen Denar für den Tag und schickte sie in seinen Weinberg. Um die dritte Stunde ging er wieder auf den Markt und sah andere dastehen, die keine Arbeit hatten. Er sagte zu ihnen: Geht auch ihr in meinen Weinberg! Ich werde euch geben, was recht ist. Und sie gingen. Um die sechste und um die neunte Stunde ging der Gutsherr wieder auf den Markt und machte es ebenso. Als er um die elfte Stunde noch einmal hinging, traf er wieder einige, die dort herumstanden. Er sagte zu ihnen: Was steht ihr hier den ganzen Tag untätig herum? Sie antworteten: Niemand hat uns angeworben. Da sagte er zu ihnen: Geht auch ihr in meinen Weinberg!

Als es nun Abend geworden war, sagte der Besitzer des Weinbergs zu seinem Verwalter: Ruf die Arbeiter und zahl ihnen den Lohn aus, angefangen bei den letzten, bis hin zu den ersten.
Da kamen die Männer, die er um die elfte Stunde angeworben hatte, und jeder erhielt einen Denar. Als dann die ersten an der Reihe waren, glaubten sie, mehr zu bekommen. Aber auch sie erhielten nur einen Denar. Da begannen sie, über den Gutsherrn zu murren, und sagten: Diese letzten haben nur eine Stunde gearbeitet, und du hast sie uns gleichgestellt; wir aber haben den ganzen Tag über die Last der Arbeit und die Hitze ertragen.
Da erwiderte er einem von ihnen: Mein Freund, dir geschieht kein Unrecht. Hast du nicht einen Denar mit mir vereinbart? Nimm dein Geld und geh! Ich will dem letzten ebenso viel geben wie dir. Darf ich mit dem, was mir gehört, nicht tun, was ich will? Oder bist du neidisch, weil ich zu anderen gütig bin?
So werden die Letzten die Ersten sein und die Ersten die Letzten.

Zum Evangelium Die Gestalt des Gutsherrn macht deutlich, dass Gottes Gerechtigkeit nicht menschlichen Vorstellungen von Gerechtigkeit entspricht. Der Gutsherr sucht Arbeitskräfte: Tagelöhner, die jeden Tag neu angeheuert werden. Wenn niemand sie einstellt, haben sie für diesen Tag womöglich nichts zu essen. Der Lohn für einen Arbeitstag beträgt einen Denar, gerade so viel, um einen Tag lang sein Auskommen zu haben. Der Gutsherr geht mehrere Male täglich auf die Suche nach Arbeitern. Wen er ohne Arbeit findet, stellt er ein. Am Abend verteilt er den Lohn. Weil er von den Bedürfnissen der Arbeiter her denkt, bekommen auch die den normalen Arbeitslohn, die nur eine Stunde gearbeitet haben. Denn es war nicht ihre Schuld, dass sie keine Arbeit fanden. Die den ganzen Tag gearbeitet haben, finden den Gutsherrn ungerecht. Aber er handelt nicht willkürlich. Den einen hat er den ausgehandelten Lohn gezahlt, den anderen versprochen zu geben, was recht ist. Erst da beginnen die Probleme. Hätte der Gutsherr die Arbeiter je nach ihrer erbrachten Leistung bezahlt, dann wäre das in ihren Augen gerecht. Aber Gott ist nicht nur gerecht, er ist gütig. Er teilt so aus, dass alle genug zum Leben haben. –
Wir leben aus anderen Quellen als aus dem, was wir einfordern können, wir leben aus dem, was uns geschenkt wird an Güte, Vertrauen, Liebe. Insofern ist das Gleichnis dieses Arbeitstages Bild für unser Leben. Sind wir am Abend unseres Lebens nicht angewiesen darauf, dass über uns nicht nur mit dem Maßstab der Gerechtigkeit abgerechnet wird? Wie ginge es uns, würden wir nur erhalten, was wir verdient haben, ohne darauf hoffen zu dürfen, dass die größere Gerechtigkeit den Namen Güte hat?

Donnerstag der 20. Woche im Jahreskreis

Lesung *Richter 11,29-39a* In jenen Tagen kam der Geist des Herrn über Jiftach und Jiftach zog durch Gilead und Manasse nach Mizpa in Gilead und von Mizpa in Gilead zog er gegen die Ammoniter. Lj I

Jiftach legte dem Herrn ein Gelübde ab und sagte: Wenn du die Ammoniter wirklich in meine Gewalt gibst und wenn ich wohlbehalten von den Ammonitern zurückkehre, dann soll, was immer mir als Erstes aus der Tür meines Hauses entgegenkommt, dem Herrn gehören und ich will es ihm als Brandopfer darbringen. Darauf zog Jiftach gegen die Ammoniter in den Kampf und der Herr gab sie in seine Gewalt. Er schlug sie im ganzen Gebiet zwischen Aroër und Minnit bis hin nach Abel-Keramim vernichtend und nahm zwanzig Städte ein. So wurden die Ammoniter vor den Augen der Israeliten gedemütigt.

Als Jiftach nun nach Mizpa zu seinem Haus zurückkehrte, da kam ihm seine Tochter entgegen; sie tanzte zur Pauke. Sie war sein einziges Kind; er hatte weder einen Sohn noch eine andere Tochter. Als er sie sah, zerriss er seine Kleider und sagte: Weh, meine Tochter! Du machst mich niedergeschlagen und stürzt mich ins Unglück. Ich habe dem Herrn mit eigenem Mund etwas versprochen und kann nun nicht mehr zurück.

Sie erwiderte ihm: Mein Vater, wenn du dem Herrn mit eigenem Mund etwas versprochen hast, dann tu mit mir, was du versprochen hast, nachdem dir der Herr Rache an deinen Feinden, den Ammonitern, verschafft hat. Und sie sagte zu ihrem Vater: Nur das eine möge mir gewährt werden: Lass mir noch zwei Monate Zeit, damit ich in die Berge gehe und zusammen mit meinen Freundinnen meine Jugend beweine. Er entgegnete: Geh nur!, und ließ sie für zwei Monate fort. Sie aber ging mit ihren Freundinnen hin und beweinte ihre Jugend in den Bergen. Als zwei Monate zu Ende waren, kehrte sie zu ihrem Vater zurück und er tat mit ihr, was er gelobt hatte.

Lesung *Ezechiel 36,23-28* Meinen großen, bei den Völkern entweihten Namen, den ihr mitten unter ihnen entweiht habt, werde ich wieder heiligen. Und die Völker – Spruch Gottes, des Herrn – werden erkennen, dass ich der Herr bin, wenn ich mich an euch vor ihren Augen als heilig erweise. Ich hole euch heraus aus den Völkern, ich sammle euch aus allen Ländern und bringe euch in euer Land. Ich gieße reines Wasser über euch aus, dann werdet ihr rein. Ich reinige euch von aller Unreinheit und von allen euren Götzen. Ich schenke euch ein neues Herz und lege einen neuen Geist in euch. Ich nehme das Herz von Stein aus eurer Brust und gebe euch ein Herz von Fleisch. Ich lege meinen Geist in euch und bewirke, dass ihr meinen Gesetzen folgt und auf meine Gebote achtet und sie erfüllt. Dann werdet ihr in dem Land wohnen, das ich euren Vätern gab. Ihr werdet mein Volk sein und ich werde euer Gott sein. Lj II

Evangelium *Matthäus 22,1-14* In jener Zeit erzählte Jesus den Hohenpriestern und Ältesten des Volkes das folgende Gleichnis:
Mit dem Himmelreich ist es wie mit einem König, der die Hochzeit seines Sohnes vorbereitete. Er schickte seine Diener, um die eingeladenen Gäste zur Hochzeit rufen zu lassen. Sie aber wollten nicht kommen. Da schickte er noch einmal Diener und trug ihnen auf: Sagt den Eingeladenen: Mein Mahl ist fertig, die Ochsen und das Mastvieh sind geschlachtet, alles ist bereit. Kommt zur Hochzeit! Sie aber kümmerten sich nicht darum, sondern der eine ging auf seinen Acker, der andere in seinen Laden, wieder andere fielen über seine Diener her, misshandelten sie und brachten sie um. Da wurde der König zornig; er schickte sein Heer, ließ die Mörder töten und ihre Stadt in Schutt und Asche legen.
Dann sagte er zu seinen Dienern: Das Hochzeitsmahl ist vorbereitet, aber die Gäste waren es nicht wert, eingeladen zu werden. Geht also hinaus auf die Straßen und ladet alle, die ihr trefft, zur Hochzeit ein. Die Diener gingen auf die Straßen hinaus und holten alle zusammen, die sie trafen, Böse und Gute, und der Festsaal füllte sich mit Gästen.
Als sie sich gesetzt hatten und der König eintrat, um sich die Gäste anzusehen, bemerkte er unter ihnen einen Mann, der kein Hochzeitsgewand anhatte. Er sagte zu ihm: Mein Freund, wie konntest du hier ohne Hochzeitsgewand erscheinen? Darauf wusste der Mann nichts zu sagen. Da befahl der König seinen Dienern: Bindet ihm Hände und Füße und werft ihn hinaus in die äußerste Finsternis! Dort wird er heulen und mit den Zähnen knirschen. Denn viele sind gerufen, aber nur wenige auserwählt.

Zum Evangelium Am Anfang steht eine Einladung. Da lässt es Gott an nichts fehlen. Alles, was die eingeladenen Gäste froh stimmen und ihren Appetit anregen kann, wird geboten. Aber – keiner kommt! Jeder geht seiner ach so viel wichtigeren Beschäftigung nach. Trotzdem gibt Gott seine Einladung nicht auf. Er lädt andere ein, Gute und Böse. Alle, die sein Fest teilen wollen, heißt er willkommen. Die an den Straßenecken, die Herumlungernden, die sonst niemand will, sie kommen alle. Aber da ist einer ohne Hochzeitsgewand, das ist einer, der nur auf seine Kosten kommen will, der nur sich selbst im Sinn hat. Das Ende sieht schlecht aus für ihn. Matthäus fügt noch hinzu, „viele sind gerufen, aber nur wenige auserwählt".
Da tauchen ängstliche Fragen auf, wohin wir denn gehören, zu den wenigen oder zu den vielen? Wer so fragt, läuft Gefahr, den verheißungsvollen Anfang des Gleichnisses zu vergessen, das solche Fragen bestimmt nicht wecken wollte. Unversehens steht dann nicht mehr Gottes Fest, Genuss und Lust am Leben, sondern der sich ängstigende Mensch im Mittelpunkt. Feiern heißt aber: sich vor Freude vergessen. Wer sich vor Freude über Gott vergisst, der trägt das Kleid des Erwählten. Und ist der Einladung Gottes gefolgt!

Freitag der 20. Woche im Jahreskreis

Lesung *Rut 1,1.3-6.14b-16.22* Zu der Zeit, als die Richter regierten, kam eine Hungersnot über das Land. Da zog ein Mann mit seiner Frau und seinen beiden Söhnen aus Betlehem in Juda fort, um sich als Fremder im Grünland Moabs niederzulassen. Der Mann Noomis, starb und sie blieb mit ihren beiden Söhnen zurück. Diese nahmen sich moabitische Frauen, Orpa und Rut, und so wohnten sie dort etwa zehn Jahre lang. Dann starben auch die beiden Söhne und Noomi blieb allein, ohne ihren Mann und ohne ihre beiden Söhne. **Lj I**

Da brach sie mit ihren Schwiegertöchtern auf, um aus dem Grünland Moabs heimzukehren; denn sie hatte dort gehört, der Herr habe sich seines Volkes angenommen und ihm Brot gegeben.

Orpa gab ihrer Schwiegermutter den Abschiedskuss, während Rut nicht von ihr ließ. Noomi sagte: Du siehst, deine Schwägerin kehrt heim zu ihrem Volk und zu ihrem Gott. Folge ihr doch! Rut antwortete: Dränge mich nicht, dich zu verlassen und umzukehren. Wohin du gehst, dahin gehe auch ich, und wo du bleibst, da bleibe auch ich. Dein Volk ist mein Volk und dein Gott ist mein Gott.

So kehrte Noomi mit Rut, ihrer moabitischen Schwiegertochter, aus dem Grünland Moabs heim. Zu Beginn der Gerstenernte kamen sie in Betlehem an.

Lesung *Ezechiel 37,1-14* In jenen Tagen legte sich die Hand des Herrn auf mich und der Herr brachte mich im Geist hinaus und versetzte mich mitten in die Ebene. Sie war voll von Gebeinen. Er führte mich ringsum an ihnen vorüber und ich sah sehr viele über die Ebene verstreut liegen; sie waren ganz ausgetrocknet. Er fragte mich: Menschensohn, können diese Gebeine wieder lebendig werden? Ich antwortete: Herr und Gott, das weißt nur du. **Lj II**

Da sagte er zu mir: Sprich als Prophet über diese Gebeine und sag zu ihnen: Ihr ausgetrockneten Gebeine, hört das Wort des Herrn! So spricht Gott, der Herr, zu diesen Gebeinen: Ich selbst bringe Geist in euch, dann werdet ihr lebendig. Ich spanne Sehnen über euch und umgebe euch mit Fleisch; ich überziehe euch mit Haut und bringe Geist in euch, dann werdet ihr lebendig. Dann werdet ihr erkennen, dass ich der Herr bin. Da sprach ich als Prophet, wie mir befohlen war; und noch während ich redete, hörte ich auf einmal ein Geräusch: Die Gebeine rückten zusammen, Bein an Bein. Und als ich hinsah, waren plötzlich Sehnen auf ihnen und Fleisch umgab sie und Haut überzog sie. Aber es war noch kein Geist in ihnen. Da sagte er zu mir: Rede als Prophet zum Geist, rede, Menschensohn, sag zum Geist: So spricht Gott, der Herr: Geist, komm herbei von den vier Winden! Hauch diese Erschlagenen an, damit sie lebendig werden. Da sprach ich als Prophet, wie er mir befohlen hatte, und es kam Geist in sie. Sie wurden lebendig und standen auf – ein großes, gewaltiges Heer.

Er sagte zu mir: Menschensohn, diese Gebeine sind das ganze Haus Israel. Jetzt sagt Israel: Ausgetrocknet sind unsere Gebeine, unsere Hoffnung ist untergegangen, wir sind verloren. Deshalb tritt als Prophet auf und sag zu ihnen: So spricht Gott, der Herr: Ich öffne eure Gräber und hole euch, mein Volk, aus euren Gräbern herauf. Ich bringe euch zurück in das Land Israel. Wenn ich eure Gräber öffne und euch, mein Volk, aus euren Gräbern heraufhole, dann werdet ihr erkennen, dass ich der Herr bin. Ich hauche euch meinen Geist ein, dann werdet ihr lebendig und ich bringe euch wieder in euer Land. Dann werdet ihr erkennen, dass ich der Herr bin. Ich habe gesprochen und ich führe es aus – Spruch des Herrn.

Evangelium *Matthäus 22,34-40* In jener Zeit, als die Pharisäer hörten, dass Jesus die Sadduzäer zum Schweigen gebracht hatte, kamen sie bei ihm zusammen. Einer von ihnen, ein Gesetzeslehrer, wollte ihn auf die Probe stellen und fragte ihn: Meister, welches Gebot im Gesetz ist das wichtigste? Er antworete ihm: Du sollst den Herrn, deinen Gott, lieben mit ganzem Herzen, mit ganzer Seele und mit all deinen Gedanken. Das ist das wichtigste und erste Gebot. Ebenso wichtig ist das zweite: Du sollst deinen Nächsten lieben wie dich selbst. An diesen beiden Geboten hängt das ganze Gesetz samt den Propheten.

Zum Evangelium Viele Menschen unserer Zeit erklären Gott für tot, die Vernunft zu Gott und unseren Bauch zum Nabel der Welt. Einsamkeit, Angstneurosen, steigender Drogenkonsum sind Vorboten dieser Welt. Worauf kann unsere Gesellschaft bauen, was ist unser Lebenssinn, was unsere Aufgabe als Christen? Kämen wir weiter, wenn wir das wichtigste Gebot, das Doppelgebot der Gottes- und Nächstenliebe zu beherzigen versuchten? Gottes Liebe zum Menschen ist das Angebot an uns und an unsere Nächsten. Weil Gott uns liebt, weil einzig er unsere Würde begründet als sein Ebenbild, sein Gegenüber, können wir uns selbst annehmen, auch mit unseren Fehlern. Weil er uns liebt, können wir unseren Nächsten annehmen, auch mit seinen Fehlern. Weil er alle unterschiedslos liebt, gibt es bei ihm keine Menschen erster und zweiter Klasse. Wäre es nicht unsere dringlichste Aufgabe, eine Leitkultur der Liebe zu entwickeln?

Samstag der 20. Woche im Jahreskreis

Lj I **Lesung** *Rut 2,1-3.8-11;4,13-17* Noomi hatte einen Verwandten von ihrem Mann her, einen Grundbesitzer; er war aus dem Geschlecht Elimelechs und hieß Boas. Eines Tages sagte die Moabiterin Rut zu Noomi: Ich möchte aufs Feld gehen und Ähren lesen, wo es mir jemand erlaubt. Sie antwortete ihr: Geh, Tochter! Rut ging hin und las auf dem Feld hinter den Schnittern her. Dabei war sie auf ein Grundstück des Boas aus dem Geschlecht Elimelechs geraten.

Boas sagte zu Rut: Höre wohl, meine Tochter, geh auf kein anderes Feld, um zu lesen; entfern dich nicht von hier, sondern halte dich an meine Mägde; behalte das Feld im Auge, wo sie ernten, und geh hinter ihnen her! Ich werde meinen Knechten befehlen, dich nicht anzurühren. Hast du Durst, so darfst du zu den Gefäßen gehen und von dem trinken, was die Knechte schöpfen. Sie sank vor ihm nieder, beugte sich zur Erde und sagte: Wie habe ich es verdient, dass du mich so achtest, da ich doch eine Fremde bin? Boas antwortete ihr: Mir wurde alles berichtet, was du nach dem Tod deines Mannes für deine Schwiegermutter getan hast, wie du deinen Vater und deine Mutter, dein Land und deine Verwandtschaft verlassen hast und zu einem Volk gegangen bist, das dir zuvor unbekannt war.
Boas nahm Rut zur Frau und ging zu ihr. Der Herr ließ sie schwanger werden und sie gebar einen Sohn. Da sagten die Frauen zu Noomi: Gepriesen sei der Herr, der es dir heute nicht an einem Löser hat fehlen lassen. Sein Name soll in Israel gerühmt werden. Du wirst jemand haben, der dein Herz erfreut und dich im Alter versorgt; denn deine Schwiegertochter, die dich liebt, hat ihn geboren, sie, die mehr wert ist als sieben Söhne. Noomi nahm das Kind, drückte es an ihre Brust und wurde seine Wärterin. Die Nachbarinnen wollten ihm einen Namen geben und sagten: Der Noomi ist ein Sohn geboren. Und sie gaben ihm den Namen Obed. Er ist der Vater Isais, des Vaters Davids.

Lesung *Ezechiel 43,1-7a* Der Mann, der mich begleitete, führte er mich zu einem der Tore, dem Tor, das im Osten lag. Da sah ich, wie die Herrlichkeit des Gottes Israels aus dem Osten herankam. Ihr Rauschen war wie das Rauschen gewaltiger Wassermassen und die Erde leuchtete auf von seiner Herrlichkeit. Die Erscheinung, die ich sah, war wie die Erscheinung, die ich damals sah, als er kam, um die Stadt zu vernichten, und wie die Erscheinung, die ich am Fluss Kebar gesehen hatte. Da fiel ich nieder auf mein Gesicht. **Lj II**
Und die Herrlichkeit des Herrn zog in den Tempel ein durch das Tor, das im Osten lag. Der Geist hob mich empor und brachte mich in den Innenhof. Und die Herrlichkeit des Herrn erfüllte den Tempel. Dann hörte ich vom Tempel her, während der Mann neben mir stand, einen, der mit mir redete; er sagte zu mir: Menschensohn, das ist der Ort, wo mein Thron steht, und der Ort, wo meine Füße ruhen; hier will ich für immer mitten unter den Israeliten wohnen.

Evangelium *Matthäus 23,1-12* In jener Zeit wandte sich Jesus an das Volk und an seine Jünger und sprach: Die Schriftgelehrten und die Pharisäer haben sich auf den Stuhl des Mose gesetzt. Tut und befolgt also alles, was sie euch sagen, aber richtet euch nicht nach dem, was sie tun; denn sie reden nur, tun selbst aber nicht, was sie sagen. Sie schnüren schwere Lasten zu-

sammen und legen sie den Menschen auf die Schultern, wollen selber aber keinen Finger rühren, um die Lasten zu tragen. Alles, was sie tun, tun sie nur, damit die Menschen es sehen: Sie machen ihre Gebetsriemen breit und die Quasten an ihren Gewändern lang, bei jedem Festmahl möchten sie den Ehrenplatz und in der Synagoge die vordersten Sitze haben, und auf den Straßen und Plätzen lassen sie sich gern grüßen und von den Leuten Rabbi – Meister – nennen.
Ihr aber sollt euch nicht Rabbi nennen lassen; denn nur einer ist euer Meister, ihr alle aber seid Brüder. Auch sollt ihr niemand auf Erden euren Vater nennen; denn nur einer ist euer Vater, der im Himmel. Auch sollt ihr euch nicht Lehrer nennen lassen; denn nur einer ist euer Lehrer, Christus.
Der Größte von euch soll euer Diener sein. Denn wer sich selbst erhöht, wird erniedrigt, und wer sich selbst erniedrigt, wird erhöht werden.

Zum Evangelium Wenn wir meinen, Jesu Kritik an den Schriftgelehrten und Pharisäern habe nichts mit uns zu tun, sind wir meilenweit vom eigentlichen Sinn seiner Worte entfernt. Denn was Jesus anspricht, steckt als Gefährdung in uns allen: die Gefahr, uns hinter Vorschriften zu verstecken, Macht über andere auszuüben, durch Moralisieren von den eigenen Schwächen abzulenken, den anderen Bürden aufzuladen, die wir selbst nicht tragen wollen, das Leben der Mitmenschen nicht zu teilen, sondern uns über sie zu stellen. Gerade die Theologen und kirchlichen Amtsinhaber müssen sich fragen lassen, ob sie wirklich an den Sorgen und Nöten der Menschen Anteil nehmen, oder ob sie sich damit begnügen, Moralvorschriften zu verkünden, die an den Sorgen und Nöten der Menschen vorbeigehen. Die christliche Gemeinde besteht aus Brüdern und Schwestern, sie alle unterstehen demselben Meister: Christus. Die Worte Jesu sind ein bleibender Stachel im Blick auf das Machtgehabe von Menschen und von Institutionen. Keine Gemeinschaft kommt ohne Strukturen aus, aber vor allem die Gemeinschaft der Christen muss sich immer wieder daraufhin hinterfragen, ob die Strukturen und Vorschriften Gott und dem Menschen dienen oder umgekehrt.

21. Woche im Jahreskreis

Montag der 21. Woche im Jahreskreis

Lj I **Lesung** *1 Thessalonicher 1,1-5.8b-10* Paulus, Silvanus und Timotheus an die Gemeinde von Thessalonich, die in Gott, dem Vater, und in Jesus Christus, dem Herrn, ist: Gnade sei mit euch und Friede.
Wir danken Gott für euch alle, sooft wir in unseren Gebeten an euch denken; unablässig erinnern wir uns vor Gott, unserem Vater, an das Werk eures Glaubens, an die Opferbereitschaft eurer Liebe und an die Standhaftigkeit

eurer Hoffnung auf Jesus Christus, unseren Herrn. Wir wissen, von Gott geliebte Brüder, dass ihr erwählt seid. Denn wir haben euch das Evangelium nicht nur mit Worten verkündet, sondern auch mit Macht und mit dem Heiligen Geist und mit voller Gewissheit; ihr wisst selbst, wie wir bei euch aufgetreten sind, um euch zu gewinnen.
Überall ist euer Glaube an Gott bekannt geworden, sodass wir darüber nichts mehr zu sagen brauchen. Denn man erzählt sich überall, welche Aufnahme wir bei euch gefunden haben und wie ihr euch von den Götzen zu Gott bekehrt habt, um dem lebendigen und wahren Gott zu dienen und seinen Sohn vom Himmel her zu erwarten, Jesus, den er von den Toten auferweckt hat und der uns dem kommenden Gericht Gottes entreißt.

Lesung *2 Thessalonicher 1,1-5.11-12* Paulus, Silvanus und Timotheus an die Gemeinde von Thessalonich, die in Gott, unserem Vater, und in Jesus Christus, dem Herrn, ist: Gnade sei mit euch und Friede von Gott, dem Vater, und dem Herrn Jesus Christus. **Lj II**
Wir müssen Gott euretwegen immer danken, Brüder, wie es recht ist, denn euer Glaube wächst und die gegenseitige Liebe nimmt bei euch allen zu. Wir können in den Gemeinden Gottes mit Stolz auf euch hinweisen, weil ihr im Glauben standhaft bleibt bei aller Verfolgung und Bedrängnis, die ihr zu ertragen habt. Dies ist ein Anzeichen des gerechten Gerichtes Gottes; ihr sollt ja des Reiches Gottes teilhaftig werden, für das ihr leidet.
Wir beten immer für euch, dass unser Gott euch eurer Berufung würdig mache und in seiner Macht allen Willen zum Guten und jedes Werk des Glaubens vollende. So soll der Name Jesu, unseres Herrn, in euch verherrlicht werden und ihr in ihm, durch die Gnade unseres Gottes und Herrn Jesus Christus.

Evangelium *Matthäus 23,13-22* In jener Zeit sprach Jesus: Weh euch, ihr Schriftgelehrten und Pharisäer, ihr Heuchler! Ihr verschließt den Menschen das Himmelreich. Ihr selbst geht nicht hinein; aber ihr lasst auch die nicht hinein, die hineingehen wollen. Weh euch, ihr Schriftgelehrten und Pharisäer, ihr Heuchler! Ihr zieht über Land und Meer, um einen einzigen Menschen für euren Glauben zu gewinnen; und wenn er gewonnen ist, dann macht ihr ihn zu einem Sohn der Hölle, der doppelt so schlimm ist wie ihr selbst.
Weh euch, ihr seid blinde Führer! Ihr sagt: Wenn einer beim Tempel schwört, so ist das kein Eid; wer aber beim Gold des Tempels schwört, der ist an seinen Eid gebunden. Ihr blinden Narren! Was ist wichtiger: das Gold oder der Tempel, der das Gold erst heilig macht?
Auch sagt ihr: Wenn einer beim Altar schwört, so ist das kein Eid; wer aber bei dem Opfer schwört, das auf dem Altar liegt, der ist an seinen Eid gebunden. Ihr Blinden! Was ist wichtiger: das Opfer oder der Altar, der das Opfer

erst heilig macht? Wer beim Altar schwört, der schwört bei ihm und bei allem, was darauf liegt. Und wer beim Tempel schwört, der schwört bei ihm und bei dem, der darin wohnt. Und wer beim Himmel schwört, der schwört beim Thron Gottes und bei dem, der darauf sitzt.

Zum Evangelium Die sicherste Methode, den Menschen das Himmelreich verschließen, ist es, ihnen einen Gott zu predigen, der bedrohlich, mitleidlos, rachsüchtig ist, einen Gott, der moralische und religiöse Leistungen verlangt, damit er sich uns zuwendet. Durch dieses verquere Gottesbild wird den Menschen der Zugang zum barmherzigen Gott und seinem Himmel versperrt. Jesus dagegen hat sein ganzes Leben lang versucht, den Menschen Gott als barmherzigen Vater nahe zu bringen. Dafür hat er sein Leben gegeben. Religiöse Führungspersonen sind besonders betroffen von diesen Worten Jesu, weil sie von Berufs wegen ständig in der Situation sind, das Gottesbild der Menschen zu prägen. Deshalb haben alle Christen, die in Verkündigung und Erziehung stehen, diese Worte ernst zu nehmen. Jeder Christ, jede Christin ist Verkündiger des Gottesbildes, das in ihm wirksam ist. Durch unser Verhalten wirken wir unweigerlich als Vorbilder. Und wie viel beispielhafter ist es, eigenes Versagen, eigene Unsicherheit zuzugeben, als „pharisäisch“ darauf zu beharren, man wisse Bescheid über Gott? Je weniger wir Bescheid wissen, desto durchsichtiger werden wir für Gott, weil wir ihn nicht durch uns selbst verstellen.

Dienstag der 21. Woche im Jahreskreis

Lj I **Lesung** *1 Thessalonicher 2,1-8* Ihr wisst selbst, Brüder, dass wir nicht vergebens zu euch gekommen sind. Wir hatten vorher in Philippi viel zu leiden und wurden misshandelt, wie ihr wisst; dennoch haben wir im Vertrauen auf unseren Gott das Evangelium Gottes trotz harter Kämpfe freimütig und furchtlos bei euch verkündet. Denn wir predigen nicht, um euch irrezuführen, in schmutziger Weise auszunutzen oder zu betrügen, sondern wir tun es, weil Gott uns geprüft und uns das Evangelium anvertraut hat, nicht also um den Menschen, sondern um Gott zu gefallen, der unsere Herzen prüft.

Nie haben wir mit unseren Worten zu schmeicheln versucht, das wisst ihr, und nie haben wir aus versteckter Habgier gehandelt, dafür ist Gott Zeuge. Wir haben auch keine Ehre bei den Menschen gesucht, weder bei euch noch bei anderen, obwohl wir als Apostel Christi unser Ansehen hätten geltend machen können.

Im Gegenteil, wir sind euch freundlich begegnet: Wie eine Mutter für ihre Kinder sorgt, so waren wir euch zugetan und wollten euch nicht nur am Evangelium Gottes teilhaben lassen, sondern auch an unserem eigenen Leben; denn ihr wart uns sehr lieb geworden.

Lesung *2 Thessalonicher 2,1-3a.13-17* Brüder, wir schreiben euch über die Ankunft Jesu Christi, unseres Herrn, und unsere Vereinigung mit ihm und bitten euch: Lasst euch nicht so schnell aus der Fassung bringen und in Schrecken jagen, wenn in einem prophetischen Wort oder einer Rede oder in einem Brief, der angeblich von uns stammt, behauptet wird, der Tag des Herrn sei schon da. Lasst euch durch niemand und auf keine Weise täuschen! **Lj II**

Wir müssen Gott zu jeder Zeit euretwegen danken, vom Herrn geliebte Brüder, weil Gott euch als Erstlingsgabe dazu auserwählt hat, aufgrund der Heiligung durch den Geist und aufgrund eures Glaubens an die Wahrheit gerettet zu werden. Dazu hat er euch durch unser Evangelium berufen; ihr sollt nämlich die Herrlichkeit Jesu Christi, unseres Herrn, erlangen. Seid also standhaft, Brüder, und haltet an den Überlieferungen fest, in denen wir euch unterwiesen haben, sei es mündlich, sei es durch einen Brief.

Jesus Christus aber, unser Herr, und Gott, unser Vater, der uns seine Liebe zugewandt und uns in seiner Gnade ewigen Trost und sichere Hoffnung geschenkt hattröste euch und gebe euch Kraft zu jedem guten Werk und Wort.

Evangelium *Matthäus 23,23-26* In jener Zeit sprach Jesus: Weh euch, ihr Schriftgelehrten und Pharisäer, ihr Heuchler! Ihr gebt den Zehnten von Minze, Dill und Kümmel und lasst das Wichtigste im Gesetz außer Acht: Gerechtigkeit, Barmherzigkeit und Treue. Man muss das eine tun, ohne das andere zu lassen. Blinde Führer seid ihr: Ihr siebt Mücken aus und verschluckt Kamele.

Weh euch, ihr Schriftgelehrten und Pharisäer, ihr Heuchler! Ihr haltet Becher und Schüsseln außen sauber, innen aber sind sie voll von dem, was ihr in eurer Maßlosigkeit zusammengeraubt habt. Du blinder Pharisäer! Mach den Becher zuerst innen sauber, dann ist er auch außen rein.

Zum Evangelium Als Matthäus diese Wehe-Rufe Jesu für seine Gemeinde zusammenstellte, ging es ihm nicht darum, die Pharisäer und Schriftgelehrten in Grund und Boden zu verdammen, sondern seine eigene Gemeinde vor religiösem Fehlverhalten zu warnen. Denn der „Pharisäer“ ist Prototyp jener Menschen, die alle Energie darauf verwenden, sich nach außen korrekt zu verhalten. Aber bleibt dann noch Energie für das Wesentliche? Für „Gerechtigkeit, Barmherzigkeit und Treue“? Nicht das sichtbare Tun zählt vor Gott, sondern die innere Haltung, aus der das Tun entspringt. Die „reine Weste“ mögen manche bewundern. Aber dient sie nicht manchmal dazu, andere oder gar sich selbst vom inneren Schmutz abzulenken? Gottes Blick geht nach innen, und da, wohin er dringt, ist keiner von uns so rein, als dass er nicht angewiesen wäre auf Gottes Barmherzigkeit. Je mehr wir aber selber Barmherzigkeit üben, desto mehr sind wir in den Augen Gottes „richtig“.

Mittwoch der 21. Woche im Jahreskreis

Lj I **Lesung** *1 Thessalonicher 2,9-13* Ihr erinnert euch, Brüder, wie wir uns gemüht und geplagt haben. Bei Tag und Nacht haben wir gearbeitet, um keinem von euch zur Last zu fallen, und haben euch so das Evangelium Gottes verkündet. Ihr seid Zeugen, und auch Gott ist Zeuge, wie gottgefällig, gerecht und untadelig wir uns euch, den Gläubigen, gegenüber verhalten haben. Ihr wisst auch, dass wir, wie ein Vater seine Kinder, jeden Einzelnen von euch ermahnt, ermutigt und beschworen haben zu leben, wie es Gottes würdig ist, der euch zu seinem Reich und zu seiner Herrlichkeit beruft. Darum danken wir Gott unablässig dafür, dass ihr das Wort Gottes, das ihr durch unsere Verkündigung empfangen habt, nicht als Menschenwort, sondern – was es in Wahrheit ist – als Gottes Wort angenommen habt; und jetzt ist es in euch, den Gläubigen, wirksam.

Lj II **Lesung** *2 Thessalonicher 3,6-10.16-18* Im Namen Jesu Christi, des Herrn, gebieten wir euch, Brüder: Haltet euch von jedem Bruder fern, der ein unordentliches Leben führt und sich nicht an die Überlieferung hält, die ihr von uns empfangen habt. Ihr selbst wisst, wie man uns nachahmen soll. Wir haben bei euch kein unordentliches Leben geführt und bei niemand unser Brot umsonst gegessen; wir haben uns gemüht und geplagt, Tag und Nacht haben wir gearbeitet, um keinem von euch zur Last zu fallen. Nicht als hätten wir keinen Anspruch auf Unterhalt; wir wollten euch aber ein Beispiel geben, damit ihr uns nachahmen könnt. Denn als wir bei euch waren, haben wir euch die Regel eingeprägt: Wer nicht arbeiten will, soll auch nicht essen. Der Herr des Friedens aber schenke euch den Frieden zu jeder Zeit und auf jede Weise. Der Herr sei mit euch allen.
Den Gruß schreibe ich, Paulus, eigenhändig. Das ist mein Zeichen in jedem Brief; so schreibe ich. Die Gnade Jesu Christi, unseres Herrn, sei mit euch allen!

Evangelium *Matthäus 23,27-32* In jener Zeit sprach Jesus: Weh euch, ihr Schriftgelehrten und Pharisäer, ihr Heuchler! Ihr seid wie die Gräber, die außen weiß angestrichen sind und schön aussehen; innen aber sind sie voll Knochen, Schmutz und Verwesung. So erscheint auch ihr von außen den Menschen gerecht, innen aber seid ihr voll Heuchelei und Ungehorsam gegen Gottes Gesetz.
Weh euch, ihr Schriftgelehrten und Pharisäer, ihr Heuchler! Ihr errichtet den Propheten Grabstätten und schmückt die Denkmäler der Gerechten und sagt dabei: Wenn wir in den Tagen unserer Väter gelebt hätten, wären wir nicht wie sie am Tod der Propheten schuldig geworden. Damit bestätigt ihr selbst, dass ihr die Söhne der Prophetenmörder seid. Macht nur das Maß eurer Väter voll!

Zum Evangelium Nicht weil ein undurchschaubarer Gott es so beschlossen hätte, sondern weil Jesus konsequent jede veräußerlichte Religiosität verurteilte, musste er sterben. Statt die Menschen zu religiösen Sühneleistungen anzuhalten, rief er sie zu Liebe und Umkehr auf. Statt Menschen auszugrenzen, hielt er mit den Ausgegrenzten Mahlgemeinschaft und machte deutlich, dass sie in sein Reich gehörten. Statt Krankheiten und Gebrechen als Folge von Sünde zu sehen, sah er sie als Ausdruck der Zerrissenheit und Angst und schenkte Menschen ihr Leben zurück. Statt Opfer zu verlangen, gab er Barmherzigkeit. Damit stellte er die Position der gesamten religiösen Elite auf den Kopf und wurde „beseitigt". Deshalb geschah auch an ihm ein „Prophetenmord". Das alles ist Vergangenheit? Nein. Jede Zeit hat ihre Pharisäer und ihre Propheten. Und jeder Einzelne wird einmal Rechenschaft ablegen müssen, welchen Part er im Lauf seines Lebens eingenommen hat.

Donnerstag der 21. Woche im Jahreskreis

Lesung *1 Thessalonicher 3,7-13* Schwestern und Brüder! Wir wurden beim Gedanken an euch in all unserer Not und Bedrängnis durch euren Glauben getröstet; jetzt leben wir auf, weil ihr fest in der Gemeinschaft mit dem Herrn steht. Wie können wir Gott euretwegen genug danken für all die Freude, die uns um euretwillen vor unserem Gott erfüllt? Bei Tag und Nacht bitten wir inständig darum, euch wieder zu sehen und an eurem Glauben zu ergänzen, was ihm noch fehlt. Lj I

Gott, unser Vater, und Jesus, unser Herr, mögen unsere Schritte zu euch lenken. Euch aber lasse der Herr wachsen und reich werden in der Liebe zueinander und zu allen, wie auch wir euch lieben, damit euer Herz gefestigt wird und ihr ohne Tadel seid, geheiligt vor Gott, unserem Vater, wenn Jesus, unser Herr, mit allen seinen Heiligen kommt.

Lesung *1 Korinther 1,1-9* Paulus, durch Gottes Willen berufener Apostel Christi Jesu, und der Bruder Sosthenes an die Kirche Gottes, die in Korinth ist, – an die Geheiligten in Christus Jesus, berufen als Heilige mit allen, die den Namen Jesu Christi, unseres Herrn, überall anrufen, bei ihnen und bei uns. Gnade sei mit euch und Friede von Gott, unserem Vater, und dem Herrn Jesus Christus. Lj II

Ich danke Gott jederzeit euretwegen für die Gnade Gottes, die euch in Christus Jesus geschenkt wurde, dass ihr an allem reich geworden seid in ihm, an aller Rede und aller Erkenntnis. Denn das Zeugnis über Christus wurde bei euch gefestigt, sodass euch keine Gnadengabe fehlt, während ihr auf die Offenbarung Jesu Christi, unseres Herrn, wartet.

Er wird euch auch festigen bis ans Ende, sodass ihr schuldlos dasteht am Tag Jesu, unseres Herrn. Treu ist Gott, durch den ihr berufen worden seid zur Gemeinschaft mit seinem Sohn Jesus Christus, unserem Herrn.

Evangelium *Matthäus 24,42-51* In jener Zeit sprach Jesus zu seinen Jüngern: Seid wachsam! Denn ihr wisst nicht, an welchem Tag euer Herr kommt. Bedenkt: Wenn der Herr des Hauses wüsste, zu welcher Stunde in der Nacht der Dieb kommt, würde er wach bleiben und nicht zulassen, dass man in sein Haus einbricht. Darum haltet auch ihr euch bereit! Denn der Menschensohn kommt zu einer Stunde, in der ihr es nicht erwartet.
Wer ist nun der treue und kluge Knecht, den der Herr eingesetzt hat, damit er dem Gesinde zur rechten Zeit gibt, was sie zu essen brauchen? Selig der Knecht, den der Herr damit beschäftigt findet, wenn er kommt! Amen, das sage ich euch: Er wird ihn zum Verwalter seines ganzen Vermögens machen. Wenn aber der Knecht schlecht ist und denkt: Mein Herr kommt noch lange nicht!, und anfängt, seine Mitknechte zu schlagen, wenn er mit Trinkern Gelage feiert, dann wird der Herr an einem Tag kommen, an dem der Knecht es nicht erwartet, und zu einer Stunde, die er nicht kennt; und der Herr wird ihn in Stücke hauen und ihm seinen Platz unter den Heuchlern zuweisen. Dort wird er heulen und mit den Zähnen knirschen.

Zum Evangelium Wie wird das Ende sein? Nach welchem Maßstab wird Gott uns einmal richten? Matthäus entfaltet dieses Thema in vier Gleichnissen. Das erste ist das Gleichnis vom treuen und vom faulen Knecht.
Was wissen wir schon mit Sicherheit? Eigentlich nur, dass wir einmal sterben werden. Aber diese Sicherheit ist zugleich die große Unbekannte in der „Gleichung Leben“. Denn wir wissen nicht, wann das sein wird. Die Sicherheit des Sterbens und die Unsicherheit des Wann und Wie – in dieser Spannung müssen wir unser Leben meistern. Das Evangelium mahnt zur Wachsamkeit. Wachsam sein heißt, vorbereitet sein. Vorbereitet sein heißt, für die Menschen, die mir überantwortet sind, Sorge zu tragen. Die tägliche Fürsorge und Liebe, die ich den Menschen, die mir anvertraut sind, entgegenbringe, macht mich bereit für das Kommen Gottes. „Seit zweitausend Jahren ist die christliche Zeitrechnung, doch wann werden wir beginnen, Christen zu sein?“ (Raoul Follereau, Begründer der Welt-Lepra-Hilfe).

Freitag der 21. Woche im Jahreskreis

Lj I **Lesung** *1 Thessalonicher 4,1-8* Schwestern und Brüder! Wir bitten und ermahnen euch im Namen Jesu, des Herrn: Ihr habt von uns gelernt, wie ihr leben müsst, um Gott zu gefallen, und ihr lebt auch so; werdet darin noch vollkommener! Ihr wisst ja, welche Ermahnungen wir euch im Auftrag Jesu, des Herrn, gegeben haben. Das ist es, was Gott will: eure Heiligung. Das bedeutet, dass ihr die Unzucht meidet, dass jeder von euch lernt, mit seiner Frau in heiliger und achtungsvoller Weise zu verkehren, nicht in leidenschaftlicher Begierde wie die Heiden, die Gott nicht kennen, und dass keiner seine

Rechte überschreitet und seinen Bruder bei Geschäften betrügt, denn all das rächt der Herr, wie wir euch schon früher gesagt und bezeugt haben. Denn Gott hat uns nicht dazu berufen, unrein zu leben, sondern heilig zu sein. Wer das verwirft, der verwirft also nicht Menschen, sondern Gott, der euch seinen Heiligen Geist schenkt.

Lesung *1 Korinther 1,17-25* Schwestern und Brüder! Christus hat mich nicht gesandt zu taufen, sondern das Evangelium zu verkünden, aber nicht mit gewandten und klugen Worten, damit das Kreuz Christi nicht um seine Kraft gebracht wird. Lj II

Denn das Wort vom Kreuz ist denen, die verloren gehen, Torheit; uns aber, die gerettet werden, ist es Gottes Kraft. Es heißt nämlich in der Schrift:

Ich lasse die Weisheit der Weisen vergehen und die Klugheit der Klugen verschwinden.

Wo ist ein Weiser? Wo ein Schriftgelehrter? Wo ein Wortführer in dieser Welt? Hat Gott nicht die Weisheit der Welt als Torheit entlarvt? Denn da die Welt angesichts der Weisheit Gottes auf dem Weg ihrer Weisheit Gott nicht erkannte, beschloss Gott, alle, die glauben, durch die Torheit der Verkündigung zu retten.

Die Juden fordern Zeichen, die Griechen suchen Weisheit. Wir dagegen verkündigen Christus als den Gekreuzigten: für Juden ein empörendes Ärgernis, für Heiden eine Torheit, für die Berufenen aber, Juden wie Griechen, Christus, Gottes Kraft und Gottes Weisheit. Denn das Törichte an Gott ist weiser als die Menschen und das Schwache an Gott ist stärker als die Menschen.

Evangelium *Matthäus 25,1-13* In jener Zeit erzählte Jesus seinen Jüngern das folgende Gleichnis: Mit dem Himmelreich wird es sein wie mit zehn Jungfrauen, die ihre Lampen nahmen und dem Bräutigam entgegengingen. Fünf von ihnen waren töricht und fünf waren klug. Die törichten nahmen ihre Lampen mit, aber kein Öl, die klugen aber nahmen außer den Lampen noch Öl in Krügen mit. Als nun der Bräutigam lange nicht kam, wurden sie alle müde und schliefen ein.

Mitten in der Nacht aber hörte man plötzlich laute Rufe: Der Bräutigam kommt! Geht ihm entgegen! Da standen die Jungfrauen alle auf und machten ihre Lampen zurecht.

Die törichten aber sagten zu den klugen: Gebt uns von eurem Öl, sonst gehen unsere Lampen aus. Die klugen erwiderten ihnen: Dann reicht es weder für uns noch für euch; geht doch zu den Händlern und kauft, was ihr braucht.

Während sie noch unterwegs waren, um das Öl zu kaufen, kam der Bräutigam; die Jungfrauen, die bereit waren, gingen mit ihm in den Hochzeitssaal und die Tür wurde zugeschlossen. Später kamen auch die anderen Jung-

frauen und riefen: Herr, Herr, mach uns auf! Er aber antwortete ihnen: Amen, ich sage euch: Ich kenne euch nicht.
Seid also wachsam! Denn ihr wisst weder den Tag noch die Stunde.

Zum Evangelium Kein Moment meines Lebens ist ohne Bedeutung. Es ist nie gleichgültig, was ich gerade tue. Es gibt eine Aufgabe für mich, die ich nicht versäumen darf und die mir niemand abnehmen kann. Im Bild des Gleichnisses ist es die Aufgabe, auf ihn, der da kommen wird, zu warten; in diesem meinem Jetzt auf sein Reich hin zu leben. So ist Leben als Erwartungszeit nie leer. Wer kein „Öl" in der Lampe hat, erkennt die Wichtigkeit des Moments nicht. Auf Gott warten heißt wissen, dass das Leben nicht gleichgültig ist, weil eine Zukunft vor uns liegt, auf die es sich zuzugehen lohnt. Für diese Zukunft gerüstet zu sein, zeichnet die fünf klugen Jungfrauen aus. Aber warum teilen sie ihr Öl nicht mit den fünf törichten? Weil es hier nicht darum geht, was der eine für den anderen tun könnte, sondern darum, Verantwortung für das eigene Leben zu übernehmen, die ich weder delegieren noch von anderen stellvertretend für mich leben lassen kann. Martin Luther deutet das Öl in den Lampen als Vertrauen auf Gott, und wenn dieses Vertrauen – aus welchen Gründen auch immer – verloren gegangen ist, dann kann ich es mir nicht bei anderen borgen.

Samstag der 21. Woche im Jahreskreis

Lj I **Lesung** *1 Thessalonicher 4,9-11* Schwestern und Brüder! Über die Bruderliebe brauche ich euch nicht zu schreiben; Gott selbst hat euch schon gelehrt, einander zu lieben; und danach handelt ihr auch an allen Brüdern in ganz Mazedonien.
Wir ermuntern euch aber, Brüder, darin noch vollkommener zu werden. Setzt eure Ehre darein, ruhig zu leben, euch um die eigenen Aufgaben zu kümmern und mit euren Händen zu arbeiten, wie wir euch aufgetragen haben.

Lj II **Lesung** *1 Korinther 1,26-31* Seht auf eure Berufung, Brüder! Da sind nicht viele Weise im irdischen Sinn, nicht viele Mächtige, nicht viele Vornehme, sondern das Törichte in der Welt hat Gott erwählt, um die Weisen zuschanden zu machen, und das Schwache in der Welt hat Gott erwählt, um das Starke zuschanden zu machen. Und das Niedrige in der Welt und das Verachtete hat Gott erwählt: das, was nichts ist, um das, was etwas ist, zu vernichten, damit kein Mensch sich rühmen kann vor Gott. Von ihm her seid ihr in Christus Jesus, den Gott für uns zur Weisheit gemacht hat, zur Gerechtigkeit, Heiligung und Erlösung.
Wer sich also rühmen will, der rühme sich des Herrn; so heißt es schon in der Schrift.

Evangelium *Matthäus 25,14-30* In jener Zeit erzählte Jesus seinen Jüngern das folgende Gleichnis: Mit dem Himmelreich ist es wie mit einem Mann, der auf Reisen ging: Er rief seine Diener und vertraute ihnen sein Vermögen an. Dem einen gab er fünf Talente Silbergeld, einem anderen zwei, wieder einem anderen eines, jedem nach seinen Fähigkeiten. Dann reiste er ab. Sofort begann der Diener, der fünf Talente erhalten hatte, mit ihnen zu wirtschaften, und er gewann noch fünf dazu. Ebenso gewann der, der zwei erhalten hatte, noch zwei dazu. Der aber, der das eine Talent erhalten hatte, ging und grub ein Loch in die Erde und versteckte das Geld seines Herrn.
Nach langer Zeit kehrte der Herr zurück, um von den Dienern Rechenschaft zu verlangen.
Da kam der, der die fünf Talente erhalten hatte, brachte fünf weitere und sagte: Herr, fünf Talente hast du mir gegeben; sieh her, ich habe noch fünf dazugewonnen. Sein Herr sagte zu ihm: Sehr gut, du bist ein tüchtiger und treuer Diener. Du bist im Kleinen ein treuer Verwalter gewesen, ich will dir eine große Aufgabe übertragen. Komm, nimm teil an der Freude deines Herrn! Dann kam der Diener, der zwei Talente erhalten hatte, und sagte: Herr, du hast mir zwei Talente gegeben; sieh her, ich habe noch zwei dazugewonnen. Sein Herr sagte zu ihm: Sehr gut, du bist ein tüchtiger und treuer Diener. Du bist im Kleinen ein treuer Verwalter gewesen, ich will dir eine große Aufgabe übertragen. Komm, nimm teil an der Freude deines Herrn!
Zuletzt kam auch der Diener, der das eine Talent erhalten hatte, und sagte: Herr, ich wusste, dass du ein strenger Mann bist; du erntest, wo du nicht gesät hast, und sammelst, wo du nicht ausgestreut hast; weil ich Angst hatte, habe ich dein Geld in der Erde versteckt. Hier hast du es wieder. Sein Herr antwortete ihm: Du bist ein schlechter und fauler Diener! Du hast doch gewusst, dass ich ernte, wo ich nicht gesät habe, und sammle, wo ich nicht ausgestreut habe. Hättest du mein Geld wenigstens auf die Bank gebracht, dann hätte ich es bei meiner Rückkehr mit Zinsen zurückerhalten. Darum nehmt ihm das Talent weg und gebt es dem, der die zehn Talente hat!
Denn wer hat, dem wird gegeben, und er wird im Überfluss haben; wer aber nicht hat, dem wird auch noch weggenommen, was er hat. Werft den nichtsnutzigen Diener hinaus in die äußerste Finsternis! Dort wird er heulen und mit den Zähnen knirschen.

Zum Evangelium Das Gleichnis erzählt eine einfache Geschichte zu einem wichtigen Thema, das uns alle angeht: Wie gehe ich mit den Begabungen um, die mir geschenkt sind? Im Gleichnis vertraut ein Mann seinen Dienern, bevor er verreist, sein Vermögen an, jedem so viel, wie es seinen Möglichkeiten entspricht. So wird auch uns etwas anvertraut, das genau zu uns passt und unseren Begabungen angemessen ist. Jesus erzählt dieses Gleichnis vor allem denen, die in Gefahr sind, ihr Leben brach liegen zu lassen; denen, die nicht zu leben wagen und ihre Fähigkeiten nicht nutzen, sondern „vergraben"; denen, die meinen, es würde sich nicht lohnen, mit der Begabung, die ihnen geschenkt worden ist, aus ihrem Leben etwas Sinnvolles zu gestalten – für sich und für andere. Mein Ureigenes, Unverwechselbares sollte ich zum Einsatz bringen. Oft gehen wir ja davon aus, das Leben müsse sich uns anbieten – statt dass wir uns dem Leben anbieten – und dann: „Könnte nicht das Leben eines jeden ein Kunstwerk werden?" (Michel Foucault).

22. Woche im Jahreskreis

Montag der 22. Woche im Jahreskreis

Lj I **Lesung** *1 Thessalonicher 4,13-17* Brüder, wir wollen euch über die Verstorbenen nicht in Unkenntnis lassen, damit ihr nicht trauert wie die anderen, die keine Hoffnung haben. Wenn Jesus – und das ist unser Glaube – gestorben und auferstanden ist, dann wird Gott durch Jesus auch die Verstorbenen zusammen mit ihm zur Herrlichkeit führen. Denn dies sagen wir euch nach einem Wort des Herrn: Wir, die Lebenden, die noch übrig sind, wenn der Herr kommt, werden den Verstorbenen nichts voraushaben. Denn der Herr selbst wird vom Himmel herabkommen, wenn der Befehl ergeht, der Erzengel ruft und die Posaune Gottes erschallt. Zuerst werden die in Christus Verstorbenen auferstehen; dann werden wir, die Lebenden, die noch übrig sind, zugleich mit ihnen auf den Wolken in die Luft entrückt, dem Herrn entgegen. Dann werden wir immer beim Herrn sein.

Lj II **Lesung** *1 Korinther 2,1-5* Als ich zu euch kam, Brüder, kam ich nicht, um glänzende Reden oder gelehrte Weisheit vorzutragen, sondern um euch das Zeugnis Gottes zu verkündigen. Denn ich hatte mich entschlossen, bei euch nichts zu wissen außer Jesus Christus, und zwar als den Gekreuzigten. Zudem kam ich in Schwäche und in Furcht, zitternd und bebend zu euch. Meine Botschaft und Verkündigung war nicht Überredung durch gewandte und kluge Worte, sondern war mit dem Erweis von Geist und Kraft verbunden, damit sich euer Glaube nicht auf Menschenweisheit stützte, sondern auf die Kraft Gottes.

Evangelium *Lukas 4,16-30* So kam er auch nach Nazaret, wo er aufgewachsen war, und ging, wie gewohnt, am Sabbat in die Synagoge. Als er aufstand, um aus der Schrift vorzulesen, reichte man ihm das Buch des Propheten Jesaja. Er schlug das Buch auf und fand die Stelle, wo es heißt:
Der Geist des Herrn ruht auf mir; /
denn der Herr hat mich gesalbt.
Er hat mich gesandt, /
damit ich den Armen eine gute Nachricht bringe;

damit ich den Gefangenen die Entlassung verkünde /
und den Blinden das Augenlicht;
damit ich die Zerschlagenen in Freiheit setze
und ein Gnadenjahr des Herrn ausrufe.
Dann schloss er das Buch, gab es dem Synagogendiener und setzte sich. Die Augen aller in der Synagoge waren auf ihn gerichtet. Da begann er, ihnen darzulegen: Heute hat sich das Schriftwort, das ihr eben gehört habt, erfüllt. Seine Rede fand bei allen Beifall; sie staunten darüber, wie begnadet er redete, und sagten: Ist das nicht der Sohn Josefs?
Da entgegnete er ihnen: Sicher werdet ihr mir das Sprichwort vorhalten: Arzt, heile dich selbst! Wenn du in Kafarnaum so große Dinge getan hast, wie wir gehört haben, dann tu sie auch hier in deiner Heimat! Und er setzte hinzu: Amen, das sage ich euch: Kein Prophet wird in seiner Heimat anerkannt. Wahrhaftig, das sage ich euch: In Israel gab es viele Witwen in den Tagen des Elija, als der Himmel für drei Jahre und sechs Monate verschlossen war und eine große Hungersnot über das ganze Land kam. Aber zu keiner von ihnen wurde Elija gesandt, nur zu einer Witwe in Sarepta bei Sidon. Und viele Aussätzige gab es in Israel zur Zeit des Propheten Elischa. Aber keiner von ihnen wurde geheilt, nur der Syrer Naaman. Als die Leute in der Synagoge das hörten, gerieten sie alle in Wut. Sie sprangen auf und trieben Jesus zur Stadt hinaus; sie brachten ihn an den Abhang des Berges, auf dem ihre Stadt erbaut war, und wollten ihn hinabstürzen. Er aber schritt mitten durch die Menge hindurch und ging weg.

Zum Evangelium Zuerst wird Jesus bestaunt und beklatscht. Dann schlägt die Stimmung um. Das ist doch nur der Sohn des Zimmermanns! Hat so einer das Recht, mit derartigem Anspruch aufzutreten? Und als wüsste Jesus, was ihnen auf der Zunge liegt, greift er ihren Einwänden voraus, weist auf die Wunder hin, die durch Jahwes Propheten außerhalb Israels geschehen sind, was nichts anderes heißt als: Gott lässt sich nicht auf nationale Grenzen festlegen, er tut Wunder, wo Glaube ist, er verweigert Wunder, wo Unglaube ist. Nicht Gott, sondern der Mensch zieht die Grenze! Durch Jesus wird Gottes Grenzenlosigkeit konkret. Da wird aus dem Applaus der Zuhörer Zorn, und von Anfang an sind die Fronten klar. Wer in der Grenze seiner Religion bleiben will, der wird sich dem grenzenlosen Heute Gottes entgegenstellen.
Das Evangelium ist nicht für alle Menschen Frohe Botschaft. Wer meint, schon den richtigen Glauben zu haben oder wer meint, sein Leben in der Hand zu haben, dem wird das Evangelium zum Ärgernis. Denn es wendet sich an jene, die an den Maßstäben der „Richtigen“ verzweifeln und in ihren Augen keine Chance haben, zu Gott zu gelangen; und es wendet sich an die, die um ihre Verlorenheit wissen und sich nach einem Heilsangebot sehnen, das sie nicht ausgrenzt. Ist das Evangelium für mich Frohe Botschaft?

Dienstag der 22. Woche im Jahreskreis

Lj I **Lesung** *1 Thessalonicher 5,1-6.9-11* Über Zeit und Stunde, Brüder, brauche ich euch nicht zu schreiben. Ihr selbst wisst genau, dass der Tag des Herrn kommt wie ein Dieb in der Nacht. Während die Menschen sagen: Friede und Sicherheit!, kommt plötzlich Verderben über sie wie die Wehen über eine schwangere Frau, und es gibt kein Entrinnen. Ihr aber, Brüder, lebt nicht im Finstern, sodass euch der Tag nicht wie ein Dieb überraschen kann. Ihr alle seid Söhne des Lichts und Söhne des Tages. Wir gehören nicht der Nacht und nicht der Finsternis.
Darum wollen wir nicht schlafen wie die anderen, sondern wach und nüchtern sein. Denn Gott hat uns nicht für das Gericht seines Zorns bestimmt, sondern dafür, dass wir durch Jesus Christus, unseren Herrn, das Heil erlangen. Er ist für uns gestorben, damit wir vereint mit ihm leben, ob wir nun wachen oder schlafen. Darum tröstet und ermahnt einander und einer richte den andern auf, wie ihr es schon tut.

Lj II **Lesung** *1 Korinther 2,10b-16* Schwestern und Brüder! Der Geist ergründet alles, auch die Tiefen Gottes. Wer von den Menschen kennt den Menschen, wenn nicht der Geist des Menschen, der in ihm ist? So erkennt auch keiner Gott – nur der Geist Gottes.
Wir aber haben nicht den Geist der Welt empfangen, sondern den Geist, der aus Gott stammt, damit wir das erkennen, was uns von Gott geschenkt worden ist. Davon reden wir auch, nicht mit Worten, wie menschliche Weisheit sie lehrt, sondern wie der Geist sie lehrt, indem wir den Geisterfüllten das Wirken des Geistes deuten.
Der irdisch gesinnte Mensch aber lässt sich nicht auf das ein, was vom Geist Gottes kommt. Torheit ist es für ihn, und er kann es nicht verstehen, weil es nur mit Hilfe des Geistes beurteilt werden kann. Der geisterfüllte Mensch urteilt über alles, ihn aber vermag niemand zu beurteilen. Denn wer begreift den Geist des Herrn? Wer kann ihn belehren? Wir aber haben den Geist Christi.

Evangelium *Lukas 4,31-37* In jener Zeit ging Jesus hinab nach Kafarnaum, einer Stadt in Galiläa, und lehrte die Menschen am Sabbat. Sie waren sehr betroffen von seiner Lehre, denn er redete mit göttlicher Vollmacht.
In der Synagoge saß ein Mann, der von einem Dämon, einem unreinen Geist, besessen war. Der begann laut zu schreien: Was haben wir mit dir zu tun, Jesus von Nazaret? Bist du gekommen, um uns ins Verderben zu stürzen? Ich weiß, wer du bist: der Heilige Gottes!
Da befahl ihm Jesus: Schweig und verlass ihn! Der Dämon warf den Mann mitten in der Synagoge zu Boden und verließ ihn, ohne ihn jedoch zu verletzen.
Da waren alle erstaunt und erschrocken und einer fragte den andern: Was ist das für ein Wort? Mit Vollmacht und Kraft befiehlt er den unreinen Geistern, und sie fliehen. Und sein Ruf verbreitete sich in der ganzen Gegend.

Zum Evangelium Das erste Wunder Jesu im Lukasevangelium, die Heilung des Besessenen, demonstriert die Wahrheit der Worte, die er zuvor in der Synagoge verkündete: Heute hat sich das Schriftwort erfüllt. Wo Dämonen ausgetrieben werden, kann das Reich Gottes einziehen. Das Böse erkennt in qualvoller Klarsicht seinen Gegensatz: das Gute. Das Böse spürt, das Gute ist stärker. Deshalb hat es Angst vor dem Guten. Das Gute hat keine Angst vor dem Bösen. Denn das Gute tritt in der Kraft Gottes gegen das Böse an. Die Kraft Gottes heilt Menschen von ihrer Fremdbestimmtheit, gibt ihnen ihre Identität zurück, sie haben wieder eine eigene Geschichte, sind nicht mehr besessen von einer fremden Macht. Wo Jesus heilt, wird bisher bedrücktes, eingeengtes Leben befreit. An diesen Jesus zu glauben, heißt Befreiung. Weshalb verbinden dennoch viele das Wort „Glauben" mit den Gefühlen von Enge und Druck?

Mittwoch der 22. Woche im Jahreskreis

Lesung *Kolosser 1,1-8* Paulus, durch den Willen Gottes Apostel Christi Jesu, und der Bruder Timotheus an die heiligen Brüder in Kolossä, die an Christus glauben. Gnade sei mit euch und Friede von Gott, unserem Vater. Wir danken Gott, dem Vater Jesu Christi, unseres Herrn, jedes Mal, wenn wir für euch beten. Denn wir haben von eurem Glauben an Christus Jesus gehört und von der Liebe, die ihr zu allen Heiligen habt, weil im Himmel die Erfüllung eurer Hoffnung für euch bereitliegt. **Lj I**

Schon früher habt ihr davon gehört durch das wahre Wort des Evangeliums, das zu euch gelangt ist. Wie in der ganzen Welt, so trägt es auch bei euch Frucht und wächst seit dem Tag, an dem ihr den Ruf der göttlichen Gnade vernommen und in Wahrheit erkannt habt.

So habt ihr es von Epaphras, unserem geliebten Mitarbeiter, gelernt. Er ist an unserer Stelle ein treuer Diener Christi und er hat uns auch von der Liebe berichtet, die der Geist in euch bewirkt hat.

Lesung *1 Korinther 3,1-9* Vor euch, Brüder, konnte ich nicht wie vor Geisterfüllten reden; ihr wart noch irdisch eingestellt, unmündige Kinder in Christus. Milch gab ich euch zu trinken statt fester Speise; denn diese konntet ihr noch nicht vertragen. Ihr könnt es aber auch jetzt noch nicht; denn ihr seid immer noch irdisch eingestellt. Oder seid ihr nicht irdisch eingestellt, handelt ihr nicht sehr menschlich, wenn Eifersucht und Streit unter euch herrschen? **Lj II**

Denn wenn einer sagt: Ich halte zu Paulus!, ein anderer: Ich zu Apollos!, seid ihr da nicht Menschen? Was ist denn Apollos? Und was ist Paulus? Ihr seid durch sie zum Glauben gekommen. Sie sind also Diener, jeder, wie der Herr es ihm gegeben hat: Ich habe gepflanzt, Apollos hat begossen, Gott aber ließ wachsen. So ist weder der etwas, der pflanzt, noch der, der begießt, sondern nur Gott, der wachsen lässt.

Wer pflanzt und wer begießt: Beide arbeiten am gleichen Werk, jeder aber erhält seinen besonderen Lohn, je nach der Mühe, die er aufgewendet hat. Denn wir sind Gottes Mitarbeiter; ihr seid Gottes Ackerfeld, Gottes Bau.

Evangelium *Lukas 4,38-44* In jener Zeit verließ Jesus die Synagoge von Kafarnaum und ging in das Haus des Simon. Die Schwiegermutter des Simon hatte hohes Fieber und sie baten ihn ihr zu helfen.
Er trat zu ihr hin, beugte sich über sie und befahl dem Fieber zu weichen. Da wich es von ihr und sie stand sofort auf und sorgte für sie.
Als die Sonne unterging, brachten die Leute ihre Kranken, die alle möglichen Leiden hatten, zu Jesus. Er legte jedem Kranken die Hände auf und heilte alle.
Von vielen fuhren auch Dämonen aus und schrien: Du bist der Sohn Gottes! Da fuhr er sie schroff an und ließ sie nicht reden; denn sie wussten, dass er der Messias war.
Bei Tagesanbruch verließ er die Stadt und ging an einen einsamen Ort. Aber die Menschen suchten ihn, und als sie ihn fanden, wollten sie ihn daran hindern wegzugehen. Er sagte zu ihnen: Ich muss auch den anderen Städten das Evangelium vom Reich Gottes verkünden; denn dazu bin ich gesandt worden. Und er predigte in den Synagogen Judäas.

Zum Evangelium „Hauptsache gesund"? Wenn Jesus Kranke heilt und Dämonen austreibt, geht es ihm nicht darum, dass der Körper wieder „funktioniert". Das wäre Oberflächengesundheit, Kurieren der Symptome, ohne die Ursachen in den Blick zu nehmen. So wie die Krankheit den ganzen Menschen – mit Leib und Seele – trifft, so bezieht sich auch das Heilen auf den ganzen Menschen. Jesus sieht die Angst, die Verstricktheit, die Ohnmacht, die Menschen krank machen. Von innen heraus heil werden heißt, dass wir Belastendes zurücklassen dürfen, dass das, was gestern war, nicht mehr die bestimmende Rolle in meinem Leben spielt. Das heißt auch, selbst Leben zu den Kranken, Freiheit zu den Besessenen, Glück zu den Traurigen zu bringen. Wer Heil am eigenen Leib und an der eigenen Seele erfahren hat, kann damit anfangen, Gutes zu bewirken. Dann eröffnet sich eine neue Perspektive, tut sich ein Weg vor mir auf, der mich nicht irgendwohin, sondern zu einem Ziel führt. Zu Gott, der mich empfängt mit seinem Ja und an mir festhält, wenn ich mich von ihm halten lasse.

Donnerstag der 22. Woche im Jahreskreis

Lj I **Lesung** *Kolosser 1,9-14* Schwestern und Brüder! Seit dem Tag, an dem wir davon erfahren haben, hören wir nicht auf, inständig für euch zu beten, dass ihr in aller Weisheit und Einsicht, die der Geist schenkt, den Willen des Herrn ganz erkennt. Denn ihr sollt ein Leben führen, das des Herrn würdig

ist und in allem sein Gefallen findet. Ihr sollt Frucht bringen in jeder Art von guten Werken und wachsen in der Erkenntnis Gottes. Er gebe euch in der Macht seiner Herrlichkeit viel Kraft, damit ihr in allem Geduld und Ausdauer habt.
Dankt dem Vater mit Freude! Er hat euch fähig gemacht, Anteil zu haben am Los der Heiligen, die im Licht sind. Er hat uns der Macht der Finsternis entrissen und aufgenommen in das Reich seines geliebten Sohnes. Durch ihn haben wir die Erlösung, die Vergebung der Sünden.

Lesung *1 Korinther 3,18-23* Schwestern und Brüder! Keiner täusche sich selbst. Wenn einer unter euch meint, er sei weise in dieser Welt, dann werde er töricht, um weise zu werden. Denn die Weisheit dieser Welt ist Torheit vor Gott. In der Schrift steht nämlich: Er fängt die Weisen in ihrer eigenen List. Und an einer anderen Stelle: Der Herr kennt die Gedanken der Weisen; er weiß, sie sind nichtig. **Lj II**
Daher soll sich niemand eines Menschen rühmen. Denn alles gehört euch; Paulus, Apollos, Kephas, Welt, Leben, Tod, Gegenwart und Zukunft: alles gehört euch; ihr aber gehört Christus und Christus gehört Gott.

Evangelium *Lukas 5,1-11* In jener Zeit, als Jesus am Ufer des Sees Gennesaret stand, drängte sich das Volk um ihn und wollte das Wort Gottes hören. Da sah er zwei Boote am Ufer liegen. Die Fischer waren ausgestiegen und wuschen ihre Netze. Jesus stieg in das Boot, das dem Simon gehörte, und bat ihn, ein Stück weit vom Land wegzufahren. Dann setzte er sich und lehrte das Volk vom Boot aus.
Als er seine Rede beendet hatte, sagte er zu Simon: Fahr hinaus auf den See! Dort werft eure Netze zum Fang aus! Simon antwortete ihm: Meister, wir haben die ganze Nacht gearbeitet und nichts gefangen. Doch wenn du es sagst, werde ich die Netze auswerfen.
Das taten sie, und sie fingen eine so große Menge Fische, dass ihre Netze zu reißen drohten. Deshalb winkten sie ihren Gefährten im anderen Boot, sie sollten kommen und ihnen helfen. Sie kamen und gemeinsam füllten sie beide Boote bis zum Rand, sodass sie fast untergingen.
Als Simon Petrus das sah, fiel er Jesus zu Füßen und sagte: Herr, geh weg von mir; ich bin ein Sünder. Denn er und alle seine Begleiter waren erstaunt und erschrocken, weil sie so viele Fische gefangen hatten; ebenso ging es Jakobus und Johannes, den Söhnen des Zebedäus, die mit Simon zusammenarbeiteten. Da sagte Jesus zu Simon: Fürchte dich nicht! Von jetzt an wirst du Menschen fangen.
Und sie zogen die Boote an Land, ließen alles zurück und folgten ihm nach.

Zum Evangelium Sie haben die ganze Nacht gearbeitet und nichts gefangen. Das Leben ist nicht fair, so viel Anstrengung, so wenig Erfolg, leere Netze, enttäuschte Hoffnungen. Die Stimmung schlägt in dem Moment um, als Petrus dem Wort Jesu mehr traut als seinen eigenen Erfahrungen: „Wenn du es sagst" und ich tue, was du sagst, dann ist überbordende Fülle, wo vorher gähnende Leere war. Fülle, die nicht in unserer Hand liegt. Wir leben aus einem Grund, den wir selbst nicht gelegt haben. Wir erleben Fülle, die wir uns nicht selbst verdanken. Deshalb das Erschrecken des Petrus: Wie klein bin ich in der Begegnung mit dem Göttlichen! Wie klein und doch jemand, den Gott in seinen Dienst stellt. Nicht, weil ich besonders gut wäre, sondern weil Gott mich braucht, um andere zu ihm zu ziehen, ihr Leben zu wenden, aus der Leere in die Fülle. Wer Jesus „ins Netz geht", wie könnte er anders, als ihm zu folgen?

Freitag der 22. Woche im Jahreskreis

Lj I **Lesung** *Kolosser 1,15-20* Christus ist das Ebenbild des unsichtbaren Gottes, der Erstgeborene der ganzen Schöpfung. Denn in ihm wurde alles erschaffen im Himmel und auf Erden, das Sichtbare und das Unsichtbare, Throne und Herrschaften, Mächte und Gewalten; alles ist durch ihn und auf ihn hin geschaffen. Er ist vor aller Schöpfung, in ihm hat alles Bestand.
Er ist das Haupt des Leibes, der Leib aber ist die Kirche. Er ist der Ursprung, der Erstgeborene der Toten; so hat er in allem den Vorrang.
Denn Gott wollte mit seiner ganzen Fülle in ihm wohnen, um durch ihn alles zu versöhnen. Alles im Himmel und auf Erden wollte er zu Christus führen, der Friede gestiftet hat am Kreuz durch sein Blut.

Lj II **Lesung** *1 Korinther 4,1-5* Als Diener Christi soll man uns betrachten und als Verwalter von Geheimnissen Gottes. Von Verwaltern aber verlangt man, dass sie sich treu erweisen. Mir macht es allerdings nichts aus, wenn ihr oder ein menschliches Gericht mich zur Verantwortung zieht; ich urteile auch nicht über mich selbst. Ich bin mir zwar keiner Schuld bewusst, doch bin ich dadurch noch nicht gerecht gesprochen; der Herr ist es, der mich zur Rechenschaft zieht. Richtet also nicht vor der Zeit; wartet, bis der Herr kommt, der das im Dunkeln Verborgene ans Licht bringen und die Absichten der Herzen aufdecken wird. Dann wird jeder sein Lob von Gott erhalten.

Evangelium *Lukas 5,33-39* In jener Zeit sagten die Pharisäer und Schriftgelehrten zu Jesus: Die Jünger des Johannes fasten und beten viel, ebenso die Jünger der Pharisäer; deine Jünger aber essen und trinken.
Jesus erwiderte ihnen: Könnt ihr denn die Hochzeitsgäste fasten lassen, solange der Bräutigam bei ihnen ist? Es werden aber Tage kommen, da wird ihnen der Bräutigam genommen sein; in jenen Tagen werden sie fasten.
Und er erzählte ihnen auch noch ein Gleichnis: Niemand schneidet ein Stück von einem neuen Kleid ab und setzt es auf ein altes Kleid; denn das

neue Kleid wäre zerschnitten und zu dem alten Kleid würde das Stück von dem neuen nicht passen.
Auch füllt niemand neuen Wein in alte Schläuche. Denn der neue Wein zerreißt die Schläuche; er läuft aus und die Schläuche sind unbrauchbar. Neuen Wein muss man in neue Schläuche füllen. Und niemand, der alten Wein getrunken hat, will neuen; denn er sagt: Der alte Wein ist besser.

Zum Evangelium In der Bibel stehen Klagen, Weinen, Fasten in Verbindung mit Trauer. Wer traurig über sich, über andere, über die Welt ist, soll fasten. Fasten befreit aus Abhängigkeiten, klärt das Leben, lässt bewusster wahrnehmen. Durch das Fasten soll ein besserer Zustand erreicht werden. Doch einen besseren Zustand als die Heilszeit, die mit Jesus angebrochen ist, gibt es nicht.
Diese Zeit steht im Zeichen der Freude, weil mit ihr Hoch-Zeit, neues Leben anfängt.. Das neue Leben ist von Grund auf neu, man kann daran nicht flicken wie an einem alten Kleid. Neues Leben umfasst den Menschen ganz, meint ihn ganz, will ihn ganz. Wer ganz dieses neue Leben „anzieht", lebt hoch-zeitlich. Ein hoch-zeitlicher Mensch strahlt Freude aus und verteilt Freude. Freude ist wesentlicher Grundzug des christlichen Glaubens. Muss es da nicht nachdenklich stimmen, wie viele Christen mit „unerlösten Gesichtern" (Nietzsche) durch die Welt gehen?

Samstag der 22. Woche im Jahreskreis

Lesung *Kolosser 1,21-23* Schwestern und Brüder! Auch ihr standet ihm einst fremd und feindlich gegenüber; denn euer Sinn trieb euch zu bösen Taten. Jetzt aber hat er euch durch den Tod seines sterblichen Leibes versöhnt, um euch heilig, untadelig und schuldlos vor sich treten zu lassen. **Lj I**
Doch müsst ihr unerschütterlich und unbeugsam am Glauben festhalten und dürft euch nicht von der Hoffnung abbringen lassen, die euch das Evangelium schenkt. In der ganzen Schöpfung unter dem Himmel wurde das Evangelium verkündet; ihr habt es gehört, und ich, Paulus, diene ihm.

Lesung *1 Korinther 4,6b-15* Brüder, lernt an mir und an Apollos, dass der Grundsatz gilt: „Nicht über das hinaus, was in der Schrift steht", dass also keiner zugunsten des einen und zum Nachteil des andern sich wichtig machen darf. Denn wer räumt dir einen Vorrang ein? Und was hast du, das du nicht empfangen hättest? Wenn du es aber empfangen hast, warum rühmst du dich, als hättest du es nicht empfangen? Ihr seid schon satt, ihr seid schon reich geworden, ohne uns seid ihr zur Herrschaft gelangt. Wäret ihr doch nur zur Herrschaft gelangt! Dann könnten auch wir mit euch zusammen herrschen. **Lj II**
Ich glaube nämlich, Gott hat uns Apostel auf den letzten Platz gestellt, wie Todgeweihte; denn wir sind zum Schauspiel geworden für die Welt, für En-

gel und Menschen. Wir stehen als Toren da um Christi willen, ihr dagegen seid kluge Leute in Christus. Wir sind schwach, ihr seid stark; ihr seid angesehen, wir sind verachtet. Bis zur Stunde hungern und dürsten wir, gehen in Lumpen, werden mit Fäusten geschlagen und sind heimatlos. Wir plagen uns ab und arbeiten mit eigenen Händen; wir werden beschimpft und segnen; wir werden verfolgt und halten stand; wir werden geschmäht und trösten. Wir sind sozusagen der Abschaum der Welt geworden, verstoßen von allen bis heute.
Nicht um euch bloßzustellen, schreibe ich das, sondern um euch als meine geliebten Kinder zu ermahnen. Hättet ihr nämlich auch ungezählte Erzieher in Christus, so doch nicht viele Väter. Denn in Christus Jesus bin ich durch das Evangelium euer Vater geworden.

Evangelium *Lukas 6,1-5* Als Jesus an einem Sabbat durch die Kornfelder ging, rissen seine Jünger Ähren ab, zerrieben sie mit den Händen und aßen sie.
Da sagten einige Pharisäer: Was tut ihr da? Das ist doch am Sabbat verboten!
Jesus erwiderte ihnen: Habt ihr nicht gelesen, was David getan hat, als er und seine Begleiter hungrig waren – wie er in das Haus Gottes ging und die heiligen Brote nahm, die nur die Priester essen dürfen, und wie er sie aß und auch seinen Begleitern davon gab?
Und Jesus fügte hinzu: Der Menschensohn ist Herr über den Sabbat.

Zum Evangelium Der christliche Sonntag in der Tradition des jüdischen Sabbats ist der Tag von Gottes erneutem Eingreifen in den Lauf der Welt, Beginn der neuen Schöpfung, Tag der Auferstehung, Tag des Gottes-Dienstes in doppelter Bedeutung: Gott dient uns, und wir dienen ihm. Jeder Sonntag erinnert uns an unsere Würde: Wir leben nicht dafür, um zu arbeiten. Wir sind mehr wert als das, was wir leisten. Wenn Jesu Jünger Ähren abrupfen, leben sie aus dem Vertrauen, dass Gottes Schöpfung ihnen dient. Dieses Vertrauen sollte in der Art, wie wir den Sonntag gestalten, deutlich werden. Wenn heute der Sonntag dem Gesetz der Rentabilität unterworfen wird („Können wir uns den Luxus des Sonntags überhaupt noch leisten?“), dann bleibt uns keine Erinnerung daran, dass wir aus der Gnade und nicht aus dem Verdienst leben. – Jesus beansprucht, Herr über Gottes Ordnung zu sein. Mit ihm ist Gottes Reich auf Erden angebrochen, und dazu passt kein Hungern und Fasten im Namen des Gesetzes. Das ist die Provokation damals – und das bleibt sie auch heute.

23. Woche im Jahreskreis

Montag der 23. Woche im Jahreskreis

Lesung *Kolosser 1,24–2,3* Schwestern und Brüder! Jetzt freue ich mich in den Leiden, die ich für euch ertrage. Für den Leib Christi, die Kirche, ergänze ich in meinem irdischen Leben das, was an den Leiden Christi noch fehlt. Ich diene der Kirche durch das Amt, das Gott mir übertragen hat, damit ich euch das Wort Gottes in seiner Fülle verkündige, jenes Geheimnis, das seit ewigen Zeiten und Generationen verborgen war. Jetzt wurde es seinen Heiligen offenbart; Gott wollte ihnen zeigen, wie reich und herrlich dieses Geheimnis unter den Völkern ist: Christus ist unter euch, er ist die Hoffnung auf Herrlichkeit. Ihn verkündigen wir; wir ermahnen jeden Menschen und belehren jeden mit aller Weisheit, um dadurch alle in der Gemeinschaft mit Christus vollkommen zu machen. Dafür kämpfe ich unter vielen Mühen; denn seine Kraft wirkt mit großer Macht in mir. Lj I

Ihr sollt wissen, was für einen schweren Kampf ich für euch und für die Gläubigen in Laodizea zu bestehen habe, auch für alle anderen, die mich persönlich nie gesehen haben. Dadurch sollen sie getröstet werden; sie sollen in Liebe zusammenhalten, um die tiefe und reiche Einsicht zu erlangen und das göttliche Geheimnis zu erkennen, das Christus ist. In ihm sind alle Schätze der Weisheit und Erkenntnis verborgen.

Lesung *1 Korinther 5,1-8* Schwestern und Brüder! Man hört von Unzucht unter euch, und zwar von Unzucht, wie sie nicht einmal unter den Heiden vorkommt, dass nämlich einer mit der Frau seines Vaters lebt. Und da macht ihr euch noch wichtig, statt traurig zu werden und den aus eurer Mitte zu stoßen, der so etwas getan hat. Lj II

Was mich angeht, so habe ich – leiblich zwar abwesend, geistig aber anwesend – mein Urteil über den, der sich so vergangen hat, schon jetzt gefällt, als ob ich persönlich anwesend wäre: Im Namen Jesu, unseres Herrn, wollen wir uns versammeln, ihr und mein Geist, und zusammen mit der Kraft Jesu, unseres Herrn, diesen Menschen dem Satan übergeben zum Verderben seines Fleisches, damit sein Geist am Tag des Herrn gerettet wird.

Zu Unrecht rühmt ihr euch. Wisst ihr nicht, dass ein wenig Sauerteig den ganzen Teig durchsäuert? Schafft den alten Sauerteig weg, damit ihr neuer Teig seid. Ihr seid ja schon ungesäuertes Brot; denn als unser Paschalamm ist Christus geopfert worden. Lasst uns also das Fest nicht mit dem alten Sauerteig feiern, nicht mit dem Sauerteig der Bosheit und Schlechtigkeit, sondern mit den ungesäuerten Broten der Aufrichtigkeit und Wahrheit.

Evangelium *Lukas 6,6-11* An einem Sabbat ging Jesus in die Synagoge und lehrte. Dort saß ein Mann, dessen rechte Hand verdorrt war. Die Schrift-

gelehrten und die Pharisäer gaben Acht, ob er am Sabbat heilen werde; sie suchten nämlich einen Grund zur Anklage gegen ihn. Er aber wusste, was sie im Sinn hatten, und sagte zu dem Mann mit der verdorrten Hand: Steh auf und stell dich in die Mitte! Der Mann stand auf und trat vor.
Dann sagte Jesus zu ihnen: Ich frage euch: Was ist am Sabbat erlaubt: Gutes zu tun oder Böses, ein Leben zu retten oder es zugrunde gehen zu lassen? Und er sah sie alle der Reihe nach an und sagte dann zu dem Mann: Streck deine Hand aus! Er tat es und seine Hand war wieder gesund. Da wurden sie von sinnloser Wut erfüllt und berieten, was sie gegen Jesus unternehmen könnten.

Zum Evangelium Jesus holt den Kranken nicht nur vom Rand in die Mitte, sondern auch in die Mitte der Synagoge. Dorthin, wo das Wort Gottes seinen Ort hat. Jesus zeigt mit dieser Geste allen Anwesenden, dass gerade der leidende Mensch im Blickfeld Gottes ist. Immer wieder sind es die Kleinen, Schwachen, Armen, die Jesus ins Zentrum seiner Wertschätzung stellt – auch am Sabbat. Denn die Not eines Menschen zu lindern ist ein Lobpreis auf den Sabbat Gottes. Zu dieser Sichtweise provoziert Jesus die Anwesenden, indem er sie „alle der Reihe nach“ ansieht, bevor er den Kranken auffordert, seine Hand auszustrecken – und sie ist gesund!
In dem Moment, da ein Gebot die Menschlichkeit nicht fördert, sondern verhindert, wird es zum Selbstzweck und spiegelt nicht den Willen Gottes, sondern die Unbeweglichkeit der Menschen. Weil Jesus sich ganz im Einklang mit Gott weiß, kann er seinen Standpunkt so frei und klar vertreten. „Wenn viele Menschen heute in immer größere Distanz zur Kirche geraten, hätten wir uns als Kirche selbstkritisch zu fragen: Wieso gelingt es uns so wenig, überzeugend in unsere Zeit zu vermitteln, dass der Glaube an Gott eine wunderbare Freiheit und Gelassenheit schenkt?“ (Franz-Josef Ortkemper).

Dienstag der 23. Woche im Jahreskreis

Lj I **Lesung** *Kolosser 2,6-15* Schwestern und Brüder! Ihr habt Christus Jesus als Herrn angenommen. Darum lebt auch in ihm! Bleibt in ihm verwurzelt und auf ihn gegründet und haltet an dem Glauben fest, in dem ihr unterrichtet wurdet. Hört nicht auf zu danken!
Gebt Acht, dass euch niemand mit seiner Philosophie und falschen Lehre verführt, die sich nur auf menschliche Überlieferung stützen und sich auf die Elementarmächte der Welt, nicht auf Christus berufen. Denn in ihm allein wohnt wirklich die ganze Fülle Gottes. Durch ihn seid auch ihr davon erfüllt; denn er ist das Haupt aller Mächte und Gewalten. In ihm habt ihr eine Beschneidung empfangen, die man nicht mit Händen vornimmt, nämlich die Beschneidung, die Christus gegeben hat. Wer sie empfängt, sagt sich los von seinem vergänglichen Körper. Mit Christus wurdet ihr in der Taufe be-

graben, mit ihm auch auferweckt, durch den Glauben an die Kraft Gottes, der ihn von den Toten auferweckt hat.
Ihr wart tot infolge eurer Sünden, und euer Leib war unbeschnitten; Gott aber hat euch mit Christus zusammen lebendig gemacht und uns alle Sünden vergeben. Er hat den Schuldschein, der gegen uns sprach, durchgestrichen und seine Forderungen, die uns anklagten, aufgehoben. Er hat ihn dadurch getilgt, dass er ihn an das Kreuz geheftet hat.
Die Fürsten und Gewalten hat er entwaffnet und öffentlich zur Schau gestellt; durch Christus hat er über sie triumphiert.

Lesung *1 Korinther 6,1-11* Schwestern und Brüder! Wagt es einer von euch, der mit einem anderen einen Rechtsstreit hat, vor das Gericht der Ungerechten zu gehen statt zu den Heiligen? Wisst ihr denn nicht, dass die Heiligen die Welt richten werden? Und wenn durch euch die Welt gerichtet wird, seid ihr dann nicht zuständig, einen Rechtsstreit über Kleinigkeiten zu schlichten? Wisst ihr nicht, dass wir über Engel richten werden? Also erst recht über Alltägliches. Wie könnt ihr dann jene, die im Urteil der Gemeinde nichts gelten, als Richter einsetzen, wenn ihr einen Rechtsstreit über Alltägliches auszutragen habt? Ich sage das, damit ihr euch schämt. Gibt es denn unter euch wirklich keinen, der die Gabe hat, zwischen Brüdern zu schlichten? Stattdessen zieht ein Bruder den andern vor Gericht, und zwar vor Ungläubige. Lj II
Ist es nicht überhaupt schon ein Versagen, dass ihr miteinander Prozesse führt? Warum leidet ihr nicht lieber Unrecht? Warum lasst ihr euch nicht lieber ausrauben? Nein, ihr selber begeht Unrecht und Raub, und zwar an Brüdern. Wisst ihr denn nicht, dass Ungerechte das Reich Gottes nicht erben werden? Täuscht euch nicht! Weder Unzüchtige noch Götzendiener, weder Ehebrecher noch Lustknaben, noch Knabenschänder, noch Diebe, noch Habgierige, keine Trinker, keine Lästerer, keine Räuber werden das Reich Gottes erben. Und solche gab es unter euch. Aber ihr seid rein gewaschen, seid geheiligt, seid gerecht geworden im Namen Jesu Christi, des Herrn, und im Geist unseres Gottes.

Evangelium *Lukas 6,12-19* In jenen Tagen ging Jesus auf einen Berg, um zu beten. Und er verbrachte die ganze Nacht im Gebet zu Gott. Als es Tag wurde, rief er seine Jünger zu sich und wählte aus ihnen zwölf aus; sie nannte er auch Apostel. Es waren Simon, dem er den Namen Petrus gab, und sein Bruder Andreas, dazu Jakobus und Johannes, Philippus und Bartholomäus, Matthäus und Thomas, Jakobus, der Sohn des Alphäus, und Simon, genannt der Zelot, Judas, der Sohn des Jakobus, und Judas Iskariot, der zum Verräter wurde.
Jesus stieg mit ihnen den Berg hinab. In der Ebene blieb er mit einer großen Schar seiner Jünger stehen und viele Menschen aus ganz Judäa und Jerusa-

lem und dem Küstengebiet von Tyrus und Sidon strömten herbei. Sie alle wollten ihn hören und von ihren Krankheiten geheilt werden. Auch die von unreinen Geistern Geplagten wurden geheilt. Alle Leute versuchten, ihn zu berühren; denn es ging eine Kraft von ihm aus, die alle heilte.

Zum Evangelium Schon zur Zeit Jesu bilden sich unterschiedliche Wege christlicher Nachfolge heraus. Der radikalste Weg ist durch die Wahl der zwölf Apostel geprägt, die in ihrer Zwölfzahl die Realität des Bundes Gottes mit seinem Volk Israel widerspiegeln. Sie teilen Jesu Leben der Wanderschaft, haben wie er alles verlassen, leben wie er radikal und „entsichert" und vertrauen mit ihm auf die Nähe Gottes. Ihr Leben heißt unterwegs sein. Eine andere Art der Nachfolge leben die vielen Freunde und Freundinnen Jesu, die über das Land verstreut sind und sich zu ihm bekennen. Sie unterstützen Jesus und seinen Jüngerkreis, gewähren ihnen Gastfreundschaft, geben Anteil an ihren Gütern. – Die Menschen, die seinem Heil begegnet sind, haben damit begonnen, ihr Leben nach seiner Weisung auszurichten. Dieses Leben bezieht die verschiedensten Bereiche der Alltagserfahrung in das neue Miteinander und damit in die neue Gottesbeziehung ein. So wurde damals ein weit verzweigtes Netz von Berufungen Grund gelegt, an dem durch die Jahrhunderte hindurch bis zu uns heute weiter gewoben wird. Wie lebe ich Nachfolge?

Mittwoch der 23. Woche im Jahreskreis

Lj I **Lesung** *Kolosser 3,1-11* Schwestern und Brüder! Ihr seid mit Christus auferweckt; darum strebt nach dem, was im Himmel ist, wo Christus zur Rechten Gottes sitzt. Richtet euren Sinn auf das Himmlische und nicht auf das Irdische! Denn ihr seid gestorben und euer Leben ist mit Christus verborgen in Gott. Wenn Christus, unser Leben, offenbar wird, dann werdet auch ihr mit ihm offenbar werden in Herrlichkeit.
Darum tötet, was irdisch an euch ist: die Unzucht, die Schamlosigkeit, die Leidenschaft, die bösen Begierden und die Habsucht, die ein Götzendienst ist. All das zieht den Zorn Gottes nach sich. Früher seid auch ihr darin gefangen gewesen und habt euer Leben davon beherrschen lassen. Jetzt aber sollt ihr das alles ablegen: Zorn, Wut und Bosheit; auch Lästerungen und Zoten sollen nicht mehr über eure Lippen kommen. Belügt einander nicht; denn ihr habt den alten Menschen mit seinen Taten abgelegt und seid zu einem neuen Menschen geworden, der nach dem Bild seines Schöpfers erneuert wird, um ihn zu erkennen. Wo das geschieht, gibt es nicht mehr Griechen oder Juden, Beschnittene oder Unbeschnittene, Fremde, Skythen, Sklaven oder Freie, sondern Christus ist alles und in allen.

Lj II **Lesung** *1 Korinther 7,25-31* Schwestern und Brüder! Was die Frage der Ehelosigkeit angeht, so habe ich kein Gebot vom Herrn. Ich gebe euch nur

einen Rat als einer, den der Herr durch sein Erbarmen vertrauenswürdig gemacht hat. Ich meine, es ist gut wegen der bevorstehenden Not, ja, es ist gut für den Menschen, so zu sein.
Bist du an eine Frau gebunden, suche dich nicht zu lösen; bist du ohne Frau, dann suche keine. Heiratest du aber, so sündigst du nicht; und heiratet eine Jungfrau, sündigt auch sie nicht. Freilich werden solche Leute irdischen Nöten nicht entgehen; ich aber möchte sie euch ersparen. Denn ich sage euch, Brüder: Die Zeit ist kurz. Daher soll, wer eine Frau hat, sich in Zukunft so verhalten, als habe er keine, wer weint, als weine er nicht, wer sich freut, als freue er sich nicht, wer kauft, als würde er nicht Eigentümer, wer sich die Welt zunutze macht, als nutze er sie nicht; denn die Gestalt dieser Welt vergeht.

Evangelium *Lukas 6,20-26* In jener Zeit richtete Jesus seine Augen auf seine Jünger und sagte: Selig, ihr Armen, denn euch gehört das Reich Gottes. Selig, die ihr jetzt hungert, denn ihr werdet satt werden. Selig, die ihr jetzt weint, denn ihr werdet lachen. Selig seid ihr, wenn euch die Menschen hassen und aus ihrer Gemeinschaft ausschließen, wenn sie euch beschimpfen und euch in Verruf bringen um des Menschensohnes willen. Freut euch und jauchzt an jenem Tag; euer Lohn im Himmel wird groß sein. Denn ebenso haben es ihre Väter mit den Propheten gemacht.
Aber weh euch, die ihr reich seid; denn ihr habt keinen Trost mehr zu erwarten. Weh euch, die ihr jetzt satt seid; denn ihr werdet hungern. Weh euch, die ihr jetzt lacht; denn ihr werdet klagen und weinen. Weh euch, wenn euch alle Menschen loben; denn ebenso haben es ihre Väter mit den falschen Propheten gemacht.

Zum Evangelium Die Feldrede des Lukas beginnt mit den Seligpreisungen, denen in hartem Kontrast die Wehe-Rufe folgen. Neben den Jüngern sind unter den Zuhörern Kranke, Arme, Außenseiter. Gerade denen, die in der damaligen Gesellschaft nichts gelten, die von anderen verlacht werden, ein trauriges Leben führen – gerade ihnen gilt das Selig. Bisher haben sie von den Wohlsituierten genau das Gegenteil gehört: Ihr habt und seid nichts, weil ihr nicht nach Gottes Geboten lebt. Ihr seid krank, weil ihr Sünder seid, ihr seid selbst schuld, dass es euch dreckig geht ... Eine unsägliche Befreiung müssen Jesu Worte für diese Menschen gewesen sein, sie spürten zum ersten Mal: Wir sind geliebt, geachtet, kostbar. Wir sind selig!
Allein von der Faktenlage müssten sich zwei Fünftel der Menschheit die Weherufe zu Herzen nehmen. Denn sie gehören zu denen, die mehr haben, als sie brauchen. Drei Fünftel der Menschheit leiden Hunger. Ihr Hunger ist kein Naturgesetz. Er wird zum größten Teil verursacht, weil die wohlhabenden Länder den Reichtum der armen Länder für den eigenen Profit ausbeuten. Die Spirale der Verelendung greift immer tiefer.

Dass mehr als die Hälfte der Menschheit nicht weiß, woher sie das Brot für morgen nehmen soll, widerspricht in unerträglicher Weise der Schöpfungsabsicht Gottes. Wer hat, muss mit dem teilen, der nicht hat. Fangen wir heute an, damit uns morgen nicht das „Wehe" einholt!

Donnerstag der 23. Woche im Jahreskreis

Lj I **Lesung** *Kolosser 3,12-17* Ihr seid von Gott geliebt, seid seine auserwählten Heiligen. Darum bekleidet euch mit aufrichtigem Erbarmen, mit Güte, Demut, Milde, Geduld! Ertragt euch gegenseitig und vergebt einander, wenn einer dem andern etwas vorzuwerfen hat. Wie der Herr euch vergeben hat, so vergebt auch ihr! Vor allem aber liebt einander, denn die Liebe ist das Band, das alles zusammenhält und vollkommen macht. In eurem Herzen herrsche der Friede Christi; dazu seid ihr berufen als Glieder des einen Leibes. Seid dankbar! Das Wort Christi wohne mit seinem ganzen Reichtum bei euch. Belehrt und ermahnt einander in aller Weisheit! Singt Gott in eurem Herzen Psalmen, Hymnen und Lieder, wie sie der Geist eingibt, denn ihr seid in Gottes Gnade. Alles, was ihr in Worten und Werken tut, geschehe im Namen Jesu, des Herrn. Durch ihn dankt Gott, dem Vater!

Lj II **Lesung** *1 Korinther 8,1b-7.11-13* Gewiss, wir alle haben Erkenntnis. Doch die Erkenntnis macht aufgeblasen, die Liebe dagegen baut auf. Wenn einer meint, er sei zur Erkenntnis gelangt, hat er noch nicht so erkannt, wie man erkennen muss. Wer aber Gott liebt, der ist von ihm erkannt. Was nun das Essen von Götzenopferfleisch angeht, so wissen wir, dass es keine Götzen gibt in der Welt und keinen Gott außer dem einen. Und selbst wenn es im Himmel oder auf der Erde sogenannte Götter gibt – und solche Götter und Herren gibt es viele –, so haben doch wir nur einen Gott, den Vater. Von ihm stammt alles und wir leben auf ihn hin. Und einer ist der Herr: Jesus Christus. Durch ihn ist alles, und wir sind durch ihn.
Aber nicht alle haben die Erkenntnis. Einige, die von ihren Götzen nicht loskommen, essen das Fleisch noch als Götzenopferfleisch und so wird ihr schwaches Gewissen befleckt.
Der Schwache geht an deiner „Erkenntnis" zugrunde, er, dein Bruder, für den Christus gestorben ist. Wenn ihr euch auf diese Weise gegen eure Brüder versündigt und ihr schwaches Gewissen verletzt, versündigt ihr euch gegen Christus. Wenn darum eine Speise meinem Bruder zum Anstoß wird, will ich überhaupt kein Fleisch mehr essen, um meinem Bruder keinen Anstoß zu geben.

Evangelium *Lukas 6,27-38* Euch, die ihr mir zuhört, sage ich: Liebt eure Feinde; tut denen Gutes, die euch hassen. Segnet die, die euch verfluchen; betet für die, die euch misshandeln. Dem, der dich auf die eine Wange schlägt, halt auch die andere hin, und dem, der dir den Mantel wegnimmt,

lass auch das Hemd. Gib jedem, der dich bittet; und wenn dir jemand etwas wegnimmt, verlang es nicht zurück. Was ihr von anderen erwartet, das tut ebenso auch ihnen. Wenn ihr nur die liebt, die euch lieben, welchen Dank erwartet ihr dafür? Auch die Sünder lieben die, von denen sie geliebt werden. Und wenn ihr nur denen Gutes tut, die euch Gutes tun, welchen Dank erwartet ihr dafür? Das tun auch die Sünder. Und wenn ihr nur denen etwas leiht, von denen ihr es zurückzubekommen hofft, welchen Dank erwartet ihr dafür? Auch die Sünder leihen Sündern in der Hoffnung, alles zurückzubekommen. Ihr aber sollt eure Feinde lieben und sollt Gutes tun und leihen, auch wo ihr nichts dafür erhoffen könnt. Dann wird euer Lohn groß sein und ihr werdet Söhne des Höchsten sein; denn auch er ist gütig gegen die Undankbaren und Bösen. Seid barmherzig, wie es auch euer Vater ist!
Richtet nicht, dann werdet auch ihr nicht gerichtet werden. Verurteilt nicht, dann werdet auch ihr nicht verurteilt werden. Erlasst einander die Schuld, dann wird auch euch die Schuld erlassen werden. Gebt, dann wird auch euch gegeben werden. In reichem, vollem, gehäuftem, überfließendem Maß wird man euch beschenken; denn nach dem Maß, mit dem ihr messt und zuteilt, wird auch euch zugeteilt werden.

Zum Evangelium Das zentrale Thema der Feldpredigt ist die Liebe ohne Grenzen. Sie ist die „Himmelsmacht“, die die Kraft verleiht, sowohl Feinde zu lieben als auch Krankheit und Not zu heilen. In der Welt geht es allerdings anders zu, und davon geht Jesus aus: Wir lieben jene, die uns lieben, wir tun denen Gutes, die uns Gutes tun usw. Und insgeheim erwarten wir vielleicht, dass wir durch unsere Güte mehr zurückbekommen, als wir eingesetzt haben. Was wir Liebe nennen, ist oft (insgeheim) berechnend. Und nun steht plötzlich das Schwierigste, die Feindesliebe, im Zentrum. Keine menschliche Beziehung, kein persönlicher oder politischer Konflikt steht außerhalb dieses Anspruchs. Der Grund für die Feindesliebe ist Gott selbst. Denn er ist gütig zu allen, er lässt seine Sonne über allen aufgehen. Wer seine Feinde liebt, zeigt, dass er Gott ähnlich ist. Feindesliebe ist „ein anderer Name für Gott“ (Hermann-Josef Venetz).
Wenn wir im Bewusstsein der umfassenden Liebe Gottes leben, müssen wir nicht mehr krampfhaft um Anerkennung und Wertzuwachs kämpfen. Wir werden frei von Selbst-Sucht. Wir fangen an, gern zu geben: ein Lächeln, einen Trost, eine Aufmerksamkeit, Zeit, Güte. Und auf einmal spüren wir, dass wir „in reichem, vollem, gehäuftem, überfließendem Maß“ beschenkt werden, weil die Liebe wächst, wo sie geteilt wird.

Freitag der 23. Woche im Jahreskreis

Lesung *1 Timotheus 1,1-2.12-14* Paulus, Apostel Christi Jesu durch den Auftrag Gottes, unseres Retters, und Christi Jesu, unserer Hoffnung, an Ti- Lj I

motheus, seinen echten Sohn durch den Glauben. Gnade, Erbarmen und Friede von Gott, dem Vater, und Christus Jesus, unserem Herrn.
Ich danke dem, der mir Kraft gegeben hat: Christus Jesus, unserem Herrn. Er hat mich für treu gehalten und in seinen Dienst genommen, obwohl ich ihn früher lästerte, verfolgte und verhöhnte. Aber ich habe Erbarmen gefunden, denn ich wusste in meinem Unglauben nicht, was ich tat. So übergroß war die Gnade unseres Herrn, die mir in Christus Jesus den Glauben und die Liebe schenkte.

Lj II **Lesung** *1 Korinther 9,16-19.22b-27* Wenn ich nämlich das Evangelium verkünde, kann ich mich deswegen nicht rühmen; denn ein Zwang liegt auf mir. Weh mir, wenn ich das Evangelium nicht verkünde! Wäre es mein freier Entschluss, so erhielte ich Lohn. Wenn es mir aber nicht freisteht, so ist es ein Auftrag, der mir anvertraut wurde. Was ist nun mein Lohn? Dass ich das Evangelium unentgeltlich verkünde und so auf mein Recht verzichte. Da ich also von niemand abhängig war, habe ich mich für alle zum Sklaven gemacht, um möglichst viele zu gewinnen.
Allen bin ich alles geworden, um auf jeden Fall einige zu retten. Alles aber tue ich um des Evangeliums willen, um an seiner Verheißung teilzuhaben. Wisst ihr nicht, dass die Läufer im Stadion zwar alle laufen, aber dass nur einer den Siegespreis gewinnt? Lauft so, dass ihr ihn gewinnt. Jeder Wettkämpfer lebt aber völlig enthaltsam; jene tun dies, um einen vergänglichen, wir aber, um einen unvergänglichen Siegeskranz zu gewinnen. Darum laufe ich nicht wie einer, der ziellos läuft, und kämpfe mit der Faust nicht wie einer, der in die Luft schlägt; vielmehr züchtige und unterwerfe ich meinen Leib, damit ich nicht anderen predige und selbst verworfen werde.

Evangelium *Lukas 6,39-42* In jener Zeit sprach Jesus zu seinen Jüngern: Kann ein Blinder einen Blinden führen? Werden nicht beide in eine Grube fallen? Der Jünger steht nicht über seinem Meister; jeder aber, der alles gelernt hat, wird wie sein Meister sein.
Warum siehst du den Splitter im Auge deines Bruders, aber den Balken in deinem eigenen Auge bemerkst du nicht? Wie kannst du zu deinem Bruder sagen: Bruder, lass mich den Splitter aus deinem Auge herausziehen!, während du den Balken in deinem eigenen Auge nicht siehst? Du Heuchler! Zieh zuerst den Balken aus deinem Auge; dann kannst du versuchen, den Splitter aus dem Auge deines Bruders herauszuziehen.

Zum Evangelium Jeder Mensch sehnt sich mehr oder weniger bewusst danach, beachtet, angenommen, ja – gemocht zu werden! Manchmal macht sich dieses Sehnen dadurch Luft, dass man andere in ein schlechteres Licht rückt, um selbst besser da zu stehen. Man hält sich an ihren Fehlern auf und verurteilt sie nach allen Regeln der Kunst. Auch wenn jeder Mensch ein fantastisches, einzigartiges Geschöpf ist: mit unseren hellen und dunklen Anteilen gleichen wir einander. Die Konsequenz dieses Wissens unterstreichen die Bilder Jesu auf eindrückliche Weise. So wenig wie ein Blinder einen anderen Blinden sicher von A nach B führen kann, so wenig können wir uns anderen gegenüber als moralische Instanz aufspielen. Je mehr ich mich am Splitter im Auge des anderen aufhalte, desto größer wird der Balken der Selbstgerechtigkeit in meinem Auge. Einander kritisieren – ja. Aber zuerst sollten wir unsere eigenen Schwächen wahrnehmen und an ihnen arbeiten. Und, wie Jesus, statt zu richten aufrichten. „Willst du die anderen verstehen, blick in dein eigenes Herz“ (F. Schiller).

Samstag der 23. Woche im Jahreskreis

Lesung *1 Timotheus 1,15-17* Das Wort ist glaubwürdig und wert, dass man es beherzigt: Christus Jesus ist in die Welt gekommen, um die Sünder zu retten. Von ihnen bin ich der Erste. Aber ich habe Erbarmen gefunden, damit Christus Jesus an mir als Erstem seine ganze Langmut beweisen konnte, zum Vorbild für alle, die in Zukunft an ihn glauben, um das ewige Leben zu erlangen. Dem König der Ewigkeit, dem unvergänglichen, unsichtbaren, einzigen Gott, sei Ehre und Herrlichkeit in alle Ewigkeit. Amen. Lj I

Lesung *1 Korinther 10,14-22* Liebe Brüder, meidet den Götzendienst! Ich rede doch zu verständigen Menschen; urteilt selbst über das, was ich sage. Ist der Kelch des Segens, über den wir den Segen sprechen, nicht Teilhabe am Blut Christi? Ist das Brot, das wir brechen, nicht Teilhabe am Leib Christi? Ein Brot ist es. Darum sind wir viele ein Leib; denn wir alle haben teil an dem einen Brot. Lj II

Schaut auf das irdische Israel: Haben die, welche von den Opfern essen, nicht teil am Altar? Was meine ich damit? Ist denn Götzenopferfleisch wirklich etwas? Oder ist ein Götze wirklich etwas? Nein, aber was man dort opfert, opfert man nicht Gott, sondern den Dämonen. Ich will jedoch nicht, dass ihr euch mit Dämonen einlasst.

Ihr könnt nicht den Kelch des Herrn trinken und den Kelch der Dämonen. Ihr könnt nicht Gäste sein am Tisch des Herrn und am Tisch der Dämonen. Oder wollen wir die Eifersucht des Herrn wecken ? Sind wir stärker als er?

Evangelium *Lukas 6,43-49* In jener Zeit sprach Jesus zu seinen Jüngern: Es gibt keinen guten Baum, der schlechte Früchte hervorbringt, noch einen schlechten Baum, der gute Früchte hervorbringt. Jeden Baum erkennt man an seinen Früchten: Von den Disteln pflückt man keine Feigen und vom Dornstrauch erntet man keine Trauben. Ein guter Mensch bringt Gutes hervor, weil in seinem Herzen Gutes ist; und ein böser Mensch bringt Böses hervor,

weil in seinem Herzen Böses ist. Wovon das Herz voll ist, davon spricht der Mund. Was sagt ihr zu mir: Herr! Herr!, und tut nicht, was ich sage?
Ich will euch zeigen, wem ein Mensch gleicht, der zu mir kommt und meine Worte hört und danach handelt. Er ist wie ein Mann, der ein Haus baute und dabei die Erde tief aushob und das Fundament auf einen Felsen stellte. Als nun ein Hochwasser kam und die Flutwelle gegen das Haus prallte, konnte sie es nicht erschüttern, weil es gut gebaut war. Wer aber hört und nicht danach handelt, ist wie ein Mann, der sein Haus ohne Fundament auf die Erde baute. Die Flutwelle prallte dagegen, das Haus stürzte sofort in sich zusammen und wurde völlig zerstört.

Zum Evangelium Jesus vergleicht uns mit einem Baum, der gute oder schlechte Früchte hervorbringt. Aber was gut und was schlecht ist, wissen wir das so genau? Hat nicht fast alles mehrere Seiten? Im Verständnis der Bibel ist gut und schlecht keine Kategorie der Moral, sondern gut ist, was Leben fördert, schlecht ist, was Leben hindert. Gut ist, was das Leben zum Guten hin entwickeln hilft, was Freiheit und Selbstverantwortung stärkt. Und das ist niemals ganz eindeutig. Uns bleibt die Mühe, das Leben von unterschiedlichen Seiten zu betrachten, nicht erspart. Auf das Reden bezogen, das Jesus als Beispiel anführt, könnte das heißen: Ich muss versuchen, die Position und Meinung des anderen einzunehmen, um ihn zu verstehen. Es ist eben nicht so eindeutig, dass meine Meinung richtig und deine falsch ist, dass mein Glaube der rechte, deiner ein Irrtum ist. Aus der Position des anderen her zu denken und zu fühlen, ist eine Übung der Toleranz. Wenn der andere so in meinem Denken und Fühlen einen Platz hat, bin ich auf dem Weg, ihn so ernst zu nehmen, wie Gott ihn ernst nimmt und wie ich selbst ernst genommen werden will. Und mein Leben steht auf einem festen Fundament.

24. Woche im Jahreskreis

Montag der 24. Woche im Jahreskreis

Lj I **Lesung** *1 Timotheus 2,1-8* Vor allem fordere ich zu Bitten und Gebeten, zu Fürbitte und Danksagung auf, und zwar für alle Menschen, für die Herrscher und für alle, die Macht ausüben, damit wir in aller Frömmigkeit und Rechtschaffenheit ungestört und ruhig leben können. Das ist recht und gefällt Gott, unserem Retter; er will, dass alle Menschen gerettet werden und zur Erkenntnis der Wahrheit gelangen.
Denn: Einer ist Gott, / Einer auch Mittler zwischen Gott und den Menschen: / der Mensch Christus Jesus,
der sich als Lösegeld hingegeben hat für alle, / ein Zeugnis zur vorherbestimmten Zeit,

als dessen Verkünder und Apostel ich eingesetzt wurde – ich sage die Wahrheit und lüge nicht –, als Lehrer der Heiden im Glauben und in der Wahrheit. Ich will, dass die Männer überall beim Gebet ihre Hände in Reinheit erheben, frei von Zorn und Streit.

Lesung *1 Korinther 11,17-26.33* Schwestern und Brüder! Wenn ich schon Anweisungen gebe: Das kann ich nicht loben, dass ihr nicht mehr zu eurem Nutzen, sondern zu eurem Schaden zusammenkommt. Zunächst höre ich, dass es Spaltungen unter euch gibt, wenn ihr als Gemeinde zusammenkommt; zum Teil glaube ich das auch. Denn es muss Parteiungen geben unter euch; nur so wird sichtbar, wer unter euch treu und zuverlässig ist. **Lj II**

Was ihr bei euren Zusammenkünften tut, ist keine Feier des Herrenmahls mehr; denn jeder verzehrt sogleich seine eigenen Speisen, und dann hungert der eine, während der andere schon betrunken ist. Könnt ihr denn nicht zu Hause essen und trinken? Oder verachtet ihr die Kirche Gottes? Wollt ihr jene demütigen, die nichts haben? Was soll ich dazu sagen? Soll ich euch etwa loben? In diesem Fall kann ich euch nicht loben.

Denn ich habe vom Herrn empfangen, was ich euch dann überliefert habe: Jesus, der Herr, nahm in der Nacht, in der er ausgeliefert wurde, Brot, sprach das Dankgebet, brach das Brot und sagte: Das ist mein Leib für euch. Tut dies zu meinem Gedächtnis! Ebenso nahm er nach dem Mahl den Kelch und sprach: Dieser Kelch ist der Neue Bund in meinem Blut. Tut dies, sooft ihr daraus trinkt, zu meinem Gedächtnis!

Denn sooft ihr von diesem Brot esst und aus dem Kelch trinkt, verkündet ihr den Tod des Herrn, bis er kommt. Wenn ihr also zum Mahl zusammenkommt, meine Brüder, wartet aufeinander!

Evangelium *Lukas 7,1-10* In jener Zeit, als Jesus seine Rede vor dem Volk beendet hatte, ging er nach Kafarnaum hinein. Ein Hauptmann hatte einen Diener, der todkrank war und den er sehr schätzte. Als der Hauptmann von Jesus hörte, schickte er einige von den jüdischen Ältesten zu ihm mit der Bitte, zu kommen und seinen Diener zu retten. Sie gingen zu Jesus und baten ihn inständig. Sie sagten: Er verdient es, dass du seine Bitte erfüllst; denn er liebt unser Volk und hat uns die Synagoge gebaut.

Da ging Jesus mit ihnen. Als er nicht mehr weit von dem Haus entfernt war, schickte der Hauptmann Freunde und ließ ihm sagen: Herr, bemüh dich nicht! Denn ich bin es nicht wert, dass du mein Haus betrittst. Deshalb habe ich mich auch nicht für würdig gehalten, selbst zu dir zu kommen. Sprich nur ein Wort, dann muss mein Diener gesund werden. Auch ich muss Befehlen gehorchen und ich habe selber Soldaten unter mir; sage ich nun zu einem: Geh!, so geht er, und zu einem andern: Komm!, so kommt er, und zu meinem Diener: Tu das!, so tut er es.

Jesus war erstaunt über ihn, als er das hörte. Und er wandte sich um und sagte zu den Leuten, die ihm folgten: Ich sage euch: Nicht einmal in Israel habe ich einen solchen Glauben gefunden. Und als die Männer, die der Hauptmann geschickt hatte, in das Haus zurückkehrten, stellten sie fest, dass der Diener gesund war.

Zum Evangelium Die Ältesten, Vertreter der jüdischen Synagoge einerseits – der Hauptmann, Vertreter der römischen Besatzungsmacht andererseits: ist da der Konflikt nicht vorprogrammiert? Doch nichts dergleichen passiert. Beide Seiten begegnen sich mit Achtung und Zuneigung. Die Juden tragen Jesus engagiert das Anliegen des Hauptmanns vor, denn er hat sich als Mensch erwiesen, der das jüdische Volk liebt und ihm die Synagoge erbaut hat. Wenn Vertrauen da ist, spielen soziale und religiöse Grenzen keine Rolle, Feindbilder werden abgebaut, man begegnet sich auf Augenhöhe. Erstaunlich ist vor allem, wie sehr der Hauptmann Jesus achtet und an seine Kraft glaubt. Beeindruckend ist auch seine Liebe und Fürsorge für einen seiner Untergebenen. Weil er über die Grenzen seines Glaubens hinweg vertraut und sich die Not eines Menschen persönlich zu Herzen nimmt, ist er offen für das Heil, das allen Menschen gilt, die nach ihm suchen: „Sprich nur ein Wort, und er wird gesund." Ein starker Glaube. Wie stark ist unser Glaube an Gesundung, wenn wir diese Worte vor der Kommunion aussprechen: „Sprich nur ein Wort und meine Seele wird gesund"?

Dienstag der 24. Woche im Jahreskreis

Lj I **Lesung** *1 Timotheus 3,1-13* Mein Sohn! Das Wort ist glaubwürdig: Wer das Amt eines Bischofs anstrebt, der strebt nach einer großen Aufgabe. Deshalb soll der Bischof ein Mann ohne Tadel sein, nur einmal verheiratet, nüchtern, besonnen, von würdiger Haltung, gastfreundlich, fähig zu lehren; er sei kein Trinker und kein gewalttätiger Mensch, sondern rücksichtsvoll; er sei nicht streitsüchtig und nicht geldgierig. Er soll ein guter Familienvater sein und seine Kinder zu Gehorsam und allem Anstand erziehen. Wer seinem eigenen Hauswesen nicht vorstehen kann, wie soll der für die Kirche Gottes sorgen? Er darf kein Neubekehrter sein, sonst könnte er hochmütig werden und dem Gericht des Teufels verfallen. Er muss auch bei den Außenstehenden einen guten Ruf haben, damit er nicht in üble Nachrede kommt und in die Falle des Teufels gerät.
Ebenso sollen die Diakone sein: achtbar, nicht doppelzüngig, nicht dem Wein ergeben und nicht gewinnsüchtig; sie sollen mit reinem Gewissen am Geheimnis des Glaubens festhalten. Auch sie soll man vorher prüfen, und nur wenn sie unbescholten sind, sollen sie ihren Dienst ausüben. Ebenso sollen die Frauen ehrbar sein, nicht verleumderisch, sondern nüchtern und in allem zuverlässig.

Die Diakone sollen nur einmal verheiratet sein und ihren Kindern und ihrer Familie gut vorstehen. Denn wer seinen Dienst gut versieht, erlangt einen hohen Rang und große Zuversicht im Glauben an Christus Jesus.

Lesung *1 Korinther 12,12-14.27-31a* Schwestern und Brüder! Wie der Leib eine Einheit ist, doch viele Glieder hat, alle Glieder des Leibes aber, obgleich es viele sind, einen einzigen Leib bilden: So ist es auch mit Christus. Lj II

Durch den einen Geist wurden wir in der Taufe alle in einen einzigen Leib aufgenommen, Juden und Griechen, Sklaven und Freie; und alle wurden wir mit dem einen Geist getränkt. Auch der Leib besteht nicht nur aus einem Glied, sondern aus vielen Gliedern.

Ihr aber seid der Leib Christi und jeder Einzelne ist ein Glied an ihm. So hat Gott in der Kirche die einen als Apostel eingesetzt, die andern als Propheten, die dritten als Lehrer; ferner verlieh er die Kraft, Wunder zu tun, sodann die Gaben, Krankheiten zu heilen, zu helfen, zu leiten, endlich die verschiedenen Arten von Zungenrede.

Sind etwa alle Apostel, alle Propheten, alle Lehrer? Haben alle die Kraft, Wunder zu tun? Besitzen alle die Gabe, Krankheiten zu heilen? Reden alle in Zungen? Können alle solches Reden auslegen? Strebt aber nach den höheren Gnadengaben!

Evangelium *Lukas 7,11-17* In jener Zeit ging Jesus in eine Stadt namens Naïn; seine Jünger und eine große Menschenmenge folgten ihm. Als er in die Nähe des Stadttors kam, trug man gerade einen Toten heraus. Es war der einzige Sohn seiner Mutter, einer Witwe. Und viele Leute aus der Stadt begleiteten sie. Als der Herr die Frau sah, hatte er Mitleid mit ihr und sagte zu ihr: Weine nicht! Dann ging er zu der Bahre hin und fasste sie an. Die Träger blieben stehen und er sagte: Ich befehle dir, junger Mann: Steh auf! Da richtete sich der Tote auf und begann zu sprechen und Jesus gab ihn seiner Mutter zurück.

Alle wurden von Furcht ergriffen; sie priesen Gott und sagten: Ein großer Prophet ist unter uns aufgetreten: Gott hat sich seines Volkes angenommen. Und die Kunde davon verbreitete sich überall in Judäa und im ganzen Gebiet ringsum.

Zum Evangelium Der Sohn ist ihr Alles. Ihr Leben. Ihr Sinn. Ihre Hoffnung. Ihre Zukunft. Denn irgendwann würde er für sie sorgen, weil sie als Witwe sozial und psychisch völlig auf sich selbst gestellt ist. Und jetzt – aus, vorbei. Vorbei die Liebe, die Zukunft, das kleine Glück, für einen anderen Menschen wichtig zu sein, für ihn zu sorgen und von ihm umsorgt zu werden. Die ganze Verzweiflung dieser Frau erkennt Jesus mit einem Blick. Er gibt ihr mit dem Leben ihres Kindes ihr eigenes Leben zurück. – In den Totenerweckungen erweist sich Jesus als Herr über Leben und Tod. In ihnen wird die österliche Großtat Gottes vorweggenommen. Tote erwecken kann nur der, der das Leben ist. Nur er kann Leben mit-teilen und neu zu-teilen. „Steh auf!" Dieser Ruf ermutigt alle, die vor lauter Kummer und Sorge mitten im Leben mehr tot als lebendig sind. Das ewige Leben umwirbt uns schon hier und jetzt, denn der Tod ist kein Konkurrent mehr gegen das Leben, seit wir der Verheißung entgegengehen, dass an unserem Ende der Anfang eines neuen, immerwährenden Lebens beginnt.

Mittwoch der 24. Woche im Jahreskreis

Lj I **Lesung** *1 Timotheus 3,14-16* Ich schreibe dir das alles, obwohl ich hoffe, schon bald zu dir zu kommen. Falls ich aber länger ausbleibe, sollst du wissen, wie man sich im Hauswesen Gottes verhalten muss, das heißt in der Kirche des lebendigen Gottes, die die Säule und das Fundament der Wahrheit ist.
Wahrhaftig, das Geheimnis unseres Glaubens ist groß:
Er wurde offenbart im Fleisch, / gerechtfertigt durch den Geist,
geschaut von den Engeln, / verkündet unter den Heiden,
geglaubt in der Welt, / aufgenommen in die Herrlichkeit.

Lj II **Lesung** *1 Korinther 12,31–13,13* Schwestern und Brüder! Strebt nach den höheren Gnadengaben! Ich zeige euch jetzt noch einen anderen Weg, einen, der alles übersteigt: Wenn ich in den Sprachen der Menschen und Engel redete, hätte aber die Liebe nicht, wäre ich dröhnendes Erz oder eine lärmende Pauke. Und wenn ich prophetisch reden könnte und alle Geheimnisse wüsste und alle Erkenntnis hätte; wenn ich alle Glaubenskraft besäße und Berge damit versetzen könnte, hätte aber die Liebe nicht, wäre ich nichts. Und wenn ich meine ganze Habe verschenkte und wenn ich meinen Leib dem Feuer übergäbe, hätte aber die Liebe nicht, nützte es mir nichts.
Die Liebe ist langmütig, die Liebe ist gütig. Sie ereifert sich nicht, sie prahlt nicht, sie bläht sich nicht auf. Sie handelt nicht ungehörig, sucht nicht ihren Vorteil, lässt sich nicht zum Zorn reizen, trägt das Böse nicht nach. Sie freut sich nicht über das Unrecht, sondern freut sich an der Wahrheit. Sie erträgt alles, glaubt alles, hofft alles, hält allem stand.
Die Liebe hört niemals auf. Prophetisches Reden hat ein Ende, Zungenrede verstummt, Erkenntnis vergeht. Denn Stückwerk ist unser Erkennen, Stückwerk unser prophetisches Reden; wenn aber das Vollendete kommt, vergeht alles Stückwerk.
Als ich ein Kind war, redete ich wie ein Kind, dachte wie ein Kind und urteilte wie ein Kind. Als ich ein Mann wurde, legte ich ab, was Kind an mir war. Jetzt schauen wir in einen Spiegel und sehen nur rätselhafte Umrisse, dann aber

schauen wir von Angesicht zu Angesicht. Jetzt erkenne ich unvollkommen, dann aber werde ich durch und durch erkennen, so wie ich auch durch und durch erkannt worden bin.
Für jetzt bleiben Glaube, Hoffnung, Liebe, diese drei; doch am größten unter ihnen ist die Liebe.

Evangelium *Lukas 7,31-35* Mit wem soll ich also die Menschen dieser Generation vergleichen? Wem sind sie ähnlich? Sie sind wie Kinder, die auf dem Marktplatz sitzen und einander zurufen: Wir haben für euch auf der Flöte (Hochzeitslieder) gespielt und ihr habt nicht getanzt; wir haben Klagelieder gesungen und ihr habt nicht geweint. Johannes der Täufer ist gekommen, er isst kein Brot und trinkt keinen Wein und ihr sagt: Er ist von einem Dämon besessen. Der Menschensohn ist gekommen, er isst und trinkt; darauf sagt ihr: Dieser Fresser und Säufer, dieser Freund der Zöllner und Sünder! Und doch hat die Weisheit durch alle ihre Kinder Recht bekommen.

Zum Evangelium Tanz und Klagelied: Ausdrucksformen für Freude und Trauer. Johannes fordert die Menschen auf, über sich selbst zu trauern, damit sie spüren, wie notwendig sie Umkehr brauchen. Denn nur wer fähig ist, über sich zu trauern, ist auch fähig, sich zu freuen. Jesus feiert mit Sündern und Zöllnern, um denen, die sonst nichts zum Lachen haben, die Freude zu bringen. Freude ist Merkmal des Reiches Gottes. Beide, Johannes und Jesus, stören den normalen Ablauf. Johannes, weil er zu asketisch ist, Jesus, weil er zu wenig asketisch ist. Die launenhaften Kinder werden zum Gleichnis für die Menschen aller Zeiten, die sich auf Jesu Botschaft hin nicht entscheiden wollen. Nur die Kinder der Weisheit verstehen sich auf die Freude des Reiches Gottes. Sie sind frei von Zwängen, vor allem vom Zwang des eigenen Ich, weil sie sich von der Melodie des Reiches Gottes führen lassen und wissen, „dass man in der Nachfolge Jesu nicht etwas leisten muss, sondern etwas sein darf" (Rainer Ruß).

Donnerstag der 24. Woche im Jahreskreis

Lesung *1 Timotheus 4,12-16* Niemand soll dich wegen deiner Jugend gering schätzen. Sei den Gläubigen ein Vorbild in deinen Worten, in deinem Lebenswandel, in der Liebe, im Glauben, in der Lauterkeit. Lies ihnen eifrig (aus der Schrift) vor, ermahne und belehre sie, bis ich komme. Vernachlässige die Gnade nicht, die in dir ist und die dir verliehen wurde, als dir die Ältesten aufgrund prophetischer Worte gemeinsam die Hände auflegten. Dafür sollst du sorgen, darin sollst du leben, damit allen deine Fortschritte offenbar werden. Achte auf dich selbst und auf die Lehre; halte daran fest! Wenn du das tust, rettest du dich und alle, die auf dich hören. Lj I

Lj II **Lesung** *1 Korinther 15,1-11* Ich erinnere euch, Brüder, an das Evangelium, das ich euch verkündet habe. Ihr habt es angenommen; es ist der Grund, auf dem ihr steht Durch dieses Evangelium werdet ihr gerettet, wenn ihr an dem Wortlaut festhaltet, den ich euch verkündet habe. Oder habt ihr den Glauben vielleicht unüberlegt angenommen?
Denn vor allem habe ich euch überliefert, was auch ich empfangen habe:
Christus ist für unsere Sünden gestorben, / gemäß der Schrift,
und ist begraben worden. / Er ist am dritten Tag auferweckt worden, / gemäß der Schrift, und erschien dem Kephas, dann den Zwölf.
Danach erschien er mehr als fünfhundert Brüdern zugleich; die meisten von ihnen sind noch am Leben, einige sind entschlafen. Danach erschien er dem Jakobus, dann allen Aposteln. Als Letztem von allen erschien er auch mir, dem Unerwarteten, der „Missgeburt„. Denn ich bin der geringste von den Aposteln; ich bin nicht wert, Apostel genannt zu werden, weil ich die Kirche Gottes verfolgt habe. Doch durch Gottes Gnade bin ich, was ich bin, und sein gnädiges Handeln an mir ist nicht ohne Wirkung geblieben. Mehr als sie alle habe ich mich abgemüht – nicht ich, sondern die Gnade Gottes zusammen mit mir. Ob nun ich verkündige oder die anderen: das ist unsere Botschaft, und das ist der Glaube, den ihr angenommen habt.

Evangelium *Lukas 7,36-50* Jesus ging in das Haus eines Pharisäers, der ihn zum Essen eingeladen hatte, und legte sich zu Tisch. Als nun eine Sünderin, die in der Stadt lebte, erfuhr, dass er im Haus des Pharisäers bei Tisch war, kam sie mit einem Alabastergefäß voll wohlriechendem Öl und trat von hinten an ihn heran. Dabei weinte sie und ihre Tränen fielen auf seine Füße. Sie trocknete seine Füße mit ihrem Haar, küsste sie und salbte sie mit dem Öl. Als der Pharisäer, der ihn eingeladen hatte, das sah, dachte er: Wenn er wirklich ein Prophet wäre, müsste er wissen, was das für eine Frau ist, von der er sich berühren lässt; er wüsste, dass sie eine Sünderin ist. Da wandte sich Jesus an ihn und sagte: Simon, ich möchte dir etwas sagen. Er erwiderte: Sprich, Meister!
(Jesus sagte:) Ein Geldverleiher hatte zwei Schuldner; der eine war ihm fünfhundert Denare schuldig, der andere fünfzig. Als sie ihre Schulden nicht bezahlen konnten, erließ er sie beiden. Wer von ihnen wird ihn nun mehr lieben? Simon antwortete: Ich nehme an, der, dem er mehr erlassen hat. Jesus sagte zu ihm: Du hast recht. Dann wandte er sich der Frau zu und sagte zu Simon: Siehst du diese Frau? Als ich in dein Haus kam, hast du mir kein Wasser zum Waschen der Füße gegeben; sie aber hat ihre Tränen über meinen Füßen vergossen und sie mit ihrem Haar abgetrocknet. Du hast mir (zur Begrüßung) keinen Kuss gegeben; sie aber hat mir, seit ich hier bin, unaufhörlich die Füße geküsst. Du hast mir nicht das Haar mit Öl gesalbt; sie aber hat mir mit ihrem wohlriechenden Öl die Füße gesalbt. Deshalb sage ich dir: Ihr sind ihre vielen Sünden vergeben, weil sie (mir) so viel Liebe gezeigt hat.

Wem aber nur wenig vergeben wird, der zeigt auch nur wenig Liebe. Dann sagte er zu ihr: Deine Sünden sind dir vergeben. Da dachten die anderen Gäste: Wer ist das, dass er sogar Sünden vergibt? Er aber sagte zu der Frau: Dein Glaube hat dir geholfen. Geh in Frieden!

Zum Evangelium Simon ist überzeugt, auf der „richtigen Seite" zu sein. Auf der „richtigen Seite" ist aber nur, wer sich nicht dadurch selbst erhöht, indem er einen anderen Menschen verachtet. Dieser andere Mensch, an dem Simon seine Verachtung auslässt, ist die Frau, die von der „besseren" Gesellschaft von vornherein als „die Sünderin" stigmatisiert wird. Vermutlich eine Prostituierte. Die Männer, auch manche der Frommen, vielleicht auch manche derer, die in der erlauchten Tischgesellschaft sitzen, nehmen ihre Dienste in Anspruch. Das ist Recht des Mannes, der dann umso mehr die Frau als „Objekt der Begierde" verachtet. Simon verschwendet kein einziges Wort an diese Frau, stattdessen urteilt er über sie. Und Jesus? Er sieht den Menschen in ihr, der nicht benützt, sondern geliebt werden möchte, der nicht benützen, sondern lieben will. Ein Mensch, der sich danach sehnt, anders werden zu dürfen. Er erkennt einerseits ihre Liebesfähigkeit, und er nimmt andererseits die Gefühlskälte Simons wahr. Weil Jesus die Liebesgesten dieser Frau zulässt, wandelt sich eine namenlose Sünderin in eine liebende Frau. Simon aber beschäftigt sich mit der Sünde dieser Frau, anstatt sich selbst anzuschauen. Er bleibt in seinen Grenzen gefangen, weil er meint, auf der „richtigen Seite" zu sein. Die richtige Seite ist die Liebe. Auch wenn Liebe schuldig wird, werden Menschen „ihre vielen Sünden vergeben", weil sie so viel Liebe zeigen. Jesus weigert sich, Polarisierungen in Gute und Böse anzuerkennen. Er sprengt Grenzen und vergibt Schuld. Wenn auch wir vergeben, wenn auch wir lieben, ist er mitten unter uns.

Freitag der 24. Woche im Jahreskreis

Lesung *1 Timotheus 6,3b-12* Mein Sohn! Wer sich nicht an die gesunden Lj I
Worte Jesu Christi, unseres Herrn, und an die Lehre unseres Glaubens hält, der ist verblendet; er versteht nichts, sondern ist krank vor lauter Auseinandersetzungen und Wortgefechten. Diese führen zu Neid, Streit, Verleumdungen, üblen Verdächtigungen und Gezänk unter den Menschen, deren Denken verdorben ist; diese Leute sind von der Wahrheit abgekommen und meinen, die Frömmigkeit sei ein Mittel, um irdischen Gewinn zu erzielen. Die Frömmigkeit bringt in der Tat reichen Gewinn, wenn man nur genügsam ist. Denn wir haben nichts in die Welt mitgebracht und wir können auch nichts aus ihr mitnehmen. Wenn wir Nahrung und Kleidung haben, soll uns das genügen.
Wer aber reich werden will, gerät in Versuchungen und Schlingen, er verfällt vielen sinnlosen und schädlichen Begierden, die den Menschen ins Verder-

ben und in den Untergang stürzen. Denn die Wurzel aller Übel ist die Habsucht. Nicht wenige, die ihr verfielen, sind vom Glauben abgeirrt und haben sich viele Qualen bereitet. Du aber, ein Mann Gottes, flieh vor all dem. Strebe unermüdlich nach Gerechtigkeit, Frömmigkeit, Glauben, Liebe, Standhaftigkeit und Sanftmut. Kämpfe den guten Kampf des Glaubens, ergreife das ewige Leben, zu dem du berufen worden bist und für das du vor vielen Zeugen das gute Bekenntnis abgelegt hast.

Lj II **Lesung** *1 Korinther 15,12-20* Schwestern und Brüder! Wenn verkündigt wird, dass Christus von den Toten auferweckt worden ist, wie können dann einige von euch sagen: Eine Auferstehung der Toten gibt es nicht? Wenn es keine Auferstehung der Toten gibt, ist auch Christus nicht auferweckt worden. Ist aber Christus nicht auferweckt worden, dann ist unsere Verkündigung leer und euer Glaube sinnlos. Wir werden dann auch als falsche Zeugen Gottes entlarvt, weil wir im Widerspruch zu Gott das Zeugnis abgelegt haben: Er hat Christus auferweckt. Er hat ihn eben nicht auferweckt, wenn Tote nicht auferweckt werden. Denn wenn Tote nicht auferweckt werden, ist auch Christus nicht auferweckt worden. Wenn aber Christus nicht auferweckt worden ist, dann ist euer Glaube nutzlos und ihr seid immer noch in euren Sünden; und auch die in Christus Entschlafenen sind dann verloren. Wenn wir unsere Hoffnung nur in diesem Leben auf Christus gesetzt haben, sind wir erbärmlicher daran als alle anderen Menschen.
Nun aber ist Christus von den Toten auferweckt worden als der Erste der Entschlafenen.

Evangelium *Lukas 8,1-3* In jener Zeit wanderte Jesus von Stadt zu Stadt und von Dorf zu Dorf und verkündete das Evangelium vom Reich Gottes. Die Zwölf begleiteten ihn, außerdem einige Frauen, die er von bösen Geistern und von Krankheiten geheilt hatte: Maria Magdalene, aus der sieben Dämonen ausgefahren waren, Johanna, die Frau des Chuzas, eines Beamten des Herodes, Susanna und viele andere. Sie alle unterstützten Jesus und die Jünger mit dem, was sie besaßen.

Zum Evangelium Frauen hatten in der von Männern dominierten Gesellschaft zur Zeit Jesu einen schweren Stand. Bei Jesus haben sie Annahme erfahren wie bei keinem anderen Mann sonst. Diese Annahme und ihr Vertrauen zu ihm hat sie heil werden lassen. Deshalb kehren sie nicht mehr zurück in ihr altes Leben, sondern schließen sich seiner Bewegung an. Für viele war das ein Skandal. Wie kann eine Frau mit Männern durch die Gegend ziehen! Das gehört sich nicht! Sie sind verrückt, verrückt wie Jesus! Wie oft waren und sind Frauen Opfer einer fatalen Wirkungsgeschichte! Maria Magdalena etwa wurde im Lauf der Kirchengeschichte zur Sünderin und Büßerin verformt. Dabei war sie die erste

Zeugin der Auferstehung Jesu. Die Jünger glaubten ihr nicht. „Weibergeschwätz“ sei das! Waren sie gekränkt, weil sie „den Frauen den Vortritt in der Auferstehungserfahrung und offensichtlich auch im Glauben an den Auferstandenen lassen mussten?“ (Anselm Grün).

Samstag der 24. Woche im Jahreskreis

Lesung *1 Timotheus 6,13-16* Mein Sohn! Ich gebiete dir bei Gott, von dem alles Leben kommt, und bei Christus Jesus, der vor Pontius Pilatus das gute Bekenntnis abgelegt hat und als Zeuge dafür eingetreten ist: **Lj I**
Erfülle deinen Auftrag rein und ohne Tadel, bis zum Erscheinen Jesu Christi, unseres Herrn, das zur vorherbestimmten Zeit herbeiführen wird der selige und einzige Herrscher, /
der König der Könige und Herr der Herren,
der allein die Unsterblichkeit besitzt, / der in unzugänglichem Licht wohnt, / den kein Mensch gesehen hat noch je zu sehen vermag: / Ihm gebührt Ehre und ewige Macht. Amen.

Lesung *1 Korinther 15,35-37.42-49* Schwestern und Brüder! Es könnte einer fragen: Wie werden die Toten auferweckt, was für einen Leib werden sie haben? Was für eine törichte Frage! Auch das, was du säst, wird nicht lebendig, wenn es nicht stirbt. Und was du säst, hat noch nicht die Gestalt, die entstehen wird; es ist nur ein nacktes Samenkorn, zum Beispiel ein Weizenkorn oder ein anderes. **Lj II**
So ist es auch mit der Auferstehung der Toten. Was gesät wird, ist verweslich, was auferweckt wird, unverweslich. Was gesät wird, ist armselig, was auferweckt wird, herrlich. Was gesät wird, ist schwach, was auferweckt wird, ist stark. Gesät wird ein irdischer Leib, auferweckt ein überirdischer Leib. Wenn es einen irdischen Leib gibt, gibt es auch einen überirdischen. So steht es auch in der Schrift: Adam, der Erste Mensch, wurde ein irdisches Lebewesen. Der Letzte Adam wurde lebendig machender Geist. Aber zuerst kommt nicht das Überirdische; zuerst kommt das Irdische, dann das Überirdische. Der Erste Mensch stammt von der Erde und ist Erde; der Zweite Mensch stammt vom Himmel. Wie der von der Erde irdisch war, so sind es auch seine Nachfahren. Und wie der vom Himmel himmlisch ist, so sind es auch seine Nachfahren. Wie wir nach dem Bild des Irdischen gestaltet wurden, so werden wir auch nach dem Bild des Himmlischen gestaltet werden.

Evangelium *Lukas 8,4-15* In jener Zeit, als die Leute aus allen Städten zusammenströmten und sich viele Menschen um Jesus versammelten, erzählte er ihnen dieses Gleichnis:
Ein Sämann ging aufs Feld, um seinen Samen auszusäen. Als er säte, fiel ein Teil der Körner auf den Weg; sie wurden zertreten und die Vögel des Himmels fraßen sie. Ein anderer Teil fiel auf Felsen, und als die Saat aufging, ver-

dorrte sie, weil es ihr an Feuchtigkeit fehlte. Wieder ein anderer Teil fiel mitten in die Dornen und die Dornen wuchsen zusammen mit der Saat hoch und erstickten sie. Ein anderer Teil schließlich fiel auf guten Boden, ging auf und brachte hundertfach Frucht. Als Jesus das gesagt hatte, rief er: Wer Ohren hat zum Hören, der höre!
Seine Jünger fragten ihn, was das Gleichnis bedeute. Da sagte er: Euch ist es gegeben, die Geheimnisse des Reiches Gottes zu erkennen. Zu den anderen Menschen aber wird nur in Gleichnissen geredet; denn sie sollen sehen und doch nicht sehen, hören und doch nicht verstehen. Das ist der Sinn des Gleichnisses: Der Samen ist das Wort Gottes. Auf den Weg ist der Samen bei denen gefallen, die das Wort zwar hören, denen es aber der Teufel dann aus dem Herzen reißt, damit sie nicht glauben und nicht gerettet werden. Auf den Felsen ist der Samen bei denen gefallen, die das Wort freudig aufnehmen, wenn sie es hören; aber sie haben keine Wurzeln: Eine Zeit lang glauben sie, doch in der Zeit der Prüfung werden sie abtrünnig.
Unter die Dornen ist der Samen bei denen gefallen, die das Wort zwar hören, dann aber weggehen und in den Sorgen, dem Reichtum und den Genüssen des Lebens ersticken, deren Frucht also nicht reift. Auf guten Boden ist der Samen bei denen gefallen, die das Wort mit gutem und aufrichtigem Herzen hören, daran festhalten und durch ihre Ausdauer Frucht bringen.

Zum Evangelium Dieses Gleichnis will uns mit unseren Erfahrungen von Misserfolg und Scheitern, mit all dem, was in unserem Leben dürr und dornig und zertreten ist, auf das Tun des Sämanns lenken. Er sät. Das klingt banal, ist aber alles andere als banal. Denn ohne Saat gibt es keine Frucht, keine Ernte, kein Leben. Das Tun des Sämanns umfasst alles, was Leben bedeutet. Der Sämann sät, um dem Leben eine Zukunft zu eröffnen. Deshalb ist dieses Gleichnis eine Geschichte vom Reich Gottes, in dem Leben Zukunft hat. Der Sämann sät, und obwohl drei viertel seiner Saat keine Frucht bringt, gibt er nicht auf. Denn er weiß, dass niemand mit Bestimmtheit sagen kann, wo fruchtbares Land ist, wo Leben gedeiht und wo nicht. Erst vom Ende her erkennt man, ob der Boden, auf den der Same fiel, Frucht gebracht hat oder nicht. Der Sämann hat Ausdauer, weil er trotz aller Misserfolge auf den Teil der Saat vertraut, der Frucht bringt, und zwar „hundertfach“. Deshalb ist er großzügig beim Auswerfen seines Samens und schaut nicht ängstlich, wohin der Same fällt. Mit diesem Gleichnis ermutigt Jesus dazu, uns nicht an Misserfolgen aufzuhalten. Er lenkt unseren Blick auf gelingendes Leben, er spornt uns an, großzügig im Verteilen des Samens der Liebe zu sein und uns nicht abzuschotten gegenüber denen, die unserem Empfinden nach „nur Weg“, „nur Dornen“, „nur Felsen“ sind.

25. Woche im Jahreskreis

Montag der 25. Woche im Jahreskreis

Lesung *Esra 1,1-6* Im ersten Jahr des Königs Kyrus von Persien sollte sich erfüllen, was der Herr durch Jeremia gesprochen hatte. Darum erweckte der Herr den Geist des Königs Kyrus von Persien und Kyrus ließ in seinem ganzen Reich mündlich und schriftlich den Befehl verkünden: So spricht der König Kyrus von Persien: Der Herr, der Gott des Himmels, hat mir alle Reiche der Erde verliehen. Er selbst hat mir aufgetragen, ihm in Jerusalem in Juda ein Haus zu bauen. Lj I
Jeder unter euch, der zu seinem Volk gehört – sein Gott sei mit ihm –, der soll nach Jerusalem in Juda hinaufziehen und das Haus des Herrn, des Gottes Israels, aufbauen; denn er ist der Gott, der in Jerusalem wohnt. Und jeden, der irgendwo übrig geblieben ist, sollen die Leute des Ortes, in dem er ansässig war, unterstützen mit Silber und Gold, mit beweglicher Habe und Vieh, neben den freiwilligen Gaben für das Haus Gottes in Jerusalem.
Die Familienoberhäupter von Juda und Benjamin sowie die Priester und Leviten, kurz alle, deren Geist Gott erweckte, machten sich auf den Weg, um nach Jerusalem zu ziehen und dort das Haus des Herrn zu bauen. Alle ihre Nachbarn unterstützten sie in jeder Weise mit Silber und Gold, mit beweglicher Habe und mit Vieh sowie mit wertvollen Dingen, abgesehen von dem, was jeder für den Tempel spendete.

Lesung *Sprichwörter 3,27-35* Mein Sohn, versag keine Wohltat dem, der sie braucht, wenn es in deiner Hand liegt, Gutes zu tun. Wenn du jetzt etwas hast, sag nicht zu deinem Nächsten: Geh, komm wieder, morgen will ich dir etwas geben. Lj II
Sinne nichts Böses gegen deinen Nächsten, der friedlich neben dir wohnt. Bring niemand ohne Grund vor Gericht, wenn er dir nichts Böses getan hat. Beneide den Gewalttätigen nicht, wähle keinen seiner Wege; denn ein Gräuel ist dem Herrn der Ränkeschmied, die Redlichen sind seine Freunde. Der Fluch des Herrn fällt auf das Haus des Frevlers, die Wohnung der Gerechten segnet er.
Die Zuchtlosen verspottet er, den Gebeugten erweist er seine Gunst. Die Weisen erlangen Ehre, die Toren aber häufen Schande auf sich.

Evangelium *Lukas 8,16-18* In jener Zeit sprach Jesus: Niemand zündet ein Licht an und deckt es mit einem Gefäß zu oder stellt es unter das Bett, sondern man stellt das Licht auf den Leuchter, damit alle, die eintreten, es leuchten sehen. Es gibt nichts Verborgenes, das nicht offenbar wird, und nichts Geheimes, das nicht bekannt wird und an den Tag kommt.

Gebt also Acht, dass ihr richtig zuhört! Denn wer hat, dem wird gegeben; wer aber nicht hat, dem wird auch noch weggenommen, was er zu haben meint.

Zum Evangelium Licht und Gott gehören in der Bibel untrennbar zusammen. Wo Gott ist, ist Licht. Jünger und Jüngerinnen Jesu bringen durch ihre Aus-Strahlung das Licht Gottes zum Leuchten. Auch da, wo es unbequem ist, wo Licht sein heißt: Stellung beziehen, Partei ergreifen, Nächstenliebe üben.
Wer das Licht scheut, wer Gott scheut, hat etwas zu verbergen. Vor Gott lässt sich nichts verbergen. Was in uns ist, was wir vor anderen lieber geheim halten, Gott kennt es. Vielleicht ist es etwas, was uns schon lange belastet, was wir mit uns herumtragen, was uns das Gefühl gibt, schuldig zu sein. Gott kennt es. Wenn wir uns vor ihm öffnen, kann er uns von unserer verborgenen Last befreien und wir können unser Leben so verändern, dass wir das Licht nicht mehr scheuen müssen.
Was wir an Glauben, Liebe, Güte haben, das wird vor Gott nicht verloren gehen. Er wird uns dazu geben, was uns noch fehlt. Wer sich aber verschließt vor den Gaben Gottes, „dem wird auch noch weggenommen, was er zu haben meint“.

Dienstag der 25. Woche im Jahreskreis

Lj I **Lesung** *Esra 6,7-8.12b.14-20* In jenen Tagen schrieb König Darius an die Beamten des Gebietes jenseits des Stromes: Lasst die Arbeit an jenem Gotteshaus weitergehen! Der Statthalter der Juden und ihre Ältesten mögen das Gotteshaus an seiner früheren Stelle wieder aufbauen. Auch ordne ich an, wie ihr die Ältesten der Juden dort beim Bau jenes Gotteshauses unterstützen sollt: Aus den königlichen Einkünften, die das Gebiet jenseits des Stroms aufbringt, sollen jenen Männern pünktlich die Kosten bezahlt werden, damit sie nicht aufgehalten werden.
Ich, Darius, habe den Befehl gegeben; man befolge ihn genau.
Die Ältesten der Juden bauten weiter. Dank der Wirksamkeit Haggais, des Propheten, und Sacharjas, des Sohnes Iddos, kamen sie gut voran. Sie konnten den Bau vollenden, wie der Gott Israels es geboten und wie Kyrus und Darius sowie der Perserkönig Artaxerxes es befohlen hatten. Das Gotteshaus war fertig am dritten Tag des Monats Adar, im sechsten Jahr der Regierung des Königs Darius. Die Israeliten, die Priester, die Leviten und die übrigen, die heimgekehrt waren, feierten voll Freude die Einweihung dieses Gotteshauses. Bei der Einweihung des Gotteshauses brachten sie als Opfer dar: hundert Stiere, zweihundert Widder und vierhundert Lämmer, dazu als Sündopfer für ganz Israel zwölf Ziegenböcke, entsprechend der Zahl der Stämme Israels. Für den Gottesdienst in Jerusalem bestellten sie die Priester nach ihren Klassen und die Leviten nach ihren Abteilungen, wie es das Buch des Mose vorschreibt.

Am vierzehnten Tag des ersten Monats feierten die Heimkehrer das Pascha-Fest. Jeder der Priester und Leviten hatte sich gereinigt, sodass sie alle rein waren. Die Leviten schlachteten das Paschalamm für alle Heimkehrer und für ihre Brüder, die Priester, und für sich selbst.

Lesung *Sprichwörter 21,1-6.10-13* Wie ein Wasserbach ist das Herz des Königs in der Hand des Herrn; / er lenkt es, wohin er will. Lj II

Jeder meint, sein Verhalten sei richtig, / doch der Herr prüft die Herzen.

Gerechtigkeit üben und Recht / ist dem Herrn lieber als Schlachtopfer.

Hoffart der Augen, Übermut des Herzens – / die Leuchte der Frevler versagt.

Die Pläne des Fleißigen bringen Gewinn, / doch der hastige Mensch hat nur Mangel.

Wer Schätze erwirbt mit verlogener Zunge, / jagt nach dem Wind, er gerät in die Schlingen des Todes.

Das Verlangen des Frevlers geht nach dem Bösen, / sein Nächster findet bei ihm kein Erbarmen.

Muss der Zuchtlose büßen, so wird der Unerfahrene weise, / belehrt man den Weisen, so nimmt er Einsicht an.

Der Gerechte handelt klug am Haus des Frevlers, / wenn er die Frevler ins Unheil stürzt.

Wer sein Ohr verschließt vor dem Schreien des Armen, / wird selbst nicht erhört, wenn er um Hilfe ruft.

Evangelium *Lukas 8,19-21* In jener Zeit kamen seine Mutter und seine Brüder zu ihm; sie konnten aber wegen der vielen Leute nicht zu ihm gelangen. Da sagte man ihm: Deine Mutter und deine Brüder stehen draußen und möchten dich sehen. Er erwiderte: Meine Mutter und meine Brüder sind die, die das Wort Gottes hören und danach handeln.

Zum Evangelium Immer wieder geht es Jesus um das richtige Hören. So zählen alle jene zur Familie Gottes, die auf sein Wort hören. Die Blutsverwandten gehören nur dann in diese Familie, wenn sie diesem Wort verlässlich die Treue halten. Andere Bindungen als die des Hörens und das Gehörte zu befolgen, gelten nicht. Schon im Alten Testament wird bezeugt, Gott wolle mit dem Menschen „verwandt" sein, aber in einer freiwillig geknüpften Verwandtschaft. Er hat sein Volk frei erwählt, wie eine Braut. In dieser Tradition steht Jesus. Wer freiwillig seine Familie verlässt, dem gibt er eine neue Familie. Diese Familie ist dadurch miteinander verbunden, dass sie den Willen Gottes tut. Gott ist frei, „sein Heil zu wirken, wie er es will, ganz anders, als Menschen es sich in ihrer von Brauch und Sitte und vom ‚normalen Menschenverstand' eingeengten Sicht vorstellen können" (Annemarie Ohler).

Mittwoch der 25. Woche im Jahreskreis

Lj I **Lesung** *Esra 9,5-9* Zur Zeit des Abendopfers erhob ich mich aus meiner Bußübung, mit zerrissenem Gewand und Mantel. Dann warf ich mich auf die Knie, breitete die Hände aus und betete zum Herrn, meinem Gott: Mein Gott, ich schäme mich und wage nicht, die Augen zu dir, mein Gott, zu erheben. Denn unsere Vergehen sind uns über den Kopf gewachsen; unsere Schuld reicht bis zum Himmel. Seit den Tagen unserer Väter bis heute sind wir in großer Schuld. Wegen unserer Vergehen wurden wir, unsere Könige und Priester, den Königen der Länder ausgeliefert, dem Schwert, der Gefangenschaft, der Plünderung und der Schande, wie es noch heute der Fall ist. Jetzt, für einen kurzen Augenblick, hat der Herr, unser Gott, uns Erbarmen gezeigt; er hat einen Rest gerettet und übrig gelassen und uns einen Ruheplatz an seinem heiligen Ort gewährt. So ließ unser Gott unsere Augen aufleuchten, er ließ uns ein wenig aufleben in unserer Knechtschaft. Ja, wir sind Knechte. Aber auch in unserer Knechtschaft hat unser Gott uns nicht verlassen. Er wandte uns die Gunst der Könige von Persien zu. Er ließ uns aufleben, sodass wir das Haus unseres Gottes wieder aufbauen und es aus den Trümmern wieder aufrichten konnten. Er gewährte uns ein geschütztes Gebiet in Juda und Jerusalem.

Lj II **Lesung** *Sprichwörter 30,5-9* Jede Rede Gottes ist im Feuer geläutert; / ein Schild ist er für alle, die bei ihm sich bergen.
Füg seinen Worten nichts hinzu, / sonst überführt er dich und du stehst als Lügner da.
Herr, um zweierlei bitte ich dich, / versag es mir nicht, bevor ich sterbe:
Falschheit und Lügenwort halt fern von mir; / gib mir weder Armut noch Reichtum, /
nähr mich mit dem Brot, das mir nötig ist,
damit ich nicht, satt geworden, dich verleugne / und sage: Wer ist denn der Herr?,
damit ich nicht als Armer zum Dieb werde / und mich am Namen meines Gottes vergreife.

Evangelium *Lukas 9,1-6* Dann rief er die Zwölf zu sich und gab ihnen die Kraft und die Vollmacht, alle Dämonen auszutreiben und die Kranken gesund zu machen. Und er sandte sie aus mit dem Auftrag, das Reich Gottes zu verkünden und zu heilen. Er sagte zu ihnen: Nehmt nichts mit auf den Weg, keinen Wanderstab und keine Vorratstasche, kein Brot, kein Geld und kein zweites Hemd. Bleibt in dem Haus, in dem ihr einkehrt, bis ihr den Ort wieder verlasst. Wenn euch aber die Leute in einer Stadt nicht aufnehmen wollen, dann geht weg und schüttelt den Staub von euren Füßen, zum Zeugnis gegen sie. Die Zwölf machten sich auf den Weg und wanderten von Dorf zu Dorf. Sie verkündeten das Evangelium und heilten überall die Kranken.

Zum Evangelium Nichts außer sich selbst nehmen die Jünger auf ihre erste Missionsreise mit. So loszugehen, ohne Absicherungen, nicht zu wissen, was auf einen zukommen wird, angewiesen auf Menschen, die einem ein Stück Brot, einen Platz zum Übernachten geben – das kann nur, wer ein großes Gottvertrauen hat. Genau darum geht es Jesus bei dieser ersten Jüngeraussendung. Die einzige Sicherheit soll Gott sein. Wer mit dieser Sicherheit auftritt und nichts anderes benötigt, ist als Jünger, Jüngerin Jesu glaubwürdig und „erfolgreich". Die Jünger spüren die Kraft Jesu in sich, verkünden das Evangelium und heilen Kranke. – Wie viel freier, leichter, unbekümmerter könnten wir unseren Weg gehen, wenn wir uns nicht zu große Sorgen und Mühen um die alltäglichen Belange machten. Diese Sorglosigkeit wird uns geschenkt, wenn wir uns von Gott beschenken lassen.
Das Reich Gottes ist nicht von uns abhängig, aber unser Glück, unser Jetzt und unser Einst ist von ihm abhängig. Wer sein Leben aus dieser Abhängigkeit gestaltet, wird frei, weil er nur das Notwendige braucht.

Donnerstag der 25. Woche im Jahreskreis

Lesung *Haggai 1,1-8* Im zweiten Jahr des Königs Darius erging am ersten Tag des sechsten Monats das Wort des Herrn durch den Propheten Haggai an den Statthalter von Juda, Serubbabel, den Sohn Schealtiëls, und an den Hohenpriester Jeschua, den Sohn des Jozadak: Lj I
So spricht der Herr der Heere: Dieses Volk sagt: Noch ist die Zeit nicht gekommen, das Haus des Herrn aufzubauen. Da erging das Wort des Herrn durch den Propheten Haggai: Ist etwa die Zeit gekommen, dass ihr in euren getäfelten Häusern wohnt, während dieses Haus in Trümmern liegt? Nun aber spricht der Herr der Heere: Überlegt doch, wie es euch geht. Ihr sät viel und erntet wenig; ihr esst und werdet nicht satt; ihr trinkt, aber zum Betrinken reicht es euch nicht; ihr zieht Kleider an, aber sie halten nicht warm, und wer etwas verdient, verdient es für einen löcherigen Beutel. So spricht der Herr der Heere: Überlegt also, wie es euch geht. Geht ins Gebirge, schafft Holz herbei und baut den Tempel wieder auf! Das würde mir gefallen und mich ehren, spricht der Herr.

Lesung *Kohelet 1,2-11* Windhauch, Windhauch, sagte Kohelet, Windhauch, Windhauch, das ist alles Windhauch. Lj II
Welchen Vorteil hat der Mensch von all seinem Besitz, für den er sich anstrengt unter der Sonne? Eine Generation geht, eine andere kommt. Die Erde steht in Ewigkeit. Die Sonne, die aufging und wieder unterging, atemlos jagt sie zurück an den Ort, wo sie wieder aufgeht.
Er weht nach Süden, dreht nach Norden, dreht, dreht, weht, der Wind. Weil er sich immerzu dreht, kehrt er zurück, der Wind. Alle Flüsse fließen ins Meer, das Meer wird nicht voll. Zu dem Ort, wo die Flüsse entspringen, keh-

ren sie zurück, um wieder zu entspringen. Alle Dinge sind rastlos tätig, kein Mensch kann alles ausdrücken, nie wird ein Auge satt, wenn es beobachtet, nie wird ein Ohr vom Hören voll.
Was geschehen ist, wird wieder geschehen, was man getan hat, wird man wieder tun: Es gibt nichts Neues unter der Sonne. Zwar gibt es bisweilen ein Ding, von dem es heißt: Sieh dir das an, das ist etwas Neues – aber auch das gab es schon in den Zeiten, die vor uns gewesen sind.
Nur gibt es keine Erinnerung an die Früheren und auch an die Späteren, die erst kommen werden, auch an sie wird es keine Erinnerung geben bei denen, die noch später kommen werden.

Evangelium *Lukas 9,7-9* In jener Zeit hörte der Tetrarch Herodes von allem, was geschah, und wusste nicht, was er davon halten sollte. Denn manche sagten: Johannes ist von den Toten auferstanden. Andere meinten: Elija ist wiedererschienen. Wieder andere: Einer der alten Propheten ist auferstanden. Herodes aber sagte: Johannes habe ich selbst enthaupten lassen. Wer ist dann dieser Mann, von dem man mir solche Dinge erzählt? Und er hatte den Wunsch, ihn einmal zu sehen.

Zum Evangelium Herodes war und ist kein Einzelfall. Die Welt wimmelt von Herodes-Menschen. Es sind Menschen, die von ihrer Macht und für ihre Macht leben. Würde sie ihnen genommen, fielen sie regelrecht in sich zusammen. Ihre größte Angst sind Konkurrenten oder Kritiker ihrer Macht. Herodes ließ Johannes enthaupten, weil dieser die Intrigen an seinem Hof öffentlich entlarvt hat. Herodes' Interesse an Jesus ist eine Mischung aus kalter Neugier und versteckter Angst. Er möchte ihn sehen, um einzuschätzen, ob er ihm gefährlich werden könnte. Immerhin wird viel über diesen Jesus geredet. Wunderbares, Unbegreifliches. Wollte Herodes Jesus von Mensch zu Mensch begegnen, müsste in ihm die Bereitschaft sein, seine menschlichen Schwächen und sein zerstörerisches Verhalten anzuschauen. So aber ist sein Wunsch ohne innere Bereitschaft zur Umkehr. Solchen Menschen ging Jesus konsequent aus dem Weg.
Jesus ist Wahrheit. Herodes ist Lüge. Zwei Wirklichkeiten, die sich gegenseitig abstoßen. Herodes wird Jesus zwar kennen lernen, aber nie erkennen.

Freitag der 25. Woche im Jahreskreis

Lj I **Lesung** *Haggai 2,1-9* Im zweiten Jahr des Königs Darius, am einundzwanzigsten Tag des siebten Monats erging das Wort des Herrn durch den Propheten Haggai:
Sag zu Serubbabel, dem Sohn Schealtiëls, dem Statthalter von Juda, und zum Hohenpriester Jeschua, dem Sohn des Jozadak, und zu denen, die vom

Volk übrig sind: Ist unter euch noch einer übrig, der diesen Tempel in seiner früheren Herrlichkeit gesehen hat? Und was seht ihr jetzt? Erscheint er euch nicht wie ein Nichts? Aber nun fasse Mut, Serubbabel – Spruch des Herrn –, fasse Mut, Hoherpriester Jeschua, Sohn des Jozadak, fasst alle Mut, ihr Bürger des Landes, – Spruch des Herrn – und macht euch an die Arbeit! Denn ich bin bei euch – Spruch des Herrn der Heere. Der Bund, den ich bei eurem Auszug aus Ägypten mit euch geschlossen habe, bleibt bestehen und mein Geist bleibt in eurer Mitte. Fürchtet euch nicht!
Denn so spricht der Herr der Heere: Nur noch kurze Zeit, dann lasse ich den Himmel und die Erde, das Meer und das Festland erbeben und ich lasse alle Völker erzittern. Dann strömen die Schätze aller Völker herbei und ich erfülle dieses Haus mit Herrlichkeit, spricht der Herr der Heere. Mir gehört das Silber und mir das Gold – Spruch des Herrn der Heere. Die künftige Herrlichkeit dieses Hauses wird größer sein als die frühere, spricht der Herr der Heere. An diesem Ort schenke ich die Fülle des Friedens – Spruch des Herrn der Heere.

Lesung *Kohelet 3,1-11* Alles hat seine Stunde. Für jedes Geschehen unter dem Himmel gibt es eine bestimmte Zeit: **Lj II**
eine Zeit zum Gebären / und eine Zeit zum Sterben, /
eine Zeit zum Pflanzen / und eine Zeit zum Abernten der Pflanzen,
eine Zeit zum Töten / und eine Zeit zum Heilen, /
eine Zeit zum Niederreißen / und eine Zeit zum Bauen,
eine Zeit zum Weinen / und eine Zeit zum Lachen, /
eine Zeit für die Klage / und eine Zeit für den Tanz;
eine Zeit zum Steinewerfen / und eine Zeit zum Steinesammeln, /
eine Zeit zum Umarmen / und eine Zeit, die Umarmung zu lösen,
eine Zeit zum Suchen / und eine Zeit zum Verlieren, /
eine Zeit zum Behalten / und eine Zeit zum Wegwerfen,
eine Zeit zum Zerreißen / und eine Zeit zum Zusammennähen, /
eine Zeit zum Schweigen / und eine Zeit zum Reden,
eine Zeit zum Lieben / und eine Zeit zum Hassen, /
eine Zeit für den Krieg / und eine Zeit für den Frieden.
Wenn jemand etwas tut – welchen Vorteil hat er davon, dass er sich anstrengt? Ich sah mir das Geschäft an, für das jeder Mensch durch Gottes Auftrag sich abmüht. Gott hat das alles zu seiner Zeit auf vollkommene Weise getan. Überdies hat er die Ewigkeit in alles hineingelegt, doch ohne dass der Mensch das Tun, das Gott getan hat, von seinem Anfang bis zu seinem Ende wieder finden könnte.

Evangelium *Lukas 9,18-22* In jener Zeit als Jesus in der Einsamkeit betete und die Jünger bei ihm waren, fragte er sie: Für wen halten mich die Leute? Sie antworteten: Einige für Johannes den Täufer, andere für Elija; wie-

der andere sagen: Einer der alten Propheten ist auferstanden. Da sagte er zu ihnen: Ihr aber, für wen haltet ihr mich? Petrus antwortete: Für den Messias Gottes. Doch er verbot ihnen streng, es jemand weiterzusagen.
Und er fügte hinzu: Der Menschensohn muss vieles erleiden und von den Ältesten, den Hohenpriestern und den Schriftgelehrten verworfen werden; er wird getötet werden, aber am dritten Tag wird er auferstehen.

Zum Evangelium Menschen, die Jesus nicht wirklich kennen, stecken ihn in altbekannte Schablonen. Ihre Antworten auf Jesu Frage, wofür sie ihn halten, sind vergangenheitsbezogen, er ist einer wie die Früheren, die Propheten. Eine solche Haltung lässt keine neue Erfahrung zu. Sie nagelt fest, alles soll bleiben wie es schon immer war. Das gibt Sicherheit. Die Antwort des Petrus dagegen ist gegenwarts- und zukunftsbezogen. Jesus ist der Messias, der Erwartete, der Befreier, der die Zukunft verändert. Warum will Jesus nicht, dass sie darüber sprechen? Er weiß, dass ihr Bekenntnis zu ihm noch zu sehr mit ihren eigenen Wunschvorstellungen verknüpft ist. Deshalb kündigt er sein Leiden an, damit seinen Freunden klar wird: Er kommt ganz anders, als sie es sich vorstellen, nicht als herrlicher, kämpferischer Messias, der sie von der römischen Besatzungsmacht befreit.
„Für wen haltet ihr mich?" Quer durch die Jahrhunderte ergeht diese Frage an jeden von uns, und sie verlangt eine Antwort unserer ganzen Existenz. Jesus fragt mich: Du, für wen hältst du mich? Wer bin ich ganz persönlich für dich?

Samstag der 25. Woche im Jahreskreis

Lj I **Lesung** *Sacharja 2,5-9a.14-15a* Ich blickte hin und sah: Da war ein Mann mit einer Messschnur in der Hand. Ich fragte: Wohin gehst du? Er antwortete mir: Ich gehe, um Jerusalem auszumessen und zu sehen, wie breit und wie lang es sein wird.
Da trat der Engel, der mit mir redete, vor und ein anderer Engel kam ihm entgegen und sagte zu ihm: Lauf und sag dem jungen Mann dort: Jerusalem wird eine offene Stadt sein wegen der vielen Menschen und Tiere, die darin wohnen. Ich selbst – Spruch des Herrn – werde für die Stadt ringsum eine Mauer von Feuer sein und in ihrem Innern ihr Ruhm und ihre Ehre. Juble und freue dich, Tochter Zion; denn siehe, ich komme und wohne in deiner Mitte – Spruch des Herrn. An jenem Tag werden sich viele Völker dem Herrn anschließen und sie werden mein Volk sein und ich werde in deiner Mitte wohnen.

Lj II **Lesung** *Kohelet 11,9-12,8* Freu dich, junger Mann, in deiner Jugend, sei heiteren Herzens in deinen frühen Jahren! Geh auf den Wegen, die dein Herz dir sagt, zu dem, was deine Augen vor sich sehen. Aber sei dir bewusst, dass

Gott dich für all das vor Gericht ziehen wird. Halte deinen Sinn von Ärger frei und schütz deinen Leib vor Krankheit; denn die Jugend und das dunkle Haar sind Windhauch.
Denk an deinen Schöpfer in deinen frühen Jahren, ehe die Tage der Krankheit kommen und die Jahre dich erreichen, von denen du sagen wirst: Ich mag sie nicht!, ehe Sonne und Licht und Mond und Sterne erlöschen und auch nach dem Regen wieder Wolken aufziehen: am Tag, da die Wächter des Hauses zittern, die starken Männer sich krümmen, die Müllerinnen ihre Arbeit einstellen, weil sie zu wenige sind, es dunkel wird bei den Frauen, die aus den Fenstern blicken, und das Tor zur Straße verschlossen wird; wenn das Geräusch der Mühle verstummt, steht man auf beim Zwitschern der Vögel, doch die Töne des Lieds verklingen;
selbst vor der Anhöhe fürchtet man sich und vor den Schrecken am Weg; der Mandelbaum blüht, die Heuschrecke schleppt sich dahin, die Frucht der Kaper platzt, doch ein Mensch geht zu seinem ewigen Haus und die Klagenden ziehen durch die Straßen – ja, ehe die silberne Schnur zerreißt, die goldene Schale bricht, der Krug an der Quelle zerschmettert wird, das Rad zerbrochen in die Grube fällt, der Staub auf die Erde zurückfällt als das, was er war, und der Atem zu Gott zurückkehrt, der ihn gegeben hat.
Windhauch, Windhauch, sagte Kohelet, das ist alles Windhauch.

Evangelium *Lukas 9,43b-45* In jener Zeit staunten alle Leute über das, was Jesus tat; er aber sagte zu seinen Jüngern: Merkt euch genau, was ich jetzt sage: Der Menschensohn wird den Menschen ausgeliefert werden. Doch die Jünger verstanden den Sinn seiner Worte nicht; er blieb ihnen verborgen, sodass sie ihn nicht begriffen. Aber sie scheuten sich, Jesus zu fragen, was er damit sagen wollte.

Zum Evangelium Als die Jünger mit Jesus durch Galiläa zogen, sahen sie ihn „groß“ und spiegelten sich vielleicht selbst ein wenig in seiner Größe. Neue Lehre, Aufbruchstimmung, beeindruckende Wunder. Aber warum der Karfreitag, das Leiden? Hätte er das Kreuz nicht vermeiden und sein Reich mit göttlicher Macht aufrichten können? Doch Jesus weist keine politischen Leistungen vor und baut kein Weltreich auf. Er weiß, auf welch schwachen Füßen irdischer Ruhm steht. Und er wendet sich genau denen zu, die von den Mächtigen verachtet werden. Wo der Einzelne unter seiner Last gebeugt ist, tritt Jesus an seine Seite. Er gibt sich ihm selbst, er ist das Du Gottes, das das menschliche Schicksal teilt. Er ist kein Messias von oben, sondern von unten, um mit uns „da unten“ den Weg vom Karfreitag zu Ostern hinüberzugehen. Anlass zu Hoffnung, auch in der Verzweiflung.

26. Woche im Jahreskreis

Montag der 26. Woche im Jahreskreis

Lj I **Lesung** *Sacharja 8,1-8* Es erging das Wort des Herrn der Heere: So spricht der Herr der Heere: Mit großem Eifer trete ich ein für Zion, ich setze mich glühend ein für Jerusalem. So spricht der Herr: Ich kehre zurück nach Zion und wohne wieder in Jerusalem. Dann wird Jerusalem „Stadt der Treue" heißen und der Berg des Herrn der Heere „Heiliger Berg". So spricht der Herr der Heere: Greise und Greisinnen werden wieder auf den Plätzen Jerusalems sitzen; jeder hält wegen seines hohen Alters einen Stock in der Hand. Die Straßen der Stadt werden voll Knaben und Mädchen sein, die auf den Straßen Jerusalems spielen. So spricht der Herr der Heere: Wenn das dem Rest dieses Volkes in jenen Tagen zu wunderbar erscheint, muss es dann auch mir zu wunderbar erscheinen? – Spruch des Herrn der Heere.
So spricht der Herr der Heere: Seht, ich werde mein Volk befreien aus dem Land des Sonnenaufgangs und aus dem Land des Sonnenuntergangs. Ich werde sie heimbringen und sie werden in Jerusalem wohnen. Sie werden mein Volk sein und ich werde ihr Gott sein, unwandelbar und treu.

Lj II **Lesung** *Ijob 1,6-22* Nun geschah es eines Tages, da kamen die Gottessöhne, um vor den Herrn hinzutreten; unter ihnen kam auch der Satan. Der Herr sprach zum Satan: Woher kommst du? Der Satan antwortete dem Herrn und sprach: Die Erde habe ich durchstreift, hin und her. Der Herr sprach zum Satan: Hast du auf meinen Knecht Ijob geachtet? Seinesgleichen gibt es nicht auf der Erde, so untadelig und rechtschaffen, er fürchtet Gott und meidet das Böse. Der Satan antwortete dem Herrn und sagte: Geschieht es ohne Grund, dass Ijob Gott fürchtet? Bist du es nicht, der ihn, sein Haus und all das Seine ringsum beschützt? Das Tun seiner Hände hast du gesegnet; sein Besitz hat sich weit ausgebreitet im Land. Aber streck nur deine Hand gegen ihn aus und rühr an all das, was sein ist; wahrhaftig, er wird dir ins Angesicht fluchen. Der Herr sprach zum Satan: Gut, all sein Besitz ist in deiner Hand, nur gegen ihn selbst streck deine Hand nicht aus! Darauf ging der Satan weg vom Angesicht des Herrn.
Nun geschah es eines Tages, dass seine Söhne und Töchter im Haus ihres erstgeborenen Bruders aßen und Wein tranken. Da kam ein Bote zu Ijob und meldete: Die Rinder waren beim Pflügen und die Esel weideten daneben. Da fielen Sabäer ein, nahmen sie weg und erschlugen die Knechte mit scharfem Schwert. Ich ganz allein bin entronnen, um es dir zu berichten. Noch ist dieser am Reden, da kommt schon ein anderer und sagt: Feuer Gottes fiel vom Himmel, schlug brennend ein in die Schafe und Knechte und verzehrte sie. Ich ganz allein bin entronnen, um es dir zu berichten. Noch ist dieser am Reden, da kommt schon ein anderer und sagt: Die Chaldäer stellten drei Rot-

ten auf, fielen über die Kamele her, nahmen sie weg und erschlugen die Knechte mit scharfem Schwert. Ich ganz allein bin entronnen, um es dir zu berichten. Noch ist dieser am Reden, da kommt schon ein anderer und sagt: Deine Söhne und Töchter aßen und tranken Wein im Haus ihres erstgeborenen Bruders. Da kam ein gewaltiger Wind über die Wüste und packte das Haus an allen vier Ecken; es stürzte über die jungen Leute und sie starben. Ich ganz allein bin entronnen, um es dir zu berichten. Nun stand Ijob auf, zerriss sein Gewand, schor sich das Haupt, fiel auf die Erde und betete an.
Dann sagte er:
Nackt kam ich hervor aus dem Schoß meiner Mutter; / nackt kehre ich dahin zurück. /
Der Herr hat gegeben, der Herr hat genommen; / gelobt sei der Name des Herrn.
Bei alldem sündigte Ijob nicht und äußerte nichts Ungehöriges gegen Gott.

Evangelium *Lukas 9,46-50* In jener Zeit kam unter den Jüngern die Frage auf, wer von ihnen der Größte sei. Jesus wusste, was in ihrem Herzen vorging. Deshalb nahm er ein Kind, stellte es neben sich und sagte zu ihnen: Wer dieses Kind um meinetwillen aufnimmt, der nimmt mich auf; wer aber mich aufnimmt, der nimmt den auf, der mich gesandt hat. Denn wer unter euch allen der Kleinste ist, der ist groß.
Da sagte Johannes: Meister, wir haben gesehen, wie jemand in deinem Namen Dämonen austrieb, und wir versuchten, ihn daran zu hindern, weil er nicht mit uns zusammen dir nachfolgt. Jesus antwortete ihm: Hindert ihn nicht! Denn wer nicht gegen euch ist, der ist für euch.

Zum Evangelium Es knistet förmlich vor Rivalität. Jeder von ihnen will etwas Besonderes sein. Und noch ein bisschen größer als der andere. Sind sie nicht eine exklusive Gruppe, die Jesus nachfolgt? Deshalb muss der „Jemand" gehindert werden, der in Jesu Namen Dämonen austreibt. Jesus ent-grenzt das rivalisierende enge Denken seiner Jünger. Wer einem anderen Menschen hilft, weshalb sollte man ihn hindern? Nur weil er Jesus nicht nachfolgt? Wer Gutes tut, dem ist Gott gut, egal, welchem Glauben er anhängt. Auch auf die Frage, wer von ihnen der Größte sei, stellt er ihre, stellt er unsere gängigen Vorstellungen von Bedeutsamkeit auf den Kopf. Der Kleinste unter euch ist groß. Der nicht ständig damit beschäftigt ist, groß herauszukommen, sondern sich seine Größe schenken lässt: durch sein Vertrauen in Gott, der unsere Größe daran misst, ob wir einander gut sind und füreinander einstehen.

Dienstag der 26. Woche im Jahreskreis

Lesung *Sacharja 8,20-23* So spricht der Herr der Heere: Es wird noch geschehen, dass Völker herbeikommen und die Einwohner vieler Städte. Die Lj I

Einwohner der einen Stadt werden zur andern gehen und sagen: Wir wollen gehen, um den Zorn des Herrn zu besänftigen und den Herrn der Heere zu suchen. – Auch ich will hingehen. – Viele Völker und mächtige Nationen werden kommen, um in Jerusalem den Herrn der Heere zu suchen und den Zorn des Herrn zu besänftigen.
So spricht der Herr der Heere: In jenen Tagen werden zehn Männer aus Völkern aller Sprachen einen Mann aus Juda an seinem Gewand fassen, ihn festhalten und sagen: Wir wollen mit euch gehen; denn wir haben gehört: Gott ist mit euch.

Lj II **Lesung** *Ijob 3,1-3.11-17.20-23* Ijob tat seinen Mund auf und verfluchte seinen Tag. Ijob ergriff das Wort und sprach:
Ausgelöscht sei der Tag, an dem ich geboren bin, die Nacht, die sprach: Ein Mann ist empfangen. Warum starb ich nicht vom Mutterschoß weg, kam ich aus dem Mutterleib und verschied nicht gleich? Weshalb nur kamen Knie mir entgegen, wozu Brüste, dass ich daran trank? Still läge ich jetzt und könnte rasten, entschlafen wäre ich und hätte Ruhe bei Königen, bei Ratsherren im Land, die Grabkammern für sich erbauten, oder bei Fürsten, reich an Gold, die ihre Häuser mit Silber gefüllt. Wie die verscharrte Fehlgeburt wäre ich nicht mehr, Kindern gleich, die das Licht nie geschaut. Dort hören Frevler auf zu toben, dort ruhen aus, deren Kraft erschöpft ist.
Warum schenkt er dem Elenden Licht und Leben denen, die verbittert sind? Sie warten auf den Tod, der nicht kommt, sie suchen ihn mehr als verborgene Schätze. Sie würden sich freuen über einen Hügel; fänden sie ein Grab, sie würden frohlocken. Wozu Licht für den Mann auf verborgenem Weg, den Gott von allen Seiten einschließt?

Evangelium *Lukas 9,51-56* Als die Zeit herankam, in der Jesus in den Himmel aufgenommen werden sollte, entschloss sich Jesus, nach Jerusalem zu gehen. Und er schickte Boten vor sich her. Diese kamen in ein samaritisches Dorf und wollten eine Unterkunft für ihn besorgen. Aber man nahm ihn nicht auf, weil er auf dem Weg nach Jerusalem war.
Als die Jünger Jakobus und Johannes das sahen, sagten sie: Herr, sollen wir befehlen, dass Feuer vom Himmel fällt und sie vernichtet? Da wandte er sich um und wies sie zurecht. Und sie gingen zusammen in ein anderes Dorf.

Zum Evangelium Der kürzeste Weg von Galiläa nach Jerusalem führt durch das Bergland Samarien. Kaum ein Jude geht diese Abkürzung, da Samariter und Juden seit langem verfeindet sind. Die Samariter sind den Juden ein Dorn im Auge. Sie haben einen eigenen Tempel auf dem Berg Garizim errichtet und verachten den Jerusalemer Tempelkult. 100 Jahre vor Christus hat ein jüdisches Heer den Tempel von Garizim zerstört. Jesus lässt sich von der bestehenden Feindschaft nicht abhalten, den Kontakt zu den Samaritern zu suchen. Er schickt Boten voraus und fällt nicht mit der Tür ins Haus. Die Samariter lehnen ab. Zwei Jünger sind versucht, ihre Wahrheit mit Macht und Gewalt durchsetzen zu wollen. Dieser Versuchung ist das Christentum Jahrhunderte lang erlegen. Doch Gott wirbt, er zwingt nicht. Weil Gott Freiheit lässt, haben wir Christen die Freiheit der Religionsausübung, Gewaltverzicht und Toleranz zu praktizieren – egal, wie andere Religionen damit umgehen. Sonst würden wir den innersten Kern der Botschaft Jesu verraten.

Mittwoch der 26. Woche im Jahreskreis

Lesung *Nehemia 2,1-8* Im Monat Nisan, im zwanzigsten Jahr des Königs Artaxerxes, nahm ich den Wein und reichte ihn dem König – mein Amt war es nämlich, für den Wein zu sorgen. Nie zuvor hatte der König mein Aussehen schlecht gefunden; jetzt aber fragte er mich: Warum siehst du so schlecht aus? Du bist doch nicht etwa krank? Nein, du hast gewiss Kummer. Ich erschrak sehr; dann sagte ich zum König: Der König möge ewig leben. Wie sollte ich nicht schlecht aussehen? Die Stadt, in der die Gräber meiner Väter sind, liegt in Trümmern und ihre Tore sind vom Feuer verzehrt. Der König erwiderte: Was möchtest du also? Lj I

Da betete ich zum Gott des Himmels; dann sagte ich zum König: Wenn du, König, es für gut findest und wenn du deinem Knecht vertraust, so sende mich nach Juda, damit ich die Stadt wieder aufbaue, in der die Gräber meiner Väter sind. Darauf fragte mich der König, während die Königin neben ihm saß: Wie lang soll deine Reise dauern? Wann kommst du zurück? Ich nannte ihm eine bestimmte Zeit; der König war einverstanden und ließ mich ziehen. Ich sagte dem König noch: Wenn der König es für gut findet, dann gebe man mir Briefe mit an die Statthalter des Gebiets jenseits des Stroms, damit sie mich bis nach Juda durchreisen lassen; ferner einen Brief an Asaf, den Verwalter der königlichen Wälder: Er soll mir Bauholz liefern für die Tore der Tempelburg, für die Stadtmauer und für das Haus, in das ich ziehen will. Der König bewilligte es mir, weil die gütige Hand meines Gottes über mir war.

Lesung *Ijob 9,1-12.14-16* Ijob antwortete seinen Freunden und sprach: Wahrhaftig weiß ich, dass es so ist: Wie wäre ein Mensch bei Gott im Recht! Wenn er mit ihm rechten wollte, nicht auf eins von tausend könnt er ihm Rede stehen. Weisen Sinnes und stark an Macht – wer böte ihm Trotz und bliebe heil? Lj II

Er versetzt Berge; sie merken es nicht, dass er in seinem Zorn sie umstürzt. Er erschüttert die Erde an ihrem Ort, sodass ihre Säulen erzittern. Er spricht zur Sonne, sodass sie nicht strahlt, er versiegelt die Sterne. Er spannt allein den Himmel aus und schreitet einher auf den Höhen des Meeres. Er schuf das Sternbild des Bären, den Orion, das Siebengestirn, die Kammern des Sü-

dens. Er schuf so Großes, es ist nicht zu erforschen, Wunderdinge, sie sind nicht zu zählen.
Zieht er an mir vorüber, ich seh ihn nicht, fährt er daher, ich merk ihn nicht. Rafft er hinweg, wer hält ihn zurück? Wer darf zu ihm sagen: Was tust du da? Wie sollte denn ich ihm entgegnen, wie meine Worte gegen ihn wählen? Und wär' ich im Recht, ich könnte nichts entgegnen, um Gnade müsste ich bei meinem Richter flehen. Wollte ich rufen, würde er mir Antwort geben? Ich glaube nicht, dass er auf meine Stimme hört.

Evangelium *Lukas 9,57-62* In jener Zeit, als Jesus und seine Jünger auf ihrem Weg nach Jerusalem weiterzogen, redete ein Mann Jesus an und sagte: Ich will dir folgen, wohin du auch gehst. Jesus antwortete ihm: Die Füchse haben ihre Höhlen und die Vögel ihre Nester; der Menschensohn aber hat keinen Ort, wo er sein Haupt hinlegen kann.
Zu einem anderen sagte er: Folge mir nach! Der erwiderte: Lass mich zuerst heimgehen und meinen Vater begraben. Jesus sagte zu ihm: Lass die Toten ihre Toten begraben; du aber geh und verkünde das Reich Gottes! Wieder ein anderer sagte: Ich will dir nachfolgen, Herr. Zuvor aber lass mich von meiner Familie Abschied nehmen. Jesus erwiderte ihm: Keiner, der die Hand an den Pflug gelegt hat und nochmals zurückblickt, taugt für das Reich Gottes.

Zum Evangelium „Ich will dir folgen." Wir sind gewarnt. Jesus nennt die Hindernisse klar beim Namen. Das größte Hindernis bin ich selbst. Wenn ich nachfolgen will, gehe ich nicht nur weg von diesem und jenem, sondern ich muss weggehen von mir. Ihm folgen heißt, mich auf einen Weg ohne konkret abgestecktes Ziel einzulassen. Sein Weg in der Welt ist ein Weg ohne Ende. Doch die Menschen brauchen vier Wände. Sie bauen unentwegt an ihrer Welt. Sie haben ein Ziel: sich in dieser Welt einzurichten. Er aber hat weder ein Ziel noch eine Bleibe. Er ist nirgends daheim. Keine Zeit ist die seine. Immer noch wandert er durch die Geschichte. Will ich ihm dennoch nachfolgen? Ohne zurückzublicken? Ohne mich an Vergangenem festzuklammern? Mich frei machen für das Jetzt und die Zukunft? Wenn ich es wage, mit ihm nach vorn zu blicken, blicke ich dem Leben, blicke ich Gott entgegen. Aber, ich bin gewarnt – Nachfolge ist ein Wagnis.
„Ich will dir folgen." Ich möchte versuchen, mich zu sehen, wie du mich siehst. Dann werde ich spüren, was mir fehlt, was ich zu viel habe, was ich ändern muss, um dir ähnlicher zu werden. Hilf mir, die Spur zu finden, die in deine Richtung führt.

Donnerstag der 26. Woche im Jahreskreis

Lj I **Lesung** *Nehemia 8,1-4a.5b-6.8-12* Das ganze Volk versammelte sich geschlossen auf dem Platz vor dem Wassertor und bat den Schriftgelehrten

Esra, das Buch mit dem Gesetz des Mose zu holen, das der Herr den Israeliten vorgeschrieben hat. Am ersten Tag des siebten Monats brachte der Priester Esra das Gesetz vor die Versammlung; zu ihr gehörten die Männer und die Frauen und alle, die das Gesetz verstehen konnten. Vom frühen Morgen bis zum Mittag las Esra auf dem Platz vor dem Wassertor den Männern und Frauen und denen, die es verstehen konnten, das Gesetz vor. Das ganze Volk lauschte auf das Buch des Gesetzes. Der Schriftgelehrte Esra stand auf einer Kanzel aus Holz, die man eigens dafür errichtet hatte.
Als er das Buch aufschlug, erhoben sich alle. Dann pries Esra den Herrn, den großen Gott; darauf antworteten alle mit erhobenen Händen: Amen, amen! Sie verneigten sich, warfen sich vor dem Herrn nieder, mit dem Gesicht zur Erde.
Man las aus dem Buch, dem Gesetz Gottes, in Abschnitten vor und gab dazu Erklärungen, sodass die Leute das Vorgelesene verstehen konnten. Der Statthalter Nehemia, der Priester und Schriftgelehrte Esra und die Leviten, die das Volk unterwiesen, sagten dann zum ganzen Volk: Heute ist ein heiliger Tag zu Ehren des Herrn, eures Gottes. Seid nicht traurig und weint nicht! Alle Leute weinten nämlich, als sie die Worte des Gesetzes hörten. Dann sagte Esra zu ihnen: Nun geht, haltet ein festliches Mahl und trinkt süßen Wein! Schickt auch denen etwas, die selbst nichts haben; denn heute ist ein heiliger Tag zur Ehre des Herrn. Macht euch keine Sorgen; denn die Freude am Herrn ist eure Stärke. Auch die Leviten beruhigten das ganze Volk und sagten: Seid still, denn dieser Tag ist heilig. Macht euch keine Sorgen! Da gingen alle Leute nach Hause, um zu essen und zu trinken und auch andern davon zu geben und um ein großes Freudenfest zu begehen; denn sie hatten die Worte verstanden, die man ihnen verkündet hatte.

Lesung *Ijob 19,21-27* Ijob ergriff das Wort und sprach: Erbarmt, erbarmt euch meiner, ihr, meine Freunde! Denn Gottes Hand hat mich getroffen. Warum verfolgt ihr mich wie Gott, warum werdet ihr an meinem Fleisch nicht satt? Dass doch meine Worte geschrieben würden, in einer Inschrift eingegraben mit eisernem Griffel und mit Blei, für immer gehauen in den Fels. Lj II
Doch ich, ich weiß: mein Erlöser lebt, als Letzter erhebt er sich über dem Staub. Ohne meine Haut, die so zerfetzte, und ohne mein Fleisch werde ich Gott schauen. Ihn selber werde ich dann für mich schauen; meine Augen werden ihn sehen, nicht mehr fremd. Danach sehnt sich mein Herz in meiner Brust.

Evangelium *Lukas 10,1-12* In jener Zeit suchte der Herr zweiundsiebzig andere aus und sandte sie zu zweit voraus in alle Städte und Ortschaften, in die er selbst gehen wollte.

Er sagte zu ihnen: Die Ernte ist groß, aber es gibt nur wenig Arbeiter. Bittet also den Herrn der Ernte, Arbeiter für seine Ernte auszusenden. Geht! Ich sende euch wie Schafe mitten unter die Wölfe. Nehmt keinen Geldbeutel mit, keine Vorratstasche und keine Schuhe! Grüßt niemand unterwegs! Wenn ihr in ein Haus kommt, so sagt als erstes: Friede diesem Haus! Und wenn dort ein Mann des Friedens wohnt, wird der Friede, den ihr ihm wünscht, auf ihm ruhen; andernfalls wird er zu euch zurückkehren. Bleibt in diesem Haus, esst und trinkt, was man euch anbietet; denn wer arbeitet, hat ein Recht auf seinen Lohn. Zieht nicht von einem Haus in ein anderes!
Wenn ihr in eine Stadt kommt und man euch aufnimmt, so esst, was man euch vorsetzt. Heilt die Kranken, die dort sind, und sagt den Leuten: Das Reich Gottes ist euch nahe. Wenn ihr aber in eine Stadt kommt, in der man euch nicht aufnimmt, dann stellt euch auf die Straße und ruft: Selbst den Staub eurer Stadt, der an unseren Füßen klebt, lassen wir euch zurück; doch das sollt ihr wissen: Das Reich Gottes ist nahe. Ich sage euch: Sodom wird es an jenem Tag nicht so schlimm ergehen wie dieser Stadt.

Zum Evangelium „Geht! Ich sende euch!" Was bedeutet Jesu Auftrag für uns? Vielleicht: Geht zu den Menschen, die benachteiligt sind. Geht zu den Menschen, die herrschenden Auffassungen, Normen, gesetzlichen Regelungen „geopfert" werden. Geht zu den Menschen, die in dieser Welt keine Lobby haben. An ihnen wird deutlich, dass unsere Wirklichkeit, so wie sie ist, nicht dem Willen Gottes entspricht. Wer angesichts der Leiden in der Welt Nächstenliebe praktiziert, der erfüllt den Auftrag der Sendung für das Reich Gottes. Aber – wer diesen Auftrag ernst nimmt, wird sich manchmal wie ein Schaf unter Wölfen fühlen. Denn er verlässt seinen gewohnten Standort, gerät in Konflikt mit den Normen einer Gesellschaft und bekommt die damit verbundenen Sanktionen zu spüren. Die Sendung ist nicht leicht, wir müssen neutralen, sicheren Boden verlassen. Wir müssen uns einmischen, wir dürfen nicht draußen stehen bleiben und zuschauen. Aber wie könnten wir, solange der Wille Gottes verletzt wird, anders Christen sein?

Freitag der 26. Woche im Jahreskreis

Lj I **Lesung** *Baruch 1,15-22* Der Herr, unser Gott, ist im Recht; uns aber treibt es bis heute die Schamröte ins Gesicht, den Leuten von Juda und den Bewohnern Jerusalems, unseren Königen und Beamten, unseren Priestern und Propheten und unseren Vätern; denn wir haben gegen den Herrn gesündigt und ihm nicht gehorcht. Wir haben auf die Stimme des Herrn, unseres Gottes, nicht gehört und die Gebote nicht befolgt, die der Herr uns vorgelegt hat. Von dem Tag an, als der Herr unsere Väter aus Ägypten herausführte, bis auf den heutigen Tag waren wir ungehorsam gegen den Herrn, unseren Gott. Wir hörten sehr bald nicht mehr auf seine Stimme. So hefteten sich an uns das Unheil und der Fluch, den der Herr durch seinen Diener Mose androhen ließ am Tag, als er unsere Väter aus Ägypten herausführte, um uns ein Land zu geben, in dem Milch und Honig fließen, und so ist es noch heute. Wir haben nicht auf die Stimme des Herrn, unseres Gottes, gehört und auf alle Reden der Propheten, die er zu uns gesandt hat. Jeder von uns folgte der Neigung seines bösen Herzens; wir dienten anderen Göttern und taten, was dem Herrn, unserem Gott, missfällt.

Lesung *Ijob 38,1.12-21; 40,3-5* Der Herr antwortete dem Ijob aus dem Wettersturm und sprach: Hast du je in deinem Leben dem Morgen geboten, dem Frührot seinen Ort bestimmt, dass es der Erde Säume fasse und dass die Frevler von ihr abgeschüttelt werden? Sie wandelt sich wie Siegelton, die Dinge stehen da wie ein Gewand. Den Frevlern wird ihr Licht entzogen, zerschmettert der erhobene Arm. Bist du zu den Quellen des Meeres gekommen, hast du des Urgrunds Tiefe durchwandert? Haben dir sich die Tore des Todes geöffnet, hast du der Finsternis Tore geschaut? Hast du der Erde Breiten überblickt? Sag es, wenn du das alles weißt. Wo ist der Weg zur Wohnstatt des Lichts? Die Finsternis, wo hat sie ihren Ort, dass du sie einführst in ihren Bereich, die Pfade zu ihrem Haus sie führst? Du weißt es ja; du wurdest damals ja geboren und deiner Tage Zahl ist groß. **Lj II**

Da antwortete Ijob dem Herrn und sprach: Siehe, ich bin zu gering. Was kann ich dir erwidern? Ich lege meine Hand auf meinen Mund. Einmal habe ich geredet, ich tu es nicht wieder; ein zweites Mal, doch nun nicht mehr!

Evangelium *Lukas 10,13-16* In jener Zeit sprach Jesus: Weh dir, Chorazin! Weh dir, Betsaida! Wenn einst in Tyrus und Sidon die Wunder geschehen wären, die bei euch geschehen sind – man hätte dort in Sack und Asche Buße getan. Tyrus und Sidon wird es beim Gericht nicht so schlimm ergehen wie euch.

Und du, Kafarnaum, meinst du etwa, du wirst bis zum Himmel erhoben? Nein, in die Unterwelt wirst du hinabgeworfen.

Wer euch hört, der hört mich, und wer euch ablehnt, der lehnt mich ab; wer aber mich ablehnt, der lehnt den ab, der mich gesandt hat.

Zum Evangelium Jesus spricht nicht nur von einzelnen Menschen, sondern von ganzen Städten, sozialen Lebensräumen, die sich resistent gegen seine Botschaft zeigen. Wie kommt es, dass das Evangelium, das doch gute Botschaft für alle Menschen ist, an manchen Lebensräumen abperlt wie Wasser an einem Imprägnierstoff? Liegt es an denen, die das Evangelium verkünden, dass sie es schlecht verkünden und leben? Liegt es daran, dass an uns Christen das Evangelium oft abperlt, als seien wir imprägniert dagegen? Ich höre und sehe – und tue nichts, mache die Augen zu, verstopfe die Ohren, sage nicht Ja und nicht Nein, bin zu bequem, zu feige, zu gleichgültig? Sind wir ein Teil der Stadt, die die Botschaft Jesu ablehnt? Die Grenze geht mitten durch unsere Herzen. Der Glaube kann so wenig in eine Unkultur eindringen, wie der Friede Gottes nicht auf einem Menschen ruhen kann, der selbst kein Mensch des Friedens ist. Die Botschaft vom sich selbst vergessenden und verschenkenden Gott kann nur verwirklicht werden, wo wir aufhören, uns selbst in den Mittelpunkt zu stellen.

Samstag der 26. Woche im Jahreskreis

Lj I **Lesung** *Baruch 4,5-12.27-29* Hab Vertrauen, mein Volk, du trägst den Namen Israel. Ihr wurdet verkauft an die Völker, doch nicht zur Vernichtung. Weil ihr Gott erzürnt habt, wurdet ihr den Feinden preisgegeben. Denn ihr habt euren Schöpfer zum Zorn gereizt, da ihr den Dämonen und nicht Gott Opfer darbrachtet. Euren Ernährer habt ihr vergessen, den ewigen Gott. Ihr habt auch Jerusalem betrübt, die euch aufzog. Denn sie hat mit angesehen, wie Gottes Zorn über euch hereinbrach; da sprach sie: Hört, ihr Nachbarn Zions! Gott hat großes Leid über mich gebracht. Denn ich musste sehen, dass meine Söhne und Töchter verschleppt wurden, wie es der Ewige über sie verhängt hat. Mit Freude habe ich sie großgezogen, mit Weinen und Klagen musste ich sie ziehen lassen. Keiner juble, dass ich Witwe bin und von so vielen verlassen; der Sünden meiner Kinder wegen bin ich vereinsamt, denn sie sind abgewichen vom Gesetz Gottes.

Habt Vertrauen, meine Kinder, schreit zu Gott! Denn er, der es verhängt hat, wird wieder an euch denken. Wie euer Sinn auf den Abfall von Gott gerichtet war, so zeigt nun zehnfachen Eifer, umzukehren und ihn zu suchen. Er, der über euch das Unheil gebracht hat, wird mit eurer Rettung euch ewige Freude bringen.

Lj II **Lesung** *Ijob 42,1-3.5-6.12-17 (12-16)* Ijob antwortete dem Herrn und sprach: Ich hab erkannt, dass du alles vermagst; kein Vorhaben ist dir verwehrt. Wer ist es, der ohne Einsicht den Rat verdunkelt? So habe ich denn im Unverstand geredet über Dinge, die zu wunderbar für mich und unbegreiflich sind.

Vom Hörensagen nur hatte ich von dir vernommen; jetzt aber hat mein Auge dich geschaut. Darum widerrufe ich und atme auf, in Staub und Asche.

Der Herr aber segnete die spätere Lebenszeit Ijobs mehr als seine frühere. Er besaß vierzehntausend Schafe, sechstausend Kamele, tausend Joch Rinder und tausend Esel. Auch bekam er sieben Söhne und drei Töchter. Die erste nannte er Jemima, die zweite Kezia und die dritte Keren-Happuch. Man fand im ganzen Land keine schöneren Frauen als die Töchter Ijobs; ihr Vater gab ihnen Erbbesitz unter ihren Brüdern. Ijob lebte danach noch hundertvierzig Jahre; er sah seine Kinder und Kindeskinder, vier Geschlechter. Dann starb Ijob, hochbetagt und satt an Lebenstagen.

Evangelium *Lukas 10,17-24* In jener Zeit kehrten die Zweiundsiebzig zurück und berichteten voll Freude: Herr, sogar die Dämonen gehorchen uns, wenn wir deinen Namen aussprechen. Da sagte er zu ihnen: Ich sah den Satan wie einen Blitz vom Himmel fallen. Seht, ich habe euch die Vollmacht gegeben, auf Schlangen und Skorpione zu treten und die ganze Macht des Feindes zu überwinden. Nichts wird euch schaden können. Doch freut euch nicht darüber, dass euch die Geister gehorchen, sondern freut euch darüber, dass eure Namen im Himmel verzeichnet sind.
In dieser Stunde rief Jesus, vom Heiligen Geist erfüllt, voll Freude aus: Ich preise dich, Vater, Herr des Himmels und der Erde, weil du all das den Weisen und Klugen verborgen, den Unmündigen aber offenbart hast. Ja, Vater, so hat es dir gefallen. Mir ist von meinem Vater alles übergeben worden; niemand weiß, wer der Sohn ist, nur der Vater, und niemand weiß, wer der Vater ist, nur der Sohn und der, dem es der Sohn offenbaren will.
Jesus wandte sich an die Jünger und sagte zu ihnen allein: Selig sind die, deren Augen sehen, was ihr seht. Ich sage euch: Viele Propheten und Könige wollten sehen, was ihr seht, und haben es nicht gesehen und wollten hören, was ihr hört, und haben es nicht gehört.

Zum Evangelium Überwältigt von Glück erfahren die Jünger bei ihrer ersten Aussendung: Aus der Kraft Jesu können wir Kranke heilen und Dämonen austreiben! In Jesu Nähe geraten sie in den Wirkungskreis einer neuen, göttlichen Kraft. Jesus freut sich mit ihnen, aber er mahnt sie auch. Denn wer über das Gelungene so glücklich ist, ist in der Gefahr, auf der Höhe dieses Glücks verharren zu wollen. Kein Misserfolg darf dieses Glück trüben! Doch gerade der Weg Jesu bis zum Kreuz war – menschlich gesehen – ein Misserfolg. Vor diesem Weg werden auch die Jünger und Jüngerinnen nicht verschont bleiben. Viel wichtiger ist deshalb, um die Heimat zu wissen, in der es nicht um Erfolg und Misserfolg geht, sondern um die Geborgenheit in dem, bei dem unsere Namen verzeichnet sind. Wenn wir aus dieser Geborgenheit leben, müssen wir unsere Identität nicht an Erfolg oder Misserfolg festmachen. Auf dem Fundament dieser Geborgenheit wird unser Leben so einfach und gerade, wie wir es mit eigener Anstrengung nie erreichen können. Vielleicht wissen das die Kleinen und Unmündigen am besten, weil sie Gott mehr zutrauen als der eigenen Klugheit und Weisheit. Und wir, müssten wir nicht lernen, uns unserer Weisheit immer wieder zu entledigen, damit Gottes Weisheit in uns wirken kann?

27. Woche im Jahreskreis

Montag der 27. Woche im Jahreskreis

Lj I **Lesung** *Jona 1,1–2,1.11* Das Wort des Herrn erging an Jona, den Sohn Amittais: Mach dich auf den Weg und geh nach Ninive, in die große Stadt, und droh ihr das Strafgericht an! Denn die Kunde von ihrer Schlechtigkeit ist bis zu mir heraufgedrungen. Jona machte sich auf den Weg; doch er wollte nach Tarschisch fliehen, weit weg vom Herrn. Er ging also nach Jafo hinab und fand dort ein Schiff, das nach Tarschisch fuhr. Er bezahlte das Fahrgeld und ging an Bord, um nach Tarschisch mitzufahren, weit weg vom Herrn.

Aber der Herr ließ auf dem Meer einen heftigen Wind losbrechen; es entstand ein gewaltiger Seesturm und das Schiff drohte auseinander zu brechen. Die Seeleute bekamen Angst und jeder schrie zu seinem Gott um Hilfe. Sie warfen sogar die Ladung ins Meer, damit das Schiff leichter wurde. Jona war in den untersten Raum des Schiffes hinabgestiegen, hatte sich hingelegt und schlief fest. Der Kapitän ging zu ihm und sagte: Wie kannst du schlafen? Steh auf, ruf deinen Gott an; vielleicht denkt dieser Gott an uns, sodass wir nicht untergehen. Dann sagten sie zueinander: Kommt, wir wollen das Los werfen, um zu erfahren, wer an diesem unserem Unheil schuld ist. Sie warfen das Los und es fiel auf Jona. Da fragten sie ihn: Sag uns, was treibst du für ein Gewerbe und woher kommst du, aus welchem Land und aus welchem Volk? Er antwortete ihnen: Ich bin ein Hebräer und verehre Jahwe, den Gott des Himmels, der das Meer und das Festland gemacht hat. Da bekamen die Männer große Angst und sagten zu ihm: Warum hast du das getan? Denn sie erfuhren, dass er vor Jahwe auf der Flucht war; er hatte es ihnen erzählt. Und sie sagten zu ihm: Was sollen wir mit dir machen, damit das Meer sich beruhigt und uns verschont? Denn das Meer wurde immer stürmischer.

Jona antwortete ihnen: Nehmt mich und werft mich ins Meer, damit das Meer sich beruhigt und euch verschont. Denn ich weiß, dass dieser gewaltige Sturm durch meine Schuld über euch gekommen ist. Die Männer aber ruderten mit aller Kraft, um wieder an Land zu kommen; doch sie richteten nichts aus, denn das Meer stürmte immer heftiger gegen sie an. Da riefen sie zu Jahwe: Ach Herr, lass uns nicht untergehen wegen dieses Mannes und rechne uns, was wir jetzt tun, nicht als Vergehen an unschuldigem Blut an. Denn wie du wolltest, Herr, so hast du gehandelt. Dann nahmen sie Jona und warfen ihn ins Meer und das Meer hörte auf zu toben. Da ergriff die Männer große Furcht vor Jahwe und sie schlachteten für Jahwe ein Opfer und machten ihm viele Gelübde.

Der Herr aber schickte einen großen Fisch, der Jona verschlang. Jona war drei Tage und drei Nächte im Bauch des Fisches. Da befahl der Herr dem Fisch, Jona ans Land zu speien.

Lesung *Galater 1,6-12* Schwestern und Brüder! Ich bin erstaunt, dass ihr euch so schnell von dem abwendet, der euch durch die Gnade Christi berufen hat, und dass ihr euch einem anderen Evangelium zuwendet. Doch es gibt kein anderes Evangelium, es gibt nur einige Leute, die euch verwirren und die das Evangelium Christi verfälschen wollen. Wer euch aber ein anderes Evangelium verkündigt, als wir euch verkündigt haben, der sei verflucht, auch wenn wir selbst es wären oder ein Engel vom Himmel. Was ich gesagt habe, das sage ich noch einmal: Wer euch ein anderes Evangelium verkündigt, als ihr angenommen habt, der sei verflucht. **Lj II**
Geht es mir denn um die Zustimmung der Menschen oder geht es mir um Gott? Suche ich etwa Menschen zu gefallen? Wollte ich noch den Menschen gefallen, dann wäre ich kein Knecht Christi. Ich erkläre euch, Brüder: Das Evangelium, das ich verkündigt habe, stammt nicht von Menschen; ich habe es ja nicht von einem Menschen übernommen oder gelernt, sondern durch die Offenbarung Jesu Christi empfangen.

Evangelium *Lukas 10,25-37* In jener Zeit wollte ein Gesetzeslehrer Jesus auf die Probe stellen. Er fragte ihn: Meister, was muss ich tun, um das ewige Leben zu gewinnen? Jesus sagte zu ihm: Was steht im Gesetz? Was liest du dort? Er antwortete: Du sollst den Herrn, deinen Gott, lieben mit ganzem Herzen und ganzer Seele, mit all deiner Kraft und all deinen Gedanken, und: Deinen Nächsten sollst du lieben wie dich selbst. Jesus sagte zu ihm: Du hast richtig geantwortet. Handle danach und du wirst leben. Der Gesetzeslehrer wollte seine Frage rechtfertigen und sagte zu Jesus: Und wer ist mein Nächster?
Darauf antwortete ihm Jesus: Ein Mann ging von Jerusalem nach Jericho hinab und wurde von Räubern überfallen. Sie plünderten ihn aus und schlugen ihn nieder; dann gingen sie weg und ließen ihn halb tot liegen. Zufällig kam ein Priester denselben Weg herab; er sah ihn und ging weiter. Auch ein Levit kam zu der Stelle; er sah ihn und ging weiter. Dann kam ein Mann aus Samarien, der auf der Reise war. Als er ihn sah, hatte er Mitleid, ging zu ihm hin, goss Öl und Wein auf seine Wunden und verband sie. Dann hob er ihn auf sein Reittier, brachte ihn zu einer Herberge und sorgte für ihn. Am andern Morgen holte er zwei Denare hervor, gab sie dem Wirt und sagte: Sorge für ihn, und wenn du mehr für ihn brauchst, werde ich es dir bezahlen, wenn ich wiederkomme.
Was meinst du: Wer von diesen dreien hat sich als der Nächste dessen erwiesen, der von den Räubern überfallen wurde? Der Gesetzeslehrer antwortete: Der, der barmherzig an ihm gehandelt hat. Da sagte Jesus zu ihm: Dann geh und handle genauso!

Zum Evangelium Mein Nächster – wer ist das? Es ist der Mensch, den ich mir nicht aussuchen kann. Es ist die verwirrte Nachbarin, die jeden

Tag zwanzigmal an der Haustür klingelt, weil sie vergessen hat, welcher Tag heute ist. Es ist der Einsame um die Ecke, der jemanden zum Reden braucht. Es ist der verzweifelte Asylbewerber, dem die Abschiebung droht. Es sind die Menschen, mit denen ich lebe. Alle, die meine Hilfe brauchen, die mir buchstäblich vor die Füße gelegt werden, die mir vielleicht lästig sind. Ich kann mir die Art der Not und des Hilferufes derer, denen ich Nächster, Nächste werden soll, nicht aussuchen. Die Nächsten beugen sich herab, ergreifen Partei, überwinden die Angst vor unangenehmen Folgen. Sie tun das selbstverständlich Menschliche.
Nächstenliebe ist nicht nur beschwerlich. Die Begegnung mit dem anderen kann zum Ereignis der Freude werden. Wer gibt, ist schöpferisch, vital, kraftvoll: „Ich erlebe mich selbst überströmend, lebendig und daher freudig. Geben bringt mehr Freude als empfangen, nicht weil es ein Opfer ist, sondern weil in der Handlung des Gebens der Ausdruck meiner Lebenskraft liegt“ (Erich Fromm). – Menschen mit dieser Haltung machen „täglich Welt zu einem besseren Ort“ (Carol S. Pearson).

Dienstag der 27. Woche im Jahreskreis

Lj I **Lesung** *Jona 3,1-10* Das Wort des Herrn erging zum zweiten Mal an Jona: Mach dich auf den Weg und geh nach Ninive, in die große Stadt, und droh ihr all das an, was ich dir sagen werde. Jona machte sich auf den Weg und ging nach Ninive, wie der Herr es ihm befohlen hatte. Ninive war eine große Stadt vor Gott; man brauchte drei Tage, um sie zu durchqueren. Jona begann, in die Stadt hineinzugehen; er ging einen Tag lang und rief: Noch vierzig Tage und Ninive ist zerstört!
Und die Leute von Ninive glaubten Gott. Sie riefen ein Fasten aus und alle, Groß und Klein, zogen Bußgewänder an. Als die Nachricht davon den König von Ninive erreichte, stand er von seinem Thron auf, legte seinen Königsmantel ab, hüllte sich in ein Bußgewand und setzte sich in die Asche. Er ließ in Ninive ausrufen: Befehl des Königs und seiner Großen: Alle Menschen und Tiere, Rinder, Schafe und Ziegen, sollen nichts essen, nicht weiden und kein Wasser trinken. Sie sollen sich in Bußgewänder hüllen, Menschen und Tiere. Sie sollen laut zu Gott rufen und jeder soll umkehren und sich von seinen bösen Taten abwenden und von dem Unrecht, das an seinen Händen klebt. Wer weiß, vielleicht reut es Gott wieder und er lässt ab von seinem glühenden Zorn, sodass wir nicht zugrunde gehen.
Und Gott sah ihr Verhalten; er sah, dass sie umkehrten und sich von ihren bösen Taten abwandten. Da reute Gott das Unheil, das er ihnen angedroht hatte, und er führte die Drohung nicht aus.

Lj II **Lesung** *Galater 1,13-24* Schwestern und Brüder! Ihr habt doch gehört, wie ich früher als gesetzestreuer Jude gelebt habe, und wisst, wie maßlos ich die Kirche Gottes verfolgte und zu vernichten suchte. In der Treue zum

jüdischen Gesetz übertraf ich die meisten Altersgenossen in meinem Volk und mit dem größten Eifer setzte ich mich für die Überlieferungen meiner Väter ein. Als aber Gott, der mich schon im Mutterleib auserwählt und durch seine Gnade berufen hat, mir in seiner Güte seinen Sohn offenbarte, damit ich ihn unter den Heiden verkündige, da zog ich keinen Menschen zu Rate; ich ging auch nicht sogleich nach Jerusalem hinauf zu denen, die vor mir Apostel waren, sondern zog nach Arabien und kehrte dann wieder nach Damaskus zurück. Drei Jahre später ging ich nach Jerusalem hinauf, um Kephas kennen zu lernen, und blieb fünfzehn Tage bei ihm. Von den anderen Aposteln habe ich keinen gesehen, nur Jakobus, den Bruder des Herrn. Was ich euch hier schreibe – Gott weiß, dass ich nicht lüge.
Danach ging ich in das Gebiet von Syrien und Zilizien. Den Gemeinden Christi in Judäa aber blieb ich persönlich unbekannt, sie hörten nur: Er, der uns einst verfolgte, verkündigt jetzt den Glauben, den er früher vernichten wollte. Und sie lobten Gott um meinetwillen.

Evangelium *Lukas 10,38-42* In jener Zeit kam Jesus in ein Dorf und eine Frau namens Marta nahm ihn freundlich auf. Sie hatte eine Schwester, die Maria hieß. Maria setzte sich dem Herrn zu Füßen und hörte seinen Worten zu. Marta aber war ganz davon in Anspruch genommen, für ihn zu sorgen. Sie kam zu ihm und sagte: Herr, kümmert es dich nicht, dass meine Schwester die ganze Arbeit mir allein überlässt? Sag ihr doch, sie soll mir helfen! Der Herr antwortete: Marta, Marta, du machst dir viele Sorgen und Mühen. Aber nur eines ist notwendig. Maria hat das Bessere gewählt, das soll ihr nicht genommen werden.

Zum Evangelium Manchmal scheint das Leben aus nichts als Sorgen zu bestehen. Viele sind berechtigt, und doch spüren wir oft, dass sie uns am Leben hindern. Das wird in der Begegnung Jesu mit den Schwestern zum Thema. Während Marta ganz von ihrer Rolle als Gastgeberin beansprucht ist, wählt Maria „das Bessere". Sie lässt sich auf den einzigartig kostbaren Moment der Begegnung mit Jesus ein. Sie ergreift den „Kairos", weil sie spürt, was gerade das Wichtigere ist. Wer in seinem Werktag aufgeht, gibt sich selber auf, versteht nicht mehr, um was es geht, wird gereizt, oft ungerecht. Nur wer in seinem Werktag immer wieder innehält, vernimmt das Eine, das jetzt notwendig ist. Dieses Innehalten lässt uns unsere Sorgen anders gewichten, sodass wir in unserem Alltag leben und wirken, ohne selbst alltäglich zu werden.

Mittwoch der 27. Woche im Jahreskreis

Lesung *Jona 3,10b; 4,1-11* Gott reute das Unheil, das er ihnen angedroht hatte, und er führte die Drohung nicht aus. **Lj I**

Das missfiel Jona ganz und gar und er wurde zornig. Er betete zum Herrn und sagte: Ach Herr, habe ich das nicht schon gesagt, als ich noch daheim war? Eben darum wollte ich ja nach Tarschisch fliehen; denn ich wusste, dass du ein gnädiger und barmherziger Gott bist, langmütig und reich an Huld, und dass deine Drohungen dich reuen. Darum nimm mir jetzt lieber das Leben, Herr! Denn es ist für mich besser zu sterben als zu leben. Da erwiderte der Herr: Ist es recht von dir, zornig zu sein?
Da verließ Jona die Stadt und setzte sich östlich vor der Stadt nieder. Er machte sich dort ein Laubdach und setzte sich in seinen Schatten, um abzuwarten, was mit der Stadt geschah.
Da ließ Gott, der Herr, einen Rizinusstrauch über Jona emporwachsen, der seinem Kopf Schatten geben und seinen Ärger vertreiben sollte. Jona freute sich sehr über den Rizinusstrauch. Als aber am nächsten Tag die Morgenröte heraufzog, schickte Gott einen Wurm, der den Rizinusstrauch annagte, sodass er verdorrte. Und als die Sonne aufging, schickte Gott einen heißen Ostwind. Die Sonne stach Jona auf den Kopf, sodass er fast ohnmächtig wurde. Da wünschte er sich den Tod und sagte: Es ist besser für mich zu sterben als zu leben.
Gott aber fragte Jona: Ist es recht von dir, wegen des Rizinusstrauches zornig zu sein? Er antwortete: Ja, es ist recht, dass ich zornig bin und mir den Tod wünsche. Darauf sagte der Herr: Dir ist es leid um den Rizinusstrauch, für den du nicht gearbeitet und den du nicht großgezogen hast. Über Nacht war er da, über Nacht ist er eingegangen. Mir aber sollte es nicht leid sein um Ninive, die große Stadt, in der mehr als hundertzwanzigtausend Menschen leben, die nicht einmal rechts und links unterscheiden können – und außerdem so viel Vieh?

Lj II **Lesung** *Galater 2,1-2.7-14* Schwestern und Brüder! Vierzehn Jahre später ging ich wieder nach Jerusalem hinauf, zusammen mit Barnabas; ich nahm auch Titus mit. Ich ging hinauf aufgrund einer Offenbarung, legte der Gemeinde und im Besonderen den „Angesehenen“ das Evangelium vor, das ich unter den Heiden verkündige; ich wollte sicher sein, dass ich nicht vergeblich laufe oder gelaufen bin.
Sie sahen, dass mir das Evangelium für die Unbeschnittenen anvertraut ist wie dem Petrus für die Beschnittenen – denn Gott, der Petrus die Kraft zum Apostelдienst unter den Beschnittenen gegeben hat, gab sie mir zum Dienst unter den Heiden – und sie erkannten die Gnade, die mir verliehen ist. Deshalb gaben Jakobus, Kephas und Johannes, die als die „Säulen“ Ansehen genießen, mir und Barnabas die Hand zum Zeichen der Gemeinschaft: Wir sollten zu den Heiden gehen, sie zu den Beschnittenen. Nur sollten wir an ihre Armen denken; und das zu tun, habe ich mich eifrig bemüht.
Als Kephas aber nach Antiochia gekommen war, bin ich ihm offen entgegengetreten, weil er sich ins Unrecht gesetzt hatte. Bevor nämlich Leute aus

dem Kreis um Jakobus eintrafen, pflegte er zusammen mit den Heiden zu essen. Nach ihrer Ankunft aber zog er sich von den Heiden zurück und trennte sich von ihnen, weil er die Beschnittenen fürchtete. Ebenso unaufrichtig wie er verhielten sich die anderen Juden, sodass auch Barnabas durch ihre Heuchelei verführt wurde. Als ich aber sah, dass sie von der Wahrheit des Evangeliums abwichen, sagte ich zu Kephas in Gegenwart aller: Wenn du als Jude nach Art der Heiden und nicht nach Art der Juden lebst, wie kannst du dann die Heiden zwingen, wie Juden zu leben?

Evangelium *Lukas 11,1-4* Jesus betete einmal an einem Ort; und als er das Gebet beendet hatte, sagte einer seiner Jünger zu ihm: Herr, lehre uns beten, wie schon Johannes seine Jünger beten gelehrt hat. Da sagte er zu ihnen: Wenn ihr betet, so sprecht:
Vater, dein Name werde geheiligt. Dein Reich komme. Gib uns täglich das Brot, das wir brauchen. Und erlass uns unsere Sünden; denn auch wir erlassen jedem, was er uns schuldig ist. Und führe uns nicht in Versuchung.

Zum Evangelium Seit 2000 Jahren wird das Vaterunser gebetet, in fast alle Sprachen wurde es übersetzt. Es zeigt uns, was notwendig ist, um als Mensch sein Leben zu leben. Es eröffnet einen Horizont von uns weg auf Gott hin. Wir kreisen nicht mehr um unsere oft selbstsüchtigen Wünsche, sondern wir lernen zu verstehen, dass die Tage, denen wir entgegengehen, Gott gehören, und dass wir in jedem wirken und sein sollen. Was die Tage bringen werden, wissen wir nicht. Wir wissen nur, dass sie nicht leer sind, sondern dass Gott jeden Tag etwas von uns will. Jeden Tag stehen wir an der Schwelle zu seinem Reich. Wir wenden uns im Vaterunser Gott zu, um von ihm zu empfangen, was ihm gehört. Darin liegt eine tiefe Geborgenheit trotz aller Sorge und Not in der Welt. Wir wissen nicht, was morgen und übermorgen auf uns zukommt. Aber wir wissen: Gott ist bei uns an jedem Tag.

Donnerstag der 27. Woche im Jahreskreis

Lesung *Maleachi 3,13-20a* Was ihr über mich sagt, ist kühn, spricht der Herr. Doch ihr fragt: Was sagen wir denn über dich? Ihr sagt: Es hat keinen Sinn, Gott zu dienen. Was haben wir davon, wenn wir auf seine Anordnungen achten und vor dem Herrn der Heere in Trauergewändern umhergehen? Darum preisen wir die Überheblichen glücklich, denn die Frevler haben Erfolg; sie stellen Gott auf die Probe und kommen doch straflos davon. Lj I
Darüber redeten die miteinander, die den Herrn fürchten. Der Herr horchte auf und hörte hin und man schrieb vor ihm ein Buch, das alle in Erinnerung hält, die den Herrn fürchten und seinen Namen achten. Sie werden an dem Tag, den ich herbeiführe – spricht der Herr der Heere –, mein besonderes Eigentum sein. Ich werde gut zu ihnen sein, wie ein Mann gut ist zu seinem

Sohn, der ihm dient. Dann werdet ihr wieder den Unterschied sehen zwischen dem Gerechten und dem, der Unrecht tut, zwischen dem, der Gott dient, und dem, der ihm nicht dient.
Denn seht, der Tag kommt, er brennt wie ein Ofen: Da werden alle Überheblichen und Frevler zu Spreu und der Tag, der kommt, wird sie verbrennen, spricht der Herr der Heere. Weder Wurzel noch Zweig wird ihnen bleiben. Für euch aber, die ihr meinen Namen fürchtet, wird die Sonne der Gerechtigkeit aufgehen und ihre Flügel bringen Heilung.

Lj II **Lesung** *Galater 3,1-5* Schwestern und Brüder! Ihr unvernünftigen Galater, wer hat euch verblendet? Ist euch Jesus Christus nicht deutlich als der Gekreuzigte vor Augen gestellt worden? Dies eine möchte ich von euch erfahren: Habt ihr den Geist durch die Werke des Gesetzes oder durch die Botschaft des Glaubens empfangen? Seid ihr so unvernünftig? Am Anfang habt ihr auf den Geist vertraut und jetzt erwartet ihr vom Fleisch die Vollendung. Habt ihr denn so Großes vergeblich erfahren? Sollte es wirklich vergeblich gewesen sein? Warum gibt euch denn Gott den Geist und bewirkt Wundertaten unter euch? Weil ihr das Gesetz befolgt oder weil ihr die Botschaft des Glaubens angenommen habt?

Evangelium *Lukas 11,5-13* In jener Zeit sprach Jesus zu seinen Jüngern: Wenn einer von euch einen Freund hat und um Mitternacht zu ihm geht und sagt: Freund, leih mir drei Brote; denn einer meiner Freunde, der auf Reisen ist, ist zu mir gekommen, und ich habe ihm nichts anzubieten!, wird dann etwa der Mann drinnen antworten: Lass mich in Ruhe, die Tür ist schon verschlossen und meine Kinder schlafen bei mir; ich kann nicht aufstehen und dir etwas geben? Ich sage euch: Wenn er schon nicht deswegen aufsteht und ihm seine Bitte erfüllt, weil er sein Freund ist, so wird er doch wegen seiner Zudringlichkeit aufstehen und ihm geben, was er braucht.
Darum sage ich euch: Bittet, dann wird euch gegeben; sucht, dann werdet ihr finden; klopft an, dann wird euch geöffnet. Denn wer bittet, der empfängt; wer sucht, der findet; und wer anklopft, dem wird geöffnet. Oder ist unter euch ein Vater, der seinem Sohn eine Schlange gibt, wenn er um einen Fisch bittet, oder einen Skorpion, wenn er um ein Ei bittet? Wenn nun schon ihr, die ihr böse seid, euren Kindern gebt, was gut ist, wie viel mehr wird der Vater im Himmel den Heiligen Geist denen geben, die ihn bitten.

Zum Evangelium Mit dieser Beispielerzählung ermutigt Jesus uns, Gott bis zur „Zudringlichkeit" in den Ohren zu liegen. „Zudringlichkeit" hat im griechischen Originaltext auch die Bedeutung von „Frechheit" und „Unverschämtheit". Jesus ruft zum „unverschämten Beten" auf. Wir sollen mit allen Nöten, mit allem, was in uns steckt und mit unserer ganzen Leidenschaft zu Gott kommen. Was Jesus hier erlaubt und gebietet, ist kein Programm und kein Prinzip. Denn der Drang zum unverschämten Drängen und Beten kommt aus einer inneren Not heraus. In dieser Not sollen wir ohne Scheu, ohne Befangenheit vor Gottes Größe unsere Bitten vortragen. Wir dürfen zu ihm kommen wie zu einem guten Freund. Wir dürfen, nein, wir sollen bitten, suchen, anklopfen. Vielleicht „antwortet“ Gott nicht so, wie ich es wünsche. Könnte es sein, dass ich um etwas bitte, was für mich nicht das Gute ist? Könnte es sein, dass sich mein Wille noch klarer an seinem Willen orientieren muss? Könnte es sogar sein, dass „Gott mehr gibt, als wir bitten, weil er in dem größeren Horizont denkt und handelt, der mit umfasst, was wir nur von ferne ahnen können“ (G. Voigt)?

Freitag der 27. Woche im Jahreskreis

Lesung *Joël 1,13-15; 2,1-2* Legt Trauer an und klagt, ihr Priester! Jammert, ihr Diener des Altars! Kommt, verbringt die Nacht im Trauergewand, ihr Diener meines Gottes! Denn Speiseopfer und Trankopfer bleiben dem Haus eures Gottes versagt. Ordnet ein heiliges Fasten an, ruft einen Gottesdienst aus! Versammelt die Ältesten und alle Bewohner des Landes beim Haus des Herrn, eures Gottes, und schreit zum Herrn: Weh, was für ein Tag! Denn der Tag des Herrn ist nahe; er kommt mit der Allgewalt des Allmächtigen. Lj I

Auf dem Zion stoßt in das Horn, schlagt Lärm auf meinem heiligen Berg! Alle Bewohner des Landes sollen zittern; denn es kommt der Tag des Herrn, ja, er ist nahe, der Tag des Dunkels und der Finsternis, der Tag der Wolken und Wetter. Wie das Morgenrot, das sich über die Berge hinbreitet, kommt ein Volk, groß und gewaltig, wie es vor ihm noch nie eines gab und nach ihm keines mehr geben wird bis zu den fernsten Geschlechtern.

Lesung *Galater 3,6-14* Schwestern und Brüder! Von Abraham wird gesagt: Er glaubte Gott, und das wurde ihm als Gerechtigkeit angerechnet. Daran erkennt ihr, dass nur die, die glauben, Abrahams Söhne sind. Und da die Schrift vorhersah, dass Gott die Heiden aufgrund des Glaubens gerecht macht, hat sie dem Abraham im Voraus verkündet: Durch dich sollen alle Völker Segen erlangen. Also gehören alle, die glauben, zu dem glaubenden Abraham und werden wie er gesegnet. Alle aber, die nach dem Gesetz leben, stehen unter dem Fluch. Denn in der Schrift heißt es: Verflucht ist jeder, der sich nicht an alles hält, was zu tun das Buch des Gesetzes vorschreibt. Dass durch das Gesetz niemand vor Gott gerecht wird, ist offenkundig; denn: Der aus Glauben Gerechte wird leben. Das Gesetz aber hat nichts mit dem Glauben zu tun, sondern es gilt: Wer die Gebote erfüllt, wird durch sie leben. Lj II

Christus hat uns vom Fluch des Gesetzes freigekauft, indem er für uns zum Fluch geworden ist; denn es steht in der Schrift: Verflucht ist jeder, der am

Pfahl hängt. Jesus Christus hat uns freigekauft, damit den Heiden durch ihn der Segen Abrahams zuteil wird und wir so aufgrund des Glaubens den verheißenen Geist empfangen.

Evangelium *Lukas 11,14-26* In jener Zeit trieb Jesus einen Dämon aus, der stumm war. Als der Dämon den Stummen verlassen hatte, konnte der Mann reden. Alle Leute staunten. Einige von ihnen aber sagten: Mit Hilfe von Beelzebul, dem Anführer der Dämonen, treibt er die Dämonen aus. Andere wollten ihn auf die Probe stellen und forderten von ihm ein Zeichen vom Himmel. Doch er wusste, was sie dachten, und sagte zu ihnen: Jedes Reich, das in sich gespalten ist, wird veröden und ein Haus ums andere stürzt ein. Wenn also der Satan mit sich selbst im Streit liegt, wie kann sein Reich dann Bestand haben? Ihr sagt doch, dass ich die Dämonen mit Hilfe von Beelzebul austreibe. Wenn ich die Dämonen durch Beelzebul austreibe, durch wen treiben dann eure Anhänger sie aus? Sie selbst also sprechen euch das Urteil. Wenn ich aber die Dämonen durch den Finger Gottes austreibe, dann ist doch das Reich Gottes schon zu euch gekommen.
Solange ein bewaffneter starker Mann seinen Hof bewacht, ist sein Besitz sicher; wenn ihn aber ein Stärkerer angreift und besiegt, dann nimmt ihm der Stärkere all seine Waffen weg, auf die er sich verlassen hat, und verteilt die Beute.
Wer nicht für mich ist, der ist gegen mich; wer nicht mit mir sammelt, der zerstreut. Ein unreiner Geist, der einen Menschen verlassen hat, wandert durch die Wüste und sucht einen Ort, wo er bleiben kann. Wenn er keinen findet, sagt er: Ich will in mein Haus zurückkehren, das ich verlassen habe. Und wenn er es bei seiner Rückkehr sauber und geschmückt antrifft, dann geht er und holt sieben andere Geister, die noch schlimmer sind als er selbst. Sie ziehen dort ein und lassen sich nieder. So wird es mit diesem Menschen am Ende schlimmer werden als vorher.

Zum Evangelium Wunder sind nicht von vornherein ein Beweis für Göttlichkeit. So wie man durch ein Wunder zum Glauben kommen kann, kann man dadurch auch zu Fall kommen. Ein Wunder bewirkt Glauben, wenn der Mensch mit der Bereitschaft seines ganzen Seins durchlässig und ansprechbar ist für das Andere. Beispiel für die glaubenslose Herzenshärte der Menschen ist ihre Reaktion auf die Dämonenaustreibung Jesu. Sie wollen gar nicht an seine göttliche Vollmacht glauben und können folglich nicht „sehen", was Jesus für diesen Menschen tut: Er bejaht ihn in seinem ganzen Wesen, er befreit ihn aus der Sprachlosigkeit, die ihn vereinsamen und verkümmern ließ. Wer sein Haus nicht berühren lässt vom „Finger Gottes", wer es nicht öffnet für sein Reich, der wird immer wieder von „Dämonen" bewohnt werden – und seien es die Dämonen teuflischer Überheblichkeit.

Jesus treibt das Böse gerade nicht mit Mitteln des Bösen aus – das würde den Kreislauf des Bösen nur zementieren –, sondern „durch den Finger Gottes". Lassen wir uns von ihm berühren, damit wir füreinander heilsam sind.

Samstag der 27. Woche im Jahreskreis Lj I

Lesung *Joël 4,12-21* Die Völker sollen aufbrechen und heraufziehen zum Tal Joschafat. Denn dort will ich zu Gericht sitzen über alle Völker ringsum. Schwingt die Sichel, denn die Ernte ist reif. Kommt, tretet die Kelter, denn sie ist voll, die Tröge fließen über. Denn ihre Bosheit ist groß.
Getöse und Getümmel herrscht im Tal der Entscheidung; denn der Tag des Herrn ist nahe im Tal der Entscheidung. Sonne und Mond verfinstern sich, die Sterne halten ihr Licht zurück. Der Herr brüllt vom Zion her, aus Jerusalem dröhnt seine Stimme, sodass Himmel und Erde erbeben. Doch für sein Volk ist der Herr eine Zuflucht, er ist eine Burg für Israels Söhne. Dann werdet ihr erkennen, dass ich der Herr, euer Gott, bin und dass ich auf dem Zion wohne, meinem heiligen Berg. Jerusalem wird heilig sein, Fremde werden nie mehr hindurchziehen.
An jenem Tag triefen die Berge von Wein, die Hügel fließen über von Milch und in allen Bächen Judas strömt Wasser. Eine Quelle entspringt im Haus des Herrn und tränkt das Schittim-Tal. Ägypten wird zur Wüste, Edom wird zur verödeten Steppe, wegen der Gewalttat an Judas Söhnen, in deren Land sie unschuldiges Blut vergossen.
Juda aber bleibt für immer bewohnt und Jerusalem besteht von Geschlecht zu Geschlecht, ich erkläre ihr Blut für unschuldig, das ich vorher nicht für unschuldig erklärte, und der Herr wohnt auf dem Zion.

Lesung *Galater 3,22-29* Schwestern und Brüder! Die Schrift hat alles der Sünde unterworfen, damit durch den Glauben an Jesus Christus die Verheißung sich an denen erfüllt, die glauben. Ehe der Glaube kam, waren wir im Gefängnis des Gesetzes, festgehalten bis zu der Zeit, da der Glaube offenbart werden sollte. So hat das Gesetz uns in Zucht gehalten bis zum Kommen Christi, damit wir durch den Glauben gerecht gemacht werden. Nachdem aber der Glaube gekommen ist, stehen wir nicht mehr unter dieser Zucht. Lj II
Ihr seid alle durch den Glauben Söhne Gottes in Christus Jesus. Denn ihr alle, die ihr auf Christus getauft seid, habt Christus als Gewand angelegt. Es gibt nicht mehr Juden und Griechen, nicht Sklaven und Freie, nicht Mann und Frau; denn ihr alle seid „einer" in Christus Jesus. Wenn ihr aber zu Christus gehört, dann seid ihr Abrahams Nachkommen, Erben kraft der Verheißung.

Evangelium *Lukas 11,27-28* In jener Zeit, als Jesus zum Volk redete, rief eine Frau aus der Menge ihm zu: Selig die Frau, deren Leib dich getragen und deren Brust dich genährt hat. Er aber erwiderte: Selig sind vielmehr die, die das Wort Gottes hören und es befolgen.

Zum Evangelium Die Frau aus der Menge hat vollkommen Recht, die Mutter Jesu seligzupreisen. Jesu Reaktion, die auf den ersten Eindruck abweisend gegen seine Mutter zu sein scheint, ist kein „Nein" zu ihr, sondern ein „Ja" zu allen, „die das Wort Gottes hören und es befolgen". Denn nicht der Grad der Verwandtschaft bestimmt darüber, wer zu Jesus gehört, sondern allein die Intensität des Glaubens. Wer an ihn glaubt, hat eine neue Familie gefunden: seine Schwestern und Brüder sind die Glaubenden. Wer Jesus nachfolgt und so leben möchte, wie er es getan hat, ist ihm Bruder und Schwester. In dieser Gemeinschaft kommt es nicht auf Titel, Ämter und Würden an, gibt es kein besser und schlechter, oben und unten, sondern es geht allein um die Liebe, die wir einander erweisen.

28. Woche im Jahreskreis

Montag der 28. Woche im Jahreskreis

Lj I **Lesung** *Römer 1,1-7* Paulus, Knecht Christi Jesu, berufen zum Apostel, auserwählt, das Evangelium Gottes zu verkündigen, das er durch seine Propheten im Voraus verheißen hat in den heiligen Schriften: das Evangelium von seinem Sohn, der dem Fleisch nach geboren ist als Nachkomme Davids, der dem Geist der Heiligkeit nach eingesetzt ist als Sohn Gottes in Macht seit der Auferstehung von den Toten, das Evangelium von Jesus Christus, unserem Herrn. Durch ihn haben wir Gnade und Apostelamt empfangen, um in seinem Namen alle Heiden zum Gehorsam des Glaubens zu führen; zu ihnen gehört auch ihr, die ihr von Jesus Christus berufen seid.
An alle in Rom, die von Gott geliebt sind, die berufenen Heiligen: Gnade sei mit euch und Friede von Gott, unserem Vater, und dem Herrn Jesus Christus.

Lj II **Lesung** *Galater 4,22-24.26-27.31-5,1* Schwestern und Brüder! In der Schrift wird gesagt, dass Abraham zwei Söhne hatte, einen von der Sklavin, den andern von der Freien. Der Sohn der Sklavin wurde auf natürliche Weise gezeugt, der Sohn der Freien aufgrund der Verheißung. Darin liegt ein tieferer Sinn: Diese Frauen bedeuten die beiden Testamente. Das eine Testament stammt vom Berg Sinai und bringt Sklaven zur Welt; das ist Hagar.
Das himmlische Jerusalem aber ist frei, und dieses Jerusalem ist unsere Mutter. Denn es steht in der Schrift:
Freu dich, du Unfruchtbare, die nie geboren hat, / brich in Jubel aus und jauchze, die du nie in Wehen lagst! / Denn viele Kinder hat die Einsame, / mehr als die Vermählte.

Daraus folgt also, meine Brüder, dass wir nicht Kinder der Sklavin sind, sondern Kinder der Freien.
Zur Freiheit hat uns Christus befreit. Bleibt daher fest und lasst euch nicht von Neuem das Joch der Knechtschaft auflegen!

Evangelium *Lukas 11,29-32* In jener Zeit, als immer mehr Menschen zu ihm kamen, sagte er: Diese Generation ist böse. Sie fordert ein Zeichen; aber es wird ihr kein anderes gegeben werden als das Zeichen des Jona. Denn wie Jona für die Einwohner von Ninive ein Zeichen war, so wird es auch der Menschensohn für diese Generation sein.
Die Königin des Südens wird beim Gericht gegen die Männer dieser Generation auftreten und sie verurteilen; denn sie kam vom Ende der Erde, um die Weisheit Salomos zu hören. Hier aber ist einer, der mehr ist als Salomo. Die Männer von Ninive werden beim Gericht gegen diese Generation auftreten und sie verurteilen; denn sie haben sich nach der Predigt des Jona bekehrt. Hier aber ist einer, der mehr ist als Jona.

Zum Evangelium Glaube ist der riskante Sprung in ein Nicht-Wissen, gepaart mit dem tiefen Vertrauen, dass der Sprung nicht in den Abgrund, sondern an das andere Ufer führt. Wer für seinen Glauben ein unumstößlich sicheres Zeichen fordert, ist grundsätzlich misstrauisch. Vertrauen und Glauben sind Zwillinge. Misstrauen und Unglauben ebenfalls. Dieses Misstrauen zeigt sich, wenn wir uns mit einer Mauer von festen Überzeugungen, Tatsachen und Lehren vor der Offenheit des Wagnisses schützen. Nichts Neues kann durch diese Mauern dringen. Sie sind zu hart. Diese Härte nennt Jesus „böse". Das einzige Zeichen ist er selbst. So wie Jona drei Tage im Bauch des Fisches war und wieder ins Leben kam, so wird auch Jesus nach drei Tagen auferstehen. Ein größeres Zeichen als dieses gibt es nicht.

Dienstag der 28. Woche im Jahreskreis

Lesung *Römer 1,16-25* Schwestern und Brüder! Ich schäme mich des Evangeliums nicht: Es ist eine Kraft Gottes, die jeden rettet, der glaubt, zuerst den Juden, aber ebenso den Griechen. Denn im Evangelium wird die Gerechtigkeit Gottes offenbart aus Glauben zum Glauben, wie es in der Schrift heißt: Der aus Glauben Gerechte wird leben. **Lj I**
Der Zorn Gottes wird vom Himmel herab offenbart wider alle Gottlosigkeit und Ungerechtigkeit der Menschen, die die Wahrheit durch Ungerechtigkeit niederhalten. Denn was man von Gott erkennen kann, ist ihnen offenbar; Gott hat es ihnen offenbart. Seit Erschaffung der Welt wird seine unsichtbare Wirklichkeit an den Werken der Schöpfung mit der Vernunft wahrgenommen, seine ewige Macht und Gottheit. Daher sind sie unentschuldbar. Denn sie haben Gott erkannt, ihn aber nicht als Gott geehrt und ihm nicht

gedankt. Sie verfielen in ihrem Denken der Nichtigkeit und ihr unverständiges Herz wurde verfinstert. Sie behaupteten, weise zu sein, und wurden zu Toren. Sie vertauschten die Herrlichkeit des unvergänglichen Gottes mit Bildern, die einen vergänglichen Menschen und fliegende, vierfüßige und kriechende Tiere darstellen. Darum lieferte Gott sie durch die Begierden ihres Herzens der Unreinheit aus, sodass sie ihren Leib durch ihr eigenes Tun entehrten. Sie vertauschten die Wahrheit Gottes mit der Lüge, sie beteten das Geschöpf an und verehrten es anstelle des Schöpfers – gepriesen ist er in Ewigkeit. Amen.

Lj II **Lesung** *Galater 5,1-6* Schwestern und Brüder! Zur Freiheit hat uns Christus befreit. Bleibt daher fest und lasst euch nicht von neuem das Joch der Knechtschaft auflegen! Hört, was ich, Paulus, euch sage: Wenn ihr euch beschneiden lasst, wird Christus euch nichts nützen. Ich versichere noch einmal jedem, der sich beschneiden lässt: Er ist verpflichtet, das ganze Gesetz zu halten. Wenn ihr also durch das Gesetz gerecht werden wollt, dann habt ihr mit Christus nichts mehr zu tun; ihr seid aus der Gnade herausgefallen. Wir aber erwarten die erhoffte Gerechtigkeit kraft des Geistes und aufgrund des Glaubens. Denn in Christus Jesus kommt es nicht darauf an, beschnitten oder unbeschnitten zu sein, sondern darauf, den Glauben zu haben, der in der Liebe wirksam ist.

Evangelium *Lukas 11,37-41* In jener Zeit lud ein Pharisäer Jesus zum Essen ein. Jesus ging zu ihm und setzte sich zu Tisch. Als der Pharisäer sah, dass er sich vor dem Essen nicht die Hände wusch, war er verwundert. Da sagte der Herr zu ihm: O ihr Pharisäer! Ihr haltet zwar Becher und Teller außen sauber, innen aber seid ihr voll Raubgier und Bosheit. Ihr Unverständigen! Hat nicht der, der das Äußere schuf, auch das Innere geschaffen? Gebt lieber, was in den Schüsseln ist, den Armen, dann ist für euch alles rein.

Zum Evangelium Auch wenn uns die jüdischen Reinheitsvorschriften fremd sind, weil wir in einer anderen Kultur leben, müssen wir respektieren, dass sie ihren Sinn und Sitz im Vollzug einer langen religiösen Tradition haben. Jesus hat sich die Hände nicht gewaschen, um zu demonstrieren: Nur wenn das äußere Waschen der inneren Reinheit entspricht, hat es einen Sinn. Wenn es aber Ersatz für die fehlende innere Reinheit und Herzensgüte ist, dann ist es nichts als Heuchelei. Dagegen sind jene, die um ihre innere Unreinheit wissen und Gott deshalb um Vergebung bitten, religiös begabte Menschen. Am meisten sind es aber diejenigen, die dem Mitmenschen Bruder und Schwester sind. Wer sich zu einem Armen und Leidenden hinabbeugt, der macht sich die Hände oft schmutzig. Solche Hände sind vor Gott etwas vom Besten, was der Mensch vorweisen kann!

Mittwoch der 28. Woche im Jahreskreis

Lesung *Römer 2,1-11* Du bist unentschuldbar – wer du auch bist, Mensch –, wenn du richtest. Denn worin du den andern richtest, darin verurteilst du dich selber, da du, der Richtende, dasselbe tust. Wir wissen aber, dass Gottes Gericht über alle, die solche Dinge tun, der Wahrheit entspricht. Meinst du etwa, du könntest dem Gericht Gottes entrinnen, wenn du die richtest, die solche Dinge tun, und dasselbe tust wie sie? Verachtest du etwa den Reichtum seiner Güte, Geduld und Langmut? Weißt du nicht, dass Gottes Güte dich zur Umkehr treibt? Weil du aber starrsinnig bist und dein Herz nicht umkehrt, sammelst du Zorn gegen dich für den „Tag des Zornes“, den Tag der Offenbarung von Gottes gerechtem Gericht. **Lj I**

Er wird jedem vergelten, wie es seine Taten verdienen: denen, die beharrlich Gutes tun und Herrlichkeit, Ehre und Unvergänglichkeit erstreben, gibt er ewiges Leben, denen aber, die selbstsüchtig nicht der Wahrheit, sondern der Ungerechtigkeit gehorchen, widerfährt Zorn und Grimm. Not und Bedrängnis wird jeden Menschen treffen, der das Böse tut, zuerst den Juden, aber ebenso den Griechen; Herrlichkeit, Ehre und Friede werden jedem zuteil, der das Gute tut, zuerst dem Juden, aber ebenso dem Griechen; denn Gott richtet ohne Ansehen der Person.

Lesung *Galater 5,18-25* Wenn ihr euch aber vom Geist führen lasst, dann steht ihr nicht unter dem Gesetz. Die Werke des Fleisches sind deutlich erkennbar: Unzucht, Unsittlichkeit, ausschweifendes Leben, Götzendienst, Zauberei, Feindschaften, Streit, Eifersucht, Jähzorn, Eigennutz, Spaltungen, Parteiungen, Neid und Missgunst, Trink- und Essgelage und Ähnliches mehr. Ich wiederhole, was ich euch schon früher gesagt habe: Wer so etwas tut, wird das Reich Gottes nicht erben. Die Frucht des Geistes aber ist Liebe, Freude, Friede, Langmut, Freundlichkeit, Güte, Treue, Sanftmut und Selbstbeherrschung; dem allem widerspricht das Gesetz nicht. Alle, die zu Christus Jesus gehören, haben das Fleisch und damit ihre Leidenschaften und Begierden gekreuzigt. Wenn wir aus dem Geist leben, dann wollen wir dem Geist auch folgen. **Lj II**

Evangelium *Lukas 11,42-46* In jener Zeit sprach Jesus: Weh euch Pharisäern! Ihr gebt den Zehnten von Minze, Gewürzkraut und allem Gemüse, die Gerechtigkeit aber und die Liebe zu Gott vergesst ihr. Man muss das eine tun, ohne das andere zu unterlassen. Weh euch Pharisäern! Ihr wollt in den Synagogen den vordersten Sitz haben und auf den Straßen und Plätzen von allen gegrüßt werden. Weh euch: Ihr seid wie Gräber, die man nicht mehr sieht; die Leute gehen darüber, ohne es zu merken.

Darauf erwiderte ihm ein Gesetzeslehrer: Meister, damit beleidigst du auch uns. Er antwortete: Weh auch euch Gesetzeslehrern! Ihr ladet den Menschen

Lasten auf, die sie kaum tragen können, selbst aber rührt ihr keinen Finger dafür.

Zum Evangelium Die Pharisäer (die „Abgesonderten") sind eine religiöse Bewegung, die sich streng an die Gebote des Mose und deren Auslegungen halten und konsequent nach dem leben, was sie lehren. Sie sind populär im Volk. Nicht wenige bewundern sie. Jesus hat viele Berührungspunkte mit ihnen. Er lehnt sie nicht generell ab, sondern er stellt einen Typ „pharisäischer" Frömmigkeit in Frage, der so sehr von sich selbst überzeugt ist, dass er nur den eigenen Maßstab gelten lässt. Dieser „Typ" vergisst das Wichtigste: „die Gerechtigkeit und die Liebe zu Gott". Er ist in Gefahr, sich selbst seiner frommen Leistungen zu rühmen und den zu verachten, der moralisch nicht so unbescholten ist wie er. Jesus aber stellt die Liebe über die Erfüllung einzelner Gesetze und spricht den Menschen seine Vergebung zu. Ein Glück für uns alle; denn wer von uns könnte ohne seine Liebe und sein Erbarmen bestehen?

Donnerstag der 28. Woche im Jahreskreis

Lj I **Lesung** *Römer 3,21-30a* Schwestern und Brüder! Jetzt ist unabhängig vom Gesetz die Gerechtigkeit Gottes offenbart worden, bezeugt vom Gesetz und von den Propheten: die Gerechtigkeit Gottes aus dem Glauben an Jesus Christus, offenbart für alle, die glauben. Denn es gibt keinen Unterschied: Alle haben gesündigt und die Herrlichkeit Gottes verloren. Ohne es verdient zu haben, werden sie gerecht, dank seiner Gnade, durch die Erlösung in Christus Jesus. Ihn hat Gott dazu bestimmt, Sühne zu leisten mit seinem Blut, Sühne, wirksam durch Glauben. So erweist Gott seine Gerechtigkeit durch die Vergebung der Sünden, die früher, in der Zeit seiner Geduld, begangen wurden; er erweist seine Gerechtigkeit in der gegenwärtigen Zeit, um zu zeigen, dass er gerecht ist und den gerecht macht, der an Jesus glaubt.

Kann man sich da noch rühmen? Das ist ausgeschlossen. Durch welches Gesetz? Durch das der Werke? Nein, durch das Gesetz des Glaubens. Denn wir sind der Überzeugung, dass der Mensch gerecht wird durch Glauben, unabhängig von Werken des Gesetzes. Ist denn Gott nur der Gott der Juden, nicht auch der Heiden? Ja, auch der Heiden, da doch gilt: Gott ist „der Eine".

Lj II **Lesung** *Epheser 1,1-10* Paulus, durch den Willen Gottes Apostel Christi Jesu, an die Heiligen in Ephesus, die an Christus Jesus glauben. Gnade sei mit euch und Friede von Gott, unserem Vater, und dem Herrn Jesus Christus.

Gepriesen sei der Gott und Vater unseres Herrn Jesus Christus: Er hat uns mit allem Segen seines Geistes gesegnet durch unsere Gemeinschaft mit Christus im Himmel.

Denn in ihm hat er uns erwählt vor der Erschaffung der Welt, damit wir heilig und untadelig leben vor Gott; er hat uns aus Liebe im Voraus dazu bestimmt, seine Söhne zu werden durch Jesus Christus und nach seinem gnädigen Willen zu ihm zu gelangen, zum Lob seiner herrlichen Gnade. Er hat sie uns geschenkt in seinem geliebten Sohn; durch sein Blut haben wir die Erlösung, die Vergebung der Sünden nach dem Reichtum seiner Gnade.
Durch sie hat er uns mit aller Weisheit und Einsicht reich beschenkt und hat uns das Geheimnis seines Willens kundgetan, wie er es gnädig im Voraus bestimmt hat: die Fülle der Zeiten heraufzuführen in Christus und alles, was im Himmel und auf Erden ist, in ihm zu vereinen.

Evangelium *Lukas 11,47-54* In jener Zeit sprach Jesus: Weh euch! Ihr errichtet Denkmäler für die Propheten, die von euren Vätern umgebracht wurden. Damit bestätigt und billigt ihr, was eure Väter getan haben. Sie haben die Propheten umgebracht, ihr errichtet ihnen Bauten. Deshalb hat auch die Weisheit Gottes gesagt: Ich werde Propheten und Apostel zu ihnen senden und sie werden einige von ihnen töten und andere verfolgen, damit das Blut aller Propheten, das seit der Erschaffung der Welt vergossen worden ist, an dieser Generation gerächt wird, vom Blut Abels bis zum Blut des Zacharias, der im Vorhof zwischen Altar und Tempel umgebracht wurde. Ja, das sage ich euch: An dieser Generation wird es gerächt werden.
Weh euch Gesetzeslehrern! Ihr habt den Schlüssel der Tür zur Erkenntnis weggenommen. Ihr selbst seid nicht hineingegangen und die, die hineingehen wollten, habt ihr daran gehindert.
Als Jesus das Haus verlassen hatte, begannen die Schriftgelehrten und die Pharisäer, ihn mit vielerlei Fragen hartnäckig zu bedrängen; sie versuchten, ihm eine Falle zu stellen, damit er sich in seinen eigenen Worten verfange.

Zum Evangelium Prophet und Pharisäer sind Gegenspieler. Aufrüttelndes, freisetzendes Wort des Geistes Gottes einerseits, Institution der Gesetze, Stabilität und Ordnung andererseits. Wenn beide Seiten ausbalanciert sind, können die Menschen geborgen und frei zugleich nach dem Willen Gottes leben. In der biblischen Geschichte ist diese Balance immer wieder auf Kosten des Prophetischen aufgegeben worden. Jesus setzt sich vehement dafür ein, dass die prophetische Stimme wieder Gewicht bekommt gegen eine lieblos gewordene Gesetzesreligion, die den Menschen „den Schlüssel zur (Gottes-)Erkenntnis“ wegnimmt , weil sie eine unmittelbare Beziehung zwischen Mensch und Gott verhindert. Wir heute müssen uns fragen lassen, ob wir in unseren Gemeinden offen sind für die prophetische Stimme.

Freitag der 28. Woche im Jahreskreis

Lj I **Lesung** *Römer 4,1-8* Schwestern und Brüder! Müssen wir nun nicht fragen: Was hat dann unser leiblicher Stammvater Abraham erlangt? Wenn Abraham aufgrund von Werken Gerechtigkeit erlangt hat, dann hat er zwar Ruhm, aber nicht vor Gott. Denn die Schrift sagt: Abraham glaubte Gott und das wurde ihm als Gerechtigkeit angerechnet.
Dem, der Werke tut, werden diese nicht aus Gnade angerechnet, sondern er bekommt den Lohn, der ihm zusteht. Dem aber, der keine Werke tut, sondern an den glaubt, der den Gottlosen gerecht macht, dem wird sein Glaube als Gerechtigkeit angerechnet.
Auch David preist den Menschen selig, dem Gott Gerechtigkeit unabhängig von Werken anrechnet: Selig sind die, deren Frevel vergeben und deren Sünden bedeckt sind. Selig ist der Mensch, dem der Herr die Sünde nicht anrechnet.

Lj II **Lesung** *Epheser 1,11-14* Schwestern und Brüder! Durch Christus sind wir als Erben vorherbestimmt und eingesetzt nach dem Plan dessen, der alles so verwirklicht, wie er es in seinem Willen beschließt; wir sind zum Lob seiner Herrlichkeit bestimmt, die wir schon früher auf Christus gehofft haben.
Durch ihn habt auch ihr das Wort der Wahrheit gehört, das Evangelium von eurer Rettung; durch ihn habt ihr das Siegel des verheißenen Heiligen Geistes empfangen, als ihr den Glauben annahmt.
Der Geist ist der erste Anteil des Erbes, das wir erhalten sollen, der Erlösung, durch die wir Gottes Eigentum werden, zum Lob seiner Herrlichkeit.

Evangelium *Lukas 12,1-7* In jener Zeit strömten Tausende von Menschen zusammen, sodass es ein gefährliches Gedränge gab. Jesus wandte sich zuerst an seine Jünger und sagte: Hütet euch vor dem Sauerteig der Pharisäer, das heißt vor der Heuchelei. Nichts ist verhüllt, was nicht enthüllt wird, und nichts ist verborgen, was nicht bekannt wird. Deshalb wird man alles, was ihr im Dunkeln redet, am hellen Tag hören, und was ihr einander hinter verschlossenen Türen ins Ohr flüstert, das wird man auf den Dächern verkünden.
Euch aber, meinen Freunden, sage ich: Fürchtet euch nicht vor denen, die den Leib töten, euch aber sonst nichts tun können. Ich will euch zeigen, wen ihr fürchten sollt: Fürchtet euch vor dem, der nicht nur töten kann, sondern die Macht hat, euch auch noch in die Hölle zu werfen. Ja, das sage ich euch: Ihn sollt ihr fürchten. Verkauft man nicht fünf Spatzen für ein paar Pfennig? Und doch vergisst Gott nicht einen von ihnen. Bei euch aber sind sogar die Haare auf dem Kopf alle gezählt. Fürchtet euch nicht! Ihr seid mehr wert als viele Spatzen.

Zum Evangelium Wer sich vor dem Leben fürchtet, fürchtet den Tod. Wer sich vor dem Tod fürchtet, fürchtet das Leben. Die Furcht, von der Jesus spricht, hat immer mit dieser existenziellen Angst zu tun. Man tut vieles, um diese Ängste zu verdrängen. Nachts aber spiegeln sie sich oft in Albträumen oder Schlafstörungen wider. Der südamerikanische Journalist und Christ José Calderon, der gegen die Ausbeutung der Armen, gegen Folter und Gewalt in seinem Land eintritt und deshalb von den diktatorischen Machthabern mit dem Tod bedroht wird, schrieb: „Selbst wenn man mich tötet, kann mir dennoch keiner das Leben nehmen. Das Leben – das wahre Leben – fängt mit der Auferstehung an ... Mir drohe der Tod, sagt man. Nur dass die Warnung nicht stimmt. Weder mir noch sonst irgendjemandem droht der Tod ... Was uns droht, ist die Auferstehung. Denn er ist nicht nur der Weg und die Wahrheit, sondern auch das Leben, obwohl man ihn oben auf dem Müllberg der Welt gekreuzigt hat." – Wer eintritt für die Wahrheit Gottes, braucht Menschen nicht zu fürchten. Es gibt nur einen, dem Furcht gebührt, und das ist Gott. Gottesfurcht befreit vor Menschenfurcht. Gottesfurcht ist die Anerkennung, dass Gott allein unsere Gewissen binden kann, denn Gott ist der Grund und die Macht der Wahrheit, die alle anderen Mächte und Autoritäten relativiert. Deshalb ist Gottesfurcht zugleich Bekenntnismut ... Uns „droht" die Auferstehung. Deshalb: „Fürchtet euch nicht vor denen, die den Leib töten, euch aber sonst nichts tun können."

Samstag der 28. Woche im Jahreskreis

Lesung *Römer 4,13.16-18* Schwestern und Brüder! Abraham und seine Nachkommen erhielten nicht aufgrund des Gesetzes die Verheißung, Erben der Welt zu sein, sondern aufgrund der Glaubensgerechtigkeit. Lj I
Deshalb gilt: „aus Glauben", damit auch gilt: „aus Gnade". Nur so bleibt die Verheißung für alle Nachkommen gültig, nicht nur für die, welche das Gesetz haben, sondern auch für die, welche wie Abraham den Glauben haben. Nach dem Schriftwort: Ich habe dich zum Vater vieler Völker bestimmt, ist er unser aller Vater vor Gott, dem er geglaubt hat, dem Gott, der die Toten lebendig macht und das, was nicht ist, ins Dasein ruft. Gegen alle Hoffnung hat er voll Hoffnung geglaubt, dass er der Vater vieler Völker werde, nach dem Wort: So zahlreich werden deine Nachkommen sein.

Lesung *Epheser 1,15-23* Schwestern und Brüder! Ich höre nicht auf, für euch zu danken, wenn ich in meinen Gebeten an euch denke; denn ich habe von eurem Glauben an Jesus, den Herrn, und von eurer Liebe zu allen Heiligen gehört. Der Gott Jesu Christi, unseres Herrn, der Vater der Herrlichkeit, gebe euch den Geist der Weisheit und Offenbarung, damit ihr ihn erkennt. Er erleuchte die Augen eures Herzens, damit ihr versteht, zu welcher Hoffnung ihr durch ihn berufen seid, welchen Reichtum die Herrlich- Lj II

keit seines Erbes den Heiligen schenkt und wie überragend groß seine Macht sich an uns, den Gläubigen, erweist durch das Wirken seiner Kraft und Stärke.
Er hat sie an Christus erwiesen, den er von den Toten auferweckt und im Himmel auf den Platz zu seiner Rechten erhoben hat, hoch über alle Fürsten und Gewalten, Mächte und Herrschaften und über jeden Namen, der nicht nur in dieser Welt, sondern auch in der zukünftigen genannt wird. Alles hat er ihm zu Füßen gelegt und ihn, der als Haupt alles überragt, über die Kirche gesetzt. Sie ist sein Leib und wird von ihm erfüllt, der das All ganz und gar beherrscht.

Evangelium *Lukas 12,8-12* In jener Zeit sprach Jesus zu seinen Jüngern: Ich sage euch: Wer sich vor den Menschen zu mir bekennt, zu dem wird sich auch der Menschensohn vor den Engeln Gottes bekennen. Wer mich aber vor den Menschen verleugnet, der wird auch vor den Engeln Gottes verleugnet werden. Jedem, der etwas gegen den Menschensohn sagt, wird vergeben werden; wer aber den Heiligen Geist lästert, dem wird nicht vergeben. Wenn man euch vor die Gerichte der Synagogen und vor die Herrscher und Machthaber schleppt, dann macht euch keine Sorgen, wie ihr euch verteidigen oder was ihr sagen sollt. Denn der Heilige Geist wird euch in der gleichen Stunde eingeben, was ihr sagen müsst.

Zum Evangelium Die Sünde wider den Heiligen Geist ist keine einzelne Tat, sondern ein Zustand, in dem der Mensch sein Ziel verfehlt, für das ihn der Schöpfer bestimmt hat. Was ist das Ziel, das der Mensch verfehlen kann? Da das Wesen Gottes die Liebe ist, ist der von Gott geliebte Mensch dazu geschaffen, selbst ein Liebender zu werden. Die Liebe Gottes wird in der Sündenvergebung konkret. Aber ich kann mir nur die Sünde vergeben lassen, die ich vor Gott als meine eigene anerkenne. Und ich kann nur Vergebung erwarten, wenn ich selbst vergebe. Wer den Heiligen Geist lästert, das heißt den Geist Gottes als bösen Geist bezeichnet, stellt sich bewusst gegen Gott und seine Liebe auf die Seite des Todes, denn „wer nicht liebt, bleibt im Tod" (1 Joh 3,14). Gott will nicht, dass wir verloren gehen, aber wir dürfen mit seiner Vergebung nicht spielen. Sie ist keine „billige Gnade" (Bonhoeffer).

29. Woche im Jahreskreis

Montag der 29. Woche im Jahreskreis

Lj I **Lesung** *Römer 4,20-25* Schwestern und Brüder! Abraham zweifelte nicht im Unglauben an der Verheißung Gottes, sondern wurde stark im Glauben und er erwies Gott Ehre, fest davon überzeugt, dass Gott die

Macht besitzt zu tun, was er verheißen hat. Darum wurde der Glaube ihm als Gerechtigkeit angerechnet. Doch nicht allein um seinetwillen steht in der Schrift, dass der Glaube ihm angerechnet wurde, sondern auch um unseretwillen; er soll auch uns angerechnet werden, die wir an den glauben, der Jesus, unseren Herrn, von den Toten auferweckt hat. Wegen unserer Verfehlungen wurde er hingegeben, wegen unserer Gerechtmachung wurde er auferweckt.

Lesung *Epheser 2,1-10* Schwestern und Brüder! Ihr wart tot infolge eurer Verfehlungen und Sünden. Ihr wart einst darin gefangen, wie es der Art dieser Welt entspricht, unter der Herrschaft jenes Geistes, der im Bereich der Lüfte regiert und jetzt noch in den Ungehorsamen wirksam ist. Zu ihnen gehörten auch wir alle einmal, als wir noch von den Begierden unseres Fleisches beherrscht wurden. Wir folgten dem, was das Fleisch und der böse Sinn uns eingaben, und waren von Natur aus Kinder des Zorns wie die anderen. **Lj II**

Gott aber, der voll Erbarmen ist, hat uns, die wir infolge unserer Sünden tot waren, in seiner großen Liebe, mit der er uns geliebt hat, zusammen mit Christus wieder lebendig gemacht. Aus Gnade seid ihr gerettet. Er hat uns mit Christus Jesus auferweckt und uns zusammen mit ihm einen Platz im Himmel gegeben. Dadurch, dass er in Christus Jesus gütig an uns handelte, wollte er den kommenden Zeiten den überfließenden Reichtum seiner Gnade zeigen. Denn aus Gnade seid ihr durch den Glauben gerettet, nicht aus eigener Kraft – Gott hat es geschenkt –, nicht aufgrund eurer Werke, damit keiner sich rühmen kann. Seine Geschöpfe sind wir, in Christus Jesus dazu geschaffen, in unserem Leben die guten Werke zu tun, die Gott für uns im Voraus bereitet hat.

Evangelium *Lukas 12,13-21* In jener Zeit bat einer aus der Volksmenge Jesus: Meister, sag meinem Bruder, er soll das Erbe mit mir teilen. Er erwiderte ihm: Mensch, wer hat mich zum Richter oder Schlichter bei euch gemacht? Dann sagte er zu den Leuten: Gebt Acht, hütet euch vor jeder Art von Habgier. Denn der Sinn des Lebens besteht nicht darin, dass ein Mensch aufgrund seines großen Vermögens im Überfluss lebt.

Und er erzählte ihnen folgendes Beispiel: Auf den Feldern eines reichen Mannes stand eine gute Ernte. Da überlegte er hin und her: Was soll ich tun? Ich weiß nicht, wo ich meine Ernte unterbringen soll. Schließlich sagte er: So will ich es machen: Ich werde meine Scheunen abreißen und größere bauen; dort werde ich mein ganzes Getreide und meine Vorräte unterbringen. Dann kann ich zu mir selber sagen: Nun hast du einen großen Vorrat, der für viele Jahre reicht. Ruh dich aus, iss und trink und freu dich des Lebens! Da sprach Gott zu ihm: Du Narr! Noch in dieser Nacht wird man dein Leben von dir zurückfordern. Wem wird dann all das gehören, was du angehäuft hast? So geht es jedem, der nur für sich selbst Schätze sammelt, aber vor Gott nicht reich ist.

Zum Evangelium „Der Sinn des Lebens besteht nicht darin, dass ein Mensch aufgrund seines großen Vermögens im Überfluss lebt." Die Sorge und das Kreisen um das eigene Glück machen habgierig, geizig, unmenschlich, blind für die Not anderer. Jesus geht es nicht darum, dass wir nichts unser eigen nennen dürften oder gar, dass wir uns des Lebens und seiner Gaben nicht erfreuen sollten; nein, die Freude an dem, was schön und gut ist, ist unsere angemessene Antwort und Lobpreis der Schöpfung Gottes. Worum es geht: nicht für sich selbst zu horten, sondern zu teilen, was wir haben: Besitz, Freude, Glück. Nur ein Leben, das sich austeilt, hat Sinn und kann bestehen, wenn Gott unser Leben von uns zurückfordert. Es könnte schon morgen sein.
Die Dichterin Hilde Domin sagt es mit folgenden Worten:
„Was Du heute an Ich sparst
und nicht bis zum Rande gibst,
ist morgen vielleicht unnütz
wie eine Puppe
nach dem Begräbnis
des Kindes."

Dienstag der 29. Woche im Jahreskreis

Lj I **Lesung** *Römer 5,12.15.17-19.20b-21* Durch einen einzigen Menschen kam die Sünde in die Welt und durch die Sünde der Tod und auf diese Weise gelangte der Tod zu allen Menschen, weil alle sündigten.
Doch anders als mit der Übertretung verhält es sich mit der Gnade; sind durch die Übertretung des einen die vielen dem Tod anheim gefallen, so ist erst recht die Gnade Gottes und die Gabe, die durch die Gnadentat des einen Menschen Jesus Christus bewirkt worden ist, den vielen reichlich zuteilgeworden.
Ist durch die Übertretung des einen der Tod zur Herrschaft gekommen, durch diesen einen, so werden erst recht alle, denen die Gnade und die Gabe der Gerechtigkeit reichlich zuteil wurde, leben und herrschen durch den einen, Jesus Christus. Wie es also durch die Übertretung eines einzigen für alle Menschen zur Verurteilung kam, so wird es auch durch die gerechte Tat eines einzigen für alle Menschen zur Gerechtsprechung kommen, die Leben gibt. Wie durch den Ungehorsam des einen Menschen die vielen zu Sündern wurden, so werden auch durch den Gehorsam des einen die vielen zu Gerechten gemacht werden.
Wo jedoch die Sünde mächtig wurde, da ist die Gnade übergroß geworden. Denn wie die Sünde herrschte und zum Tod führte, so soll auch die Gnade herrschen und durch Gerechtigkeit zu ewigem Leben führen, durch Jesus Christus, unseren Herrn.

Lesung *Epheser 2,12-22* Schwestern und Brüder! Einst wart ihr von Christus getrennt, der Gemeinde Israels fremd und von dem Bund der Verheißung ausgeschlossen; ihr hattet keine Hoffnung und lebtet ohne Gott in der Welt. Jetzt aber seid ihr, die ihr einst in der Ferne wart, durch Christus Jesus, nämlich durch sein Blut, in die Nähe gekommen. Denn er ist unser Friede. Er vereinigte die beiden Teile – Juden und Heiden – und riss durch sein Sterben die trennende Wand der Feindschaft nieder. Er hob das Gesetz samt seinen Geboten und Forderungen auf, um die zwei in seiner Person zu dem einen neuen Menschen zu machen. Er stiftete Frieden und versöhnte die beiden durch das Kreuz mit Gott in einem einzigen Leib. Er hat in seiner Person die Feindschaft getötet. Er kam und verkündete den Frieden: euch, den Fernen, und uns, den Nahen. Durch ihn haben wir beide in dem einen Geist Zugang zum Vater. Lj II
Ihr seid also jetzt nicht mehr Fremde ohne Bürgerrecht, sondern Mitbürger der Heiligen und Hausgenossen Gottes. Ihr seid auf das Fundament der Apostel und Propheten gebaut; der Schlussstein ist Christus Jesus selbst. Durch ihn wird der ganze Bau zusammengehalten und wächst zu einem heiligen Tempel im Herrn. Durch ihn werdet auch ihr im Geist zu einer Wohnung Gottes erbaut.

Evangelium *Lukas 12,35-38* In jener Zeit sprach Jesus zu seinen Jüngern: Legt euren Gürtel nicht ab und lasst eure Lampen brennen! Seid wie Menschen, die auf die Rückkehr ihres Herrn warten, der auf einer Hochzeit ist, und die ihm öffnen, sobald er kommt und anklopft. Selig die Knechte, die der Herr wach findet, wenn er kommt! Amen, ich sage euch: Er wird sich gürten, sie am Tisch Platz nehmen lassen und sie der Reihe nach bedienen. Und kommt er erst in der zweiten oder dritten Nachtwache und findet sie wach – selig sind sie.

Zum Evangelium Wir sollen Menschen sein wie die Knechte, die im Haus ihres Herrn gespannt auf dessen Rückkehr von einer Hochzeit warten. Der Herr möchte die Fröhlichkeit des Festes, die er mitbringt, mit ihnen teilen. Das Warten ist also keine Nachtwache des Fürchtens, sondern es ist eine Nacht freudig gespannter Erwartung. Das Gleichnis wird Christen erzählt, die von Resignation bedroht sind. Ihnen wird gesagt, was Christus von seiner Gemeinde erwartet und was seine Gemeinde von ihm erwarten kann: ein freundliches Warten auf einen freundlichen Herrn. Es ist wirklich ein freundlicher Herr: Er kommt nicht, um sich bedienen zu lassen, sondern um zu bedienen. Er vertauscht die Rollen. Jesus kommt, um aus Knechten Freie zu machen – ja, um uns am Ende aus der Knechtschaft des Todes zu befreien. In Jesus Christus kommt uns Gott selbst entgegen. Das Gleichnis darf deshalb nicht – wie es immer wieder passiert – als Drohung eingesetzt werden, sondern als Ermunterung, wach zu bleiben, damit wir nicht resignieren und anfangen, uns an die Abwesenheit Christi zu gewöhnen, die Hände in den Schoß zu legen und nichts mehr zu tun.

Mittwoch der 29. Woche im Jahreskreis

Lj I **Lesung** *Römer 6,12-18* Schwestern und Brüder! Die Sünde soll euren sterblichen Leib nicht mehr beherrschen, und seinen Begierden sollt ihr nicht gehorchen. Stellt eure Glieder nicht der Sünde zur Verfügung als Waffen der Ungerechtigkeit, sondern stellt euch Gott zur Verfügung als Menschen, die vom Tod zum Leben gekommen sind, und stellt eure Glieder als Waffen der Gerechtigkeit in den Dienst Gottes. Die Sünde soll nicht über euch herrschen; denn ihr steht nicht unter dem Gesetz, sondern unter der Gnade.
Heißt das nun, dass wir sündigen dürfen, weil wir nicht unter dem Gesetz stehen, sondern unter der Gnade? Keineswegs! Ihr wisst doch: Wenn ihr euch als Sklaven zum Gehorsam verpflichtet, dann seid ihr Sklaven dessen, dem ihr gehorchen müsst; ihr seid entweder Sklaven der Sünde, die zum Tod führt, oder des Gehorsams, der zur Gerechtigkeit führt. Gott aber sei Dank; denn ihr wart Sklaven der Sünde, seid jedoch von Herzen der Lehre gehorsam geworden, an die ihr übergeben wurdet. Ihr wurdet aus der Macht der Sünde befreit und seid zu Sklaven der Gerechtigkeit geworden.

Lj II **Lesung** *Epheser 3,2-12* Schwestern und Brüder! Ihr habt gehört, welches Amt die Gnade Gottes mir für euch verliehen hat. Durch eine Offenbarung wurde mir das Geheimnis mitgeteilt, das ich soeben kurz beschrieben habe. Wenn ihr das lest, könnt ihr sehen, welche Einsicht in das Geheimnis Christi mir gegeben ist. Den Menschen früherer Generationen war es nicht bekannt; jetzt aber ist es seinen heiligen Aposteln und Propheten durch den Geist offenbart worden: dass nämlich die Heiden Miterben sind, zu demselben Leib gehören und an derselben Verheißung in Christus Jesus teilhaben durch das Evangelium. Ihm diene ich dank der Gnade, die mir durch Gottes mächtiges Wirken geschenkt wurde. Mir, dem Geringsten unter allen Heiligen, wurde diese Gnade geschenkt: Ich soll den Heiden als Evangelium den unergründlichen Reichtum Christi verkündigen und enthüllen, wie jenes Geheimnis Wirklichkeit geworden ist, das von Ewigkeit her in Gott, dem Schöpfer des Alls, verborgen war.
So sollen jetzt die Fürsten und Gewalten des himmlischen Bereichs durch die Kirche Kenntnis erhalten von der vielfältigen Weisheit Gottes, nach seinem ewigen Plan, den er durch Christus Jesus, unseren Herrn, ausgeführt hat. In ihm haben wir den freien Zugang durch das Vertrauen, das der Glaube an ihn schenkt.

Evangelium *Lukas 12,39-48* In jener Zeit sprach Jesus zu seinen Jüngern: Bedenkt: Wenn der Herr des Hauses wüsste, in welcher Stunde der Dieb

kommt, so würde er verhindern, dass man in sein Haus einbricht. Haltet auch ihr euch bereit! Denn der Menschensohn kommt zu einer Stunde, in der ihr es nicht erwartet.
Da sagte Petrus: Herr, meinst du mit diesem Gleichnis nur uns oder auch all die anderen? Der Herr antwortete: Wer ist denn der treue und kluge Verwalter, den der Herr einsetzen wird, damit er seinem Gesinde zur rechten Zeit die Nahrung zuteilt? Selig der Knecht, den der Herr damit beschäftigt findet, wenn er kommt! Wahrhaftig, das sage ich euch: Er wird ihn zum Verwalter seines ganzen Vermögens machen. Wenn aber der Knecht denkt: Mein Herr kommt noch lange nicht zurück!, und anfängt, die Knechte und Mägde zu schlagen; wenn er isst und trinkt und sich berauscht, dann wird der Herr an einem Tag kommen, an dem der Knecht es nicht erwartet, und zu einer Stunde, die er nicht kennt; und der Herr wird ihn in Stücke hauen und ihm seinen Platz unter den Ungläubigen zuweisen. Der Knecht, der den Willen seines Herrn kennt, sich aber nicht darum kümmert und nicht danach handelt, der wird viele Schläge bekommen. Wer aber, ohne den Willen des Herrn zu kennen, etwas tut, was Schläge verdient, der wird wenig Schläge bekommen. Wem viel gegeben wurde, von dem wird viel zurückgefordert werden, und wem man viel anvertraut hat, von dem wird man umso mehr verlangen.

Zum Evangelium Der Weckruf Jesu „Haltet euch bereit!" konfrontiert uns unerbittlich mit dem Verrinnen unserer Lebenszeit. Zwar steigt heute die Lebenserwartung von Jahr zu Jahr, aber wir können die Vergänglichkeit nur aufhalten, besiegen können wir sie nicht. Sie greift täglich in unser Leben hinein. Und einmal hat sie uns ganz. Das ist das Gesetz des Lebens, das uns in die Wiege gelegt wurde. Bei diesem Gesetz setzt das Gleichnis Jesu an. Er nennt zwei Wege, damit umzugehen: so wie der getreue und kluge Knecht, der auf die Heimkehr seines Herrn vorbereitet ist, oder wie der Knecht, der sich der Verantwortung entzieht. Der treue Knecht kümmert sich um die ihm Anvertrauten, nutzt die ihm geschenkte Zeit und akzeptiert zugleich das Gesetz des Lebens, dass es vergehen wird. Ein solcher Knecht wird bei der Heimkehr seines Herrn seliggepriesen. Und das Überraschende: Nicht er deckt dem Herrn den Tisch, sondern der Herr deckt ihm den Tisch und bedient ihn. Er lässt ihn an seiner Festfreude teilnehmen. – Für diesen Gott gilt es wach und sensibel zu sein, damit wir in dem Moment, wenn er anklopft, bereit sind. Selig sind wir, wenn wir unsere Lebensaufgabe erfüllen und Leben füreinander gelingen lassen. Gott schenkt uns die Lebenszeit, damit wir sie mit den Fähigkeiten, die wir haben, gestalten. Wer dieses Geschenk ausschlägt wie der untreue Knecht, ist den Gesetzlichkeiten des irdischen Lebens samt ihren Verirrungen ausgeliefert.

Donnerstag der 29. Woche im Jahreskreis

Lj I **Lesung** *Römer 6,19-23* Schwestern und Brüder! Wegen eurer Schwachheit rede ich nach Menschenweise: Wie ihr eure Glieder in den Dienst der Unreinheit und der Gesetzlosigkeit gestellt habt, sodass ihr gesetzlos wurdet, so stellt jetzt eure Glieder in den Dienst der Gerechtigkeit, sodass ihr heilig werdet. Denn als ihr Sklaven der Sünde wart, da wart ihr der Gerechtigkeit gegenüber frei. Welchen Gewinn hattet ihr damals? Es waren Dinge, deren ihr euch jetzt schämt; denn sie bringen den Tod. Jetzt, da ihr aus der Macht der Sünde befreit und zu Sklaven Gottes geworden seid, habt ihr einen Gewinn, der zu eurer Heiligung führt und das ewige Leben bringt. Denn der Lohn der Sünde ist der Tod, die Gabe Gottes aber ist das ewige Leben in Christus Jesus, unserem Herrn.

Lj II **Lesung** *Epheser 3,14-21* Schwestern und Brüder! Ich beuge meine Knie vor dem Vater, nach dessen Namen jedes Geschlecht im Himmel und auf der Erde benannt wird, und bitte, er möge euch aufgrund des Reichtums seiner Herrlichkeit schenken, dass ihr in eurem Innern durch seinen Geist an Kraft und Stärke zunehmt. Durch den Glauben wohne Christus in eurem Herzen. In der Liebe verwurzelt und auf sie gegründet, sollt ihr zusammen mit allen Heiligen dazu fähig sein, die Länge und Breite, die Höhe und Tiefe zu ermessen und die Liebe Christi zu verstehen, die alle Erkenntnis übersteigt. So werdet ihr mehr und mehr von der ganzen Fülle Gottes erfüllt. Er aber, der durch die Macht, die in uns wirkt, unendlich viel mehr tun kann, als wir erbitten oder uns ausdenken können, er werde verherrlicht durch die Kirche und durch Christus Jesus in allen Generationen, für ewige Zeiten. Amen.

Evangelium *Lukas 12,49-53* In jener Zeit sprach Jesus zu seinen Jüngern: Ich bin gekommen, um Feuer auf die Erde zu werfen. Wie froh wäre ich, es würde schon brennen! Ich muss mit einer Taufe getauft werden und ich bin sehr bedrückt, solange sie noch nicht vollzogen ist.
Meint ihr, ich sei gekommen, um Frieden auf die Erde zu bringen? Nein, sage ich euch, nicht Frieden, sondern Spaltung. Denn von nun an wird es so sein: Wenn fünf Menschen im gleichen Haus leben, wird Zwietracht herrschen: Drei werden gegen zwei stehen und zwei gegen drei, der Vater gegen den Sohn und der Sohn gegen den Vater, die Mutter gegen die Tochter und die Tochter gegen die Mutter, die Schwiegermutter gegen ihre Schwiegertochter und die Schwiegertochter gegen die Schwiegermutter.

Zum Evangelium Brennende Leidenschaft für Gott und den Menschen, brennende Sorge um Gerechtigkeit und Frieden, brennende Sehnsucht nach Liebe und Erbarmen: das ist das Feuer, das Jesus mit seinem Evangelium in die Welt werfen will, damit es einen Flächenbrand gegen alle todbringenden, lebensverneinenden Verhältnisse entfachen möge.

Wen dieses leidenschaftliche Feuer ansteckt, dessen Entschiedenheit fordert andere zur Entscheidung heraus: Sei Ja oder Nein, kein graues Vielleicht. „Christen müssen ansteckend sein", sagte Teilhard de Chardin. Wo sind sie, die Christen, die Feuer fangen und für das Evangelium brennen? Sind wir so korrekt und unauffällig geworden, dass kein Funke mehr überspringt? Dabei „haben wir etwas zu sagen, für das es in der Welt keine Alternative gibt" (Bischof Franz Kamphaus).

Freitag der 29. Woche im Jahreskreis

Lesung *Römer 7,18-25a* Schwestern und Brüder! Ich weiß, dass in mir, das heißt in meinem Fleisch, nichts Gutes wohnt; das Wollen ist bei mir vorhanden, aber ich vermag das Gute nicht zu verwirklichen. Denn ich tue nicht das Gute, das ich will, sondern das Böse, das ich nicht will. Wenn ich aber das tue, was ich nicht will, dann bin nicht mehr ich es, der so handelt, sondern die in mir wohnende Sünde. Ich stoße also auf das Gesetz, dass in mir das Böse vorhanden ist, obwohl ich das Gute tun will. Denn in meinem Innern freue ich mich am Gesetz Gottes, ich sehe aber ein anderes Gesetz in meinen Gliedern, das mit dem Gesetz meiner Vernunft im Streit liegt und mich gefangen hält im Gesetz der Sünde, von dem meine Glieder beherrscht werden. Lj I

Ich unglücklicher Mensch! Wer wird mich aus diesem dem Tod verfallenen Leib erretten? Dank sei Gott durch Jesus Christus, unseren Herrn!

Lesung *Epheser 4,1-6* Schwestern und Brüder! Ich, der ich um des Herrn willen im Gefängnis bin, ermahne euch, ein Leben zu führen, das des Rufes würdig ist, der an euch erging. Seid demütig, friedfertig und geduldig, ertragt einander in Liebe und bemüht euch, die Einheit des Geistes zu wahren durch den Frieden, der euch zusammenhält. Ein Leib und ein Geist, wie euch durch eure Berufung auch eine gemeinsame Hoffnung gegeben ist; ein Herr, ein Glaube, eine Taufe, ein Gott und Vater aller, der über allem und durch alles und in allem ist. Lj II

Evangelium *Lukas 12,54-59* In jener Zeit sprach Jesus zu der Menge: Sobald ihr im Westen Wolken aufsteigen seht, sagt ihr: Es gibt Regen. Und es kommt so. Und wenn der Südwind weht, dann sagt ihr: Es wird heiß. Und es trifft ein. Ihr Heuchler! Das Aussehen der Erde und des Himmels könnt ihr deuten. Warum könnt ihr dann die Zeichen dieser Zeit nicht deuten? Warum findet ihr nicht schon von selbst das rechte Urteil?

Wenn du mit deinem Gegner vor Gericht gehst, bemüh dich noch auf dem Weg, dich mit ihm zu einigen. Sonst wird er dich vor den Richter schleppen und der Richter wird dich dem Gerichtsdiener übergeben, und der Gerichtsdiener wird dich ins Gefängnis werfen. Ich sage dir: Du kommst von dort nicht heraus, bis du auch den letzten Pfennig bezahlt hast.

Zum Evangelium Welcher Zeitgeist herrscht heute? Ist an die Stelle des Glaubens an einen menschenfreundlichen Gott die Religion des Marktes getreten? Sind die Ellenbogen wichtiger als das Herz? Ist der Mensch selbst in der Krise, weil er vergessen hat, wer der Herr der Schöpfung ist? Welcher Geist herrscht dort, wo wir wohnen und arbeiten? Lassen wir uns vom Geist Christi leiten? Wo sein Geist herrscht, ist ein anderes Klima als unter denen, die immer mehr kriegen wollen und sich um den Gott des Marktes drehen. Wo sein Geist herrscht, da haben Fremde Platz an unseren Tischen, da kommen alle in den Blick, die sonst hinten herunterfallen. Wo sein Geist herrscht, sucht man nach Wegen der Versöhnung. Wo sein Geist herrscht, da wächst der Mut zum klaren Wort gegen das Verdrängen sozialen Unrechts, gegen Politikverdrossenheit und Oberflächlichkeit. Nur von diesem Geist her schöpfen wir das Vertrauen, dass wir nicht verlieren, wenn wir teilen, was wir sind und haben.

Samstag der 29. Woche im Jahreskreis

Lj I **Lesung** *Römer 8,1-11* Schwestern und Brüder! Jetzt gibt es keine Verurteilung mehr für die, welche in Christus Jesus sind. Denn das Gesetz des Geistes und des Lebens in Christus Jesus hat dich frei gemacht vom Gesetz der Sünde und des Todes. Weil das Gesetz, ohnmächtig durch das Fleisch, nichts vermochte, sandte Gott seinen Sohn in der Gestalt des Fleisches, das unter der Macht der Sünde steht, zur Sühne für die Sünde, um an seinem Fleisch die Sünde zu verurteilen; dies tat er, damit die Forderung des Gesetzes durch uns erfüllt werde, die wir nicht nach dem Fleisch, sondern nach dem Geist leben. Denn alle, die vom Fleisch bestimmt sind, trachten nach dem, was dem Fleisch entspricht, alle, die vom Geist bestimmt sind, nach dem, was dem Geist entspricht. Das Trachten des Fleisches führt zum Tod, das Trachten des Geistes aber zu Leben und Frieden. Denn das Trachten des Fleisches ist Feindschaft gegen Gott; es unterwirft sich nicht dem Gesetz Gottes und kann es auch nicht. Wer vom Fleisch bestimmt ist, kann Gott nicht gefallen. Ihr aber seid nicht vom Fleisch, sondern vom Geist bestimmt, da ja der Geist Gottes in euch wohnt. Wer den Geist Christi nicht hat, der gehört nicht zu ihm. Wenn Christus in euch ist, dann ist zwar der Leib tot aufgrund der Sünde, der Geist aber ist Leben aufgrund der Gerechtigkeit. Wenn der Geist dessen in euch wohnt, der Jesus von den Toten auferweckt hat, dann wird er, der Christus Jesus von den Toten auferweckt hat, auch euren sterblichen Leib lebendig machen durch seinen Geist, der in euch wohnt.

Lj II **Lesung** *Epheser 4,7-16* Aber jeder von uns empfing die Gnade in dem Maß, wie Christus sie ihm geschenkt hat. Deshalb heißt es: Er stieg hinauf zur Höhe und erbeutete Gefangene, er gab den Menschen Geschenke. Wenn er aber hinaufstieg, was bedeutet dies anderes, als dass er auch zur Erde herabstieg? Derselbe, der herabstieg, ist auch hinaufgestiegen bis zum höchsten Himmel, um das All zu beherrschen. Und er gab den einen das Apostelamt, andere setzte er als Propheten ein, andere als Evangelisten, andere als Hirten und Lehrer, um die Heiligen für die Erfüllung ihres Dienstes zu rüsten, für den Aufbau des Leibes Christi. So sollen wir alle zur Einheit im Glauben und in der Erkenntnis des Sohnes Gottes gelangen, damit wir zum vollkommenen Menschen werden und Christus in seiner vollendeten Gestalt darstellen. Wir sollen nicht mehr unmündige Kinder sein, ein Spiel der Wellen, hin und her getrieben von jedem Widerstreit der Meinungen, dem Betrug der Menschen ausgeliefert, der Verschlagenheit, die in die Irre führt. Wir wollen uns, von der Liebe geleitet, an die Wahrheit halten und in allem wachsen, bis wir ihn erreicht haben. Er, Christus, ist das Haupt. Durch ihn wird der ganze Leib zusammengefügt und gefestigt in jedem einzelnen Gelenk. Jedes trägt mit der Kraft, die ihm zugemessen ist. So wächst der Leib und wird in Liebe aufgebaut.

Evangelium *Lukas 13,1-9* Zu jener Zeit kamen einige Leute zu Jesus und berichteten ihm von den Galiläern, die Pilatus beim Opfern umbringen ließ, sodass sich ihr Blut mit dem ihrer Opfertiere vermischte. Da sagte er zu ihnen: Meint ihr, dass nur diese Galiläer Sünder waren, weil das mit ihnen geschehen ist, alle anderen Galiläer aber nicht? Nein, im Gegenteil: Ihr alle werdet genauso umkommen, wenn ihr euch nicht bekehrt. Oder jene achtzehn Menschen, die beim Einsturz des Turms von Schiloach erschlagen wurden – meint ihr, dass nur sie Schuld auf sich geladen hatten, alle anderen Einwohner von Jerusalem aber nicht? Nein, im Gegenteil: Ihr alle werdet genauso umkommen, wenn ihr euch nicht bekehrt.
Und er erzählte ihnen dieses Gleichnis: Ein Mann hatte in seinem Weinberg einen Feigenbaum; und als er kam und nachsah, ob er Früchte trug, fand er keine. Da sagte er zu seinem Weingärtner: Jetzt komme ich schon drei Jahre und sehe nach, ob dieser Feigenbaum Früchte trägt, und finde nichts. Hau ihn um! Was soll er weiter dem Boden seine Kraft nehmen? Der Weingärtner erwiderte: Herr, lass ihn dieses Jahr noch stehen; ich will den Boden um ihn herum aufgraben und düngen. Vielleicht trägt er doch noch Früchte; wenn nicht, dann lass ihn umhauen.

Zum Evangelium Das Gleichnis vom Feigenbaum fragt uns an, welche Perspektive wir unserem Leben geben. Gott will, dass wir sind. Und dass wir unser Leben gestalten. Es soll nicht verdorren, es soll Frucht bringen. Dieser Anspruch, Frucht zu sein, gibt unserem Leben erst seine eigentliche Würde und steht zugleich im Kontrast zu zwei gängigen Lebenskonzepten. Das eine heißt: „Effizienz ist alles". Das ist die Gnadenlosigkeit, die den Menschen nur danach bewertet, was er leistet. Gott geht es nicht um Effizienz, sondern um Frucht, nicht um Wertsteigerung, sondern um liebenswertes Leben. Frucht sein – das widerspricht auch dem zweiten Lebenskonzept: „Jeder kann tun und lassen, was er will". Aber Gott mischt sich ein. Er tritt uns gegenüber und fordert uns heraus, das Leben nicht zu verschwenden. Jeder Tag dieses Lebens ist die Chance zum Wachsen in der Liebe. Tröstlich, dass dem Feigenbaum, der sich so schwer tut, Früchte zu tragen, ein Aufschub gegönnt ist und dass er nicht allein bleibt in seiner Mühe.

30. Woche im Jahreskreis

Montag der 30. Woche im Jahreskreis

Lj I **Lesung** *Römer 8,12-17* Wir sind nicht dem Fleisch verpflichtet, Brüder, sodass wir nach dem Fleisch leben müssten. Wenn ihr nach dem Fleisch lebt, müsst ihr sterben; wenn ihr aber durch den Geist die sündigen Taten des Leibes tötet, werdet ihr leben. Denn alle, die sich vom Geist Gottes leiten lassen, sind Söhne Gottes. Denn ihr habt nicht einen Geist empfangen, der euch zu Sklaven macht, sodass ihr euch immer noch fürchten müsstet, sondern ihr habt den Geist empfangen, der euch zu Söhnen macht, den Geist, in dem wir rufen: Abba, Vater! So bezeugt der Geist selber unserem Geist, dass wir Kinder Gottes sind. Sind wir aber Kinder, dann auch Erben; wir sind Erben Gottes und sind Miterben Christi, wenn wir mit ihm leiden, um mit ihm auch verherrlicht zu werden.

Lj II **Lesung** *Epheser 4,32–5,8* Schwestern und Brüder! Seid gütig zueinander, seid barmherzig, vergebt einander, weil auch Gott euch durch Christus vergeben hat.
Ahmt Gott nach als seine geliebten Kinder und liebt einander, weil auch Christus uns geliebt und sich für uns hingegeben hat als Gabe und als Opfer, das Gott gefällt. Von Unzucht aber und Schamlosigkeit jeder Art oder von Habgier soll bei euch, wie es sich für Heilige gehört, nicht einmal die Rede sein. Auch Sittenlosigkeit und albernes oder zweideutiges Geschwätz schickt sich nicht für euch, sondern Dankbarkeit. Denn das sollt ihr wissen: Kein unzüchtiger, schamloser oder habgieriger Mensch – das heißt kein Götzendiener – erhält ein Erbteil im Reich Christi und Gottes. Niemand täusche euch mit leeren Worten: All das zieht auf die Ungehorsamen den Zorn Gottes herab. Habt darum nichts mit ihnen gemein! Denn einst wart ihr Finsternis, jetzt aber seid ihr durch den Herrn Licht geworden. Lebt als Kinder des Lichts!

Evangelium *Lukas 13,10-17* In jener Zeit lehrte Jesus am Sabbat in einer Synagoge. Dort saß eine Frau, die seit achtzehn Jahren krank war, weil sie von einem Dämon geplagt wurde; ihr Rücken war verkrümmt und sie konnte

nicht mehr aufrecht gehen. Als Jesus sie sah, rief er sie zu sich und sagte: Frau, du bist von deinem Leiden erlöst. Und er legte ihr die Hände auf. Im gleichen Augenblick richtete sie sich auf und pries Gott.
Der Synagogenvorsteher aber war empört darüber, dass Jesus am Sabbat heilte, und sagte zu den Leuten: Sechs Tage sind zum Arbeiten da. Kommt also an diesen Tagen und lasst euch heilen, nicht am Sabbat! Der Herr erwiderte ihm: Ihr Heuchler! Bindet nicht jeder von euch am Sabbat seinen Ochsen oder Esel von der Krippe los und führt ihn zur Tränke? Diese Tochter Abrahams aber, die der Satan schon seit achtzehn Jahren gefesselt hielt, sollte am Sabbat nicht davon befreit werden dürfen? Durch diese Worte wurden alle seine Gegner beschämt; das ganze Volk aber freute sich über all die großen Taten, die er vollbrachte.

Zum Evangelium Achtzehn lange Jahre lang wurde die Frau von einem Dämon geplagt, der sie verkrümmt und ihre Lebenslust gebrochen hat. Und dann geschieht das Unglaubliche. Jesus erkennt ihre Not, ruft sie zu sich – und sie wird wieder gesund – eine „Auferstehung mitten am Tag“. In einer Nachdichtung dieser Perikope wird die Heilung aus der Perspektive der Frau beschrieben: „Er hatte mich ins Lot gebracht. Schwindlig war mir. Und ein Gefühl, als könnte ich davonfliegen ... Seitdem fühle ich mich allen, welche Ballast abwerfen, besonders nahe ..., jenen, welche aufhören, Haltung zu demonstrieren – und sich halten, aufrichten und erleichtern zu lassen“ (Frieder Furler).
Welcher Ballast verkrümmt mich? Was lade ich mir auf, was laden andere mir auf? Was macht mich handlungsunfähig, verbo-gen, ungerade? Die Worte Jesu gelten auch mir: „Du bist von deinem Leiden erlöst!“ Es ist, als wollte er mir sagen: Lass dich halten, aufrichten und erleichtern. Für dein Gehaltensein bin ich gefallen, für deinen aufrechten Gang bin ich zusammengebrochen, für dein Leichtwerden bin ich mit dem Kreuz beschwert worden. Komm und lass diese Wahrheit in dein Leben einziehen! Komm, werde ganz Mensch.

Dienstag der 30. Woche im Jahreskreis

Lesung *Römer 8,18-25* Schwestern und Brüder! Ich bin überzeugt, dass die Leiden der gegenwärtigen Zeit nichts bedeuten im Vergleich zu der Herrlichkeit, die an uns offenbar werden soll. Denn die ganze Schöpfung wartet sehnsüchtig auf das Offenbarwerden der Söhne Gottes. Die Schöpfung ist der Vergänglichkeit unterworfen, nicht aus eigenem Willen, sondern durch den, der sie unterworfen hat; aber zugleich gab er ihr Hoffnung: Auch die Schöpfung soll von der Sklaverei und Verlorenheit befreit werden zur Freiheit und Herrlichkeit der Kinder Gottes. **Lj I**
Denn wir wissen, dass die gesamte Schöpfung bis zum heutigen Tag seufzt und in Geburtswehen liegt. Aber auch wir, obwohl wir als Erstlingsgabe den

Geist haben, seufzen in unserem Herzen und warten darauf, dass wir mit der Erlösung unseres Leibes als Söhne offenbar werden. Denn wir sind gerettet, doch in der Hoffnung. Hoffnung aber, die man schon erfüllt sieht, ist keine Hoffnung. Wie kann man auf etwas hoffen, das man sieht? Hoffen wir aber auf das, was wir nicht sehen, dann harren wir aus in Geduld.

Lj II **Lesung** *Epheser 5,21-33* Schwestern und Brüder! Einer ordne sich dem andern unter in der gemeinsamen Ehrfurcht vor Christus. Ihr Frauen, ordnet euch euren Männern unter wie dem Herrn; denn der Mann ist das Haupt der Frau, wie auch Christus das Haupt der Kirche ist; er hat sie gerettet, denn sie ist sein Leib. Wie aber die Kirche sich Christus unterordnet, sollen sich die Frauen in allem den Männern unterordnen.
Ihr Männer, liebt eure Frauen, wie Christus die Kirche geliebt und sich für sie hingegeben hat, um sie im Wasser und durch das Wort rein und heilig zu machen. So will er die Kirche herrlich vor sich erscheinen lassen, ohne Flecken, Falten oder andere Fehler; heilig soll sie sein und makellos. Darum sind die Männer verpflichtet, ihre Frauen so zu lieben wie ihren eigenen Leib. Wer seine Frau liebt, liebt sich selbst. Keiner hat je seinen eigenen Leib gehasst, sondern er nährt und pflegt ihn, wie auch Christus die Kirche. Denn wir sind Glieder seines Leibes. Darum wird der Mann Vater und Mutter verlassen und sich an seine Frau binden und die zwei werden ein Fleisch sein. Dies ist ein tiefes Geheimnis; ich beziehe es auf Christus und die Kirche. Was euch angeht, so liebe jeder von euch seine Frau wie sich selbst, die Frau aber ehre den Mann.

Evangelium *Lukas 13,18-21* In jener Zeit sprach Jesus: Wem ist das Reich Gottes ähnlich, womit soll ich es vergleichen? Es ist wie ein Senfkorn, das ein Mann in seinem Garten in die Erde steckte; es wuchs und wurde zu einem Baum und die Vögel des Himmels nisteten in seinen Zweigen.
Außerdem sagte er: Womit soll ich das Reich Gottes vergleichen? Es ist wie der Sauerteig, den eine Frau unter einen großen Trog Mehl mischte, bis das Ganze durchsäuert war.

Zum Evangelium Das Senfkorn ist winzig. Aber es ist die Bedingung für einen großen Baum. In uns sind „Senfkörner" gesät – Anlagen für einen großen Baum. In uns ist der Himmel gesät, damit wir Himmel werden. Wenn wir wissen, dass der Himmel in uns wurzelt, sind wir dem Leben und seinen Schmerzen und seinen Dunkelheiten eher gewachsen. Der Himmel, der in uns wurzelt, ist auch eine Aufgabe: Ihn zum Leuchten bringen, hier und jetzt, ihm Lichtungen schlagen in dunklen Zeiten – und das Unscheinbare bekommt Gestalt. Wir selbst sind ein Stück Himmel – wenn wir ihn nicht durch unseren eigenen Schatten verdunkeln ... „Der Weg zum Himmel ist Himmel" (Theresia von Avila).

Mittwoch der 30. Woche im Jahreskreis

Lesung *Römer 8,26-30* Schwestern und Brüder! der Geist nimmt sich unserer Schwachheit an. Denn wir wissen nicht, worum wir in rechter Weise beten sollen; der Geist selber tritt jedoch für uns ein mit Seufzen, das wir nicht in Worte fassen können. Und Gott, der die Herzen erforscht, weiß, was die Absicht des Geistes ist: Er tritt so, wie Gott es will, für die Heiligen ein. Wir wissen, dass Gott bei denen, die ihn lieben, alles zum Guten führt, bei denen, die nach seinem ewigen Plan berufen sind; denn alle, die er im Voraus erkannt hat, hat er auch im Voraus dazu bestimmt, an Wesen und Gestalt seines Sohnes teilzuhaben, damit dieser der Erstgeborene von vielen Brüdern sei. Die aber, die er vorausbestimmt hat, hat er auch berufen, und die er berufen hat, hat er auch gerecht gemacht; die er aber gerecht gemacht hat, die hat er auch verherrlicht. Lj I

Lesung *Epheser 6,1-9* Ihr Kinder, gehorcht euren Eltern, wie es vor dem Herrn recht ist. Ehre deinen Vater und deine Mutter: Das ist ein Hauptgebot und ihm folgt die Verheißung: damit es dir gut geht und du lange lebst auf der Erde. Ihr Väter, reizt eure Kinder nicht zum Zorn, sondern erzieht sie in der Zucht und Weisung des Herrn! Ihr Sklaven, gehorcht euren irdischen Herren mit Furcht und Zittern und mit aufrichtigem Herzen, als wäre es Christus. Arbeitet nicht nur, um euch bei den Menschen einzuschmeicheln und ihnen zu gefallen, sondern erfüllt als Sklaven Christi von Herzen den Willen Gottes! Dient freudig, als dientet ihr dem Herrn und nicht den Menschen. Denn ihr wisst, dass jeder, der etwas Gutes tut, es vom Herrn zurückerhalten wird, ob er ein Sklave ist oder ein freier Mann. Ihr Herren, handelt in gleicher Weise gegen eure Sklaven! Droht ihnen nicht! Denn ihr wisst, dass ihr im Himmel einen gemeinsamen Herrn habt. Bei ihm gibt es kein Ansehen der Person. Lj II

Evangelium *Lukas 13,22-30* In jener Zeit zog Jesus auf seinem Weg nach Jerusalem von Stadt zu Stadt und von Dorf zu Dorf und lehrte. Da fragte ihn einer: Herr, sind es nur wenige, die gerettet werden?
Er sagte zu ihnen: Bemüht euch mit allen Kräften, durch die enge Tür zu gelangen; denn viele, sage ich euch, werden versuchen hineinzukommen, aber es wird ihnen nicht gelingen.
Wenn der Herr des Hauses aufsteht und die Tür verschließt, dann steht ihr draußen, klopft an die Tür und ruft: Herr, mach uns auf! Er aber wird euch antworten: Ich weiß nicht, woher ihr seid. Dann werdet ihr sagen: Wir haben doch mit dir gegessen und getrunken und du hast auf unseren Straßen gelehrt. Er aber wird erwidern: Ich sage euch, ich weiß nicht, woher ihr seid. Weg von mir, ihr habt alle Unrecht getan! Da werdet ihr heulen und mit den Zähnen knirschen, wenn ihr seht, dass Abraham, Isaak und Jakob und alle Propheten im Reich Gottes sind, ihr selbst aber ausgeschlossen seid. Und

man wird von Osten und Westen und von Norden und Süden kommen und im Reich Gottes zu Tisch sitzen. Dann werden manche von den Letzten die Ersten sein und manche von den Ersten die Letzten.

Zum Evangelium Das Gleichnis stellt bohrende Fragen: Wie viel Zeit habe ich noch? Werde ich vor Gott bestehen können? Jesus redet darüber in Bildern. Zum Leben finden ist wie durch eine enge Tür gehen. Da kann man nicht viel mitnehmen, da muss man noch abspecken. Da muss man sich womöglich bücken. Demütig werden. Oder man ist eingeladen und kommt zu spät. Der Gastgeber macht die Tür nicht auf, weil er nicht weiß, woher sie sind. Sie sagen, du kennst uns doch vom Sehen. Aber das ist zu wenig. Es kann sein, man kommt zu spät, wenn man zu lange in den Tag hinein lebt. Ob mein Leben gelingt, hat nichts mit meinen Vorfahren oder meiner Herkunft zu tun. Die Frage geht an mich persönlich. Ich selbst bin verantwortlich vor Gott. Jesu Worte mahnen: Ringt darum, dass euer Leben gelingt. Macht es euch nicht zu leicht. Noch ist Zeit.

Donnerstag der 30. Woche im Jahreskreis

Lj I **Lesung** *Römer 8,31b-39* Schwestern und Brüder! Ist Gott für uns, wer ist dann gegen uns? Er hat seinen eigenen Sohn nicht verschont, sondern ihn für uns alle hingegeben – wie sollte er uns mit ihm nicht alles schenken? Wer kann die Auserwählten Gottes anklagen? Gott ist es, der gerecht macht. Wer kann sie verurteilen? Christus Jesus, der gestorben ist, mehr noch: der auferweckt worden ist, sitzt zur Rechten Gottes und tritt für uns ein. Was kann uns scheiden von der Liebe Christi? Bedrängnis oder Not oder Verfolgung, Hunger oder Kälte, Gefahr oder Schwert? In der Schrift steht: Um deinetwillen sind wir den ganzen Tag dem Tod ausgesetzt; wir werden behandelt wie Schafe, die man zum Schlachten bestimmt hat. Doch all das überwinden wir durch den, der uns geliebt hat.
Denn ich bin gewiss: Weder Tod noch Leben, weder Engel noch Mächte, weder Gegenwärtiges noch Zukünftiges, weder Gewalten der Höhe oder Tiefe noch irgendeine andere Kreatur können uns scheiden von der Liebe Gottes, die in Christus Jesus ist, unserem Herrn.

Lj II **Lesung** *Epheser 6,10-20* Und schließlich: Werdet stark durch die Kraft und Macht des Herrn! Zieht die Rüstung Gottes an, damit ihr den listigen Anschlägen des Teufels widerstehen könnt. Denn wir haben nicht gegen Menschen aus Fleisch und Blut zu kämpfen, sondern gegen die Fürsten und Gewalten, gegen die Beherrscher dieser finsteren Welt, gegen die bösen Geister des himmlischen Bereichs. Darum legt die Rüstung Gottes an, damit ihr am Tag des Unheils standhalten, alles vollbringen und den Kampf bestehen könnt.

Seid also standhaft: Gürtet euch mit Wahrheit, zieht als Panzer die Gerechtigkeit an und als Schuhe die Bereitschaft, für das Evangelium vom Frieden zu kämpfen. Vor allem greift zum Schild des Glaubens! Mit ihm könnt ihr alle feurigen Geschosse des Bösen auslöschen. Nehmt den Helm des Heils und das Schwert des Geistes, das ist das Wort Gottes. Hört nicht auf, zu beten und zu flehen! Betet jederzeit im Geist; seid wachsam, harrt aus und bittet für alle Heiligen, auch für mich: dass Gott mir das rechte Wort schenkt, wenn es darauf ankommt, mit Freimut das Geheimnis des Evangeliums zu verkünden, als dessen Gesandter ich im Gefängnis bin. Bittet, dass ich in seiner Kraft freimütig zu reden vermag, wie es meine Pflicht ist.

Evangelium *Lukas 13,31-35* Zu jener Zeit kamen einige Pharisäer zu ihm und sagten: Geh weg, verlass dieses Gebiet, denn Herodes will dich töten. Er antwortete ihnen: Geht und sagt diesem Fuchs: Ich treibe Dämonen aus und heile Kranke, heute und morgen, und am dritten Tag werde ich mein Werk vollenden. Doch heute und morgen und am folgenden Tag muss ich weiterwandern; denn ein Prophet darf nirgendwo anders als in Jerusalem umkommen.
Jerusalem, Jerusalem, du tötest die Propheten und steinigst die Boten, die zu dir gesandt sind. Wie oft wollte ich deine Kinder um mich sammeln, so wie eine Henne ihre Küken unter ihre Flügel nimmt; aber ihr habt nicht gewollt. Darum wird euer Haus von Gott verlassen. Ich sage euch: Ihr werdet mich nicht mehr sehen, bis die Zeit kommt, in der ihr ruft: Gesegnet sei er, der kommt im Namen des Herrn!

Zum Evangelium Gerade die Pharisäer, die immer wieder mit Jesus über die Auslegung der Tora in Konflikt geraden, geben Jesus den Rat, sich rechtzeitig vor Herodes, dem mächtigen König, aus dem Staub zu machen. Doch damit geraten sie an den Falschen. Jesus denkt gar nicht daran, vor dem mächtigen Machthaber zurückzuweichen; er bezeichnet ihn als „Fuchs", d.h. als unbedeutenden Menschen, der aber viel von sich hält.
Jesus weiß um seinen nahen Tod; gerade deshalb sieht er dem Tötungsvorhaben des Herrschers gelassen ins Auge und setzt unbeirrt sein Werk fort, bis er das Ziel erreicht hat, das ihm von seinem himmlischen Vater gewiesen wurde. Wie die Propheten vor ihm scheut er nicht vor Konflikten und Lebensgefahr zurück, um seinen Auftrag von Gott zu erfüllen.
Dieses Verhalten Jesu hat heute nichts von seiner Radikalität verloren und stellt uns vor die Frage: Haben wir die Kraft, so entschieden an dem festzuhalten, was wir als unseren Weg erkannt haben? Sehen wir Jesus als Störenfried, als Bedrohung unserer äußeren Sicherheiten, oder als den, unter dessen „Flügeln" wir uns sammeln können, der allen Menschen, auch den Ausgegrenzten und Abgelehnten, Schutz und Geborgenheit schenken kann.

Freitag der 30. Woche im Jahreskreis

Lj I **Lesung** *Römer 9,1-5* Ich sage in Christus die Wahrheit und lüge nicht und mein Gewissen bezeugt es mir im Heiligen Geist: Ich bin voll Trauer, unablässig leidet mein Herz. Ja, ich möchte selber verflucht und von Christus getrennt sein um meiner Brüder willen, die der Abstammung nach mit mir verbunden sind. Sie sind Israeliten; damit haben sie die Sohnschaft, die Herrlichkeit, die Bundesordnungen, ihnen ist das Gesetz gegeben, der Gottesdienst und die Verheißungen, sie haben die Väter und dem Fleisch nach entstammt ihnen der Christus, der über allem als Gott steht, er ist gepriesen in Ewigkeit. Amen.

Lj II **Lesung** *Philipper 1,1-11* Paulus und Timotheus, Knechte Christi Jesu, an alle Heiligen in Christus Jesus, die in Philippi sind, mit ihren Bischöfen und Diakonen. Gnade sei mit euch und Friede von Gott, unserem Vater, und dem Herrn Jesus Christus.
Ich danke meinem Gott jedes Mal, wenn ich an euch denke; immer, wenn ich für euch alle bete, tue ich es mit Freude und danke Gott dafür, dass ihr euch gemeinsam für das Evangelium eingesetzt habt vom ersten Tag an bis jetzt. Ich vertraue darauf, dass er, der bei euch das gute Werk begonnen hat, es auch vollenden wird bis zum Tag Christi Jesu. Es ist nur recht, dass ich so über euch alle denke, weil ich euch ins Herz geschlossen habe. Denn ihr alle habt Anteil an der Gnade, die mir durch meine Gefangenschaft und die Verteidigung und Bekräftigung des Evangeliums gewährt ist. Gott ist mein Zeuge, wie ich mich nach euch allen sehne mit der herzlichen Liebe, die Christus Jesus zu euch hat. Und ich bete darum, dass eure Liebe immer noch reicher an Einsicht und Verständnis wird, damit ihr beurteilen könnt, worauf es ankommt. Dann werdet ihr rein und ohne Tadel sein für den Tag Christi, reich an der Frucht der Gerechtigkeit, die Jesus Christus gibt, zur Ehre und zum Lob Gottes.

Evangelium *Lukas 14,1-6* Als Jesus an einem Sabbat in das Haus eines führenden Pharisäers zum Essen kam, beobachtete man ihn genau. Da stand auf einmal ein Mann vor ihm, der an Wassersucht litt.
Jesus wandte sich an die Gesetzeslehrer und die Pharisäer und fragte: Ist es am Sabbat erlaubt zu heilen, oder nicht? Sie schwiegen. Da berührte er den Mann, heilte ihn und ließ ihn gehen.
Zu ihnen aber sagte er: Wer von euch wird seinen Sohn oder seinen Ochsen, der in den Brunnen fällt, nicht sofort herausziehen, auch am Sabbat? Darauf konnten sie ihm nichts erwidern.

Zum Evangelium Der Kampf um die besten Plätze ist ein uraltes Menschheitsthema. Dieser Kampf im Kleinen um die richtigen Tischplätze spiegelt den Kampf im Großen um die Plätze der Macht, um die

Versuchung, sich selbst über alle maßen in eine bedeutsame Position zu manövrieren. Jesus erzählt eine Gesichte, die denen, die nach den ersten Plätzen suchen, zeigt: Wer sich selbst erhöht, wird erniedrigt werden, wer sich selbst erniedrigt, wird erhöht werden. Die Geschichte lässt sich nur verstehen, wenn man Jesu Lebensgeschichte in sie hineindenkt: die Geschichte von Gott, der in einem kleinen Stall abseits der macht der Welt geboren und am Ende als ein Verbrecher gekreuzigt wird. Dieser Gott ist Beispiel dafür, was es heißt, sich aus Mitmenschlichkeit selbst zu erniedrigen: sich neben dem jämmerlichsten aller Menschen zu setzen, damit er durch die Liebe eines „Nebensitzers" seine eigene Würde findet. Das genau hat Jesus getan. Kein Mensch steht unter ihm. Jesus ist dem „Untersten" von uns zur Seite. Der Kampf um bessere Plätze ist unangebracht, weil Jesus den geringsten Platz im Leben eingenommen hat. Wagen wir es, zu glauben?

Samstag der 30. Woche im Jahreskreis

Lesung *Römer 11,1-2a.11-12.25-29* Schwestern und Brüder! Ich frage: Hat Gott sein Volk verstoßen? Keineswegs! Denn auch ich bin ein Israelit, ein Nachkomme Abrahams, aus dem Stamm Benjamin. Gott hat sein Volk nicht verstoßen, das er einst erwählt hat. **Lj I**

Nun frage ich: Sind sie etwa gestrauchelt, damit sie zu Fall kommen? Keineswegs! Vielmehr kam durch ihr Versagen das Heil zu den Heiden, um sie selbst eifersüchtig zu machen. Wenn aber schon durch ihr Versagen die Welt und durch ihr Verschulden die Heiden reich werden, dann wird das erst recht geschehen, wenn ganz Israel zum Glauben kommt.

Damit ihr euch nicht auf eigene Einsicht verlasst, Brüder, sollt ihr dieses Geheimnis wissen: Verstockung liegt auf einem Teil Israels, bis die Heiden in voller Zahl das Heil erlangt haben; dann wird ganz Israel gerettet werden, wie es in der Schrift heißt:

Der Retter wird aus Zion kommen, er wird alle Gottlosigkeit von Jakob entfernen. Das ist der Bund, den ich ihnen gewähre, wenn ich ihre Sünden wegnehme.

Vom Evangelium her gesehen sind sie Feinde Gottes, und das um euretwillen; von ihrer Erwählung her gesehen sind sie von Gott geliebt, und das um der Väter willen. Denn unwiderruflich sind Gnade und Berufung, die Gott gewährt.

Lesung *Philipper 1,18b-26* Meine Schwestern und Brüder! Auf jede Weise, ob in unlauterer oder lauterer Absicht, wird Christus verkündigt und darüber freue ich mich. Aber ich werde mich auch in Zukunft freuen. Denn ich weiß: Das wird zu meiner Rettung führen durch euer Gebet und durch die Hilfe des Geistes Jesu Christi. Darauf warte und hoffe ich, dass ich in keiner Hinsicht beschämt werde, dass vielmehr Christus in aller Öffentlichkeit – **Lj II**

wie immer, so auch jetzt – durch meinen Leib verherrlicht wird, ob ich lebe oder sterbe. Denn für mich ist Christus das Leben und Sterben Gewinn. Wenn ich aber weiterleben soll, bedeutet das für mich fruchtbare Arbeit. Was soll ich wählen? Ich weiß es nicht. Es zieht mich nach beiden Seiten: Ich sehne mich danach, aufzubrechen und bei Christus zu sein – um wie viel besser wäre das! Aber euretwegen ist es notwendiger, dass ich am Leben bleibe. Im Vertrauen darauf weiß ich, dass ich bleiben und bei euch allen ausharren werde, um euch im Glauben zu fördern und zu erfreuen, damit ihr euch in Christus Jesus umso mehr meiner rühmen könnt, wenn ich wieder zu euch komme.

Evangelium *Lukas 14,1.7-11* Als Jesus an einem Sabbat in das Haus eines führenden Pharisäers zum Essen kam, beobachtete man ihn genau. Als er bemerkte, wie sich die Gäste die Ehrenplätze aussuchten, nahm er das zum Anlass, ihnen eine Lehre zu erteilen. Er sagte zu ihnen:
Wenn du zu einer Hochzeit eingeladen bist, such dir nicht den Ehrenplatz aus. Denn es könnte ein anderer eingeladen sein, der vornehmer ist als du, und dann würde der Gastgeber, der dich und ihn eingeladen hat, kommen und zu dir sagen: Mach diesem hier Platz! Du aber wärst beschämt und müsstest den untersten Platz einnehmen. Wenn du also eingeladen bist, setz dich lieber, wenn du hinkommst, auf den untersten Platz; dann wird der Gastgeber zu dir kommen und sagen: Mein Freund, rück weiter hinauf! Das wird für dich eine Ehre sein vor allen anderen Gästen. Denn wer sich selbst erhöht, wird erniedrigt, und wer sich selbst erniedrigt, wird erhöht werden.

Zum Evangelium Ist unser Leben bestimmt durch die permanente Jagd nach den besten Plätzen, nach Glück, Anerkennung, Ruhm? Wenn wir immer nach etwas streben, was uns in den Augen anderer groß erscheinen lässt, kommen wir nicht zur Ruhe. Wir laufen vor uns selbst davon. Vielleicht versuchen wir so, der tief sitzenden Angst zu entfliehen, sonst ein Niemand zu sein, unbemerkt, ungeliebt zu bleiben. Dabei könnte gerade an dem Platz, der uns zugeteilt ist, der im Acker vergrabene Schatz liegen. Martin Buber hat einen Satz aus der jüdischen Weisheitsliteratur überliefert: „Wonach man jagt, das bekommt man nicht; aber was man werden lässt, das fliegt einem zu."
Gott hat sich den untersten Platz unter den Menschen gewählt. Und dort, wo er ist, brauche ich mich nicht anzustrengen, etwas zu sein, was ich nicht bin. Dort, wo er ist, bin ich ein Mensch mit einem unverwechselbaren Ich, werde ich bemerkt, werde ich geliebt ... Dort, wo er ist, kann ich gelassen von einem Tag zum anderen gehen und rieche, schmecke, sehe auf einmal, was jeder Tag an kostbarem Leben in sich birgt ...

31. Woche im Jahreskreis

Montag der 31. Woche im Jahreskreis

Lesung *Römer 11,29-36* Schwestern und Brüder! Unwiderruflich sind Gnade und Berufung, die Gott gewährt. Und wie ihr einst Gott ungehorsam wart, jetzt aber infolge ihres Ungehorsams Erbarmen gefunden habt, so sind sie infolge des Erbarmens, das ihr gefunden habt, ungehorsam geworden, damit jetzt auch sie Erbarmen finden. Gott hat alle in den Ungehorsam eingeschlossen, um sich aller zu erbarmen. Lj I
O Tiefe des Reichtums, der Weisheit und der Erkenntnis Gottes! Wie unergründlich sind seine Entscheidungen, wie unerforschlich seine Wege! Denn wer hat die Gedanken des Herrn erkannt? Oder wer ist sein Ratgeber gewesen? Wer hat ihm etwas gegeben, sodass Gott ihm etwas zurückgeben müsste? Denn aus ihm und durch ihn und auf ihn hin ist die ganze Schöpfung. Ihm sei Ehre in Ewigkeit! Amen.

Lesung *Philipper 2,1-4* Schwestern und Brüder! Wenn es Ermahnung in Christus gibt, Zuspruch aus Liebe, eine Gemeinschaft des Geistes, herzliche Zuneigung und Erbarmen, dann macht meine Freude dadurch vollkommen, dass ihr eines Sinnes seid, einander in Liebe verbunden, einmütig und einträchtig, dass ihr nichts aus Ehrgeiz und nichts aus Prahlerei tut. Sondern in Demut schätze einer den andern höher ein als sich selbst. Jeder achte nicht nur auf das eigene Wohl, sondern auch auf das der anderen. Lj II

Evangelium *Lukas 14,12-14* In jener Zeit sprach Jesus zu einem der führenden Pharisäer, der ihn zum Essen eingeladen hatte: Wenn du mittags oder abends ein Essen gibst, so lade nicht deine Freunde oder deine Brüder, deine Verwandten oder reiche Nachbarn ein; sonst laden auch sie dich ein, und damit ist dir wieder alles vergolten. Nein, wenn du ein Essen gibst, dann lade Arme, Krüppel, Lahme und Blinde ein. Du wirst selig sein, denn sie können es dir nicht vergelten; es wird dir vergolten werden bei der Auferstehung der Gerechten.

Zum Evangelium Gott will getroffen werden. Nicht am Tisch, an dem nur die Reichen und ihre Freunde Platz haben, nicht am Tisch, wo Geschenke als Tauschobjekte hin- und hergehen, nicht am Tisch der gesellschaftlichen Konventionen. Gott will unter seinesgleichen getroffen werden. Am Tisch, an dem auch die Armen, Krüppel, Lahmen und Blinden sitzen, die man hergebeten hat, ohne von ihnen Dank zu erwarten. Am Tisch, wo man einander selbst zum Geschenk wird. Gott will getroffen werden. Trifft er mich an? Oder ist alles bei mir schon besetzt, „alles viel zu sicher eingerichtet für den ort- und raumlosen ewigen Unbehausten, der niedergehen will unter uns" (Silja Walter)? Gott, er kann nicht getroffen werden in einem besetzten Saal, in einem bis oben gefüllten Herz. Die Plätze an seinem Tisch hat er uns geschenkt. Teilen wir sie auch mit denen, die uns brauchen – und nicht nur mit denen, von denen wir uns etwas erwarten?

Dienstag der 31. Woche im Jahreskreis

Lj I **Lesung** *Römer 12,5-16a* So sind wir, die vielen, ein Leib in Christus, als einzelne aber sind wir Glieder, die zueinander gehören. Wir haben unterschiedliche Gaben, je nach der uns verliehenen Gnade. Hat einer die Gabe prophetischer Rede, dann rede er in Übereinstimmung mit dem Glauben; hat einer die Gabe des Dienens, dann diene er. Wer zum Lehren berufen ist, der lehre; wer zum Trösten und Ermahnen berufen ist, der tröste und ermahne. Wer gibt, gebe ohne Hintergedanken; wer Vorsteher ist, setze sich eifrig ein; wer Barmherzigkeit übt, der tue es freudig.

Eure Liebe sei ohne Heuchelei. Verabscheut das Böse, haltet fest am Guten! Seid einander in brüderlicher Liebe zugetan, übertrefft euch in gegenseitiger Achtung! Lasst nicht nach in eurem Eifer, lasst euch vom Geist entflammen und dient dem Herrn! Seid fröhlich in der Hoffnung, geduldig in der Bedrängnis, beharrlich im Gebet! Helft den Heiligen, wenn sie in Not sind; gewährt jederzeit Gastfreundschaft! Segnet eure Verfolger; segnet sie, verflucht sie nicht! Freut euch mit den Fröhlichen und weint mit den Weinenden! Seid untereinander eines Sinnes; strebt nicht hoch hinaus, sondern bleibt demütig!

Lj II **Lesung** *Philipper 2,5-11* Schwestern und Brüder! Seid untereinander so gesinnt, wie es dem Leben in Christus Jesus entspricht:

Er war Gott gleich, hielt aber nicht daran fest, wie Gott zu sein, sondern er entäußerte sich und wurde wie ein Sklave und den Menschen gleich. Sein Leben war das eines Menschen; er erniedrigte sich und war gehorsam bis zum Tod, bis zum Tod am Kreuz.

Darum hat ihn Gott über alle erhöht und ihm den Namen verliehen, der größer ist als alle Namen, damit alle im Himmel, auf der Erde und unter der Erde ihre Knie beugen vor dem Namen Jesu und jeder Mund bekennt: „Jesus Christus ist der Herr" – zur Ehre Gottes, des Vaters.

Evangelium *Lukas 14,15-24* In jener Zeit sagte einer der Gäste, der zusammen mit Jesus eingeladen worden war, zu ihm: Selig, wer im Reich Gottes am Mahl teilnehmen darf.

Jesus sagte zu ihm: Ein Mann veranstaltete ein großes Festmahl und lud viele dazu ein. Als das Fest beginnen sollte, schickte er seinen Diener und ließ den Gästen, die er eingeladen hatte, sagen: Kommt, es steht alles bereit! Aber einer nach dem andern ließ sich entschuldigen. Der erste ließ ihm sa-

gen: Ich habe einen Acker gekauft und muss jetzt gehen und ihn besichtigen. Bitte, entschuldige mich! Ein anderer sagte: Ich habe fünf Ochsengespanne gekauft und bin auf dem Weg, sie mir genauer anzusehen. Bitte, entschuldige mich! Wieder ein anderer sagte: Ich habe geheiratet und kann deshalb nicht kommen. Der Diener kehrte zurück und berichtete alles seinem Herrn. Da wurde der Herr zornig und sagte zu seinem Diener: Geh schnell auf die Straßen und Gassen der Stadt und hol die Armen und die Krüppel, die Blinden und die Lahmen herbeI
Bald darauf meldete der Diener: Herr, dein Auftrag ist ausgeführt; aber es ist immer noch Platz. Da sagte der Herr zu dem Diener: Dann geh auf die Landstraßen und vor die Stadt hinaus und nötige die Leute zu kommen, damit mein Haus voll wird. Das aber sage ich euch: Keiner von denen, die eingeladen waren, wird an meinem Mahl teilnehmen.

Zum Evangelium „Stell dir vor, es ist ein Fest und keiner geht hin." Einladungen ohne Gäste machen keinen Sinn. Einladungen leben davon, dass die Eingeladenen kommen, feiern, fröhlich sind, einander glücklich machen. In diesem Gleichnis haben die Eingeladenen alle „Wichtigeres" zu tun. Das Geschenk der Gemeinschaft wird nicht angenommen. Andere Gäste werden geladen, die nichts lieber wollen als genau diese Einladung. – Wofür nehmen wir uns Zeit in unserer kurzen Lebensspanne? Können wir Wichtiges von Unwichtigem unterscheiden, damit wir uns nicht mit Nebensächlichem abgeben, das wir unüberwindlich groß machen, und darüber das Wichtige – das Glück, die Freude, den Sinn – verlieren? Das Glück macht keinen Lärm, es ist leicht, heiter, absichtslos, wie ein Lächeln, ein Duft, ein Blick, eine Aufmerksamkeit. Wenn wir uns öffnen, sind wir mitten unter den Gästen Gottes.
„Es ist etwas Großes, sich immer bereit zu halten. Was ist denn das Leben für den, der mit den himmlischen Dingen vertraut ist? Es ist ein Warten und nichts weiter. Anders, als sich in Illusionen für morgen und übermorgen zu verlieren ..." (Johannes XXIII.).

Mittwoch der 31. Woche im Jahreskreis

Lesung *Römer 13,8-10* Bleibt niemand etwas schuldig; nur die Liebe schuldet ihr einander immer. Wer den andern liebt, hat das Gesetz erfüllt. Denn die Gebote: Du sollst nicht die Ehe brechen, du sollst nicht töten, du sollst nicht stehlen, du sollst nicht begehren!, und alle anderen Gebote sind in dem einen Satz zusammengefasst: Du sollst deinen Nächsten lieben wie dich selbst. Die Liebe tut dem Nächsten nichts Böses. Also ist die Liebe die Erfüllung des Gesetzes. Lj I

Lesung *Philipper 2,12-18* Liebe Brüder – ihr wart ja immer gehorsam, nicht nur in meiner Gegenwart, sondern noch viel mehr jetzt in meiner Ab- Lj II wesenheit –: Müht euch mit Furcht und Zittern um euer Heil! Denn Gott ist es, der in euch das Wollen und das Vollbringen bewirkt, noch über euren guten Willen hinaus. Tut alles ohne Murren und Bedenken, damit ihr rein und ohne Tadel seid, Kinder Gottes ohne Makel mitten in einer verdorbenen und verwirrten Generation, unter der ihr als Lichter in der Welt leuchtet. Haltet fest am Wort des Lebens, mir zum Ruhm für den Tag Christi, damit ich nicht vergeblich gelaufen bin oder mich umsonst abgemüht habe. Wenn auch mein Leben dargebracht wird zusammen mit dem Opfer und Gottesdienst eures Glaubens, freue ich mich dennoch und ich freue mich mit euch allen. Ebenso sollt auch ihr euch freuen; freut euch mit mir!

Evangelium *Lukas 14,25-33* In jener Zeit, als viele Menschen Jesus begleiteten, wandte er sich an sie und sagte: Wenn jemand zu mir kommt und nicht Vater und Mutter, Frau und Kinder, Brüder und Schwestern, ja sogar sein Leben gering achtet, dann kann er nicht mein Jünger sein. Wer nicht sein Kreuz trägt und mir nachfolgt, der kann nicht mein Jünger sein.
Wenn einer von euch einen Turm bauen will, setzt er sich dann nicht zuerst hin und rechnet, ob seine Mittel für das ganze Vorhaben ausreichen? Sonst könnte es geschehen, dass er das Fundament gelegt hat, dann aber den Bau nicht fertigstellen kann. Und alle, die es sehen, würden ihn verspotten und sagen: Der da hat einen Bau begonnen und konnte ihn nicht zu Ende führen. Oder wenn ein König gegen einen anderen in den Krieg zieht, setzt er sich dann nicht zuerst hin und überlegt, ob er sich mit seinen zehntausend Mann dem entgegenstellen kann, der mit zwanzigtausend gegen ihn anrückt? Kann er es nicht, dann schickt er eine Gesandtschaft, solange der andere noch weit weg ist, und bittet um Frieden.
Darum kann keiner von euch mein Jünger sein, wenn er nicht auf seinen ganzen Besitz verzichtet.

Zum Evangelium Sind diese Worte Jesu nicht eine unrealistische Zumutung? Wer Jesu Weg mitgehen will, muss sich selbst genau prüfen. Darauf beziehen sich die Bilder vom Turmbau und vom Krieg. Er muss die eigenen Kräfte realistisch einschätzen und sich über die Prioritäten in seinem Leben klar werden. Er kann nicht weiter leben wie bisher. Er muss sich von allem lösen, was sich zwischen ihn und Gott stellt, damit das, was er besitzt, nicht ihn besitzt. Aber sind wir so stark? Wir dürfen wissen: Jesus, der uns in die Nachfolge ruft, ist derselbe, der uns sucht, wenn wir in die Irre gehen, derselbe, der uns in die Arme schließt, wenn unsere Lebensentwürfe zerbrechen. Wer sich von Gott geliebt weiß, für den tritt alles andere in die zweite Reihe. In dem Maß, in dem wir uns auf Jesu Weg des Gottvertrauens einlassen, werden wir lernen, die richtigen Schwerpunkte zu setzen.

Donnerstag der 31. Woche im Jahreskreis

Lesung *Römer 14,7-12* Schwestern und Brüder! Keiner von uns lebt sich selber und keiner stirbt sich selber: Leben wir, so leben wir dem Herrn, sterben wir, so sterben wir dem Herrn. Ob wir leben oder ob wir sterben, wir gehören dem Herrn. Denn Christus ist gestorben und lebendig geworden, um Herr zu sein über Tote und Lebende. **Lj I**

Wie kannst also du deinen Bruder richten? Und du, wie kannst du deinen Bruder verachten? Wir werden doch alle vor dem Richterstuhl Gottes stehen. Denn es heißt in der Schrift: So wahr ich lebe, spricht der Herr, vor mir wird jedes Knie sich beugen und jede Zunge wird Gott preisen. Also wird jeder von uns vor Gott Rechenschaft über sich selbst ablegen.

Lesung *Philipper 3,3-8a* Meine Schwestern und Brüder! Die Beschnittenen sind wir, die wir im Geist Gottes dienen und uns in Christus Jesus rühmen und nicht auf irdische Vorzüge vertrauen, obwohl ich mein Vertrauen auch auf irdische Vorzüge setzen könnte. Wenn ein anderer meint, er könne auf irdische Vorzüge vertrauen, so könnte ich es noch mehr. Ich wurde am achten Tag beschnitten, bin aus dem Volk Israel, vom Stamm Benjamin, ein Hebräer von Hebräern, lebte als Pharisäer nach dem Gesetz, verfolgte voll Eifer die Kirche und war untadelig in der Gerechtigkeit, wie sie das Gesetz vorschreibt. **Lj II**

Doch was mir damals ein Gewinn war, das habe ich um Christi Willen als Verlust erkannt. Ja noch mehr: Ich sehe alles als Verlust an, weil die Erkenntnis Christi Jesu, meines Herrn, alles übertrifft.

Evangelium *Lukas 15,1-10* In jener Zeit kamen alle Zöllner und Sünder zu Jesus, um ihn zu hören. Die Pharisäer und die Schriftgelehrten empörten sich darüber und sagten: Er gibt sich mit Sündern ab und isst sogar mit ihnen.

Da erzählte er ihnen ein Gleichnis und sagte: Wenn einer von euch hundert Schafe hat und eins davon verliert, lässt er dann nicht die neunundneunzig in der Steppe zurück und geht dem verlorenen nach, bis er es findet? Und wenn er es gefunden hat, nimmt er es voll Freude auf die Schultern, und wenn er nach Hause kommt, ruft er seine Freunde und Nachbarn zusammen und sagt zu ihnen: Freut euch mit mir; ich habe mein Schaf wiedergefunden, das verloren war. Ich sage euch: Ebenso wird auch im Himmel mehr Freude herrschen über einen einzigen Sünder, der umkehrt, als über neunundneunzig Gerechte, die es nicht nötig haben umzukehren.

Oder wenn eine Frau zehn Drachmen hat und eine davon verliert, zündet sie dann nicht eine Lampe an, fegt das ganze Haus und sucht unermüdlich, bis sie das Geldstück findet? Und wenn sie es gefunden hat, ruft sie ihre Freundinnen und Nachbarinnen zusammen und sagt: Freut euch mit mir; ich habe die Drachme wiedergefunden, die ich verloren hatte.

Ich sage euch: Ebenso herrscht auch bei den Engeln Gottes Freude über einen einzigen Sünder, der umkehrt.

Zum Evangelium Der Gott Jesu will uns radikal. aber er geht uns genauso radikal nach und gibt keinen verloren. Beide Aspekte gehören zusammen. Das ist unsagbar tröstlich, denn wer von uns könnte dafür garantieren, dass er nicht in Situationen gerät, in denen er die Richtung aus den Augen verliert? Wer von uns ist nicht darauf angewiesen, dass Gott ihm nachgeht? Und vielleicht haben wir es schon erlebt, dass gerade die Bruchstellen in unserem Leben zu Einbruchsstellen für Gott werden. Sich von Gott finden und anrühren lassen – wie viele unnötige Gewichte fielen von uns ab, wie viel Geborgenheit und Freude zöge in uns sein! In der Welt Gottes gibt es keine Verlorenen, weil sie immer auch Gefundene sind.

Freitag der 31. Woche im Jahreskreis

Lj I **Lesung** *Römer 15,14-21* Meine Brüder, ich bin fest davon überzeugt, dass ihr viel Gutes tut, dass ihr reiche Erkenntnis besitzt und selbst imstande seid, einander zurechtzuweisen. Um euch aber einiges in Erinnerung zu rufen, habe ich euch einen teilweise sehr deutlichen Brief geschrieben. Ich tat es kraft der Gnade, die mir von Gott gegeben ist, damit ich als Diener Christi Jesu für die Heiden wirke und das Evangelium Gottes wie ein Priester verwalte; denn die Heiden sollen eine Opfergabe werden, die Gott gefällt, geheiligt im Heiligen Geist.
In Christus Jesus kann ich mich also vor Gott rühmen. Denn ich wage nur von dem zu reden, was Christus, um die Heiden zum Gehorsam zu führen, durch mich in Wort und Tat bewirkt hat, in der Kraft von Zeichen und Wundern, in der Kraft des Geistes Gottes. So habe ich von Jerusalem aus in weitem Umkreis bis nach Illyrien überallhin das Evangelium Christi gebracht. Dabei habe ich darauf geachtet, das Evangelium nicht dort zu verkündigen, wo der Name Christi schon bekannt gemacht war, um nicht auf einem fremden Fundament zu bauen; denn es heißt in der Schrift:
Sehen werden die, denen nichts über ihn verkündet wurde, und die werden verstehen, die nichts gehört haben.

Lj II **Lesung** *Philipper 3,17–4,1* Ahmt auch ihr mich nach, Brüder, und achtet auf jene, die nach dem Vorbild leben, das ihr an uns habt. Denn viele – von denen ich oft zu euch gesprochen habe, doch jetzt unter Tränen spreche – leben als Feinde des Kreuzes Christi. Ihr Ende ist das Verderben, ihr Gott der Bauch; ihr Ruhm besteht in ihrer Schande; Irdisches haben sie im Sinn.
Unsere Heimat aber ist im Himmel. Von dorther erwarten wir auch Jesus Christus, den Herrn, als Retter, der unseren armseligen Leib verwandeln wird in die Gestalt seines verherrlichten Leibes, in der Kraft, mit der er sich

alles unterwerfen kann. Darum, meine geliebten Brüder, nach denen ich mich sehne, meine Freude und mein Ehrenkranz, steht fest in der Gemeinschaft mit dem Herrn, liebe Brüder.

Evangelium *Lukas 16,1-8* In jener Zeit sagte Jesus zu seinen Jüngern: Ein reicher Mann hatte einen Verwalter. Diesen beschuldigte man bei ihm, er verschleudere sein Vermögen. Darauf ließ er ihn rufen und sagte zu ihm: Was höre ich über dich? Leg Rechenschaft ab über deine Verwaltung! Du kannst nicht länger mein Verwalter sein.
Da überlegte der Verwalter: Mein Herr entzieht mir die Verwaltung. Was soll ich jetzt tun? Zu schwerer Arbeit tauge ich nicht, und zu betteln schäme ich mich. Doch – ich weiß, was ich tun muss, damit mich die Leute in ihre Häuser aufnehmen, wenn ich als Verwalter abgesetzt bin. Und er ließ die Schuldner seines Herrn, einen nach dem andern, zu sich kommen und fragte den ersten: Wie viel bist du meinem Herrn schuldig? Er antwortete: Hundert Fass Öl. Da sagte er zu ihm: Nimm deinen Schuldschein, setz dich gleich hin und schreib „fünfzig".
Dann fragte er einen andern: Wie viel bist du schuldig? Der antwortete: Hundert Sack Weizen. Da sagte er zu ihm: Nimm deinen Schuldschein und schreib „achtzig".
Und der Herr lobte die Klugheit des unehrlichen Verwalters und sagte: Die Kinder dieser Welt sind im Umgang mit ihresgleichen klüger als die Kinder des Lichtes.

Zum Evangelium Mit diesem Gleichnis provoziert Jesus. Er stellt einen Betrüger als Vorbild hin! Warum tut er das? Der Verwalter blickt seiner misslichen Lage klar ins Auge. Er macht sich nichts vor, er zieht Bilanz, fragt nach seinen Möglichkeiten. Er ergreift entschlossen seine letzte Chance: Er investiert in Beziehung, indem er den Schuldnern einen Teil ihrer Schulden nachlässt. Er erwirbt sich ihre Dankbarkeit, in der Hoffnung, dass sie sich revanchieren werden. Von dieser pfiffigen Klugheit sollen wir lernen: Inventur über mein Leben machen, der eigenen Situation ins Auge schauen, das Beste aus dem, was ist, herausholen. Nicht in falsche Rechtfertigungen ausweichen, sondern zu dem stehen, was ich getan habe. Jesus weist einen Weg, „wie wir mit Schuld umgehen können, ohne unsere Selbstachtung zu verlieren" (Anselm Grün): vor allem durch Barmherzigkeit. Dann ist die Summe meines Lebens am Ende nicht nur das, was nicht gut war, sondern auch das, was ich Gutes getan habe.

Samstag der 31. Woche im Jahreskreis

Lesung *Römer 16,3-9.16.22-27* Schwestern und Brüder! Grüßt Priska und Aquila, meine Mitarbeiter in Christus Jesus, die für mich ihr eigenes Leben aufs Spiel gesetzt haben; nicht allein ich, sondern alle Gemeinden der Lj I

Heiden sind ihnen dankbar. Grüßt auch die Gemeinde, die sich in ihrem Haus versammelt.
Grüßt meinen lieben Epänetus, der die Erstlingsgabe der Provinz Asien für Christus ist. Grüßt Maria, die für euch viel Mühe auf sich genommen hat. Grüßt Andronikus und Junias, die zu meinem Volk gehören und mit mir zusammen im Gefängnis waren; sie sind angesehene Apostel und haben sich schon vor mir zu Christus bekannt. Grüßt Ampliatus, mit dem ich im Herrn verbunden bin. Grüßt Urbanus, unseren Mitarbeiter in Christus, und meinen lieben Stachys.
Grüßt einander mit dem heiligen Kuss. Es grüßen euch alle Gemeinden Christi.
Ich, Tertius, der Schreiber dieses Briefes, grüße euch im Namen des Herrn. Es grüßt euch Gaius, der mich und die ganze Gemeinde gastlich aufgenommen hat. Es grüßt euch der Stadtkämmerer Erastus und der Bruder Quartus. Die Gnade Jesu Christi, unseres Herrn, sei mit euch allen! Amen.
Ehre sei dem, der die Macht hat, euch Kraft zu geben – gemäß meinem Evangelium und der Botschaft von Jesus Christus, gemäß der Offenbarung jenes Geheimnisses, das seit ewigen Zeiten unausgesprochen war, jetzt aber nach dem Willen des ewigen Gottes offenbart und durch prophetische Schriften kundgemacht wurde, um alle Heiden zum Gehorsam des Glaubens zu führen. Ihm, dem einen, weisen Gott, sei Ehre durch Jesus Christus in alle Ewigkeit! Amen.

Lj II **Lesung** *Philipper 4,10-19* Meine geliebten Schwestern und Brüder! Ich habe mich im Herrn besonders gefreut, dass ihr eure Sorge für mich wieder einmal entfalten konntet. Ihr hattet schon daran gedacht, aber es fehlte euch die Gelegenheit dazu. Ich sage das nicht, weil ich etwa Mangel leide. Denn ich habe gelernt, mich in jeder Lage zurechtzufinden: Ich weiß Entbehrungen zu ertragen, ich kann im Überfluss leben. In jedes und alles bin ich eingeweiht: in Sattsein und Hungern, Überfluss und Entbehrung. Alles vermag ich durch ihn, der mir Kraft gibt. Trotzdem habt ihr recht daran getan, an meiner Bedrängnis teilzunehmen.
Ihr wisst selbst, ihr Philipper, dass ich beim Beginn der Verkündigung des Evangeliums, als ich aus Mazedonien aufbrach, mit keiner Gemeinde durch Geben und Nehmen verbunden war außer mit euch und dass ihr mir in Thessalonich und auch sonst das eine und andere Mal etwas geschickt habt, um mir zu helfen. Es geht mir nicht um die Gabe, es geht mir um den Gewinn, der euch mit Zinsen gutgeschrieben wird. Ich habe alles empfangen und habe jetzt mehr als genug. Mir fehlt nichts mehr, seit ich von Epaphroditus eure Gaben erhielt, ein schönes Opfer, eine angenehme Opfergabe, die Gott gefällt. Mein Gott aber wird euch durch Christus Jesus alles, was ihr nötig habt, aus dem Reichtum seiner Herrlichkeit schenken.

Evangelium *Lukas 16,9-15* In jener Zeit sprach Jesus zu seinen Jüngern: Ich sage euch: Macht euch Freunde mit Hilfe des ungerechten Mammons, damit ihr in die ewigen Wohnungen aufgenommen werdet, wenn es mit euch zu Ende geht.
Wer in den kleinsten Dingen zuverlässig ist, der ist es auch in den großen, und wer bei den kleinsten Dingen Unrecht tut, der tut es auch bei den großen. Wenn ihr im Umgang mit dem ungerechten Reichtum nicht zuverlässig gewesen seid, wer wird euch dann das wahre Gut anvertrauen? Und wenn ihr im Umgang mit dem fremden Gut nicht zuverlässig gewesen seid, wer wird euch dann euer wahres Eigentum geben?
Kein Sklave kann zwei Herren dienen; er wird entweder den einen hassen und den andern lieben, oder er wird zu dem einen halten und den andern verachten. Ihr könnt nicht beiden dienen, Gott und dem Mammon.
Das alles hörten auch die Pharisäer, die sehr am Geld hingen, und sie lachten über ihn.
Da sagte er zu ihnen: Ihr redet den Leuten ein, dass ihr gerecht seid; aber Gott kennt euer Herz. Denn was die Menschen für großartig halten, das ist in den Augen Gottes ein Gräuel.

Zum Evangelium Lukas schrieb sein Evangelium für Gemeinden, in denen wenige Reiche vielen Armen gegenüberstanden. Deshalb ist er unter den Evangelisten der schärfste Kritiker des Reichtums. Eine christliche Gemeinde muss Solidargemeinschaft sein. Wer also Geld, „ungerechten Mammon" hat, soll denen, die nicht haben, so viel abgeben, dass sie in der Lage sind, ein menschenwürdiges Leben zu führen, und sich dadurch „mit Hilfe des ungerechten Mammons" Freunde machen. Der Mammon steht für das System der Kapitalvermehrung, in dem sich der Reichtum in immer weniger Händen konzentriert. Wer also Mammon hat, soll „zuverlässig" damit umgehen, den Mammon umverteilen und nicht für sich behüten. Insofern ist der Mammon ein Mittel zur Bewährung, an dem sich ablesen lässt, wie wir mit dem, was eigentlich Gott gehört, umgehen. Der Mammon ist nur scheinbar eine Sache, die man besitzt, in Wirklichkeit ist er ein Götze, der sehr schnell von uns Besitz ergreift. Deshalb müssen wir grundsätzlich entscheiden, woran wir unser Herz hängen: „Ihr könnt nicht beiden dienen, Gott und dem Mammon."

32. Woche im Jahreskreis

Montag der 32. Woche im Jahreskreis

Lesung *Weisheit 1,1-7* Liebt Gerechtigkeit, ihr Herrscher der Erde, / denkt in Frömmigkeit an den Herrn, / sucht ihn mit reinem Herzen! Lj I

Denn er lässt sich finden von denen, die ihn nicht versuchen, / und zeigt sich denen, die ihm nicht misstrauen.
Verkehrte Gedanken trennen von Gott; / wird seine Macht herausgefordert, dann weist sie die Toren zurück.
In eine Seele, die auf Böses sinnt, / kehrt die Weisheit nicht ein, / noch wohnt sie in einem Leib, / der sich der Sünde hingibt.
Denn der heilige Geist, der Lehrmeister, flieht vor der Falschheit, / er entfernt sich von unverständigen Gedanken / und wird verscheucht, wenn Unrecht naht.
Die Weisheit ist ein menschenfreundlicher Geist, / doch lässt sie die Reden des Lästerers nicht straflos; / denn Gott ist Zeuge seiner heimlichen Gedanken, / untrüglich durchschaut er sein Herz und hört seine Worte.
Der Geist des Herrn erfüllt den Erdkreis / und er, der alles zusammenhält, kennt jeden Laut.

Lj II **Lesung** *Titus 1,1-9* Paulus, Knecht Gottes und Apostel Jesu Christi, berufen, um die Auserwählten Gottes zum Glauben und zur Erkenntnis der wahren Gottesverehrung zu führen, in der Hoffnung auf das ewige Leben, das der wahrhaftige Gott schon vor ewigen Zeiten verheißen hat; jetzt aber hat er zur vorherbestimmten Zeit sein Wort offenbart in der Verkündigung, die mir durch den Auftrag Gottes, unseres Retters, anvertraut ist. An Titus, seinen echten Sohn aufgrund des gemeinsamen Glaubens: Gnade und Friede von Gott, dem Vater, und Christus Jesus, unserem Retter.
Ich habe dich in Kreta deswegen zurückgelassen, damit du das, was noch zu tun ist, zu Ende führst und in den einzelnen Städten Älteste einsetzt, wie ich dir aufgetragen habe.
Ein Ältester soll unbescholten und nur einmal verheiratet sein. Seine Kinder sollen gläubig sein; man soll ihnen nicht nachsagen können, sie seien liederlich und ungehorsam. Denn ein Bischof muss unbescholten sein, weil er das Haus Gottes verwaltet; er darf nicht überheblich und jähzornig sein, kein Trinker, nicht gewalttätig oder habgierig. Er soll vielmehr das Gute lieben, er soll gastfreundlich sein, besonnen, gerecht, fromm und beherrscht. Er muss ein Mann sein, der sich an das wahre Wort der Lehre hält; dann kann er mit der gesunden Lehre die Gemeinde ermahnen und die Gegner widerlegen.

Evangelium *Lukas 17,1-6* In jener Zeit sprach Jesus zu seinen Jüngern: Es ist unvermeidlich, dass Verführungen kommen. Aber wehe dem, der sie verschuldet. Es wäre besser für ihn, man würde ihn mit einem Mühlstein um den Hals ins Meer werfen, als dass er einen von diesen Kleinen zum Bösen verführt. Seht euch vor!
Wenn dein Bruder sündigt, weise ihn zurecht; und wenn er sich ändert, vergib ihm. Und wenn er sich siebenmal am Tag gegen dich versündigt und sie-

benmal wieder zu dir kommt und sagt: Ich will mich ändern!, so sollst du ihm vergeben.
Die Apostel baten den Herrn: Stärke unseren Glauben! Der Herr erwiderte: Wenn euer Glaube auch nur so groß wäre wie ein Senfkorn, würdet ihr zu dem Maulbeerbaum hier sagen: Heb dich samt deinen Wurzeln aus dem Boden und verpflanz dich ins Meer!, und er würde euch gehorchen.

Zum Evangelium In Verführung standhalten und nicht einmal, sondern siebenmal, das heißt immer zu vergeben – das geht nur im Glauben. Deshalb die Bitte der Jünger: „Stärke unseren Glauben!“ Glauben heißt, in den Wechselfällen des Lebens nicht mutlos zu werden oder sich gar von Gott abzuwenden. „Stärke unseren Glauben“ – ist das nicht unsere dringlichste Bitte? Gegen das, was uns unüberwindlich erscheint, wo wir uns hilflos fühlen, an Gottes Zusage zu glauben – das ist der Glaube, der Berge versetzt. „Ich glaube, dass Gott uns in jeder Notlage so viel Widerstandskraft geben will, wie wir brauchen. Aber er gibt sie nicht im Voraus, damit wir uns nicht auf uns selbst, sondern allein auf ihn verlassen.“ So Pfarrer Dietrich Bonhoeffer kurz vor seiner Ermordung im KZ. Und weiter: „Ich glaube, dass Gott auf aufrichtige Gebete und verantwortliche Taten wartet und antwortet.“

Dienstag der 32. Woche im Jahreskreis

Lesung *Weisheit 2,23–3,9* Gott hat den Menschen zur Unvergänglichkeit erschaffen / und ihn zum Bild seines eigenen Wesens gemacht. Lj I
Doch durch den Neid des Teufels kam der Tod in die Welt / und ihn erfahren alle, die ihm angehören.
Die Seelen der Gerechten sind in Gottes Hand / und keine Qual kann sie berühren.
In den Augen der Toren sind sie gestorben, / ihr Heimgang gilt als Unglück, ihr Scheiden von uns als Vernichtung; / sie aber sind in Frieden.
In den Augen der Menschen wurden sie gestraft; / doch ihre Hoffnung ist voll Unsterblichkeit.
Ein wenig nur werden sie gezüchtigt; / doch sie empfangen große Wohltat. / Denn Gott hat sie geprüft / und fand sie seiner würdig.
Wie Gold im Schmelzofen hat er sie erprobt / und sie angenommen als ein vollgültiges Opfer.
Beim Endgericht werden sie aufleuchten / wie Funken, die durch ein Stoppelfeld sprühen.
Sie werden Völker richten / und über Nationen herrschen / und der Herr wird ihr König sein in Ewigkeit.
Alle, die auf ihn vertrauen, werden die Wahrheit erkennen / und die Treuen werden bei ihm bleiben in Liebe. / Denn Gnade und Erbarmen wird seinen Erwählten zuteil.

Lj II **Lesung** *Titus 2,1-8.11-14* Mein Sohn! Verkünde, was der gesunden Lehre entspricht. Die älteren Männer sollen nüchtern sein, achtbar, besonnen, stark im Glauben, in der Liebe, in der Ausdauer.
Ebenso seien die älteren Frauen würdevoll in ihrem Verhalten, nicht verleumderisch und nicht trunksüchtig; sie müssen fähig sein, das Gute zu lehren, damit sie die jungen Frauen dazu anhalten können, ihre Männer und Kinder zu lieben, besonnen zu sein, ehrbar, häuslich, gütig und ihren Männern gehorsam, damit das Wort Gottes nicht in Verruf kommt.
Ebenso ermahne die jüngeren Männer, in allen Dingen besonnen zu sein. Gib selbst ein Beispiel durch gute Werke. Lehre die Wahrheit unverfälscht und mit Würde, mit gesunden, unanfechtbaren Worten; so wird der Gegner beschämt und kann nichts Schlechtes über uns sagen.
Denn die Gnade Gottes ist erschienen, um alle Menschen zu retten. Sie erzieht uns dazu, uns von der Gottlosigkeit und den irdischen Begierden loszusagen und besonnen, gerecht und fromm in dieser Welt zu leben, während wir auf die selige Erfüllung unserer Hoffnung warten: auf das Erscheinen der Herrlichkeit unseres großen Gottes und Retters Christus Jesus. Er hat sich für uns hingegeben, um uns von aller Schuld zu erlösen und sich ein reines Volk zu schaffen, das ihm als sein besonderes Eigentum gehört und voll Eifer danach strebt, das Gute zu tun.

Evangelium *Lukas 17,7-10* In jener Zeit sprach Jesus: Wenn einer von euch einen Sklaven hat, der pflügt oder das Vieh hütet, wird er etwa zu ihm, wenn er vom Feld kommt, sagen: Nimm gleich Platz zum Essen? Wird er nicht vielmehr zu ihm sagen: Mach mir etwas zu essen, gürte dich und bediene mich; wenn ich gegessen und getrunken habe, kannst auch du essen und trinken. Bedankt er sich etwa bei dem Sklaven, weil er getan hat, was ihm befohlen wurde? So soll es auch bei euch sein: Wenn ihr alles getan habt, was euch befohlen wurde, sollt ihr sagen: Wir sind unnütze Sklaven; wir haben nur unsere Schuldigkeit getan.

Zum Evangelium Jesus greift damals übliche soziale Verhältnisse nicht auf, um zementierte Herrschaftsverhältnisse festzuschreiben, sondern um zu verdeutlichen: Der Mensch kann mit Gott keinen Tauschhandel eingehen, etwa in dem Sinn: Dies und jenes habe ich getan, also muss Gott mir dies und jenes dafür geben. Immer, wenn jemand meint, ein bestimmtes Verhalten sichere ihm den Lohn im Himmel, engt er Gott auf den eigenen Maßstab ein; denn kein Mensch hat Gott gegenüber einen Anspruch. Vor allem jene nicht, die ihr Gottesverhältnis über ihre vermeintliche Unbescholtenheit definieren. Gott sieht uns anders. Ein verzweifelt ringender Mensch ist ihm tausendmal näher als ein selbstgerechter, der meint, immer das Richtige zu tun. In einer anonymen Schrift aus dem 3. Jahrhundert heißt es: „Glaube nicht, dass du Wunder verdienst – wage es einfach, ihnen zu begegnen.“ Für das Wunder offen sein, damit es mir begegnen kann ...

Mittwoch der 32. Woche im Jahreskreis

Lesung *Weisheit 6,1-11* Hört also, ihr Könige, und seid verständig, / lernt, ihr Gebieter der ganzen Welt! Lj I
Horcht, ihr Herrscher der Massen, / die ihr stolz seid auf Völkerscharen!
Der Herr hat euch die Gewalt gegeben, / der Höchste die Herrschaft, / er, der eure Taten prüft und eure Pläne durchforscht.
Ihr seid Diener seines Reichs, / aber ihr habt kein gerechtes Urteil gefällt, das Gesetz nicht bewahrt / und die Weisung Gottes nicht befolgt.
Schnell und furchtbar wird er kommen und euch bestrafen; / denn über die Großen ergeht ein strenges Gericht.
Der Geringe erfährt Nachsicht und Erbarmen, / doch die Mächtigen werden gerichtet mit Macht.
Denn der Herrscher des Alls scheut niemand / und weicht vor keiner Größe zurück.
Er hat Klein und Groß erschaffen / und trägt gleiche Sorge für alle;
den Mächtigen aber droht strenge Untersuchung.
An euch also, ihr Herrscher, richten sich meine Worte, / damit ihr Weisheit lernt und nicht sündigt.
Wer das Heilige heilig hält, wird geheiligt, / und wer sich darin unterweisen lässt, findet Schutz.
Verlangt also nach meinen Worten; / sehnt euch danach und ihr werdet gute Belehrung empfangen.

Lesung *Titus 3,1-7* Mein Sohn! Erinnere alle daran, sich den Herrschern und Machthabern unterzuordnen und ihnen zu gehorchen. Sie sollen immer bereit sein, Gutes zu tun, sollen niemand schmähen, nicht streitsüchtig sein, sondern freundlich und gütig zu allen Menschen. Denn auch wir waren früher unverständig und ungehorsam; wir gingen in die Irre, waren Sklaven aller möglichen Begierden und Leidenschaften, lebten in Bosheit und Neid, waren verhasst und hassten einander. Lj II
Als aber die Güte und Menschenliebe Gottes, unseres Retters, erschien, hat er uns gerettet – nicht weil wir Werke vollbracht hätten, die uns gerecht machen können, sondern aufgrund seines Erbarmens – durch das Bad der Wiedergeburt und der Erneuerung im Heiligen Geist. Ihn hat er in reichem Maß über uns ausgegossen durch Jesus Christus, unseren Retter, damit wir durch seine Gnade gerecht gemacht werden und das ewige Leben erben, das wir erhoffen.

Evangelium *Lukas 17,11-19* Auf dem Weg nach Jerusalem zog Jesus durch das Grenzgebiet von Samarien und Galiläa. Als er in ein Dorf hinein-

gehen wollte, kamen ihm zehn Aussätzige entgegen. Sie blieben in der Ferne stehen und riefen: Jesus, Meister, hab Erbarmen mit uns! Als er sie sah, sagte er zu ihnen: Geht, zeigt euch den Priestern! Und während sie zu den Priestern gingen, wurden sie rein.
Einer von ihnen aber kehrte um, als er sah, dass er geheilt war; und er lobte Gott mit lauter Stimme. Er warf sich vor den Füßen Jesu zu Boden und dankte ihm. Dieser Mann war aus Samarien. Da sagte Jesus: Es sind doch alle zehn rein geworden. Wo sind die übrigen neun? Ist denn keiner umgekehrt, um Gott zu ehren, außer diesem Fremden? Und er sagte zu ihm: Steh auf und geh! Dein Glaube hat dir geholfen.

Zum Evangelium Zehn Aussätzige werden gesund. Vorbei die Ekel erregende Entstellung. Vorbei die hoffnungslose Isolation. Sie haben wieder einen Platz in der Gemeinschaft der Menschen, können wieder leben wie die anderen. Das ist viel. Aber nicht alles. Neun von ihnen sind zwar gesund geworden. Aber ein einziger ist nicht nur gesund, sondern auch heil geworden: der, der sein Glück als Lobpreis vor Gott trägt, zu Jesus zurückkehrt und sich bei ihm bedankt. Ein Samariter. Ein von den Juden Verachteter. Von Jesus angenommen wie einer seines Volkes.
Gottes Heil kennt keine religiösen oder nationalen Grenzen. Sein Heil gilt allen unverkürzt und uneingeschränkt. Heute spricht er durch uns, heute sind wir aufgerufen, dafür zu sorgen, dass die Botschaft Gottes vom heilen Menschen überall hingetragen wird. Und dass wir selbst Heil werden, der eine dem anderen. Sonst wären wir wie die Neun, die zwar rein, aber nicht heil geworden sind.

Donnerstag der 32. Woche im Jahreskreis

Lj I **Lesung** *Weisheit 7,22–8,1* In der Weisheit ist ein Geist, / gedankenvoll, heilig, einzigartig, mannigfaltig, zart, beweglich, / durchdringend, unbefleckt, klar, / unverletzlich, das Gute liebend, scharf,
nicht zu hemmen, wohltätig, menschenfreundlich, / fest, sicher, ohne Sorge, alles vermögend, alles überwachend / und alle Geister durchdringend, / die denkenden, reinen und zartesten.
Denn die Weisheit ist beweglicher als alle Bewegung; / in ihrer Reinheit durchdringt und erfüllt sie alles.
Sie ist ein Hauch der Kraft Gottes / und reiner Ausfluss der Herrlichkeit des Allherrschers; / darum fällt kein Schatten auf sie.
Sie ist der Widerschein des ewigen Lichts, / der ungetrübte Spiegel von Gottes Kraft, / das Bild seiner Vollkommenheit.
Sie ist nur eine und vermag doch alles; / ohne sich zu ändern, erneuert sie alles. Von Geschlecht zu Geschlecht tritt sie in heilige Seelen ein / und schafft Freunde Gottes und Propheten;
denn Gott liebt nur den, / der mit der Weisheit zusammenwohnt.

Sie ist schöner als die Sonne / und übertrifft jedes Sternbild. / Sie ist strahlender als das Licht;
denn diesem folgt die Nacht, / doch über die Weisheit siegt keine Schlechtigkeit.
Machtvoll entfaltet sie ihre Kraft von einem Ende zum andern / und durchwaltet voll Güte das All.

Lesung *Philemon 7-20* Es hat mir viel Freude und Trost bereitet, dass durch dich, Bruder, und durch deine Liebe die Heiligen ermutigt worden sind. Obwohl ich durch Christus volle Freiheit habe, dir zu befehlen, was du tun sollst, ziehe ich es um der Liebe willen vor, dich zu bitten. Ich, Paulus, ein alter Mann, der jetzt für Christus Jesus im Kerker liegt, ich bitte dich für mein Kind Onesimus, dem ich im Gefängnis zum Vater geworden bin. Früher konntest du ihn zu nichts gebrauchen, doch jetzt ist er dir und mir recht nützlich. Ich schicke ihn zu dir zurück, ihn, das bedeutet mein eigenes Herz. Lj II
Ich würde ihn gern bei mir behalten, damit er mir an deiner Stelle dient, solange ich um des Evangeliums willen im Gefängnis bin. Aber ohne deine Zustimmung wollte ich nichts tun. Deine gute Tat soll nicht erzwungen, sondern freiwillig sein. Denn vielleicht wurde er nur deshalb eine Weile von dir getrennt, damit du ihn für ewig zurückerhältst, nicht mehr als Sklaven, sondern als weit mehr: als geliebten Bruder. Das ist er jedenfalls für mich, um wie viel mehr dann für dich, als Mensch und auch vor dem Herrn. Wenn du dich mir verbunden fühlst, dann nimm ihn also auf wie mich selbst! Wenn er dich aber geschädigt hat oder dir etwas schuldet, setz das auf meine Rechnung! Ich, Paulus, schreibe mit eigener Hand: Ich werde es bezahlen – um nicht davon zu reden, dass du dich selbst mir schuldest. Ja, Bruder, um des Herrn willen möchte ich von dir einen Nutzen haben. Erfreue mein Herz; wir gehören beide zu Christus.

Evangelium *Lukas 17,20-25* In jener Zeit, als Jesus von den Pharisäern gefragt wurde, wann das Reich Gottes komme, antwortete er: Das Reich Gottes kommt nicht so, dass man es an äußeren Zeichen erkennen könnte. Man kann auch nicht sagen: Seht, hier ist es!, oder: Dort ist es! Denn: Das Reich Gottes ist schon mitten unter euch.
Er sagte zu den Jüngern: Es wird eine Zeit kommen, in der ihr euch danach sehnt, auch nur einen von den Tagen des Menschensohnes zu erleben; aber ihr werdet ihn nicht erleben. Und wenn man zu euch sagt: Dort ist er! Hier ist er!, so geht nicht hin und lauft nicht hinterher! Denn wie der Blitz von einem Ende des Himmels bis zum andern leuchtet, so wird der Menschensohn an seinem Tag erscheinen. Vorher aber muss er vieles erleiden und von dieser Generation verworfen werden.

Zum Evangelium Wann kommt das Reich Gottes? Die Frage der Pharisäer sollte uns nachdenklich machen, ob wir noch etwas von Gottes Zukunft erwarten, oder ob wir nach der Devise leben: „Glücklich ist, wer vergisst, was doch nicht zu ändern ist", und uns ganz aufs eigene Leben konzentrieren. Vergessen, verdrängen, sich durch die Tage hangeln – es wird schon weitergehen. Doch die Sehnsucht nach gelingendem Leben steckt in jedem Menschen. Die kleine Münze für die große Suche nach Sinn und Glück sind der Beruf, der Erfolg, die Partnerschaft, die Familie, die Freizeit ... Von da ist es nicht weit bis zu der Frage, wann das Reich Gottes, das absolute Glück und Heil, kommt. In der Frage der Pharisäer schwingt aber auch Zweifel mit: Dein Reich, mitten unter uns? Aber wir sehen nichts davon, nichts ist besser, manches schlechter geworden ... Ist das nicht auch unsere Frage? Sein Reich ist nicht zum „Anfassen" und „Anschauen", so wenig wie Gott an-fassbares und fassbares Gegenüber ist. Wir leben in der Spannung des „schon da" und „noch nicht" seines Reiches. Es leuchtet auf wie ein Blitz, oft mitten im Alltäglichen, da, wo Menschen seiner Art leben und lieben. Da gestaltet sich ein Stück Welt in mir und um mich nach dem Willen Gottes um. Reich Gottes ist Zusage und Aufgabe, im Gleichklang mit der Kraft Gottes zu leben und zu arbeiten, damit alle am Leben teilhaben.

Freitag der 32. Woche im Jahreskreis

Lj I **Lesung** *Weisheit 13,1-9* Töricht waren von Natur alle Menschen, denen die Gotteserkenntnis fehlte. Sie hatten die Welt in ihrer Vollkommenheit vor Augen, ohne den wahrhaft Seienden erkennen zu können. Beim Anblick der Werke erkannten sie den Meister nicht, sondern hielten das Feuer, den Wind, die flüchtige Luft, den Kreis der Gestirne, die gewaltige Flut oder die Himmelsleuchten für weltbeherrschende Götter. Wenn sie diese, entzückt über ihre Schönheit, als Götter ansahen, dann hätten sie auch erkennen sollen, wie viel besser ihr Gebieter ist; denn der Urheber der Schönheit hat sie geschaffen. Und wenn sie über ihre Macht und ihre Kraft in Staunen gerieten, dann hätten sie auch erkennen sollen, wie viel mächtiger jener ist, der sie geschaffen hat; denn von der Größe und Schönheit der Geschöpfe lässt sich auf ihren Schöpfer schließen.
Dennoch verdienen jene nur geringen Tadel. Vielleicht suchen sie Gott und wollen ihn finden, gehen aber dabei in die Irre. Sie verweilen bei der Erforschung seiner Werke und lassen sich durch den Augenschein täuschen; denn schön ist, was sie schauen. Doch auch sie sind unentschuldbar: Wenn sie durch ihren Verstand schon fähig waren, die Welt zu erforschen, warum fanden sie dann nicht eher den Herrn der Welt?

Lj II **Lesung** *2 Johannes 4-9* Von Gott auserwählte Herrin! Ich habe mich sehr gefreut, unter deinen Kindern solche zu finden, die in der Wahrheit leben, gemäß dem Gebot, das wir vom Vater empfangen haben.

Und so bitte ich dich, Herrin, nicht als wollte ich dir ein neues Gebot schreiben, sondern nur das, das wir von Anfang an hatten: dass wir einander lieben sollen. Denn die Liebe besteht darin, dass wir nach seinen Geboten leben. Das Gebot, das ihr von Anfang an gehört habt, lautet: Ihr sollt in der Liebe leben.
Viele Verführer sind in die Welt hinausgegangen; sie bekennen nicht, dass Jesus Christus im Fleisch gekommen ist. Das ist der Verführer und der Antichrist. Achtet auf euch, damit ihr nicht preisgebt, was wir erarbeitet haben, sondern damit ihr den vollen Lohn empfangt. Jeder, der darüber hinausgeht und nicht in der Lehre Christi bleibt, hat Gott nicht. Wer aber in der Lehre bleibt, hat den Vater und den Sohn.

Evangelium *Lukas 17,26-37* In jener Zeit sprach Jesus zu seinen Jüngern: Wie es zur Zeit des Noach war, so wird es auch in den Tagen des Menschensohnes sein. Die Menschen aßen und tranken und heirateten bis zu dem Tag, an dem Noach in die Arche ging; dann kam die Flut und vernichtete alle. Und es wird ebenso sein, wie es zur Zeit des Lot war: Sie aßen und tranken, kauften und verkauften, pflanzten und bauten. Aber an dem Tag, als Lot Sodom verließ, regnete es Feuer und Schwefel vom Himmel und alle kamen um. Ebenso wird es an dem Tag sein, an dem sich der Menschensohn offenbart.
Wer dann auf dem Dach ist und seine Sachen im Haus hat, soll nicht hinabsteigen, um sie zu holen, und wer auf dem Feld ist, soll nicht zurückkehren. Denkt an die Frau des Lot! Wer sein Leben zu bewahren sucht, wird es verlieren; wer es dagegen verliert, wird es gewinnen. Ich sage euch: Von zwei Männern, die in jener Nacht auf einem Bett liegen, wird der eine mitgenommen und der andere zurückgelassen. Von zwei Frauen, die mit derselben Mühle Getreide mahlen, wird die eine mitgenommen und die andere zurückgelassen.
Da fragten sie ihn: Wo wird das geschehen, Herr? Er antwortete: Wo ein Aas ist, da sammeln sich auch die Geier.

Zum Evangelium Plötzlich wird das Ende kommen. Mitten im Leben, mitten in einer Beschäftigung, möglicherweise gerade dann, wenn wir es nicht erwarten. Das Ende kann man nicht berechnen oder vorhersagen, aber immer ist es im Leben des einzelnen „bald“. Und man fragt sich: Jetzt schon? Ich habe doch noch gar nicht richtig gelebt! Ich habe noch nicht vollendet, was ich tun wollte ... Und wir erkennen, was wir versäumt haben, wie wenig wesentlich wir gelebt haben. Christus kommt, wann er will, er kommt, wenn er meint, dass das Maß voll ist. Es gibt dafür keine Anzeichen im Gang der Welt. Deshalb sollten wir so leben, dass wir dem „Plötzlich“ standhalten können. – Am Ende aber steht nicht die Angst, sondern eine Ankunft. Mitten in den Schrecken der Zeit erwartet uns der Menschensohn. Die Begegnung mit ihm ist Läuterungsgeschehen und Heilsereignis zugleich, es wird mit den Schmerzen oft bitterer Selbsterkenntnis verbunden sein. Doch wir dürfen darauf vertrauen, dass das Letzte nicht Sterben und Tod, nicht Abschied und Resignation sein werden. Das Letzte ist das Kommen des Menschensohns, der „ein Versprechen gegen das ‚Nichts' ist" (J. Werbick).

Samstag der 32. Woche im Jahreskreis

Lj I **Lesung** *Weisheit 18,14-16; 19,6-9* Als tiefes Schweigen das All umfing und die Nacht bis zur Mitte gelangt war, da sprang dein allmächtiges Wort vom Himmel, vom königlichen Thron herab als harter Krieger mitten in das dem Verderben geweihte Land. Es trug das scharfe Schwert deines unerbittlichen Befehls, trat hin und erfüllte alles mit Tod; es berührte den Himmel und stand auf der Erde.
Das Wesen der ganzen Schöpfung wurde neu gestaltet; sie gehorchte deinen Befehlen, damit deine Kinder unversehrt bewahrt blieben. Man sah die Wolke, die das Lager überschattete, trockenes Land tauchte auf, wo zuvor Wasser war; es zeigte sich ein Weg ohne Hindernisse durch das Rote Meer, eine grüne Ebene stieg aus der gewaltigen Flut. Von deiner Hand behütet, zogen sie vollzählig hindurch und sahen staunenswerte Wunder. Sie weideten wie Rosse, hüpften wie Lämmer und lobten dich, Herr, ihren Retter.

Lj II **Lesung** *3 Johannes 5-8* Lieber Gaius! Du handelst treu in allem, was du an den Brüdern, sogar an fremden Brüdern tust. Sie haben vor der Gemeinde für deine Liebe Zeugnis abgelegt. Du wirst gut daran tun, wenn du sie für ihre Reise so ausrüstest, wie es Gottes würdig ist. Denn für seinen Namen sind sie ausgezogen und haben von den Heiden nichts angenommen. Darum sind wir verpflichtet, solche Männer aufzunehmen, damit auch wir zu Mitarbeitern für die Wahrheit werden.

Evangelium *Lukas 18,1-8* In jener Zeit sagte Jesus den Jüngern durch ein Gleichnis, dass sie allezeit beten und darin nicht nachlassen sollten:
In einer Stadt lebte ein Richter, der Gott nicht fürchtete und auf keinen Menschen Rücksicht nahm. In der gleichen Stadt lebte auch eine Witwe, die immer wieder zu ihm kam und sagte: Verschaff mir Recht gegen meinen Feind! Lange wollte er nichts davon wissen. Dann aber sagte er sich: Ich fürchte zwar Gott nicht und nehme auch auf keinen Menschen Rücksicht; trotzdem will ich dieser Witwe zu ihrem Recht verhelfen, denn sie lässt mich nicht in Ruhe. Sonst kommt sie am Ende noch und schlägt mich ins Gesicht.
Und der Herr fügte hinzu: Bedenkt, was der ungerechte Richter sagt. Sollte Gott seinen Auserwählten, die Tag und Nacht zu ihm schreien, nicht zu ihrem Recht verhelfen, sondern zögern? Ich sage euch: Er wird ihnen unver-

züglich ihr Recht verschaffen. Wird jedoch der Menschensohn, wenn er kommt, auf der Erde noch Glauben vorfinden?

Zum Evangelium Jesus erzählt diese Geschichte vom ungerechten Richter und der um ihr Recht kämpfenden Witwe als ein Gleichnis für Gott. Er spricht damit alle Menschen an, die sich in hoffnungslosen Situationen von Gott verlassen fühlen. Denn wenn sich schon ein korrupter gottloser Richter endlich für das Recht einer lästigen Witwe einsetzt, wie viel mehr wird Gott unser Beten und Bitten erhören. So wie die Witwe sollen wir nicht nachlassen im Vertrauen darauf, dass uns Recht widerfährt. Denn Recht und Gerechtigkeit sind Namen für Gott. Das Gleichnis ist Ermutigung gegen die Resignation und lädt ein zu einer Tugend, die kaum im christlichen Tugendkatalog auftaucht: der Tugend der Hartnäckigkeit, der Zähigkeit. Gib nicht so schnell auf. Halte zäh an dem fest, was dir wichtig geworden ist, selbst wenn der Augenschein dagegen spricht. Und wir werden angefragt: Wofür setzt du dich leidenschaftlich ein: in deiner Familie, deiner Gemeinde, den Belangen der Welt? Was tust du dafür, dass der Glaube in einer gottesfernen Welt lebendig bleibt?

33. Woche im Jahreskreis

Montag der 33. Woche im Jahreskreis

Lesung *1 Makkabäer 1,10-15.41-43.54-57.62-64* In jenen Tagen ging aus den Nachfolgern Alexander des Großen ein besonders gottloser Spross hervor, Antiochus Epiphanes, der Sohn des Königs Antiochus. Er war als Geisel in Rom gewesen und trat im Jahr 137 der griechischen Herrschaft die Regierung an. **Lj I**

Zu dieser Zeit traten Verräter am Gesetz in Israel auf, die viele zum Abfall überredeten. Sie sagten: Wir wollen einen Bund mit den fremden Völkern schließen, die rings um uns herum leben; denn seit wir uns von ihnen abgesondert haben, geht es uns schlecht. Dieser Vorschlag gefiel ihnen und einige aus dem Volk fanden sich bereit, zum König zu gehen. Der König gab ihnen die Erlaubnis, nach den Gesetzen der fremden Völker zu leben. Sie errichteten in Jerusalem eine Sportschule, wie es bei den fremden Völkern Brauch ist, und ließen bei sich die Beschneidung rückgängig machen. So fielen sie vom heiligen Bund ab, vermischten sich mit den fremden Völkern und gaben sich dazu her, Böses zu tun.

Damals schrieb der König seinem ganzen Reich vor, alle sollen zu einem einzigen Volk werden und jeder solle seine Eigenart aufgeben. Alle Völker fügten sich dem Erlass des Königs. Auch vielen Männern aus Israel gefiel der Gottesdienst, den er angeordnet hatte; sie opferten den Götterbildern und entweihten den Sabbat.

Am fünfzehnten Kislew des Jahres 145 ließ der König auf dem Brandopferaltar den unheilvollen Gräuel aufstellen; auch in den Städten Judäas ringsum baute man Altäre.
Vor den Haustüren und auf den Plätzen opferte man Weihrauch. Alle Buchrollen des Gesetzes, die man fand, wurden zerrissen und verbrannt. Wer im Besitz einer Bundesrolle angetroffen wurde oder zum Gesetz hielt, wurde aufgrund der königlichen Anordnung zum Tod verurteilt.
Dennoch blieben viele aus Israel fest und stark; sie aßen nichts, was unrein war. Lieber wollten sie sterben, als sich durch die Speisen unrein machen und den heiligen Bund entweihen. So starben sie. Ein gewaltiger Zorn lag auf Israel.

Lj II **Lesung** *Offenbarung 1,1-4; 2,1-5a* Offenbarung Jesu Christi, die Gott ihm gegeben hat, damit er seinen Knechten zeigt, was bald geschehen muss; und er hat es durch seinen Engel, den er sandte, seinem Knecht Johannes gezeigt. Dieser hat das Wort Gottes und das Zeugnis Jesu Christi bezeugt: alles, was er geschaut hat. Selig, wer diese prophetischen Worte vorliest und wer sie hört und wer sich an das hält, was geschrieben ist; denn die Zeit ist nahe.
Johannes an die sieben Gemeinden in der Provinz Asien: Gnade sei mit euch und Friede von Ihm, der ist und der war und der kommt, und von den sieben Geistern vor seinem Thron.
Ich hörte, wie der Herr zu mir sprach: An den Engel der Gemeinde in Ephesus schreibe: So spricht Er, der die sieben Sterne in seiner Rechten hält und mitten unter den sieben goldenen Leuchtern einhergeht: Ich kenne deine Werke und deine Mühe und dein Ausharren; ich weiß: Du kannst die Bösen nicht ertragen, du hast die auf die Probe gestellt, die sich Apostel nennen und es nicht sind, und hast sie als Lügner erkannt. Du hast ausgeharrt und um meines Namens willen Schweres ertragen und bist nicht müde geworden. Ich werfe dir aber vor, dass du deine erste Liebe verlassen hast. Bedenke, aus welcher Höhe du gefallen bist. Kehr zurück zu deinen ersten Werken!

Evangelium *Lukas 18,35-43* Als Jesus in die Nähe von Jericho kam, saß ein Blinder an der Straße und bettelte. Er hörte, dass viele Menschen vorbeigingen, und fragte: Was hat das zu bedeuten? Man sagte ihm: Jesus von Nazaret geht vorüber. Da rief er: Jesus, Sohn Davids, hab Erbarmen mit mir! Die Leute, die vorausgingen, wurden ärgerlich und befahlen ihm zu schweigen. Er aber schrie noch viel lauter: Sohn Davids, hab Erbarmen mit mir!
Jesus blieb stehen und ließ ihn zu sich herführen. Als der Mann vor ihm stand, fragte ihn Jesus: Was soll ich dir tun? Er antwortete: Herr, ich möchte wieder sehen können. Da sagte Jesus zu ihm: Du sollst wieder sehen. Dein Glaube hat dir geholfen. Im gleichen Augenblick konnte er wieder sehen. Da

pries er Gott und folgte Jesus. Und alle Leute, die das gesehen hatten, lobten Gott.

Zum Evangelium Ein blinder Bettler, angewiesen auf Almosen, hoffnungslos eingeschlossen in die eigene Dunkelheit, erfährt, dass Jesus kommt. Und plötzlich beginnt es in ihm zu arbeiten, bricht sich winzige Hoffnung gegen große Verzweiflung eine Bahn – und er beginnt zu schreien, laut und immer lauter. Er stört den öffentlichen Frieden mit seinem Geschrei, er wird seiner Umgebung lästig. Aber er gibt nicht auf. Denn jetzt ist der entscheidende Moment gekommen, er darf ihn nicht vorbeigehen lassen! Seine Heilung beginnt damit, dass er sich selbst wichtig nimmt und spürt: Ich bin auch ein Mensch, ich habe wie alle anderen das Recht auf ein menschenwürdiges Leben! Wie könnte so ein Schrei ungehört bleiben? Wie könnte Gott so ein Schrei lästig sein? Der Schrei des Blinden ist die Geburt des Lichts. Was seine Augen dann sehen, ist nicht rosarot eingefärbt. Es ist der Weg nach Jerusalem, ins Leiden, auf dem er Jesus folgt. – Schreie wie die des Blinden hört Gott immer. Sie treffen mitten in sein Herz. Er wird uns hören, selbst und gerade da, wo unser Schreien in menschlichen Ohren ungehört verhallt.

Dienstag der 33. Woche im Jahreskreis

Lesung *2 Makkabäer 6,18-31* In jenen Tagen war unter den angesehensten Schriftgelehrten Eleasar, ein Mann von hohem Alter und edlen Gesichtszügen. Man sperrte ihm den Mund auf und wollte ihn zwingen, Schweinefleisch zu essen. Er aber zog den ehrenvollen Tod einem Leben voll Schande vor, ging freiwillig auf die Folterbank zu und spuckte das Fleisch wieder aus. In solcher Haltung mussten alle herantreten, die sich standhaft wehrten zu essen, was man nicht essen darf – nicht einmal um des geliebten Lebens willen. Die Leute, die bei dem gesetzwidrigen Opfermahl Dienst taten und die den Mann von früher her kannten, nahmen ihn heimlich beiseite und redeten ihm zu, er solle sich doch Fleisch holen lassen, das er essen dürfe, und es selbst zubereiten. Dann solle er tun, als ob er von dem Opferfleisch esse, wie es der König befohlen habe. Wenn er es so mache, entgehe er dem Tod; weil sie alte Freunde seien, würden sie ihn mit Nachsicht behandeln. Lj I

Er aber fasste einen edlen Entschluss, wie es sich gehörte für einen Mann, der so alt und wegen seines Alters angesehen war, in Würde ergraut, der von Jugend an vorbildlich gelebt und – was noch wichtiger ist – den heiligen, von Gott gegebenen Gesetzen gehorcht hatte. So erklärte er ohne Umschweife, man solle ihn ruhig zur Unterwelt schicken. Wer so alt ist wie ich, soll sich nicht verstellen. Viele jungen Leute könnten sonst glauben, Eleasar sei mit seinen neunzig Jahren noch zu der fremden Lebensart übergegangen. Wenn ich jetzt heucheln würde, um eine geringe, kurze Zeit länger zu leben, würde ich sie irreleiten, meinem Alter aber Schimpf und Schande bringen. Vielleicht könnte ich mich für den Augenblick der Bestrafung durch die Menschen entziehen; doch nie, weder lebendig noch tot, werde ich den Händen des Allherrschers entfliehen. Darum will ich jetzt wie ein Mann sterben und mich so meines Alters würdig zeigen. Der Jugend aber hinterlasse ich ein leuchtendes Beispiel, wie man mutig und mit Haltung für die ehrwürdigen und heiligen Gesetze eines schönen Todes stirbt. Nach diesen Worten ging er geradewegs zur Folterbank. Da schlug die Freundlichkeit, die ihm seine Begleiter eben noch erwiesen hatten, in Feindschaft um; denn was er gesagt hatte, hielten sie für Wahnsinn. Als man ihn zu Tod prügelte, sagte er stöhnend: Der Herr mit seiner heiligen Erkenntnis weiß, dass ich dem Tod hätte entrinnen können. Mein Körper leidet qualvoll unter den Schlägen, meine Seele aber erträgt sie mit Freuden, weil ich ihn fürchte. So starb er; durch seinen Tod hinterließ er nicht nur der Jugend, sondern den meisten aus dem Volk ein Beispiel für edle Gesinnung und ein Denkmal der Tugend.

Lj II **Lesung** *Offenbarung 3,1-6.14-22* Ich, Johannes, hörte, wie der Herr zu mir sprach: An den Engel der Gemeinde in Sardes schreibe: So spricht Er, der die sieben Geister Gottes und die sieben Sterne hat: Ich kenne deine Werke. Dem Namen nach lebst du, aber du bist tot. Werde wach und stärke, was noch übrig ist, was schon im Sterben lag. Ich habe gefunden, dass deine Taten in den Augen meines Gottes nicht vollwertig sind.
Denk also daran, wie du die Lehre empfangen und gehört hast. Halte daran fest und kehr um! Wenn du aber nicht aufwachst, werde ich kommen wie ein Dieb und du wirst bestimmt nicht wissen, zu welcher Stunde ich komme.
Du hast aber einige Leute in Sardes, die ihre Kleider nicht befleckt haben; sie werden mit mir in weißen Gewändern gehen, denn sie sind es wert. Wer siegt, wird ebenso mit weißen Gewändern bekleidet werden. Nie werde ich seinen Namen aus dem Buch des Lebens streichen, sondern ich werde mich vor meinem Vater und vor seinen Engeln zu ihm bekennen.
Wer Ohren hat, der höre, was der Geist den Gemeinden sagt.
An den Engel der Gemeinde in Laodizea schreibe: So spricht Er, der „Amen" heißt, der treue und zuverlässige Zeuge, der Anfang der Schöpfung Gottes: Ich kenne deine Werke. Du bist weder kalt noch heiß. Wärest du doch kalt oder heiß! Weil du aber lau bist, weder heiß noch kalt, will ich dich aus meinem Mund ausspeien.
Du behauptest: Ich bin reich und wohlhabend und nichts fehlt mir. Du weißt aber nicht, dass gerade du elend und erbärmlich bist, arm, blind und nackt.
Darum rate ich dir: Kaufe von mir Gold, das im Feuer geläutert ist, damit du reich wirst; und kaufe von mir weiße Kleider und zieh sie an, damit du nicht nackt dastehst und dich schämen musst; und kaufe Salbe für deine Augen, damit du sehen kannst.

Wen ich liebe, den weise ich zurecht und nehme ihn in Zucht. Mach also Ernst und kehr um!
Ich stehe vor der Tür und klopfe an. Wer meine Stimme hört und die Tür öffnet, bei dem werde ich eintreten und wir werden Mahl halten, ich mit ihm und er mit mir.
Wer siegt, der darf mit mir auf meinem Thron sitzen, so wie auch ich gesiegt habe und mich mit meinem Vater auf seinen Thron gesetzt habe.
Wer Ohren hat, der höre, was der Geist den Gemeinden sagt.

Evangelium *Lukas 19,1-10* In jener Zeit kam Jesus nach Jericho und ging durch die Stadt. Dort wohnte ein Mann namens Zachäus; er war der oberste Zollpächter und war sehr reich. Er wollte gern sehen, wer dieser Jesus sei, doch die Menschenmenge versperrte ihm die Sicht; denn er war klein. Darum lief er voraus und stieg auf einen Maulbeerfeigenbaum, um Jesus zu sehen, der dort vorbeikommen musste.
Als Jesus an die Stelle kam, schaute er hinauf und sagte zu ihm: Zachäus, komm schnell herunter! Denn ich muss heute in deinem Haus zu Gast sein. Da stieg er schnell herunter und nahm Jesus freudig bei sich auf. Als die Leute das sahen, empörten sie sich und sagten: Er ist bei einem Sünder eingekehrt. Zachäus aber wandte sich an den Herrn und sagte: Herr, die Hälfte meines Vermögens will ich den Armen geben, und wenn ich von jemand zu viel gefordert habe, gebe ich ihm das Vierfache zurück. Da sagte Jesus zu ihm: Heute ist diesem Haus das Heil geschenkt worden, weil auch dieser Mann ein Sohn Abrahams ist. Denn der Menschensohn ist gekommen, um zu suchen und zu retten, was verloren ist.

Zum Evangelium Die Römer hatten ihre Leute, Einheimische wie Zachäus, die als Zollpächter mit der verhassten Besatzungsmacht zusammenarbeiteten. Wer sich als Jude mit den heidnischen Römern einließ, galt als unrein, und wer mit solchen Leuten zusammenkam, wurde selber unrein. Betrug gehörte mit zum Geschäft der Zöllner, denn kaum jemand kannte die amtlichen Tarife. Und gerade bei „so einem" will Jesus zu Gast sein! Weil er spürt, dass der Mensch Zachäus ein Sehnsüchtiger ist, der aus dem Teufelskreis von Schuld und Isolation ausbrechen will. Jesus eröffnet ihm einen Neuanfang, indem er ihn sieht und nicht übersieht, indem er ihn anspricht und nicht mit eisigem Schweigen übergeht, indem er sich bei ihm einlädt und nicht vor ihm flieht wie vor einer ansteckenden Krankheit. Und Zachäus macht gut, was nur gut zu machen ist. Eine radikale Lebenswende. „Der Glaube beginnt damit, dass ein Mensch aus der Enge seines platten Lebenskonzepts, in dem nichts außer ihm selbst Platz hat, aufsteigt, hinaufklettert, um Ausschau zu halten" (Martin Löwenstein).

Mittwoch der 33. Woche im Jahreskreis

Lj I **Lesung** *2 Makkabäer 7,1.20-31* In jenen Tagen geschah es, dass man sieben Brüder mit ihrer Mutter festnahm. Der König wollte sie zwingen, entgegen dem göttlichen Gesetz Schweinefleisch zu essen, und ließ sie darum mit Geißeln und Riemen peitschen.

Die Mutter war überaus bewundernswert und sie hat es verdient, dass man sich an sie mit Hochachtung erinnert. An einem einzigen Tag sah sie nacheinander ihre sieben Söhne sterben und ertrug es tapfer, weil sie dem Herrn vertraute. In edler Gesinnung stärkte sie ihr weibliches Gemüt mit männlichem Mut, redete jedem von ihnen in ihrer Muttersprache zu und sagte: Ich weiß nicht, wie ihr in meinem Leib entstanden seid, noch habe ich euch Atem und Leben geschenkt; auch habe ich keinen von euch aus den Grundstoffen zusammengefügt. Nein, der Schöpfer der Welt hat den werdenden Menschen geformt, als er entstand; er kennt die Entstehung aller Dinge. Er gibt euch gnädig Atem und Leben wieder, weil ihr jetzt um seiner Gesetze willen nicht auf euch achtet. Antiochus aber glaubte, sie verachte ihn, und er hatte den Verdacht, sie wolle ihn beschimpfen.

Nun war nur noch der Jüngste übrig. Auf ihn redete der König nicht nur mit guten Worten ein, sondern versprach ihm unter vielen Eiden, ihn reich und sehr glücklich zu machen, wenn er von der Lebensart seiner Väter abfalle; auch wolle er ihn zu seinem Freund machen und ihn mit hohen Staatsämtern betrauen. Als der Junge nicht darauf einging, rief der König die Mutter und redete ihr zu, sie solle dem Knaben doch raten, sich zu retten. Erst nach langem Zureden willigte sie ein, ihren Sohn zu überreden. Sie beugte sich zu ihm nieder, und den grausamen Tyrannen verspottend, sagte sie in ihrer Muttersprache:

Mein Sohn, hab Mitleid mit mir! Neun Monate habe ich dich in meinem Leib getragen, ich habe dich drei Jahre gestillt, dich ernährt, erzogen und für dich gesorgt, bis du nun so groß geworden bist. Ich bitte dich, mein Kind, schau dir den Himmel und die Erde an; sieh alles, was es da gibt, und erkenne: Gott hat das aus dem Nichts erschaffen und so entstehen auch die Menschen. Hab keine Angst vor diesem Henker, sei deiner Brüder würdig und nimm den Tod an! Dann werde ich dich zur Zeit der Gnade mit deinen Brüdern wiederbekommen.

Kaum hatte sie aufgehört, da sagte der Junge: Auf wen wartet ihr? Dem Befehl des Königs gehorche ich nicht; ich höre auf den Befehl des Gesetzes, das unseren Vätern durch Mose gegeben wurde. Du aber, der sich alle diese Bosheiten gegen die Hebräer ausgedacht hat, du wirst Gottes Händen nicht entkommen.

Lj II **Lesung** *Offenbarung 4,1-11* Ich, Johannes, sah: Eine Tür war geöffnet am Himmel; und die Stimme, die vorher zu mir gesprochen hatte und die wie

eine Posaune klang, sagte: Komm herauf und ich werde dir zeigen, was dann geschehen muss.
Sogleich wurde ich vom Geist ergriffen. Und ich sah: Ein Thron stand im Himmel; auf dem Thron saß einer, der wie ein Jaspis und ein Karneol aussah. Und über dem Thron wölbte sich ein Regenbogen, der wie ein Smaragd aussah. Und rings um den Thron standen vierundzwanzig Throne und auf den Thronen saßen vierundzwanzig Älteste in weißen Gewändern und mit goldenen Kränzen auf dem Haupt. Von dem Thron gingen Blitze, Stimmen und Donner aus. Und sieben lodernde Fackeln brannten vor dem Thron; das sind die sieben Geister Gottes. Und vor dem Thron war etwas wie ein gläsernes Meer, gleich Kristall. Und in der Mitte, rings um den Thron, waren vier Lebewesen voller Augen, vorn und hinten.
Das erste Lebewesen glich einem Löwen, das zweite einem Stier, das dritte sah aus wie ein Mensch, das vierte glich einem fliegenden Adler. Und jedes der vier Lebewesen hatte sechs Flügel, außen und innen voller Augen. Sie ruhen nicht, bei Tag und Nacht, und rufen:
Heilig, heilig, heilig ist der Herr, der Gott, der Herrscher über die ganze Schöpfung; er war und er ist und er kommt.
Und wenn die Lebewesen dem, der auf dem Thron sitzt und in alle Ewigkeit lebt, Herrlichkeit und Ehre und Dank erweisen, dann werfen sich die vierundzwanzig Ältesten vor dem, der auf dem Thron sitzt, nieder und beten ihn an, der in alle Ewigkeit lebt. Und sie legen ihre goldenen Kränze vor seinem Thron nieder und sprechen: Würdig bist du, unser Herr und Gott, Herrlichkeit zu empfangen und Ehre und Macht. Denn du bist es, der die Welt erschaffen hat, durch deinen Willen war sie und wurde sie erschaffen.

Evangelium *Lukas 19,11-28* In jener Zeit meinten die Menschen, weil Jesus schon nahe bei Jerusalem war, das Reich Gottes werde sofort erscheinen.
Daher erzählte er ihnen ein weiteres Gleichnis. Er sagte: Ein Mann von vornehmer Herkunft wollte in ein fernes Land reisen, um die Königswürde zu erlangen und dann zurückzukehren. Er rief zehn seiner Diener zu sich, verteilte unter sie Geld im Wert von zehn Minen und sagte: Macht Geschäfte damit, bis ich wiederkomme. Da ihn aber die Einwohner seines Landes hassten, schickten sie eine Gesandtschaft hinter ihm her und ließen sagen: Wir wollen nicht, dass dieser Mann unser König wird. Dennoch wurde er als König eingesetzt.
Nach seiner Rückkehr ließ er die Diener, denen er das Geld gegeben hatte, zu sich rufen. Er wollte sehen, welchen Gewinn jeder bei seinen Geschäften erzielt hatte. Der erste kam und sagte: Herr, ich habe mit deiner Mine zehn Minen erwirtschaftet. Da sagte der König zu ihm: Sehr gut, du bist ein tüchtiger Diener. Weil du im Kleinsten zuverlässig warst, sollst du Herr über zehn Städte werden. Der zweite kam und sagte: Herr, ich habe mit deiner

Mine fünf Minen erwirtschaftet. Zu ihm sagte der König: Du sollst über fünf Städte herrschen. Nun kam ein anderer und sagte: Herr, hier hast du dein Geld zurück. Ich habe es in ein Tuch eingebunden und aufbewahrt; denn ich hatte Angst vor dir, weil du ein strenger Mann bist: Du hebst ab, was du nicht eingezahlt hast, und erntest, was du nicht gesät hast. Der König antwortete: Aufgrund deiner eigenen Worte spreche ich dir das Urteil. Du bist ein schlechter Diener. Du hast gewusst, dass ich ein strenger Mann bin? Dass ich abhebe, was ich nicht eingezahlt habe, und ernte, was ich nicht gesät habe? Warum hast du dann mein Geld nicht auf die Bank gebracht? Dann hätte ich es bei der Rückkehr mit Zinsen abheben können.
Und zu den anderen, die dabeistanden, sagte er: Nehmt ihm das Geld weg und gebt es dem, der die zehn Minen hat. Sie sagten zu ihm: Herr, er hat doch schon zehn. Da erwiderte er: Ich sage euch: Wer hat, dem wird gegeben werden; wer aber nicht hat, dem wird auch noch weggenommen, was er hat. Doch meine Feinde, die nicht wollten, dass ich ihr König werde, bringt sie her und macht sie vor meinen Augen nieder!
Nach dieser Rede zog Jesus weiter und ging nach Jerusalem hinauf.

Zum Evangelium Die Gleichnisse Jesu erzählen Begebenheiten aus dieser Welt, damit wir erkennen, was Gott in diesem Leben von uns will. Ob unser Leben gelingt, hängt vom Umgang mit den Talenten ab, die er jedem mitgegeben hat. Es gibt keinen, der keine Begabung hätte. Wir wissen nicht, wie viele Talente ein anderer bekommen hat. Deshalb sollten wir uns nicht vergleichen und uns möglicherweise benachteiligt fühlen. Mit dem dritten Knecht haben wir vielleicht Mitleid. Er hat Angst, Fehler zu machen. Er vergräbt sein Talent, nach der Devise „wer nichts tut, kann auch nichts falsch machen". Aber genau das stimmt nicht. Wer seine Energie darauf verwendet, keine Fehler zu machen, lebt am Leben vorbei. Sein Leben wird sinnlos. Wir sollten unsere Talente vermehren, indem wir der Liebe Gottes trauen. Aus Liebe zu ihm Fehler zu machen, sieht er uns nach. Aus Angst vor ihm nichts tun, ist unverzeihlich.

Donnerstag der 33. Woche im Jahreskreis

Lj I **Lesung** *1 Makkabäer 2,15-29* In jenen Tagen kamen die Beamten, die vom König den Auftrag hatten, die Einwohner zum Abfall von Gott zu zwingen, in die Stadt Modeïn, um die Opfer durchzuführen. Viele Männer aus Israel kamen zu ihnen; auch Mattatias und seine Söhne mussten erscheinen.
Da wandten sich die Leute des Königs an Mattatias und sagten: Du besitzt in dieser Stadt Macht, Ansehen und Einfluss und hast die Unterstützung deiner Söhne und Verwandten. Tritt also als erster vor und tu, was der König angeordnet hat. So haben es alle Völker getan, auch die Männer in Judäa und alle, die in Jerusalem geblieben sind. Dann wirst du mit deinen Söhnen zu den

Freunden des Königs gehören; auch wird man dich und deine Söhne mit Silber, Gold und vielen Geschenken überhäufen.
Mattatias aber antwortete mit lauter Stimme: Auch wenn alle Völker im Reich des Königs ihm gehorchen und jedes von der Religion seiner Väter abfällt und sich für seine Anordnungen entscheidet – ich, meine Söhne und meine Verwandten bleiben beim Bund unserer Väter. Der Himmel bewahre uns davor, das Gesetz und seine Vorschriften zu verlassen. Wir gehorchen den Befehlen des Königs nicht und wir weichen weder nach rechts noch nach links von unserer Religion ab.
Kaum hatte er das gesagt, da trat vor aller Augen ein Jude vor und wollte auf dem Altar von Modeïn opfern, wie es der König angeordnet hatte. Als Mattatias das sah, packte ihn leidenschaftlicher Eifer; er bebte vor Erregung und ließ seinem gerechten Zorn freien Lauf: Er sprang vor und erstach den Abtrünnigen über dem Altar. Zusammen mit ihm erschlug er auch den königlichen Beamten, der sie zum Opfer zwingen wollte, und riss den Altar nieder; der leidenschaftliche Eifer für das Gesetz hatte ihn gepackt und er tat, was einst Pinhas mit Simri, dem Sohn des Salu, gemacht hatte. Dann ging Mattatias durch die Stadt und rief laut: Wer sich für das Gesetz ereifert und zum Bund steht, der soll mir folgen. Und er floh mit seinen Söhnen in die Berge; ihren ganzen Besitz ließen sie in der Stadt zurück.
Damals gingen viele, die Recht und Gerechtigkeit suchten, in die Wüste hinunter, um dort zu leben.

Lesung *Offenbarung 5,1-10* Ich, Johannes, sah auf der rechten Hand dessen, der auf dem Thron saß, eine Buchrolle; sie war innen und außen beschrieben und mit sieben Siegeln versiegelt. Und ich sah: Ein gewaltiger Engel rief mit lauter Stimme: Wer ist würdig, die Buchrolle zu öffnen und ihre Siegel zu lösen? Aber niemand im Himmel, auf der Erde und unter der Erde konnte das Buch öffnen und es lesen. Da weinte ich sehr, weil niemand für würdig befunden wurde, das Buch zu öffnen und es zu lesen. **Lj II**
Da sagte einer von den Ältesten zu mir: Weine nicht! Gesiegt hat der Löwe aus dem Stamm Juda, der Spross aus der Wurzel Davids; er kann das Buch und seine sieben Siegel öffnen.
Und ich sah: Zwischen dem Thron und den vier Lebewesen und mitten unter den Ältesten stand ein Lamm; es sah aus wie geschlachtet und hatte sieben Hörner und sieben Augen; die Augen sind die sieben Geister Gottes, die über die ganze Erde ausgesandt sind.
Das Lamm trat heran und empfing das Buch aus der rechten Hand dessen, der auf dem Thron saß.
Als es das Buch empfangen hatte, fielen die vier Lebewesen und die vierundzwanzig Ältesten vor dem Lamm nieder; alle trugen Harfen und goldene Schalen voll von Räucherwerk; das sind die Gebete der Heiligen. Und sie sangen ein neues Lied:

Würdig bist du, / das Buch zu nehmen und seine Siegel zu öffnen;
denn du wurdest geschlachtet / und hast mit deinem Blut / Menschen für Gott erworben / aus allen Stämmen und Sprachen, / aus allen Nationen und Völkern
und du hast sie für unsern Gott / zu Königen und Priestern gemacht; / und sie werden auf der Erde herrschen.

Evangelium *Lukas 19,41-44* In jener Zeit, als Jesus Jerusalem näher kam und die Stadt sah, weinte er über sie und sagte: Wenn doch auch du an diesem Tag erkannt hättest, was dir Frieden bringt. Jetzt aber bleibt es vor deinen Augen verborgen. Es wird eine Zeit für dich kommen, in der deine Feinde rings um dich einen Wall aufwerfen, dich einschließen und von allen Seiten bedrängen. Sie werden dich und deine Kinder zerschmettern und keinen Stein auf dem andern lassen; denn du hast die Zeit der Gnade nicht erkannt.

Zum Evangelium Als Lukas sein Evangelium schreibt, liegt die Zerstörung Jerusalems (70/71) etwa zehn Jahre zurück. Vom Tempel Jerusalems ist nur die Mauer übrig geblieben, die „Klagemauer". Das Volk Israel wurde damals in alle Winde zerstreut und hatte bis 1947 keine eigene Heimat auf dieser Erde. Die Tränen Jesu gelten seinem geliebten Jerusalem, dessen Oberschicht sich gegen ihn verschließt und nicht erkennen will, dass Gott seinem Volk durch seinen Sohn ein neues Angebot macht. „Du hast die Zeit der Gnade nicht erkannt." Wie oft erkennen wir nicht, dass es an der Zeit ist, verpassen den entscheidenden Zeitpunkt, sind uns der Bedeutung des Augenblicks nicht bewusst. Und irgendwann kann es unweigerlich zu spät sein, und man steht vor den Trümmern seines Lebens. Und doch können wir darauf hoffen, dass Gott aus den Trümmern unseres Lebens eine neue Geschichte schreibt, eine Geschichte der Vergebung und der Gnade, eine Geschichte vom Tod ins Leben – weil in Jesu Tod und Auferstehung Gericht und Gnade, Zeit und Ewigkeit eins wurden.

Freitag der 33. Woche im Jahreskreis

Lj I **Lesung** *1 Makkabäer 4,36-37.52-59* In jenen Tagen sagten Judas der Makkabäer und seine Brüder: Unsere Feinde sind nun vernichtend geschlagen. Wir wollen nach Jerusalem hinaufziehen, den Tempel reinigen und ihn neu weihen. Das ganze Heer versammelte sich also und zog zum Berg Zion hinauf.
Am Fünfundzwanzigsten des neunten Monats – das ist der Monat Kislew – im Jahr 148 standen sie früh am Morgen auf und brachten auf dem neuen Brandopferaltar, den sie errichtet hatten, Opfer dar, so wie sie das Gesetz vorschreibt. Zur gleichen Zeit und am selben Tag, an dem ihn die fremden Völker entweiht hatten, wurde er neu geweiht, unter Liedern, Zither- und Harfenspiel und dem Klang der Zimbeln. Das ganze Volk warf sich nieder

auf das Gesicht, sie beteten an und priesen den Himmel, der ihnen Erfolg geschenkt hatte. Acht Tage lang feierten sie die Altarweihe, brachten mit Freuden Brandopfer dar und schlachteten Heils- und Dankopfer. Sie schmückten die Vorderseite des Tempels mit Kränzen und kleinen Schilden aus Gold; sie erneuerten die Tore und auch die Nebengebäude, die sie wieder mit Türen versahen. Im Volk herrschte sehr große Freude; denn die Schande, die ihnen die fremden Völker zugefügt hatten, war beseitigt. Judas fasste mit seinen Brüdern und mit der ganzen Gemeinde Israels den Beschluss, Jahr für Jahr zur selben Zeit mit festlichem Jubel die Tage der Altarweihe zu begehen, und zwar acht Tage lang, vom fünfundzwanzigsten Kislew an.

Lesung *Offenbarung 10,8-11* Ich, Johannes, hörte noch einmal die Stimme aus dem Himmel, sie sprach zu mir: Geh, nimm das Buch, das der Engel, der auf dem Meer und auf dem Land steht, aufgeschlagen in der Hand hält. Und ich ging zu dem Engel und bat ihn, mir das kleine Buch zu geben. Er sagte zu mir: Nimm und iss es! In deinem Magen wird es bitter sein, in deinem Mund aber süß wie Honig. Da nahm ich das kleine Buch aus der Hand des Engels und aß es. In meinem Mund war es süß wie Honig. Als ich es aber gegessen hatte, wurde mein Magen bitter. **Lj II**
Und mir wurde gesagt: Du musst noch einmal weissagen über viele Völker und Nationen mit ihren Sprachen und Königen.

Evangelium *Lukas 19,45-48* In jener Zeit ging Jesus in den Tempel und begann, die Händler hinauszutreiben. Er sagte zu ihnen: In der Schrift steht: Mein Haus soll ein Haus des Gebetes sein. Ihr aber habt daraus eine Räuberhöhle gemacht.
Er lehrte täglich im Tempel. Die Hohenpriester, die Schriftgelehrten und die übrigen Führer des Volkes aber suchten ihn umzubringen. Sie wussten jedoch nicht, wie sie es machen sollten, denn das ganze Volk hing an ihm und hörte ihn gern.

Zum Evangelium Es ist Liebe, Liebe zu Jerusalem und seinem Tempel, Liebe zu seinem Vater und zu den Menschen, die Jesus weinen und zornig werden lässt. Es ist Liebe, die sich an dem veräußerlichten kommerzialisierten Betrieb stößt, der sich in den Vorhöfen des Tempels abspielt. Denn diese geschäftige, armselige Geistlosigkeit zeigt schlaglichtartig, wie weit sich die religiösen Autoritäten von ihrer Mitte, von Gott, entfernt haben. Jesu Liebe gilt einem Gottesdienst, in dessen Zentrum nicht Opfer, sondern das Gebet, die Gottes- und Nächstenliebe stehen. Die, die ihre Vorteile in Gefahr sehen – Macht und Ämter –, möchten ihn loswerden. Die, die durch Jesu Auftritt ermutigt werden, hängen an ihm und unterstützen ihn. Wir sind immer Teil des Problems oder Teil der Lösung. Gott fordert uns, in allen Belangen des Lebens, dem Schlechten zu wehren und das Gute zu mehren. Er fordert uns – er traut es uns aber auch zu. Lassen wir uns anrühren vom Schicksal anderer, so wie Jesus sich vom Schicksal Jerusalems hat anrühren lassen? Haben wir noch eine Vision, ein Leitbild für unser Handeln als Christen in einer Welt geschäftiger Geistlosigkeit?

Samstag der 33. Woche im Jahreskreis

Lj I **Lesung** *1 Makkabäer 6,1-13* In jenen Tagen durchzog König Antiochus die östlichen Provinzen. Er hörte von einer Stadt in Persien namens Elymaïs, die berühmt war wegen ihres Reichtums an Silber und Gold. Auch gibt es in ihr einen sehr reichen Tempel; der mazedonische König Alexander, der Sohn des Philippus, der als erster Grieche König geworden war, hatte dort goldene Schilde, Rüstungen und Waffen hinterlassen. Antiochus marschierte also hin und versuchte, die Stadt zu erobern und zu plündern. Doch er blieb ohne Erfolg; denn die Einwohner der Stadt hatten von seinem Plan erfahren und leisteten ihm bewaffneten Widerstand. Er musste fluchtartig abziehen und machte sich sehr niedergeschlagen auf den Rückweg nach Babylon.

Noch in Persien erreichte ihn ein Bote mit der Nachricht, dass die Heere, die in Judäa einmarschiert waren, geschlagen worden waren. Auch Lysias, der an der Spitze einer starken Streitmacht in den Kampf gezogen war, habe gegen die Juden eine schwere Niederlage erlitten. Deren Bewaffnung und Kampfkraft habe sich durch die große Beute, die sie bei den geschlagenen Armeen machten, verstärkt. Den Gräuel, den er auf dem Altar in Jerusalem hatte aufstellen lassen, hätten sie wieder entfernt und den Tempelbezirk wie früher mit hohen Mauern umgeben, ebenso seine Stadt Bet–Zur.

Als der König das hörte, war er bestürzt und sehr beunruhigt. Er musste sich niederlegen, da ihn eine Schwäche befiel; so niedergeschlagen war er, weil seine Pläne gescheitert waren. So ging es mehrere Tage. Er bekam immer neue Anfälle tiefer Schwermut und rechnete schon damit, dass er sterben müsse. Er rief seine Freunde zusammen und sagte zu ihnen: Der Schlaf flieht meine Augen und ich bin vor Sorgen zusammengebrochen. Ich habe mich gefragt: Wie bin ich nur in diese große Not und Bedrängnis geraten, in der ich mich jetzt befinde? Ich war während meiner Regierung doch immer leutselig und beliebt. Jetzt fallen mir die bösen Dinge ein, die ich in Jerusalem getan habe. Ich habe dort alle Geräte aus Silber und Gold mitgenommen, ja, ich habe ohne Grund den Auftrag gegeben, die Bewohner Judäas auszurotten. Deswegen ist dieses Unglück über mich gekommen, das weiß ich jetzt. Und nun sterbe ich ganz verzweifelt in einem fremden Land.

Lj II **Lesung** *Offenbarung 11,4-12* Die Stimme aus dem Himmel sprach: Das sind meine beiden Zeugen. Sie sind die zwei Ölbäume und die zwei Leuchter, die vor dem Herrn der Erde stehen. Wenn ihnen jemand Schaden zufü-

gen will, schlägt Feuer aus ihrem Mund und verzehrt ihre Feinde; so muss jeder sterben, der ihnen schaden will. Sie haben Macht, den Himmel zu verschließen, damit kein Regen fällt in den Tagen ihres Wirkens als Propheten. Sie haben auch Macht, das Wasser in Blut zu verwandeln und die Erde zu schlagen mit allen möglichen Plagen, sooft sie wollen.
Wenn sie ihren Auftrag als Zeugen erfüllt haben, wird sie das Tier, das aus dem Abgrund heraufsteigt, bekämpfen, besiegen und töten. Und ihre Leichen bleiben auf der Straße der großen Stadt liegen. Diese Stadt heißt, geistlich verstanden: Sodom und Ägypten; dort wurde auch ihr Herr gekreuzigt. Menschen aus allen Völkern und Stämmen, Sprachen und Nationen werden ihre Leichen dort sehen, dreieinhalb Tage lang; sie werden nicht zulassen, dass die Leichen begraben werden.
Und die Bewohner der Erde freuen sich darüber, beglückwünschen sich und schicken sich gegenseitig Geschenke; denn die beiden Propheten hatten die Bewohner der Erde gequält.
Aber nach den dreieinhalb Tagen kam von Gott her wieder Lebensgeist in sie und sie standen auf. Da überfiel alle, die sie sahen, große Angst. Und sie hörten eine laute Stimme vom Himmel her rufen: Kommt herauf! Vor den Augen ihrer Feinde stiegen sie in der Wolke zum Himmel hinauf.

Evangelium *Lukas 20,27-40* In jener Zeit kamen einige von den Sadduzäern, die die Auferstehung leugnen, zu Jesus und fragten ihn: Meister, Mose hat uns vorgeschrieben: Wenn ein Mann, der einen Bruder hat, stirbt und eine Frau hinterlässt, ohne Kinder zu haben, dann soll sein Bruder die Frau heiraten und seinem Bruder Nachkommen verschaffen. Nun lebten einmal sieben Brüder. Der erste nahm sich eine Frau, starb aber kinderlos. Da nahm sie der zweite, danach der dritte und ebenso die anderen bis zum siebten; sie alle hinterließen keine Kinder, als sie starben. Schließlich starb auch die Frau. Wessen Frau wird sie nun bei der Auferstehung sein? Alle sieben haben sie doch zur Frau gehabt.
Da sagte Jesus zu ihnen: Nur in dieser Welt heiraten die Menschen. Die aber, die Gott für würdig hält, an jener Welt und an der Auferstehung von den Toten teilzuhaben, werden dann nicht mehr heiraten. Sie können auch nicht mehr sterben, weil sie den Engeln gleich und durch die Auferstehung zu Söhnen Gottes geworden sind. Dass aber die Toten auferstehen, hat schon Mose in der Geschichte vom Dornbusch angedeutet, in der er den Herrn den Gott Abrahams, den Gott Isaaks und den Gott Jakobs nennt. Er ist doch kein Gott von Toten, sondern von Lebenden; denn für ihn sind alle lebendig. Da sagten einige Schriftgelehrte: Meister, du hast gut geantwortet. Und man wagte nicht mehr, ihn etwas zu fragen.

Zum Evangelium Die Sadduzäer, die nicht an die Auferstehung der Toten glauben, konstruieren einen absurden „Fall" und tragen ihn Jesus vor. Sie haben kein Interesse daran, sich ernsthaft mit ihm darüber auseinanderzusetzen, ob es eine Auferstehung der Toten gibt oder nicht, sie wollen ihn vielmehr in die Enge treiben. Jesu souveräne Antwort stellt die Frager nicht nur bloß, sondern weist darauf hin, dass die Wirklichkeit der Auferstehung etwas ganz anderes ist als die Verlängerung dessen, was in der diesseitigen Welt geschieht. „Die Auferstehung ist der Anfang einer neuen Zeit“ (Joseph Ratzinger). Dieser Anfang wurzelt schon in uns und wird uns einst – mit menschlichen Begriffen nicht beschreibbar – ganz und gar in sein Licht eintauchen. Aber leben nicht viele so, als gäbe es diese Verheißung nicht, als rechneten sie nicht mit einem Gott „von Lebenden“? So verdunkeln manche die Welt und „widerspiegeln sein allgütiges Antlitz entgottet“, als sei er „ein Gott von Toten“. Ließen wir „Gott aufsprießen in uns“, wären wir schon jetzt „erleuchtete Menschen“, die „über gelichtete Wegewigkeiten schreiten“ (Else Lasker-Schüler).

34. Woche im Jahreskreis

Montag der 34. Woche im Jahreskreis

Lj I **Lesung** *Daniel 1,1-6.8-20* Im dritten Jahr der Herrschaft des Königs Jojakim von Juda zog Nebukadnezzar, der König von Babel, gegen Jerusalem und belagerte es. Und der Herr gab König Jojakim von Juda sowie einen Teil der Geräte aus dem Haus Gottes in Nebukadnezzars Gewalt. Er verschleppte sie in das Land Schinar, in den Tempel seines Gottes, die Geräte aber brachte er in das Schatzhaus seines Gottes.

Dann befahl der König seinem Oberkämmerer Aschpenas, einige junge Israeliten an den Hof zu bringen, Söhne von königlicher Abkunft oder wenigstens aus vornehmer Familie; sie sollten frei von jedem Fehler sein, schön an Gestalt, in aller Weisheit unterrichtet und reich an Kenntnissen; sie sollten einsichtig und verständig sein und geeignet, im Palast des Königs Dienst zu tun; Aschpenas sollte sie auch in Schrift und Sprache der Chaldäer unterrichten. Als tägliche Kost wies ihnen der König Speisen und Wein von der königlichen Tafel zu. Sie sollten drei Jahre lang ausgebildet werden und dann in den Dienst des Königs treten. Unter diesen jungen Männern waren aus dem Stamm Juda Daniel, Hananja, Mischaël und Asarja.

Daniel war entschlossen, sich nicht mit den Speisen und dem Wein der königlichen Tafel unrein zu machen, und er bat den Oberkämmerer darum, sich nicht unrein machen zu müssen. Gott ließ ihn beim Oberkämmerer Wohlwollen und Nachsicht finden. Der Oberkämmerer sagte aber zu Daniel: Ich fürchte mich vor meinem Herrn, dem König, der euch die Speisen und Getränke zugewiesen hat; er könnte finden, dass ihr schlechter ausseht als die anderen jungen Leute eures Alters; dann wäre durch eure Schuld mein Kopf beim König verwirkt. Da sagte Daniel zu dem Mann, den der Oberkäm-

merer als Aufseher für ihn selbst sowie für Hananja, Mischaël und Asarja eingesetzt hatte: Versuch es doch einmal zehn Tage lang mit deinen Knechten! Lass uns nur pflanzliche Nahrung zu essen und Wasser zu trinken geben!
Dann vergleiche unser Aussehen mit dem der jungen Leute, die von den Speisen des Königs essen. Je nachdem, was du dann siehst, verfahr weiter mit deinen Knechten! Der Aufseher nahm ihren Vorschlag an und machte mit ihnen eine zehntägige Probe. Am Ende der zehn Tage sahen sie besser und wohlgenährter aus als all die jungen Leute, die von den Speisen des Königs aßen. Da ließ der Aufseher ihre Speisen und auch den Wein, den sie trinken sollten, beiseite und gab ihnen Pflanzenkost. Und Gott verlieh diesen vier jungen Leuten Wissen und Verständnis in jeder Art Schrifttum und Weisheit; Daniel verstand sich auch auf Visionen und Träume aller Art.
Als ihre Zeit zu Ende war und man sie vor den König bringen musste, wie er es bestimmt hatte, stellte sie der Oberkämmerer dem Nebukadnezzar vor. Der König unterhielt sich mit ihnen und fand Daniel, Hananja, Mischaël und Asarja allen anderen überlegen. Sie traten also in den Dienst des Königs. Sooft der König in Fragen, die Weisheit und Einsicht erfordern, ihren Rat einholte, fand er sie allen Zeichendeutern und Wahrsagern in seinem ganzen Reich zehnmal überlegen.

Lesung *Offenbarung 14,1-3.4b-5* Ich, Johannes, sah: Das Lamm stand auf dem Berg Zion und bei ihm waren hundertvierundvierzigtausend; auf ihrer Stirn trugen sie seinen Namen und den Namen seines Vaters. Dann hörte ich eine Stimme vom Himmel her, die dem Rauschen von Wassermassen und dem Rollen eines gewaltigen Donners glich. Die Stimme, die ich hörte, war wie der Klang der Harfe, die ein Harfenspieler schlägt. Und sie sangen ein neues Lied vor dem Thron und vor den vier Lebewesen und vor den Ältesten. Lj II
Aber niemand konnte das Lied singen lernen außer den hundertvierundvierzigtausend, die freigekauft und von der Erde weggenommen worden sind. Sie folgen dem Lamm, wohin es geht. Sie allein unter allen Menschen sind freigekauft als Erstlingsgabe für Gott und das Lamm. Denn in ihrem Mund fand sich keinerlei Lüge. Sie sind ohne Makel.

Evangelium *Lukas 21,1-4* In jener Zeit sah Jesus, wie die Reichen ihre Gaben in den Opferkasten legten. Dabei sah er auch eine arme Witwe, die zwei kleine Münzen hineinwarf. Da sagte er: Wahrhaftig, ich sage euch: Diese arme Witwe hat mehr hineingeworfen als alle anderen. Denn sie alle haben nur etwas von ihrem Überfluss geopfert; diese Frau aber, die kaum das Nötigste zum Leben hat, sie hat ihren ganzen Lebensunterhalt hergegeben.

Zum Evangelium Wie verhalten sich Menschen am Opferkasten? Die Gutsituierten geben von ihrem Überfluss. Es tut nicht weh. Die Witwe gibt zwei Münzen, wenig. Es ist alles, was sie hat. Niemand unterstützt sie. Sie lebt angefochten, schutzbedürftig, ausgeliefert. Jesus macht die Jünger auf die Witwe aufmerksam. Sie gibt freiwillig alles, weil sie darauf vertraut, dass Gott sie nicht im Stich lässt. Diese Szene ereignet sich kurz vor der Leidensgeschichte Jesu und spiegelt sein eigenes Schicksal: Jesus wird das Äußerste abverlangt, aber er gibt sein Leben freiwillig hin. Darin steckt ein tiefe Botschaft für unseren eigenen Lebensweg: Was ich verliere, erhält einen anderen Sinn, wenn ich es als Gabe, die ich hergebe, begreifen kann. Dann wandelt sich Mangel in Hingabe.

Dienstag der 34. Woche im Jahreskreis

Lj I **Lesung** *Daniel 2,31-45* In jenen Tagen sagte Daniel zu Nebukadnezzar: Du, König, hattest eine Vision: Du sahst ein gewaltiges Standbild. Es war groß und von außergewöhnlichem Glanz; es stand vor dir und war furchtbar anzusehen. An diesem Standbild war das Haupt aus reinem Gold; Brust und Arme waren aus Silber, der Körper und die Hüften aus Bronze. Die Beine waren aus Eisen, die Füße aber zum Teil aus Eisen, zum Teil aus Ton. Du sahst, wie ohne Zutun von Menschenhand sich ein Stein von einem Berg löste, gegen die eisernen und tönernen Füße des Standbildes schlug und sie zermalmte. Da wurden Eisen und Ton, Bronze, Silber und Gold mit einem Mal zu Staub. Sie wurden wie Spreu auf dem Dreschplatz im Sommer. Der Wind trug sie fort und keine Spur war mehr von ihnen zu finden. Der Stein aber, der das Standbild getroffen hatte, wurde zu einem großen Berg und erfüllte die ganze Erde.
Das war der Traum. Nun wollen wir dem König sagen, was er bedeutet. Du, König, bist der König der Könige; dir hat der Gott des Himmels Herrschaft und Macht, Stärke und Ruhm verliehen. Und in der ganzen bewohnten Welt hat er die Menschen, die Tiere auf dem Feld und die Vögel am Himmel in deine Hand gegeben; dich hat er zum Herrscher über sie alle gemacht: Du bist das goldene Haupt. Nach dir kommt ein anderes Reich, geringer als deines; dann ein drittes Reich, von Bronze, das die ganze Erde beherrschen wird. Ein viertes endlich wird hart wie Eisen sein; Eisen zerschlägt und zermalmt ja alles; und wie Eisen alles zerschmettert, so wird dieses Reich alle anderen zerschlagen und zerschmettern. Die Füße und Zehen waren, wie du gesehen hast, teils aus Töpferton, teils aus Eisen; das bedeutet: Das Reich wird geteilt sein; es wird aber etwas von der Härte des Eisens haben, darum hast du das Eisen mit Ton vermischt gesehen. Dass aber die Zehen teils aus Eisen, teils aus Ton waren, bedeutet: Zum Teil wird das Reich hart sein, zum Teil brüchig. Wenn du das Eisen mit Ton vermischt gesehen hast, so heißt das: Sie werden sich zwar durch Heiraten miteinander verbinden; doch das eine wird nicht am anderen haften, wie sich Eisen nicht mit Ton verbindet.

Zur Zeit jener Könige wird aber der Gott des Himmels ein Reich errichten, das in Ewigkeit nicht untergeht; dieses Reich wird er keinem anderen Volk überlassen. Es wird alle jene Reiche zermalmen und endgültig vernichten; es selbst aber wird in alle Ewigkeit bestehen. Du hast ja gesehen, dass ohne Zutun von Menschenhand ein Stein vom Berg losbrach und Eisen, Bronze und Ton, Silber und Gold zermalmte. Der große Gott hat den König wissen lassen, was dereinst geschehen wird. Der Traum ist sicher und die Deutung zuverlässig.

Lesung *Offenbarung 14,14-19* Ich, Johannes, sah eine weiße Wolke. Auf der Wolke thronte einer, der wie ein Menschensohn aussah. Er trug einen goldenen Kranz auf dem Haupt und eine scharfe Sichel in der Hand. Lj II
Und ein anderer Engel kam aus dem Tempel und rief dem, der auf der Wolke saß, mit lauter Stimme zu: Schick deine Sichel aus und ernte! Denn die Zeit zu ernten ist gekommen: Die Frucht der Erde ist reif geworden. Und der, der auf der Wolke saß, schleuderte seine Sichel über die Erde und die Erde wurde abgeerntet.
Und ein anderer Engel trat aus dem himmlischen Tempel. Auch er hatte eine scharfe Sichel.
Vom Altar her kam noch ein anderer Engel, der die Macht über das Feuer hatte. Dem, der die scharfe Sichel trug, rief er mit lauter Stimme zu: Schick deine scharfe Sichel aus und ernte die Trauben vom Weinstock der Erde! Seine Beeren sind reif geworden. Da schleuderte der Engel seine Sichel auf die Erde, erntete den Weinstock der Erde ab und warf die Trauben in die große Kelter des Zornes Gottes.

Evangelium *Lukas 21,5-11* In jener Zeit, als einige darüber sprachen, dass der Tempel mit schönen Steinen und Weihegeschenken geschmückt sei, sagte Jesus: Es wird eine Zeit kommen, da wird von allem, was ihr hier seht, kein Stein auf dem andern bleiben; alles wird niedergerissen werden. Sie fragten ihn: Meister, wann wird das geschehen und an welchem Zeichen wird man erkennen, dass es beginnt? Er antwortete: Gebt Acht, dass man euch nicht irreführt! Denn viele werden unter meinem Namen auftreten und sagen: Ich bin es!, und: Die Zeit ist da. – Lauft ihnen nicht nach! Und wenn ihr von Kriegen und Unruhen hört, lasst euch dadurch nicht erschrecken! Denn das muss als erstes geschehen; aber das Ende kommt noch nicht sofort. Dann sagte er zu ihnen: Ein Volk wird sich gegen das andere erheben und ein Reich gegen das andere. Es wird gewaltige Erdbeben und an vielen Orten Seuchen und Hungersnöte geben; schreckliche Dinge werden geschehen und am Himmel wird man gewaltige Zeichen sehen.

Zum Evangelium Am Beginn seiner apokalyptischen Rede zählt Lukas die Ängste und Schrecken auf, die das Ende der Zeit ankündigen. Die

Ängste damals ähneln verblüffend unseren Ängsten: Zerstörung, Krieg, Hungersnöte, Seuchen. Wenn sie auch selten in unserer unmittelbaren Umgebung auftreten, so bringt uns doch Tag für Tag die moderne Nachrichtentechnik jeden Krieg, jedes Elend, jedes Unglück direkt ins Wohnzimmer. Die vermittelte Nähe durch die Medien und die reale Distanz zu diesen Ereignissen, die sich irgendwo in der Welt abspielen, macht es nicht leicht, mit diesen Eindrücken umzugehen. Vielleicht tut deshalb die Filmindustrie in Hollywood das ihre dazu, uns zum Erzittern zu bringen, indem sie Kriegswahnsinn und Weltuntergangsstimmung inszeniert. Am Ende steht da jedoch kein Christus, sondern ein sehr weltlicher, übermenschlich starker Erlöser à la James Bond, damit die Welt noch einmal mit all ihren Schrecken von vorn anfangen kann. – Das Ende wird kommen, es kommt mit Erschütterung, aber wenn wir auf ihn hin warten, wird dieses Ende das Licht eines großen Anfangs sein.
„Wer Glauben hat, der zittert nicht. Er überstürzt nicht die Ereignisse, er ist nicht pessimistisch eingestellt, er verliert nicht die Nerven ... Glaube – das ist die Heiterkeit, die von Gott kommt" (Johannes XXIII.).

Mittwoch der 34. Woche im Jahreskreis

Lj I **Lesung** *Daniel 5,1-6.13-14.16-17.23-28* In jenen Tagen gab König Belschazzar ein großes Gastmahl für seine Großen; es waren tausend Menschen und zusammen mit den Tausend sprach er dem Wein zu. In seiner Weinlaune nun ließ Belschazzar die goldenen und silbernen Gefäße holen, die sein Vater Nebukadnezzar aus dem Tempel in Jerusalem mitgenommen hatte. Jetzt sollten der König und seine Großen, seine Frauen und Nebenfrauen daraus trinken. Man holte also die goldenen Gefäße, die man aus dem Tempel des Gotteshauses in Jerusalem mitgenommen hatte, und der König und seine Großen, seine Frauen und Nebenfrauen tranken daraus. Sie tranken Wein und lobten die Götter aus Gold und Silber, aus Bronze, Eisen, Holz und Stein.
In derselben Stunde erschienen die Finger einer Menschenhand und schrieben gegenüber dem Leuchter etwas auf die weißgetünchte Wand des königlichen Palastes. Der König sah den Rücken der Hand, als sie schrieb. Da erbleichte er und seine Gedanken erschreckten ihn. Seine Glieder wurden schwach und ihm schlotterten die Knie.
Da wurde Daniel vor den König gebracht und der König sagte zu ihm: Du also bist Daniel, einer von den verschleppten Juden, die mein Vater, der König, aus Juda hierher gebracht hat. In dir, so habe ich gehört, ist der Geist der Götter und bei dir fand man Erleuchtung und Einsicht und außergewöhnliche Weisheit. Du, so habe ich gehört, kannst Deutungen geben und schwierige Fragen lösen. Wenn du nun die Schrift lesen und mir deuten kannst, sollst du in Purpur gekleidet werden, um den Hals eine goldene Kette tragen und als der Dritte in meinem Reich herrschen.

Daniel gab dem König zur Antwort: Behalte deine Gaben oder schenk sie einem andern! Aber die Schrift will ich für den König lesen und deuten. Du hast dich gegen den Herrn des Himmels erhoben und dir die Gefäße aus seinem Tempel herbeischaffen lassen. Du und deine Großen, deine Frauen und Nebenfrauen, ihr habt daraus Wein getrunken. Du hast die Götter aus Gold und Silber, aus Bronze, Eisen, Holz und Stein gepriesen, die weder sehen noch hören können und keinen Verstand haben. Aber den Gott, der deinen Lebensatem in seiner Hand hat und dem all deine Wege gehören, den hast du nicht verherrlicht. Darum hat er diese Hand geschickt und diese Schrift geschrieben. Das Geschriebene lautet aber: Mene mene tekel u-parsin. Diese Worte bedeuten: Mene: Gezählt hat Gott die Tage deiner Herrschaft und macht ihr ein Ende. Tekel: Gewogen wurdest du auf der Waage und zu leicht befunden. Peres: Geteilt wird dein Reich und den Medern und Persern gegeben.

Lesung *Offenbarung 15,1-4* Ich, Johannes, sah ein anderes Zeichen am Himmel, groß und wunderbar. Ich sah sieben Engel mit sieben Plagen, den sieben letzten; denn in ihnen erreicht der Zorn Gottes sein Ende. Lj II
Dann sah ich etwas, das einem gläsernen Meer glich und mit Feuer durchsetzt war. Und die Sieger über das Tier, über sein Standbild und über die Zahl seines Namens standen auf dem gläsernen Meer und trugen die Harfen Gottes. Sie sangen das Lied des Mose, des Knechtes Gottes, und das Lied zu Ehren des Lammes:
Groß und wunderbar sind deine Taten, / Herr, Gott und Herrscher über die ganze Schöpfung.
Gerecht und zuverlässig sind deine Wege, / du König der Völker.
Wer wird dich nicht fürchten, Herr, / wer wird deinen Namen nicht preisen?
Denn du allein bist heilig: / Alle Völker kommen und beten dich an; / denn deine gerechten Taten sind offenbar geworden.

Evangelium *Lukas 21,12-19* In jener Zeit sprach Jesus zu seinen Jüngern: Man wird euch festnehmen und euch verfolgen. Man wird euch um meines Namens willen den Gerichten der Synagogen übergeben, ins Gefängnis werfen und vor Könige und Statthalter bringen. Dann werdet ihr Zeugnis ablegen können. Nehmt euch fest vor, nicht im Voraus für eure Verteidigung zu sorgen; denn ich werde euch die Worte und die Weisheit eingeben, sodass alle eure Gegner nicht dagegen ankommen und nichts dagegen sagen können.
Sogar eure Eltern und Geschwister, eure Verwandten und Freunde werden euch ausliefern und manche von euch wird man töten. Und ihr werdet um meines Namens willen von allen gehasst werden. Und doch wird euch kein Haar gekrümmt werden. Wenn ihr standhaft bleibt, werdet ihr das Leben gewinnen.

Zum Evangelium Als Lukas sein Evangelium schrieb, haben die ersten Christenverfolgungen gerade begonnen. Lukas sieht darin das Zeichen, dass die Welt am Ende ist. Die Konflikte, für die Jesus in den Tod ging, haben nicht aufgehört, sie entzünden sich immer wieder, sobald jemand seinem Vorbild entsprechend zu leben versucht. Doch in den Widerständen, die man bestehen muss, liegt gleichzeitig die Chance, für die Wahrheit Zeugnis zu geben. Niemals passen das äußere Glück und die innere Wahrheit harmonisch zusammen.
Vielleicht muss in uns eine ganze Welt zugrunde gehen, bevor die Last der Angst von uns abfällt und nur noch Gottes Hände uns umgeben. Aus diesen Händen fallen wir nicht heraus. Am Ende, wenn wir selber nicht mehr weiter wissen, wird es Gottes Geist sein, der durch unser Dasein redet. Denn „nichts Wirkliches wird jemals verloren und vergessen ... Dies ist die Bedeutung des göttlichen Gerichts, dass es in uns und in allem Seienden das ewige, wahre Wesen von dem Vergänglichen und Nichtigen scheidet" (Paul Tillich).

Donnerstag der 34. Woche im Jahreskreis

Lj I **Lesung** *Daniel 6,12-28* In jenen Tagen schlichen sich die obersten Beamten heran und fanden Daniel, wie er zu seinem Gott betete und flehte. Darauf gingen sie zum König und erinnerten ihn an sein Verbot; sie sagten: O König, hast du nicht ein Verbot unterzeichnet, nach dem jeder, der innerhalb von dreißig Tagen an irgendeinen Gott oder Menschen außer an dich, König, eine Bitte richtet, in die Löwengrube geworfen werden soll? Der König gab zur Antwort: Die Anordnung steht fest nach dem unwandelbaren Gesetz der Meder und Perser.
Da berichteten sie dem König: Daniel, einer von den verschleppten Juden, achtet weder dich, König, noch das Verbot, das du unterschrieben hast, sondern verrichtet dreimal am Tag sein Gebet. Als der König das hörte, war es ihm sehr peinlich und er dachte nach, wie er Daniel retten könne. Bis Sonnenuntergang bemühte er sich, ihn freizubekommen. Doch jene Männer bestürmten ihn und sagten: Bedenke, König, es ist bei den Medern und Persern Gesetz, dass jedes Verbot und Dekret, das der König erlässt, unabänderlich ist.
Darauf befahl der König, Daniel herzubringen, und man warf ihn zu den Löwen in die Grube. Der König sagte noch zu Daniel: Möge dein Gott, dem du so unablässig dienst, dich erretten. Und man nahm einen großen Stein und wälzte ihn auf die Öffnung der Grube. Der König versiegelte ihn mit seinem Siegel und den Siegeln seiner Großen, um zu verhindern, dass an der Lage Daniels etwas verändert würde. Dann ging der König in seinen Palast; fastend verbrachte er die Nacht; er ließ sich keine Speisen bringen und konnte keinen Schlaf finden. Früh am Morgen, als es gerade hell wurde, stand der König auf und ging in Eile zur Löwengrube. Als er sich der Grube näherte,

rief er mit schmerzlicher Stimme nach Daniel und fragte: Daniel, du Diener des lebendigen Gottes! Hat dein Gott, dem du so unablässig dienst, dich vor den Löwen erretten können? Daniel antwortete ihm: O König, mögest du ewig leben. Mein Gott hat seinen Engel gesandt und den Rachen der Löwen verschlossen. Sie taten mir nichts zuleide; denn in seinen Augen war ich schuldlos und auch dir gegenüber, König, bin ich ohne Schuld. Darüber war der König hoch erfreut und befahl, Daniel aus der Grube herauszuholen. So wurde Daniel aus der Grube herausgeholt; man fand an ihm nicht die geringste Verletzung, denn er hatte seinem Gott vertraut.
Nun aber ließ der König die Männer herbeiholen, die Daniel verklagt hatten, und ließ sie mit ihren Kindern und Frauen in die Löwengrube werfen. Sie waren noch nicht am Boden der Grube angelangt, da stürzten sich die Löwen auf sie und zermalmten ihnen alle Knochen.
Daraufhin schrieb König Darius an alle Völker, Nationen und Sprachen auf der ganzen Erde: Friede sei mit euch in Fülle! Hiermit ordne ich an: Im ganzen Gebiet meines Reiches soll man vor dem Gott Daniels zittern und sich vor ihm fürchten. Denn er ist der lebendige Gott; er lebt in Ewigkeit. Sein Reich geht niemals unter; seine Herrschaft hat kein Ende. Er rettet und befreit; er wirkt Zeichen und Wunder am Himmel und auf der Erde; er hat Daniel aus den Tatzen der Löwen errettet.

Lesung *Offenbarung 18,1-2.21-23; 19,1-3.9a* Ich, Johannes, sah einen Engel aus dem Himmel herabsteigen; er hatte große Macht und die Erde leuchtete auf von seiner Herrlichkeit. Und er rief mit gewaltiger Stimme: Gefallen, gefallen ist Babylon, die Große! Zur Wohnung von Dämonen ist sie geworden, zur Behausung aller unreinen Geister und zum Schlupfwinkel aller unreinen und abscheulichen Vögel. Lj II
Dann hob ein gewaltiger Engel einen Stein auf, so groß wie ein Mühlstein; er warf ihn ins Meer und rief: So wird Babylon, die große Stadt, mit Wucht hinabgeworfen werden und man wird sie nicht mehr finden. Die Musik von Harfenspielern und Sängern, von Flötenspielern und Trompetern hört man nicht mehr in dir. Einen kundigen Handwerker gibt es nicht mehr in dir. Das Geräusch des Mühlsteins hört man nicht mehr in dir. Das Licht der Lampe scheint nicht mehr in dir. Die Stimme von Braut und Bräutigam hört man nicht mehr in dir. Deine Kaufleute waren die Großen der Erde, deine Zauberei verführte alle Völker.
Danach hörte ich etwas wie den lauten Ruf einer großen Schar im Himmel: Halleluja! / Das Heil und die Herrlichkeit und die Macht / ist bei unserm Gott.
Seine Urteile sind wahr und gerecht. / Er hat die große Hure gerichtet, / die mit ihrer Unzucht die Erde verdorben hat.
Er hat Rache genommen für das Blut seiner Knechte, / das an ihren Händen klebte.

Noch einmal riefen sie: Halleluja! / Der Rauch der Stadt steigt auf in alle Ewigkeit.
Jemand sagte zu mir: Schreib auf: Selig, wer zum Hochzeitsmahl des Lammes eingeladen ist.

Evangelium *Lukas 21,20-28* In jener Zeit sprach Jesus zu seinen Jüngern: Wenn ihr seht, dass Jerusalem von einem Heer eingeschlossen wird, dann könnt ihr daran erkennen, dass die Stadt bald verwüstet wird. Dann sollen die Bewohner von Judäa in die Berge fliehen; wer in der Stadt ist, soll sie verlassen, und wer auf dem Land ist, soll nicht in die Stadt gehen. Denn das sind die Tage der Vergeltung, an denen alles in Erfüllung gehen soll, was in der Schrift steht. Wehe den Frauen, die in jenen Tagen schwanger sind oder ein Kind stillen. Denn eine große Not wird über das Land hereinbrechen: Der Zorn Gottes wird über dieses Volk kommen. Mit scharfem Schwert wird man sie erschlagen, als Gefangene wird man sie in alle Länder verschleppen und Jerusalem wird von den Heiden zertreten werden, bis die Zeiten der Heiden sich erfüllen.
Es werden Zeichen sichtbar werden an Sonne, Mond und Sternen, und auf der Erde werden die Völker bestürzt und ratlos sein über das Toben und Donnern des Meeres. Die Menschen werden vor Angst vergehen in der Erwartung der Dinge, die über die Erde kommen; denn die Kräfte des Himmels werden erschüttert werden. Dann wird man den Menschensohn mit großer Macht und Herrlichkeit auf einer Wolke kommen sehen. Wenn all das beginnt, dann richtet euch auf und erhebt eure Häupter; denn eure Erlösung ist nahe.

Zum Evangelium Die apokalyptischen Texte der Evangelien kündigen Ereignisse an, bei denen weder der Boden unter uns, noch der Himmel über uns sicher ist. Die ganze Welt bricht zusammen. Aporie nennt Lukas diesen Zustand: Ausweglosigkeit. Da ist man mit seinen Möglichkeiten hoffnungslos am Ende. Stehen die Zeichen heute nicht auch auf Endzeitstimmung? Das Evangelium sagt: Da, wo für uns Ende ist, ist ein anderer bereits am Werk und fängt etwas Neues an: der Menschensohn. Wenn es unwiderruflich dunkel wird in unserem Leben, dann wird Gott selber das Licht sein und uns aufrichten. In vielen apokalyptischen Mythen haben die endzeitlichen Richtergestalten die Funktion, die kreatürliche Angst zu verschärfen. Nicht so im Evangelium. Erhobenen Hauptes dürfen und sollen wir unserem Richter gegenübertreten. Wir sollen uns der Angst nicht beugen, sondern uns gegen sie stemmen, weil er uns entgegenkommt. Christen erkennt man weniger an dem, wogegen sie sind, sondern an dem, wofür sie eintreten.

Freitag der 34. Woche im Jahreskreis

Lesung *Daniel 7,2-14* Ich, Daniel, hatte während der Nacht eine Vision: Die vier Winde des Himmels wühlten das große Meer auf. Dann stiegen aus dem Meer vier große Tiere herauf; jedes hatte eine andere Gestalt. Das erste war einem Löwen ähnlich, hatte jedoch Adlerflügel. Während ich es betrachtete, wurden ihm die Flügel ausgerissen; es wurde vom Boden emporgehoben und wie ein Mensch auf zwei Füße gestellt und es wurde ihm ein menschliches Herz gegeben. Dann erschien ein zweites Tier; es glich einem Bären und war nach einer Seite hin aufgerichtet. Es hielt drei Rippen zwischen den Zähnen in seinem Maul und man ermunterte es: Auf, friss noch viel mehr Fleisch! Danach sah ich ein anderes Tier; es glich einem Panther, hatte aber auf dem Rücken vier Flügel, wie die Flügel eines Vogels; auch hatte das Tier vier Köpfe; ihm wurde die Macht eines Herrschers verliehen. Danach sah ich in meinen nächtlichen Visionen ein viertes Tier; es war furchtbar und schrecklich anzusehen und sehr stark; es hatte große Zähne aus Eisen. Es fraß und zermalmte alles, und was übrig blieb, zertrat es mit den Füßen. Von den anderen Tieren war es völlig verschieden. Auch hatte es zehn Hörner. Als ich die Hörner betrachtete, da wuchs zwischen ihnen ein anderes, kleineres Horn empor und vor ihm wurden drei von den früheren Hörnern ausgerissen; und an diesem Horn waren Augen wie Menschenaugen und ein Maul, das anmaßend redete. **Lj I**

Ich sah immer noch hin; da wurden Throne aufgestellt und ein Hochbetagter nahm Platz. Sein Gewand war weiß wie Schnee, sein Haar wie reine Wolle. Feuerflammen waren sein Thron und dessen Räder waren loderndes Feuer. Ein Strom von Feuer ging von ihm aus. Tausendmal Tausende dienten ihm, zehntausendmal Zehntausende standen vor ihm. Das Gericht nahm Platz und es wurden Bücher aufgeschlagen. Ich sah immer noch hin, bis das Tier – wegen der anmaßenden Worte, die das Horn redete – getötet wurde. Sein Körper wurde dem Feuer übergeben und vernichtet. Auch den anderen Tieren wurde die Herrschaft genommen. Doch ließ man ihnen das Leben bis zu einer bestimmten Frist.

Immer noch hatte ich die nächtlichen Visionen:
Da kam mit den Wolken des Himmels / einer wie ein Menschensohn.
Er gelangte bis zu dem Hochbetagten / und wurde vor ihn geführt.
Ihm wurden Herrschaft, / Würde und Königtum gegeben.
Alle Völker, Nationen und Sprachen / müssen ihm dienen.
Seine Herrschaft ist eine ewige, unvergängliche Herrschaft. / Sein Reich geht niemals unter.

Lesung *Offenbarung 20,1-4.11–21,2* Ich, Johannes, sah einen Engel vom Himmel herabsteigen; auf seiner Hand trug er den Schlüssel zum Abgrund und eine schwere Kette. Er überwältigte den Drachen, die alte Schlange – das ist der Teufel oder der Satan –, und er fesselte ihn für tausend Jahre. Er warf **Lj II**

ihn in den Abgrund, verschloss diesen und drückte ein Siegel darauf, damit der Drache die Völker nicht mehr verführen konnte, bis die tausend Jahre vollendet sind. Danach muss er für kurze Zeit freigelassen werden.
Dann sah ich Throne; und denen, die darauf Platz nahmen, wurde das Gericht übertragen. Ich sah die Seelen aller, die enthauptet worden waren, weil sie an dem Zeugnis Jesu und am Wort Gottes festgehalten hatten. Sie hatten das Tier und sein Standbild nicht angebetet und sie hatten das Kennzeichen nicht auf ihrer Stirn und auf ihrer Hand anbringen lassen. Sie gelangten zum Leben und zur Herrschaft mit Christus für tausend Jahre.
Dann sah ich einen großen weißen Thron und den, der auf ihm saß; vor seinem Anblick flohen Erde und Himmel und es gab keinen Platz mehr für sie. Ich sah die Toten vor dem Thron stehen, die Großen und die Kleinen. Und Bücher wurden aufgeschlagen; auch das Buch des Lebens wurde aufgeschlagen. Die Toten wurden nach ihren Werken gerichtet, nach dem, was in den Büchern aufgeschrieben war. Und das Meer gab die Toten heraus, die in ihm waren; und der Tod und die Unterwelt gaben ihre Toten heraus, die in ihnen waren. Sie wurden gerichtet, jeder nach seinen Werken. Der Tod und die Unterwelt aber wurden in den Feuersee geworfen. Das ist der zweite Tod: der Feuersee. Wer nicht im Buch des Lebens verzeichnet war, wurde in den Feuersee geworfen.
Dann sah ich einen neuen Himmel und eine neue Erde; denn der erste Himmel und die erste Erde sind vergangen, auch das Meer ist nicht mehr. Ich sah die heilige Stadt, das neue Jerusalem, von Gott her aus dem Himmel herabkommen; sie war bereit wie eine Braut, die sich für ihren Mann geschmückt hat.

Evangelium *Lukas 21,29-33* In jener Zeit gebrauchte Jesus einen Vergleich und sprach zu seinen Jüngern: Seht euch den Feigenbaum und die anderen Bäume an: Sobald ihr merkt, dass sie Blätter treiben, wisst ihr, dass der Sommer nahe ist. Genauso sollt ihr erkennen, wenn ihr all das geschehen seht, dass das Reich Gottes nahe ist. Amen, ich sage euch: Diese Generation wird nicht vergehen, bis alles eintrifft. Himmel und Erde werden vergehen, aber meine Worte werden nicht vergehen.

Zum Evangelium In Palästina kommt der Sommer ohne das Zwischenspiel des Frühlings so plötzlich, dass man über dem sommerlichen Anfang den noch herrschenden Winter vergisst. Der austreibende Feigenbaum ist Bote dieses Anfangs. Mitten in der Ankündigung des Weltendes lenkt Jesus die Aufmerksamkeit auf einen solchen Feigenbaum. Er symbolisiert, dass Gott am Ende aller Dinge ein Gott des Anfangs sein wird, ja, dass er mit seinem Anfang unserem Ende sogar zuvorkommt. Denn der Winter ist bereits gebrochen und eine neue Zeit mit einer neuen Geschichte ist im Anbruch. Dieser neuen Geschichte gehen wir im Advent entgegen. Advent ist die Geschichte, die uns immer wieder anfangen lässt, weil Gott nicht aufhört, mit uns anzufangen. Wer Gottes Advent in sein Leben aufnimmt, der wird auch mitten im Weltzeitwinter entdecken, dass der Feigenbaum schon auszuschlagen beginnt.

Samstag der 34. Woche im Jahreskreis

Lesung *Daniel 7,15-27* Ich, Daniel, war im Geist bekümmert, und was mir vor Augen stand, erschreckte mich. Ich wandte mich an einen der Umstehenden und bat ihn, mir das alles genau zu erklären. Er deutete mir die Vorgänge und sagte: Diese großen Tiere, vier an der Zahl, bedeuten vier Könige, die sich auf der Erde erheben werden. Das Königtum aber werden die Heiligen des Höchsten erhalten und sie werden es behalten für immer und ewig. Dann wollte ich noch Genaueres über das vierte Tier erfahren, das Tier, das anders war als alle anderen, ganz furchtbar anzusehen, mit Zähnen aus Eisen und mit Klauen aus Bronze, das alles fraß und zermalmte, und was übrig blieb, mit den Füßen zertrat. Auch wollte ich Genaueres erfahren über die zehn Hörner an seinem Kopf und über das andere Horn, das emporgewachsen war und vor dem die drei Hörner abgefallen waren, das Horn, das Augen und einen Mund hatte, der anmaßend redete, und das schließlich größer als die anderen zu sein schien. Ich sah dieses Horn gegen die Heiligen kämpfen. Es überwältigte sie, bis der Hochbetagte kam. Da wurde den Heiligen des Höchsten Recht verschafft und es kam die Zeit, in der die Heiligen das Königtum erhielten. Lj I

Der Engel antwortete mir: Das vierte Tier bedeutet: Ein viertes Reich wird sich auf der Erde erheben, ganz anders als alle anderen Reiche. Es wird die ganze Erde verschlingen, sie zertreten und zermalmen. Die zehn Hörner bedeuten: In jenem Reich werden zehn Könige regieren; doch nach ihnen kommt ein anderer. Dieser ist ganz anders als die früheren. Er stürzt drei Könige, er lästert über den Höchsten und unterdrückt die Heiligen des Höchsten. Die Festzeiten und das Gesetz will er ändern. Ihm werden die Heiligen für eine Zeit und zwei Zeiten und eine halbe Zeit ausgeliefert. Dann aber wird Gericht gehalten. Jenem König wird seine Macht genommen; er wird endgültig ausgetilgt und vernichtet. Die Herrschaft und Macht und die Herrlichkeit aller Reiche unter dem ganzen Himmel werden dem Volk der Heiligen des Höchsten gegeben. Sein Reich ist ein ewiges Reich und alle Mächte werden ihm dienen und gehorchen.

Lesung *Offenbarung 22,1-7* Der Engel des Herrn zeigte mir einen Strom, das Wasser des Lebens, klar wie Kristall; er geht vom Thron Gottes und des Lammes aus. Zwischen der Straße der Stadt und dem Strom, hüben und drüben, stehen Bäume des Lebens. Zwölfmal tragen sie Früchte, jeden Monat einmal; und die Blätter der Bäume dienen zur Heilung der Völker. Es wird nichts mehr geben, was der Fluch Gottes trifft. Der Thron Gottes und des Lj II

Lammes wird in der Stadt stehen und seine Knechte werden ihm dienen. Sie werden sein Angesicht schauen und sein Name ist auf ihre Stirn geschrieben. Es wird keine Nacht mehr geben und sie brauchen weder das Licht einer Lampe noch das Licht der Sonne. Denn der Herr, ihr Gott, wird über ihnen leuchten und sie werden herrschen in alle Ewigkeit.
Und der Engel sagte zu mir: Diese Worte sind zuverlässig und wahr. Gott, der Herr über den Geist der Propheten, hat seinen Engel gesandt, um seinen Knechten zu zeigen, was bald geschehen muss.
Siehe, ich komme bald. Selig, wer an den prophetischen Worten dieses Buches festhält.

Evangelium *Lukas 21,34-36* In jener Zeit sprach Jesus zu seinen Jüngern: Nehmt euch in Acht, dass Rausch und Trunkenheit und die Sorgen des Alltags euch nicht verwirren und dass jener Tag euch nicht plötzlich überrascht, so wie man in eine Falle gerät; denn er wird über alle Bewohner der ganzen Erde hereinbrechen. Wacht und betet allezeit, damit ihr allem, was geschehen wird, entrinnen und vor den Menschensohn hintreten könnt.

Zum Evangelium Am Ende des Kirchenjahrs geht es immer um diese Bilder der Zerstörung als Vorbereitung für den, der da kommen wird: der Messias, der Heiland – Jesus. Bilder der Hoffnung prallen auf Untergangserfahrungen. Denn Zerstörerisches muss untergehen, damit Neues werden kann. Erst wenn wir uns aus der „Falle“ der Eigendrehung herausbewegen, kann die Sehnsucht nach Erneuerung in uns wirken, sind wir offen für die Hilfe von woanders her, für den Menschensohn, der kommen wird, für eine Liebe, die wir nicht selbst „machen“ können. Das Evangelium ist nicht behaglich, ist keine rührende und milde Geschichte, es ist gewaltig und dramatisch. Die Liebe Gottes kommt nicht mit dem Rücken gegen die Wand, sondern mit ausgebreiteten Armen und offenem Herz. Dass wir sie empfangen können, dazu ist unsere Wachsamkeit und Nüchternheit notwendig.

Heiligenfeste

25. Januar – Pauli Bekehrung

Lj I+II **Lesung** *Apostelgeschichte 22,1a,3-16 und 9,1-22* Brüder und Väter! Ich bin ein Jude, geboren in Tarsus in Zilizien, hier in dieser Stadt erzogen, zu Füßen Gamaliëls genau nach dem Gesetz der Väter ausgebildet, ein Eiferer für Gott, wie ihr alle es heute seid. Ich habe den (neuen) Weg bis auf den Tod verfolgt, habe Männer und Frauen gefesselt und in die Gefängnisse eingeliefert. Das bezeugen mir der Hohepriester und der ganze Rat der Ältesten. Von ihnen erhielt ich auch Briefe an die Brüder und zog nach Damaskus, um dort ebenfalls die Anhänger (der neuen Lehre) zu fesseln und zur Bestrafung nach Jerusalem zu bringen. Als ich nun unterwegs war und mich Damaskus näherte, da geschah es, dass mich um die Mittagszeit plötzlich vom Himmel her ein helles Licht umstrahlte. Ich stürzte zu Boden und hörte eine Stimme zu mir sagen: Saul, Saul, warum verfolgst du mich? Ich antwortete: Wer bist du, Herr? Er sagte zu mir: Ich bin Jesus, der Nazoräer, den du verfolgst. Meine Begleiter sahen zwar das Licht, die Stimme dessen aber, der zu mir sprach, hörten sie nicht. Ich sagte: Herr, was soll ich tun? Der Herr antwortete: Steh auf, und geh nach Damaskus, dort wird dir alles gesagt werden, was du nach Gottes Willen tun sollst. Da ich aber vom Glanz jenes Lichtes geblendet war, sodass ich nicht mehr sehen konnte, wurde ich von meinen Begleitern an der Hand geführt und gelangte so nach Damaskus. Ein gewisser Hananias, ein frommer und gesetzestreuer Mann, der bei allen Juden dort in gutem Ruf stand, kam zu mir, trat vor mich und sagte: Bruder Saul, du sollst wieder sehen! Und im gleichen Augenblick konnte ich ihn sehen. Er sagte: Der Gott unserer Väter hat dich dazu erwählt, seinen Willen zu erkennen, den Gerechten zu sehen und die Stimme seines Mundes zu hören; denn du sollst vor allen Menschen sein Zeuge werden für das, was du gesehen und gehört hast. Was zögerst du noch? Steh auf, lass dich taufen und deine Sünden abwaschen und rufe seinen Namen an!

Saulus wütete immer noch mit Drohung und Mord gegen die Jünger des Herrn. Er ging zum Hohenpriester und erbat sich von ihm Briefe an die Synagogen in Damaskus, um die Anhänger des (neuen) Weges, Männer und Frauen, die er dort finde, zu fesseln und nach Jerusalem zu bringen. Unterwegs aber, als er sich bereits Damaskus näherte, geschah es, dass ihn plötzlich ein Licht vom Himmel umstrahlte. Er stürzte zu Boden und hörte, wie eine Stimme zu ihm sagte: Saul, Saul, warum verfolgst du mich? Er antwortete: Wer bist du, Herr? Dieser sagte: Ich bin Jesus, den du verfolgst. Steh auf und geh in die Stadt; dort wird dir gesagt werden, was du tun sollst. Seine Begleiter standen sprachlos da; sie hörten zwar die Stimme, sahen aber niemand. Saulus erhob sich vom Boden. Als er aber die Augen öffnete, sah er nichts. Sie nahmen ihn bei der Hand und führten ihn nach Damaskus hinein. Und er war drei Tage blind und er aß nicht und trank nicht.

In Damaskus lebte ein Jünger namens Hananias. Zu ihm sagte der Herr in einer Vision: Hananias! Er antwortete: Hier bin ich, Herr. Der Herr sagte zu ihm: Steh auf und geh zur sogenannten Geraden Straße und frag im Haus des Judas nach einem Mann namens Saulus aus Tarsus. Er betet gerade und hat in einer Vision gesehen, wie ein Mann namens Hananias hereinkommt und ihm die Hände auflegt, damit er wieder sieht. Hananias antwortete: Herr, ich habe von vielen gehört, wie viel Böses dieser Mann deinen Heiligen in Jerusalem angetan hat. Auch hier hat er Vollmacht von den Hohenpriestern, alle zu verhaften, die deinen Namen anrufen. Der Herr aber sprach zu ihm: Geh nur! Denn dieser Mann ist mein auserwähltes Werkzeug: Er soll meinen Namen vor Völker und Könige und die Söhne Israels tragen. Ich werde ihm auch zeigen, wie viel er für meinen Namen leiden muss. Da ging Hananias hin und trat in das Haus ein; er legte Saulus die Hände auf und sagte: Bruder Saul, der Herr hat mich gesandt, Jesus, der dir auf dem Weg hierher erschienen ist; du sollst wieder sehen und mit dem Heiligen Geist erfüllt werden. Sofort fiel es wie Schuppen von seinen Augen und er sah wieder; er stand auf und ließ sich taufen. Und nachdem er etwas gegessen hatte, kam er wieder zu Kräften.
Einige Tage blieb er bei den Jüngern in Damaskus; und sogleich verkündete er Jesus in den Synagogen und sagte: Er ist der Sohn Gottes. Alle, die es hörten, gerieten in Aufregung und sagten: Ist das nicht der Mann, der in Jerusalem alle vernichten wollte, die diesen Namen anrufen? Und ist er nicht auch hierher gekommen, um sie zu fesseln und vor die Hohenpriester zu führen? Saulus aber trat um so kraftvoller auf und brachte die Juden in Damaskus in Verwirrung, weil er ihnen bewies, dass Jesus der Messias ist.

Evangelium *Markus 16,15-18* Dann sagte er zu ihnen: Geht hinaus in die ganze Welt, und verkündet das Evangelium allen Geschöpfen! Wer glaubt und sich taufen lässt, wird gerettet; wer aber nicht glaubt, wird verdammt werden. Und durch die, die zum Glauben gekommen sind, werden folgende Zeichen geschehen: In meinem Namen werden sie Dämonen austreiben; sie werden in neuen Sprachen reden; wenn sie Schlangen anfassen oder tödliches Gift trinken, wird es ihnen nicht schaden; und die Kranken, denen sie die Hände auflegen, werden gesund werden.

Zur Lesung Kann ein Mensch sich wirklich von Grund auf ändern? Hananias ist zu recht skeptisch. Derselbe, der die judenchristliche Gemeinde in Jerusalem so unerbittlich verfogt hat, soll nun ein Anhänger des neuen Glaubens sein? Doch für Gott ist nichts unmöglich. Paulus selbst hätte sich bei seinem Aufbruch nach Damaskus wohl nicht träumen lassen, welch radikale Kehrtwende sein Leben nehmen würde. Doch die unerwartete Begegnung mit dem Auferstandenen lässt ihn alles, was er vorher theoretisch über die junge christliche Gemeinde gewusst hat, mit neuen

Augen sehen. Und so eifrig und unermüdlich, wie er vorher gegen den neuen Weg angekämpft hat, so enthusiastisch und ausdauernd setzt er sich nun für die Verbreitung für das Evangelium des vorher Verfolgten ein. Vielleicht braucht es auch bei uns manchmal nur die unmittelbare Begegnung mit einem von Gott erfüllten Menschen anstelle von nur theoretischem Wissen, um die gleiche Sache auf einmal mit ganz anderen Augen und in einer ganz anderen Perspektive zu sehen. Ich wünsche mir, dass ich in dann auch so offen für das unerwartete Neue sein kann wie Paulus und so wie er den Mut habe, mein ganze Kraft für das einzusetzen, was ich als richtig erkannt habe, auch wenn es im Gegensatz zur vorherrschenden Meinung steht.

14. Februar – Hl. Cyrill

Lj I+II **Lesung** *Apostelgeschichte 13,46-49* Paulus und Barnabas aber erklärten freimütig: Euch musste das Wort Gottes zuerst verkündet werden. Da ihr es aber zurückstoßt und euch des ewigen Lebens unwürdig zeigt, wenden wir uns jetzt an die Heiden.Denn so hat uns der Herr aufgetragen: Ich habe dich zum Licht für die Völker gemacht, bis an das Ende der Erde sollst du das Heil sein. Als die Heiden das hörten, freuten sie sich und priesen das Wort des Herrn; und alle wurden gläubig, die für das ewige Leben bestimmt waren. Das Wort des Herrn aber verbreitete sich in der ganzen Gegend.

Evangelium *Lukas 10,1-9* Danach suchte der Herr zweiundsiebzig andere aus und sandte sie zu zweit voraus in alle Städte und Ortschaften, in die er selbst gehen wollte. Er sagte zu ihnen: Die Ernte ist groß, aber es gibt nur wenig Arbeiter. Bittet also den Herrn der Ernte, Arbeiter für seine Ernte auszusenden. Geht! Ich sende euch wie Schafe mitten unter die Wölfe. Nehmt keinen Geldbeutel mit, keine Vorratstasche und keine Schuhe! Grüßt niemand unterwegs! Wenn ihr in ein Haus kommt, so sagt als erstes: Friede diesem Haus! Und wenn dort ein Mann des Friedens wohnt, wird der Friede, den ihr ihm wünscht, auf ihm ruhen; andernfalls wird er zu euch zurückkehren. Bleibt in diesem Haus, esst und trinkt, was man euch anbietet; denn wer arbeitet, hat ein Recht auf seinen Lohn. Zieht nicht von einem Haus in ein anderes! Wenn ihr in eine Stadt kommt und man euch aufnimmt, so esst, was man euch vorsetzt. Heilt die Kranken, die dort sind, und sagt den Leuten: Das Reich Gottes ist euch nahe.

Zum Evangelium „Ich sende euch wie Schafe mitten unter die Wölfe." Ein direktes Wort. Jesus macht seinen Jüngern nichts vor. Wer sich für die Verkündigung des Reiches Gottes einsetzt, kann nicht nur begeisterte Zustimmung erwarten, sondern er muss mit Widerstand, Aggressionen und Feindseligkeit rechnen. Wie würde es mir bei so einem Auftrag gehen? Verhalten wir uns oft nicht eher wie Wölfe, in der Über-

zeugung, auf Feindseligkeit und Gewalt nur mit Gegengewalt antworten zu können, um das eigene Leben zu schützen?
Doch wenn die Mission gelingen kann, dann nur von Gott her, nicht aus eigener Kraft. Und deshalb sind auch alle äußeren Sicherheiten überflüssig; nicht einmal das scheinbar Notwendige (Geld, Schuhe, Vorräte) sollen die Jünger mitnehmen. Dafür haben sie aber etwas anderes, Wertvolleres zu bieten: „Friede" und die Botschaft vom Reich Gottes: d.h. die Erfüllung einer oft tief im Inneren vergrabener Sehnsucht nach heilvollem Leben, nach Angenommensein und Glück, die Befriedigung aller inneren Unruhe, aller Zweifel und Ungewissheit, worauf es denn wirklich ankommt im Leben.

22. Februar – Kathedra Petri

Lesung *1 Petrus 5,1-4* Schwestern und Brüder! Eure Ältesten ermahne ich, da ich ein Ältester bin wie sie und ein Zeuge der Leiden Christi und auch an der Herrlichkeit teilhaben soll, die sich offenbaren wird: Sorgt als Hirten für die euch anvertraute Herde Gottes, nicht aus Zwang, sondern freiwillig, wie Gott es will; auch nicht aus Gewinnsucht, sondern aus Neigung; seid nicht Beherrscher eurer Gemeinden, sondern Vorbilder für die Herde! Wenn dann der oberste Hirt erscheint, werdet ihr den nie verwelkenden Kranz der Herrlichkeit empfangen. Lj I+II

Evangelium *Matthäus 16,13-19* In jener Zeit, als Jesus in das Gebiet von Cäsarea Philippi kam, fragte er seine Jünger: Für wen halten die Leute den Menschensohn? Sie sagten: Die einen für Johannes den Täufer, andere für Elija, wieder andere für Jeremia oder sonst einen Propheten.
Da sagte er zu ihnen: Ihr aber, für wen haltet ihr mich? Simon Petrus antwortete: Du bist der Messias, der Sohn des lebendigen Gottes! Jesus sagte zu ihm: Selig bist du, Simon Barjona; denn nicht Fleisch und Blut haben dir das offenbart, sondern mein Vater im Himmel. Ich aber sage dir: Du bist Petrus – der Fels – und auf diesen Felsen werde ich meine Kirche bauen und die Mächte der Unterwelt werden sie nicht überwältigen. Ich werde dir die Schlüssel des Himmelreichs geben; was du auf Erden binden wirst, das wird auch im Himmel gebunden sein, und was du auf Erden lösen wirst, das wird auch im Himmel gelöst sein.

Zum Evangelium Die öffentlichen Meinungsmacher handeln Jesus als einen Propheten. „Ihr aber", meine Jünger, meine Jüngerinnen, „für wen haltet ihr mich?" Das „Aber" macht deutlich, dass wir uns nicht auf das zurückziehen können, was „man" sagt, woran „man" sich hält. Es geht um mein ganz persönliches Bekenntnis und meine ganz persönliche Beziehung zu Jesus. Petrus bringt in seinem Bekenntnis zum Ausdruck: Dieser nackte, dieser ohnmächtige, dieser menschliche Jesus ist für mich der Messias, der Heilbringer. Und deshalb preist Jesus diesen nackten, ohnmächtigen, wankelmütigen, ihn verleugnenden Petrus selig: Du, der Fels für meine Kirche. Wir alle sind berufen, tragendes Gestein der Kirche Jesu zu sein. Wir sind es, wenn wir uns seine Kirche nicht „machen", wie wir sie gern hätten, sondern indem wir uns von seinem Geist ergreifen lassen, uns an ihn binden, aus ihm leben.

24. Februar – Hl. Matthias, Apostel

Lj I+II **Lesung** *Apostelgeschichte 1,15-17.20ac-26* In jenen Tagen erhob sich Petrus im Kreis der Brüder – etwa hundertzwanzig waren zusammengekommen – und sagte: Brüder! Es musste sich das Schriftwort erfüllen, das der Heilige Geist durch den Mund Davids im Voraus über Judas gesprochen hat. Judas wurde zum Anführer derer, die Jesus gefangen nahmen. Er wurde zu uns gezählt und hatte Anteil am gleichen Dienst.
Es steht im Buch der Psalmen: Sein Amt soll ein anderer erhalten! Einer von den Männern, die die ganze Zeit mit uns zusammen waren, als Jesus, der Herr, bei uns ein und aus ging, angefangen von der Taufe durch Johannes bis zu dem Tag, an dem er von uns ging und in den Himmel aufgenommen wurde, – einer von diesen muss nun zusammen mit uns Zeuge seiner Auferstehung sein. Und sie stellten zwei Männer auf: Josef, genannt Barsabbas, mit dem Beinamen Justus, und Matthias. Dann beteten sie: Herr, du kennst die Herzen aller; zeige, wen von diesen beiden du erwählt hast, diesen Dienst und dieses Apostelamt zu übernehmen. Denn Judas hat es verlassen und ist an den Ort gegangen, der ihm bestimmt war. Dann gaben sie ihnen Lose; das Los fiel auf Matthias und er wurde den elf Aposteln zugerechnet.

Evangelium *Johannes 15,9-17* In jener Zeit sprach Jesus zu seinen Jüngern: Wie mich der Vater geliebt hat, so habe auch ich euch geliebt. Bleibt in meiner Liebe! Wenn ihr meine Gebote haltet, werdet ihr in meiner Liebe bleiben, so wie ich die Gebote meines Vaters gehalten habe und in seiner Liebe bleibe.
Dies habe ich euch gesagt, damit meine Freude in euch ist und damit eure Freude vollkommen wird. Das ist mein Gebot: Liebt einander, so wie ich euch geliebt habe. Es gibt keine größere Liebe, als wenn einer sein Leben für seine Freunde hingibt.
Ihr seid meine Freunde, wenn ihr tut, was ich euch auftrage. Ich nenne euch nicht mehr Knechte; denn der Knecht weiß nicht, was sein Herr tut. Vielmehr habe ich euch Freunde genannt; denn ich habe euch alles mitgeteilt, was ich von meinem Vater gehört habe. Nicht ihr habt mich erwählt, sondern ich habe euch erwählt und dazu bestimmt, dass ihr euch aufmacht und Frucht bringt und dass eure Frucht bleibt. Dann wird euch der Vater alles geben, um was ihr ihn in meinem Namen bittet. Dies trage ich euch auf: Liebt einander!

Zum Evangelium Der ungarische Schriftsteller Sandor Marai meinte einmal, das größte Geheimnis und das größte Geschenk des Lebens sei die Begegnung mit einem wirklichen Freund: mit einem „gleichartigen“ Menschen. Jesus sagt zu seinen Jüngern: „Ihr seid meine Freunde!“ Ihr seid mir gleichartig, weil ich mich euch gleich gemacht habe. Meine Freundschaft ist nicht nur ein Wort. Euch und mich verbindet das Gebot der Liebe. In meinem Reich stehe ich nicht als Herr über meinem Gesetz, sondern ich ordne mich meinem Gesetz der Liebe als Erster unter. Das unterscheidet mich von den Herren dieser Welt, die Gesetze erlassen, aber sie selbst nicht halten. Ihr seid nicht Untertanen, sondern Freunde. Freundschaft will gepflegt sein, wartet auf Antwort. Meine Antwort ist: Ich gebe mein Leben hin für euch. „Bleibt in meiner Liebe“, mit der ich die Freundschaft zu euch begonnen habe, damit sie nicht nutzlos bleibt. Seid Antwort. Seid Liebe! Seid mir gleichartig. Springt füreinander ein wie Matthias, der ein schweres Glück zu tragen auserwählt worden ist, als „Ersatz“ für Judas. Könnte es nicht sein, dass Matthias die Verzweiflung, die Judas in den Tod getrieben hat, mit-getragen hat? Einander mit-tragen, was immer auch geschehen ist – das ist die Freundschaft nach dem Beispiel Jesu, der sich uns gleichgemacht hat, damit er uns noch in unseren tiefsten Abgründen und Verstrickungen erreicht.

25. April – Hl. Markus, Evangelist

Lesung *1 Petrus 5,5b-14* Schwestern und Brüder! Begegnet einander in Demut! Denn Gott tritt den Stolzen entgegen, den Demütigen aber schenkt er seine Gnade. Beugt euch also in Demut unter die mächtige Hand Gottes, damit er euch erhöht, wenn die Zeit gekommen ist. Werft alle eure Sorge auf ihn, denn er kümmert sich um euch. Seid nüchtern und wachsam! Euer Widersacher, der Teufel, geht wie ein brüllender Löwe umher und sucht, wen er verschlingen kann. Leistet ihm Widerstand in der Kraft des Glaubens! Wisst, dass eure Brüder in der ganzen Welt die gleichen Leiden ertragen müssen! Der Gott aller Gnade aber, der euch in Christus zu seiner ewigen Herrlichkeit berufen hat, wird euch, die ihr kurze Zeit leiden müsst, wieder aufrichten, stärken, kräftigen und auf festen Grund stellen. Sein ist die Macht in Ewigkeit. Amen. **Lj I+II**

Durch den Bruder Silvanus, den ich für treu halte, habe ich euch kurz geschrieben; ich habe euch ermahnt und habe bezeugt, dass dies die wahre Gnade Gottes ist, in der ihr stehen sollt. Es grüßen euch die Mitauserwählten in Babylon und mein Sohn Markus. Grüßt einander mit dem Kuss der Liebe! Friede sei mit euch allen, die ihr in Christus seid.

Evangelium *Markus 16,15-20* In jener Zeit erschien Jesus den Elf und sprach zu ihnen: Geht hinaus in die ganze Welt und verkündet das Evangelium allen Geschöpfen! Wer glaubt und sich taufen lässt, wird gerettet; wer aber nicht glaubt, wird verdammt werden. Und durch die, die zum Glauben gekommen sind, werden folgende Zeichen geschehen: In meinem Namen werden sie Dämonen austreiben; sie werden in neuen Sprachen reden; wenn sie Schlangen anfassen oder tödliches Gift trinken, wird es ihnen nicht schaden; und die Kranken, denen sie die Hände auflegen, werden gesund werden. Nachdem Jesus, der Herr, dies zu ihnen gesagt hatte, wurde er in den Himmel aufgenommen und setzte sich zur Rechten Gottes. Sie aber zogen aus und predigten überall. Der Herr stand ihnen bei und bekräftigte die Verkündigung durch die Zeichen, die er geschehen ließ.

Zum Evangelium Diesem Schrifttext vorausgehend tadelt der Auferstandene seine Jünger wegen ihres Unglaubens. Glauben oder Nichtglauben ist keine abgehobene Gedankenspielerei, ob man Unmögliches doch für wahr halten könnte. Glauben heißt damit zu rechnen, dass sich an der Welt, wie sie ist, etwas ändern könnte; und in der Konsequenz, dass die Macht des Lebens über den Tod gesiegt hat, dass man die Trauer hinter sich lässt und sich öffentlich zu dem bekennt, der liquidiert wurde. Wie es bei den Jüngern zur Wende vom Unglauben zum Glauben kam, wissen wir nicht. Aber wir hören von den Folgen dieser Wendung. Weinende, verzweifelte, ungläubige Jünger ziehen los, entwickeln plötzlich heilende Kraft, erfahren durch den Auftrag Jesu an sich selbst, was Auferstehung ist; Jesu Zutrauen in sie vertreibt Furcht und Schrecken, und sie stecken andere an mit Freude, Hoffnung, Zuversicht. Ohne ihr Aufstehen aus „steinernen Verhältnissen" hätten wir das Evangelium nicht kennen gelernt. Nun ist es an uns, jeden Tag neu den Schritt ins Offene zu wagen und ins Leben aufzustehen. Jesus geht den Weg mit uns. Die Kernbotschaft des Evangelisten Markus fasst sich zusammen in dem Satz: „Kehrt um und glaubt an das Evangelium." Wir glauben an das Evangelium, wenn wir glauben, dass das Leben nicht in den Gräbern endet, weil es über den Tod gesiegt hat.

3. Mai – Hll. Philippus und Jakobus, Apostel

Lj I+II **Lesung** *1 Korinther 15,1-8* Ich erinnere euch, Brüder, an das Evangelium, das ich euch verkündet habe. Ihr habt es angenommen; es ist der Grund, auf dem ihr steht. Durch dieses Evangelium werdet ihr gerettet, wenn ihr an dem Wortlaut festhaltet, den ich euch verkündet habe. Oder habt ihr den Glauben vielleicht unüberlegt angenommen? Denn vor allem habe ich euch überliefert, was auch ich empfangen habe:
Christus ist für unsere Sünden gestorben, / gemäß der Schrift,
und ist begraben worden. / Er ist am dritten Tag auferweckt worden, / gemäß der Schrift,
und erschien dem Kephas, dann den Zwölf.
Danach erschien er mehr als fünfhundert Brüdern zugleich; die meisten von

ihnen sind noch am Leben, einige sind entschlafen. Danach erschien er dem Jakobus, dann allen Aposteln. Als Letztem von allen erschien er auch mir, dem Unerwarteten, der „Missgeburt".

Evangelium *Johannes 14,6-14* In jener Zeit sprach Jesus zu seinen Jüngern: Ich bin der Weg und die Wahrheit und das Leben; niemand kommt zum Vater außer durch mich. Wenn ihr mich erkannt habt, werdet ihr auch meinen Vater erkennen. Schon jetzt kennt ihr ihn und habt ihn gesehen. Philippus sagte zu ihm: Herr, zeig uns den Vater; das genügt uns. Jesus antwortete ihm: Schon so lange bin ich bei euch und du hast mich nicht erkannt, Philippus? Wer mich gesehen hat, hat den Vater gesehen. Wie kannst du sagen: Zeig uns den Vater? Glaubst du nicht, dass ich im Vater bin und dass der Vater in mir ist? Die Worte, die ich zu euch sage, habe ich nicht aus mir selbst. Der Vater, der in mir bleibt, vollbringt seine Werke. Glaubt mir doch, dass ich im Vater bin und dass der Vater in mir ist; wenn nicht, glaubt wenigstens aufgrund der Werke!
Amen, amen, ich sage euch: Wer an mich glaubt, wird die Werke, die ich vollbringe, auch vollbringen und er wird noch größere vollbringen, denn ich gehe zum Vater. Alles, um was ihr in meinem Namen bittet, werde ich tun, damit der Vater im Sohn verherrlicht wird. Wenn ihr mich um etwas in meinem Namen bittet, werde ich es tun.

Zum Evangelium Wie kann man durch Jesus Gott erkennen? Jesus – außergewöhnlicher Mensch, er tut Zeichen und Wunder, er stellt sich auf die Seite derer, die keine Lobby haben. Aber heißt das, dass er auch Gott ist? In den Fragen der Jünger spiegeln sich unsere Fragen. Können wir wirklich begreifen, dass Gott Mensch geworden ist, geliebt, gelitten, gehungert, Angst gehabt hat? Wie wir auch? Keine andere Religion hat sich je einen Gott vorstellen können, der unser menschliches Schicksal teilt. „Zeig uns den Vater". Wir können den Vater „sehen", wenn wir die Bewegung der Liebe des allmächtigen Gottes zum ohnmächtigen Menschen mit vollziehen. Seine Liebe hat ihn in die Fremde getrieben, seine Liebe hat ihn aus dem himmlischen Reichtum in die Armut unserer irdischen Existenz gezogen. Die Bewegung der Liebe zielt immer nach unten. Wer diese Bewegung zum Zentrum seines Lebens macht, wird einmal erkennen, wer der Weg, die Wahrheit und die Liebe ist. Der Weg zum Glauben ist lang und oft beschwerlich. Aber wer ihn zu Ende geht, sieht den Vater, und das Glück muss so unermesslich sein, dass manche für dieses Erkennen das Martyrium auf sich nehmen – wie Philippus und Jakobus.

2. Juli – Mariä Heimsuchung

Lesung *Römer 12,9-16b* Schwestern und Brüder! Eure Liebe sei ohne Heuchelei. Verabscheut das Böse, haltet fest am Guten! Seid einander in brü- **Lj I+II**

derlicher Liebe zugetan, übertrefft euch in gegenseitiger Achtung! Lasst nicht nach in eurem Eifer, lasst euch vom Geist entflammen und dient dem Herrn! Seid fröhlich in der Hoffnung, geduldig in der Bedrängnis, beharrlich im Gebet! Helft den Heiligen, wenn sie in Not sind; gewährt jederzeit Gastfreundschaft! Segnet eure Verfolger; segnet sie, verflucht sie nicht! Freut euch mit den Fröhlichen und weint mit den Weinenden! Seid untereinander eines Sinnes; strebt nicht hoch hinaus, sondern bleibt demütig! Haltet euch nicht selbst für weise!

Evangelium *Lukas 1,39-56* In jenen Tagen machte sich Maria auf den Weg und eilte in eine Stadt im Bergland von Judäa. Sie ging in das Haus des Zacharias und begrüßte Elisabet. Als Elisabet den Gruß Marias hörte, hüpfte das Kind in ihrem Leib. Da wurde Elisabet vom Heiligen Geist erfüllt und rief mit lauter Stimme: Gesegnet bist du mehr als alle anderen Frauen und gesegnet ist die Frucht deines Leibes. Wer bin ich, dass die Mutter meines Herrn zu mir kommt? In dem Augenblick, als ich deinen Gruß hörte, hüpfte das Kind vor Freude in meinem Leib. Selig ist die, die geglaubt hat, dass sich erfüllt, was der Herr ihr sagen ließ.
Da sagte Maria:
Meine Seele preist die Größe des Herrn, / und mein Geist jubelt über Gott, meinen Retter.
Denn auf die Niedrigkeit seiner Magd hat er geschaut. / Siehe, von nun an preisen mich selig alle Geschlechter.
Denn der Mächtige hat Großes an mir getan / und sein Name ist heilig.
Er erbarmt sich von Geschlecht zu Geschlecht / über alle, die ihn fürchten.
Er vollbringt mit seinem Arm machtvolle Taten: / Er zerstreut, die im Herzen voll Hochmut sind;
er stürzt die Mächtigen vom Thron / und erhöht die Niedrigen.
Die Hungernden beschenkt er mit seinen Gaben / und lässt die Reichen leer ausgehen.
Er nimmt sich seines Knechtes Israel an / und denkt an sein Erbarmen,
das er unsern Vätern verheißen hat, / Abraham und seinen Nachkommen auf ewig.
Und Maria blieb etwa drei Monate bei Elisabet; dann kehrte sie nach Hause zurück.

Zum Evangelium Geteiltes Glück ist doppeltes Glück. Maria teilt ihr Glück mit Elisabet. Marias Glück steckt Elisabet an. Elisabets Glück steckt Maria an. Das gemeinsame Glück verbindet ihre Lebensgeschichten, macht die miteinander verbrachte Zeit durchsichtig für das Wunder, zu dem sie auserwählt sind: der Welt durch ihre Kinder das Heil zu bringen. Zwei außergewöhnliche Frauen – nicht, weil sie etwas aus sich machen, sondern weil sie Gott etwas mit sich machen lassen. Sie willigen in

Gottes Plan ein und werden seine Mitarbeiterinnen. Marias Leben wird ein Ja zu dem Gott, der unerwartete, unmögliche Dinge tut. Diesen Gott, der sich selbst auf den Tausch von hoch und niedrig einlässt, preist Maria im Magnificat. „Mit diesem Gebet wird Maria zum Symbol der Kraft, des Trostes und der Macht für die Machtlosen der Welt. Sie ist Gefährtin, Siegerin und Vorreiterin für die rechtschaffenen Armen, die ... Gerechtigkeit erfahren werden, die ihnen von Gott verheißen wurde" (Bridget Mary Meeham).
Wir – stellen wir ab und zu unsere kleinen Pläne hintan, damit Gott etwas mit uns machen kann. Vielleicht ein Wunder?

3. Juli – Hl. Thomas, Apostel

Lesung *Epheser 2,19-22* Ihr seid also jetzt nicht mehr Fremde ohne Bürgerrecht, sondern Mitbürger der Heiligen und Hausgenossen Gottes. Ihr seid auf das Fundament der Apostel und Propheten gebaut; der Schlussstein ist Christus Jesus selbst. Durch ihn wird der ganze Bau zusammengehalten und wächst zu einem heiligen Tempel im Herrn. Durch ihn werdet auch ihr im Geist zu einer Wohnung Gottes erbaut. Lj I+II

Evangelium *Johannes 20,24-29* Thomas, genannt Didymus (Zwilling), einer der Zwölf, war nicht bei ihnen, als Jesus kam. Die anderen Jünger sagten zu ihm: Wir haben den Herrn gesehen. Er entgegnete ihnen: Wenn ich nicht die Male der Nägel an seinen Händen sehe und wenn ich meinen Finger nicht in die Male der Nägel und meine Hand nicht in seine Seite lege, glaube ich nicht. Acht Tage darauf waren seine Jünger wieder versammelt und Thomas war dabei. Die Türen waren verschlossen. Da kam Jesus, trat in ihre Mitte und sagte: Friede sei mit euch! Dann sagte er zu Thomas: Streck deinen Finger aus – hier sind meine Hände! Streck deine Hand aus und leg sie in meine Seite und sei nicht ungläubig, sondern gläubig! Thomas antwortete ihm: Mein Herr und mein Gott! Jesus sagte zu ihm: Weil du mich gesehen hast, glaubst du. Selig sind, die nicht sehen und doch glauben.

Zum Evangelium Thomas ist Realist. Fakt ist, was ich sehen und greifen kann, was empirisch überprüfbar ist. Eine Einstellung, die auch unsere Gesellschaft, Wissenschaft und Politik kennzeichnet. Wer tot ist, ist tot – alles andere ist Wunschdenken, Illusion ... Es braucht die unmittelbare Begegnung mit dem Auferstandenen, damit der Skeptiker sich überzeugen lässt. Doch nun ist er es, der in Jesus Gott selbst erkennt – und nun kann er auf die direkte Berührung Jesu, die für ihn vorher unerlässlich schien, um zu glauben, verzichten.
Diese kurze Szene ist auch eine Anfrage an mein eigenes Glaubensverständnis. Wie sehr brauche ich für meinen Glauben äußere Sicherheiten in Form von Glaubensbekenntnis, Dogmen und Ritualen? Die kurze Er-

zählung hält uns vor Augen: Echter Glaube kommt nicht allein durch Lesen oder Hören von Gott, durch kognitives Wissen, sondern echter Glaube kann entstehen, wenn ich offen bin für die Begegnung mit Gott mitten in meinem Alltag, vielleicht gerade dann, wenn ich am wenigsten damit rechne. Es kommt nur darauf an, dann – wie Thomas – Gottes Anwesenheit auch zu erkennen.

11. Juli – Benedikt von Nursia

Lj I+II **Lesung** *Sprichwörter 2,1-9* Mein Sohn, wenn du meine Worte annimmst / und meine Gebote beherzigst,
der Weisheit Gehör schenkst, / dein Herz der Einsicht zuneigst,
wenn du nach Erkenntnis rufst, / mit lauter Stimme um Einsicht bittest,
wenn du sie suchst wie Silber, / nach ihr forschst wie nach Schätzen,
dann wirst du die Gottesfurcht begreifen / und Gotteserkenntnis finden.
Denn der Herr gibt Weisheit, / aus seinem Mund kommen Erkenntnis und Einsicht.
Für die Redlichen hält er Hilfe bereit, / den Rechtschaffenen ist er ein Schild.
Er hütet die Pfade des Rechts / und bewacht den Weg seiner Frommen.
Dann begreifst du, was Recht und Gerechtigkeit ist, / Redlichkeit und jedes gute Verhalten.

Evangelium *Matthäus 19,27-29* Da antwortete Petrus: Du weißt, wir haben alles verlassen und sind dir nachgefolgt. Was werden wir dafür bekommen? Jesus erwiderte ihnen: Amen, ich sage euch: Wenn die Welt neu geschaffen wird und der Menschensohn sich auf den Thron der Herrlichkeit setzt, werdet ihr, die ihr mir nachgefolgt seid, auf zwölf Thronen sitzen und die zwölf Stämme Israels richten. Und jeder, der um meines Namens willen Häuser oder Brüder, Schwestern, Vater, Mutter, Kinder oder Äcker verlassen hat, wird dafür das Hundertfache erhalten und das ewige Leben gewinnen.

Zum Evangelium Welchen Lohn kann ich dafür erwarten, dass ich dir zuliebe auf so vieles verzichtet habe? Eine Frage, die auch uns sehr vertraut ist. Statt diese Haltung zu kritisieren, antwortet Jesus mit einem unerhörten Zuspruch: seine Jünger werden nicht nur etwas Gleichwertiges erhalten, sondern das Hundertfache! Davor steht allerdings der radikale Abschied von allem, woran das Herz hängt: Häuser, Besitz und Familie – und dies ohne eine unmittelbare Gewissheit der Entschädigung, sondern nur im Vertrauen auf Jesu Worte. Er verspricht den Zwölfen am Ende der Zeiten die Rolle als Richter über Israel, was zu ihrem besonderen Ansehen in den christlichen Gemeinden beitrug. Doch anders als in unserem Sprachgebrauch ist die Funktion der „Richter" im biblischen Verständnis, andere auf-zu-richten, Armen und Unterdrückten zu ihrem Lebensrecht zu verhelfen, also ihnen das Reich Gottes erfahrbar zu machen. Auch andere Jesusworte stellen unsere gewohnten Maßstäbe auf den Kopf und betonen, dass am Ende der Zeiten eine totale Umkehrung stattfinden werde, so z.B. die Rede von den Letzten, die die Ersten sein werden. Jesus möchte damit uns zu einem Vertrauen in die grenzenlose Güte Gottes einladen, der ohne Berechnung schenkt und letztlich alle zu Ersten machen möchte. Dies kann dazu ermutigen, alle äußeren Sicherheiten loszulassen und sich ganz in den Dienst der Sache Jesu zu stellen, wie Benedikt es getan hat.

25. Juli – Hl. Jakobus, Apostel

Lesung *2 Korinther 4,7-15* Schwestern und Brüder! Den Schatz der Erkenntnis des göttlichen Glanzes auf dem Antlitz hristi tragen wir in zerbrechlichen Gefäßen; so wird deutlich, dass das Übermaß der Kraft von Gott und nicht von uns kommt. Von allen Seiten werden wir in die Enge getrieben und finden doch noch Raum; wir wissen weder aus noch ein und verzweifeln dennoch nicht; wir werden gehetzt und sind doch nicht verlassen; wir werden niedergestreckt und doch nicht vernichtet. Wohin wir auch kommen, immer tragen wir das Todesleiden Jesu an unserem Leib, damit auch das Leben Jesu an unserem Leib sichtbar wird. Denn immer werden wir, obgleich wir leben, um Jesu willen dem Tod ausgeliefert, damit auch das Leben Jesu an unserem sterblichen Fleisch offenbar wird. So erweist an uns der Tod, an euch aber das Leben seine Macht. **Lj I+II**

Doch haben wir den gleichen Geist des Glaubens, von dem es in der Schrift heißt: Ich habe geglaubt, darum habe ich geredet. Auch wir glauben und darum reden wir. Denn wir wissen, dass der, welcher Jesus, den Herrn, auferweckt hat, auch uns mit Jesus auferwecken und uns zusammen mit euch vor sein Angesicht stellen wird. Alles tun wir euretwegen, damit immer mehr Menschen aufgrund der überreich gewordenen Gnade den Dank vervielfachen, Gott zur Ehre.

Evangelium *Matthäus 20,20-28* In jener Zeit kam die Frau des Zebedäus mit ihren Söhnen zu Jesus und fiel vor ihm nieder, weil sie ihn um etwas bitten wollte. Er fragte sie: Was willst du? Sie antwortete: Versprich, dass meine beiden Söhne in deinem Reich rechts und links neben dir sitzen dürfen. Jesus erwiderte: Ihr wisst nicht, um was ihr bittet. Könnt ihr den Kelch trinken, den ich trinken werde? Sie sagten zu ihm: Wir können es. Da antwortete er ihnen: Ihr werdet meinen Kelch trinken; doch den Platz zu meiner Rechten und zu meiner Linken habe nicht ich zu vergeben; dort werden die sitzen, für die mein Vater diese Plätze bestimmt hat.

Als die zehn anderen Jünger das hörten, wurden sie sehr ärgerlich über die beiden Brüder. Da rief Jesus sie zu sich und sagte: Ihr wisst, dass die Herrscher ihre Völker unterdrücken und die Mächtigen ihre Macht über die Menschen missbrauchen. Bei euch soll es nicht so sein, sondern wer bei euch groß sein will, der soll euer Diener sein, und wer bei euch der Erste sein will, soll euer Sklave sein. Denn auch der Menschensohn ist nicht gekommen, um sich dienen zu lassen, sondern um zu dienen und sein Leben hinzugeben als Lösegeld für viele.

Zum Evangelium Jakobus ist auf Augenhöhe mit uns. Sogar die engsten Freunde Jesu sind uns ähnlich: sich einen guten Platz sichern, zu Ansehen und Erfolg kommen wollen, das steckt in uns allen. Jesus fordert zu einem Perspektivenwechsel auf. „Wer bei euch groß sein will, der soll euer Diener sein." Dienen, ein sperriges Wort, schon oft missbraucht, um andere abhängig und klein zu halten oder zu unterwerfen. Dienen müssen, aufgrund eines harten Schicksals oder weil jemand mich dazu zwingt, das will Jesus keinesfalls. Es geht ihm um das Dienenwollen mit dem Leben, das meines ist, in der Position, die ich einnehme. Wer als Mutter oder Vater, als Abteilungsleiterin, als Bischof oder Hausmeister nicht eigensüchtig über andere bestimmt, sondern für sie und mit ihnen bestimmt und seinen Dienst für die ihm Anvertrauten ausübt, der hat Jesus verstanden. – Jakobus hat das Martyrium erlitten, weil er in das Dienen hineingewachsen ist. Ein Platz im Himmel in Jesu Nähe wird ihm gewiss sein.

10. August – Hl. Laurentius, Märtyrer

Lj I+II **Lesung** *2 Korinther 9,6-10* Schwestern und Brüder! Denkt daran: Wer kärglich sät, wird auch kärglich ernten; wer reichlich sät, wird reichlich ernten. Jeder gebe, wie er es sich in seinem Herzen vorgenommen hat, nicht verdrossen und nicht unter Zwang; denn Gott liebt einen fröhlichen Geber.
In seiner Macht kann Gott alle Gaben über euch ausschütten, sodass euch allezeit in allem alles Nötige ausreichend zur Verfügung steht und ihr noch genug habt, um allen Gutes zu tun, wie es in der Schrift heißt:
Reichlich gibt er den Armen; / seine Gerechtigkeit hat Bestand für immer.
Gott, der Samen gibt für die Aussaat und Brot zur Nahrung, wird auch euch das Saatgut geben
und die Saat aufgehen lassen; er wird die Früchte eurer Gerechtigkeit wachsen lassen.

Evangelium *Johannes 12,24-26* In jener Zeit sprach Jesus zu seinen Jüngern: Amen, amen, ich sage euch: Wenn das Weizenkorn nicht in die Erde fällt und stirbt, bleibt es allein; wenn es aber stirbt, bringt es reiche Frucht. Wer an seinem Leben hängt, verliert es; wer aber sein Leben in dieser Welt gering achtet, wird es bewahren bis ins ewige Leben.
Wenn einer mir dienen will, folge er mir nach; und wo ich bin, dort wird auch mein Diener sein. Wenn einer mir dient, wird der Vater ihn ehren.

Zum Evangelium Eine Chance hätte Laurentius gehabt, dem bevorstehenden Martyrium zu entrinnen. Kaiser Valerian, der die Schätze der Kirche an sich bringen wollte, gewährte Laurentius vor seinem bevorstehenden Martyrium drei Tage Zeit, sie herbeizuschaffen. Was aber tat Laurentius? Er trug das Geld der Kirche zusammen und verteilte es an die Armen. Am dritten Tag führte er Kaiser Valerian die Armen, Blinden und Lahmen als die wahren Schätze der Kirche vor. Daraufhin ließ Valerian ihn auf einem glühenden Rost zu Tode brennen. Laurentius war ein Mensch, der nicht „an seinem Leben hängt“, an jenem Leben der Sicherheit, des Wohlstands und der kleinen Genüsse, die oft so erstrebenswert scheinen. Er hing sein Leben an einen anderen Sinn. Er teilte aus, was er hatte, er sammelte, nicht für sich, sondern für Bedürftige, er war Freund jener, die zu den Verachteten zählten. Sein Leben war Widerstand gegen Unrecht und Einsatz für Recht und Barmherzigkeit. Er wusste, wofür er lebte. Und er wusste, wofür er starb. Dieses Wissen setzt Kraft frei für das, was zu tun ist, und gibt Gelassenheit gegenüber den Dingen, die man von sich aus nicht ändern kann.

24. August – Hl. Bartholomäus, Apostel

Lesung *Offenbarung 21,9b-14* Ein Engel sagte zu mir: Komm, ich will dir die Braut zeigen, die Frau des Lammes. Da entrückte er mich in der Verzückung auf einen großen, hohen Berg und zeigte mir die heilige Stadt Jerusalem, wie sie von Gott her aus dem Himmel herabkam, erfüllt von der Herrlichkeit Gottes. Sie glänzte wie ein kostbarer Edelstein, wie ein kristallklarer Jaspis. Die Stadt hat eine große und hohe Mauer mit zwölf Toren und zwölf Engeln darauf. Auf die Tore sind Namen geschrieben: die Namen der zwölf Stämme der Söhne Israels. Im Osten hat die Stadt drei Tore und im Norden drei Tore und im Süden drei Tore und im Westen drei Tore. Die Mauer der Stadt hat zwölf Grundsteine; auf ihnen stehen die zwölf Namen der zwölf Apostel des Lammes. Lj I+II

Evangelium *Johannes 1,45-51* In jener Zeit traf Philippus Natanaël und sagte zu ihm: Wir haben den gefunden, über den Mose im Gesetz und auch die Propheten geschrieben haben: Jesus aus Nazaret, den Sohn Josefs. Da sagte Natanaël zu ihm: Aus Nazaret? Kann von dort etwas Gutes kommen? Philippus antwortete: Komm und sieh!
Jesus sah Natanaël auf sich zukommen und sagte über ihn: Da kommt ein echter Israelit, ein Mann ohne Falschheit. Natanaël fragte ihn: Woher kennst du mich? Jesus antwortete ihm: Schon bevor dich Philippus rief, habe ich dich unter dem Feigenbaum gesehen. Natanaël antwortete ihm: Rabbi, du bist der Sohn Gottes, du bist der König von Israel! Jesus antwortete ihm: Du glaubst, weil ich dir sagte, dass ich dich unter dem Feigenbaum sah? Du wirst noch Größeres sehen. Und er sprach zu ihm: Amen, amen, ich sage

euch: Ihr werdet den Himmel geöffnet und die Engel Gottes auf- und niedersteigen sehen über dem Menschensohn.

Zum Evangelium Einer, der unter einem Feigenbaum sitzt, so hieß es nach jüdischer Tradition, ist ein Gelehrter. Einer, der nachdenkt, der sich Zeit lässt, der Fragen stellt und in Frage stellt. Das passt auf Natanaël und seine skeptische Reaktion: „Aus Nazaret? Kann von dort etwas Gutes kommen?“ Er kennt sich in der jüdischen Bibel aus, aber Nazaret, davon hat er noch nicht gehört, da kann herkommen, wer will – aber doch nicht der Messias. „Komm und sieh“, sagt Philippus. Kommen und sehen, begegnen, erfahren, offen sein, um die Oberfläche durchscheinend zu machen. So wie Jesus. Er sieht Natanaël ganz, ein Mann ohne Falsch, ein wahrer Israelit, einer, der sehnsüchtig auf den Messias hofft. Weil Natanaël ganz erkannt wird, kann er Jesus ganz erkennen: „Du bist der Sohn Gottes!“ – Jesus sieht mich, nimmt mich ganz wahr, erkennt mich. Er lässt sich von mir finden. In jedem Menschen, der mir begegnet. Wenn ich meine Vor-Urteile zurücklasse: Kann von dem da etwas Gutes kommen?

8. September – Mariä Geburt

Lj I+II **Lesung** *Micha 5,1-4a* So spricht der Herr: Du, Betlehem-Efrata, so klein unter den Gauen Judas, aus dir wird mir einer hervorgehen, der über Israel herrschen soll. Sein Ursprung liegt in ferner Vorzeit, in längst vergangenen Tagen.
Darum gibt der Herr sie preis, bis die Gebärende einen Sohn geboren hat. Dann wird der Rest seiner Brüder heimkehren zu den Söhnen Israels. Er wird auftreten und ihr Hirt sein in der Kraft des Herrn, im hohen Namen Jahwes, seines Gottes.
Sie werden in Sicherheit leben; denn nun reicht seine Macht bis an die Grenzen der Erde. Und er wird der Friede sein.

Lj I+II **Lesung** *Römer 8,28-30* Schwestern und Brüder! Wir wissen, dass Gott bei denen, die ihn lieben, alles zum Guten führt, bei denen, die nach seinem ewigen Plan berufen sind; denn alle, die er im Voraus erkannt hat, hat er auch im Voraus dazu bestimmt, an Wesen und Gestalt seines Sohnes teilzuhaben, damit dieser der Erstgeborene von vielen Brüdern sei.
Die aber, die er vorausbestimmt hat, hat er auch berufen, und die er berufen hat, hat er auch gerecht gemacht; die er aber gerecht gemacht hat, die hat er auch verherrlicht.

Evangelium *Matthäus 1,1-16. 18-23 (Kf: 1,18-23)* Stammbaum Jesu Christi, des Sohnes Davids, des Sohnes Abrahams:
Abraham war der Vater von Isaak, Isaak von Jakob, Jakob von Juda und seinen Brüdern.

Juda war der Vater von Perez und Serach; ihre Mutter war Tamar. Perez war der Vater von Hezron, Hezron von Aram, Aram von Amminadab, Amminadab von Nachschon, Nachschon von Salmon. Salmon war der Vater von Boas; dessen Mutter war Rahab. Boas war der Vater von Obed; dessen Mutter war Rut. Obed war der Vater von Isai, Isai der Vater des Königs David.
David war der Vater von Salomo, dessen Mutter die Frau des Urija war. Salomo war der Vater von Rehabeam, Rehabeam von Abija, Abija von Asa, Asa von Joschafat, Joschafat von Joram, Joram von Usija. Usija war der Vater von Jotam, Jotam von Ahas, Ahas von Hiskija, Hiskija von Manasse, Manasse von Amos, Amos von Joschija. Joschija war der Vater von Jojachin und seinen Brüdern; das war zur Zeit der Babylonischen Gefangenschaft.
Nach der Babylonischen Gefangenschaft war Jojachin der Vater von Schealtiël, Schealtiël von Serubbabel, Serubbabel von Abihud, Abihud von Eljakim, Eljakim von Azor. Azor war der Vater von Zadok, Zadok von Achim, Achim von Eliud, Eliud von Eleasar, Eleasar von Mattan, Mattan von Jakob. Jakob war der Vater von Josef, dem Mann Marias; von ihr wurde Jesus geboren, der der Christus – der Messias – genannt wird.
Mit der Geburt Jesu Christi war es so: Maria, seine Mutter, war mit Josef verlobt; noch bevor sie zusammengekommen waren, zeigte sich, dass sie ein Kind erwartete – durch das Wirken des Heiligen Geistes. Josef, ihr Mann, der gerecht war und sie nicht bloßstellen wollte, beschloss, sich in aller Stille von ihr zu trennen. Während er noch darüber nachdachte, erschien ihm ein Engel des Herrn im Traum und sagte: Josef, Sohn Davids, fürchte dich nicht, Maria als deine Frau zu dir zu nehmen; denn das Kind, das sie erwartet, ist vom Heiligen Geist. Sie wird einen Sohn gebären; ihm sollst du den Namen Jesus geben; denn er wird sein Volk von seinen Sünden erlösen.
Dies alles ist geschehen, damit sich erfüllte, was der Herr durch den Propheten gesagt hat:
Seht, die Jungfrau wird ein Kind empfangen, / einen Sohn wird sie gebären, / und man wird ihm den Namen Immanuel geben, / das heißt übersetzt: Gott ist mit uns.

Zum Evangelium Maria – keine von königlichem Geblüt, keine herausragende Persönlichkeit. Kind einer unbekannten Familie, Kind mit einem gewöhnlichen Namen (es kommen allein im Neuen Testament sieben „Marias" namentlich vor), aufgewachsen in einem unbedeutenden Dorf und als noch sehr junges Mädchen nach damaliger jüdischer Sitte mit einem Mann verlobt. Ein dem Augenschein nach ganz gewöhnlicher Mensch, den Gott für das Ungewöhnliche ausgewählt hat. An der Erwählung Marias als Mutter Jesu zeigt sich, dass Gottes Offenbarung in Verhüllung geschieht. Er wählt das Kleine, Unscheinbare als Grundstein einer neuen Zeitrechnung. Maria sagt Ja zu ihrer Erwählung. In diesem Ja liegt ihre Größe.

Marias Geburt ist Ausgangspunkt des Gottesversprechens, in seinem Sohn „Immanuel“ der „Gott mit uns“ zu sein. Weil Gott mit uns ist, ist keiner zufällig in der Welt, auch wenn keiner bei seiner Geburt gefragt wurde, ob er in der Welt sein will. Gott ist mit uns, Gottes Ja gilt jedem von uns, er nimmt es nicht mehr zurück. – Unser Ja zur Geschichte Gottes mit uns macht unsere eigentliche Größe aus, so unscheinbar unser Leben vor anderen auch aussehen mag. Dafür bürgt das heutige Fest.

14. September – Kreuzerhöhung

Lj I+II **Lesung** *Philipper 2,6-11* Christus Jesus war Gott gleich, / hielt aber nicht daran fest, wie Gott zu sein,
sondern er entäußerte sich / und wurde wie ein Sklave / und den Menschen gleich. Sein Leben war das eines Menschen; /
er erniedrigte sich / und war gehorsam bis zum Tod, / bis zum Tod am Kreuz.
Darum hat ihn Gott über alle erhöht / und ihm den Namen verliehen, / der größer ist als alle Namen,
damit alle im Himmel, auf der Erde und unter der Erde / ihre Knie beugen vor dem Namen Jesu
und jeder Mund bekennt: / „Jesus Christus ist der Herr“ – / zur Ehre Gottes, des Vaters.

Evangelium *Johannes 3,13-17* In jener Zeit sprach Jesus zu Nikodémus: Niemand ist in den Himmel hinaufgestiegen außer dem, der vom Himmel herabgestiegen ist: der Menschensohn. Und wie Mose die Schlange in der Wüste erhöht hat, so muss der Menschensohn erhöht werden, damit jeder, der an ihn glaubt, in ihm das ewige Leben hat.
Denn Gott hat die Welt so sehr geliebt, dass er seinen einzigen Sohn hingab, damit jeder, der an ihn glaubt, nicht zugrunde geht, sondern das ewige Leben hat. Denn Gott hat seinen Sohn nicht in die Welt gesandt, damit er die Welt richtet, sondern damit die Welt durch ihn gerettet wird.

Zum Evangelium „Der Himmel, der auf die Erde herabsteigt, hebt die Erde zum Himmel hinauf“ (Simone Weil). Der auf die Erde herabsteigende Himmel ist Jesus, von seinem Vater gesandt, um die Welt zu retten, nicht um sie zu richten. In ihm ist Gott selbst gekommen. Was er tut, tut Gott. Was er leidet, leidet Gott. Gott bindet sich durch Jesus an unser Menschendasein. Er schickt den Himmel zu uns, damit die Erde zum Himmel gehoben wird. Aber dazwischen steht das Kreuz. Unumgänglich. Ein alter Hymnus besingt das Kreuz als „Waage der Welt“. Wie auf einer Waage das herabziehende Gewicht der einen Schale von dem noch größeren Gewicht der anderen Schale wieder emporgezogen wird, so wird die äußerste Erniedrigung Gottes ausgeglichen durch die Erhöhung Jesu. Das Kreuz als Waage sagt aus, dass Unrecht nicht durch Unrecht,

Gewalt nicht durch Gegengewalt überwunden werden kann, sondern durch die Liebe, die allen Menschen gleiches Recht zumisst und den Ausgleich herstellt. Gott am Kreuz – Sprengung aller Formen des Gewohnten. Freiwillige Preisgabe in die Tiefe der Armseligkeit und wieder emporgehoben in die Übermacht der Herrlichkeit. Wie kostbar müssen wir dem sein, der am Kreuz erhöht wurde – für uns!

21. September – Hl. Matthäus, Apostel und Evangelist

Lesung *Epheser 4,1-7.11-13* Schwestern und Brüder! Ich, der ich um des Herrn willen im Gefängnis bin, ermahne euch, ein Leben zu führen, das des Rufes würdig ist, der an euch erging. Seid demütig, friedfertig und geduldig, ertragt einander in Liebe und bemüht euch, die Einheit des Geistes zu wahren durch den Frieden, der euch zusammenhält. Ein Leib und ein Geist, wie euch durch eure Berufung auch eine gemeinsame Hoffnung gegeben ist; ein Herr, ein Glaube, eine Taufe, ein Gott und Vater aller, der über allem und durch alles und in allem ist. Aber jeder von uns empfing die Gnade in dem Maß, wie Christus sie ihm geschenkt hat. **Lj I+II**

Und er gab den einen das Apostelamt, andere setzte er als Propheten ein, andere als Evangelisten, andere als Hirten und Lehrer, um die Heiligen für die Erfüllung ihres Dienstes zu rüsten, für den Aufbau des Leibes Christi. So sollen wir alle zur Einheit im Glauben und in der Erkenntnis des Sohnes Gottes gelangen, damit wir zum vollkommenen Menschen werden und Christus in seiner vollendeten Gestalt darstellen.

Evangelium *Matthäus 9,9-13* In jener Zeit sah Jesus einen Mann namens Matthäus am Zoll sitzen und sagte zu ihm: Folge mir nach! Da stand Matthäus auf und folgte ihm. Und als Jesus in seinem Haus beim Essen war, kamen viele Zöllner und Sünder und aßen zusammen mit ihm und seinen Jüngern.

Als die Pharisäer das sahen, sagten sie zu seinen Jüngern: Wie kann euer Meister zusammen mit Zöllnern und Sündern essen? Er hörte es und sagte: Nicht die Gesunden brauchen den Arzt, sondern die Kranken. Darum lernt, was es heißt: Barmherzigkeit will ich, nicht Opfer. Denn ich bin gekommen, um die Sünder zu rufen, nicht die Gerechten.

Zum Evangelium Wie würde ich reagieren, wenn Jesus jetzt vor mir stünde und sagte: Folge mir nach? Matthäus, der Zöllner, bei seinen Landsleuten verhasst, weil er ihnen das Geld aus der Tasche zieht und mit den Römern gemeinsame Sache macht – er steht auf, lässt sein altes Leben zurück und folgt ihm! Vielleicht, weil er zum ersten Mal in seinem Leben erfährt, dass jemand mit ihm, den alle verachten, Gemeinschaft will? Vielleicht, weil durch Jesu Ruf in ihm wach wird, was ihm fehlt? Das ist nicht Essen und Trinken, davon hat er genug. Ihm fehlt das „Darüber hinaus", die Transzendenz des Lebens. An Matthäus' Berufung zeigt sich, wer die spezifische Klientel Gottes ist: die, die seiner bedürfen. Die, deren Leben auf der religiösen Ebene eine offene Stelle hat. „Ich bin gekommen, um die Sünder zu rufen ..." In diesem Satz steckt ein großes Versprechen. Wie ich auch bin, er ruft mich zu sich. Er entlastet mich von meinem Fehler heute und macht mich frei für ein Morgen, für einen neuen Versuch, barmherzig zu sein wie er. „Folge mir nach."

29. September – Hll. Michael, Gabriel, Rafael (Erzengel)

Lj I+II **Lesung** *Offenbarung 12,7-12a* Im Himmel entbrannte ein Kampf; Michael und seine Engel erhoben sich, um mit dem Drachen zu kämpfen. Der Drache und seine Engel kämpften, aber sie konnten sich nicht halten und sie verloren ihren Platz im Himmel. Er wurde gestürzt, der große Drache, die alte Schlange, die Teufel oder Satan heißt und die ganze Welt verführt; der Drache wurde auf die Erde gestürzt und mit ihm wurden seine Engel hinabgeworfen.
Da hörte ich eine laute Stimme im Himmel rufen: Jetzt ist er da, der rettende Sieg, die Macht und die Herrschaft unseres Gottes und die Vollmacht seines Gesalbten; denn gestürzt wurde der Ankläger unserer Brüder, der sie bei Tag und bei Nacht vor unserem Gott verklagte. Sie haben ihn besiegt durch das Blut des Lammes und durch ihr Wort und Zeugnis; sie hielten ihr Leben nicht fest, bis hinein in den Tod. Darum jubelt, ihr Himmel und alle, die darin wohnen.

Evangelium *Johannes 1,47-51* In jener Zeit sah Jesus Natanaël auf sich zukommen und sagte über ihn: Da kommt ein echter Israelit, ein Mann ohne Falschheit. Natanaël fragte ihn: Woher kennst du mich? Jesus antwortete ihm: Schon bevor dich Philippus rief, habe ich dich unter dem Feigenbaum gesehen. Natanaël antwortete ihm: Rabbi, du bist der Sohn Gottes, du bist der König von Israel! Jesus antwortete ihm: Du glaubst, weil ich dir sagte, dass ich dich unter dem Feigenbaum sah? Du wirst noch Größeres sehen. Und er sprach zu ihm: Amen, amen, ich sage euch: Ihr werdet den Himmel geöffnet und die Engel Gottes auf- und niedersteigen sehen über dem Menschensohn.

Zum Evangelium Erzengel sind Mittler zwischen Gott und den Menschen. Die Vorsilbe „Erz" weist auf ihre erhöhte Position gegenüber den „gewöhnlichen" Engeln hin. Als Boten Gottes treten die Erzengel in die sichtbare Welt der Menschen hinein, überbringen Nachrichten, helfen und schützen. Die Bibel erwähnt drei Gottesboten mit Namen: Gabriel, Michael und Rafael. Ihre Namen enden auf „-el", was im Hebräischen „Gott" bedeutet.

Gabriel – „Gott ist meine Kraft" – ist Verkünder der großen Freude, „die allen Menschen widerfahren wird"; Bote Gottes für ungewöhnliche, himmlische Einfälle.
Michael – „Wer ist wie Gott?" – ist Streiter Gottes, Kämpfer gegen das Böse, der in den dunklen Zeiten da ist, damit „der böse Feind keine Macht an mir findet" (Luther).
Rafael – „Gott heilt" – ist der unbekannte Begleiter und Beschützer, der die Augen für eine neue Sicht öffnet, der sich im Menschen verhüllt, der die Schwere von mir nimmt, der im Lächeln eines Kindes Hoffnung erschließt, der alles zum Guten führt.
Engel sind Lichtwesen. Durchleuchter unserer Schattenseiten, Beleuchter unserer guten Möglichkeiten. Feuer und Flamme für Gott, Boten seiner Liebe, die unser Dasein, wenn wir ihnen Raum geben, beflügeln ...

18. Oktober – Hl. Lukas, Evangelist

Lesung *2 Timotheus 4,10-17b* Mein Sohn! Demas hat mich aus Liebe zu dieser Welt verlassen und ist nach Thessalonich gegangen; Kreszenz ging nach Galatien, Titus nach Dalmatien. Nur Lukas ist noch bei mir. **Lj I+II**
Bring Markus mit, denn er wird mir ein guter Helfer sein. Tychikus habe ich nach Ephesus geschickt. Wenn du kommst, bring den Mantel mit, den ich in Troas bei Karpus gelassen habe, auch die Bücher, vor allem die Pergamente. Alexander, der Schmied, hat mir viel Böses getan; der Herr wird ihm vergelten, wie es seine Taten verdienen. Nimm auch du dich vor ihm in Acht, denn er hat unsere Lehre heftig bekämpft. Bei meiner ersten Verteidigung ist niemand für mich eingetreten; alle haben mich im Stich gelassen. Möge es ihnen nicht angerechnet werden. Aber der Herr stand mir zur Seite und gab mir Kraft, damit durch mich die Verkündigung vollendet wird und alle Heiden sie hören.

Evangelium *Lukas 10,1-9* In jener Zeit suchte der Herr zweiundsiebzig andere Jünger aus und sandte sie zu zweit voraus in alle Städte und Ortschaften, in die er selbst gehen wollte.
Er sagte zu ihnen: Die Ernte ist groß, aber es gibt nur wenig Arbeiter. Bittet also den Herrn der Ernte, Arbeiter für seine Ernte auszusenden. Geht! Ich sende euch wie Schafe mitten unter die Wölfe. Nehmt keinen Geldbeutel mit, keine Vorratstasche und keine Schuhe! Grüßt niemand unterwegs! Wenn ihr in ein Haus kommt, so sagt als erstes: Friede diesem Haus! Und wenn dort ein Mann des Friedens wohnt, wird der Friede, den ihr ihm wünscht, auf ihm ruhen; andernfalls wird er zu euch zurückkehren. Bleibt in diesem Haus, esst und trinkt, was man euch anbietet; denn wer arbeitet, hat ein Recht auf seinen Lohn. Zieht nicht von einem Haus in ein anderes! Wenn ihr in eine Stadt kommt und man euch aufnimmt, so esst, was man euch vorsetzt. Heilt die Kranken, die dort sind, und sagt den Leuten: Das Reich Gottes ist euch nahe.

Zum Evangelium „Geht!“ Ohne Besitz, ohne Macht, ohne Sicherheit, wehrlos „wie Schafe mitten unter die Wölfe!“ Göttliche Wehrlosigkeit ist die Voraussetzung für das Kommen des Reiches Gottes. Gott setzt sein Wort nicht mit Gewalt durch. Gottes Wort kommt aus „Gottes Schwäche“ (Romano Guardini). Gottes Wort kann deshalb nur von Menschen, die selbst wehrlos sind, verkündet werden. Sie müssen sich auf das Schlimmste gefasst machen, auf Verrat, Gewalt, Tod. Diesem Wort kann es schlimm ergehen, und doch hängt alles daran, dass es Aufnahme findet und in die Welt eindringt, weil das Heil der Menschen von ihm abhängt. Die Sendung ist etwas äußerst Verletzliches und unendlich Kostbares und immer gefährdet, „wenn Gewalt, Besitz, List bei der Verkündigung und in der Annahme der Botschaft mitwirken“ (Guardini).
Von den vier Evangelisten hat Lukas ganz besonders betont, dass der Mensch in seiner Machtlosigkeit, Bedürftigkeit und Armut von Gott angenommen ist und deshalb auf jede Selbstempfehlung verzichten kann. Dies gilt vor allem für die, die im Dienst der Sendung des Wortes Gottes stehen!

28. Oktober – Hll. Simon und Judas, Apostel

Lj I+II **Lesung** *Epheser 2,19-22* Schwestern und Brüder! Ihr seid jetzt nicht mehr Fremde ohne Bürgerrecht, sondern Mitbürger der Heiligen und Hausgenossen Gottes. Ihr seid auf das Fundament der Apostel und Propheten gebaut; der Schlussstein ist Christus Jesus selbst.
Durch ihn wird der ganze Bau zusammengehalten und wächst zu einem heiligen Tempel im Herrn. Durch ihn werdet auch ihr im Geist zu einer Wohnung Gottes erbaut.

Evangelium *Lukas 6,12-19* In jenen Tagen ging Jesus auf einen Berg, um zu beten. Und er verbrachte die ganze Nacht im Gebet zu Gott. Als es Tag wurde, rief er seine Jünger zu sich und wählte aus ihnen zwölf aus; sie nannte er auch Apostel.Es waren Simon, dem er den Namen Petrus gab, und sein Bruder Andreas, dazu Jakobus und Johannes, Philippus und Bartholomäus, Matthäus und Thomas, Jakobus, der Sohn des Alphäus, und Simon, genannt der Zelot, Judas, der Sohn des Jakobus, und Judas Iskariot, der zum Verräter wurde.
Jesus stieg mit ihnen den Berg hinab. In der Ebene blieb er mit einer großen Schar seiner Jünger stehen und viele Menschen aus ganz Judäa und Jerusalem und dem Küstengebiet von Tyrus und Sidon strömten herbei. Sie alle wollten ihn hören und von ihren Krankheiten geheilt werden. Auch die von unreinen Geistern Geplagten wurden geheilt. Alle Leute versuchten, ihn zu berühren; denn es ging eine Kraft von ihm aus, die alle heilte.

Zum Evangelium Fußball sei die neue Religion, melden die Medien. Die Fußballmannschaft ist eine Erfolgsmannschaft aus lauter Profis, die einen Haufen Geld bekommen. Manche Namen sind unerreichbare Idole. Die zwölf Apostel sind die Erfolgsmannschaft Jesu. Aber was sind das für Leute: Einige haben nie die Schule besucht, anderen ist das Temperament durchgegangen, einer ist Zolleintreiber, ein anderer Zweifler, und Simon ein junger Revoluzzer, der die Römer aus dem Land werfen will. Keine Stars, keine besonderen Begabungen, keine unerreichbaren Idole, sondern Menschen wie wir. Solche Menschen wählt Jesus aus, um die Kirche über die ganze Welt zu verbreiten. Die Rechnung ist aufgegangen. 2000 Jahre später ist das Christentum weltweit die größte Religionsgemeinschaft. Dieser Erfolg war möglich, weil die Apostel Menschen „wie du und ich", Begeisterungsfähige, in die Mannschaft geholt haben. Der Glaube geht weiter, wenn wir andere mit seiner Schönheit anstecken. Was das bringt? Nach dem Schlusspfiff eine Prämie, die nicht in Euro ausbezahlt wird, sondern als ewiges Leben ...

9. November – Weihetag der Lateranbasilika

Lesung *1 Korinther 3,9c-11.16-17* Schwestern und Brüder! Ihr seid Gottes Bau. Der Gnade Gottes entsprechend, die mir geschenkt wurde, habe ich wie ein guter Baumeister den Grund gelegt; ein anderer baut darauf weiter. Aber jeder soll darauf achten, wie er weiterbaut. Denn einen anderen Grund kann niemand legen als den, der gelegt ist: Jesus Christus. **Lj I+II**

Wisst ihr nicht, dass ihr Gottes Tempel seid und der Geist Gottes in euch wohnt? Wer den Tempel Gottes verdirbt, den wird Gott verderben. Denn Gottes Tempel ist heilig, und der seid ihr.

Evangelium *Johannes 2,13-22* Das Paschafest der Juden war nahe und Jesus zog nach Jerusalem hinauf. Im Tempel fand er die Verkäufer von Rindern, Schafen und Tauben und die Geldwechsler, die dort saßen.

Er machte eine Geißel aus Stricken und trieb sie alle aus dem Tempel hinaus, dazu die Schafe und Rinder; das Geld der Wechsler schüttete er aus und ihre Tische stieß er um. Zu den Taubenhändlern sagte er: Schafft das hier weg, macht das Haus meines Vaters nicht zu einer Markthalle! Seine Jünger erinnerten sich an das Wort der Schrift: Der Eifer für dein Haus verzehrt mich.

Da stellten ihn die Juden zur Rede: Welches Zeichen lässt du uns sehen als Beweis, dass du dies tun darfst? Jesus antwortete ihnen: Reißt diesen Tempel nieder, in drei Tagen werde ich ihn wieder aufrichten. Da sagten die Juden: Sechsundvierzig Jahre wurde an diesem Tempel gebaut und du willst ihn in drei Tagen wieder aufrichten? Er aber meinte den Tempel seines Leibes.

Als er von den Toten auferstanden war, erinnerten sich seine Jünger, dass er dies gesagt hatte, und sie glaubten der Schrift und dem Wort, das Jesus gesprochen hatte.

Zum Evangelium Die Kritik am Tempelbetrieb hat eine lange prophetische Tradition. In dieser Tradition wendet Jesus sich gegen die oberflächliche Religiosität derer, die meinen, man könne mit Gott durch gekaufte Opfer ein Geschäft machen. Aber mit Gott kann man nicht handeln. Trifft die Kritik auch uns? Wir verkaufen keine Opfertiere. Trotzdem scheinen manche zu glauben, man könne mit Gott einen Tauschhandel abschließen. Etwa durch ein anständiges Leben, durch den Besuch des Gottesdienstes, durch Spenden ... und erhofft sich dafür von Gott als Gegenleistung, dass es einem auf Dauer gut geht. Jesus wirft diese Ordnung buchstäblich um. Gottesbeziehung lebt nicht von Opfern, sondern von der Liebe – zu Gott, zum Mitmenschen, zu sich selbst. Deshalb ist Jesus selbst der Tempel und die Tür, durch die wir Zugang zu Gott finden.

Lj I+II

30. November – Hl. Andreas, Apostel

Lesung *Römer 10,9-18* Wenn du mit deinem Mund bekennst: „Jesus ist der Herr" und in deinem Herzen glaubst: „Gott hat ihn von den Toten auferweckt", so wirst du gerettet werden. Wer mit dem Herzen glaubt und mit dem Mund bekennt, wird Gerechtigkeit und Heil erlangen. Denn die Schrift sagt: Wer an ihn glaubt, wird nicht zugrunde gehen. Darin gibt es keinen Unterschied zwischen Juden und Griechen. Alle haben denselben Herrn; aus seinem Reichtum beschenkt er alle, die ihn anrufen. Denn jeder, der den Namen des Herrn anruft, wird gerettet werden.

Wie sollen sie nun den anrufen, an den sie nicht glauben? Wie sollen sie an den glauben, von dem sie nichts gehört haben? Wie sollen sie hören, wenn niemand verkündigt? Wie soll aber jemand verkündigen, wenn er nicht gesandt ist? Darum heißt es in der Schrift: Wie sind die Freudenboten willkommen, die Gutes verkündigen!

Doch nicht alle sind dem Evangelium gehorsam geworden. Denn Jesaja sagt: Herr, wer hat unserer Botschaft geglaubt? So gründet der Glaube in der Botschaft, die Botschaft im Wort Christi. Aber, so frage ich, haben sie die Boten etwa nicht gehört? Doch, sie haben sie gehört; denn ihre Stimme war in der ganzen Welt zu hören und ihr Wort bis an die Enden der Erde.

Evangelium *Matthäus 4,18-22* In jener Zeit, als Jesus am See von Galiläa entlangging, sah er zwei Brüder, Simon, genannt Petrus, und seinen Bruder Andreas; sie warfen gerade ihr Netz in den See, denn sie waren Fischer. Da sagte er zu ihnen: Kommt her, folgt mir nach! Ich werde euch zu Menschenfischern machen. Sofort ließen sie ihre Netze liegen und folgten ihm.

Als er weiterging, sah er zwei andere Brüder, Jakobus, den Sohn des Zebedäus, und seinen Bruder Johannes; sie waren mit ihrem Vater Zebedäus im Boot und richteten ihre Netze her. Er rief sie, und sogleich verließen sie das Boot und ihren Vater und folgten Jesus.

Zum Evangelium Mitten aus ihrem beruflichen Alltag ruft Jesus Andreas und Simon zu einer neuen Aufgabe heraus: Menschenfischer sollen sie werden. Sie fragen nicht, was das bedeutet. Sie zögern nicht und überlegen nicht, ob es Sinn macht. Sie lassen einfach die Netze liegen, lassen die bisherigen Sicherheiten hinter sich und gehen mit ihm. Sie wissen nicht, worauf sie sich einlassen, es wird ihnen keine Karriere, kein höherer Verdienst, keine bessere Zukunft in Aussicht gestellt. Es muss die Person Jesu sein, die in ihnen die Sehnsucht aktiviert, dass das, was bisher ihr Leben ausgemacht hat, nicht alles gewesen sein kann. „Kommt her, folgt mir nach!" Ein radikaler Perspektivenwechsel.
Seit damals die Apostel berufen wurden, geht dieser Ruf von Generation zu Generation weiter. Er ergeht an jeden von uns, er ruft dich, er ruft mich. Was lasse ich los, welche Sicherheit gebe ich auf, um ihm nachzufolgen? Wie kann ich meinem Alltag eine neue Richtung geben, wie kann ich leben, wozu ich berufen bin?

27. Dezember – Hl. Johannes, Apostel

Lesung *1 Johannes 1,1-4* Schwestern und Brüder! Was von Anfang an war, was wir gehört haben, was wir mit unseren Augen gesehen, was wir geschaut und was unsere Hände angefasst haben, das verkünden wir: das Wort des Lebens. Denn das Leben wurde offenbart; wir haben gesehen und bezeugen und verkünden euch das ewige Leben, das beim Vater war und uns offenbart wurde.Was wir gesehen und gehört haben, das verkünden wir auch euch, damit auch ihr Gemeinschaft mit uns habt. Wir aber haben Gemeinschaft mit dem Vater und mit seinem Sohn Jesus Christus.Wir schreiben dies, damit unsere Freude vollkommen ist. Lj I+II

Evangelium *Johannes 20,2-8* Am ersten Tag der Woche lief Maria von Magdala schnell zu Simon Petrus und dem Jünger, den Jesus liebte, und sagte zu ihnen: Man hat den Herrn aus dem Grab weggenommen und wir wissen nicht, wohin man ihn gelegt hat. Da gingen Petrus und der andere Jünger hinaus und kamen zum Grab; sie liefen beide zusammen dorthin, aber weil der andere Jünger schneller war als Petrus, kam er als erster ans Grab. Er beugte sich vor und sah die Leinenbinden liegen, ging aber nicht hinein. Da kam auch Simon Petrus, der ihm gefolgt war, und ging in das Grab hinein. Er sah die Leinenbinden liegen und das Schweißtuch, das auf dem Kopf Jesu gelegen hatte; es lag aber nicht bei den Leinenbinden, sondern zusammengebunden daneben an einer besonderen Stelle. Da ging auch der andere Jünger, der zuerst an das Grab gekommen war, hinein; er sah und glaubte.

Zum Evangelium Max Frisch schreibt in seinem Tagebuch, das eigentlich Erregende, Abenteuerliche, Spannende in der Liebe sei, „dass wir mit den Menschen, die wir lieben, nicht fertig werden: weil wir sie lieben; solang wir sie lieben". Denn „so wie das All, wie Gottes unerschöpfliche Geräumigkeit, schrankenlos, alles Möglichen voll, aller Geheimnisse voll, unfassbar ist der Mensch, den man liebt ..." Johannes war „der Jünger, den Jesus liebte" (Joh 13,23), vielleicht, weil Johannes mit inniger Hingabe begabt war und Jesus nachging, wo er einen Menschen brauchte, und am Ende der einzige der Jünger war, der ihm bis unters Kreuz folgte (Joh 19,26). Sicher hat Johannes Jesus nicht immer verstanden, aber die Grenzen des Verstehens sind keine Grenzen des Herzens. Das Herz geht dem andern nach in seinen Entfaltungen, und „nur die Liebe erträgt ihn so". Im Evangelium hören wir den schlichten Satz über Johannes, als er in das leere Grab schaut: „Er sah und glaubte." Er sah und glaubte, weil er durch Jesus erfahren hatte: Die Liebe kann nicht sterben. „Unfassbar ist der Mensch, den man liebt." Um wie viel unfassbarer Gott, der uns liebt!

28. Dezember – Unschuldige Kinder

Lj I+II **Lesung** *1 Johannes 1,5–2,2* Schwestern und Brüder! Das ist die Botschaft, die wir von Jesus Christus gehört haben und euch verkünden: Gott ist Licht und keine Finsternis ist in ihm. Wenn wir sagen, dass wir Gemeinschaft mit ihm haben, und doch in der Finsternis leben, lügen wir und tun nicht die Wahrheit. Wenn wir aber im Licht leben, wie er im Licht ist, haben wir Gemeinschaft miteinander und das Blut seines Sohnes Jesus reinigt uns von aller Sünde.
Wenn wir sagen, dass wir keine Sünde haben, führen wir uns selbst in die Irre und die Wahrheit ist nicht in uns. Wenn wir unsere Sünden bekennen, ist er treu und gerecht; er vergibt uns die Sünden und reinigt uns von allem Unrecht. Wenn wir sagen, dass wir nicht gesündigt haben, machen wir ihn zum Lügner und sein Wort ist nicht in uns.
Meine Kinder, ich schreibe euch dies, damit ihr nicht sündigt. Wenn aber einer sündigt, haben wir einen Beistand beim Vater: Jesus Christus, den Gerechten. Er ist die Sühne für unsere Sünden, aber nicht nur für unsere Sünden, sondern auch für die der ganzen Welt.

Evangelium *Matthäus 2,13-18* Als die Sterndeuter wieder gegangen waren, erschien dem Josef im Traum ein Engel des Herrn und sagte: Steh auf, nimm das Kind und seine Mutter, und flieh nach Ägypten; dort bleibe, bis ich dir etwas anderes auftrage; denn Herodes wird das Kind suchen, um es zu töten.Da stand Josef in der Nacht auf und floh mit dem Kind und dessen Mutter nach Ägypten. Dort blieb er bis zum Tod des Herodes. Denn es sollte sich erfüllen, was der Herr durch den Propheten gesagt hat: Aus Ägypten habe ich meinen Sohn gerufen.
Als Herodes merkte, dass ihn die Sterndeuter getäuscht hatten, wurde er

sehr zornig und er ließ in Betlehem und der ganzen Umgebung alle Knaben bis zum Alter von zwei Jahren töten, genau der Zeit entsprechend, die er von den Sterndeutern erfahren hatte.Damals erfüllte sich, was durch den Propheten Jeremia gesagt worden ist:
Ein Geschrei war in Rama zu hören, / lautes Weinen und Klagen: / Rahel weinte um ihre Kinder / und wollte sich nicht trösten lassen, / denn sie waren dahin.

Zum Evangelium Machtmenschen wie Herodes ergreifen alle erdenklichen Maßnahmen, wenn sie sich in ihrer Macht bedroht sehen. Sie gehen sogar über Kinderleichen. Auch heute. Nur mit anderen Mitteln. – Was geht uns der Kindermord von damals an? Wir sitzen doch nicht an den Hebeln der Macht? Aber keiner ist vor der Gefahr des Machtmissbrauchs gefeit. Wir unterstützen allein dadurch Machtstrukturen, dass wir von Ungerechtigkeit wegsehen und weghören. Ist es nicht auch Kindermord, wenn heute tagtäglich 40 000 Kinder verhungern, wenn Regierungen ihre eigene Bevölkerung systematisch in den Hunger treiben, wenn Kinder zu Soldaten ausgebildet werden? Es gibt viele Gründe, etwas zu tun, andere Maßstäbe zu setzen, so wie Jesus sein Leben lang sich eingesetzt hat für die Schwachen. Jesus, von Anfang an wehrlos, von Anfang an von den Mächtigen gefürchtet.

Anhang

Bibelstellenregister

*Zeittafel aller Sonntage sowie aller beweglichen Hochfeste und Feste**

Lesejahr	2007 C	2008 A	2009 B	2010 C	2011 A
2. Sonntag nach Weihnachten	–	6.1.	4.1.	3.1.	2.1.
Taufe des Herrn	7.1	13.1.	11.1.	10.1.	9.1.
Aschermittwoch	21.2.	6.2.	**25.2.**	17.2.	9.3.
1. Fastensonntag	25.2.	10.2.	1.3.	21.2.	13.3.
2. Fastensonntag	4.3.	17.2.	8.3.	28.2.	20.3.
3. Fastensonntag	11.3.	24.2.	15.3.	7.3.	27.3.
4. Fastensonntag	18.3.	2.3.	22.3.	14.3.	3.4.
5. Fastensonntag	25.3.	9.3.	29.3.	21.3.	10.4.
Palmsonntag	1.4.	16.3.	5.4.	28.3.	17.4.
Ostersonntag	8.4.	23.3.	12.4.	4.4.	24.4.
2. Sonntag der Osterzeit	15.4.	30.3.	19.4.	11.4.	1.5.
3. Sonntag der Osterzeit	22.4.	6.4.	26.4.	18.4.	8.5.
4. Sonntag der Osterzeit	29.4.	13.4.	3.5.	25.4.	15.5.
5. Sonntag der Osterzeit	6.5.	20.4.	10.5.	2.5.	22.5.
6. Sonntag der Osterzeit	13.5.	27.4.	17.5.	9.5.	29.5.
Christi Himmelfahrt	17.5.	1.5.	21.5.	13.5.	2.6.
7. Sonntag der Osterzeit	20.5.	4.5.	24.5.	16.5.	5.6.
Pfingsten	27.5.	11.5.	31.5.	23.5.	12.6.
Dreifaltigkeitssonntag	3.6.	18.5.	7.6.	30.5.	19.6.
Fronleichnam	7.6.	22.5.	11.6.	3.6.	23.6.
Heiligstes Herz Jesu	15.6.	30.5.	19.6.	11.6.	1.7.
2. Sonntag im Jahreskreis	14.1.	20.1.	18.1.	17.1.	16.1.
3. Sonntag im Jahreskreis	21.1.	27.1.	25.1.	24.1.	23.1.
4. Sonntag im Jahreskreis	28.1.	3.2.	1.2.	31.1.	30.1.
5. Sonntag im Jahreskreis	4.2.	–	8.2.	7.2.	6.2.
6. Sonntag im Jahreskreis	11.2.	**11.5.**	15.2.	14.2.	13.2.
7. Sonntag im Jahreskreis	18.2.	**18.5.**	22.2.	–	20.2.
8. Sonntag im Jahreskreis	**27.5.**	25.5.	–	**23.5.**	27.2.

* An Daten im **Fettdruck** wird die Feier der Sonntage durch ein Hoch- oder Herrenfest ersetzt. Es ist unter dem gleichen Datum in derselben Jahresspalte dieser Zeittafel verzeichnet oder auf den Seiten der Heiligen- oder Herrenfeste im jeweiligen Lesejahr zu finden. – Örtlich gelten einzelne Sonderregelungen.

2012 B	2013 C	2014 A	2015 B	2016 C	2017 A	2018 B	2019 C
1.1.	**6.1.**	5.1.	4.1.	3.1.	1.1	–	**6.1.**
8.1.	13.1.	12.1.	11.1.	10.1.	8.1.	7.1.	13.1.
22.2.	13.2.	5.3.	18.2.	10.2.	1.3.	14.2.	6.3.
26.2.	17.2.	9.3.	22.2.	14.2.	5.3.	18.2.	10.3.
4.3.	24.2.	16.3.	1.3.	21.2	12.3.	25.2.	17.3.
11.3.	3.3.	23.3.	8.3.	28.2	19.3.	4.3.	24.3.
18.3.	10.3.	30.3.	15.3.	6.3.	26.3.	11.3.	31.3.
25.3.	17.3.	6.4.	22.3.	13.3.	2.4.	18.3.	7.4.
1.4.	24.3.	13.4.	29.3.	20.3.	9.4.	25.3.	14.4.
8.4.	31.3.	20.4.	5.4.	27.3.	16.4.	1.4.	21.4.
15.4.	7.4.	27.4.	12.4.	3.4.	23.4.	8.4.	28.4.
22.4.	14.4.	4.5.	19.4.	10.4.	30.4.	15.4.	5.5.
29.4.	21.4.	11.5.	26.4.	17.4.	7.5.	22.4.	12.5.
6.5.	28.4.	18.5.	3.5.	24.4.	14.5.	29.4.	19.5.
13.5.	5.5.	25.5.	10.5.	1.5.	21.5.	6.5.	26.5.
17.5.	9.5.	29.5.	14.5.	5.5.	25.5.	10.5.	30.5.
20.5.	12.5.	1.6.	17.5.	8.5.	28.5.	23.5.	2.6.
27.5.	19.5.	8.6.	24.5.	15.5.	4.6.	20.5.	9.6.
3.6.	26.5.	15.6.	31.5.	22.5.	11.6.	27.5.	16.6.
7.6.	30.5.	19.6.	4.6.	26.5.	15.6.	31.5.	20.6.
15.6.	7.6.	27.6.	12.6.	3.6.	23.6.	8.6.	28.6.
15.1.	20.1.	19.1.	18.1.	17.1.	15.1.	14.1.	20.1.
22.1.	27.1.	26.1.	25.1.	24.1.	22.1.	21.1.	27.1.
29.1.	3.2.	**2.2.**	1.2.	31.1.	29.1.	28.1.	3.2.
5.2.	10.2.	9.2.	8.2.	7.2.	5.2.	4.2.	10.2.
12.2.	–	16.2.	15.2.	–	12,2.	11.2.	17.2.
19.2.	**19.5.**	23.2.	–	**15.5.**	19.2.	**20.5.**	24.2.
27.5.	**26.5.**	2.3.	**24.5.**	**22.5.**	26.2.	**27.5.**	3.3.

	2007	2008	2009	2010	2011
Lesejahr	C	A	B	C	A
9. Sonntag im Jahreskreis	**3.6.**	1.6.	**31.5.**	**30.5.**	6.3.
10. Sonntag im Jahreskreis	10.6.	8.6.	**7.6.**	6.6.	–
11. Sonntag im Jahreskreis	17.6.	15.6.	14.6.	13.6.	**12.6.**
12. Sonntag im Jahreskreis	**24.6.**	22.6.	21.6.	20.6.	**19.6.**
13. Sonntag im Jahreskreis	1.7.	29.6.	28.6.	27.6.	26.6.
14. Sonntag im Jahreskreis	8.7.	6.7.	5.7.	4.7.	3.7.
15. Sonntag im Jahreskreis	15.7.	13.7.	12.7.	11.7.	10.7.
16. Sonntag im Jahreskreis	22.7.	20.7.	19.7.	18.7.	17.7.
17. Sonntag im Jahreskreis	29.7.	27.7.	26.7.	25.7.	24.7.
18. Sonntag im Jahreskreis	5.8.	3.8.	2.8.	1.8.	31.7.
19. Sonntag im Jahreskreis	12.8.	10.8.	9.8.	8.8.	7.8.
20. Sonntag im Jahreskreis	19.8.	17.8.	16.8.	**15.8.**	14.8.
21. Sonntag im Jahreskreis	26.8.	24.8.	23.8.	22.8.	21.8.
22. Sonntag im Jahreskreis	2.9.	31.8.	30.8.	29.8.	28.8.
23. Sonntag im Jahreskreis	9.9.	7.9.	6.9.	5.9.	4.9.
24. Sonntag im Jahreskreis	16.9.	14.9.	13.9.	12.9.	11.9.
25. Sonntag im Jahreskreis	23.9.	21.9.	20.9.	19.9.	18.9.
26. Sonntag im Jahreskreis	30.9.	28.9.	27.9.	26.9.	25.9.
27. Sonntag im Jahreskreis	7.10.	5.10.	4.10.	3.10.	2.10.
28. Sonntag im Jahreskreis	14.10.	12.10.	11.10.	10.10.	9.10.
29. Sonntag im Jahreskreis	21.10.	19.10.	18.10.	17.10.	16.10.
30. Sonntag im Jahreskreis	28.10.	26.10.	25.10.	24.10.	23.10.
31. Sonntag im Jahreskreis	4.11.	2.11.	1.11.	31.10.	30.10.
32. Sonntag im Jahreskreis	11.11.	9.11.	8.11.	7.11.	6.11.
33. Sonntag im Jahreskreis	18.11.	16.11	15.11.	14.11.	13.11.
Christkönigssonntag	25.11.	23.11.	22.11.	21.11.	20.11.

Beginn des neuen Lesejahres

	A	B	C	A	B
1. Adventssonntag	2.12.	30.11.	29.11.	28.11.	27.11.
2. Adventssonntag	9.12.	7.12.	6.12.	5.12.	4.12.
3. Adventssonntag	16.12.	14.12.	13.12.	12.12.	11.12.
4. Adventssonntag	23.12.	21.12.	20.12.	19.12.	18.12.
Weihnachten	25.12.	25.12.	25.12.	25.12.	**25.12.**
Fest der Hl. Familie	30.12.	28.12.	27.12.	26.12.	25.12.

2012	2013	2014	2015	2016	2017	2018	2019
B	C	A	B	C	A	B	C
3.6.	2.6.	–	**31.5.**	29,5.	**4.6.**	3.6.	**–**
10.6.	9.6.	**8.6.**	7.6.	5.6.	**11.6.**	10.6.	**9.6.**
17.6.	16.6.	**15.6.**	14.6.	12.6.	18.6.	17.6.	**16.6.**
24.6.	23.6.	22.6.	21.6.	19.6.	25.6.	24.6.	23.6.
1.7.	30.6.	**29.6.**	28.6.	26.6.	2.7.	1.7.	30.6.
8.7.	7.7.	6.7.	5.7.	3.7.	9.7.	8.7.	7.7.
15.7.	14.7.	13.7.	12.7.	10.7.	16.7.	5.7.	14.7.
22.7.	21.7.	20.7.	19.7.	17.7.	23.7.	22.7.	21.7.
29.7.	28.7.	27.7.	26.7.	24.7.	30.7.	29.7.	28.7.
5.8.	4.8.	3.8.	2.8.	31.7.	**6.8.**	5.8.	4.8.
12.8.	11.8.	10.8.	9.8.	7.8.	13.8.	12.8.	11.8.
19.8.	18.8.	17.8.	16.8.	14.8.	20.8.	19.8.	18.8.
26.8.	25.8.	24.8.	23.8.	21.8.	27.8.	26.8.	25.8.
2.9.	1.9.	31.8.	30.8.	28.8.	3.9.	2.9.	1.9.
9.9.	8.9.	7.9.	6.9.	4.9.	10.9.	9.9.	8.9.
16.9.	15.9.	14.9.	13.9.	11.9.	17.9.	16.9.	15.9.
23.9.	22.9.	21.9.	20.9.	18.9.	24.9.	23.9.	22.9.
30.9.	29.9.	28.9.	27.9.	25.9.	1.10.	30.9.	29.9.
7.10.	6.10.	5.10.	4.10.	2.10.	8.10.	7.10.	6.10.
14.10.	13.10.	12.10.	11.10.	9.10.	15.10.	14.10.	13.10.
21.10.	20.10.	19.10.	18.10.	16.10.	22.10.	21.10.	20.10.
28.10.	27.10.	26.10.	25.10.	23.10.	29.10.	28.10.	27.10.
4.11.	3.11.	2.11.	1.11.	30.10.	5.11.	4.11.	3.11.
11.11.	10.11.	9.11.	8.11.	6.11.	12.11.	11.11.	10.11.
18.11.	17.11.	16.11.	15.11.	13.11	19.11	18.11.	17.11.
25.11.	24.11.	23.11.	22.11.	20.11	26.11.	25.11.	24.11.

Beginn des neuen Lesejahres

C	A	B	C	A	B	C	A
2.12.	1.12.	30.11.	29.11.	27.11.	3.12.	2.12.	1.12.
9.12.	8.12.	7.12.	6.12.	4.12.	10.12.	9.12.	8.12.
16.12.	15.12.	14.12.	13.12.	11.12.	17.12.	16.12.	15.12.
23.12.	22.12.	21.12.	20.12.	18.12.	24.12.	23.12.	22.12.
25.12.	25.12.	25.12.	25.12.	25,12.	25.12.	25.12.	25.12.
30.12.	29.12.	28.12.	27.12.	30.12.	31.12.	30.12.	29.12.